北京农村年鉴

2010

中国农业出版社

2009年5月12日，中共中央政治局委员、中共北京市委书记刘淇到延庆县调研新能源产业。

2009年4月16日，中共中央政治局委员、中共北京市委书记刘淇、中共北京市委副书记、市长郭金龙视察朝阳区崔各庄乡大望京村城乡一体化试点工作。

2008年5月3日，中共北京市委副书记、市长郭金龙到门头沟区调研山区建设情况。

2009年4月23日，中共北京市委常委牛有成、北京市副市长夏占义出席北京市农村实用人才创业成果暨乡村旅游产品展示推介会。

2009年4月23日，中共北京市委常委牛有成观看北京市农村实用人才创业成果暨乡村旅游产品展示推介会门头沟手工艺品展示。

2009年1月22日，北京市副市长夏占义在通州区调研。

2010年9月初，中共北京市委农村工作委员会书记、北京市农村工作委员会主任王孝东、中共北京市委农村工作委员会副书记白仙畔到延庆县调研沟域经济。

平谷区马坊供热厂

房山区韩村河镇低压电网改造工程

海淀区温泉镇污水处理厂

城市产业带动型——顺义城区新貌

朝阳区来广营乡农民新村——朝来家园

房山区城关镇道路绿化带

朝阳区十大郊野公园举行开园仪式

昌平区小汤山社区卫生服务中心

昌平区麦庄草莓大棚

怀柔区庙城镇三山都市型设施农业科技示范园采用无土“墙上”立体栽培技术。

延庆县大榆树镇华坤生态庄园

门头沟区花露蝴蝶园

怀柔区北房镇城市农业公园

顺义区北务镇“绿中名”采摘文化节启动仪式

怀柔区九渡河镇红庙村灯笼产业

第十七届北京种子大会开幕式

北京市农业基础建设及综合开发启动大会召开

创意农业论坛

门头沟区火村双龙红杏园

门头沟区军庄镇大清贡梨园

门头沟区孟悟村梦我观光园

房山区京白梨采摘园

平谷区鱼子山市级乡村民俗旅游村

延庆县华坤庄园全瓜宴

大兴区采育镇农家饭大赛

2009年怀柔区汤河川满族民俗风情节

小朋友参观科普农庄

外国朋友与村民一起做布贴画

2009年9月18日，延庆县第二届“妫水风情十里花乡”旅游观光节开幕

北京市观光农业示范园颁牌仪式

延庆县千家店镇长寿岭村万寿菊种植基地

昌平区流村镇瓦窑村棋盘山景区

密云县古北口紫海香堤艺术庄园

门头沟区妙峰山玫瑰谷盛开的玫瑰花

平谷区百里桃花海

北京燕山红板栗专业合作社

2009年10月17日，北京沟域经济发展论坛在延庆召开

昌平区南口镇李庄村

门头沟区樱桃沟村村貌

顺义区环境整治型村庄——三家店村街景

朝阳区崔各庄乡大望京村农民新村建设开工仪式

平谷区黑水湾新民居

通州区马驹桥镇村民自住楼

顺义区高丽营镇唐自头村太阳能公共浴室外景

门头沟区妙峰山镇岭角村太阳能发电及热水器

怀柔区桥梓镇北宅村村民文化活动中心

海淀区上庄村新建成的村邮站

2009年，门头沟区在农村177个行政村、37个居委会实施垃圾源头分类。

通州区漷县镇西黄垈文化墙

昌平区流村镇老峪沟村农民田间学校柴鸡养殖培训班

昌平区十三陵镇胡庄村农民田间学校

朝阳区常营地区社区卫生服务中心

朝阳区将台乡将府家园敬老院开业

海淀区农村信息化人才培训班开班

通州区益民书屋图书发放仪式

2009年4月15日，海淀工商分局在苏家坨镇车耳营村召开“2009商标富农工作现场会”。

2009年3月，怀柔工商分局开展“家电下乡”产品质量大检查行动，对下乡家电经营主体资质、产品质量证明等进行规范检查。

2009年12月15日，房山工商分局、区消协、区质监局等部门在房山商业大楼前开展农村消费维权日宣传咨询活动，并举行诚信服务示范单位授牌仪式。

满族风情俏京南——大兴区巴园子村

巴园子村是远近闻名的满族文化特色村，该村已发展民俗旅游接待户38户，形成了集体验满族文化、采摘娱乐、吃农家饭、住农家院于一体的现代化旅游观光体系，并于2003年起就被评为“北京市民俗旅游专业村”。

万亩梨园花果香——大兴区梨花村

梨花村位于北京西南郊永定河东岸，属大兴区庞各庄镇管辖，原名南庄村，1981年村庄普查时改名梨花村。梨花村种植梨树的历史十分悠久，村中有百年以上的古梨树3万棵，成为全国罕见的平原古梨群落，其中树龄有四百多年的一棵贡梨树被皇帝御封为“金把皇”，至今枝繁叶茂、硕果累累。

名闻中外“画家村”——通州区小堡村

小堡村位于通州区宋庄镇，从上世纪末开始，一批有名的艺术家陆续入住小堡村农家院，经过10年的积淀，如今的小堡已经变成了一块艺术的沃土和圣地，慕名到这里来的艺术家越聚越多。小堡村共有村民1367人，有艺术家1200人，分别来自世界十几个国家，俨然一个艺术家的“联合国”。现小堡村拥有美术馆12家、画廊88家和1个文化艺术节。堪称世界最大的当代艺术聚焦群体。

宜工宜居两相宜——顺义区石家营村

石家营村位于顺义新城马坡镇，是马坡地区最具活力的经济发展黄金地带。“首都文明村”、“北京市卫生村”、“北京市生态文明村”等牌匾述说着石家营村近年来发生的巨大变化和取得的成就。

山环水绕栗之乡——怀柔区六渡河村

六渡河村位于怀柔区渤海镇，六渡河村以“京郊板栗第一村”而著称。这里群山环抱，水源丰富，以花岗岩风化积层为主，适宜板栗等多种果树生长，是发展果品观光采摘的黄金地段。六渡河村板栗栽培技术历史悠久，他们生产的原生油板栗以含糖高、蛋白质丰富、香甜可口而驰名中外。

四周青山藏古韵——门头沟区爨底下村

始建于明朝永乐年间的爨底下村坐落在门头沟区西部深山的峡谷之中。“爨”字原意是烧火，因爨底下村都姓韩，与寒同音，为使阴阳调和，驱散贫寒，就定名“爨底下”。如今，村里保存完好的明清山地四合院有76套，年接待国内外游客10万人次以上。爨底下先后荣获中国最具旅游价值古村落、国家级文物保护单位、市级民俗旅游专业村等称号。

大山里的“三里屯”——平谷区雕窝村

这里三面环山，一面环水，地处平谷境内被称为“十里画廊”的黄松峪乡，毗邻众多景区，是一块不可多得的风水宝地。雕窝村环境优美，杨柳成行，花香四溢，游客可尽情享受景区漫游、田园采摘及古法耕作的乐趣。

幸福家园美如画——顺义区庙卷村

庙卷村位于顺义新城核心区，距奥林匹克水上公园仅5分钟车程，它因是古时军营家眷居住之地而得名。用“绿树繁华、和谐满村”来形容庙卷村再恰当不过了。

朝霞首缕映仙谷——密云县花园村

花园村坐落于北京市密云县新城子镇东北部，是河北省滦平、承德、兴隆及北京市密云县四县接壤之处，是真正的“一脚踏四县，鸡鸣四县闻”之地。2000年国家测绘局测定，将花园村的黑谷关定为北京市第一缕阳光诞生地，迎接新千年的圣火也曾在此采集。

云居素斋结“禅”缘——房山区水头村

水头村位于房山区，因南泉水河发源于此而得名。千年古刹云居寺就坐落在村里。因水源而名，因佛缘而富，水头村借独特的佛教文化资源发展文化旅游，闯出了新农村发展经济的新路子。

《北京农村年鉴》编辑委员会

《北京农村年鉴》编辑部

凡　例

一、《北京农村年鉴》是集中反映北京郊区经济和社会发展情况的大型资料性工具书和史料文献。在中共北京市委农村工作委员会和北京市农村工作委员会的领导下，由北京市农村经济研究中心主持编纂。

二、《北京农村年鉴》在马列主义、毛泽东思想、邓小平理论和“三个代表”重要思想的指导下，贯彻科学发展观以丰富、翔实的资料和客观、真实的记述，使社会各方面增进对北京郊区农村的认识与了解，促进北京地区各行业和国内外与京郊农村的合作、交流，也为地方史志的编写积累珍贵的历史资料。

三、依据年鉴编纂惯例，当年出版的《北京农村年鉴》，标为本个年度，而反映上个年度的情况。为增强年鉴的时效性，对本年度年初中共中央和中共北京市委发布的指导农业和农村工作的重要文件，也予以收入。

四、《北京农村年鉴》基本写作形式为条目体，并选载适量文章，辅以图片、图表，使读者对北京郊区情况有一完整了解。

五、《北京农村年鉴》所设栏目与类目基本固定，而依据年度变化情况作适当调整。

六、《北京农村年鉴》稿件，由市委农工委、市农委各职能部门，市农业系统各单位，各郊区县，和邀请各有关部门，确定专人撰写，均经各该部门主管领导审阅。有关数据采用国家和市统计部门发布的权威数字；无列入国家和市统计范围的，采用业务部门经过核实、可以发布的数字。

目 录

特 载

文献选载

领导视察

综　述

郊区城乡一体化进程

新农村基础设施建设与“三起来”工程

都市型现代农业

郊区绿化美化建设

郊区二、三产业

农村金融

农产品流通

郊区城镇建设

农村环境与基础建设

山区建设

科技进步

农民生活与农村社会保障

农村改革与管理

农村社会事业

农村法制建设

维护农村社会稳定

领导班子建设与基层组织建设

区域合作

区县农情

市农业系统行政、事业单位

北京市社会主义新农村建设先进集体、先进个人

大事记

统计资料

特　载

中共中央国务院关于加大统筹城乡发展力度进一步夯实农业农村发展基础的若干意见

（2009 年 12 月 31 日）

2009 年，是新世纪以来我国经济发展最为困难的一年。面对历史罕见国际金融危机的严重冲击，面对多年不遇自然灾害的重大考验，面对国内外农产品市场异常波动的不利影响，各地区各部门在党中央、国务院的坚强领导下，迎难而上，奋力拼搏，巩固和发展了农业农村好形势。粮食生产再获丰收，连续 6 年实现增产；农民工就业快速回升，农民收入连续 6 年较快增长；集体林权制度改革全面推进，农村体制创新取得新的突破；农村水电路气房建设继续加强，农民生产生活条件加快改变；农村教育、医疗、社保制度不断健全，农村民生状况明显改善；农村基层组织进一步巩固，农村社会和谐稳定。这为党和国家战胜困难、共克时艰赢得了战略主动，为保增长保民生保稳定提供了基础支撑。

当前，我国农业的开放度不断提高，城乡经济的关联度显著增强，气候变化对农业生产的影响日益加大，农业农村发展的有利条件和积极因素在积累增多，各种传统和非传统的挑战也在叠加凸显。面对复杂多变的发展环境，促进农业生产上新台阶的制约越来越多，保持农民收入较快增长的难度越来越大，转变农业发展方式的要求越来越高，破除城乡二元结构的任务越来越重。全党务必居安思危，切实防止忽视和放松“三农”工作的倾向，努力确保粮食生产不滑坡、农民收入不徘徊、农村发展好势头不逆转。必须不断深化把解决好“三农”问题作为全党工作重中之重的基本认识，稳定和完善党在农村的基本政策，突出强化农业农村的基础设施，建立健全农业社会化服务的基层体系，大力加强农村以党组织为核心的基层组织，夯实打牢农业农村发展基础，协调推进工业化、城镇化和农业现代化，努力形成城乡经济社会发展一体化新格局。

2010 年农业农村工作的总体要求是：全面贯彻党的十七大和十七届三中、四中全会以及中央经济工作会议精神，高举中国特色社会主义伟大旗帜，以邓小平理论和“三个代表”重要思想为指导，深入贯彻落实科学发展观，把统筹城乡发展作为全面建设小康社会的根本要求，把改善农村民生作为调整国民收入分配格局的重要内容，把扩大农村需求作为拉动内需的关键举措，把发展现代农业作为转变经济发展方式的重大任务，把建设社会主义新农村和推进城镇化作为保持经济平稳较快发展的持久动力，按照稳粮保供给、增收惠民生、改革促统筹、强基增后劲的基本思路，毫不松懈地抓好农业农村工作，继续为改革发展稳定大局作出新的贡献。

一、健全强农惠农政策体系，推动资源要素向农村配置

1. 继续加大国家对农业农村的投入力度。按照总量持续增加、比例稳步提高的要求，不断增加“三农”投入。要确保财政支出优先支持农业农村发展，预算内固定资产投资优先投向农业基础设施和农村民生工程，土地出让收益优先用于农业土地开发和农村基础设施建设。各级财政对农业的投入增长幅度都要高于财政经常性收入增长幅度。预算内固定资产投资要继续向重大农业农村建设项目倾斜。耕地占用税税率提高后，新增收入全部用于农业。严格按照有关规定计提和使用用于农业土地开发的土地出让收入，严格执行新增建设用地土地有偿使用费全部用于耕地开发和土地整理的规定。对各地土地收入用于农业农村的各项资金征收和使用情况进行专项检查。继续增加现代农业生产发展资金和农业综合开发资金规模。

2. 完善农业补贴制度和市场调控机制。坚持对种粮农民实行直接补贴。增加良种补贴，扩大马铃薯补贴范围，启动青稞良种补贴，实施花生良种补贴试点。进一步增加农机具购置补贴，扩大补贴种类，把牧业、林业和抗旱、节水机械设备纳入补贴范围。落

实和完善农资综合补贴动态调整机制。按照存量不动、增量倾斜的原则，新增农业补贴适当向种粮大户、农民专业合作社倾斜。逐步完善适合牧区、林区、垦区特点的农业补贴政策。加强对农业补贴对象、种类、资金结算的监督检查，确保补贴政策落到实处，不准将补贴资金用于抵扣农民交费。落实小麦最低收购价政策，继续提高稻谷最低收购价。扩大销区粮食储备规模。适时采取玉米、大豆、油菜籽等临时收储政策，支持企业参与收储，健全国家收储农产品的拍卖机制，做好棉花、食糖、猪肉调控预案，保持农产品市场稳定和价格合理水平。

3. 提高农村金融服务质量和水平。加强财税政策与农村金融政策的有效衔接，引导更多信贷资金投向"三农"，切实解决农村融资难问题。落实和完善涉农贷款税收优惠、定向费用补贴、增量奖励等政策。进一步完善县域内银行业金融机构新吸收存款主要用于当地发放贷款政策。加大政策性金融对农村改革发展重点领域和薄弱环节支持力度，拓展农业发展银行支农领域，大力开展农业开发和农村基础设施建设中长期政策性信贷业务。农业银行、农村信用社、邮政储蓄银行等银行业金融机构都要进一步增加涉农信贷投放。积极推广农村小额信用贷款。加快培育村镇银行、贷款公司、农村资金互助社，有序发展小额贷款组织，引导社会资金投资设立适应"三农"需要的各类新型金融组织。抓紧制定对偏远地区新设农村金融机构费用补贴等办法，确保3年内消除基础金融服务空白乡镇。针对农业农村特点，创新金融产品和服务方式，搞好农村信用环境建设，加强和改进农村金融监管。建立农业产业发展基金。积极扩大农业保险保费补贴的品种和区域覆盖范围，加大中央财政对中西部地区保费补贴力度。鼓励各地对特色农业、农房等保险进行保费补贴。发展农村小额保险。健全农业再保险体系，建立财政支持的巨灾风险分散机制。支持符合条件的涉农企业上市。

4. 积极引导社会资源投向农业农村。各部门各行业要主动服务"三农"，在制定规划、安排项目、增加资金时切实向农村倾斜。大中城市要发挥对农村的辐射带动作用。鼓励各种社会力量开展与乡村结对帮扶，参与农村产业发展和公共设施建设。企业通过公益性社会团体、县级以上人民政府及其部门或者设立专项的农村公益基金会，用于建设农村公益事业项目的捐赠支出，不超过年度利润总额12%的部分准予在计算企业所得税前扣除。有关部门要抓紧健全科技、教育、文化、卫生等下乡支农制度，通过完善精神物质奖励、职务职称晋升、定向免费培养等措施，引导更多城市教师下乡支教、城市文化和科研机构到农村拓展服务、城市医师支援农村。健全农业气象服务体系和农村气象灾害防御体系，充分发挥气象服务"三农"的重要作用。

5. 大力开拓农村市场。针对经济发展和农民生产生活需要，适时出台刺激农村消费需求的新办法新措施。加大家电、汽车、摩托车等下乡实施力度，大幅度提高家电下乡产品最高限价，对现行限价内的产品继续实行13%的补贴标准，超出限价的实行定额补贴，允许各省（自治区、直辖市）根据本地实际增选一个品种纳入补贴范围，补贴对象扩大到国有农林场（区）职工。改善售后服务，加强市场监管，严禁假冒伪劣产品流入农村。大力发展物流配送、连锁超市、电子商务等现代流通方式，支持商贸、邮政等企业向农村延伸服务，建设日用消费品、农产品、生产资料等经营网点，继续支持供销合作社新农村现代流通网络工程建设，提升"万村千乡"超市和农家店服务功能质量。鼓励农村金融机构对农民建房、购买汽车和家电等提供消费信贷，加大对兴办农家店的信贷投放。

二、提高现代农业装备水平，促进农业发展方式转变

6. 稳定发展粮食等大宗农产品生产。在稳定粮食播种面积基础上，大力优化品种结构，着力提高粮食单产和品质。全面实施全国新增千亿斤粮食生产能力规划，尽快形成生产能力。加快建立健全粮食主产区利益补偿制度，增加产粮大县奖励补助资金，提高产粮大县人均财力水平。有关扶持政策要向商品粮调出量大、对国家粮食安全贡献突出的产粮大县（农场）倾斜。继续减少直至取消主产区粮食风险基金地方资金配套。大力发展油料生产，加快优质油菜、花生生产基地县建设，积极发展油茶、核桃等木本油料。支持优势产区发展棉花、糖料生产。继续实施粮食丰产科技工程。扩大粮棉油糖高产创建实施规模，年内覆盖全国所有农业县（农场）。大力推进农作物病虫害专业化统防统治。支持垦区率先发展现代化大农业，建设大型农产品基地，带动周边农村经济社会发展。

7. 推进菜篮子产品标准化生产。实施新一轮菜篮子工程建设，加快园艺作物生产设施化、畜禽水产养殖规模化。支持建设生猪、奶牛规模养殖场（小区），发展园艺作物标准生产基地和水产健康养殖示范场，开展标准化创建活动，推进畜禽养殖加工一体化。支持畜禽良种繁育体系建设。加强重大动物疫病防控，完善扑杀补贴政策，推进基层防疫体系建设，健全工作经费保障机制。增加渔政、渔港、渔船安全设施等建设投入，搞好水生生物增殖放流，支持发展远洋渔业。加快农产品质量安全监管体系和检验检测体系建设，积极发展无公害农产品、绿色食品、有机农产品。

8. 突出抓好水利基础设施建设。国家固定资产投资要把水利建设放在重要位置。继续加强大江大河大湖治理，逐步推进重点中小河流治理。加快大中型水利枢纽工程建设，搞好蓄滞洪区建设和山洪灾害防治。大力推进大中型灌区续建配套和节水改造，加快末级渠系建设。按期完成规划内病险水库除险加固任

务，统筹安排其余病险水库除险加固。在科学规划论证基础上，启动大中型病险水闸除险加固。加快大型灌排泵站更新改造。拓宽水利建设基金筹资渠道。大幅度增加中央和省级财政小型农田水利设施建设补助专项资金规模，新增一批小型农田水利建设重点县。大力发展高效节水灌溉，支持山丘区建设雨水集蓄等小微型水利设施。通过一事一议、财政补助等办法，鼓励农民自愿投工投劳开展直接受益的小型水利设施建设。深化水利工程管理体制改革。推广农民用水户参与管理模式，加大财政对农民用水合作组织的扶持力度。加强基层抗旱排涝和农村水利技术服务体系建设。

9. 大力建设高标准农田。按照统筹规划、分工协作、集中投入、连片推进的要求，加快建设高产稳产基本农田。重视耕地质量建设，加大投入力度，安排中长期政策性贷款，支持农田排灌、土地整治、土壤改良、机耕道路和农田林网建设，把800个产粮大县的基本农田加快建成高标准农田，建立稳固的商品粮基地。继续增加农业综合开发、农村土地整治投入，有计划分片推进中低产田改造。扩大测土配方施肥、土壤有机质提升补贴规模和范围。推广保护性耕作技术，实施旱作农业示范工程，对应用旱作农业技术给予补助。

10. 提高农业科技创新和推广能力。切实把农业科技的重点放在良种培育上，加快农业生物育种创新和推广应用体系建设。继续实施转基因生物新品种培育科技重大专项，抓紧开发具有重要应用价值和自主知识产权的功能基因和生物新品种，在科学评估、依法管理基础上，推进转基因新品种产业化。推动国内种业加快企业并购和产业整合，引导种子企业与科研单位联合，抓紧培育有核心竞争力的大型种子企业。培养农业科技领军人才，发展农业产学研联盟，加强农业重点实验室、工程技术中心、科技基础条件平台建设。实施农村科技创业行动、科技富民强县专项行动计划、科普惠农兴村计划，推进现代农业产业技术体系建设。抓紧建设乡镇或区域性农技推广等公共服务机构，扩大基层农技推广体系改革与建设示范县范围。积极发展多元化、社会化农技推广服务组织。启动基层农技推广机构特设岗位计划，鼓励高校涉农专业毕业生到基层农技推广机构工作。推进农用工业技术改造。加快发展农业机械化，大力推广机械深松整地，支持秸秆还田、水稻育插秧等农机作业。创建国家现代农业示范区。

11. 健全农产品市场体系。统筹制定全国农产品批发市场布局规划，支持重点农产品批发市场建设和升级改造，落实农产品批发市场用地等扶持政策，发展农产品大市场大流通。加大力度建设粮棉油糖等大宗农产品仓储设施，完善鲜活农产品冷链物流体系，支持大型涉农企业投资建设农产品物流设施。加快发展农产品期货市场，逐步拓展交易品种，鼓励生产经营者运用期货交易机制规避市场风险。发展农业会展经济，支持农产品营销。全面推进双百市场工程和农超对接，重点扶持农产品生产基地与大型连锁超市、学校及大企业等产销对接，减少流通环节，降低流通成本。大力培育农村经纪人，充分运用地理标志和农产品商标促进特色农业发展。加强市场动态监测和信息服务。完善全国鲜活农产品绿色通道政策。

12. 构筑牢固的生态安全屏障。巩固退耕还林成果，在重点生态脆弱区和重要生态区位，结合扶贫开发和库区移民，适当增加安排退耕还林。延长天然林保护工程实施期限，抓紧制定实施办法。继续推进三北、沿海、长江等防护林体系和京津风沙源治理、湿地保护与恢复等重点林业生态工程建设。统筹推进青海三江源生态保护和建设。加大力度筹集森林、草原、水土保持等生态效益补偿资金。从2010年起提高中央财政对属集体林的国家级公益林森林生态效益补偿标准。建立造林、抚育、保护、管理投入补贴制度，开展造林苗木、森林抚育补贴试点，中央财政对林木良种生产使用、中幼林和低产林抚育给予补贴。编制林地保护利用规划，启动森林经营工程，增强森林生态服务功能，提高林地综合产出能力。大力增加森林碳汇。切实加强草原生态保护建设，加大退牧还草工程实施力度，延长实施年限，适当提高补贴标准。落实草畜平衡制度，继续推行禁牧休牧轮牧，发展舍饲圈养，搞好人工饲草地和牧区水利建设。推进西藏草原生态保护奖励机制试点工作。加大草原鼠虫害防治力度。加强草原监理体系建设，强化草原执法监督。实施国家水土保持重点建设工程，加快岩溶地区石漠化和南方崩岗治理，启动坡耕地水土流失综合治理工程，搞好清洁小流域建设。加强农业面源污染治理，发展循环农业和生态农业。

三、加快改善农村民生，缩小城乡公共事业发展差距

13. 努力促进农民就业创业。建立覆盖城乡的公共就业服务体系，积极开展农业生产技术和农民务工技能培训，整合培训资源，规范培训工作，增强农民科学种田和就业创业能力。因地制宜发展特色高效农业、林下种养业，挖掘农业内部就业潜力。推进乡镇企业结构调整和产业升级，扶持发展农产品加工业，积极发展休闲农业、乡村旅游、森林旅游和农村服务业，拓展农村非农就业空间。完善促进创业带动就业的政策措施，将农民工返乡创业和农民就地就近创业纳入政策扶持范围。加大农民外出务工就业指导和服务力度，切实维护农民工合法权益，促进农村劳动力平稳有序转移。健全农民工社会保障制度，深入开展工伤保险全覆盖行动。加强职业病防治和农民工健康服务，将与企业建立稳定劳动关系的农民工纳入城镇职工基本医疗保险，抓紧落实包括农民工在内的城镇企业职工基本养老保险关系转移接续办法。落实以公办学校为主、以输入地为主解决好农民工子女入学问题的政策，关心农村留守儿童。

14. *提高农村教育卫生文化事业发展水平*。巩固和完善农村义务教育经费保障机制，落实好教师培训制度和绩效工资制度。农村学校布局要符合实际，方便学生上学，保证学生安全。继续实施中小学校舍安全工程。逐步改善贫困地区农村学生营养状况。大力发展中等职业教育，继续推进农村中等职业教育免费进程。逐步实施农村新成长劳动力免费劳动预备制培训。完善农村三级医疗卫生服务网络，落实乡镇卫生院人员绩效工资和乡村医生公共卫生服务补助政策，逐步实施免费为农村定向培养全科医生和招聘执业医师计划。搞好农村地区妇幼卫生工作和疾病防治，加强农村食品和药品监管。积极发展农村远程教育、远程医疗。稳定农村低生育水平，继续推进新农村新家庭计划和少生快富工程，完善农村部分计划生育家庭奖励扶助制度和计划生育家庭特别扶持制度，加强和创新农村流动人口计划生育服务管理。建立稳定的农村文化投入保障机制，推进广播电视村村通、文化信息资源共享、乡镇综合文化站和村文化室、农村电影放映、农家书屋等重点文化惠民工程建设和综合利用，广泛开展群众性精神文明创建活动和农民健身活动。

15. *提高农村社会保障水平*。逐步提高新型农村合作医疗筹资水平、政府补助标准和保障水平。做好新型农村合作医疗、农村医疗救助、城镇居民基本医疗保险、城镇职工基本医疗保险制度的政策衔接。继续抓好新型农村社会养老保险试点，有条件的地方可加快试点步伐。积极引导试点地区适龄农村居民参保，确保符合规定条件的老年居民按时足额领取养老金。合理确定农村最低生活保障标准和补助水平，实现动态管理下的应保尽保。落实和完善被征地农民社会保障政策。健全临时救助制度。逐步提高农村五保户集中供养水平。搞好农村养老院建设，发展农村养老服务，探索应对农村人口老龄化的有效办法。加大对农村残疾人生产扶助和生活救助力度，农村各项社会保障政策优先覆盖残疾人。做好农村防灾减灾工作。

16. *加强农村水电路气房建设*。搞好新农村建设规划引导，合理布局，完善功能，加快改变农村面貌。加大农村饮水安全工程投入，加强水源保护、水质监测和工程运行管理，确保如期完成规划任务。鼓励有条件的地方推行城乡区域供水。适应农村用电需求快速增长的趋势，结合推进农村电力体制改革，抓紧实施新一轮农村电网改造升级工程，提升农网供电可靠性和供电能力。继续实施小水电代燃料工程，推进水电新农村电气化县建设。全面完成“十一五”农村公路建设任务，落实农村公路管理养护责任，推进城乡客运交通一体化。加快推进农村户用沼气、大中型沼气和集中供气工程建设，加强沼气技术创新、维护管理和配套服务。支持农村开发利用新能源，推进农林废弃物资源化、清洁化利用。加快推进农村危房改造和国有林区（场）、垦区棚户区改造，继续实施游牧民定居工程。抓住当前农村建房快速增长和建筑材料供给充裕的时机，把支持农民建房作为扩大内需的重大举措，采取有效措施推动建材下乡，鼓励有条件的地方通过多种形式支持农民依法依规建设自用住房。加强村镇规划，引导农民建设富有地方特点、民族特色、传统风貌的安全节能环保型住房。实行以奖促治政策，稳步推进农村环境综合整治，开展农村排水、河道疏浚等试点，搞好垃圾、污水处理，改善农村人居环境。采取有效措施防止城市、工业污染向农村扩散。推进农村信息化，积极支持农村电信和互联网基础设施建设，健全农村综合信息服务体系。

17. *继续抓好扶贫开发工作*。坚持农村开发式扶贫方针，加大投入力度，逐步扩大扶贫开发和农村低保制度有效衔接试点，对农村低收入人口全面实施扶贫政策，着力提高贫困地区群众自我发展能力，确保扶贫开发工作重点县农民人均纯收入增长幅度高于全国平均水平。因地制宜加大整村推进、劳动力转移培训、产业化扶贫、以工代赈等各项扶贫工作力度，加快贫困地区基础设施建设和社会事业发展。积极稳妥实行扶贫易地搬迁，妥善解决移民后续发展问题。对特殊类型贫困地区进行综合治理。扩大贫困村互助资金、连片开发以及彩票公益金支持革命老区建设等试点。动员社会各界参与扶贫事业，充分发挥行业扶贫作用，积极开展反贫困领域国际交流合作。研究制定未来10年扶贫开发纲要和相关规划。

四、协调推进城乡改革，增强农业农村发展活力

18. *稳定和完善农村基本经营制度*。完善农村土地承包法律法规和政策，加快制定具体办法，确保农村现有土地承包关系保持稳定并长久不变。继续做好土地承包管理工作，全面落实承包地块、面积、合同、证书“四到户”，扩大农村土地承包经营权登记试点范围，保障必要的工作经费。加强土地承包经营权流转管理和服务，健全流转市场，在依法自愿有偿流转的基础上发展多种形式的适度规模经营。严格执行农村土地承包经营纠纷调解仲裁法，加快构建农村土地承包经营纠纷调解仲裁体系。按照权属明确、管理规范、承包到户的要求，继续推进草原基本经营制度改革。稳定渔民水域滩涂养殖使用权。鼓励有条件的地方开展农村集体产权制度改革试点。

19. *有序推进农村土地管理制度改革*。坚决守住耕地保护红线，建立保护补偿机制，加快划定基本农田，实行永久保护。落实政府耕地保护目标责任制，上级审计、监察、组织等部门参与考核。加快农村集体土地所有权、宅基地使用权、集体建设用地使用权等确权登记颁证工作，工作经费纳入财政预算。力争用3年时间把农村集体土地所有权证确认到每个具有所有权的农民集体经济组织。有序开展农村土地整治，城乡建设用地增减挂钩要严格限定在试点范围内，周转指标纳入年度土地利用计划统一管理，农村

宅基地和村庄整理后节约的土地仍属农民集体所有，确保城乡建设用地总规模不突破，确保复垦耕地质量，确保维护农民利益。按照严格审批、局部试点、封闭运行、风险可控的原则，规范农村土地管理制度改革试点。加快修改土地管理法。

20. *着力提高农业生产经营组织化程度*。推动家庭经营向采用先进科技和生产手段的方向转变，推动统一经营向发展农户联合与合作，形成多元化、多层次、多形式经营服务体系的方向转变。壮大农村集体经济组织实力，为农民提供多种有效服务。大力发展农民专业合作社，深入推进示范社建设行动，对服务能力强、民主管理好的合作社给予补助。各级政府扶持的贷款担保公司要把农民专业合作社纳入服务范围，支持有条件的合作社兴办农村资金互助社。扶持农民专业合作社自办农产品加工企业。积极发展农业农村各种社会化服务组织，为农民提供便捷高效、质优价廉的各种专业服务。支持龙头企业提高辐射带动能力，增加农业产业化专项资金，扶持建设标准化生产基地，建立农业产业化示范区。推进“一村一品”强村富民工程和专业示范村镇建设。

21. *积极推进林业改革*。健全林业支持保护体系，建立现代林业管理制度。深化以明晰产权、承包到户为重点的集体林权制度改革，加快推进配套改革。规范集体林权流转，支持发展林农专业合作社。深化集体林采伐管理改革，建立森林采伐管理新机制和森林可持续经营新体系。完善林权抵押贷款办法，建立森林资源资产评估制度和评估师制度。逐步扩大政策性森林保险试点范围。扶持林业产业发展，促进林农增收致富。启动国有林场改革，支持国有林场基础设施建设。开展国有林区管理体制和国有森林资源统一管理改革试点。

22. *继续深化农村综合改革*。深入推进乡镇机构改革。继续推进省直管县财政管理体制改革，提高县乡基本财力保障水平，落实村级组织运转经费保障政策。按相关规划和要求，中央和省级财政继续支持农村义务教育历史债务的清理化解，推进其他公益性乡村债务清理化解试点，防止发生新的乡村债务。坚持政府引导、分级负责、农民自愿、上限控制、财政补助的原则，探索建立新形势下村级公益事业建设的有效机制，认真总结一事一议财政奖补试点经验，加大财政奖补力度，扩大试点范围。继续开展农民负担重点治理，坚决防止农民负担反弹。加快落实推进供销合作社改革发展的相关政策，加强基层社建设，强化县联合社服务功能。深化农垦体制改革，分离企业办社会职能，健全社会保障制度。加强对新形势下农村改革试验区工作的指导。

23. *推进城镇化发展的制度创新*。积极稳妥推进城镇化，提高城镇规划水平和发展质量，当前要把加强中小城市和小城镇发展作为重点。深化户籍制度改革，加快落实放宽中小城市、小城镇特别是县城和中心镇落户条件的政策，促进符合条件的农业转移人口在城镇落户并享有与当地城镇居民同等的权益。多渠道多形式改善农民工居住条件，鼓励有条件的城市将有稳定职业并在城市居住一定年限的农民工逐步纳入城镇住房保障体系。采取有针对性的措施，着力解决新生代农民工问题。统筹研究农业转移人口进城落户后城乡出现的新情况新问题。大力发展县域经济，抓住产业转移有利时机，促进特色产业、优势项目向县城和重点镇集聚，提高城镇综合承载能力，吸纳农村人口加快向小城镇集中。完善加快小城镇发展的财税、投融资等配套政策，安排年度土地利用计划要支持中小城市和小城镇发展。农村宅基地和村庄整理所节约的土地首先要补充耕地，调剂为建设用地的，在县域内按照土地利用总体规划使用，纳入年度土地利用计划，主要用于产业集聚发展，方便农民就近转移就业。继续推进扩权强县改革试点，推动经济发展快、人口吸纳能力强的镇行政管理体制改革，根据经济社会发展需要，下放管理权限，合理设置机构和配备人员编制。

24. *提高农业对外开放水平*。支持优势农产品扩大出口，提供出口通关、检验检疫便利和优惠。推进农产品质量可追溯体系建设，支持建设出口基地。推动农产品出口信贷创新，探索建立出口信用保险与农业保险相结合的风险防范机制。积极应对国际贸易壁垒，支持行业协会和龙头企业维护自身权益。充分利用海关特殊监管区域及保税加工物流等措施，发展农产品加工贸易。加强国际农业科技和农业资源开发合作，制定鼓励政策，支持有条件的企业“走出去”。引导外资投向鼓励类产业，提高农业利用外资水平。加强农产品进出口调控，实行灵活高效的农产品进出口政策，建立健全农产品和农用物资进出口监测预警机制，严厉打击农产品走私违法犯罪行为，切实加强进出口农产品质量监督。

五、加强农村基层组织建设，巩固党在农村的执政基础

25. *加强和改进农村基层党的建设*。推动农村基层党组织工作创新，扩大基层党组织对农村新型组织的覆盖面，推广在农民专业合作社、专业协会、外出务工经商人员相对集中点建立党组织的做法。加强乡镇党委书记队伍建设，选好配强乡镇党委班子。提高村党组织带头人队伍素质，注重从转业退伍军人、务工回乡青年、致富能手等党员中选拔村党组织书记。以明确责任、考核监督、保障服务为重点，加强乡、村党组织领导班子管理，及时调整软弱涣散农村基层党组织班子。抓紧落实对长期在基层和艰苦边远地区工作的干部、长期担任县乡党政领导职务的干部实行工资福利倾斜的政策，进一步完善村干部“一定三有”政策，推进从优秀村干部中考录乡镇公务员、选任乡镇领导干部工作。建立稳定规范的农村基层组织工作经费保障制度，加快村级组织活动场所、农村党员干部现代远程教育网络建设。继续选聘高校毕业

生到村任职，完善下得去、待得住、干得好、流得动的长效机制。不断深化农村党的建设三级联创活动，统筹城乡基层党建工作，创新完善农村流动党员教育管理服务制度，切实加强农民工中党的工作。深入开展党性党风党纪教育，加强农村基层党风廉政建设。

26. *进一步完善符合国情的农村基层治理机制*。发展和完善党领导的村级民主自治机制，规范村级民主选举、民主决策、民主管理、民主监督程序。总结各地实践经验，因地制宜推广本村重大事项由村党支部提议、支委会和村委会联席会议商议、全村党员大会审议、村民代表会议或村民会议决议，以及决议公开、实施结果公开等做法。加强对村党支部、村委会换届选举的领导和指导，严肃查处拉票、贿选等行为，确保选举平稳有序，防范和制止利用宗教、宗族等势力干预农村公共事务。加强农村集体资金、资产、资源管理，推进村务公开和民主管理“难点村”治理。开展农村社区建设创建活动，加强服务设施建设，培育发展社区服务性、公益性、互助性社会组织。强化乡镇政府社会管理和公共服务职能，建立综合服务平台，有条件的乡镇要设立便民服务中心、村设立代办点，为农民提供一站式服务。

27. *切实维护农村社会稳定*。完善党和政府主导的维护群众权益机制，切实解决好农村征地、环境污染、移民安置、集体资产管理等方面损害农民利益的突出问题。加强农村法制教育，畅通农村信访渠道，引导农民群众依法理性表达合理诉求、维护自身权益。推进农业综合执法。深入开展农村平安创建活动，坚持群防群治、依靠群众，加强和改进农村社会治安综合治理，进一步推进农村警务建设，严厉打击黑恶势力和各类违法犯罪活动。加强农村消防工作，健全农村应急反应机制。全面贯彻落实党的民族政策和宗教工作基本方针，加快民族地区经济社会发展，依法管理农村宗教事务。

各级党委和政府要站在经济社会发展全局和巩固党的执政基础的战略高度，切实加强和改善党对农村工作的领导。巩固农村基层深入学习实践科学发展观活动成果，建立党员干部受教育、科学发展上水平、农民群众得实惠的长效机制。按照促进科学发展的党政领导班子和领导干部考核评价办法的要求，指导地方细化考核指标，把粮食生产、农民增收、耕地保护、环境治理、和谐稳定等纳入地方党政领导班子绩效考核。完善农村工作领导体制和工作机制，把重中之重的要求落实到领导分工、机构设置、干部配备上，不断提高农村工作领导水平。切实加大农村政策落实力度，及时组织专项督查。各级领导干部要弘扬党的优良作风，密切联系群众，创造性开展工作。充分发挥民主党派、人民团体、社会组织和工商企业的作用，形成发展现代农业和建设社会主义新农村的强大合力。

做好2010年农业农村工作意义十分重大。我们要紧密团结在以胡锦涛同志为总书记的党中央周围，振奋精神，开拓进取，扎实工作，奋力开创农业农村工作新局面！

中共北京市委书记刘淇在2010年2月27日北京市农村工作会议上的讲话（摘要）

2010年2月27日北京市农村工作会议召开。会议深入学习贯彻党的十七届四中全会、中央经济工作会和中央农村工作会议精神，总结去年全市农业农村工作，部署今年各项任务。市委书记刘淇出席会议并讲话。市委副书记、市长郭金龙主持会议。市人大常委会主任杜德印、市政协主席阳安江、市委副书记王安顺出席会议。

刘淇在讲话中指出，不久前，在省部级主要领导干部贯彻落实科学发展观、加快转变经济发展方式专题研讨班上，中央提出加快经济发展方式转变的要求。在首都郊区转变发展方式，就是要突出创新驱动、内生增长的要求，加快农业高端化，加快农村城镇化，使农民更加富裕。要抓住首都建设世界城市的历史机遇，进一步加大城乡统筹力度，发挥郊区农村后发优势，大幅度提高郊区经济科学发展水平。郊区经济要坚持高端发展方向，依靠科技力量，打造北京农产品质量安全品牌；大力发展都市型工业和生产性服务业、生活性服务业，大力发展新能源产业和循环经济，使郊区在能源结构上实现跨越式发展；积极为首都总部经济、创新中心、金融后台服务中心营造发展空间。要大力引进高端生产要素，充分发挥区位优势和生态优势，推动高端生产要素向郊区聚集，营造充分体现郊区生态特色的高端产业发展区，吸引高端要素在郊区创意、创新、创业；要在推进产业融合中提高郊区经济发展水平，积极推动一产向二、三产业延伸，充分发挥郊区农业的生态、生活、生产功能，努力把郊区旅游业培育成为重要的战略性支柱产业。

刘淇强调，我们要深刻理解中央指示精神，抓住当前机遇，积极推动郊区农村城镇化建设。一是要在“加快”上下功夫。调整首都城乡结构，推动郊区城镇化建设，要有“等不起”的紧迫感，“慢不起”的危机感，“坐不住”的责任感，要抓紧研究制定加快城镇化的各项规划政策，抓紧解决制约城镇化发展的突出矛盾，抓紧落实推动城镇化建设的各项工程项目。二是要提高郊区城镇化规划水平，紧扣加快经济发展方式转变的要求，更新规划思路，统筹考虑山区和平原的城镇化进程。要在平原地区加强城镇体系的研究，注重空间、土地、产业、生态、人口五方面的统一协调，通过规划着力优化宅基地的集约利用，实现产业发展、投资安排、土地使用、公共服务设施的合理配置。既要为发展留下必要空间，又要调动各方面参与城镇化建设的积极性，同时保证农民权益，实现农民富裕。三是要下力气抓好重点工程，包括城乡结合部建设、重点新城建设、永定河绿色生态发展带建设，要精心组织，周密部署，统筹考虑重点工程建设与提升郊区城镇化水平的关系，切实发挥重点工程对提升郊区城镇化水平、推动郊区发展的重大作用。四是要注意保障农民权益，推进郊区城镇化要以富裕农民和提高郊区生产力为目的。要进一步健全土地储备机制，推动实现集约用地、规范用地，实现经济社会协调发展，使农民通过自主建设，发展适合的产业，靠自身努力实现富裕。要通过培训提高农民的就业能力，切实发挥农民在城镇化建设中的主体作用。

刘淇强调，要下大力气抓好改革任务的落实，把各项任务分解细化，扎扎实实逐项落实。要注重改革的协调，抓住利益平衡的切入点，既要抓住有利时机，积极推进改革，又要谨慎操作，不可粗枝大叶。要不断加快改革步伐，把农民权益确权到人，实现流转，使北京农民成为有资产的市民，让农民放心居住，放心就业。要把集体资产确权到人，使农民成为集体资产的股东，加快农转居步伐，顺利推进城市化进程，减少农民才能富裕农民；把农村土地确权到人，实现土地大规模、集约化经营，采用各种先进科技手段发展高端农业；把林权确权到人，充分调动农民积极性，增加林木蓄积量，提高固碳能力。要统筹经济社会发展，把改善民生与经济发展紧密结合起来，在城镇化进程中紧紧把握农民就业问题，使农民在拥有资产的同时及时获得就业岗位，持续增收；大力发展郊区商业零售业，积极营造农村消费环境；及时建立新的基层社会组织，把已经转居的农民变为能够适应城市管理的市民。要大力发展农村文化事业，使经济发展和文化发展有机结合起来，不仅满足农民群众日益增长的文化、体育需求，也要在农村融合发展的产业中增加文化内涵，创造品牌效益；大力发掘传统文化遗产，开发具有特色的农村文化、旅游产品，使农民拥有高度丰富的文化生活，提高郊区农民文明素质。

刘淇要求，要加强对郊区农村改革发展的领导，切实加强农村基层党组织建设，不断提高基层党支部书记领导科学发展的能力，结合村党组织换届选举工作，把那些有胆识、善创新、敢担责、群众基础好的同志选进班子，注意选拔优秀大学生、复员军人、创业能手充实基层党组织负责人队伍，充分发挥大学生村官的作用；要切实加强农村党风廉政建设，加强制度建设，全面实行廉政风险防范管理，通过持之以恒的反腐倡廉建设密切干群关系，提高基层党组织的凝聚力、战斗力；要进一步加强农村基层民主法制建设，通过保证群众的各项权益，切实推进基层民主政治建设，农村各级干部要坚持依法行政，做到公开、公正、公平办事。要切实维护好农村稳定，搞好矛盾纠纷的排查化解工作，健全党和政府主导的维护群众权益机制，引导农民群众依法合理表达诉求，维护自身权益；加强沟通，统一思想，将矛盾化解在萌芽状态；切实加强农村社会治安综合治理，在加快发展的同时确保农村稳定。

北京市副市长夏占义在2010年2月27日北京市农村工作会议上的工作报告

这次会议的主要任务是，全面贯彻落实中央农村工作会议和市委十届七次全会精神，总结2009年农业农村工作，分析当前形势，部署2010年任务。一会儿，刘淇同志将作重要讲话，我们要深入学习领会，认真贯彻落实。下面，我讲四点意见：

一、2009年工作简要回顾

2009年是城乡一体化扎实起步的一年，是新农村建设深入推进的一年，是“三农”工作迎接挑战、抢抓机遇、砥砺奋进、稳定向好的一年。面对国际金融危机带来的严峻挑战，面对全力以赴办好新中国成60周年庆祝活动的光荣任务，一年来，在市委市政府坚强领导下，全市上下深入贯彻落实科学发展观，全面落实“调结构、上水平、保增长、保民生、保稳定”各项任务，大力推进农村改革发展，城乡一体化取得良好开局。农民人均纯收入实际增长13.4%，达到11 986元，比2002年翻了一番。第一产业增加值增长4.6%，是最近七年来最高的增长速度。农村固定资产投资完成480.2亿元，超过了前三年的总和。农业农村工作取得的显著进步，为圆满完成建国六十周年庆祝活动增添了亮丽光彩，为有效应对国际金融危机提供了有力支撑，为推进“人文北京、科技北京、绿色北京”建设作出了重要贡献。

——城乡一体化扎实推进。召开全市城乡一体化工作会议、务虚会议，进一步确立了在建设世界城市大格局中推进城乡一体化的战略定位，进一步明确了推进城乡一体化的战略任务。围绕小城镇、农产品加工、沟域经济发展等多个专题，推出“1＋N”系列行动，强化部门联动机制，推广基层典型经验，取得了积极成效。市委市政府主要领导率先垂范、深入基层攻克难点，部门和区县集中精力、创新举措、汇聚合力，推动北坞和大望京两个城乡结合部改革发展试点取得突破性进展。目前，两村建筑全部拆除，北坞家园建设进展顺利，大望京商务区规划设计和公园建设基本完成，定向安置房已进入主体结构施工阶段，为城乡结合部建设积累了宝贵经验。积极推动新城建设，强化新城发展对农业农村的带动作用。调整小城镇布局，确定42个重点小城镇并基本完成了总体规划修编，全年47个项目纳入土地储备，总投资近500亿元。

——农村产业加快发展。设施农业新增4.3万亩，累计达到28.1万亩，“菜篮子”供应保障能力进一步提升。制定实施都市型现代农业基础建设及综合开发规划，完成年度30万亩建设任务。“221信息平台”完成基本功能研发，进入运行阶段。成功举办第七届全国花博会、第十七届北京种子大会，带动效应持续释放，会展农业成为都市型现代农业的重要载体。农产品质量安全水平稳步提高，农产品加工业、乡村旅游业进一步做大做强，一、二、三产业融合发展趋势充分显现。沟域经济发展取得重大进展，成为山区生态涵养发展的重要途径，品牌效应不断扩大。林业产业加快发展。农业区域合作全面拓宽。

——农村基础不断加强。新编1 674个村庄建设规划，覆盖面已达到75%。农村基础设施建设全面推开，在1 700余个村庄实施“五项基础设施”建设工程，120万农民受益。继续实施“三起来”工程，新增一批惠民项目。轨道交通、水、电、气、网络通讯等基础设施建设进一步向郊区农村延伸。生态建设进一步加强，治理水土流失面积575平方公里，重点绿化造林工程加快推进，生态区县、环境优美乡镇、生态村创建工作深入推进。帮助6 800多农民搬出山区泥石流易发区、生存条件恶劣地区。永定河、北运河水系治理工程取得显著成效。

——农村民生明显改善。新型农民培养工作进一步加强，10.23万名农村劳动力实现转移就业。农村中小学办学条件进一步改善，“送教下乡”、“校村结合”深入开展。城乡居民养老保障制度实现统一，农民养老参保率达到90%。新型农村合作医疗参合率达到95.67%。“村村通邮”基本实现。文化信息共享工程基层服务点实现全覆盖。农村公益法律服务体系加快建设。“家电下乡”进展顺利，累计销售17.3万台，惠及农民25万人。“汽车摩托车下乡”取得阶段性成果，完成1.16万辆车的补贴审核和发放。

——农村改革深入推进。乡村集体经济产权制度改革完成346个，累计达到812个，52万农民成为拥有集体资产的股东。完成农民专业合作社地方立法，农民专业合作社累计达到3 406家，覆盖一产农户总数的66%。家庭承包经营权确权流转工作有序开展，市区两级农地流转信息平台建成运行。农村金融制度改革多点开花，取得重大突破，初步形成了完整的体系框架，全年批准成立21家小额贷款公司、4家村镇银行。农村金融综合改革试验区启动建设。农业再保险制度建立，政策性农业保险覆盖主要农业资源的40%，参保农户达到24.22万户次。集体林权制度改革顺利开展试点。农村综合改革进一步深化。

——农村党建全面加强。第三批学习实践科学发展观活动有序开展，农村党建“三级联创”活动进一步深化。农村党风廉政建设进一步加强。农村精神文明和民主法制建设不断增强，“乡村新发现”、“寻找最美的乡村”等系列宣传活动取得良好效果。乡村治理机制进一步完善，“八步工作法”、“四议二审”等民主管理方法逐步推广。农村安全生产、矛盾纠纷排查化解等工作全面提高，农村继续保持和谐稳定。

审视2009年的“三农”，工作过程充满挑战，实践经验弥足珍贵，发展成绩来之不易。这是市委、市政府高度重视、正确决策的结果；是各区县各部门团结协作、合力推进的结果；是广大干部群众奋发向上、加倍努力的结果；也是社会各界勇担责任、鼎力支持的结果。在此，我代表市委、市政府，向广大干部群众，向所有关心支持“三农”发展的同志们、朋友们，表示崇高的敬意和衷心的感谢！

二、认清形势，坚定信心

当前，首都经济社会发展已经进入了全面建设现代化国际大都市的新阶段。从纽约、东京、巴黎、伦敦等世界城市发展经验看，产业、人口郊区化和郊区城市化、生态化是这一阶段的重要特征。瞄准世界城市的目标、落实建设“人文北京、科技北京、绿色北京”的战略任务，对推进城乡一体化、加快首都“三农”发展提出了诸多新的挑战。一是都市型现代农业整体发展水平有待提高，服务体系尚不健全，科研开发和成果转化能力需要加强，国际化开放性水平有待提高，转变发展方式、优化一产的任务相当艰巨。二是农村基础设施建设仍然滞后，长效管护机制亟待建立完善，生态建设和环境保护与世界城市相比存在不小差距。三是城乡收入差距依然较大，特别是低收入农户收入水平仍然较低，需要进一步加强新型农民的培养，不断拓展增收渠道，引导农民就业创业。与此同时，经济社会转型步伐加快，维护农村和谐稳定难度加大，推进农村改革发展的任务更加繁重。

在正视困难和挑战的同时，我们也要看到加快农村改革发展、推进城乡一体化的有利条件和积极因素。一是推动首都新一轮更大发展的精神动力空前高涨，贯彻落实科学发展观，以建设世界城市的更高标准，重新认识首都“三农”问题，大力实施城镇化与新农村建设“双轮驱动”战略，推进城乡一体化的思想基础进一步深化。二是首都经济实力不断增强，全市人均GDP超过1万美元，经济形势回升向好，转变经济发展方式，产业结构优化升级步伐加快，推进城乡一体化的物质基础进一步夯实。三是拓展首都新的战略发展空间，城市功能、产业向郊区布局，强农惠农政策体系不断完善，市与区县财政运行机制逐步理顺，政府固定资产投资重心加快转向郊区农村，农村土地、集体林权、产权制度改革稳步推进，规划引导、部门联动、区县统筹、社会参与的工作机制趋向成熟，推进城乡一体化的实践基础进一步稳固。

总体上看，今年面临的有利条件较多，总体形势应该好于去年。步入新阶段、站在新起点，我们必须进一步增强责任感、紧迫感、使命感，切实把思想和行动统一到中央和市委部署上来，瞄准世界城市、建设“人文北京、科技北京、绿色北京”，扎实推进城乡一体化发展；必须进一步解放思想、坚定信心、振奋精神、乘势而上，集中力量统筹城乡，集中资源聚焦“三农”，大力推进城乡一体化发展；必须善于把握机遇、融入大格局，敢于攻坚克难、推动大跨越，勇于开拓创新、促进大发展，全面推进城乡一体化进程。

第一，坚持把加强“三农”工作作为重中之重。“三农”工作具有战略性、基础性、长期性的特点，目前仍然是首都现代化建设事业中的薄弱环节。必须坚持把立足点放在加强“三农”上，国民收入分配要真正向“三农”倾斜，公共事业发展的重点要切实放到农村，改善民生的举措要更多惠及农民。

第二，坚持资源要素向农村配置。资源要素配置格局直接决定着经济社会发展格局。要加快建立促进城乡一体化发展的体制机制，将政府的公共资源更多地投向农村，促进城乡基本公共服务均等化。加快建立有利于资源要素向农村配置的市场机制，发挥市场在配置资源上的基础性作用，引导资金、技术、人才、管理等要素向农村聚集，全面提升农村经济社会发展水平。

第三，坚持加快转变农村经济发展方式。加快转变经济发展方式，是践行科学发展观的重要目标和战略举措。要坚持资源节约、环境友好、生态文明的可持续发展道路，强化规划和科技支撑，加快发展都市型现代农业，促进一、二、三产业融合发展，推动农村经济结构调整和产业升级，推进城乡产业发展一体化。

第四，坚持城镇化与新农村建设“双轮驱动”。城镇化和新农村建设“双轮驱动”，是城乡一体化发展的必由之路。要加快推进城镇化，推动农村人口向城镇转移，使城镇化成果更多地惠及农村和农民。要扎实推进新农村建设，既让农民能够安居乐业，又为城镇化的健康发展提供坚实支撑。

第五，坚持保护和发展农民根本利益。推进城乡一体化，要以解决农民问题、保障农民利益为根本，经济上发展农民的物质利益、政治上保障农民的民主权利，强化农民的主体地位，充分调动农民的主体积极性，使农民实实在在享受到改革发展的成果。

三、2010 年工作总体部署

2010 年是全面完成“十一五”规划任务的最后一年，也是加快经济发展方式转变、推进城乡一体化发展的重要之年。今年工作的总体要求是：全面贯彻落实中央农村工作会议和市委十届七次全会精神，深入贯彻落实科学发展观，紧紧围绕建设世界城市和“人文北京、科技北京、绿色北京”的战略任务，牢牢把握率先形成城乡经济社会发展一体化新格局的根本要求，以重点建设为抓手，加快拓展新的战略发展空间；以产业融合为途径，加快农业农村经济调结构上水平；以改善民生为目标，加快农村基础设施和公共服务体系建设；以改革创新为动力，加快资源要素向农村配置；以党的建设为保障，加快农村基层民主政治建设。按照抓改革促统筹、强基础惠民生的思路，毫不松懈地抓好农业农村工作，确保“十一五”时期社会主义新农村建设任务全面完成，确保农民收入持续快速增加，确保农村经济社会又好又快发展，为首都现代化建设事业全局作出新的贡献。

为了做好今年工作，市委、市政府讨论通过了《关于集中力量统筹城乡、集中资源聚焦三农，全面推进城乡一体化进程的若干意见》，请各区县、各部门结合实际、认真落实。这里，再强调几个方面重点。

（一）加快推进城镇化进程　加强城乡一体化规划引导。适应建设世界城市的新形势、城乡一体化发展的大趋势，市和区县都要编制率先形成城乡经济社会发展一体化新格局实施规划纲要，进一步发挥规划引导作用。要坚持统筹兼顾，做到空间、土地、人口、产业、生态规划“五统一”，提高规划编制的质量和水平。要根据全市“十二五”规划编制工作总体安排，加强城乡一体化发展规划编制工作的组织领导，深入开展前期研究，组织专家和公众参与，凝聚各方面智慧，做好各个阶段工作，力争编制出指导性、可操作性强的规划。

全面推动城乡结合部改革发展。城乡结合部关乎首都形象，是经济发展最具活力的地区，也是推进城乡一体化的难点。坚持政府主导、农民主体、部门联动、社会参与，在总结、借鉴北坞和大望京村试点经验的基础上，今年整体启动 50 个重点村的建设，同步加快其他城中村改造。要依靠农村基层组织，让农民广泛协商、自主决策、充分参与，全面了解各方面情况，这样农民才能放心、积极性才能得以发挥。要分类指导、鼓励创新，探索土地利用多种模式，实现农民在自己土地上富起来的城市化。按照“逢征必转”原则，加快农转非转居步伐，让农民充分享受城市化成果，让城市化更好地惠及农民群众。

切实解决好新城建设中的涉农问题。新城主要承担疏解中心城区功能、产业，转移城市和农村人口，带动区域发展的任务。要统筹落实征地、拆迁、安置、就业、社会保障等工作。制定完善新城规划区域内的旧村改造政策。加大农转居工作力度，对于新城规划区域内符合条件的镇村，及时实施整建制农转居。

加快小城镇发展。小城镇是连接城乡的重要节点，主要承担转移农村人口、集聚农村产业，促进农民就地城市化的功能。要坚持先生产、后生活的原则，确保42个重点小城镇都有适度规模的产业集中发展用地，加快培育主导产业，抓好规划、基础设施建设、招商引资等各项工作。

（二）加快转变农业农村经济发展方式　提升都市型现代农业发展质量。都市型现代农业是建设世界城市的特色产业，是首都高端农产品供应和城市应急安全的基本保障，也是转变农业发展方式的必然选择。着眼国际化和开放性，加快吸引一批国内外涉农企业、研发总部落户北京，不断提升首都农业的影响力和竞争力，使北京农业成为展示中国特色现代农业的窗口。着眼基础设施最领先、成果转化首选地、籽种品种顶尖级、机械装备现代化、服务体系最完备、人才素质第一流的标准加强农业建设。年内完成30万亩高标准农田基础建设任务，新增设施农业4万亩，完成10万亩水蜜桃、5万亩柿子树改造任务；继续发展籽种农业，加快良种培育，特别要办好世界种子大会，打造北京种业之都；积极争创国家都市型现代农业示范区，打造精品工程。着眼农业科技创新，汇集首都科技优势，重点引进吸收一批行业领军人才和高端科技人才，发挥其在农业科技创新中的重要作用，为转变农业发展方式提供科技支撑。

构建都市型现代农业服务体系。加快构建公益性服务和经营性服务相结合、专项服务和综合服务相协调的新型农业服务体系。推进农业科技创新。加快农业科技自主创新和消化吸收再创新，加强与国家重大农业科技专项对接，促进农业科技成果转化，培育农业高科技企业。强化基层农业技术推广。围绕区域主导产业，加快乡镇农技推广机构改革与建设，有条件的区县要建立村级农业综合服务点，推行农业科技特设岗位计划，在以种养业为主的村设立一名全科农技员，抓好一批试点，总结一批典型。抓好农产品市场建设。统筹制定全市农产品批发市场布局规划，推进高水平农产品物流交易中心建设。加强市场管理和监测，畅通首都农产品市场流通渠道，确保市场安全稳定供应。加强农业区域合作，支持本市龙头企业在外埠建设农产品生产基地，增强应急保障能力和市场控制力。加强农产品质量安全。落实农产品质量安全三年行动计划，健全农产品质量安全监管体系和检验检测体系。推进农产品生产标准化，力争用三年时间实现全覆盖。大力发展无公害农产品、绿色食品、有机农产品，不断提高覆盖率。做好重大动植物疫病防控。开展生物安全隔离区试点建设，实现高致病性禽流感等重大动物疫病应免率100%，重大动植物疫病免疫抗体监测面100%。

推动一、二、三产业融合发展。加强规划引导，促进镇村工业结构调整和产业升级。大力发展农产品加工业，采取“两条腿走路”的办法，抓龙头、上规模、创品牌，鼓励有条件的农业龙头企业上市，提高市场竞争力，带动农民致富；同时，扶持以农民专业合作社为母体的中小型特色农产品加工业发展，推动农民享受更多的农产品加工增值收益。加快发展乡村旅游业，立足建设旅游之都的新定位，推动乡村旅游业集群发展、提升档次；年内打造3个旅游集散特色镇、一批乡村旅游特色业态聚集区，推进乡村旅游与都市旅游在接待机构、市场、服务产品、旅游商品等方面的对接，支持民俗旅游村参与政府采购活动。

加快发展沟域经济。坚持走具有北京特点的山区建设之路，把发展沟域经济作为重要突破口，通过高起点谋划、高标准规划、高水平建设，使沟域成为城乡一体化的亮点、生态文明建设示范区、市民休闲度假的首选地、促进农民增收的重要载体。编制全市62条重点沟域五年发展规划，启动重点沟域建设工程，开展7条沟域规划国际招标。探索整合配置、集中利用沟域内分散建设用地的有效途径。坚持政策集成、农民主体、市场运作、多元投资，注重发挥农村集体经济组织、农民专业合作社的作用，发展特色产业。

（三）加快改善农村生产生活条件　加强农村基础设施建设。进一步加大政府固定资产对农村的投入，全面推动水电气路及生态环保、信息化等大型基础设施向农村延伸。启动山区500公里主线、400公里支线道路建设。实施新一轮农村电网改造升级工程。深入实施“亮起来、暖起来、循环起来”工程，更换节能灯771.2万盏，新建、改造2.1万户农房，建成一批户用沼气、大中型沼气、粪污治理、雨洪利用等项目。认真总结密云、怀柔、平谷天然气建设经验，加快农村地区天然气建设，力争通过一段时期努力，全市42个重点镇全部用上安全、清洁能源。积极推进液化气下乡工作，不断改善农民生活用能。年内实现村庄建设规划全覆盖，全面完成“五项基础设施”建设工程。启动新农村社区与新民居建设试点，逐步提高村镇建设的质量和水平。鼓励通过多种形式，支持农民依法依规建设改造安全、节能、环保的自用住房。加强农村环境整治，力争年底所有乡镇、村基本实现生活垃圾“户分类”要求。搬迁山区农民6 617名。

构筑牢固的绿色生态安全屏障。郊区绿化是“绿色北京”的重要支撑，是宜居城市的重要基础。要以世界城市的标准，全面提升郊区绿化质量和水平。加快三海子郊野公园等大型公园绿地建设，年内新建郊野公园10处，全面完成第二道绿化隔离地区163平方公里绿化。推进京津风沙源治理、三北防护林、废弃矿山生态修复、重点通道绿化、山区低效林改造等重点生态工程项目建设。实施北京市绿化条例，启动林业碳汇行动计划，鼓励社会单位和市民认建认养树木绿地、购买碳汇。按照“高标准规划、国际化要求”，加快第九届中国国际园林博览会筹办工作，努力打造品牌、办成精品。坚持高端高效，全面推进第七届世界草莓大会筹备工作。

科学开发利用农村水资源。水资源是首都可持续发展的战略资源。开展水资源战略规划和总体评估，提出解决水资源短缺问题的思路和应对措施。按照立足自身、深度挖潜、争取外援、优化配置的原则，落实最严格的水资源管理制度，加强以农田节水、再生水利用、雨洪利用等工程为主的农田水利基本建设，加大农业农村节水力度；加强水源地建设，推进重点镇集中供水和污水处理等基础设施建设，实施重要地表水源地和市级民俗旅游村污水治理工程。加快永定河绿色生态发展带建设、北运河流域水系综合治理和潮白河流域生态建设。完成山区 310 平方公里水土流失治理任务。

动员和引导社会力量参与新农村建设。鼓励首都企业、科研院所、驻京部队和各类社会组织与乡村结对帮扶，参与农村产业发展和公共设施建设。用好、用足、用活企业捐赠支出的税收优惠政策，引导企业参与农村公益事业项目建设。实施专项行动计划，加大服务央企工作力度，吸引央企与乡镇对接，实现共赢发展。

（四）加快改善农村民生　加快农民非农就业。就业是民生之本，二、三产业就业是农民富裕之门。必须将促进农民就业作为最大的社会责任、最重要的工作指标、最硬的现实任务来谋划、来部署、来落实。靠教育转变观念。世界发达国家和地区经验表明，只有跳出农业才能发展农业、减少农民才能富裕农民，非农就业是实现农民富裕的必然选择。要教育引导农民转变就业观念，实现从农业就业、基本就业、选择就业到高端产业、高效企业、高薪岗位就业的跨越。靠产业增加就业。着眼农民充分就业，农村二、三产业就业基地非有不可、非同小可、非抓不可。要简化审批程序、减免相关费用，尽快完善农民就业产业基地相关规划、土地手续。通过各方努力，最终实现农民“工作在园区、居住在城区、生活在社区”的目标。靠服务保障就业。完善市区镇村四级就业服务体系，建立城乡统一的劳动就业制度，加强职业培训，建立实践基地，同时完善小额贷款担保、财政贴息、行政事业性收费减免等政策，为农民创业营造良好环境。今年要帮助 7 万名农村劳动力实现转移就业。

提高农民社会保障水平。完善城乡居民养老保险筹资机制，增加缴费补贴，确保农民参保率提升到 90%以上。抓紧研究城镇居民基本医疗保险与“新农合”的制度整合，逐步建立城乡统一的居民医疗保障制度。新型农村合作医疗人均筹资标准提高到 520 元，住院补偿比例升至 60%，门诊补偿比例升至 40%。构建城乡统一的社会化养老服务体系。适度提高农村低保标准。逐步提高农村五保供养水平。

发展农村社会事业。落实城乡免费义务教育的各项政策，改善农村幼儿园办学条件。加快推进农村中、高等职业教育免费进程。推进农村基层卫生服务体系建设，建立基层卫生服务机构与大医院双向转诊制度。继续推进郊区县“周末演出场计划”，力争演出 700 多场。新建 1 020 个农家书屋、100 个乡镇公益法律服务中心。完善农村部分计划生育家庭奖励扶助制度和计划生育家庭特别扶持制度。

（五）加快推进农村各项改革　健全完善农村土地制度。深入做好农村土地保护和管理，确保基本农田得到保护。坚持农村基本经营制度，继续做好农村土地承包管理工作，规范流转行为，确保农村现有土地承包关系保持稳定。完善流转合同签订和登记备案制度，健全市场机制，提高服务能力和水平。认真落实农村土地承包经营纠纷调解仲裁法，加大调处力度。加快农村集体土地所有权、宅基地使用权、集体建设用地使用权等确权登记颁证工作，力争用三年时间把农村集体土地所有权证确认到每个具有所有权的农民集体经济组织。有序开展农村土地整治，农村宅基地和村庄整理后节约的土地仍属农民集体所有，确保维护农民利益。鼓励集体经济组织依照规划、利用存量建设用地，采取农民入股的办法，发展股份合作制的租赁房。研究制定农村集体建设用地流转办法。完善多元化征地补偿机制，推广留地安置、资产补偿等办法。

全面推进集体林权制度改革。以“明晰产权、确立主体、放活经营、强化管理、保障收益”为主要内容，全面推进林权制度改革，力争 2011 年底基本完成主体改革任务，不断深化配套改革措施，探索建立现代林业产权制度。规范林地承包合同管理、林权登记发证、林木采伐限额管理和集体林权流转。建立生态效益促进发展机制，实施生态公益林生态效益补偿。探索集体林业经营权抵押贷款、林业政策性保险等具体办法，拓宽林业融资渠道。加快构建新型林业社会化服务体系，支持发展农民林业专业合作社、股份合作制等林业合作组织、林业专业协会。

大力推进乡村集体经济产权制度改革。坚持“资产变股权、农民当股东”的方向，加大力度、加快进度，使更多的农民成为拥有集体资产的市民。全市拥有集体净资产的乡村，都要推进产权制度改革。没有集体净资产的村，要全面做好集体经济组织成员身份界定、劳龄统计和清产核资等基础性工作。2010 年，完成改革单位 450 个以上，重点加快城乡结合部地区、新城规划区、重点小城镇以及群众积极性较高地区的改革。同时，要深化农村综合改革，基本完成农村义务教育债务化解工作，推进其他公益性乡村债务清理化解试点，防止发生新的乡村债务。

进一步规范和发展农民专业合作社。认真贯彻落实《北京市实施〈中华人民共和国农民专业合作社法〉办法》，采取政府资金支持、开展教育培训、落实金融保险政策、实施农超对接等措施，加大对农民专业合作社的扶持力度，鼓励农民专业合作社承担支农项目。实施农民专业合作社示范社建设行动计划，支持示范社产业化经营，开展农产品加工、配建仓储与运销设施建设。支持有条件的农民专业合作社开展信用合作，兴办农村资金互助社。

提高农村金融服务质量和水平。制定金融支农意见，引导更多信贷资金投向“三农”。加快培育村镇银行、小额贷款公司、农村资金互助社，引导社会资金投资设立适应“三农”需要的各类新型金融组织。针对北京农村特点，创新农村金融产品。扩大政策性农业保险覆盖面。鼓励各区县对特色农业、农房等保险进行保费补贴。发挥农业投资公司、农业担保公司、农业产业投资基金等农业投融资平台作用，加大对农业产业投资力度。加大“三信工程”建设力度。加大对涉农企业上市融资支持服务力度。支持农村金融改革试验区建设。

四、加强领导，狠抓落实

推进城乡一体化、加快“三农”发展，必须进一步加强和改进党对农村工作的领导，提升党领导农村科学发展的能力和水平，周密部署、精心安排，狠抓落实、务求实效，促进农业农村工作再上新台阶。

切实加强组织领导。各级党委和政府要站在建设世界城市的战略高度，进一步解放思想，强化大局观念，认真履行职责，全面推进城乡一体化进程。党政主要领导要亲自抓“三农”工作，在领导分工、机构设置、干部配备上加强“三农”，在谋划思路、制定规划、工作摆布上统筹城乡发展。充实完善各级新农村建设领导机构，加强领导小组综合办公室建设，注重规划引导和督促检查，积极引导社会力量参与新农村建设，统筹推进城乡一体化工作。按照促进科学发展的干部考核评价办法的要求，细化考核指标，把农业生产、农民增收、耕地保护、环境治理、和谐稳定等纳入领导班子绩效考核。各级干部要大力弘扬求真务实的精神，真抓实干，狠抓落实，解决问题，务求实效；要大兴调查研究之风，察实情、出实招、办实事，创造性地开展“三农”工作。

创新农村党建工作。加强和改进农村基层党组织建设，着力扩大工作覆盖面。继续深化农村党的建设“三级联创”活动，充分发挥村党组织在推进城乡一体化中的作用，着力构建城乡统筹的基层党建新格局。全面加强农村党组织负责人队伍和党员队伍建设，完善“一定三有”激励保障机制，广泛开展岗位承诺、“双述双评”、创先争优等活动。加强农村人才工作，进一步提高素质、扩大总量、发挥作用。加强农村党风廉政建设，深入开展农村党员作风年建设活动，加强农村反腐倡廉制度建设，全面推进廉政风险防范管理向农村基层有公共权力的部门和岗位延伸，加强和规范农村集体资金、资产、资源管理，加强对重大决策部署与政策落实情况的监督检查，坚决纠正损害群众利益的突出问题，严肃查处违法违纪案件。

完善乡村治理机制。完善乡镇治理机制，实行政务公开，依法保障农民知情权、参与权、表达权、监督权。建立健全既保证党的领导又保障村民自治权利的村级民主自治机制，规范村级民主选举、民主决策、民主管理、民主监督。学习借鉴重大事项由村党组织提议、支委会和村委会联席会议商议、全村党员大会审议、村民代表会议或村民会议决议，以及决议公开、实施结果公开的“四议两公开”等做法，总结推广村级民主决策“八步工作法”、“四议一审”等典型经验，不断探索和规范村级民主的有效载体和实践形式。抓好全市105个村务公开和民主管理“难点村”治理。依法做好村“两委”换届选举工作，抓好村“两委”班子和村民代表队伍建设。

维护农村和谐稳定。加强农村政策宣传、科技知识、集体观念、社会公德和民主法制教育，塑造良好的舆论导向。加强文明创建工作，积极开展群众性文化体育活动和全民健身运动，营造文明和谐的氛围。加强农村安全稳定工作，健全完善农村社会矛盾排查化解工作体系，严格落实属地党政主要领导第一责任，充分发挥人民调解、司法调节、行政调解的作用。全面推进平安村创建活动。加强农村防灾减灾和消防工作。健全农村应急反应机制。加大对少数民族和民族地区发展的支持。依法管理农村宗教事务。

同志们，做好今年农业农村工作，任务艰巨、责任重大、使命光荣。我们要紧密团结在以胡锦涛同志为总书记的党中央周围，在市委、市政府的坚强领导下，振奋精神，开拓创新，扎实工作，努力开创农业农村工作新局面，为率先形成城乡经济社会发展一体化新格局而努力奋斗！

文 献 选 载

北京市人民政府批转市发展改革委关于推进新城基础设施公共服务和生态环境建设发展实施意见的通知

（2009 年 5 月 11 日）

北京市人民政府批转给各区、县人民政府，市政府各委、办、局，各市属机构，结合实际，认真组织实施。

市发展改革委关于推进新城基础设施公共服务和生态环境建设发展的实施意见

（2009 年 4 月）

《北京城市总体规划》中确定了 11 个新城，其中顺义新城、通州新城、亦庄新城为重点新城。为统筹加快推进新城基础设施、社会公共服务和生态环境等建设，按照本市“十一五”规划的整体部署，结合实际，提出如下意见。

一、指导思想和工作目标

（一）指导思想。深入贯彻落实科学发展观，遵循建设“人文北京、科技北京、绿色北京”要求，按照“五年打基础、十年成系统、十五年见水平”的总体安排，坚持高标准规划、高起点建设、高水平配套，以区县和北京经济技术开发区为主体，以区域为单元，以项目为抓手，把握好区域开发、项目实施、土地投放、资金引导四个关键环节，加大政府投入力度，优化政府投入方向，有序引导社会资本投入，优先实施外部联络系统，优先加强生态环境建设，优先抓好公共服务配套，优先促进产业发展，优先开发近期功能区域，分阶段集中解决问题，促进新城建设扎实有序推进。

（二）工作目标。坚持新城基础设施和公共服务配套适当超前，着力提高城市绿化覆盖率水平和资源循环利用水平，将中心城功能调整与新城高水平建设同步进行，使重点新城成为承担中心城功能调整和人口疏散的主要区域，努力建设建筑特色鲜明、功能协调、人与自然生态和谐文明的新城。近期主要工作目标：

基本完成外部交通联络系统。到 2012 年力争每个重点新城有一条轨道交通；新城与中心城、与规划重点镇以及相互之间实现快速顺畅连接。

基本完成骨干性基础设施配套。到 2010 年重点新城内部规划路网架构基本形成；实现每个新城有一座高品质中水处理厂；电力支撑和配电设施全面完成；全部实现集中供热。

基本完成区域功能性公共服务设施建设。到 2010 年实现每个重点新城有一个区域医疗中心、一个公共体育馆、一个多功能影剧院，教育硬件设施和质量有明显提高。

基本完成新城绿化隔离控制。到 2010 年初步形成新城外部绿带，实现每个新城有一个万亩滨河森林公园，每个新城与中心城之间有一条生态走廊，内部有一条景观大道，有一个休闲公园。

基本完成规划重点功能区建设。到 2010 年实现每个新城先期启动的重点功能区初具雏形。

二、具体实施意见

（一）推进基础设施先行。坚持新城基础设施先行，带动引导社会投资；适应新城未来发展需要，注重超前考虑，统筹安排，协调推进，搞好一批骨干性项目的实施和配套。

1. 加快新城外部交通联络建设。重点围绕轨道交通、城间公路联络线实施一批重大项目。重点实施亦庄线、顺义线以及大兴线、良乡线等7条轨道交通线。用2至3年时间集中实施一批新城到中心城及新城之间的联络线。到2015年基本完成中心城与重点新城、新城与新城之间的交通联络线。

2. 完善重点新城内部路网。重点实施顺义新城新国展联络线、站前北街延长线，通州新城潞苑北大街、朝阳北路东延，亦庄新城经海路、科创街等道路工程。到2010年初步形成重点新城较为完善的内部路网。

3. 搞好基础设施配套。按照供应能力和技术水平适度超前的原则，集中投入建设一批水、电、气、热、垃圾处理等配套设施，并给未来发展留有余地。

(1) 电力供应。加快推进新城电网建设，提前完成“十一五”规划中电网项目建设，提高新城电力供应能力和可靠性。重点建设一批与发展相适应的220千伏枢纽变电站和110千伏输变电工程。

(2) 天然气。依托六环路天然气管网，实现新城与市区干网联通。推进新城天然气输配工程建设，建设一批高压站、调压站等天然气供应工程，完善新城天然气区域管网系统。

(3) 集中供热。集中力量实施新城集中供热工程，初步安排三河热电厂输热线工程、新城集中供热工程等一批项目。到2010年，新城全部实现集中供热。

(4) 污水处理。推进新城再生水厂建设和已有污水处理设施改造，加快新城污水截留和管网工程建设，提高主要污水处理厂的处理能力，实现新城污水全部处理成再生水。重点实施通州张家湾污水处理厂、顺义马坡污水处理厂、亦庄污水处理厂建设工程。今后，原则上不再建设日处理能力10万吨以下的污水处理厂。

(5) 垃圾处理。统筹考虑全市垃圾收集、运输和处理体系建设与设施布局，新建垃圾处理厂优先采用先进的焚烧技术。重点实施一批新城垃圾转运站和乡镇垃圾转运设施建设。实现建筑垃圾的资源化处理。

(6) 信息化基础设施。加强基站建设，高标准建设各产业园、住宅小区的信息化配套工程，在重点新城建成区范围内逐步实现数字TV、移动无线宽带、3G无线通讯网络基本覆盖。

4. 加强新城配套设施建设的统筹协调。对水、电、气、热、信息等基础设施建设，要充分发挥部门及国有企业投资主体的作用，进一步落实专项建设资金，统筹工程施工，使配套设施与道路同步建设，实现管线全部入地，避免马路“拉链”和线网空中搭挂，提高整体效益，美化城市景观。

(二) 提高公共服务配套能力。注重公共服务配套，创造舒适便捷的生活环境，增强新城对中心区人口转移的吸引力。

5. 增强新城公共服务功能。着重围绕教育、医疗、文化体育等社会公共服务领域，启动实施一批功能性项目建设，包括区域医疗中心、体育馆、多功能影剧院等，提升新城公共服务能力。

6. 加强社会公共服务设施配套。根据新城区域覆盖半径和服务人口比例，统筹考虑存量资源和增量需求，搞好中小学、幼儿园、就业服务设施、社区卫生服务设施、文体活动设施、养老服务设施、消防设施等公共服务配套。对新城待建设开发的区域，实行社区范围预划。新建住宅区要严格按规定标准落实公共服务配套面积，同步建设相关设施；公共服务不配套的不得发放销售许可证。

7. 完善产业服务设施配套。加强新城特别是新城待建设开发区域的酒店、写字楼、商场、超市和银行、电信、邮政、加油站服务网点等服务设施的统筹规划，引导社会投资，力求协调实施。

8. 推进新城交通便利化。着重围绕建立新城内外公共交通体系，超前规划新城公交枢纽、线网、站点和公共停车设施，按照由大到小、由外到内、由主到次的思路分批实施。优化连接中心城与新城的公交线网，力争用3年时间实现城乡公交一体化。

9. 引导中心城优质服务资源向新城转移。适度控制中心城教育、医疗、行政办公和科研服务设施的新建和改扩建，制定土地供应、建设资金投入、职工住房等方面的支持政策，推动向新城的功能转移。鼓励有影响力的学校、医院整建制外迁新城。完善名校办分校、名院办分院政策机制，探索实行名校分校全市招生和名院资源整合工作，增强新城公共服务资源对人口的吸引力。

(三) 搞好生态环境建设。按照“宜居城市”的要求，超前考虑生态环境保护和建设，使新城成为生态文明、环境优美的城市。

10. 推进新城的绿化隔离建设。全面落实新城地区绿化隔离建设标准和管理办法，优先启动实施隔离绿化带工程，防止今后再“拆迁建绿”，避免中心城与新城连成一片。

11. 建设生态走廊。围绕中心城与新城、新城与新城之间的道路联络线，搞好沿线绿化美化和生态景观建设，推进温榆河、北运河和凉水河河道整治，建设万亩滨河森林公园，建设形成一批绿色生态走廊。

12. 完善新城内部生态系统。搞好新城内部景观街道设计和建设，到2010年使每个新城内部至少有一条景观大道，提升新城形象。统筹规划新城永久开放空间，适当提高人均公共绿地标准，按照区域性公园（3 000米服务半径）、居住区公园（1 000米服务半径）、带状公园或游园（500米服务半径）三级公园标准，推进新城公园建设。有条件的地方可利用中水建设水景公园。推行新城屋顶绿化和垂直绿化。统筹规划建设好新城应急避难场所。

（四）加强资源节约利用。注重体现新的发展理念，通过推行先进资源利用方式和技术手段，加强项目实施标准控制，使新城资源节约利用水平明显高于中心城。

13. 加强节能和新能源利用。

（1）发展集中供热。实施燃煤锅炉房改燃气工程，发展清洁燃煤区域集中供热，提高供热效率，减少环境污染。

（2）提高建筑节能标准。新城新建建筑节能标准按高于现行标准5个百分点执行，公共建筑节能按55%、居住建筑节能按70%的设计标准执行。开展现有宾馆、饭店、大型商场、办公楼等建筑的节能改造。

（3）加强新能源与可再生能源利用。根据区域资源特点，围绕重点公建、住宅项目，发展太阳能、热泵和大中型沼气等新能源与可再生能源。力争5年内使新城新能源与可再生能源的消费量占其能源消费总量的比例达到6%。

（4）推行先进能源利用管理方式。新建住宅小区全部实行按供热分户计量设计和建设。

14. 加强水资源节约利用。

（1）中水利用。建设中水管道，统筹考虑中水利用，围绕绿化景观、市政杂用等重点需求，建设中水管网和配水设施。新建公建和住宅小区推行中水回用系统。力争用5年时间使新城污水全部处理成为中水，中水基本得到有效利用。

（2）建筑节水。新城公用建筑和民用建筑强制采用节水器具设备。加快既有大型公建节水器具的更新改造。建设节水示范区。

（3）雨水利用。全面推行雨污分流，围绕新城内部城市干道和公园，建设城市雨水集蓄和利用系统。新城人行步道、广场、公园及住宅小区等公共活动空间全部建设透水地面，提高雨水利用率。

15. 加强土地集约利用。

（1）适当提高新城建设的容积率。严格控制低密度住宅小区建设，尽可能放大公共空间，特别是轨道交通、主要交通联络线附近要预留足够空间。

（2）对产业园区实行项目单位土地投入产出效果评价，严格执行节能降耗减排标准，引导集约发展。禁止建设花园式工厂。

（3）有效利用地下空间。编制新城地下空间利用规划，统筹考虑新城地上、地下空间利用。

（五）建设特色新城。注重特色培育，在挖掘自然和历史文化内涵及功能定位的基础上，从空间布局、景观设计、建筑风格及产业功能特色等方面入手，促进新城外在形象与内在取向统一。

16. 加强景观设计和建筑风格设计审查。对新城待建设开发区域要进行整体景观设计，在审批城市控制性详细规划的同时，审批区域性景观设计方案；在一级开发和单个具体项目规划审批的同时，实行建筑风格审查，促进整体风貌协调。

17. 加强建筑设计管理。新建住宅顶层设计要推行坡面设计，有步骤、分阶段地对已有建筑进行“平改坡”。

18. 加强历史遗迹、景观风貌的修缮和保护。挖掘城市历史文化内涵，结合新城历史文化特点，适当修复体现当地特色的建筑和风貌。

19. 加强产业项目筛选。按照城市功能定位选择符合发展方向的产业项目，推进产业基地建设，建设特色产业新城。

（六）强化区域开发时序调控。注重循序渐进、梯次实施，立足长远，有步骤、分阶段推进，引导社会投资，按区域阶段性密集投入。

20. 进一步细化明确新城各组团的开发时序。按照各新城组团功能定位，确定调整优化区、重点建设区、适度建设区、近期控制区，形成新城梯次开发格局，保证新城开发有序进行。优先实施重点新城建设开发工作。

重点新城功能组团开发时序表

新城名称	调整优化区	重点建设区	适度建设区	近期控制区
顺义新城	仁和组团	马坡组团、空港城组团	牛栏山组团	北小营组团、南彩组团
通州新城	运河核心功能区	商务总部功能区、主题休闲功能区	医疗康体功能区	行政服务功能区
亦庄新城	核心区	枢纽站前综合区、河西区、京津塘路东区	马驹桥物流区	六环路南区、马驹桥居住区

21. 推行区域开发、单元实施模式。在明确近期重点建设区域的基础上，对区域内的土地一级开发进一步划分单元，以功能分区或一定面积（1至3平方公里）为单元，分单元实施，并推行基础设施综合管廊。

22. 加强土地投放动态调控。根据分阶段开发建设需要和年度实施重点，在做好新城土地供应总量调控的同时，实行投放结构和时序调控。2010年前优先满足基础设施、公共服务设施建设，符合发展方向的产业用地和生态环境建设需要，适当控制商品住宅土地供应。开展土地收益年租制试点。

23. 规范新城建设拆迁行为。合理确定拆迁征地补偿标准，规范拆迁补助补贴费用。建立失地农民多元化安置机制，除货币补偿外，加大房屋安置力度，拓宽房屋安置方式，同时做好失地农民转移就业工作，切实做好被拆迁人员安置工作。

24. 开展新城建设管理综合改革试点。考虑选择1至2个新城进行试点，在建设理念、管理理念、改革举措等方面先行先试。

（七）搞好新城建设资金平衡。注重统筹考虑建设资金平衡，分类确定投融资方案，防范债务风险。

25. 建立新城重大建设项目库。扎实推进新城项目前期建设储备工作，按开发次序、项目类型统筹安排新城建设项目，集中力量分阶段解决问题。

26. 分类融资、多渠道筹集建设资金。根据项目的不同类型采取不同的筹融资方式。对城市道路、公共绿地等非经营性基础设施项目，以政府投资为主，有条件的可采取BT方式（建设—移交）吸引社会建设资金，政府通过补偿机制和回购方式，回报投资者；对热力等准经营性基础设施项目，可采取贴息和补助等方式吸引社会投资者；对经营性基础设施项目，向社会投资者全面开放，通过吸引社会资本投资建设；对基本社会公共服务项目，可通过政府直接投资建设，也可由社会机构等非营利性组织投资建设；对准基本社会公共服务项目，可向社会投资者公开招标项目法人，通过财政补贴、PPP模式（公共部门与私人企业合作）、贷款贴息、优惠政策等方式支持民间资本或其他社会力量投资建设；对经营性社会公共服务项目，考虑股权融资，全面放开市场，积极吸引社会资本介入；继续实行贷款银行招标；研究建立新城开发投资基金，探索发行地方债券和企业债券。

北京市人民政府办公厅
关于本市重点小城镇建设有关工作的通知

（2009年6月30日）

为认真贯彻党的十七届三中全会精神，落实《中共北京市委关于率先形成城乡经济社会发展一体化新格局的意见》（京发［2008］30号）和全市城乡一体化工作会议要求，巩固和提高本市小城镇建设发展的整体水平，根据《北京城市总体规划（2004—2020年）》及相关新城规划，结合城乡经济社会发展和城镇建设的实际情况，经市政府同意，现就本市重点小城镇建设有关工作通知如下：

一、确定本市重点建设发展的小城镇

市政府确定，以下42个建制镇为本市重点建设发展的小城镇：

门头沟区：斋堂镇、潭柘寺镇、军庄镇；

房山区：韩村河镇、窦店镇、琉璃河镇、长沟镇、河北镇；

通州区：漷县镇、台湖镇、西集镇、永乐店镇；

顺义区：高丽营镇、杨镇、赵全营镇、李遂镇；

大兴区：采育镇、庞各庄镇、安定镇、榆垡镇、魏善庄镇；

昌平区：小汤山镇、阳坊镇、南口镇、北七家镇、十三陵镇；

平谷区：金海湖镇、峪口镇、马坊镇；

怀柔区：桥梓镇、怀北镇、汤河口镇；

密云县：溪翁庄镇、太师屯镇、西田各庄镇、古北口镇、巨各庄镇、穆家峪镇；

延庆县：康庄镇、永宁镇、八达岭镇、旧县镇。

二、科学规划，加大投入，推进重点小城镇建设发展

各相关区县政府、市政府各有关部门要按照规划目标和城镇化与新农村建设“双轮驱动”战略要求，优先做好重点小城镇的规划，进一步加大投入，推进重点小城镇经济社会发展，充分发挥其在新农村建设中的集聚、辐射和示范作用，同时也要梯次推进其他乡镇的建设。

三、加强领导、明确职责，强化重点小城镇管理指导

各相关区县政府要高度重视本次重点小城镇调整工作，进一步明确小城镇建设主管部门的职责，切实加强领导。市农委要会同市有关部门做好小城镇建设的组织协调工作，加强对重点小城镇建设工作的管理与指导。

《北京市人民政府办公厅关于确定本市郊区中心镇的通知》（京政办发［2001］8号）同时废止。

中共北京市委农村工作委员会
北京市农村工作委员会　北京市旅游局
关于2009年度寻找北京最美的乡村宣传评选活动安排的意见

（2009年3月27日）

为贯彻建设“人文北京、科技北京、绿色北京”的总体要求，总结宣传全市社会主义新农村建设的典型经验，引导社会各界了解支持首都社会主义新农村建设，促进率先形成城乡经济社会发展一体化的新格局，根据全市农村工作会议和宣传工作会议精神，经中共北京市委农村工作委员会、北京市农村工作委员会、北京市旅游局研究决定，继续组织开展2009年度“寻找‘北京最美的乡村’宣传评选活动”（以下简称“活动”）。具体安排意见如下：

一、活动宗旨

体现社会主义新农村建设“生产发展、生活宽裕、村容整洁、乡风文明、管理民主”的要求，展示“城乡统筹共建共享新农村”的理念，宣传农村改革发展的新模式、新经验、新成果，树立北京社会主义新农村的群体形象，引领全市社会主义新农村建设科学发展。

二、活动主题

2009年度“寻找‘北京最美的乡村’宣传评选活动”的主题为：共建美丽乡村，共享美好生活。

围绕上述主题，通过多种活动载体和活动形式，引导全市上下和社会各界强化共识：城乡是同样重要的，只是承载的功能不同，都是首都北京的重要组成部分；城乡是相互依存的，有城镇就有乡村，现代的城镇、美丽的乡村才是和谐社会首善之区应有的特征；城乡是相互需要的，城镇展现更多的是经济价值，乡村展现更多的是生态和生活价值；城乡是相互融合的，城镇带动乡村、乡村服务城镇，才能实现城乡的协调发展。建设美丽乡村，实现城乡一体化发展，才会使我们的家园更加宜居、生活更加美好。

三、活动安排

本着“服务市民生活、促进农民增收、共建共享新农村”的理念，采取宣评联动、城乡互动的形式，吸引城乡居民广泛参与，共建美丽乡村，共享社会主义新农村建设成果。整个活动将分成五个阶段进行：

第一阶段：候选村庄推荐（4月20日前）

1. *推荐条件*。“北京最美的乡村”应具有自己独特的魅力，是生产美、生活美、环境美、人文美的综合体现，应在首都社会主义新农村建设中发挥典型示范作用。候选村庄以行政村为单位，要同时符合以下基本条件：

（1）生产美。产业特色突出，或科技含量较高，或文化内涵丰富，能很好地满足村民增收和社会参与的需要。候选村至少具备以下特点之一：

——都市型现代农业特征突出，或高端、高效、安全，或能较好地展示“田园风光”；

——以当地农产品为主要资源的农副产品加工业工艺独特，享有声誉；

——以自然、人文资源为依托的旅游服务业蓬勃发展，管理和接待规范。

（2）生活美。村民生活宽裕、生活条件便利、生活方式文明。主要体现在三个方面：

——较高的收入水平。村民人均纯收入原则上在本区县农村平均水平以上；

——良好的生活条件。村庄改水、改厕，农户庭院整洁、居住宽敞；

——文明的生活习惯。村民讲究卫生，无乱倒垃圾污水、乱堆乱放杂物、随地吐痰等现象。

（3）环境美。村容整洁，生态文明，呈现出景观化特点。主要体现在三个方面：

——基础设施较完善。建设有规划，布局合理，村庄干净、整洁、路畅，有健全的管护机制；

——村民住宅有特色。美观质朴，体现乡村文化符号，与周边环境协调、自然融为一体；

——村庄绿化美化。花草、林木覆盖率达到较高水平。

（4）人文美。乡风文明和谐。主要体现在三个方面：

——融洽的干群关系。党政领导班子以人为本，管理民主、廉洁奉公，带领群众共同致富。村里无群访、越级上访等事件；

——良好的道德风尚。村民遵纪守法、诚实守信、待人热情，无重大刑事案件、计划生育超生等问题；

——健康的文化活动。文化设施健全，文化活动丰富多彩，村里无封建迷信、聚众赌博、不赡养老人等不文明现象。

2. *推荐方式*。候选村庄以区县为单位、严格按照推荐条件进行筛选，远郊每个区县最多推荐3个，朝阳区、海淀区、丰台区各推荐1个，建议区县采取自下而上层层筛选的办法产生。所推荐村庄经活动组委会审核后，确定为2009年度“北京最美的乡村”候选村庄（获得2006—2008年度“北京最美的乡村”称号的行政村不再参评）。

第二阶段：集中宣传报道（5—7月）

活动组委会将主要通过三种渠道对33个候选村庄进行集中宣传报道：

一是媒体集中采访新闻性宣传。邀请北京电视台、北京人民广播电台、北京日报、北京晚报、京郊日报、首都之窗、千龙网等新闻媒体对候选村庄进行集体采访，通过专题、专栏、专版等形式，在报纸、电视、广播、网络等平台进行集中宣传报道，帮助市民发现“北京最美的乡村”，深入挖掘乡村之美。

二是邀请市民参观体验性宣传。编辑印制《2009年度“北京最美的乡村”候选村庄参观套票》，通过多种渠道免费赠送有代表性的市民群体30 000本，通过村庄自愿给予参观优惠等措施吸引市民真正深入候选村庄体验参观。

三是公共交通工具流动性宣传。通过公共汽车等公共交通工具，对活动进行流动性宣传，努力吸引更多的市民广泛关注并积极参与到活动中来。

第三阶段：多种形式评选（8月1—20日）

在总结往届经验、广泛听取各方意见建议后，今年拟采取市民体验评选、报纸选票评选、网络投票评选和专家评委评选相结合的方式，综合评选产生10个2009年度“北京最美的乡村”。主要评选形式有四种：

一是市民体验评选。采取抽奖等适当方式鼓励持有《2009年度“北京最美的乡村”候选村庄参观套票》的市民，在亲身体验后再进行投票评选，将候选村庄最终获得的票数折算成分数。本项得分占总成绩的30%。

二是报纸选票评选。在《北京日报》、《北京晚报》、《京郊日报》等新闻媒体同步刊登选票，采取抽奖等适当方式鼓励广大市民积极参加评选，将候选村庄最终获得的票数折算成分数。本项得分占总成绩的30%。

三是网络投票评选。在市政务门户网站“首都之窗”上开设专题网页，接受广大网民进行投票评选，将候选村庄最终获得的票数折算成分数。本项得分占总成绩的5%。

四是专家评委评选。由主办单位领导、相关方面代表组成专家评委会，在全面考察的基础上，严格按照“北京最美的乡村”的评选标准和程序，逐项进行客观公正的评分。本项得分占总成绩的35%。

上述四项得分相加即为总成绩。排序第1～10位的候选村庄将被授予“2009年度‘北京最美的乡村’”称号；排名第11～20位的候选村庄将被授予“2009年度‘北京最美的乡村（提名）’”称号。

第四阶段：活动总结表彰（2010年1月前）

2009年度“北京最美的乡村”评选产生后，将主要通过三种方式对当选村庄进行总结表彰：

一是报纸专版发布。充分利用“十一”长假之前的黄金宣传时机，在中央及市属媒体上发布评选结果，在《农民日报》、《北京日报》、《北京晚报》、《京郊日报》等新闻媒体上刊登发布专版，隆重宣传当选村庄。

二是举办颁奖典礼。与2010年农民春节电视晚会相结合，组织隆重的“北京最美的乡村”颁奖典礼，正月初四黄金时段通过北京卫视面向全球播出。

三是奖励标志性雕塑。对获得“北京最美的乡村”称号的行政村，每村奖励一座“北京最美的乡村”大型标志性雕塑，使之成为村里的一道新的亮丽风景；对获得“北京最美的乡村（提名）”称号的行政村，每村奖励一座奖杯。

第五阶段：活动深度开发（“最美的乡村”产生后）

在“北京最美的乡村”评选产生后，活动组委会将采取社会化运作等方式，通过制作主题挂历台历、编写公开发行的《2009北京最美的乡村》图书、开发“最美的乡村”旅游线路、对“最美的乡村”进行整体提升等方式，努力对这项活动的成果进行更加全面、更深层次的系统开发，努力实现此项活动影响的最大化。

四、组织机构

1. *主办单位*。中共北京市委农村工作委员会、北京市农村工作委员会、北京市旅游局。

2. *支持媒体*。北京电视台、北京人民广播电台、北京日报、北京晚报、京郊日报、首都之窗、千龙网等。

3. *活动组委会*

主　任：王孝东（市委农工委书记、市农委主任）
　　　　张慧光（市旅游局党组书记、局长）
副主任：高　华（市委农工委副书记）
　　　　安金明（市旅游局副局长）
　　　　赵靖云（北京日报社副总编辑）
　　　　张　亮（北京电视台副总编辑）
成　员：张晓兰（市委农工委宣传处处长）
　　　　赵广朝（市旅游局综合与安全管理处处长）
　　　　李　彬（市委农工委宣传处副处长、调研员）
　　　　许光奇（市委农工委宣教中心主任）

办公室设在市委农工委宣传处（联系人：顾崇华；联系电话：83979245；传真：83560231；邮箱：meilixiangcun@tom. com；地址：北京市宣武区枣林前街70号中环广场A912室；邮编：100053）。

五、工作要求

“寻找‘北京最美的乡村’宣传评选活动”是深入宣传市委市政府贯彻城乡统筹方略、扎实推进社会主义新农村建设、有效促进率先形成城乡经济社会发展一体化新格局的一项重要活动，也是对各区县社会主义新农村建设典型经验和最新成果的一次集中展示，请各区县给予重视，积极配合，把相关工作落到实处。

1. 统筹考虑，协调安排。本项活动既是社会主义新农村建设的实质工作，又是一项重要的主题宣传活动，涉及宣传、农村、旅游等诸多部门，请各区县做好协调安排工作。要明确主管领导、牵头单位、具体负责人，并与4月10日前上报其姓名、职务、办公电话、手机电话等信息（《各区县工作机构情况表》见附件1）。

2. 做好候选村推荐工作。请按照推荐条件精心筛选推荐候选村，全面真实地总结候选村的基本情况，认真填写推荐表（《2009年度“北京最美的乡村”候选村推荐表样》见附件2），并于2009年4月20日前将加盖公章后的推荐表一式两份报送组委会办公室，同时每个候选村提供5张数码照片，每张照片的大小不得低于1M。

3. 做好新闻媒体采访接待工作。组委会将组织多家媒体赴候选村进行集中采访，请各区县按照确定的采访时间（另行通知），安排好相关接待工作。

中共北京市委农村工作委员会　北京市农村工作委员会关于做好本市学习宣传和贯彻实施农村土地承包经营纠纷调解仲裁法有关工作的意见

（2009年9月23日）

《中华人民共和国农村土地承包经营纠纷调解仲裁法》（以下简称《农村土地承包经营纠纷调解仲裁法》）已经第十一届全国人民代表大会常务委员会第九次会议通过，自2010年1月1日起施行。现就做好本市学习宣传和贯彻实施《农村土地承包经营纠纷调解仲裁法》的有关工作提出如下意见：

一、充分认识贯彻实施《农村土地承包经营纠纷调解仲裁法》的重要意义

《农村土地承包经营纠纷调解仲裁法》是继《农村土地承包法》之后又一部有关农村土地承包的专门法律。这部法律从农村实际和方便群众出发，将调解和仲裁紧密结合，确立了农村土地承包经营纠纷仲裁组织的法律地位，明确规定了调解和仲裁的原则、方式和程序，为公正及时解决农村土地承包经营纠纷、维护当事人合法权益提供了法律依据。法律的颁布实施，对巩固农村基本经营制度，稳定和完善农村土地承包关系，依法保障农民土地承包权益，促进农村经济发展和社会稳定具有十分重要的意义。各区县要高度重视，加强领导，精心组织，切实抓好学习宣传和贯彻实施的各项工作。

二、认真组织开展好法律的学习和宣传工作

各区县要采取多种形式，认真组织农业系统广大干部，特别是从事农村土地承包管理工作的干部，深入学习《农村土地承包经营纠纷调解仲裁法》，深刻领会法律基本精神，切实提高干部依法行政水平。要广泛利用广播、电视、报纸、网络等媒体大力开展法律宣传工作；要采取发放明白纸、印制宣传标语、组织宣讲等群众喜闻乐见、通俗易懂的方式，推动法律知识进村入户，做到家喻户晓。同时，要结合学习宣传《农村土地承包经营纠纷调解仲裁法》，广泛宣传有关农村土地承包的法律法规和政策，营造依法调解仲裁农村土地承包经营纠纷、加强农村土地承包管理工作的良好社会氛围。

三、依法建立健全农村土地承包经营纠纷调解仲裁工作体系

要按照《农村土地承包经营纠纷调解仲裁法》的规定，进一步建立健全本市乡村调解、区县仲裁、司法保障的农村土地承包经营纠纷调解仲裁体系。

（一）加强区县农村土地承包仲裁委员会建设 各区县要于2009年12月15日前全部建立健全农村土地承包仲裁委员会。已经设立农村土地承包仲裁委员会的区县，要依法进行规范和完善；尚未设立农村土地承包仲裁委员会的区县，要抓紧做好设立仲裁委员会的各项准备工作，加快依法设立。农村土地承包仲裁委员会在区县政府指导下设立，其日常工作由区县农村合作经济经营管理部门承担。

（二）加强农村土地承包经营纠纷仲裁庭和仲裁员队伍建设 各区县要按照《农村土地承包经营纠纷调解仲裁法》的有关规定，依法加强农村土地承包经营纠纷仲裁庭建设，于2009年底前初步完成本区县农村土地承包经营纠纷仲裁员队伍的组建工作，为开展农村土地承包经营纠纷调解仲裁工作提供人员队伍保障。

（三）建立健全农村土地承包经营纠纷仲裁的司法保障机制 各区县政府要加强组织协调，充分发挥司法的保障作用。农村土地承包主管部门要加强与纪检监察、政府法制、司法、信访等部门的沟通协作，建立起多部门协调解决重大问题的工作沟通机制，健

全包括协商、调解、仲裁、司法、信访等多渠道调处纠纷的工作机制，提高调处农村土地承包经营纠纷能力。特别是在仲裁工作中，要不断加强与人民法院的沟通协调，积极争取人民法院的支持，为调解和裁决提供执行保障。

（四）充分发挥乡镇政府和村民委员会的调解作用 各区县要充分发挥调解的基础作用，依靠乡镇政府和村民委员会加大农村土地承包经营纠纷调解工作力度，尽量把纠纷解决在当地，把矛盾化解在基层。乡镇政府要依托农村土地承包管理部门，根据本地实际建立乡级农村土地承包经营纠纷调解工作机制。村民委员会要发挥好村级组织的自治作用，依法做好本村土地承包经营纠纷的调解工作。

（五）加强对农村土地承包经营纠纷调解仲裁工作的指导 市农村合作经济经营管理部门要设立农村土地承包经营纠纷调解仲裁的管理机构，安排人员，依法指导全市农村土地承包经营纠纷的调解仲裁工作，做好全市仲裁员队伍的管理和培训工作。各区县农村合作经济经营管理部门也要明确相应的机构和人员，负责本区县农村土地承包仲裁委员会的日常工作，并加强对乡镇农村土地承包经营纠纷调解工作的指导。各乡镇要加强对村级组织开展农村土地承包经营纠纷调解工作的指导。

四、加强人员培训和配套制度建设

（一）加大对农村土地承包经营纠纷仲裁人员的培训力度 市里将组织开展全市农村土地承包纠纷仲裁骨干人员培训，重点为区县农委及经管部门培训一批师资等骨干力量。

各区县要按照形式多样、注重实效的原则，认真制定培训规划，有计划、有组织地开展法律培训工作，定期对聘任的仲裁员进行农村土地承包法律以及国家政策的培训。当前，各区县要集中力量，抓紧培训、轮训农村土地承包管理工作人员、仲裁机构组成人员和适合聘为仲裁员的人员。

（二）研究制定《农村土地承包经营纠纷调解仲裁法》配套制度 各区县要根据法律规定，结合本地实际，广泛开展调研，并根据农业部和本市的有关要求，抓紧研究制定仲裁委员会及仲裁员管理制度、仲裁流程等配套规章制度以及相关法律文书。已经开展农村土地承包经营纠纷调解仲裁试点的区县要进一步总结经验，完善各项制度；其他区县要学习和借鉴试点区县的经验，加快建立各项配套制度。

五、加强组织领导依法履行职责

依法加强农村土地承包经营纠纷调解仲裁工作，是稳定农村基本经营制度、维护农民土地承包权益、促进农村社会稳定的重要措施。各区县要切实加强对农村土地承包经营纠纷调解仲裁工作的组织领导，主要领导亲自抓，主管领导为第一责任人，主管部门负责具体组织实施。要明确组织机构和人员，层层落实责任，实行依法责任追究制。区县政府要为本区县开展农村土地承包经营纠纷调解仲裁工作提供必要的办公场所及设施，要将仲裁工作所需经费依法纳入本级财政预算。各区县农委和经管部门要依据各自职责，依法做好相关工作。要认真总结开展农村土地承包经营纠纷调解仲裁工作的经验，及时研究解决贯彻实施《农村土地承包经营纠纷调解仲裁法》中出现的新情况新问题，定期汇总、分析和上报农村土地承包经营纠纷调解仲裁工作情况。

中共北京市委农村工作委员会　中共北京市委宣传部　北京市农村工作委员会　北京市文化局关于进一步办好农民艺术节促进郊区农村群众文化活动深入开展的意见

（2009年9月30日）

为贯彻市委市政府关于加强农村文化建设的意见，适应当前推进城乡一体化、建设新农村形势和任务的要求，进一步办好农民艺术节，促进和带动农村基层群众文化活动的健康深入开展，经市委宣传部、市委农工委、市农委、市文化局共同研究，现就北京市农民艺术节有关工作提出如下意见：

一、适应新的形势，进一步发挥农民艺术节的载体作用，更好地服务于首都社会主义新农村建设

北京市农民艺术节作为一项面向农村、政府主导、群众参与的传统群众文化活动，在市有关部门、各区县的共同努力下，已连续举办了19届，受到农村群众的普遍欢迎和广泛参与，已成为郊区群众文化活动的品牌和标志，近几年还被纳入到全市“三下乡”活动的计划安排。农民艺术节作为重要的农村文化活动载体，把农村作为一个大舞台，活跃了农村文化生活，推动了农村文化建设；作为有效的宣传教育载体，在活动内容上密切与农村政策宣传、先进典型宣传、时代精神弘扬相结合，对促进农村思想教育、精神文明建设发挥了重要作用；作为宣传展示“三农”工作的窗口，每年通过农民艺术节活动形象生动

地展现了农村发展变化和农民精神风貌，为沟通城乡发挥了积极作用。

面对推进城乡一体化、建设新农村的战略任务，进一步办好农民艺术节十分必要。要适应新农村建设的基本要求，进一步拓展功能，更好地组织、协调文化资源，在农村大力开展丰富多彩、健康向上的文化活动，为新农村建设注入文化内涵和精神动力，有效推进乡风文明建设和新型农民的培养；要适应农民不断增长的文化需求，进一步发挥其龙头带动作用，引导农村文化活动的广泛深入开展并不断提高水平，满足农民的精神需求；要适应城乡一体化的要求，发挥农民艺术节的宣传平台作用，张扬城乡统筹、建设新农村的主题，反映“三农”新变化和城乡一体化进程，促进城乡的沟通和互动，引导社会关注和支持新农村建设。

二、立足基层需求，进一步增强农民艺术节的带动效应，推动乡村文化活动普及深入开展

重在基层是历届农民艺术节强调的原则，今后要继续坚持。要以农民艺术节为龙头，把作用延伸到基层、活动开展到基层、效果落实到基层，有效地带动农村基层群众文化活动的开展。重点要通过以下三个环节带动基层：

一是农民艺术节参与单位要以基层为重点、以群众为主体。活动开展的普遍性和群众参与的广泛性是农民艺术节的重要特征。今后每年举办的农民艺术节要把重心放在基层，层层发动、普遍开展。组织开展的大型调演、比赛活动要把行政村作为主要参与单位，并采取以奖代补的形式对优秀文化队伍给予奖励。

二是农民艺术节的活动内容要以基层群众文化为基础。为塑造和彰显京畿文化特色，今后农民艺术节组织举办的大型活动、专项活动以及倡导的文化艺术形式要与基层有机互动、常年对接，既要吸收民间文化的营养，又要推陈出新、引导和促进京郊文化特色的培育和形成，更好地带动农村文化的发展，增强活动的吸引力。

三是农民艺术节的时间跨度要从季节性活动向农村常态性活动延伸。为更好地发挥农民艺术节对基层群众文化的辐射带动作用，今后，农民艺术节在计划安排上要做到时间相对固定、形式内容清楚、参与主体明确，以便组织者、参加者能提前准备，也促使艺术节从季节性活动向全年性活动转变，把基层阵地活动、常态活动转化为艺术节活动的准备和演练，有效地带动基层活动的开展和艺术水平的提高。

三、着眼首都定位，积极发展有京畿特色的乡村文化，进一步提升农民艺术节的艺术水准

农民艺术节自举办以来，一直致力于郊区民族民间文化的弘扬，对民间手工艺、特色舞蹈、秧歌花会、乡村歌手、小戏小品、民间器乐等着力进行培养和提高，为京郊乡村文化特色的形成和发展发挥了阶段性作用。但随着农村的发展和农民生活水平的提高，这项传统的文化活动逐步显现出活动形式有些单调、群众参与不足、特色不够突出、艺术性不强等问题，需要适应首都特点、新农村建设要求和农民不断增长的精神文化需求加以改进和提高。

一是关于农民艺术节的定位。北京是国际化大都市，也是全国的文化中心，北京郊区农村也是全国发展最快、建设水平最高的农村。因此，适应首都的地位和特点，农民艺术节应立足群众性、面向国际化，塑造具有规模效应、鲜明特色和较高艺术水准的京畿乡村艺术，有效提升农村文化整体水平和农民文化素养，展示今日新农村的良好面貌和新农民的精神风采。

二是关于农民艺术节的内容与特色。结合郊区群众文化活动的基础和主要特征，根据首都郊区文化发展取向，经过深入调研论证，今后农民艺术节将主打“乡村歌舞节”和“乡村戏剧节”，两项内容每年轮换开展，着力打造京郊歌舞之乡、戏剧之乡的艺术特色。具体构成如下：

农民艺术节暨乡村歌舞节：该板块由“乡村合唱大赛”和“乡村歌舞大赛”两项活动组成。“乡村合唱大赛”参赛主体为行政村合唱团，目的是推动农村基层发展合唱艺术和合唱队伍，为新农村建设营造团结向上、文明和谐的文化氛围；“乡村歌舞大赛”主推舞蹈和歌舞结合的艺术形式。

农民艺术节暨乡村戏剧节：该板块由“乡村戏剧大赛”和“乡村才艺大赛”两部分组成。“乡村戏剧大赛”参赛主体为行政村剧团，目的是推动农村基层发展戏剧艺术，引导乡村创造条件建设（或改建）小剧场，推动农村文化事业与文化产业互动发展；“乡村才艺大赛”参赛项目为歌舞、戏剧之外的个性化特色技艺。

三是关于农民艺术节的整体布局。每届农民艺术节都要举办一个大型而富有特色的开幕式，与农民电视春节晚会合为一体，每年走进一个区县，以区县为承办单位进行合作，以一定比重的节目彰显区县特色；“两节”活动在参与主体上将打破封闭格局，将尽早实现邀请国内外相应的文艺团体参与表演，对艺术节中涌现出的优秀文艺团体也将积极推荐参加国内外其他艺术节的演出，形成内外交流、开门办节的新局面。

四、加强组织引导，以农民艺术节为抓手，积极开创农村群众文化工作的新局面

加强和改进农民艺术节，目的是形成以农民艺术节为主线，辐射带动农村群众文化活动的深入开展，提升农村文化活动水平，建设适应新农村、裨益新农民的乡村文化，促进乡风文明建设。

一是要将农民艺术节纳入政府常规工作。农民艺术节不仅仅是一项专项文化活动，而且是一项推进农村文化建设的重要措施，更是一项系统化、全年性的工作，各区县要高度重视，将其纳入政府文化建设规划，列入财政预算。

二是要建立统分结合的工作机制。要坚持统分结合的原则，以艺术节为纽带，努力建立目标统一、协调行动、有效组织、重抓基层的工作格局，构建组委会搭台、各级党委政府推动、文化部门负责、基层作为主体参与的组织体系，形成以集中性的展示、比赛作为激励，突出基层以奖代补的激励机制，共同致力于农村文化活动的普及与提高。

三是要因地制宜，突出特色。改进和提高农民艺术节活动，旨在郊区倡导歌舞、戏剧等文化形式。各区县可结合实际，宜歌则歌，宜舞则舞，宜戏则戏，关键是调动资源、贴近生活、创造特色，力求产生一批深度反映农村生产生活方式、具有时代特点的歌舞、戏剧等原创节目。为推进农村文化发展，提升乡村文化活动的艺术水准，市农民艺术节组委会将选择条件适合的地区开展乡村“一场三团”（一场即乡村小剧场，三团即合唱团、舞蹈团、剧团）建设试点，在创作、培训、团队建设等方面给予指导和支持。

四是要重点抓好农村文艺骨干队伍的培养。农村文化活动开展成功与否的关键在于政府（集体）组织、骨干带动。为此，市、区（县）要结合农村实用人才队伍建设，围绕农村主流文化活动开展加强文化培训工作，着力培养一批文艺骨干队伍，组织和带动群众广泛参与到健康有益的文化活动。

五是要着力抓好村级文化团队的建设。农民艺术节根源于基层、服务于基层，基层文化活动的水平决定艺术节的水平。因此，市、区县、乡镇都要把工作重点放到基层，把活动的主体赋予基层，着力抓好行政村、农村社区的文化团队建设，努力在全郊区形成遍地开花、特色纷呈的群众文化活动局面。

六是要积极利用社会资源服务农村文化建设。要利用首都文艺演出团体、文化人才集中的优势，调动职业和非职业文艺骨干参与文化下乡的热情，提升农村文化水平。为调动社会力量参与新农村文化建设，市里将启动“文化志愿者下乡”活动，与农村基层文化团队进行对接和帮扶。

中共北京市委农村工作委员会　北京市农村工作委员会关于印发《农业志（1996—2010年）》编纂工作方案的通知

（2009年12月7日）

根据《市委办公厅、市政府办公厅关于开展北京市第二轮地方志书编纂工作的通知》（京办字［2008］16号）规定，市农委是《农业志（1996—2010年）》的承编单位，市农业局、市农研中心和有关单位为参编单位。

一、组织机构

（一）成立《农业志（1996—2010年）》（以下简称《农业志》）编纂委员会。按照京办字［2008］16号文件要求，市委农工委、市农委成立《农业志》编纂委员会，由市委农工委书记、市农委主任王孝东同志担任编委会主任。并特邀市有关单位主管领导任编委会委员。市委农工委、市农委研究室负责具体协调组织工作。

（二）成立《农业志》编辑部。编辑部设在市农研中心，在编委会领导下开展工作，主编由市农研中心主任焦守田同志担任。由市农研中心及各参编单位选配政治理论水平和专业水平较高、文字能力较强的人员组成编辑部，具体负责完成第二轮《农业志》编纂工作。

二、工作任务

完成第二轮《农业志》编纂工作。第二轮《农业志》的上限时间为1996年1月1日。续修志书从事物发端记起，下限至2010年12月31日止。2015年底前全面完成第二轮《农业志》的编纂工作。

三、工作步骤

（一）2009年底前完成《农业志》编辑部的组建工作，并着手开展相关工作。

（二）2010年上半年，按照市委农工委、市农委和市志办议定的《农业志》篇目，由编辑部拟定详细的编纂大纲和志书目录，报编委会审定。

（三）2010年启动第二轮《农业志》文字、图表、照片等相关资料收集工作。2011年底前基本完成资料收集工作。

（四）2011年启动志书初稿起草工作，并根据需要及时补充完善有关资料。

（五）2013年上半年完成志书初稿，下半年完成初审。并根据初审意见进一步修改，达到复审标准。

（六）2014年上半年完成复审。根据复审意见进一步修改，达到终审标准。

（七）2014年下半年完成《农业志》终审，并印刷发行。

四、工作要求

坚持正确的指导思想。续修《农业志》以马列主义、毛泽东思想、邓小平理论和"三个代表"重要思想为指导，贯彻落实科学发展观，坚持辩证唯物主义和历史唯物主义，坚持依法修志、实事求是、质量第一、开拓创新和继承传统相结合的原则，全面、准确、客观、系统地记述农业及新农村建设在改革发展中的历史、现状和成就，充分发挥地方志"资政、存史、育人"作用，促进首都农村的经济社会发展和社会主义新农村建设，推进城乡经济社会一体化。

坚持质量第一的原则。续修《农业志》要符合国务院《地方志工作条例》（第467号令）、《中国地方志指导小组关于第二轮地方志书编纂的若干意见》、《地方志书质量规定》、《北京市实施〈地方志工作条例〉办法》、《北京市第二轮地方志书编纂方案》等政策文件的相关要求。入志资料力求做到科学性、思想性和资料性的统一。要做到观点正确、资料翔实、体例严谨、内容全面、特色鲜明、记述准确、文风端正、印刷规范。

坚持编纂与利用相结合。开发利用志书资源工作要贯穿续修《农业志》的全过程，多种途径，合理开发利用志书，为社会各界提供研究和咨询服务。

五、保障措施

（一）健全机构，加强领导。要把修志工作纳入参编单位、部门的工作规划，明确修志工作的主管领导、具体承担编纂工作的组织机构和工作人员，结合实际制定本单位的工作方案，确保有计划、有步骤地推进各阶段工作，真正把修志工作落到实处。

（二）落实经费，提供办公条件。严格按照市委、市政府对第二轮修志工作的部署，安排必要的经费和办公场所，确保编修工作顺利开展。

（三）修志涉及单位要积极提供相关资料。志书搜集资料、撰写稿件所涉及部门、单位要积极支持配合、资源共享、保质保量提供资料。

（四）搞好培训，提高业务水平。按照《地方志书质量规定》，各单位、部门要积极创造条件，安排从事志书编纂的工作人员进行必要的培训和学习。借鉴第一轮修志工作的经验和做法，保证高标准、高质量、高效率地完成编修任务。

（五）建立机制，适时表彰。对在编纂《农业志》工作中做出突出贡献的单位、个人给予表彰和奖励。

附：

《农业志（1996—2010年）》编纂委员会

主　任：王孝东

副主任：白仙畔　赵根武　高　华　朱二宏　张贵忠　刘春广　陈　涛（常务）　康　森　刘亚清　张　新　王建中　焦守田（常务）

委　员（按姓氏笔画）：

才庆学　王小冬　王凤楼　王苏梅
王修达　冯可粱　毕小刚　任　荣
刘容江　李玉国　李伟书　李景辉
杨建平　张宏图　陈立玺　邵建民
范学珊　赵玉荣　郝　霞　侯书江
聂观涛　高云峰　郭子华　曹跃进
常　青　寇文杰　曾赞荣　薛有才

主　编：焦守田

编辑部顾问：范毓扬　赵树枫

北京市农村工作委员会　北京市财政局　北京市农业局关于2009年度北京市粮食直补的意见

（2009年4月1日）

为贯彻中央1号文件、中央农村工作会议和市农村工作会议精神，结合北京都市型现代农业发展的实际，经市政府同意，现提出2009年度北京市粮食直补的意见。

一、补贴原则

（一）坚持农民普惠。粮食直补是党中央的一项惠农政策，要以促进农业增效和农民增收为宗旨，以提高种粮农民积极性为目标，确保种粮农民受益。

（二）坚持公开透明。粮食直补工作要实现全过程公开、透明，严格工作程序，确保直补资金按时、足额发放到农户手中。

（三）坚持节约资源。节约资源是都市型现代农业的主要目标，各级政府和相关部门要加大对农业节水、耕地资源有效利用等工作的指导力度，确保资源节约高效利用。

（四）鼓励规模生产经营。推进粮食规模生产经营是提高粮食综合生产能力、提高粮食效益的必由之路，各级政府要在遵循"条件、自愿、有偿、规范、有序"的原则基础上，通过政策杠杆鼓励粮食规模生产经营。

二、补贴范围

对本市农户在耕地内种植的小麦、玉米实施直补政策，包括种植补贴、种植优良品种补贴和农资综合补贴三种。

三、补贴标准

（一）种植补贴。小麦种植补贴标准为750元/公顷（50元/亩），玉米种植补贴标准为300元/公顷（20元/亩）。

（二）种植优良品种补贴。以节水优质品种为主，小麦种植优良品种补贴标准为300元/公顷（20元/亩）；玉米种植优良品种补贴标准为180元/公顷（12元/亩）。具体补贴品种由市农业局另行制定公布。

（三）农资综合补贴。小麦、玉米农资综合补贴标准均为675元/公顷（45元/亩）。

四、相关要求

粮食直补工作继续按照“农户自愿申请、村委会公示确认、乡镇政府审核、区县政府批准、市里备案”的工作程序进行。请各区县分别于5月底前和7月底前将小麦、玉米直补情况报市农业局备案。

建立健全补贴档案，实现市、区县、乡镇三建档三清楚。直补档案由市财政局负责；种植档案由市农业局负责。

粮食直补资金专项用于粮食种植补贴、种植优良品种补贴和农资综合补贴，专款专用。

粮食直补工作实行属地管理，各级政府要统筹安排，明确责任。市有关部门要加强对各区县政策落实情况的督查。对出现政策宣传不到位、面积填报弄虚作假、组织不利延误资金兑现等问题，将依据有关规定严肃处理并追究责任。触犯刑律的移交司法机关依法处理。

北京市农村工作委员会　北京市财政局　北京市农业局
关于北京市生态作物补贴的意见

（2009年4月7日）

为进一步贯彻落实中央1号文件、中央农村工作会议及市农村工作会议精神，扎实推进北京都市型现代农业发展，更好地发挥农业的生态服务功能，有效治理季节性裸露农田，促进首都环境更加宜居，经市政府同意，现提出北京市生态作物补贴的意见。

一、补贴原则

（一）坚持农民受益的原则。制定生态作物补贴政策是对农民创造的生态服务价值的承认和补偿，要利用粮食综合直补通道，确保生态补贴资金按时、足额发放到农户手中，确保农民受益。

（二）坚持生态保护的原则。实施生态作物补贴政策，提高农民种植积极性，加大季节性裸露农田治理力度，实现抑制裸露、控制扬尘、保护生态的目标。

（三）坚持因地制宜的原则。落实生态作物补贴政策，要结合各地区实际，因地制宜、合理布局，实现生产和生态兼顾，产业与环境相融的目标。

二、补贴范围

对本市农户在耕地内种植的小麦、牧草实行生态补贴政策。

三、补贴标准

小麦生态补贴标准为600元/公顷（40元/亩）；牧草生态补贴标准为525元/公顷（35元/亩），具体补贴品种由市农业局另行制定公布。

四、相关要求

（一）严格工作程序。生态作物补贴工作要利用粮食综合直补工作通道，按照“农户自愿申请、村委会公示确认、镇乡政府审核、区县政府批准、市里备案”的工作程序进行。

（二）建立健全档案。建立健全生态作物补贴档案，实现市、区县、镇乡三建档三清楚。具体工作程序和要求比照粮食综合直补档案调查有关规定执行。

（三）规范资金管理。生态作物补贴资金由各区县政府纳入年初预算，专款专用。补贴面积的申请、确认、审核、批准、兑现时间比照粮食综合直补有关规定执行。

（四）强化工作督查。生态作物补贴工作实行属地管理，各级政府要统筹安排，明确责任。市有关部门要加强对各区县政策落实情况的督查。对出现政策宣传不到位、面积填报弄虚作假、组织不力延误资金兑现等问题，将依据有关规定严肃处理并追究责任。触犯刑律的移交司法机关依法处理。

北京市农村工作委员会关于本市推进乡村集体经济产权制度改革工作有关情况的通报

（2009年4月17日）

为进一步加大推进乡村集体经济产权制度改革的工作力度，加快改革进度，根据市领导的批示精神，现就本市乡村集体经济产权制度改革进展情况及工作要求通报如下：

一、全市乡村集体经济产权制度改革工作进展情况

截止到2008年底，全市已累计完成改制单位466个，其中：乡级4个、村级461个、队（组）级1个。今年以来，各区县普遍加大了工作力度。据目前初步统计，今年全市13个郊区县和石景山区预计启动改制的单位数量为456个，全年计划完成改制的单位数量为288个（详见附件）。目前，各区县正在采取有利措施，加快推进。如：顺义区采取下派3个指导工作组、全区统一改革日程和进度并由区里承担资产评估、股权证书及公告费用等措施，在各乡镇全面推进；怀柔区采取建立区级政策顾问组和乡镇工作指导组，并对完成改制的村给予5万元奖励的办法，在全区范围内加速推进；通州区采取连片推进的办法，重点加快城乡结合部地区的改革步伐；昌平区从2008年以来将此项工作列入区政府的折子工程，加快推进重点地区的改革。

从各区县反映的情况看，目前存在的主要问题：一是各区县之间发展不平衡，部分区县推进工作的力度不够大，改革的进度不够快；二是部分基层干部思想认识不到位，有些乡村干部嫌麻烦，怕影响稳定不敢改，有些村干部怕丢权不愿改；三是部分区县推进改革的组织领导机制和工作机制不健全，改革的管理和指导队伍力量不足；四是改革的相关配套政策有待进一步深化和完善。

二、推进乡村集体经济产权制度改革的总体工作要求

（一）认真贯彻市委、市政府的工作部署，切实抓好落实 按照市委十届五次全会和市农村工作会议的工作部署，今后一个时期，本市将全面加快推进乡村集体经济产权制度改革工作。最近，有成和占义同志两次做出批示，要求进一步加大推进力度。3月24日，占义同志在《新农村简报》第13期上对“本市乡村集体经济产权制度改革全面启动，预计270个村年内完成改革”的信息上批示：“对本项工作要认真对待，对完成较少、全年安排较少的区县，望单独开会，交换意见，加大力度，予以推进。工作情况告我。报有成同志阅”。有成同志进行了圈阅。4月11日，占义同志在市农委上报的《关于进一步加大乡村集体经济产权制度改革工作力度有关情况的汇报》上批示：“很好！就是要扎扎实实推进各项工作。要注意‘掌握情况，发现问题，总结经验’。报请有成同志审示。如无不妥，发个文到各区县指导促进”。有成同志批示：“同意占义同志意见”。各区县要认真按照市委、市政府的文件精神和市领导的批示要求，扎扎实实抓好落实工作。

（二）加强组织领导和工作指导，全面加快改革的推进步伐 各区县要建立健全推进乡村集体经济产权制度改革的领导机制和工作机制，明确责任，切实加强组织领导，并将此项工作列入区县重点工作任务。要加强乡村集体经济产权制度改革队伍建设，成立改革工作指导组，采取分组包片、进行一对一指导等多种方式，深入基层，进村入户，对改革工作给予具体指导和帮助，加快改革步伐。

（三）加大培训和宣传力度，确保改革依法有序推进 各区县要积极组织相关人员，认真参加市级组织的培训活动。同时，本区县也要加大对乡村干部的培训，为确保改革依法有序推进奠定基础。要通过多种途径和方式，广泛深入宣传改革的目的意义、政策法规、方法步骤，进一步统一思想，提高认识，增强基层干部和群众推进改革的自觉性。

（四）健全激励督促机制，调动基层改革积极性 各区县要积极探索将新农村建设和产业发展的相关政策与集体经济产权制度改革工作结合起来，优先对完成改制的村给予扶持或加大扶持力度，发挥政策的激励和引导作用。市对区县继续实行改革进度月报告和季通报制度，各区县要按照要求，每月按时上报汇总本区县集体经济产权制度改革月报表。

附件：

各区县乡村集体经济产权制度改革进度与计划统计表

区县	村级组织数（个）	2008年底前累计完成改制单位数（个）	2009年预计启动改制单位数（个）	2009年计划完成改制单位数（个）
合计	3 999	466	456	288

（续）

区县	村级组织数（个）	2008年底前累计完成改制单位数（个）	2009年预计启动改制单位数（个）	2009年计划完成改制单位数（个）
朝阳	160	3（含2个乡）	15	15
海淀	90	7	35	10
丰台	70	68(含2个乡)	5	
石景山	12	6	3	1
门头沟	186	6	30	15
房山	466	7	30	4
通州	483	62	32	25

（续）

区县	村级组织数（个）	2008年底前累计完成改制单位数（个）	2009年预计启动改制单位数（个）	2009年计划完成改制单位数（个）
顺义	426	91	49	40
昌平	312	38	39	39
大兴	528	65	21	16
平谷	275	10	20	10
怀柔	284	93	130	100
密云	331	2	17	5
延庆	376	8	30	8

北京市农村工作委员会　北京市发展和改革委员会　北京市科学技术委员会　北京市经济与信息化委员会　北京市财政局　北京市商务委员会　北京市国家税务局　北京市地方税务局　中国人民银行营业管理部　北京市园林绿化局　北京市农业局　北京市供销合作总社　关于印发《北京市农业产业化重点龙头企业认定和动态监测管理办法》的函

（2009年6月11日）

北京市农业产业化重点龙头企业认定和动态监测管理办法

第一章　总　　则

第一条　为推进都市型现代农业发展，发挥北京市农业产业化重点龙头企业的辐射带动作用，根据农业部等九部委发布的《农业产业化国家重点龙头企业认定和运行监测管理暂行办法》和市委市政府有关政策精神，制定本办法。

第二条　本办法所称的北京市农业产业化重点龙头企业，是指以农产品加工或流通为主业，通过各种利益联结机制带动农户进入市场，实行产加销一体化经营，在经营规模、企业效益和辐射带动能力等方面达到规定标准，并经北京市农业产业化领导小组认定的企业。

第三条　北京市农业产业化重点龙头企业的认定和动态监测工作，坚持公开、公平、公正、公信的原则。

第四条　申报农业产业化国家重点龙头企业资格前，须先取得北京市农业产业化重点龙头企业资格。已经获得农业产业化国家重点龙头企业资格的企业，自然享有北京市农业产业化重点龙头企业资格。

第二章　组织机构

第五条　北京市农业产业化领导小组由北京市农村工作委员会、北京市发展和改革委员会、北京市经济和信息化委员会、北京市科学技术委员会、北京市财政局、北京市国家税务局、北京市地方税务局、中国人民银行营业管理部、北京市商务委员会、北京市园林绿化局、北京市供销合作总社和北京市农业局等部门组成，负责指导全市农业产业化建设工作，研究全市农业产业化发展规划与政策，考核全市农业产业化政策的落实工作。北京市农业产业化办公室是北京市农业产业化领导小组的日常办事机构，设在市农委，负责组织北京市农业产业化重点龙头企业认定和动态监测工作，包括受理企业申报、组织专家评审以及动态监测管理等。

北京市农业产业化办公室组建北京市农业产业化专家评审委员会，由企业经营管理、企业财务会计、农产品加工和贮藏、农产品种植和养殖、农业和农村经济等方面专家代表组成，负责审核企业申报材料，提出初步评审意见。

第三章 申　报

第六条 申报企业要符合本市农业产业化发展导向并符合以下基本条件：

1. 企业组织形式。凡在本市注册登记、以农产品加工或流通为主业、具有独立法人资格的企业（包括依照《公司法》设立的公司）。

2. 企业主营业务。农产品加工或流通的营业收入占总营业收入70%以上。

3. 企业规模。农产品加工或流通企业总资产规模5 000万元以上，固定资产规模2 000万元以上，年销售额在1亿元以上；农产品专业批发市场年交易额在8亿元以上。

对符合以下条件之一的企业，其总资产规模在3 000万元以上，固定资产规模在1 000万元以上，年销售收入在5 000万元以上即可申报：

经市以上科技主管部门认定的高新技术企业；应用专利技术在2个以上的企业；蜂业、食用菌、花卉、籽种等农业企业；获得绿色食品或有机食品产品认证的企业；直接出口500万美元以上的企业；采购本市原材料占企业所需原材料总量80%以上的企业；本市农村劳动力占职工总数80%以上的企业。

4. 企业经营状况。企业的总资产报酬率应高于同期银行贷款利率；连续两年盈利；产销率达93%以上；企业申报近三年内，税收、工资、贷款、社会保险、产品质量等方面在相关部门无不良纪录；企业环境保护达到国家有关标准。

5. 企业资信状况。企业资产负债率小于60%；企业在贷款银行的信用等级在A级以上（含A级）。

6. 企业带动能力。符合以下条件之一的即可申报：

（1）安排本市劳动力。企业安排本市农村劳动力（签订劳动合同）占职工总数的50%以上。

（2）企业采购本市原材料。通过合作社、协会等农民专业合作组织采购本市原材料金额在1 000万元以上；农产品专业批发市场的固定摊位中，本市的农产品加工企业、合作社、协会、农户租用的摊位在100个以上。

（3）带动本市生产基地。企业通过建立可靠、稳定的利益联结机制带动农户，与本市农户、农民专业合作组织签订农产品收购合同或以入股、合作方式带动农户1 000户以上；企业要在产前、产中、产后为农户提供服务，认真履行购销合同，无违约情况发生。

7. 企业产品竞争力。在同行业中，企业的产品质量、产品科技含量、新产品开发能力居领先水平，产品符合国家产业政策、环保政策和质量管理标准体系。

8. 企业社会责任。企业要勇于承担公共服务义务，遇有自然灾害、突发事件、特殊情况时，要积极配合政府部门做好农产品生产供应的应急保障工作。

9. 已开展重点龙头企业认定工作的区县，申报企业原则上应是区县级农业产业化重点龙头企业。

第七条 申报材料。申报企业应提供企业的基本情况并按照本办法第六条提供申报材料。

第八条 申报程序

1. 注册地在郊区县的企业，向所在区县农业产业化工作主管部门提出申请，各区县农业产业化工作主管部门要对企业申报材料的真实性进行审核，经区县人民政府同意，正式行文向北京市农业产业化领导小组推荐，并附审核意见和相关材料。

2. 其他企业，直接向北京市农业产业化办公室提出申请，由北京市农业产业化办公室对企业申报材料的真实性进行审核，并向北京市农业产业化领导小组推荐。

第四章 认　定

第九条 认定程序。北京市农业产业化办公室受理企业申报，组织专家对申报企业进行资格评审，将专家意见汇总公示后，向北京市农业产业化领导小组推荐。经北京市农业产业化领导小组认定，企业获得北京市农业产业化重点龙头企业资格。北京市农业产业化领导小组向企业颁发证书，向社会公布企业名单。

第十条 经认定公布的北京市农业产业化重点龙头企业享受有关扶持政策。

第五章 动态监测

第十一条 北京市农业产业化重点龙头企业实行动态管理，建立竞争淘汰机制，做到可进可出。

第十二条 实行动态监测评价制度。具体办法如下：

1. 年度经营情况监测。企业按时上报年度经营情况，区县负责审核。

（1）注册地在郊区县的企业于每年1月20日前，按要求将年度经营情况报区县农业产业化工作主管部门；

（2）区县农业产业化工作主管部门负责汇总、审核企业年度经营情况，并于1月底前向北京市农业产业化办公室做出书面报告；

（3）其他企业于1月底前将年度经营情况直接报北京市农业产业化办公室。

2. 考核性监测，两年一次。

（1）北京市农业产业化重点龙头企业应于监测年份的2月底前向所在区县农业产业化工作主管部门提供反映企业发展变化情况的基础材料。第一次监测是在企业被认定为北京市农业产业化重点龙头企业的第三个年份。

（2）监测年份的3月份，各区县农业产业化工作主管部门对所辖北京市农业产业化重点龙头企业所报基础材料进行汇总、核查，核查无误后报北京市农业产业化办公室。其他企业将基础材料直接报到北京市农业产业化办公室。

(3) 北京市农业产业化办公室组织对企业上报的基础材料进行审核，并提出评价意见报北京市农业产业化领导小组。

(4) 北京市农业产业化领导小组对监测结果予以审定并向社会公布。监测不合格者，取消北京市农业产业化重点龙头企业资格，不再享受有关扶持政策。

第六章　附　则

第十三条　北京市农业产业化重点龙头企业更改企业名称，需要对其资格重新确认的，企业应出具金融机构出具的资产保全证明和工商行政管理部门的营业执照变更材料，报北京市农业产业化办公室审核确认，并通报北京市农业产业化领导小组成员单位。

第十四条　对在申报、认定、监测过程中不能坚持公开、公平、公正、公信原则，存在徇私舞弊行为的工作人员，按有关党纪政纪规定予以严肃查处。企业申报材料必须真实，如有弄虚作假，一经查实，正在进行评审的，即行终止评审程序；已经取得北京市农业产业化重点龙头企业资格的，取消其资格，并追究相关责任。3年内不得再行申报。

第十五条　本办法由北京市农业产业化办公室负责解释。

第十六条　本办法自发布30日之后施行。此前发布的《北京市农业产业化重点龙头企业认定管理办法（试行）》（京政农发［2003］28号）同时废止。

北京市农村工作委员会关于印发北京市农地流转信息平台管理制度的通知

（2009年7月17日）

为加强北京市农地流转信息平台的管理，规范信息的采集、录入、审核与发布，进一步做好本市农户土地承包经营权流转的管理和服务工作，现将《北京市农地流转信息平台管理制度》印发给郊区各区县农委、经管站，结合实际认真抓好相关工作的落实。

北京市农地流转信息平台管理制度

第一章　总　则

第一条　为加强北京市农地流转信息平台的管理，规范信息采集、录入与审核，保证信息发布准确、及时，网站运行安全，根据国家互联网信息服务管理及政府专网管理有关规定，制定本管理制度。

第二条　北京市农地流转信息平台由两部分构成。一是通过互联网对外公开的、以提供信息服务为主的“北京市农地流转信息网”，二是在市政务专网上运行的、以农户土地承包经营权流转登记、备案、统计等内容为主的“北京农经平台”合同管理模块。

第三条　北京市农地流转信息网的主要功能是，面向郊区广大土地承包农户和有土地承租需求的主体，提供信息浏览和发布服务，接收农地流转意见和建议等。

北京农经平台的主要功能是，对北京市农地流转信息网上的转出信息、需求信息及通过北京市农地流转信息网形成的土地流转交易情况进行统计、分析、汇总，为加强本市农地流转管理提供服务。

第四条　北京市农地流转信息网由市级网站和朝阳、丰台、海淀、门头沟、房山、通州、顺义、昌平、大兴、怀柔、平谷、密云、延庆13个区县网站组成。市级网站由北京市农村工作委员会主办，由北京市农村合作经济经营管理站负责日常管理，由北京市农村工作委员会信息中心（北京市城乡经济信息中心）提供技术支撑。区县网站由各区县农委、信息中心和农村合作经济经营管理站共同负责维护和管理。

第五条　市级网站名称为“北京市农地流转信息网”，市级网站申请独立互联网域名（www.bjndlz.gov.cn）；区县网站名称为“×××区（县）农地流转信息网”，区县网站采用市级网站的二级域名（**.bjndlz.gov.cn）。区县网站为市级网站提供基础数据支持，市级网站整合区县网站基础数据，并提供相关信息服务。市级网站和区县网站上下联动、资源共享、相互支持和同步运行。

第二章　北京市农地流转信息网的使用和管理

第一节　网站的页面结构及内容

第六条　市级网站和区县网站均采用统一设计的网站标识。网站采用样式表单控制显示风格，其中正文及列表项的文字采用12磅宋体、1.5倍行距、段落首行缩进2个汉字位置排列。

第七条 北京市农地流转信息网市级网站包括六个栏目，即转出信息、需求信息、政策法规、各区县流转网站、流转动态、流转规程及常见问题。

（一）转出信息版块用于发布土地承包经营权对外转出的信息，包括转出地块的地理位置、转出价格、转出面积、转出年数、土地类型、转出方及联系方式等内容；

（二）需求信息版块用于发布有转入土地意向的有关信息，包括需求方、需求面积、需求年数、价格、意向用途等内容；

（三）政策法规版块用于发布国家、市、区县政府关于农村土地流转工作的相关法律、法规及可公开的政策文件；

（四）流转动态版块的内容包括农村土地流转过程中的成功经验及好的做法，自行采编或转载的流转重要活动、重大会议等新闻类信息等；

（五）各区县流转网站版块用于提供各区县农地流转信息网的链接；

（六）流转规程及常见问题版块用于介绍农村土地流转的具体规程及手续，解答土地流转中的常识性问题，为网站用户提供便民服务。

第八条 北京市农地流转信息网设有“意见和建议”栏目，用于网站用户向网站提出建设性的意见和建议。具体内容不在网页里直接显示，不予直接答复。

第二节 信息的采集与录入

第九条 土地转出信息由各区县农地流转信息网根据各自设计，由区县、乡镇、村管理人员或互联网用户依授权填写。

需求信息由互联网用户自行填写。

用户应遵守《中华人民共和国保守国家秘密法》、《中华人民共和国计算机信息系统安全保护条例》等有关法律、法规和政策，不得在网站发布违法信息资料，如用户行为可能违反上述法律、法规，本网站可以终止向该用户提供服务。

第十条 网站用户在填写土地转出信息和需求信息时，应注意信息录入完整、真实。凡网站要求为必填项，用户漏填的信息不予发布。

第十一条 转出信息和需求信息的选项不能完全表达用户意图的，用户可以在地块简介、需求说明项中作简要描述。

第十二条 转出方需要采用照片展示地块情况、地理位置和周边环境的，可以自行添加1～3张实景照片或其他图片。

第十三条 市级管理人员和区县管理人员负责除转出信息、需求信息两个版块以外其他内容的采集与录入。

采集信息的来源包括：经审阅可以发布的政府文件，法律法规，与土地流转有关的新闻和报纸摘要，市、区县、乡镇、村采写的土地承包与流转工作动态、会议报道、工作进展、经验交流、工作调研、领导讲话、基础知识等内容的文字、图片稿件等。

以上信息经网站发布的，可以根据当事人的要求，发布供稿人的单位、姓名及供稿时间。

第三节 信息的审核与发布

第十四条 区县管理人员负责农地转出信息的审核，也可以授权乡镇管理人员对农地转出信息进行审核。

第十五条 经区县、乡镇管理人员审核通过的转出信息予以发布。

审核发布的转出信息应符合以下要求：

（一）转出地块必须为已确权土地并已签订土地确权合同；实行确权确地的，流转方为承包方；实行确权确利和确权入股的，流转方为村集体经济组织；

（二）确权合同内容规范，四至、面积、合同期限等必备条款齐全、准确；

（三）确权合同及地块无争议，无法律纠纷；

（四）确权合同真实、有效；

（五）流转期限不得超过原确权合同的剩余期限。

第十六条 转出信息发布后，流转地块所在村集体经济组织或村民有异议的，区县管理人员应先将该信息状态改为“无效”。经核实无争议的，再将信息状态改为“有效”。

第十七条 网站用户登记需求信息的，必须登记准确、真实、有效的联系电话。市级或区县管理人员收到需求信息后，应及时与用户进行联系，具体核实以下情况：

（一）用户的身份（包括个人或企业）；

（二）是否具有农业经营能力；

（三）土地的意向用途；

（四）提示用户本网站流转土地为农地，不得用于非农建设。

网站用户提供虚假信息造成损失的，本网站可以向该用户追究法律责任。

第十八条 转出信息或需求信息录入后，信息状态为“未审核”；经审核通过的，信息状态为“有效”；经本网站提供信息，流转双方达成协议并签订土地流转合同的，信息状态改为“成交”；网站用户因采取其他途径流转（非本网站介绍）等各种原因导致信息失效的，信息状态改为“失效”；审核未通过的，信息状态为“无效”。

通过北京市农地流转信息网市级网站或区县网站信息介绍，双方协商签订合同的，村级管理人员应及时通知乡镇以上管理人员修改信息状态。

网站用户需要修改信息状态的，可以通过网站的“意见和建议”版块、网站的电子邮箱或短信平台进行通知。通知内容包括转出方名称或需求方名称、联系电话。经核实后，乡镇以上管理人员对转出信息或需求信息的状态进行修改。

转出信息或需求信息审核未通过，当事人查询的，市级或区县管理人员应告知原因。

第十九条 任何部门和个人不得利用本网站制作、复制、查阅和传播下列信息：

（一）煽动抗拒、破坏宪法和法律、行政法规实施的；

（二）煽动颠覆国家政权，推翻社会主义制度的；

（三）煽动分裂国家、破坏国家统一的；

（四）煽动民族仇恨、民族歧视，破坏民族团结的；

（五）捏造或者歪曲事实，散布谣言，扰乱社会秩序的；

（六）宣扬封建迷信、淫秽、色情、赌博、暴力、凶杀、恐怖，教唆犯罪的；

（七）公然侮辱他人或者捏造事实诽谤他人的；

（八）损害国家机关信誉的；

（九）其他违反宪法和法律、行政法规的。

第四节　管理人员及职责

第二十条 北京市农地流转信息网的管理人员要严格遵守国家和市有关互联网信息安全保密要求，建立健全系统安全保密管理组织和各项管理制度，采取有效安全措施，加强监管，确保信息安全。

第二十一条 网站管理范围是北京市农地流转信息网上的所有内容，包括本网站自身发布的信息，采集的信息和网站上提供的服务。

第二十二条 市级和区县管理人员的职责是：

（一）每天定时查看网站内容；

（二）重点监管网站首页等重要内容；

（三）负责网站添加信息或采集信息的政策性、准确性、有效性的审查；

（四）对需求版块进行重点监管，坚决杜绝不良信息；

（五）定期提供内容监管分析报告，对所出现的错误进行统计分析；

（六）负责网站稳定性的监管，对黑客入侵、系统不稳定和病毒导致的网站运行不正常，要即时发现、即时通知技术部门处理；

（七）为防止技术差错，信息发布后，要及时检查前台显示情况；

（八）市、区县、乡镇管理人员应互相监督，提示或要求对方删除违反本管理制度规定的信息。

第二十三条 北京市农地流转信息网的管理人员不得把后台维护的用户名和密码透露给他人。未经允许，不得对网站后台数据库进行修改、设置、删除等操作，不得随意发布信息或更改网站页面版式及内容。网上信息出现安全问题，要追究信息提供者及管理人员的责任。

第二十四条 对转出信息、需求信息以外的版块实行各区县分工发布审核制度。遵循“谁发布，谁负责；谁承诺，谁办理”的原则。各区县安排专人负责审核把关。

第二十五条 建立信息更新维护制度。明确分管领导、承办部门和管理人员。定期做好信息资源组织和更新维护工作，确保网站的信息全面、准确、及时、实用。

第二十六条 北京市农地流转信息网不得从事赢利性活动，不得与非法网站、商业网站建立链接，也不得从事与政府网站身份不符的活动。发布的图片不得涉及国家电网、国家通讯设备、军事基地、部队驻地等有关国家安全的内容。

第二十七条 定期对从事操作和维护信息系统的工作人员进行培训，包括：计算机操作维护培训、应用软件操作培训、信息系统安全培训等，保证只有经过培训的人员才能上岗。安全负责人应进行高级安全培训。

第三章　北京农经平台及村管系统合同管理模块的使用和管理

第二十八条 通过北京市农地流转信息网的转出、需求信息介绍，最终双方协商签订合同的，应将合同内容录入由北京市农村合作经济经营管理站建设的“北京农村管理信息系统”（简称“村管系统”）的《北京市农地流转信息网成交信息登记表》中。并根据所签合同类型，分别录入《土地流转合同卡片》、《非家庭承包类合同卡片（包括大户承包合同和对外租赁合同）》。

第二十九条 未经北京市农地流转信息网介绍签订合同的，《北京市农地流转信息网成交信息登记表》不进行录入。但要根据所签订合同类型，分别录入《土地流转合同卡片》、《非家庭承包类合同卡片（包括大户承包合同和对外租赁合同）》。

第三十条 《北京市农地流转信息网成交信息登记表》及各类合同卡片由村级管理人员录入，由乡镇、区县、市对录入数据进行分析和汇总。

第三十一条 村管系统中《北京市农地流转信息网成交信息登记表》每半年更新一次，数据上报时间为每年1月15日前和7月15日前。

第四章　网站安全管理及技术要求

第三十二条 北京市农地流转信息网采用“服务器/浏览器”的信息网站结构。基础数据按照数据表单规范存储在常用的“关系型数据库”中。区县网站的数据存储在区县服务器上，市级网站的数据存储在市级服务器上。

第三十三条 市级网站和区县网站的数据连接需验证用户。市级网站为每个区县网站接口分配一个授权用户，在进行数据交换时应进行身份验证，验证通过后方可进行数据传输。市级网站与区县网站的数据交换模块对绑定的IP地址进行双向验证。

第三十四条 按照全市统一的数据接口规范，区县网站开发数据接口与市级网站对接，将审核发布的农地转出信息和需求信息通过数据接口交换到市级网站；市级网站上发布的农地需求信息，对需求方所需土地有明确行政区域要求的，由市级网站审核发布后，通过数据接口传输到相应的区县网站。

第三十五条 在基础条件具备和非涉密情况下，市级网站根据实际需求对区县网站开放数字地图服务。

第三十六条 北京市农地流转信息网市级网站由北京市农村工作委员会信息中心（北京市城乡经济信息中心）负责技术维护。区县流转网站由区县相关信息技术支持部门负责维护。北京农经平台和村管系统由北京市农村合作经济经营管理站负责维护。维护的内容包括网络设备、服务器设备、安全防护设备、系统软件、应用软件、基础数据的备份与恢复等。

第三十七条 市级网站和区县网站应通过部署网络防火墙、安装网络防病毒软件、进行服务器日志审计、系统软件更新加固、定期更换管理员密码等手段，确保市级和区县信息网站的运行安全。

第三十八条 区县网站面向公众采集农地转出或需求信息时，须重点监控文本输入框：对输入的文字内容和形式进行过滤，通过技术手段确保填报数据的安全合法，禁止文本输入框中输入 HTML 代码、SCRIPT 代码、非法链接以及非法内容。

第三十九条 本网站尊重用户个人隐私，不公开、编辑或透露除流转主体名称（或个人姓名）及联系方式以外的用户个人信息。

第五章 附 则

第四十条 各区县农委可以根据本管理制度，结合各区县流转网站的实际情况，制定实施办法。

第四十一条 本管理制度由北京市农村合作经济经营管理站和北京市农村工作委员会信息中心（北京市城乡经济信息中心）负责解释。

第四十二条 本管理制度自发布之日起正式施行。

北京市农村工作委员会 北京市财政局 北京市公安局公安交通管理局 关于印发《现代农业装备对接农民专业合作社工程实施管理办法》的通知

（2009 年 12 月 1 日）

为进一步提高农民专业合作社的营销运输能力，加强农民专业合作社与市场对接，有效解决农民专业合作社运输难的问题，增加农民收入，经市政府同意，2009 年在全市组织实施“现代农业装备对接农民专业合作社工程”，通过政府招标采购、市财政按购车全款给予 50％补助的方式，帮助农民专业合作社购置符合北京市汽车排放标准的 3～5 吨封闭货车、冷藏车和 5～8 吨奶罐车。

附件 1：

现代农业装备对接农民专业合作社工程实施管理办法

一、实施内容

本次扶持车辆的型号为：符合北京市汽车排放标准的 3～5 吨封闭货车、冷藏车和 5～8 吨奶罐车。

二、补贴标准

市财政按购车全款给予 50％补助，农民专业合作社自身承担 50％购车款及相关费用。

三、车辆购置方式

所需车辆全部由政府公开招标采购。

四、实施主体及职责

1. 市农委作为本次“现代农业装备对接农民专业合作社工程”的实施主体负责总协调。

2. 区县农委作为本区县工程实施的责任主体，负责本区县相关工作的落实。

3. 农民专业合作社为项目实施单位，负责所需车辆的提取及相关手续的办理，车辆产权归农民专业合作社所有。

五、农民专业合作社条件

本次现代农业装备对接的农民专业合作社应符合以下条件：

1. 以农民为主体、自愿成立、正式在工商部门登记注册的农民专业合作社。

2. 具有较强的科技示范性和辐射带动农户能力，入社或带动农户数 100 户以上。

3. 生产经营范围符合本区县主导产业和特色产品发展方向。

4. 实际生产确有运输需求，且有一定的经济条件，能够负担50%购车款以及牌照费、保险费和日常使用费等。

5. 购置运输车辆要召开社员（代表）大会征求社员的意愿，形成农民专业合作社章程所规定的社员决议。

六、办理流程

1. 由各区县主管部门负责选择和推荐本区县享受扶持的农民专业合作社及购车数量，报市农委。

2. 市农委会同市财政局、市公安局公安交通管理局、市经济信息化委员会、市环保局根据区县上报的实际情况，共同研究提出具体的分配方案，并由市农委将所需购置车辆的数量、型号及资金安排统一致函市财政局。

3. 由市农委将本次所购各种车辆的型号、数量报市政府采购办立项。

4. 由市政府采购办和招标中介机构按照相关程序和规定确定车辆供应商和具体采购数量。

5. 由农民专业合作社持以下手续到指定地点提取车辆：

（1）购置车辆全款的50%以及车辆购置税等费用所需的支票或现金。

（2）本区县主管部门审核农民专业合作社社员大会或社员代表会民主讨论形成的购车决议后出具的提车证明。

（3）农民专业合作社组织机构代码证书原件及复印件。

（4）由供应商按照市农委提供的购车农民专业合作社名单和各区县主管部门给农民专业合作社出具的提车证明，核对无误后按购车程序供应车辆。

6. 领取机动车牌照。农民专业合作社凭下列手续到市公安局公安交通管理局车辆管理所领取机动车牌照：

（1）农民专业合作社组织机构代码证书原件及复印件。

（2）由供货厂家按购车全款出具的车辆购置发票。

（3）车辆购置税完税证明。

（4）机动车整车出厂合格证明。

（5）机动车交通事故责任强制保险凭证。

（6）法律、行政法规规定应当在机动车注册登记时提交的其他证明、凭证。

七、售后维修服务

按照招标采购合同约定，本次采购车辆，由供应商按照以下条件提供售后维修服务。

1. 质量保证。

（1）供应商在收到用户通知后__1__天内应免费维修或更换有缺陷的货物或部件。

（2）如果供应商在收到通知后__7__天内没有弥补缺陷，用户可采取必要的补救措施，但风险和费用将由供应商承担。

（3）质保期：自交货之日起__1__年。

2. 检验和验收。产品应符合国家产品质量标准和北京市公安交通管理部门核发牌照标准。

3. 索赔。因产品质量不合格，供应商应当无条件更换或退货，因产品质量安全导致的安全事故，供应商应按照国家规定赔偿。

4. 不可抗力。不可抗力通知送达时间：事故发生后__7__天内。

5. 售后服务。

（1）在车辆使用前，由供应商统一进行一次培训。

（2）供应商按照国家标准提供质量保证服务。

（3）供应商统一售后服务，服务响应时间不超过__4__小时。

（4）车辆购置五年内，供应商对本次采购20辆车以上的区县，每年集中开展一次检修和保养。

（5）供应商对本次供应车辆实行统一优惠的零配件及服务价格。

八、车辆管理

1. 各区县是"现代农业装备对接农民专业合作社工程"的责任主体，应组织专人负责此项工作，严格审核实施主体的资质，负责监督管理。

2. 农民专业合作社购置的运输车辆必须用于农业生产和农产品运输，3年内不得转手过户。具体办法是：各区县主管部门将所购车辆的基本信息和所有人信息报市农委，由市农委正式致函市公安局公安交通管理局车辆管理所，并办理车辆锁定手续。

3. 对政府扶持的车辆，必须以农民专业合作社为车辆产权人并按照合作社章程的规定，列入固定资产严格管理。其中：农民专业合作社要将形成固定资产的份额平均量化到社员账户。车辆日常运转费用由合作社自筹。

4. 工程实施结束后，由各区县农委以书面报告的形式，将本区县落实情况上报市农委。

5. 市相关部门将成立"现代农业装备对接农民专业合作社工程"督查组，对各区县实施情况进行督促和检查。

附件2：

"2009年北京市现代农业装备对接农民专业合作社工程"提车证明（样式）

北汽福田汽车股份有限公司：

经审核，__________农民专业合作社已召开社员（代表）大会，民主讨论通过并形成购车决议，符合"2009年北京市现代农业装备对接农民专业合作社工程"购车条件，请准予提车。

北京市新农村建设领导小组综合办公室关于北京市新农村“五项基础设施”建设融资的指导意见

（2009年2月27日）

为贯彻落实国务院“扩内需、保增长、促发展”的战略部署，市新农村建设领导小组决定利用两年时间全面完成《北京市新农村“五项基础设施”建设规划》（京新农发〔2008〕1号）中确定的街坊路建设、安全饮水、污水处理、厕所改造、垃圾处理“五项基础设施”工程建设任务。针对工程建设资金不足问题特提出如下融资指导意见：

一、关于贷款主体

“五项基础设施”工程建设严格按照市委、市政府提出的事权和财权相统一的要求，区县政府是工程建设的责任主体，全面负责本地区“五项基础设施”工程建设的组织实施，确定贷款主体、制定贷款方案，落实还款计划，明确贷款责任。

二、关于合作银行

实行区县与银行自愿合作的原则。优先推荐目前与农村经济建设关系紧密的北京市农村商业银行，中国农业发展银行北京市分行、中国农业银行北京市分行、北京银行、邮政储蓄银行北京市分行、国家开发银行股份公司北京市分行等金融机构参与新农村“五项基础设施”建设，区县政府可以根据新农村“五项基础设施”工程建设资金需求，安排贷款数量，寻求合作银行。

三、关于贷款利率

支持社会主义新农村建设，为“五项基础设施”工程建设提供便捷、优质的贷款服务是每个合作银行应尽的社会责任。对“五项基础设施”工程建设贷款应给与相应的优惠政策，贷款利率原则上不能超过国家现行同期同档次基准利率。

四、关于还款计划

各区县根据实际情况制定“五项基础设施”工程建设还款计划，还款时间可以从2011年开始，各区县根据财力情况自行确定还款期限。可以利用2010年以后年度市与区县分税制财政管理体制划转的“五项基础设施”专项资金归还贷款本息。

五、关于贷款依据和条件

（一）《北京市新农村“五项基础设施”建设规划（2009—2012）》（京新农发［2008］1号）文件；

（二）《北京市新农村建设“五项基础设施”建设融资指导意见》；

（三）区县政府政策性文件。

1. 区县政府关于“五项基础设施”建设整体方案；

2. 区县政府推进“五项基础设施”建设融资的批复决定；

3. 贷款主体委托书；

4. 工程立项审批文件；

5. 区县“五项基础设施”建设融资方案等。

六、其　他

（一）各区县要根据本地区实际制定《“五项基础设施”建设融资方案》，并报送市新农村建设领导小组备案。

（二）各区县政府要认真落实工程资金监管责任，设立融资贷款专户，确保资金使用安全，确保工程顺利进行。

（三）市新农村建设领导小组、银行金融机构将对工程建设和资金（包括贷款）使用情况进行不定期检查，各区县要主动接受检查提供相关材料。

（四）工程建设和资金使用（包括贷款）接受审计部门的监督。

（五）工程资金（包括贷款）使用情况将作为新农村建设奖励条件纳入奖励范围。

北京市新农村“五项基础设施”建设金融合作协议

为落实市委市政府关于“利用金融资金加快‘五项基础设施’建设步伐，用两年时间完成建设任务”的要求，加快我市新农村建设步伐。甲乙双方经友好协商，就共同推进“五项基础设施”建设融资事宜达成如下战略合作协议。

“五项基础设施”是指北京市社会主义新农村建

设领导小组综合办公室制定的《北京市新农村“五项基础设施”建设规划》（京新农发［2008］1号）中确定的街坊路建设、安全饮水、污水处理、厕所改造、垃圾处理等五项基础设施工程建设任务。

甲方责任：

第一条 负责制定《北京市新农村“五项基础设施”建设政策性融资方案》。利用政府组织、协调、管理优势，及时向乙方提供北京市“五项基础设施”等相关工程信息，邀请乙方参加“五项基础设施”相关会议和重大项目论证活动。

第二条 负责制定“五项基础设施”融资促进政策，鼓励相关信用担保机构和银行，为“五项基础设施”提供融资服务。

乙方责任：

第三条 乙方积极支持社会主义新农村建设，为“五项基础设施”工程建设提供便捷、优质的贷款服务。贷款利率原则上不超过国家现行基准利率。

第四条 乙方将对工程建设贷款使用情况进行不定期检查。

第五条 本协议有效期自本协议生效之日起至北京市新农村“五项基础设施”建设项目贷款本息偿还结束之日止。

第六条 本协议一式两份，双方各持一份。

北京市社会主义新农村建设领导小组综合办公室关于印发《2009年北京市新农村“五项基础设施”建设实施方案》和《2009年北京市新农村“三起来”工程建设实施方案》的函

（2009年3月3日）

为贯彻落实市委十届五次全会及市农村工作会议精神，加快推进本市新农村基础设施建设，确保《北京市新农村“五项基础设施”建设规划（2009—2012年）》和《北京市新农村“三起来”工程建设规划（2009—2012年）》顺利实施，市新农村建设领导小组综合办公室会同市相关部门分别制定了《2009年北京市新农村“五项基础设施”建设实施方案》和《2009年北京市新农村“三起来”工程建设实施方案》。印发给郊区各区县人民政府和市各有关单位，按照方案要求组织好“五项基础设施”和“三起来”工程建设工作，确保完成各项任务。

2009年北京市新农村“五项基础设施”建设实施方案

为进一步加快推进我市新农村基础设施建设，按照市委市政府的要求，确保《北京市新农村“五项基础设施”建设规划（2009—2012年）》中确定的四年建设任务两年完成，特制定本实施方案。

一、指导思想和目标任务

（一）指导思想

以科学发展观为统领，贯彻落实市委十届五次全会及市农村工作会议精神，按照建设“人文北京、科技北京、绿色北京”的发展思路和率先形成城乡经济社会发展一体化新格局的根本要求，紧紧围绕“强基础、重民生、促增收”，加快推进新农村“五项基础设施”建设，努力拉动农村内需，确保实现全市“保增长、保民生、保稳定”的目标。

（二）总体目标

到2010年，全市所有村庄规划基本实现全覆盖，在未实施“五项基础设施”建设的3 397个村庄（其中1 773个远郊重点村、1 357个远郊一般村和267个近郊村）中，未硬化的街坊路实现硬化，已破损的路面得到修复；村内因地制宜进行绿化美化；10年以上老化供水管网得到改造，基本实现一户一表；处于全市重要地表水源地规划内的村庄和市级民俗旅游村庄生活污水实现无害化处理；农户垃圾进行源头分类；村内建设卫生公厕，没有达到无害化要求的户厕得到改造；基础设施长效运行管护机制进一步完善。

（三）2009年度建设任务

1. *全市总任务*。编制完成村庄规划1 413个（不含前期已经编制完成的村庄规划），完成1 700个村庄“五项基础设施”建设，其中完成街坊路硬化2 967万平方米，街坊路两侧绿化1 247万平方米，改造老化供水管网4 000公里，安装水表25万个，在183个村庄实施污水处理工程，为92个乡镇所有农户配齐垃圾源头分类桶（袋），为72个乡镇配置垃圾分类收集运输车，在68个平原乡镇建设垃圾资源再利用处理设施，在24个边远山区乡镇建设小型垃圾无害化处理设施，改造户厕20.1万座，建设农村公厕3 183座。

2. 分区县任务。具体任务见附表。各区县可根据全市下达的任务总量，结合本区县实际情况，在确保“五项基础设施”建设规划四年任务两年完成的基础上，可统筹安排2009年、2010年建设任务。

3. 分区县任务计算方法：

一是村庄规划。根据各区县村庄总数和区县村庄体系规划中的村庄分类进行安排。计算公式：

某区县村庄规划编制任务＝（该区县村庄总数－市级已支持编制村庄规划的村庄数）/2

二是街坊路硬化和绿化。

街坊路硬化。结合各区县农业人口规模及拟建的村庄数进行安排。计算公式：

某区县建设任务＝（该区县拟建的村庄数/全市拟建的村庄数＋该区县拟建村庄的农业人口/全市拟建村庄总的农业人口）/2×全市街坊路硬化任务/2

街坊路绿化。根据各区县拟建的村庄数安排。计算公式：

某区县绿化任务＝全市总的绿化面积/全市拟建的村庄数×该区县2009年拟建的村庄数

三是老化供水管网改造和一户一表。根据各区县现有的老化供水管网总量和需要安装水表的总户数进行安排，2009年完成总任务的一半。（参照市水务局调查）

四是污水处理。根据各区县处于全市重要地表水源地村庄数量和截止到2007年底市级民俗旅游村庄数量进行安排，2009年完成总任务的一半（参照“五项”规划中北京市重要地表水源地村庄污水处理系统建设情况统计表和北京市市级民俗旅游村污水处理系统建设情况统计表）。

五是垃圾处理。根据各区县乡镇数量进行安排，2009年完成总任务的一半。户分类设施在全市92个乡镇中安排；运输车在72个乡镇中安排（不含市发改委2008年“十个一”工程中重点支持的39个镇）；资源再利用设备、厂房及分类储存场所、设备在全市68个平原乡镇中安排，小型垃圾处理机及厂房在24个边远山区乡镇中安排。

六是厕所改造。

户厕改造。根据各区县的实际情况进行安排，2009年完成总任务的一半。（参照市爱卫会《农村改厕“十一五”规划》中2009年和2010年各区县的改造任务、《北京市新农村“五项基础设施”建设规划》中各区县包括双瓮漏斗式、双坑交替式及其他类型等需要升级改造的任务）。

公厕建设。根据各区县村庄数量进行安排，近郊区每个村3座，远郊区每个村2座，2009年完成总任务的一半。计算公式：

远郊某区县公厕建设数量＝（该区县村庄数×2－市级已支持建设的公厕数）/2

近郊某区县公厕建设数量＝（该区县村庄数×3－市级已支持建设的公厕数）/2

二、村庄规划编制和工程建设标准

村庄规划编制要依据《关于进一步加强新农村村庄规划编制组织管理的通知》（京新农办函［2008］8号）附件中“北京市重点村村庄规划编制工作方法和成果要求”、“北京市一般村村庄规划编制工作方法和成果要求”的规定进行编制，并经过区县政府审批。

新农村“五项基础设施”建设依据《北京市新农村“五项基础设施”建设规划（2009—2012年）》中的“五项基础设施”工程建设参照标准（试行）进行建设，确保工程建设质量。

三、资金安排

（一）总投资

根据2009年全市“五项基础设施”建设任务及相关投资标准进行测算，2009年需要投入规划编制费、工程建设费、工程监理费、管理和不可预见费共66.5亿元，其中规划编制费用1.55亿元（规划编制费用按照每个远郊重点村编制村庄规划20万元，远郊一般村5万元，近郊村8万元的标准测算，2009年编制远郊重点村村庄规划540个、一般村规划754个、近郊村规划119个）；工程建设费60.1亿元（包括街坊路硬化和绿化、老化供水管网改造和一户一表、污水处理、垃圾处理和厕所改造）；工程组织及监理费用1.8亿元（根据相关标准，按工程建设费用的3%计提）；管理和不可预见费用3.1亿元（根据相关标准，管理费按工程建设费用的0.1%计提，不可预见费按工程建设费用的5%计提）。

（二）资金筹措

根据新的市区财政体制改革方案，“五项基础设施”建设资金主要通过以下渠道保障：

一是市财政转移支付资金。村庄规划编制费用1.55亿元，已在市财政新农村专项转移资金中安排；新农村“五项基础设施”建设资金19.52亿元（其中街坊路硬化7.883亿元，老化供水管网改造和一户一表4.867亿元，污水处理2.745亿元，垃圾处理1.18亿元，户厕改造0.95亿元，公厕建设1.896亿元）已在市财政新农村“五项基础设施”建设专项转移支付资金中安排；新农村“五项基础设施”建设项目中的绿化项目建设资金0.83亿元，已在市财政对区县功能区转移支付中安排。

二是区县配套资金。按照市相关政策，“五项基础设施”建设要求各区县按照工程规划投资额的1/3进行配套，工程监理费、管理和不可预见费等由各区县财政统筹安排，各区县要确保资金安排到位。

三是金融资金。经市政府批准，新农村“五项基础设施”建设缩短建设工期，全部建设任务在2009—2010年内完成，2009年完成工程建设总任务的一半。总投资在上述渠道安排后的缺口部分，区县可以通过向银行贷款的方式解决。新农村“五项基础设施”建设属于阶段性任务，而市财政转移支付资金属于长期固定性的，“五项基础设施”建设完成后资金不再收回市里，区县政府的贷款本息可在以后年度的转移支付资金中进行安排。

四、保障措施

（一）建立高效运行的组织管理体系

一是加强领导。各区县要从“保增长、保民生、保稳定”和落实科学发展观，构建城乡一体化新格局的高度，深化对新农村“五项基础设施”建设的认识，要把“五项基础设施”建设作为落实科学发展观的重要举措，切实加强领导。

二是健全组织指挥系统。为了推进“五项基础设施”建设，市里成立了由主管副市长任组长，市各相关部门为成员的新农村“五项基础设施”和“三起来”工程建设工作推进领导小组，统筹指导推进我市新农村“五项基础设施”建设工作。各区县也要建立以区县主要领导负总责，分管领导具体负责，部门联动、政策集成、资源整合的工作领导体制和工作机制，要按照工作内容建立规划、建设、督促、检查等分工明确、高效运行的组织指挥系统。要动员各方面力量，形成合力，共同推进新农村“五项基础设施”建设，确保建设任务顺利完成。

（二）建立健全工作保障机制

一是建立责任制度。按照市政府提出的财权与事权相统一的要求，郊区各区县政府为新农村“五项基础设施”建设的组织实施主体，负责“五项基础设施”建设的项目审批、组织实施、资金拨付和质量安全监管。各区县要采取有效措施，千方百计确保“五项基础设施”建设任务两年完成。

市新农办会同市各相关部门，负责制定“五项基础设施”建设的标准、制定检查考核评估办法、确定工程建设总体任务并下达市政府确定的重点工作，负责对新农村“五项基础设施”建设情况进行监督检查与考核评估。

各区县新农办按照市新农办下达的新农村“五项基础设施”建设任务，会同区县各相关部门制定本区县新农村“五项基础设施”建设的组织实施方案，确定本年度拟实施的村庄名单、建设任务、各项工程的实施主体、方式以及工程进度安排。

在组织实施过程中，各区县新农村“五项基础设施”建设项目的实施主体要按照相关规定，负责项目前期准备、立项、招投标、工程施工、监理和验收等全过程的组织管理工作。

二是建立农民参与机制。创新现有“五项基础设施”建设项目招投标制度，在确保质量的前提下，精简审批程序，建立健全农民参与机制。要把农民参与建设作为一项硬任务、硬指标，凡是当地农民能干的，应当让农民去干，把当地农民的参与程度作为项目审批的重要标准，并列为考核的内容，切实增加农民劳务性收入。

三是建立备案制度。请各区县新农办于3月15日前，将本区县新农村“五项基础设施”建设的组织实施方案以及拟实施的村庄名单、建设任务、工程进度安排等报市新农办备案。

四是建立报告制度。新农村“五项基础设施”建设项目已分别列入2009年市级重点建设项目，按照《北京市重点建设项目管理办法（试行）》中统计月报的要求，各区县要指定专人于每月24—26日填报《北京市新农村“五项基础设施”建设进展情况统计表》，同时，将项目组织实施中总结的经验以及出现的问题及时报告市新农办。

五是建立检查通报制度。市新农办会同市相关部门每季度对各区县“五项基础设施”建设任务完成情况进行检查，并根据检查情况进行通报。对措施有力，工程又好又快的区县予以表彰鼓励，对工程组织推进过程中创造的好经验、好做法进行推广示范，对措施不得力，工程进度缓慢的单位要督促整改。

六是建立评估制度。11月份，市新农办组织市相关部门按照各区县上报的新农村“五项基础设施”建设实施方案和村庄名单，对照工程建设标准，对各区县“五项基础设施”工程建设情况进行评估，并将评估情况纳入市对区县一般性转移支付的考核机制。

七是建立资金审计制度。新农村“五项基础设施”建设补助资金属于专项转移支付资金，各区县要切实加强资金的使用，不得挤占、挪用和截留。同时，各区县要按比例将配套资金纳入公共财政保障范围，按建设项目和工程进度及时、足额拨付到位。市财政、审计等部门要依法加强对“五项基础设施”建设专项资金使用的监督和审计。

2009年北京市新农村“三起来”工程建设实施方案

按照全市新农村建设总体部署，2009年在郊区继续开展“让农村亮起来、让农民暖起来、让农业资源循环起来”（以下简称“三起来”）工程建设。为使“三起来”工程建设有序推进，并取得实效，特制定本实施方案。

一、指导思想

以科学发展观为统领，认真贯彻落实中央和市有关农村工作会议精神，按照建设“人文北京、科技北京、绿色北京”的思路和率先实现城乡经济社会一体化新格局的要求，以建设资源节约型和环境友好型新农村为目标，从解决农民群众最关心、最直接、最现实的问题入手，坚持以人为本，坚持可持续发展理念，坚持发展循环经济，不断进行科技创新、制度创新和模式创新，加快推进农村新能源、新环境和新生活建设，进一步改善农村生产生活条件，不断提高农民收入和生活质量，促进我市社会主义新农村建设实现又好又快地发展。

二、建设原则

1. *规划先行，稳步推进*。发挥规划的引导作用，并按规划安排建设项目。在工程推进中，根据技术成熟程度、资源禀赋和农民的需求及村庄的不同特点，因地制宜，有计划按标准分类推进，并实现集约、节约、环保、安全建设。

2. *两级统筹，鼓励创新*。为适应财政体制改革后的新情况，“三起来”工程建设实行市区（县）两级统筹。市新农办协调相关部门在统筹考虑区县实际的基础上，对全市“三起来”工程实施进行全面统筹。区县政府作为工程建设的工作主体，负责本区县内的统筹，在确保完成市规划的基础上，可自主选择符合建设方向且本地农民欢迎的建设项目，鼓励区县创新。

3. *调动主体，惠及农民*。尊重农民主体地位，在工程实施中，从建设项目确定、工程建设到工程监理、建后管护，要逐步完善相应政策、规定和制度，为京郊农民全过程参与工程建设提供更多的机会，让他们能够从事力所能及的工作，承担适宜他们承担的工程，获得更多的劳务收入，并培养责任意识。

4. *建管并举、完善机制*。“三起来”工程建设必须突出实效，建管同步，着眼于长效机制建设。在工程建成后，及时进行产权移交，明确管理主体，确立管护责任，健全管护制度，促进政府投资效益的最大化，促进“三起来”工程可持续发展。

三、建设目标

2009年“三起来”工程建设，主要以生物质能、太阳能、沼气综合利用为重点，大力推广高效清洁能源新产品和新技术，不断提高农村用能水平；以节能民居的示范与推广、公共浴室建设为重点，大力推广节能环保新材料在农村的应用，不断提高农民的生活质量；以治理养殖场环境、雨洪利用工程为重点，大力推进资源综合利用模式，不断改善农村生态环境，提高农村居民的宜居指数；以加强运行管理，提高政府资金使用效率为重点，大力推进管护机制创新，不断推进可持续发展。基本实现农村“生态环境靓化、生活能源清洁化、人居环境舒适化”。

四、建设内容

（一）“亮起来”工程

主要建设内容：为112万户更换560万盏节能灯，为1 000个村庄的村内公共场所安装5万盏节能灯，为500个村更换节能路灯（高压纳灯、LED灯或无极灯）5万盏，安装太阳能灯1.2万盏。

（二）“暖起来”工程

主要建设内容：建设太阳能公共浴室400处，对1.5万户农民既有住房进行墙体保温改造，对3 000户农民新建住房开展多种节能技术综合利用的示范建设，建设2 000户地热采暖示范工程。

（三）“循环起来”工程

主要建设内容：建设大中型沼气站15处，建设大型生物质气化站10处，“两气”站建设在现有的基础上，重点进行联村供气、一站供多村建设。新建生物质燃料成型加工厂10个（其中大中型加工厂5个，小型加工厂5个），示范推广自动跟踪聚光太阳灶500台，户用沼气推广5 000户，建设雨洪利用工程150处，开展粪污治理工程60处。

五、建设标准

新农村“三起来”工程建设依据《北京市新农村“三起来”工程建设规划（2009—2012年）》中的《北京市新农村“亮起来、暖起来、循环起来”工程建设参照标准（试行）》进行建设，确保工程建设质量。

六、保障措施

为确保“三起来”工程的顺利实施，各级政府部门要按照市委市政府的要求，采取有效措施，狠抓落实，不断创新，使郊区“三起来”工程建设不断取得实效。

（一）健全机构，加强领导

市里成立由主管副市长任组长，各相关部门为成员的新农村“五项基础设施”和“三起来”工程建设工作推进领导小组，全面负责协调指导推进全市“三起来”工程建设工作。区县政府作为“三起来”工程建设的实施主体也要成立相应组织机构，在本区县履行整合职责。

市区两级坚持和完善已建立起来的“部门联动、政策集成、资金聚焦、资源整合”机制。市新农办负责全市“三起来”工程建设规划实施的总体协调，市发展改革委、市财政局、市建委、市科委、市农委、市水务局、市环保局、市农业局等市相关部门相互配合，建立信息沟通制度，资源共享制度，联合检查制度。并在规划统筹、标准制定、评估考核等方面做到相互衔接，且按照职责分工，分别履行好各自职责，共同推进“三起来”工程建设。

区县新农办对本地区“三起来”工程建设履行综合协调、督促检查责任，以本规划为依据，结合实际，就年度计划任务，实施地点、建设内容、推进措施、实施进度、完成任务时间及相应配套政策作出科学安排。

（二）编制计划，明确任务

市新农办会同市相关部门，共同编制全市2009

年“三起来”工程建设实施方案，提出建设计划，明确建设目标，安排建设任务，制定建设标准；各区县新农办要按此要求编制本区县2009年“三起来”工程建设实施方案，在确保完成市政府为民办实事工程、市政府折子工程、市新农村建设折子工程、北运河治理等重点工程项目的基础上，可根据本区县实际情况，自主安排建设内容，不断丰富“三起来”工程建设项目内涵。并请于3月15日前将区县2009年“三起来”工程建设实施方案上报到市新农办备案。

（三）简化程序，农民参与

2009年“三起来”工程建设项目的审批，除国家、市有特殊审批要求外，审批程序全部下放到区县政府。各区县政府要组织有关部门，从提高工作效率出发，创新现有建设项目招投标制度，完善审批程序，建立绿色通道，减化审批步骤，缩短审批时间，建立健全农民参与机制。凡是当地农民能干的，应当让农民去干，要把当地农民的参与程度作为项目审批的重要标准，并列入市对区县考核的重要内容，切实增加农民劳务性收入。

（四）落实资金，专款专用

根据新的市区财政体制改革方案，“三起来”资金从三个渠道保障：一是市级专项转移支付资金。从2009年开始，市专项转移支付三起来建设资金每年48 581万元，其中：新农村建设专项资金（市农委）44 581万元，雨洪利用工程资金（市水务局）4 000万元，这部分资金专款专用。二是市发改委等市相关部门年度专项安排资金。各区县根据市相关部门的要求立项申请。三是“三起来”工程维护运转费用以及各区县自主安排的项目，由区县财政自行统筹。各区县要设立专门账户管理，确保资金到位。

（五）健全制度，加强监管

一是建立检查通报制度。市区两级新农办每季度对“三起来”工程建设情况进行检查，并将检查情况进行反馈通报，激励先进，督促后进。二是建立报告制度。每月24—26日，区县将当月“三起来”工程建设进展情况及存在问题报送市新农办。三是建立评估制度。2009年11月份，市新农办组织市相关部门按照各区县上报的“三起来”工程建设实施方案和村庄名单，对照工程建设标准，对各区县“三起来”工程建设情况进行评估。并将评估情况纳入市对区县一般性转移支付的考核机制。四是建立资金审计制度。各区县要切实加强资金使用的监管，不得挤占、挪用和截留。同时，各区县要按比例将配套资金纳入公共财政保障范围，按建设项目和工程进度及时、足额拨付到位。市财政、审计等部门要依法加强对“三起来”工程建设专项资金使用的监督和审计。

（六）完善机制，建管同步

各区县要在“三起来”工程建设的同时，建立和完善长效管护机制。工程建设完成后，要及时明确产权归属和管理主体，落实管护责任，要根据工程运行要求，建立完善服务体系，健全管护制度，建立专兼职管护队伍。市相关部门要按照各自职能，指导并协助各区县搞好专业管理人员的培训，提高管护人员技能和素质，提高管护水平。

北京市社会主义新农村建设领导小组综合办公室关于印发北京市共同致富行动计划工作方案（试行）的函

（2009年4月8日）

为贯彻落实市委十届五次全会和市农村工作会关于促进低收入农户增收工作有关精神，市新农村建设领导小组综合办公室制定了《北京市共同致富行动计划工作方案（试行）》，印发给郊区各区县人民政府和市各有关单位，结合实际做好相关工作。

北京市共同致富行动计划工作方案（试行）

为构建社会主义和谐社会，推动实现全面小康，有效解决郊区低收入农户增收问题，特制订此方案。

一、指导思想

深入贯彻落实《中共中央关于推进农村改革发展若干重大问题的决定》和《中共北京市委关于率先形成城乡经济社会发展一体化新格局的意见》，以提高低收入农户致富能力和收入水平为中心，按照因地制宜、全面覆盖的原则，以区县为主体，建立帮扶机制，落实帮扶举措，促进发展产业，推动转移就业，鼓励创业致富，完善保障制度，加快提高低收入农户收入水平和生活水平。

二、工作目标

实现2009年低收入农户人均纯收入同比增长10%以上，到2015年占农户总数20%的相对低收入农户人均纯收入翻一番，到2020年农民人均纯收入翻一番的目标。

三、工作对象

对2008年农民人均纯收入低于4 500元、具有劳动能力的低收入农户进行扶持，扶持对象确定后原则上三年不变，对已实现稳定增收的低收入农户，按照“大稳定，小调整”的原则实行动态管理。

四、工作机制

（一）组织保障及职责

市级成立“共同致富行动计划”工作领导小组，由市社会主义新农村建设领导小组综合办公室牵头，各成员单位参与。夏占义同志任组长，市政府副秘书长安钢同志、市农委主任王孝东同志任副组长，市农委副主任刘春广同志任执行组长。

领导小组负责“共同致富行动计划”工作的组织协调工作。确定工作目标、各部门和各区县相关职责及任务，研究协调全市推进“共同致富行动计划”工作中的重大问题。

领导小组下设办公室，由市农委副主任刘春广同志任办公室主任，办公室设在市农委社会发展处。新农村建设领导小组成员单位、部分社会团体、大专院校、科研院所为工作参与单位（具体名单见附件）。办公室负责日常工作，建立定期会商沟通制度，总结经验，找出典型及工作中存在的问题，并提出解决问题的相关举措，同时完成领导小组交办的其他事项。

各郊区县政府是推进“共同致富行动计划”的工作责任主体，各郊区县要参照市级架构，建立由区县长任组长、主管副区县长为副组长、主要部门牵头、相关部门参加的组织机构，负责制定本区县“共同致富行动计划”工作的相关规划、年度计划、配套政策、实施细则等。建立与市级衔接的“共同致富行动计划”工作平台与机制，每季度向市“共同致富行动计划”工作领导小组上报工作进展情况。建立低收入农户增收网，将低收入农户基本情况、增收致富需求等相关信息予以公开。组织动员相关部门及社会力量参与低收入农户增收工作，加大投入，推进实施，确保全市“共同致富行动计划”总体目标的完成。

（二）建立定期沟通、协调配合机制

加强市级领导小组与区县、市级领导小组成员单位之间工作情况沟通，及时协调解决工作中出现的有关问题。各成员单位要分工明确，协同配合，形成整体合力。市“共同致富行动计划”工作领导小组每半年召开一次会议。办公室每季度组织召开一次数据会商会，对进展情况进行分析，每半年对增收情况进行统计。各成员单位及区县要及时提供工作进展数据及情况，工作进展数据经会商会审核后由领导小组办公室及时报送有关市领导，并适时向社会发布。

（三）建立全社会帮扶机制

区县要建立全社会力量参与低收入农户增收帮扶机制。搭建帮扶工作平台，将低收入农户的相关信息在低收入农户网上予以公开。制定党政机关、企事业单位及个人帮扶工作办法，积极组织动员各级党政机关、企事业单位与低收入农户比较集中的村，机关干部、个人与低收入农户进行挂钩帮扶，同镇、村协商共同制定每户的增收方案，并组织实施。探索社会志愿者帮扶机制，接受社会捐赠，探索设立“低收入农户产业扶持专项基金”。充分发挥各类慈善组织救急解困作用，妥善解决因身体残疾和自然灾害、重大疾病导致生活困难的低收入农户基本生活问题。

（四）建立监督考核及奖励机制

市“共同致富行动计划”工作领导小组把此项工作绩效列入新农村建设考核内容，对区县进行考核、奖励。办公室负责制定考核办法及标准，组织相关单位对区县进行考核评比。年底对工作成绩突出的区县、乡镇、村进行表彰奖励。

市领导小组各成员单位要把“共同致富行动计划”工作绩效纳入对区县业务部门的目标考核。

各区县要加大对乡镇“共同致富行动计划”工作的绩效考核，制定相应考核及奖励办法，对增收工作成绩突出的乡镇、村及个人进行奖励。积极调动农村基层干部工作的积极性，确保全市推进“共同致富行动计划”工作取得实效。

五、工作措施

（一）摸清基础情况

各区县要依据市里统一标准，按照初定、审核、审定、公示的程序，确定低收入农户名单，并由区县相关部门建立低收入农户档案电子数据库，与市经管站进行数据联网。低收入农户档案内容包括家庭基本情况、劳动力情况、就业状况、生产经营、享受扶持政策和收入情况等。要坚持动态管理的原则，对低收入农户增收来源和具体收入进行跟踪监测。

（二）制定扶持措施

按照发展产业、安置就业、整村推进、分户指导的原则，加大对低收入农户劳动力的实用技术和职业技能培训力度，大力培养一批精通种植业、养殖业、加工业等技术能人，让每一个低收入农户至少有一个懂得一方面技术的“明白人”，为低收入农户增收奠定基础。在摸清底数、建立档案基础上，采取“一户一策”的方式确定帮扶措施。

1. 大力发展都市型现代农业。将有条件发展设施农业的低收入农户纳入“百村万户一户一棚援助型设施农业推进工程”。加大农业生产性扶持力度，发挥首都科技、文化等资源优势和产业优势，通过种子、种苗、农资、农机等实物补助，大力扶持低收入农户发展特色种养业。鼓励农业合作组织吸纳低收入户成为会员，解决农产品的销售问题。鼓励农业龙头企业引导扶持农户发展生产，加强良种、技术和销售服务，发展订单农业。大力开展一产农民生产技能培训，促进都市型现代农业生产效率的提升。鼓励农业经营专业户、农村能人、农业科技人员和农民专业合作组织等，通过提供种子种苗和种禽种畜、传授种养技术、扩大农产品销售等多种形式带动低收入农户增收。

2. 促进二、三产业转移就业。按照市级相关政策，建立统一的城乡就业失业管理制度，优先将低收入农户劳动力纳入培训范围，享受城镇就业困难人员就业促进政策。促进有劳动能力且有转移就业要求的低收入农户向二、三产业转移就业，增加工资性收入。鼓励企业吸纳低收入农户劳动力用工，并落实好岗位补贴、社会保险补贴、职业补贴、享受与城镇职工相同标准社保待遇等政策。政府购买和新开发的农村公益性就业岗位、乡镇企业新增就业岗位，要优先安排符合条件的低收入户劳动力就业，根据经济发展水平逐年提高工资标准。政府投资的建设项目，优先使用当地低收入农户劳动力。各区县要制定鼓励低收入农户外出就业政策。

3. 鼓励自主创业。有关部门要加大自主创业培训力度，大力支持低收入农户自主创业，对低收入农户自主创办个体工商企业，有关部门应提供便捷服务。要鼓励金融机构为低收入农户发放小额贷款，鼓励担保公司、龙头企业、工商企业、农民专业合作组织和其他个人为低收入农户提供小额贷款担保。低收入农户使用小额信贷的，给予贴息支持。有关部门在低收入农户自主创业过程中遇到的问题要及时解决。

4. 广开增收渠道。鼓励有条件的区县以组建土地股份合作社等形式加快推进土地流转，确保低收入农户土地收益逐年有所增加。充分发挥农民专业合作社组织化优势，带动低收入农户调整产业结构，发展高效农业。对集中带动低收入农户增收的村、企业和农民专业合作组织，给予政策支持。

5. 实施整村推进。对低收入农户比较集中的村(低收入数量达到100户或者达到农户总数的40%)，认真分析查找原因，结合当地资源特色与优势产业，制定详细的发展规划。建立农民就业产业基地，吸纳当地农民就业。在招商引资、重组引进项目时，要将农民就业作为硬性指标和前提条件。继续实施低收入村“十百千产业致富工程”，通过改善基础设施、改善生活居住条件、扶持特色主导产业发展等多种形式，实现低收入村整体致富。

对列入地质灾害区、生活条件恶劣地区搬迁计划的低收入农户，加快其搬迁进度。对整村搬迁的，加大搬迁后产业发展的扶持力度。以优势资源为基础，以基础设施为先导，以特色产业为支撑，坚持多渠道多产业安置相结合，坚持易地迁移扶贫与小城镇建设、生态环境建设相结合，积极推动产业转型地区发展符合生态环境要求的新型产业，做好搬迁农民技能培训，引导发展致富产业，努力实现搬迁低收入农户“搬得出、稳得住、能致富”。

6. 完善社会保障制度。积极做好低收入农户家庭成员参加养老保险、新型农村合作医疗和政策性农业保险工作，其个人缴费部分，由区县适当给予补贴。进一步提高农村地区最低生活保障标准，有条件的区县可以探索建立城乡统一的最低生活保障标准。

附件1：

北京市共同致富行动计划工作领导小组成员名单

北京市社会主义新农村建设领导小组综合办公室
北京市发展和改革委员会
北京市财政局
北京市农村工作委员会
北京市经济和信息化委员会
北京市民政局
北京市人力资源和社会保障局
北京市统计局

附件2：

北京市共同致富行动计划工作领导小组办公室成员名单

市新农村建设领导小组成员单位
市民委
市总工会
市直机关工委
团市委
市社会建设工作办公室
市爱卫会
市科协
市妇联
市工商联
市侨联
市农科院
市农职院
市农学院
市农研中心

北京市社会主义新农村建设领导小组综合办公室 北京市安全生产监督管理局　北京市农业局 关于切实加强农村"两气一炕"工程安全生产使用管理工作的通知

（2009年7月21日）

近年来，"三起来"工程持续推进，其中农村沼气、秸秆燃气和节能吊炕等生物质能源发展迅速，对提高郊区农民生活质量、优化农村能源结构、实现节能减排和推动新农村建设起到了积极的促进作用。但是，生物质燃气具有易燃、易爆、易中毒的特性，在全国一些地方也曾发生过安全事故，给农民的生命财产造成了严重损失。为深入贯彻落实全市安全生产电视电话工作会议精神，进一步加强农村清洁能源使用的安全生产管理，确保人民生命财产安全，现将有关事宜通知如下：

一、把握特性，提高认识

能源建设是改善农民生活用能结构，改善农村生活质量的公益性工作，是市委、市政府为农民办的一项民心工程，几年来的建设，使上百万农民受益，深受农民的赞誉。但在使农民受益的同时，也要看到农村清洁能源，特别是农村沼气、秸秆气化和节能卫生吊炕（以下简称"两气一炕"工程）等农村能源工程，生产具有较强的专业技术性，使用要求很高的安全性，如果管理不完善，操作使用不当或维护检修不及时，很容易造成安全事故，威胁人民群众生命财产安全。因此各区县新农村建设主管部门要高度重视农村能源设施建设、运行中的安全管理，要站在全局的高度深刻认识其重要性，切实提高认识，认真履行本领域安全生产监管责任，确保农村能源设施安全运行。

二、结合特点，分类指导

农村"两气一炕"工程涉及发酵、气化、压力、密闭和燃烧等多种技术，各区县新农村建设部门要会同本区县其他相关部门根据其工程、设施、设备、使用等实际特点，按照国家相关安全规定、行业标准和技术规范，组织制定本地区安全监督管理办法、运行使用规范和维修操作规程，切实保证"两气一炕"工程生产使用的安全和稳定。

（一）加强大中型沼气、秸秆气化工程运行的安全管护

大中型沼气、秸秆气化工程作为本市农村可再生能源利用的主要技术，其工艺设计、工程建设及操作流程都相对复杂。各项工程建设部门，要重点抓住工程项目申报、施工、评审、验收、检查和管护等关键环节，严格按照设计进行建设。各项工程管理单位在生产应用过程中，应明确"六有"：一是要有安全操作管理规程、岗位责任制度、设备运行管理档案和事故应急预案，各类安全规章制度要明示；二是要有专业技术人员操作，严格执行持证上岗制度，各"两气工程"站人员流动要及时上报区县主管部门，并及时组织新上岗操作人员培训，培训合格方可上岗；三是要有完备、有效的消防设施设备，供气站内必须保持通风，并配备消防水池、灭火器等必要的消防设备；四是要有防雷设备，目前正值汛期，各区县要对避雷针等设备设施再次进行检查，对未安装或不符合要求的必须责令安装或整改；五是要配备和使用统一规范的如防毒面具等劳动保护用品，有专人定期对站内设施、设备进行检修，并对检查、维修结果进行记录，保证系统工程稳定运行；六是要有安全使用手册，要给工程涉及区域的每位农户进行安全知识宣传和安全使用知识培训，发放安全使用说明书及《生物质燃气及灶具安全使用须知》，要定期对入户管线和灶具等进行检查，发现问题及时处理。

（二）加强户用沼气池的使用、维护和安全管理

户用沼气池在建设中要严格按照标准施工，使用时要注意控制和调整发酵条件，经常检查压力表变化和进出料口的密闭性，以防泄露事故发生。经常检查沼气池体和供气管路的气密性。对于户用沼气池，必须建立专业服务组织，由专业技术人员指导农户的出料和使用沼肥，以免发生燃气泄露危险。同时，应通过宣传、培训，使农户了解正确使用方法，使农户能够按照《生物质燃气及灶具安全使用须知》中的注意事项使用沼气，发生故障要及时报修。加强沼气池等有限空间作业的安全监管工作，认真执行《北京市有限空间作业安全生产规范》，督促制定并严格遵守有限空间作业安全操作规程，正确使用安全防护用品，定期组织开展应急救援演练，严防有限空间作业中毒事故的发生。

（三）加强节能卫生吊炕的使用和维护

应通过宣传、培训，使农户了解正确使用方法。在吊炕建设和使用中要严格按照《节能吊炕建设手册》和《节能吊炕安全使用和维护手册》中的规定进行搭建和使用。使农民用户能够切实提高安全意识，认真按操作规程使用，遇到故障及时报修。

三、普及知识，加强宣传

农村“两气一炕”工程有其自身的特点和个性，只要农民了解掌握了这些知识，把握了生物质能源的实质，知道了使用它们的安全常识，安全隐患可以消除，安全事故也可以避免。因此，普及知识，加强对农村“两气一炕”工程安全生产使用的宣传十分必要。各区县主管部门要通过电台、电视台、报纸、宣传册、培训、现场教育、入户指导等方式，加大对“两气一炕”工程安全生产使用常识的宣传，通过宣传使农民了解其工作原理、安全防范知识，特别在器具的使用上，要让农民掌握燃气灶具的正确选择和安装方法、使用方法、定期维护和保养方法，发生故障要及时报专业人员进行维修。在户用沼气使用中要让农民知道请专业服务队伍，使用专业设施进出料；在吊炕使用中要严格按照要求使用生物质燃料，且不可使用煤炭作为吊炕的补充或替代燃料，避免因煤气泄漏造成中毒事件。

四、落实责任，加强领导

各区县要按照本通知的要求，切实加强对“两气一炕”等农村能源设施安全生产使用工作的领导力度，区县新农办牵头，组织成立由农业、安监、市政、能源、消防、建设、质监、气象等相关部门组成的领导小组，明确部门责任，建立沟通、协调、联动机制，落实安全责任制，制定详细监管方案，细化各项工作步骤，将“两气工程”纳入本地区重大危险源管理范畴，实时监控，安全防范。

各乡镇、村要落实属地管理主体责任，严格执行“六项安全管理制度”，即：岗位责任制度、每日巡查制度、每月督查制度、每季联查制度、每半年交流制度、每年气密性检测制度，要加强对各气站的安全监控，确保安全责任制和责任人从生产、运输、使用、维护等各个环节要层层落实，确保安全无隐患、无事故。

目前，建国60周年大庆在即，各区县新农办要于近日组织相关行业技术和管理部门，对本行政区域内的农村“两气一炕”工程进行一次全面的安全联合大检查，对检查中出现的问题要及时整改，并将安全检查情况总结、出现的问题、整改措施和整改情况于2009年8月10日前上报市新农村建设领导小组综合办公室和市农业局。市新农办、市安监局、市农业局等部门定期将组织力量对区县“两气一炕”工程的安全运行情况进行检查和抽查。

领导视察

中共北京市委书记刘淇到郊区视察

从1月5日起，刘淇、郭金龙到海淀区四季青镇北坞村调研指出
要从农民利益出发加快推进城乡一体化进程

从1月5日起，市委书记刘淇，市委副书记、市长郭金龙带队深入海淀区四季青镇玉泉行政村北坞村开始系列专题调研，并开展"送温暖"慰问活动。刘淇强调，要把专题调研活动作为市委、市政府深入学习实践科学发展观的重要举措，坚持以人为本，不断创新思路，从农民利益出发，加快推进城乡一体化进程。市委副书记王安顺一同调研、慰问。

刘淇、郭金龙首先看望了该村老生产队队长、治保积极分子张连宝，并详细了解他的家庭收入、生活困难。张连宝当了20多年的生产队长，是村里的老干部。他颇有感触地说，我们村常住人口只有3 000多人，可外来人口就有2万多，现在村里打扫卫生的人已经是过去的3倍，可环境还是脏乱差，治安也成问题。"那你对村子下一步发展有什么看法?"对刘淇的问题，张大爷干脆地回答："我代表大多数村民强烈要求上楼！如果农民上楼转为居民，就有了社会保障，解除了后顾之忧。"刘淇说，北坞村历史悠久，又紧邻颐和园，在城市化进程中理应加快发展。"对!"坐在一边的张连宝老伴杨宝群不禁叫好。

昨天是小寒时节，但87岁的老党员张淑清家里温暖如春。张淑清体弱多病，生活不能自理，每月有1 000余元的退休金和生活补助，目前与孙女一同生活。坐在刘淇身旁，她热泪盈眶，不住地感谢党组织对自己的关心。她还透露了一个心愿：快九十岁的人了，不知道能不能看着这里的农村变成城市，住上楼房。"这个愿望肯定能实现!"刘淇斩钉截铁地告诉她，有中央的好政策，这里的城乡一体化进程一定会加快，农民们都能搬进楼房。随后，市领导还看望慰问了困难群众李满德一家，老李22岁的女儿患尿毒症，7年来为女儿治病花费20余万元，家庭负担沉重。刘淇安慰他们，困难一定能够克服，生活也一定会好起来的。

座淡会上，市领导听取了玉泉行政村、四季青镇和海淀区的经济社会发展情况汇报。

郭金龙讲话说，实施绿化隔离政策对于推动北京城乡一体化进程，加快经济社会发展具有重要意义。要充分认识实施绿化隔离政策以来取得的成绩，进一步坚定实施绿化隔离政策的信心不动摇，进一步解放思想，不断创新，统筹各方力量，集中资源，探索加快城乡结合部建设的新路子，积累新经验。

刘淇对此次专题调研进行了部署。他说，市委、市政府在深入学习实践科学发展观活动的重要阶段开展专题调研，是贯彻落实党的十七届三中全会和市委十届五次全会精神的重要举措，旨在了解城乡结合部亟需解决的问题，探索可持续发展的新路子，率先形成城乡发展一体化新格局，实现首都经济社会全面、协调发展，推动人文北京、科技北京、绿色北京建设。相关部门要深入细致地开展调查研究，摸清情况，掌握数据，找准问题；要坚持以人为本，从农民的需要出发，深入思考农民就业、农转居和农村产业发展等问题，让农民满意；要解放思想，不断创新，探索出具有推广价值的好经验、好做法，推动城市化进程。

市委、市政府有关部门已组成政策、规划、人口产业经济发展三个研究小组。刘淇要求，参与调研的三个小组要把基本情况摸清楚，把资金、土地等基础性数据查清楚，把利益格局搞清楚，把解决问题的措施想清楚，为科学决策提供依据。

据悉，此次专题调研历时一周，市领导将数次深入北坞村，对城市规划、房屋土地、人口结构、产业格局、就业形式、治安环境等各方面的利益关系以及相关政策进行调研，并通过问卷调查和座谈会等方式，广泛听取基层干部群众和专家的意见建议，研究制定具体政策。

2月9日刘淇到朝阳区、顺义区调研时强调 上下共同努力实现首都经济平稳较快发展

2月9日，市委书记刘淇，市委副书记、市长郭金龙用一整天时间，深入朝阳区、顺义区的金融服务、科技研发、装备制造等企业调查研究，拉开了以“扩内需、保增长、促发展”为主题的系列专题调研序幕。刘淇强调，要坚定信心，抓关键、抓重点、抓产业、抓项目，依靠首都丰富的科技、智力资源，上下共同努力，实现首都经济平稳较快发展。

依靠功能区经济的拉动是首都经济发展的鲜明特点。为此，刘淇、郭金龙来到朝阳区CBD中央商务区、顺义区的临空经济区，研究如何进一步提升功能区的经济拉动作用。目前，CBD区域3.99平方公里的中心区内，已入驻企业12 000多家，高端产业的聚集效应明显增强，2008年规模以上企业实现增加值391.8亿元，占全区比重为21%。仅北京华贸中心，就聚集了包括强生总部在内的180家国际知名公司。市领导还察看了通惠河滨水文化景观带规划建设情况。在临空经济区、林河经济开发区，市领导察看了制造企业北京恩布拉科雪花压缩机有限公司、重大装备制造企业北京第一机床厂和北京首钢冷轧薄板有限公司的生产情况。刘淇要求，要进一步整合北京地区资源，搭建平台，加强研发，强化技术攻关，通过纳入重大专项和政府采购等方式，努力在拥有自主知识产权的核心技术上实现新的突破。

科技园区建设是首都经济发展的重要支撑力量。望京地区成为市领导的调研重点。在北京西门子有限公司总部，了解到该公司向京津高速铁路提供了信号、通信设备和供电系统时，刘淇告诉公司负责人，目前，北京正在建设总里程达560公里的地铁线路，需要大量的自动控制、车辆控制、输变电等技术，希望西门子公司紧抓商机，实现更大发展。在中关村电子城科技园区，驻扎了目前世界上最大的测量公司——安捷伦公司中国区总部。这里的开放实验室暨测量方案中心，是本市第一家完全意义免费开放的高科技企业服务平台，拥有世界上最先进的测试仪器设备，可以对样品中的农药残留、违禁添加药物作精确分析。刘淇指出，食品安全涉及到广大市民的切身利益，要不断创新检测方法，加强预警研究，为北京的食品安全提供有力保障，为加快“人文北京、科技北京、绿色北京”建设贡献力量。同属电子城的北京兴大豪科技开发有限公司，是全国最大的电脑刺绣机控制系统专业供应商。其拥有自主知识产权的电脑刺绣机占领了70%的世界市场。刘淇指出，要认真总结成功经验，深入挖潜，加快研究成果产业化步伐，推动企业快速发展。

重大项目带动也是保持首都经济平稳较快发展的重要因素。北京七星华创电子股份有限公司，已经成功研制具有自主品牌的五代TFT—LCD设备，正在准备研制生产第六代甚至具有更高科技含量的产品和太阳能设备。刘淇说，面对已经取得的好成绩，要继续努力，不断提高自主创新能力，增强市场竞争力。

市领导十分关心国际金融危机对企业发展产生的影响，专程来到北京索爱普天移动通讯有限公司了解情况。受金融危机影响，该公司产量有所下降。刘淇鼓励说，要坚定信心，充分利用已经形成的品牌优势，奋力开拓市场，加强研发，抓好产品更新换代，特别要抓住扩大内需的机遇，努力开拓国内市场，扩大产能产值，保持企业平稳发展。

2月11日刘淇到通州区调研时强调 发挥首都优势搭建服务平台推动企业发展

2月11日，市委书记刘淇到通州区，深入高新技术、物流配送、电子商务等企业，再次围绕“扩内需、保增长、促发展”主题作专题调研。他强调，要充分发挥首都优势，搭建综合服务平台，以优质的服务和良好的环境，努力推动企业快速发展。

产业园区的经济活力对于保持首都经济平稳较快发展具有重要意义。面对国际金融危机的影响，园区企业发展如何，是市领导十分关心的问题。刘淇等市领导首先察看了中关村科技园区金桥科技产业基地联东U谷的建设发展情况。这是集总部办公、研发、制造于一体的国际化新型产业园区，以技术密集型中小企业为主。在这里“落户”的康龙化成（北京）新药技术有限公司，是美国独资企业，也是中国北方地区最大的药物研发服务机构，为全球制药公司和生物制药研发机构提供新药研发外包服务。与其“相邻”的北京桑德环保集团有限公司，也保持了良好的发展态势。刘淇在察看中着重询问了园区的产业发展方向、企业面临的困难。他指出，生物医药产业具有良好的成长性，是北京发展的重点产业，政府部门要大力支持，努力搭建综合服务平台，以良好的金融、人

才培训等服务，全力推动高技术企业加快发展。北京拥有技术、资金、人才、政策密集的优势，环保产业发展很有潜力，市场巨大，要进一步落实有关政策，把相关企业组织起来，不断壮大环保产业，为发展北京环保事业提供有力支持。

"家电下乡"是扩内需、保增长的重要举措。市领导专程来到苏宁电器（华北）配送中心了解财政补贴、购买需求和市场销售等情况。该中心负责北京地区的物流配送。"家电下乡"工程开展不到20天，就有9 000人咨询政策，销售额达134万元。刘淇要求有关负责人要下大气力促进重点物流产业平稳快速发展。

在光机电基地，市领导察看了北京中科信电子装备有限公司生产情况。该公司主要从事硅晶体太阳能电池成套设备及集成电路专用装备的自主研发和生产，得益于拥有自主知识产权的核心竞争力，各项业务"逆市上扬"。刘淇鼓励企业负责人，要变挑战为机遇，加大研发力度，不断增强自主创新能力，提高国际市场竞争力。以电子商务为主业的北京世纪卓越信息技术有限公司，依托现代化仓储物流管理系统，大大降低了运营成本，也保持了较快的增长速度。刘淇指出，在北京开展网上零售业具有得天独厚的优势，各部门要认真研究，出台政策，提供服务，积极培育新的增长点，大力支持和推动电了商备这一新型业态不断发展壮大。

2月14日刘淇到房山区调研时强调
紧紧依托大型企业　实现产业链向区域经济延伸

2月14日，市委书记刘淇来到房山区和北京燕山石化公司，继续围绕"扩内需、保增长、促发展"主题进行专题调研。他强调，要全力支持在京大型企业、重大项目的发展，实现产业链向区域经济延伸，拉动首都经济增长。市委副书记、市长郭金龙，市委副书记王安顺一同调研。

在北一良工数控机床有限公司，刘淇等市领导走进装配车间、机加工车间和立式复合车削设备车间，仔细了解了公司依靠自主创新实现产业升级的情况。北一良工的复合加工中心和数控倒立车等高柔性智能化产品，是具有完全自主知识产权的高科技项目，大幅提升了我国数控机床技术生产水平，因此在当前经济形势下，公司仍具有较强竞争力。刘淇说，北京发展现代制造业要懂得"扬长避短"，要更加充分地挖掘首都人才密集、科研院所集中的优势，依靠自主研发带动产业升级，进一步提升市场竞争力。

刘淇等市领导还来到北京首创轮胎公司，察看了准备车间、成型车间、硫化车间的生产情况。该公司目前已能够自主研发并设计生产符合国际标准的所有类型产品，公司二期工程建成后还将吸纳1 400人就业。刘淇鼓励公司负责人要坚定信心，坚持走自主创新之路，进一步丰富产品种类，为带动区域经济发展做出贡献。

北京东方石化公司有机化工厂是由朝阳区迁至房山区，纳入燕山石化管理体系的，目前，占地22万平方米的新厂区土建工作已经接近尾声。市领导来到公司搬迁改造项目的施工现场，实地察看了工程进展情况。随后，市领导还来到燕山石化公司，察看了燕化所属工厂的整体布局，以及公司产品的研发、生产、销售情况。刘淇一边观看由燕化生产原料加工而成的衍生产品，一边对房山区负责人说，要高度重视、大力支持燕化发展，抓好规划工作，实现农民上楼，做好产业用地调整。各级政府部门要进一步转变职能，为大企业、大项目在京发展做好服务。要依托所在区域大企业的发展，积极延伸产业链，大力开发下游产品，带动周边产业发展，壮大区域经济。要以规划为龙头，按照城乡一体化的要求，按照现代化城镇建设标准，加快房山区建设。要按照扩内需、保增长、促发展的要求，大力发展区域经济，以振奋的精神、昂扬的斗志，确保完成今年发展的各项指标，保证全市总体发展目标的实现。

2月28日刘淇到延庆区调研时强调
调整产业结构延伸产业链条实现区域新发展

2月28日，市委书记刘淇来到延庆县，围绕"扩内需、保增长、促发展"继续进行调研。他强调，延庆县要坚持实施生态文明战略，紧抓产业结构调整机遇，全力支持大企业、大项目和重点产业发展，确保完成今年各项目标任务，为保持首都经济平稳较快发展做出新贡献。

八达岭长城是延庆旅游产业的龙头，也是北京最著名的旅游景点。为实现新发展，2007年，八达岭景区启动了整体升级改造工程。刘淇乘车察看了景区升级改造、基础设施建设和周边村落开发等情况，并在中国长城博物馆和长城天地交通枢纽实地察看了文化遗产保护推广及景区商业改造升级情况。升级改造工程完成后，所有过境车辆将不再穿行八达岭景区，在缓解交通拥堵的同时，也将最大限度地避免过往车辆对长城造成的影响。刘淇说，要充分认识到旅游产业在“扩内需、保增长、促发展”中的重要作用，进一步加快景点基础设施建设，不断提高景区运营管理水平，促进首都旅游产业实现新发展。

作为北京马铃薯产业工程研究中心的组成部分，北京希森三和马铃薯种业基地，是一个集研发、生产、销售于一体的大型种业生产基地。基地建成后，预计每年可生产微型薯1.5亿粒，能为300万亩土地提供种薯，基本满足全国市场7.5%的需求。刘淇仔细察看了种薯培育及基地建设运行情况，他勉励基地负责人，要坚持走自主创新之路，进一步丰富产品种类，不断增强企业核心竞争力，为带动区域经济发展、促进农民增收做出积极贡献。

北京玻璃钢研究设计院是全国复合材料行业最大的综合性应用研发机构，旗下的中材科技风电叶片股份有限公司，是北京地区惟一的风力发电机叶片制造企业。由于产品拥有完全的自主知识产权，去年企业产值突破4亿元，今年预计可达10亿元。刘淇走进企业生产车间，一边察看企业自主研发和产品生产情况，一边对延庆县负责人说，要高度重视、大力支持中央在京科研院所发展，不断提升科研成果产业化水平，通过延伸产业链条，促进下游产品开发，壮大区域经济。各级政府部门要进一步转变职能，不断提高工作水平，服务好中央在京的大企业、大项目，确保全市各项目标任务完成，为保持首都经济平稳较快发展做出新贡献。

3月18日刘淇到门头沟区调研时强调
发展区域经济搞好生态建设加快发展步伐

3月18日，市委书记刘淇来到门头沟区，围绕“扩内需、保增长、促发展”作专题调研。他强调，门头沟要抓住机遇，发展壮大区域经济，搞好生态建设，加快城乡一体化发展步伐。

刘淇等市领导首先察看了北京精雕科技有限责任公司生产情况。该公司是研制和生产数控精雕系统、拥有自主知识产权的民营高新技术企业。刘淇嘱咐企业负责人，要针对市场实际，搞好个性化服务，推动企业生产与下游产业相衔接，延长产业链，带动区域经济发展。

中国航天科工集团第四研究院在民用领域已经形成了特种车辆、成套机械设备、压力容器等多类产品系列。刘淇仔细了解生产情况后说，北京市要主动做好服务，全力支持科工集团的民用高科技产业发展，希望科工集团能够充分发挥科技优势，为推动科技北京建设，实现产业升级贡献力量。

刘淇还察看了门头沟采空棚户区改造工程推进情况。该地区涉及面积8平方公里，8.5万人。从今年开始，将利用3年时间基本完成改造任务。刘淇指出，启动采空棚户区改造工程，有利于发挥项目的拉动作用，解决民生问题，改善山区基础设施条件。要在确保按时、高质量完成改造任务的同时，认真规划、修复好周边生态环境，让人民群众真正得到实惠。要注重开展强有力的思想政治工作，让人民群众从心里拥护和支持棚户区改造。他强调，市里向山区倾斜的政策、长安街西延、首钢搬迁等，为京西地区发展创造了良好条件。门头沟要紧抓机遇，发展壮大区域经济，搞好生态建设，加快发展步伐，在率先实现城乡一体化进程中做出新贡献。

刘淇最后察看了西六环良乡—寨口段项目工地建设情况。他指出，要在确保安全的前提下，注重技术攻关，加快建设进程，确保按期完工，顺利通车。

3月21日刘淇到平谷区调研时强调
要鼓励企业适应市场变化积极应对挑战

3月21日，市委书记刘淇来到平谷区，就“扩内需、保增长、促发展”主题继续进行调研。他强调，要鼓励企业适应市场变化，调整产品结构，坚定信心，充分利用有利条件，积极应对金融危机带来的影响和各种挑战。

刘淇等首先来到北京金博羊绒制品有限公司，公司原为纯外向型企业，面对国际市场的变化转而积极开拓国内市场，调整产品结构，订单已排到今年11月，实现了利润不下降，员工不下岗。刘淇对企业积极应对金融危机、千方百计开拓市场的做法给予了充分肯定。在织衫车间，刘淇与来自什邡灾区的几位农民工亲切交谈起来，他关切地询问她们来京后的工作、生活情况，嘱咐企业负责人要关心、照顾好灾区农民工。

北京普析通用仪器有限责任公司是全国首家承担科技部攻关重大项目的民营企业，研制生产的科学仪器全部为自主知识产权。刘淇走进公司的原子光谱分析中心，详细了解了企业产品在食品安全、医疗卫生和环境保护检测等方面的应用。他对企业负责人说，食品安全检测仪器的市场前景十分广阔，企业应该进一步找准市场定位，积极服务食品安全检测，积极参与首都食品安全体系建设，实现从农田到餐桌的全程监测，从而使企业完成由设备制造商到系统供应商的转变。

市领导还来到为北京现代、一汽大众等企业生产汽车配件的北京日进汽车系统有限公司，察看了底盘工厂和轴承工厂的生产情况。在听取平谷区负责人的汇报后，刘淇说，平谷积极应对金融危机，一方面促进大项目落地，一方面支持现有企业发展，企业经营势头良好，经济发展大有希望。得知平谷区即将开业的谷大公司有年产300万只蛋鸡的生产能力，规模亚洲最大，农民可通过投资合作社方式参股，刘淇高兴地说，发展靠创新，农民参股投资是一种新型农业经营模式，是产权式农业的创新，这种创新对建设现代化农业十分有意义。

3月24日刘淇到密云县调研时强调
落实区域功能定位加强绿色产业建设

3月24日，市委书记刘淇到密云县进行"扩内需、保增长、促发展"专题调研。他强调，要按照生态涵养发展区功能定位的要求，大力加强生态环境及基础设施、公共服务、绿色产业项目建设力度，努力保持首都经济平稳较快发展。

依山而建的北京优龙国际旅游度假村集餐饮住宿、会议接待、休闲娱乐于一体，对促进当地村民就业，推动新农村建设，发展旅游产业发挥了重要作用。刘淇在这里着重察看了村企合作开发浅山区荒山丘陵，打造生态涵养发展区休闲旅游产业，促进山区生态式发展情况。他说，密云土地广阔，水资源丰富，要在保护好生态环境的前提下，大力发展绿色产业，特别是浅山区发展潜力巨大，要切实开发利用好浅山区环境资源，促进农民就业增收。

刘淇还察看了北京呼叫中心产业基地中国联通中融信息服务公司建设情况。该公司主要从事以呼叫中心为代表的业务流程外包服务和相关增值业务服务。刘淇指出，外包服务市场前景广阔，可以在金融、文化创意、教育培训、医疗卫生等高端产业进一步拓展业务领域，鼓励企业把一部分公共性的服务剥离出来，不断丰富服务内容，创新服务方式，为市民提供便捷的服务；要进一步加强基础设施建设，搞好网络升级改造，为提高服务水平奠定坚实基础。

刘淇最后察看了今麦郎饮品（北京）有限公司生产情况。公司积极克服金融危机影响，经营逆势而上，按照计划，这里还将被打造成为集管理、研发、人才中心于一体的总部基地。刘淇说，企业发展要按照生态涵养发展区功能定位的要求，积极创新，不断增强竞争力，更好地为首都和市民服务好务。

4月7日刘淇在大兴区调研时强调
培养新型"村官"以创业带动就业

4月7日，市委书记刘淇来到大兴区，就搭建大学生"村官"创业平台、探索大学生"村官"建设长效机制进行专题调研。他强调，各级政府要进一步提高服务意识，培养新型"村官"，以创业带动就业。市委副书记王安顺一同调研。

2006年起，本市已连续选聘了三批共8 136名大学生"村官"，在全市13个区县，3 955个行政村发挥着作用。这批"村官"来自农林、文史、旅游等不同专业，64.5%以上拥有本科学历，2 277名为中共党员。

位于庞各庄镇王场村的北京爱农星食用菌种植基地是大学生"村官"胡建党、陈墨的创业基地，两位大学生"村官"自筹资金16万元，建起了两个食用菌大棚，投产4个月，销售收入已达9万余元。刘淇走进大棚，一面察看食用菌的长势，一面询问大学生"村官"们的创业体会。听说基地已向8户村民提供了种植技术培训和生产用菌苗，并带动了村民就业，刘淇说，大学生"村官"在工作地实现创业，不但创新了服务农村、服务农民的方式，也探索出了一条"以事业促就业、以创新促发展"的新途径。大学生"村官"要充分发挥自身优势，紧密联系农村实际选择创业领域，带动更多农民参与。要积极运用所学专业知识，为农民传授相关技术，带动农民增收致富。各级政府要进一步提高服务意识，创新融资模式，为大学生"村官"营造良好的创业环境，积极培养新型大学生"村官"。

在魏善庄镇李家场村，刘淇来到大学生"村官"徐迎春、刘培培的办公室，了解了她们参与村务管理、帮助村委会规范村级档案的情况。徐迎春还在互联网上建立了专门网页，推销村里的特色农产品。刘淇关切地询问起她们在这里的工作、生活情况，他叮嘱村、镇负责人，要照顾好这些大学生们，主动帮助解决他们生活中的困难，要让他们更多地参与村务工作，充分发挥作用。刘淇等还来到村里的生物质气站，并深入农户，了解了农村清洁能源的使用情况。

4月8日刘淇在平谷区调研时强调
在新农村建设中服务农民实现自身价值

4月8日，刘淇来到平谷区，就搭建大学生“村官”创业平台、探索大学生“村官”建设长效机制继续进行专题调研。他强调，大学生“村官”要积极投身社会主义新农村建设，努力服务农民，积极寻求创业途径，实现自身价值。市委副书记王安顺一同调研。

平谷区南独乐河镇北寨村，万亩杏花开得一片灿烂。村里年产红杏60万公斤以上，实现产业收入400万元，被誉为中国“红杏第一村”。大学生“村官”贾辉2005年来到北寨后，致力于红杏的品种优化、科技推广和果品营销工作，使果品价值大幅提高。听说贾辉已经在当地成家，立志扎根农村，刘淇非常高兴，他说，大学生们走出校门到农村锻炼，不但增长了见识，也让所学知识有了用武之地，是人生中的一段宝贵经历。他勉励大学生“村官”们要通过组织信息、法律、科技服务社的方式，更好地服务农民；要坚持扎根基层，将自身优势与农村实际更好地结合起来；要进一步开拓思路，主动创业，在农村的广阔天地间干出一番自己的事业。

大学生“村官”王丽娜在马坊镇二条街村村委会担任主任助理。在她的倡议下，村里已建成占地面积120余亩的有机草莓采摘园，大大提高了村民收入。在草莓种植大棚里，刘淇与镇里的大学生“村官”们亲切交谈起来。他十分赞赏大学生“村官”总结的三个“特别”：农村特别需要人才、农业特别需要科技、农民特别需要知识。他说，大学生“村官”是支持科技兴农的一支重要力量，你们用自己的努力得到广大农民的认可和信任，也为农村带来了可喜的新变化，希望大家以更大的热情投身新农村建设。他对有关部门负责同志说，选拔大学生“村官”是培养干部的一条好的途径，要积极创造条件，使大学生们真正熟悉农村，服务农民，受到锻炼，增长才干。

4月13日刘淇在到朝阳区调研时强调
完善长效机制把选聘高校毕业生到基层工作引向深入

4月13日，刘淇就完善大学生“村官”、社区工作者长效管理机制进行专题调研。他勉励大学生“村官”、“社工”，要以昂扬向上的精神状态，从党和国家事业的大局出发，从实际岗位入手，认真做好看似平凡却意义重大的基层工作。要建立和完善激励大学生到基层干事、创业的长效机制，把选聘高校毕业生到基层工作不断引向深入。市委副书记王安顺一同调研。

近期，刘淇等市领导到大兴、平谷区就大学生“村官”带领农民创业等情况进行了专题调研。昨天，市领导又来到朝阳区团结湖街道中路北社区，察看了大学生“社工”发挥自身优势为居民提供便利服务、为社区培育新社会组织等情况，并与部分大学生“村官”、“社工”代表，基层党支部书记代表和市有关部门负责人座谈。

2005年底，为落实中央关于引导和鼓励高校毕业生面向基层就业的决策精神，本市开展了大学生“村官”工作，三年共选聘大学生“村官”8 136名，基本实现了“每村两名大学生”的目标。其中，大学本科以上学历占65%，硕士381名、博士1名；专业涉及理工、文史、农林等500多个；中共党员占30%。目前，全市已有30余名大学生“村官”入选村两委班子。本市还通过正在进行的社区党组织和社区居委会换届选举等工作，调整、充实一批具有大专以上学历的人员进入社区工作者队伍。目前，东城、西城、崇文、朝阳、海淀、丰台六个城区，新产生社区党组织成员7 174名，其中大专及以上学历的达到4 514人，占总数的63%。

刘淇在讲话中回顾了大学生“村官”工作。他说，2006年以来，全市形成了比较完善的大学生“村官”政策体系；建立健全了领导体制和工作机制；针对“村官”需要，分类展开了教育培训，为提高大学生“村官”工作能力和自身素质创造了条件。大学生“村官”在提高村务管理水平、带动农民就业、推动农村经济社会发展等方面做出了积极贡献，实现了村民、大学生“村官”双满意。

刘淇指出，党中央高度重视选聘高校毕业生到基层工作，对高校毕业生到农村工作做出了全面部署，并将此作为一项战略任务。大量基层岗位需要高素质的人才，大学生到基层工作也是人生经历中难得的历练。我们要按照中央要求，深入总结经验，建立和完善激励大学生到基层干事、创业的长效机制，努力使大学生能够“下得去、呆得住、干得好、流得动”，把选聘高校毕业生到基层工作不断引向深入。

刘淇强调，我们要从加强经济、政治、文化、社会建设，全面建设小康社会，建设人文北京、科技北京、绿色北京，率先实现城乡一体化发展新格局的战略高度出发，充分认识做好选聘高校毕业生到基层工作的重大意义。选聘高校毕业生到基层工作，是培养有文化、有知识的新农村建设带头人，促进城乡一体化的战略举措；是优化党政干部来源结构，保持党和人民群众血肉联系，培养国家干部的重要措施；是拓宽大学毕业生就业渠道的重要措施；是加强基层基础工作、维护国家政权稳定、切实落实党的各项政策的重要保证。

刘淇要求，全市各级党委政府要高度重视、切实加强对选聘高校毕业生到基层工作的领导。要把这项工作作为“一把手”工程、长远工作来安排好、衔接好。各部门要加强协调，各司其职，形成合力，建立科学合理的工作管理、考核、评价机制，切实抓好各项政策的落实，鼓励更多高校毕业生到基层工作，为人才成长和首都经济社会发展做出新贡献。他预祝各位大学生“村官”、社区工作者在今后的工作中不断取得新的成绩。

5月12日刘淇到延庆县调研时强调 把资源优势转化为新能源产业的发展优势

5月12日，刘淇围绕“坚持自主创新，振兴北京新能源产业”主题到延庆县进行专题调研。他强调，要按照生态涵养发展区的功能定位要求，紧密结合自身实际，认真做好市场分析和产业规划，努力把资源优势转化为新能源产业的发展优势。市委副书记王安顺一同调研。

林木绿化率达71%的延庆县，是北京的生态涵养发展区。生态建设和水源保护是首要任务，但同样也面临着实现健康、均衡、可持续发展的任务。如今，松山脚下张山营镇村民，依托德青源沼气发电厂这个国内首家热电肥联产企业，用上了鸡粪发出的“绿色”电。刘淇等市领导专程来到这里了解拥有自主知识产权的“鸡粪发电”技术。投资6 500万元建鸡粪沼气发电厂，把“从农民手里收购玉米，用玉米养鸡，销售鸡蛋，用鸡粪发电，发电产生的沼渣、沼液作为有机肥料继续发展有机农业”串联起来，不但保护了生态环境，还形成了“生态养殖—食品加工—清洁能源—有机肥料—订单农业—绿色有机种植”的循环经济体系。刘淇对这种发展循环经济、促进可持续发展的模式表示赞赏。他指出，北京正在大力实施绿色食品计划，进一步完善食品安全监管体系，努力建设全国最安全的食品市场。希望企业抓住机遇，加快发展，确保质量，不断扩大市场份额，取得新的业绩。

延庆拥有丰富的风能、太阳能资源，吸引了一批从事新能源研发利用的企业。中材科技风电叶片股份有限公司、北京中节能八达岭绿色光伏发电有限公司、北京中能发电力设备有限公司等，纷纷聚集在北京八达岭经济技术开发区，为延庆“中关村八达岭新能源与环保产业基地”建设助力。2009年一季度，全县新能源环保企业产值为2.2亿元，占规模以上工业企业产值的35%。刘淇特别关心企业如何把资源优势转化为发展优势。他叮嘱京仪集团负责人，要认真做好市场分析和产业规划，扬长避短，努力掌握前沿关键技术，占领市场制高点。在亚洲首座兆瓦级太阳能塔式热发电项目——中国科学院电工研究所太阳能光热示范电站，他鼓励有关负责人，要加大研发力度，尽快使具有自主知识产权的太阳能塔式热发电技术成熟完善，推广利用，努力把这里建设成为新能源综合示范基地。

5月18日刘淇到顺义区强调 努力办好一届高水平有特点的花卉盛会

5月18日，市委书记刘淇，市委副书记、市长郭金龙等市领导来到顺义区，检查第七届中国花卉博览会筹备工作。刘淇强调，要努力办好一届高水平、有特点的花博会，促进首都经济社会发展，展示首都良好形象，为庆祝新中国成立60周年献礼。

第七届中国花卉博览会将于9月26日至10月5日在顺义和山东青州同时举办。借助花博会的拉动，顺义区大力发展花卉产业，设施花卉面积将达2 480亩，成为京城最大的优质鲜切花和高档盆花及种苗专业化生产中心。站在设计独特的花博会主场馆前，刘淇、郭金龙等市领导结合规划图，详细了解了花博会“一馆、一展、一场、一港、一中心”整体规划建设情况，并察看了主场馆内部装修工程进展。主场馆采用节地、节水、节能、节时、节材的“五节”设计理念，馆外36把花伞不仅新颖别致，还可以一年回收雨水34 000吨，经处理后可用于浇灌植被、冲洗建筑外墙及卫生间用水。刘淇对此表示赞赏，他说，要大力推进节能减排工作，在大型公共设施、商厦、写字楼推广使用高效节能设备，发挥科技对节能减排的支持作用，让绿色节能理念深入人心。

刘淇、郭金龙等市领导沿途察看了“引温入潮”工程形成的湿地景观和位于潮白河与减河交汇处的和谐广场，这里是花博会开幕式焰火燃放和大型文艺晚会的举办地。察看中，刘淇说，这里应向市民免费开放，让更多市民来这里休闲度假，享受自然与人的和谐共处。要利用丰富的河滩资源，开发建设城市景观和水上运动场所，带动周边地区的餐饮业、旅游业等第三产业的发展。

检查中，刘淇叮嘱有关负责人，举办花博会是加快都市型现代农业发展、促进农民增收、推进农村改革发展的重要举措。要扎扎实实做好各项筹备工作，努力举办一届高水平、有特点的花卉盛会，促进首都经济社会发展，展示首都良好形象，为庆祝新中国成立60周年献礼。

5月19日刘淇到石景山区、通州区调研时强调
突出中国元素融合中西文化加快发展北京文化创意产业

5月19日，市委书记刘淇就重大文化产业项目规划发展情况进行调研。他强调，要深入挖掘优秀的中国文化资源，不断创新中国元素表现形式，融合中西文化的优长，加快推进首都重大文化产业项目建设，加快文化创意产业发展。市委副书记王安顺一同调研。

本市文化创意产业发展迅速，特色文化创意产业集聚区初步形成。截至2007年，文化创意产业增加值占全市地区生产总值的10.6%，2008年1月至11月文化创意产业收入比上年同期增长17.4%，已经成为首都经济新的增长点和重要引擎。

京西石景山区首钢机电公司重型机器分公司厂区，将被改造成为国家级动漫游戏产业示范园——中国动漫游戏城。刘淇在察看中指出，要抓住首钢旧厂区改造机遇，积极搭建平台，依托工业文化内涵，认真规划、加快建设中国动漫游戏城。政府部门要从规划等方面加大支持力度，努力吸引一批有影响力的动漫、网络游戏企业入驻，把中国动漫游戏城建设成为集创作、生产、交易于一体的重点文化产业园区。

从石景山东行至通州台湖镇，刘淇等市领导察看了国家级文化娱乐主题公园选址规划情况。该项目位于通州规划新城的主题休闲功能区核心地带，是一个集娱乐、休闲、旅游于一体的大型文化主题公园。刘淇要求，认真做好规划、拆迁等各项前期准备工作，加快主题公园建设。主题公园的建设要突出中国元素、中国原创、中国风格、中国气派。要吸引高级文化创意人才参与主题公园设计和管理，深入挖掘优秀的中国文化资源，不断创新中国元素表现形式；借鉴国外优秀的文化创意，融合中西文化的优长，运用高新技术，努力培育叫得响的北京主题公园品牌。要充分发挥北京辐射力强的优势，创造性地开展工作，加快北京文化创意产业的发展。

5月23日刘淇到密云县调研时强调
发展都市工业促进农民就业增收

5月23日，市委书记刘淇到密云县再次围绕“推进首都现代化建设，振兴都市工业”主题进行调查研究。他强调，要紧密结合当地实际，发展符合区域功能定位的都市工业，增加农民就业，促进农民增收，推动区域发展。市委副书记王安顺一同调研。

山青水绿的密云县是本市重要的生态涵养发展区，密云水库所在地。多年来，县委县政府一手抓涵养，一手抓发展，形成了符合本地特点的产业布局。

朗迪集团是一家从事高档男士西装设计与加工生产的京港合资民营企业。落户河南寨镇后，吸纳了1 000名本地村民就业，占公司员工总数的2/3。繁忙的车间里，一条条生产线正满负荷运转。企业负责人向市领导介绍说，公司产品有70%销往欧美地区，即便面对国际金融危机的不利影响，公司仍然做到了不减员、不减薪、不减收，并将继续增加200个就业岗位。刘淇对此表示满意，他要求企业尽可能扩大本地村民就业，促进农民增收。当听说该公司具有自主品牌的领带可以拿到欧洲国家贴牌加工时，刘淇鼓励企业，要在各个环节提高技术含量，增强产品竞争力；要注重培育和壮大自主品牌，不断拓展国内外市场。

位于密云县经济开发区的韩国独资企业万都（北京）汽车底盘系统有限公司，是一家以研发、生产汽车底盘系统及零部件为主的高新技术企业。430名员工中，有200名来自当地。刘淇在察看中告诉韩方负责人，北京下决心要加快汽车产业发展，还要推广使用新能源汽车，北京的汽车产业将会有很大的发展。

企业负责人表示，深信北京汽车产业会越来越好，将抓住机遇，进一步扩大产能。

争取重大项目落地，是密云县推动发展的又一着力点。与万都公司北邻的一片空地上，吸引了第一家中央企业——中国建筑材料集团公司下属北新集团建材股份有限公司的落户。该企业主要生产绿色节能的新型建材和新型房屋。其设在当地的生产线为零排放。刘淇详细询问了产品的性能、技术和市场。他告诉企业负责人，北京要建设成为新能源应用的示范城市，各种新能源的研发和应用都将得到大力支持和推广。他勉励企业要高端起步，研发生产高附加值、高技术含量、绿色环保，能够引领行业标准制定的示范产品。刘淇表示，北京将创造更好的发展环境，为中央企业在京发展提供更好的服务。

5月27日刘淇到怀柔区调研时强调
高端起步促进重大项目落地加快成果产业化

5月27日，市委书记刘淇到怀柔区继续围绕“推进首都现代化建设，振兴都市工业”主题进行调查研究。他强调，要坚持高端起步，积极促进重大项目落地，加快科研成果产业化，打造具有示范性、创新性的产业化亮点。市委副书记、市长郭金龙一同调研。

近年来，怀柔区委、区政府抓住京承高速开通后怀柔纳入半小时经济圈等区位优势，加大产业结构调整力度，大力培育高新技术产业等新的经济增长点。

从市区沿京承高速驱车40分钟，就到了怀柔区雁栖经济开发区北京二商食品工业基地。刘淇、郭金龙等市领导在产品展厅，仔细了解了二商集团的产品研发、销售等情况。在月盛斋清真肉制品、王致和腐乳、龙门米醋、金狮酱油等传统老品牌的基础上，集团还陆续开发了蜜渍绿豆等绿色健康食品，出口海外，供不应求。在国际金融危机的不利影响下，今年前四个月，仍保持了17%的增速。市领导还察看了干净明亮的月盛斋熟肉制品生产加工车间。传统的生产工艺，经过现代技术改造，在保持“原汁原味”的同时，提高了生产效率和质量。刘淇在察看中得知，月盛斋产品销售近年来不仅保持了每年30%的增长，其制作工艺还被列入国家级非物质文化遗产名录，高兴地说，要不断提高科技水平，改进生产工艺，根据市场需求及时调整产品结构，使老字号焕发青春。要大力宣传和推广绿色食品，倡导健康饮食方式。他特别要求，要从源头控制，严把质量关，确保食品安全。

在中科院北京怀柔科教产业园项目科研与转化基地预留地旁，刘淇、郭金龙等市领导头顶烈日，逐一了解了第二批意向入驻的十个重大项目。刘淇特别关注项目的高端化。在中科院计算机网络信息中心项目展板前，他叮嘱，一定要坚持高端起步，把握前沿技术，做就要做到最好。中科院化学所正在中试的“绿色打印制版”技术，与激光照排制版技术相比，可节省九道工序，堪称又一次印刷产业革命，市场前景达4 000亿元，刘淇高兴地说，这是典型的自主创新成果，要全力支持项目落地，加快产业化。

刘淇最后指出，中国科学院是中国科学界众多知识成果的重要诞生地，是一块“金字招牌”。国务院批准在中关村科技园区建设首个国家级自主创新示范区，给予中关村一系列优惠政策。北京要充分发挥政策优势，努力在股权激励、金融创新等方面积极探索，从政府采购、资金保障、人才引进等多方面加大支持力度，积极促进重大项目落地，加快科研成果产业化，把落地项目打造成具有示范性、创新性的产业化亮点。北京将进一步提高服务水平，为包括中科院在内的中央在京科研院所创造良好的发展环境。

7月2日刘淇在北坞村大望京村调研时强调
维护好发展好农民利益加快推进城乡一体化发展

破解城乡结合部难题，实现城乡一体化发展，本市北坞村和大望京村改造试点已经取得阶段性成果。7月2日，市委书记刘淇，市委副书记、市长郭金龙来到海淀区四季青镇北坞村、朝阳区崔各庄乡大望京村，实地调研这两个试点村推进城乡一体化建设发展的情况。刘淇强调，试点工作之所以能够顺利推进，在建设过程中坚持维护好、发展好农民的利益是一条根本经验。把土地的利益留给农民，留给村集体，是破解城乡结合部难题、实现城乡一体化发展必须坚持的原则。

今年年初，刘淇、郭金龙等市领导七进北坞，经过深入细致的调查研究，确定了通过打开城乡结合部改造局面、全面推进城乡一体化发展的工作部署。

上午9时许，当刘淇、郭金龙等市领导第八次来到北坞村，昔日那个人口杂聚、环境脏乱的城中村不见了，一个个破旧的大杂院，在村民签署协议后正陆续拆除。北坞村房屋腾退示意图显示，截至6月29

日，北坞村须拆迁腾退的775个院落中，90%已完成确权签订了搬迁协议。村子里，四处悬挂着村委会向村民宣传腾退拆迁政策的标语，拆迁工作正有条不紊地进行，呈现出一片除旧布新的新气象。

烈日下，刘淇、郭金龙来到北坞嘉园施工现场。计划建设的34栋6层带电梯板楼大部分已进入主体结构施工，预计8月10日便可封顶，明年“五一”前可全部入住。为确保住宅质量，北坞村还选派了4位有建筑从业经历的村民组成监督小组，全程监督工程进度和质量。看着这一栋栋住宅楼在短短数个月内便拔地而起，刘淇赞许地说，农民的事情农民办，农民的利益农民享，坚持政府主导地位、发挥农民主体作用，是北坞村腾退改造的一条重要经验，我们要在城乡一体化建设中认真总结推广。

城乡一体化建设的另一个试点大望京村，紧邻望京核心区，是首都国门路上重要的形象节点。由于充分发挥了区、乡特别是村级组织的作用，实现了政策透明，维护了农民的利益，改造工作启动后，大望京村仅用28天就完成了全村1 692户村民腾退搬迁协议签订和25.2万平方米房屋拆除工作，并实现了全村无一户上访、无一户强拆。刘淇详细询问了拆迁腾退工作情况。这里的拆迁工作从房屋评估、货币补偿到周转房安排，腾退安置中的每一个环节都有专门部门负责，连村民电卡中剩余电费的退还都有专人管。在回迁小区京旺家园沙盘前，市领导仔细察看了小区整体规划、户型设计和环境绿化等情况。小区一期1 060套房屋中1 050套已被村民选定，一张张由村民亲笔签名并按有红手印的小区选房表按楼号依次排列，这一做法不但让村民们在选房时一目了然，更通过公示起到了监督作用，使整个腾退工作公开公正。

如今，大望京村原址近40公顷建设用地被盘活。根据初步规划，大望京村改造将与798艺术区、望京核心区、温榆河功能区和机场高速路沿线产业带统筹考虑。与此同时，在北五环与机场高速交汇口东南侧，将建一处占地500亩的绿地公园，为国门沿线增添一处标志性景观。看到这些，刘淇勉励有关负责人说，要进一步解放思想，着眼于区域功能定位，大力发展高端产业，通过推进大望京村的城乡一体化建设，为推动区域经济发展增添新的动力。

郭金龙在座谈会上讲话说，加快推进城乡结合部的整治改造与发展，是市委、市政府深入贯彻落实科学发展观的重大举措，北坞村和大望京村的试点工作现在取得了阶段性成效，为推进城乡一体化建设积累了有益经验。下一步，各级政府和各部门要深入推进试点工作，认真总结试点经验，研究解决村民的搬迁定居和就业发展问题；要坚持改革创新，不断完善体制机制，适应新形势、新情况和新要求，拿出能够解决问题的实实在在的政策措施；要坚持政府的主导作用和农民的主体地位，充分认识城乡结合部地区的发展潜力和广阔前景，进一步提振信心，积极谋划未来，努力实现发展可持续、社会更和谐的目标。

刘淇高度评价了试点工作成果。他说，短短几个月内，由于各级党委政府的共同努力、人民群众的大力支持，城乡一体化建设试点工作又快、又好地平稳推进，坚定了我们解决城乡结合部问题的信心。通过农民腾退宅基地搬迁上楼、实现城乡统筹发展，既改善了农民居住条件，又增加了产业发展用地，还为农民就业增收提供了新途径。城乡结合部是大有希望的地区，两个村试点的顺利推进证明，通过对城乡结合部的改造，使之成为首都发展新的契机，率先实现城乡一体化发展是完全有可能的。

刘淇说，试点工作之所以能够顺利推进，维护好、发展好农民利益是一条根本经验。政府要积极创造条件，让农民的事情由农民自己管、自己办。理顺利益机制是试点顺利推进的前提，试点过程中，农民搬迁上楼、转成居民、参加社保、实现就业、成为集体经济的股东等，所有利益都落到了农民身上，这是拆迁改造工作得到人民群众拥护的根本原因。我们还制定了合理的政策，积极创新工作机制，灵活应对实际情况；进行了深入细致的工作，政策宣传深入人心，思想工作细致到位；在改造过程中，同步推进腾退拆迁和新居建设，让农民看到了现实的利益和希望，又让农民亲自参与监督建设，提高了农民的自主性、积极性；改革创新的精神贯穿工作始终，针对不同区位、不同特点采取不同模式和不同的工作方法步骤，创造性地推动城乡一体化建设，这些成功做法为我们今后的工作提供了宝贵的经验。

对于下一阶段工作，刘淇强调，政府要毫不含糊、百分之百地兑现对农民的承诺。这既关乎政府信誉，又关乎社会稳定，必须确保按时、按要求、按承诺完成。要确保新居建设的质量、进度，把它建成优质工程、样板工程，同时加快道路、水电、垃圾、污水等基础设施的配套建设，创造良好的生活环境；要研究制定集体经济和产业发展的政策措施，统筹解决农民就业增收问题，使农民上楼后有长期稳定的生活保障和可靠的收入来源，解除后顾之忧；规划、土地管理、社会保障等部门要及时调整思路，以改革的意识在城乡一体化进程中不断探索创新，通过试点加快进程步伐，为北京市率先形成城乡经济社会发展一体化新格局作出贡献。

7月18日刘淇到平谷区调研时强调发展沟域经济促进农民增收

7月18日，刘淇就“优化农村产业结构，推动沟域经济发展”到平谷区进行专题调研时强调，要依托浅山区良好的生态资源，制定科学的发展规划，加强基础设施建设，以特色产业为依托，形成沟域经济产业链，促进农民增收致富。

从城区经京平高速驱车90分钟，刘淇一行来到山清水秀的平谷黄松峪乡黑豆峪村。绵延十几公里的黄松峪沟域85%被森林覆盖，依托京东大溶洞、黄松峪森林公园等独特资源，这里已经形成了集观光采摘、新型民俗、健身疗养等多种旅游形式于一体的沟域经济产业带。黄松峪乡党委书记马海山汇报说，市委市政府确定了山区生态林补偿机制后，区乡积极实施山区生态涵养、生态修复工程，关停矿山，种上了桑树、柏树，现在绿树成荫湖水清澈，每年接待游客80多万人次，旅游综合收入4 600万元，全乡2 500多名劳动力中，超过半数吃上了“旅游饭”。刘淇赞许地叮嘱他：“我们说的是生态涵养发展区，不能忘了发展两个字！在保护生态环境、涵养生态资源的同时，我们还要积极发展沟域经济，促进农民增收致富。”

黑豆峪村看准全市数百万辆私家车的市场潜力，以土地入股，引入外来资本，建设了一个占地500亩的汽车营地项目。环绕着清澈见底的东湖，300套北美风格的度假木屋藏身水畔林间，明年开业后将为北京、天津、河北等地的自驾车游客提供一个放松身心的好去处。当了解到汽车营地30%的利润归村里，并且吸纳了150名村民就业时，刘淇肯定了这种合作经营模式。他要求政府部门做好区域发展规划，建好道路、通讯等基础设施，“要把宽带光缆接到最偏僻的地方，提升山区的信息化水平，营造最好的发展环境。”

沿黄松峪沟域，刘淇一行继续前行来到石林峡景区。许多游客正利用周末全家出行，到此享受自然山水的美景和农家生活的恬静；紧邻景区的雕窝村是一个市级特色民俗旅游村，道路两旁到处都是城里游客的私家车。石林峡景区发展已经与村民致富形成良性互动，景区高水平开发引来城市游客取得门票销售收入，而周边村民通过提供农家餐饮、住宿等服务获得生财之道。

坐在农家院里的小木桌前，民俗旅游接待户李宝华向刘淇算起了自家的致富账：4间客房12张床位可接待住宿，每人每天20元的价格让生意络绎不绝，再加上每天接待上百人次的农家特色餐饮，以及麻核桃、野花椒等山货销售，年收入保守估计在20万元以上。村支书说，村里一多半农户都有这么多收入。刘淇对李宝华和他的爱人说：你家富裕了我们高兴！但你还要发挥带动作用，帮助其他农户一起致富。听说李宝华家正准备加盖房屋时，刘淇对乡负责人说，当民俗接待户发展到一定规模时，可以鼓励他们采用加盟乡村连锁酒店等形式，扩大经营规模，提高经营水平。

刘淇指出，沟域经济以生态保护为前提，以旅游产业发展为龙头，为浅山区生态涵养发展、农民自力更生致富探索出了一条新路。相关部门要制定科学的发展规划，加强基础设施建设，为沟域经济发展提供良好的平台；要积极开发历史文化资源，提高旅游产品和服务的文化含量，努力形成特色品牌；要以特色产业为依托，不断优化投资环境，促进产业升级，形成沟域经济产业链；要通过就业培训，鼓励农民自觉参与沟域经济发展，实现农民增收致富。

11月12日刘淇在昌平区调研时强调创造良好环境积极发展高端制造业

11月12日，冒着纷飞的大雪，市委书记刘淇来到昌平区就“保增长、促发展”进行专题调研。他强调，各区县、各部门要以良好的环境和一流的服务，吸引国内外重点企业入驻，积极发展高端制造业，实现首都产业调结构、上水平。

北京三一重机有限公司是湖南大型民营企业三一集团的子公司，落户昌平6年来已发展成为国内最大的旋挖钻机制造商，今年预计实现销售收入23亿元。在企业研发中心，刘淇仔细了解集团自主研发的系列产品：向下可打百米深桩的旋挖钻机、1 600吨级的大型起重机、200吨级的挖掘机……一个个打破国外技术垄断的世界领先产品，是企业积极运用股权激励政策、引导技术人员坚持自主创新的结果。

当听说三一重机不少产品已摆脱价格竞争，以高质量、高性能直面国际对手并不断扩大市场份额时，刘淇对企业勇于创新、敢为人先的精神予以充分肯定。他说，高端制造业是首都着力发展的重点产业，我们要充分发挥北京科技人才智力优势，鼓励企业坚持走自主创新之路，生产出拥有完全自主知识产权的高端产品参与国际竞争，把企业做大做强，不断推动首都产业调结构、上水平。

新能源产业是三一重机在京的重点发展方向。风雪中，刘淇走进车间，察看了桩工机械和风电机组生产线。依托全行业规模最大的研发团队，三一风电已自主研发了从叶片、发电机到塔筒在内的风电机组所有部件，打入全国行业十强。刘淇说，大力发展新能源产业，推动低碳经济、循环经济、绿色经济，是首都产业发展的方向，也是建设绿色北京的题中应有之义。希望企业在把握机遇中实现自身发展。

在三一重机众多拥有自主知识产权的产品中，为建造高层建筑输送材料的混凝土输送泵车引起了市领导的注意。这台泵车利用柴油泵技术，能把混凝土送到500米的高楼上。刘淇说，我们不但要建造高楼，还要维护高楼安全。

现在北京有许多高层建筑，高楼消防是个大课题，希望有企业能够依靠自主创新取得突破，早日解决难题。

北京利德华福电气技术有限公司在国内高压大功率变频调速自动控制产品等领域占据领先地位，是一家拥有核心自主知识产权的高新技术企业，年销售额超过10亿元。加拿大、俄罗斯、澳大利亚……车间内，一台台贴有订购企业所在国的高压大功率变频调速产品正在紧张调试，为电力、冶金、油田等工业领域的节能降耗提供先进的产品与解决方案，刘淇逐一察看，当听说公司的风力发电变流设备技术水平已保持与世界同步，并成功实现并网发电时，他鼓励企业加快发展，为节能、降耗、减排，发展绿色经济做出积极贡献。

市领导还察看了永旺国际商城。该商场是京郊首家集购物、娱乐、休闲、餐饮功能于一体的大型多功能购物中心。今年1—10月，商场销售额达2.9亿元。

11月17日刘淇在门头沟区、丰台区调研永定河流域建设时强调 建设西部绿色生态走廊促进沿河经济社会发展

市委市政府高度关注、沿河区域群众热切期盼的永定河绿色生态走廊建设规划实施在即。11月17日，市委书记刘淇一行冒着凛冽的寒风，驱车数十公里实地调研永定河流域规划建设情况。他强调，要以科学发展观为指导，统筹规划，综合治理，将永定河流域建成城市西部绿色生态走廊，促进沿河区域经济社会发展，为两岸群众提供更加美好宜居的生活环境。市人大常委会主任杜德印参加调研。

永定河北京段全长170公里，根据初步规划，上游山峡段将建设景观总面积达180公顷的6处湿地，成为自然景观河道；中游城市段将形成由溪流连通的湖泊和湿地，6处湖泊面积达680公顷，沿河建设10大主题公园；下游郊野段在河道及两侧建成乔、灌、草相结合的绿化保护带，形成10公里溪流，水面面积达50公顷。建成后的永定河绿色生态走廊“有水则清，无水则绿”，将彻底改变昔日的荒芜景象。

刘淇、杜德印等市领导首先来到位于门头沟区卧龙岗的永定河城市段中心区域，城市生活再生水和上游补水在此形成的莲石湖波光粼粼，已经成了野生水鸟聚集地。在三家店拦河闸大坝上，刘淇远眺西六环跨河大桥，实地听取市水务、规划、农业、园林绿化等部门和沿岸区县负责人关于永定河上游水源保护、门头沟区沿岸规划等工作汇报。刘淇说，我们要尽量保护好上游的生态自然景观，在永定河流域构筑防洪安全保障体系、水生态保护体系、水资源配置体系，早日建成西部绿色生态走廊。

沿永定河向东南而下，刘淇一行先后察看了卢沟晓月景观恢复情况和南水北调大宁调蓄库工程以及永定河郊野段生态保护情况，并听取丰台和房山两区负责人汇报。在蓄水50万立方米后，卢沟古桥下的晓月湖水质清澈，名桥、古城、皓月、碧水的卢沟晓月景观得到初步恢复。丰台区将加快建设晓月湖和宛平湖，尽早恢复历史人文风貌，实现科普教育、旅游休憩等功能。刘淇说，水岸综合景观要坚持高品质规划，突出绿色生态理念，为市民打造富有文化品位的亲水休闲乐园。

刘淇要求，要以绿色生态走廊建设为基础，加强生态环境修复与建设，保护利用历史和现代文化资源，积极改善基础设施，完善公共服务体系，推进城乡经济社会一体化发展。要通过水环境的发展引导城市发展，对走廊两岸的生态建设和经济发展同步规划，将永定河绿色生态发展带建设成生态文明、山清水秀、设施完善、经济繁荣、社会稳定的宜居、宜业、宜游之区。

11月19日刘淇在大兴区调研时强调 实现好维护好发展好农民利益是推动城乡一体化发展核心动力

11月19日，市委书记刘淇来到大兴区就城乡结合部拆迁改造工作进行调研。他强调，实现好、维护好、发展好农民利益，是破解城乡结合部难题、推动城乡经济社会一体化发展的核心动力。要把加快城乡结合部改造作为推进城乡经济社会一体化发展，建设人文北京、科技北京、绿色北京的重要切入点，坚持政府为主导、农民为主体，积极吸引社会力量参与，不断创新工作方法，力争有大的突破。

位于大兴新城与亦庄新城之间的三海子郊野公园，是北京市规划的四大郊野公园之一，总规划面积11.65平方公里。公园规划范围内现有总人口近10万人，其中流动人口超过8万人，是典型的城乡结合部地区。长期以来，该地环境脏乱、低端产业聚集、安全隐患突出，特别是填埋了近1 000万立方米垃圾，使周边环境受到破坏。寒风中，刘淇走进施工现场，察看了该地拆迁改造情况工作进展并听取大兴区有关负责人的汇报。目前，该地区拆迁工作进展顺利，填埋的垃圾将全部进行无害化处理，其中建筑垃圾将用于堆山造景，生活垃圾将用于制造有机肥料。同时，公园还将利用小红门污水处理厂生产的中水作为湿地用水，一期工程预计明年“五一”便可开门迎客。刘淇叮嘱区县有关负责人，要充分借鉴奥林匹克森林公园的建设经验，以高标准做好公园规划设计工作，使之成为城南地区的一大亮点。

从三海子郊野公园一路往北，刘淇一行来到旧宫镇旧宫村，察看了该村拆迁改造工作进展情况。旧宫村占地约368公顷，村总人口3.62万人，其中户籍人口仅4 596人。长期以来，由于地处城乡结合部地区，村民收入主要靠出租房，村内环境脏乱、违建严重，治安案件频发。为努力改变该地区发展困境，区、镇、村三级党组织积极发挥作用，从维护农民利益出发，坚持阳光拆迁、有情拆迁，注重拆迁政策的合理性与回迁房屋的质量。通过党支部的带头作用和大量艰苦细致的工作，让农民看到了实实在在的利益，从而激发了广大群众发挥主体作用，使得全部拆迁工作顺畅有序。仅仅4个月时间，旧宫村已拆除1371个民宅院落，总计99万平方米，拆迁工作完成率达97%。刘淇对此予以充分肯定。他说，要在改善城乡结合部地区环境的同时，认真考虑上楼农民就业、区域产业规划等后续工作，努力实现区域可持续发展。

座谈会上，大兴区负责人汇报了全区拆迁改造工作进展等情况。2009年，大兴区计划整建制拆除33个村，涉及1.2万户居民，总面积超过340万平方米。目前已完成19个村、近9 000户居民的拆迁工作，拆迁面积达300万平方米，储备产业用地1万余亩。拆迁改造中，大兴区始终坚持最大限度保障被拆迁人合法权益，做到了“百姓不少得、政府不多花、群众不上访”，确保了社会的和谐稳定。

刘淇充分肯定了大兴区在推进城乡结合部发展中所做的各项创新。他说，大兴区委、区政府围绕市委提出的率先形成城乡经济社会发展一体化新格局的战略目标，抓住1 000亿元土地一级开发投资和重大项目设立绿色通道的机遇，大胆创新工作机制，切实加强组织领导，城乡结合部改造工作取得了显著成效，经验值得推广。各区县在破解城乡结合部难题，推动城乡经济社会一体化发展中都创造了不少新经验，要认真总结，相互借鉴，共同促进。

刘淇指出，城乡结合部是城市管理的难点，矛盾问题多。靠违法建设，出租房屋，农民致富的路越走越窄，政府的管理职能也无法充分实现，非改不可。但另一方面，城乡结合部区位优势明显、土地增值空间大，经过整治有巨大的发展潜力，是首都发展的重要战略新区。全市上下要进一步统一思想，坚定信心、下定决心，把加快城乡结合部改造作为推进城乡经济社会一体化发展，建设人文北京、科技北京、绿色北京的重要切入点，坚持政府为主导，农民为主体，积极吸引社会力量参与，不断创新工作方法，力争有大的突破。

刘淇强调，实现好、维护好、发展好农民利益，是破解城乡结合部难题，推动城乡经济社会一体化发展的核心动力。要切实保障城乡结合部农民的利益，使之成为城乡结合部改造工作的出发点和落脚点。要以保障农民利益为基础，积极协调各方利益，让农民在城市化过程中富裕起来。要充分发挥基层党组织、党员领导干部和广大党员的带头示范作用，让基层党员干部在推进城乡结合部改造中得到历练，不断提高基层党组织的战斗力，进一步夯实党的执政基础。

刘淇要求，各区县、各部门要把城乡结合部改造作为今后一段时间的工作重点，不断提高行政效率，进一步完善政策体系，加快破解城乡结合部发展难题，确保首都率先形成城乡经济社会一体化发展新格局。

11月20日刘淇在通州区调研时强调，把新城建设作为明年工作重点
高标准制定规划　高起点发展产业

刘淇11月20日在通州区调研时强调，新城建设是明年全市工作的重点，要朝着建设人文北京、科技北京、绿色北京的目标，高标准制定新城规划，高起点发展特色产业，为首都可持续发展积蓄强劲动力。

通州新城滨河森林公园结合新城“区域服务中心、文化产业基地、滨水宜居新城”的功能定位，是全市11个拟建新城滨河森林公园中启动最快的项目。目前已栽植各类苗木13万余株，种植花卉、地被、水生植物近84万平方米，一期工程南区绿化主体任务基本完成。刘淇等市领导登上公园河中的月岛，察看了公园南区“一河、两岸、六大景区、十八景点”的规划建设情况。建成后这里将成为可观、可游、可赏、可用的运河新景，为市民提供休闲娱乐的场所，也将为通州增添一大生态景观。刘淇对此给予肯定，他说：“新城建设，要从打造良好的生态环境开始。”

刘淇又结合沙盘详细了解通州新城核心区的建设规划情况。通州新城核心区在特色上将充分做足“水文章”，既突出运河文化底蕴，又注重现代化和国际化；在空间上移到五河交汇处，实现外向型发展，改变了过去沿新华大街内向发展的模式；在功能上初步定位为运河北京文化商务中心区，建设彰显生态、低碳、创意的魅力新城。

座谈会上，市领导听取了通州区经济社会发展情况和明年工作思路的汇报。

刘淇讲话说，明年全市要抓住新城建设这个重点，整合资源形成合力，使新城成为奥运后首都发展新的增长极，成为建设人文北京、科技北京、绿色北京的典范。要通过专家领衔、公开招标的方式，经过民主、科学的决策程序，高标准制定新城发展规划；开阔视野，大胆创新，在基础建设、招商引资、产业发展等方面积极借鉴先进经验，提高新城建设的国际化水平；继续加大投入，做好土地储备和基础设施建设工作，为新城产业发展预留空间。

刘淇强调，新城建设要充分体现人文、科技和绿色的理念。要善于运用奥运经验，在新城建设和发展中积极利用高新技术和自主创新成果，采取各种节能环保措施，采用各种新能源、新材料，努力建设低能耗的建筑、零排放的园区、绿色的交通，打造良好的生态环境、充满人文气息的社区。

刘淇强调，要站在全市大局的高度统筹推进新城建设。亦庄、通州、顺义等11个新城要发挥比较优势，实现错位发展。产业定位上，在高端制造业、金融业、文化创意产业等方面可以互有侧重；招商引资上，在大型央企总部、大型民营企业总部、跨国公司之间进行比较选择。要切实增强新城建设的科学性，提高新城的可持续发展水平。

12月31日刘淇到海淀区北坞村进行专题调研时强调
统筹规划开拓创新全力推动城乡结合部改造

从2009年初开始，市委书记刘淇，市委副书记、市长郭金龙亲自带队，先后五次深入北坞村实地调研、三次召开专题会议研究，以“解剖麻雀”的方式，探求破解城乡结合部发展难题。2009年12月31日，刘淇第六次来到北坞村进行实地调研。他强调，加快城乡结合部地区改造，实现城乡一体化发展，是人民群众的迫切需求，也是首都可持续发展的战略任务。今年全市将整体启动50个难点村的改造整治工程，要统筹规划，开拓创新，突出重点，突破难点，根据先难后易的原则“啃下硬骨头”，用漂亮的攻坚战，夺取城乡一体化建设新胜利。

上午9时许，当刘淇等市领导又一次来到玉泉山下的北坞村时，昔日那个人口杂聚、环境脏乱的城中村不见了，52个集体企业、775处大小院落，已全部依法有序完成了拆除搬迁工作。在旧村改造的同时，一街之隔的回迁房北坞嘉园已拔地而起。寒风中，刘淇戴上安全帽来到施工现场，实地察看了回迁房建设情况。目前，计划建设的43栋6层板楼，绝大部分已实现结构封顶，北坞村民预计今年五月就能搬进新家。刘淇详细询问户型设计和分配情况，仔细检查房屋建设质量。当得知小区建设时北坞村不但选派了村民代表进行监督，甚至连户型面积、房间朝向都广泛征求了村民意见后，刘淇说，一定要严把房屋质量关，确保搬迁村民如期上楼、住得舒心。

座谈会上，海淀区、朝阳区有关负责人汇报了加快城乡结合部地区建设的工作思路以及北坞、大望京两个试点村任务完成情况。

刘淇在讲话中充分肯定了北坞、大望京村试点工作取得的成绩，向付出艰辛努力的广大干部群众表示亲切问候和衷心感谢。他说，一年来，海淀区和朝阳区认真贯彻落实市委、市政府指示精神，加大力度、加强领导、创新思路、完善措施、狠抓落实，是试点

工作取得成功的根本保障；各职能部门积极配合，开通绿色通道，特事特办，为试点工作取得成功提供了强大支持；基层党组织充分发挥战斗堡垒作用，广大党员干部切实发挥先锋模范作用，确保了群众充分理解各项政策，积极配合政府工作。

刘淇总结了试点成功的六条基本经验：一是充分发挥农民的主体作用，坚持农民的事情农民办、农民的事情农民管、农民的利益农民享，确保农民自主决策、自主建设、自主管理、自主发展；二是充分发挥基层党组织作用，做好宣传、说服和维稳等工作，为搬迁工作创造了良好环境；三是充分发挥政府主导作用，特别是在区域发展规划、基础设施建设和资金筹措方面作用不可替代；四是加强统筹形成合力，各部门协调配合，整合资源，集成政策，加快推动了城乡结合部地区建设；五是大胆改革创新，城乡结合部地区村庄情况各异，不能照搬经验，不能盲目攀比，要根据各村实际“一村一策”，创造性地解决遇到的问题；六是坚持依法依规办事，牢固树立依法行政、依法办事的理念，严格拆除违法建设。

刘淇要求，要确保北坞和大望京村试点搬迁整治工作善始善终、好事办好，为推进全市城乡一体化发展树立模板与示范。在部署2010年城乡结合部地区改造工作时，他强调，要加强领导，统筹规划，全力推动搬迁整治各项工作。一要提高认识。北京正向建设国际城市的高端形态世界城市迈进，城乡结合部地区是首都发展的腹地，是经济发展新的增长点，各区县、各部门要站在率先形成城乡发展一体化新格局的高度，提高认识，扎实工作，为实现地区可持续发展奠定坚实基础。二要加强领导，完善组织机构。成立由市领导牵头挂帅的城乡结合部改造工作领导小组，市区两级加强配合，形成推动工作的合力。三要创造性地开展工作。坚持多模式发展，明确政府、集体、农民不同的职责、责任，充分调动各方积极性。政府负责制定规划，集成政策，建设基础设施；集体要利用好建设用地，发展好集体产业，组织好村民生产生活；农民要承担起主体责任，发挥好村民代表大会作用，按照“一村一策”原则，制定好本村发展思路。四要注意统筹平衡。政府要妥善处理好征地、规划、人口、就业、社保等一系列工作，坚决把土地收益还给集体、留给农民，确保搬迁改造工作顺利推进。五要突出重点，突破难点。根据先难后易的原则，抓住安全隐患大、改造整治难的村，重点攻关，坚决完成50个难点村的改造整治任务。

北京市市长郭金龙到郊区视察

12月2日郭金龙到通州区调研时强调
抓住新城建设契机推动产业升级

12月2日，市委副书记、市长郭金龙围绕“保增长、促发展”主题到通州区调研时强调，要瞄准世界一流水平，高起点、高水平谋划新城发展，同时抓住契机推动产业升级，实现区域可持续发展。

天宇朗通是通州区一家集移动电话研发、制造、销售、服务为一体的专业化高科技企业，公司1 600多名员工中有40%从事研发工作。郭金龙对公司瞄准用户需求、灵活设计产品、快速占领市场的做法给予肯定。在应对国际金融危机过程中天宇朗通逆势而上，生产的K-touch天语手机销量目前已超过moto，挤进中国市场前三甲。郭金龙为公司的骄人业绩感到振奋，他对公司年轻员工说，我在你们身上看到了蓬勃的朝气，看到了中国民族品牌的光辉前景。能从事所爱的事业是一种幸运，希望你们胸怀壮志继续努力，把天语做成知名的国际品牌。

宋庄画家村是通州区文化创意产业发展的标杆，也是北京市首批认定的十个文化创意产业集聚区中面积最大的一个。郭金龙听取了关于园区规划的汇报。依托区内原创艺术集聚这一特色资源，通州区将在宋庄大力发展艺术原创与展示交易、动漫网游、创意设计和会展休闲四大主导产业，用五到八年时间把这里打造成创意产业硅谷、文化总部基地。郭金龙接着走进画家祁志龙的工作室，面对面听取艺术工作者工作和生活上的需求。

郭金龙一行还乘车察看了通州新城建设、棚户区改造情况，并听取了运河核心区规划情况汇报。

座谈会上，郭金龙充分肯定了通州区经济社会发展所取得的成绩。他指出，明年是“十一五”规划收官之年，政府的首要任务是确保规划的全面完成，努力实现跨越式发展。各区县、各部门要紧紧围绕建设人文北京、科技北京、绿色北京战略目标，认真总结应对国际金融危机冲击中取得的经验，进一步巩固经济企稳向好的成果，使首都经济社会发展的结构更优、水平更高，真正实现科学发展观要求的可持续发展，充分体现中国特色社会主义发展道路的优越性。

郭金龙强调，新城建设是明年全市工作的重点。要瞄准世界一流水平，高起点、高水平谋划新城发展。通州区要根据城市总体规划，找准功能定位，充分利用运河丰厚的文化资源和突出的区位优势，高标准推进新城发展，努力建成世界一流水平的现代化国际新城。要通过体制机制创新，加快新城发展：一是明确责任，市政府宏观统筹调度，区政府负建设主责，形成加快推进新城建设的合力。二是注重利用市场机制，在政府主导土地一级开发的基础上，充分发挥市场在资源配置中的基础性作用，积极引导和鼓励社会资本参与新城建设。三是在总体规划确定后，发挥市场主体作用，条件成熟的重点项目和具有引领作用的产业可以优先发展。四是借鉴兄弟省市先进经验，创新发展理念，妥善处理好新城建设与老城改造间的关系，新城建设不是老城的简单拓展。

郭金龙最后强调，要抓住新城建设契机实现产业升级。通州新城要找准在区域发展中的位置，努力成为京津冀环渤海地区具有总部业态特征的新城，实现与顺义、亦庄两个新城错位发展。要走高端产业发展之路，大力发展现代服务业、文化创意产业，不断提高新城的可持续发展水平。

12月3日郭金龙到大兴区调研时强调
抓住机遇乘势而上加快推进科学发展

12月3日市委副书记、市长郭金龙围绕“保增长、促发展”主题到大兴区调研时强调，要进一步解放思想，抓住机遇，保增长、促发展，创造性地开展工作，加快推进区域经济社会科学发展。

与北京经济技术开发区一河之隔的三海子郊野公园，是本市四大郊野公园之一。郭金龙来到公园施工现场，结合规划展板详细了解了公园整体规划建设情况。今年年底，公园一期征地拆迁工作即将全面完成。公园全部建成后，将大大改善南城地区生态，进一步提升区域发展环境。郭金龙对此予以肯定。

地处大兴区最北端的旧宫镇抓住亦庄线旧宫站建设契机，积极推进城乡结合部地区改造。郭金龙在这里叮嘱大兴区负责同志，要充分发挥农民群众的积极性，推进城乡一体化发展。

北京民海生物科技有限公司是一家集现代生物制品研发、生产、销售于一体的民营高科技企业。郭金龙走进企业生产车间，仔细察看了疫苗研发生产情况，他勉励企业负责人要坚持走自主创新之路，把企业做大做强。

郭金龙在大兴生物医药基地招商中心主持召开座谈会，听取了大兴区委、区政府的汇报，充分肯定了大兴区经济社会发展成果。他说，大兴区围绕调结构、上水平、保增长、保民生、保稳定，做了大量卓有成效的工作，实现了经济社会平稳较快发展。要进一步解放思想，加快推进科学发展，紧紧抓住南城行动计划出台实施、地铁等城市基础设施全面推进、新城建设和城乡一体化步伐加快等宝贵机遇，乘势而上，开拓进取，把各项工作抓紧抓实；要树立强烈的机遇意识、竞争意识、发展意识，高目标定位，宽视野谋划，在更高的起点上推动科学发展。

郭金龙强调，要坚持调结构，进一步提升经济发展质量。大兴区要积极培育和发展符合首都城市功能定位的重点产业，努力在城市南部地区形成新的经济增长极：一是充分利用好园区资源，大力吸引高端要素聚集，促进主导产业形成和特色产业发展。二是做好重大项目的引进和落实，积极对接央企和国家产业项目，大力引进跨国企业地区总部和研发中心以及民营企业，确保招商引资项目尽快落地。

郭金龙强调，要进一步创新体制机制，加快推进城乡一体化。要加快推进基础设施建设，力争早建成、早见效、早得益；积极探索城乡结合部发展新模式，认真总结现有经验，把城乡结合部改造与改善居住环境、集约利用土地、促进产业升级统筹起来考虑，创造性开展工作，争取取得更大成绩；要紧紧依靠群众，充分发挥农民主体作用，切实调动农民积极性，妥善处理好各方利益，维护好社会和谐稳定，实现双赢。大兴区委、区政府要站在全市发展大局的高度，团结带领全区人民，创造性地开展工作，积极整合区域资源，认真做好服务工作，全力促进区域协调发展，为建设人文北京、科技北京、绿色北京做出更大贡献。

北京市人大常委会主任杜德印到郊区视察

6月23日杜德印在通州区调研时指出
发展农业合作组织　建设都市型现代农业

市人大常委会为审议本市上半年国民经济和社会发展计划执行情况以及预算执行情况作精心准备，6月23日上午，市人大常委会主任杜德印来到通州区，参加都市型现代农业建设组专题调研。在三元食品公司乳品一厂生产车间，首都农业集团负责人向代表们介绍，集团3月份以来陆续收购三鹿集团核心资产后，恢复生产工作顺利开展，1至5月份完成销售收入近1.5亿元。杜德印希望集团抓住并购契机，坚持质量控制，把三元打造成各类乳制品的知名品牌。

调研组实地考察了于家务乡北京东升方圆农业种植开发有限公司的豆芽菜规模化生产流水线和永乐店镇孔村林下经济发展情况。孔村村民在企业的组织下，利用盐碱地速生白杨林环境开展订单式香菇种植生产，每亩地纯收入达到2万元以上。

杜德印在讲话中说，市人大常委会各专门委员会组成人员和市人大代表，深入开展多种形式的专题调研，为审议本市上半年国民经济和社会发展计划执行情况以及预算执行情况作精心准备，是提高人大工作质量和实效的必然要求，也是加强和改进计划预算监督工作的有力探索。

杜德印指出，首都大力发展都市型现代农业，是促进农民增收，促进城乡统筹，加快首都新农村建设和农村城市化发展的重要手段。通州区以龙头企业为依托，提高科技含量，打造知名品牌，发展现代都市型农业取得了初步成效。政府有关部门要进一步探索通过资金、政策等多种形式，推动建立各类农业合作组织，实现土地、资本和劳动力的科学结合，打通农民与市场之间的通路，推进都市型现代农业建设，生产绿色有机、安全营养的高质量农产品，满足首都市民生活需求，开拓全国市场，让农民走上经营致富之路。

调研组下午还到顺义考察了中国花卉博览会筹备情况和顺鑫农业鹏程食品分公司。

7月3日杜德印到房山调研时指出
明晰功能定位　确立主导产业　加快南城建设

7月3日，市人大常委会主任杜德印和部分市人大代表来到房山区，就“关于加快南城建设，促进首都经济社会协调发展”议案办理工作进行调研。

在河北镇檀木港村，杜德印一行头顶烈日登上关停矿山，实地考察废弃矿山修复替代产业发展情况和北京房山世界地质公园项目推进情况。房山区关停废弃矿山植被恢复工程从2006年启动，到去年底总投资2.62亿元，涉及14个乡镇。按照规划，全区共有关停废弃矿山5.2万亩，目前已恢复4330亩。北京房山世界地质公园规划布局包括周口店、石花洞、十渡、上方山、云居寺、百花山、白草畔、野三坡等8个功能区，将建成为京西南旅游资源聚集区，从而辐射带动山区发展。

杜德印在调研座谈中说，房山区曾经在农业、矿业生产方面走在全市前列，为首都经济发展做出巨大贡献。目前全区上下坚决关停对生态资源影响大的矿山、水泥、建材等传统产业，积极寻求符合发展定位的替代产业。房山区发展正处于转型关键期，在探索实践中取得了初步成效。

杜德印指出，要按照首都发展总体规划赋予房山区的生态涵养发展区功能定位，整合梳理现有资源，确立符合本地实际、适宜长远发展的生态友好型替代产业。要通过加强推进重点基础设施建设，改善产业环境，促进生产要素聚集，为培育新的经济增长点创造良好环境。力争在一批重点项目上取得突破，实现房山区经济社会发展整体改造升级。

杜德印强调，首都发展正面临国际金融危机与国内产业结构调整双重影响，要充分认识到房山区产业转型的艰巨性，坚持实事求是，明晰功能定位，科学规划产业布局，切实保护山区群众在产业转型中的合法权益，通过产业调整升级发展壮大实力，最终实现城乡区域统筹协调可持续发展。

9月15日杜德印到平谷区调研时指出
科技创新占领高端　促进现代农业发展

9月15日，市人大常委会主任杜德印与部分市人大代表来到平谷区，调研科技创新在促进现代农业发展中的应用情况。

杜德印一行首先来到北京普析通用仪器公司，这里生产的光谱分析仪等产品能迅速地检测出食品中所含各类有害物质的成分、含量，产品全部拥有自主知识产权和自主品牌，占领国内市场40%的份额，已经配备到新发地等本市大型农产品批发市场，公司上半年销售同比增长约50%。杜德印鼓励市人大代表、公司总经理田禾：“要坚持走自主研发之路，不断提高检测精度，为老百姓把好食品安全关！”

位于山东庄镇的国内首座生物冰点保鲜库，是本市“果品保鲜与加工冰温技术研究与示范”方面一项重大科技成果。代表们在这里看到，新鲜的平谷大桃采摘后能在此恒温高湿保鲜储存超过90天，果农在鲜桃反季节销售中比应季销售多获利一倍。随后，代表们又来到亚洲最大的蛋种鸡企业——华都峪口禽业公司。该公司通过创新“产权式”农业经营模式，在全市建立15个蛋种鸡养殖基地。公司培育的自主知识产权“京红1号”等优秀蛋鸡品种，占全国父母代蛋种鸡市场的43%，全国都能吃到北京蛋鸡生产的高品质鸡蛋。

杜德印充分肯定平谷坚持科技创新，发展现代农业带领农民增收致富取得的成绩。他说，农业在北京地区生产总值中所占的比例虽然只有1%，但在全市经济社会发展中具有至关重要的地位。全市三百万农业户籍人口的增收致富，最终要通过大力发展首都现代化农业、大力推进新农村建设来实现。

杜德印指出，首都发展现代化农业必须坚持走科技创新之路，立足占领产业链高端，用本市有限的土地资源和得天独厚的农业科技资源优势，着力发展高科技含量的农业籽种、疫苗等产业项目，对全国农业生产发挥技术辐射带动作用，同时掌控京外食品生产基地，保障首都食品安全。

杜德印要求，农业科技创新必须与组织体系创新紧密结合。要通过农业合作社等组织形式把分散农户组合起来，进而与农业科技龙头企业建立互利互惠的合作，实现生产环节的劳动合作和经营环节的股份合作，切实保障双方利益。

10月16日杜德印到大兴区调研时指出
整合政策资源　培育合作组织　共同繁荣发展

10月16日，市人大常委会主任杜德印参加市人大少数民族人大代表小组活动，到大兴区调研少数民族乡村经济发展工作。

杜德印和代表一行来到位于北京最南端的大兴区榆垡镇崔指挥营回族民族村。该村700多名村民均为回民，以发展养殖业为重要收入来源。2009年4月，各级少数民族乡村经济扶持资金投入500万元，在该村建成创新崔营奶牛养殖小区，将过去由农户分散养殖的400多头奶牛统一存栏养殖，统一产奶销售，预计年收入将达400万元。

杜德印察看奶牛集中饲养情况，他鼓励村民们说，要走家庭承包经营与农业合作经营相结合的路。现在是各家把牛放在一起养，以后是各家在养牛合作社里入股分红，由合作社出面与大型农业企业签订产销合同，进一步发挥“农户＋合作社＋企业”的优势，提高农业生产和管理的效率，走致富之路。

在听取了市民委、大兴区发展少数民族乡村经济的工作汇报和少数民族村民代表的发言后，杜德印充分肯定了近年来少数民族乡村经济发展取得的成绩。他指出，支持少数民族乡村经济发展要继续坚持政策集成、资源整合、部门联动、优先发展的思路，充分利用好少数民族乡村经济发展、新农村建设、农村基础设施建设等各项优惠政策，实现各部门联动，共同努力推进。

杜德印指出，政府要通过搭建少数民族乡村经济发展平台，完善市场服务体系，将扶持资金、政策与推进少数民族乡村经济经营方式转变相结合。利用农业专业合作社等组织形式，充分发挥少数民族群众参与乡村经济发展的主体作用，组织农民进入市场，实现规模化经营，培育少数民族乡村经济的主导产业和特色品牌。

杜德印要求，相关部门要进一步加强支持少数民族乡村经济发展的责任感和紧迫感，研究在少数民族乡村优先建立社会保障托底机制，优先安排各项社会建设资金政策，促进少数民族乡村经济与社会协调发展，实现各民族共同团结奋斗，共同繁荣发展。

12月4日杜德印到昌平区时指出
加强组织引导　增强服务实效

从一千万元到四千万元，本市扶持少数民族经济发展资金七年翻了两番。12月4日，市人大常委会主任杜德印和市人大少数民族小组代表一行，到昌平区阳坊镇考察少数民族乡村经济发展情况。

阳坊胜利涮肉老店生意红火。回族企业家李胜利经过20余年经营，把阳坊涮肉店从一家小店发展成全国知名的餐饮连锁企业，带动两千多名各族群众就业致富。副市长程红介绍说，扶持少数民族乡村经济不仅送资金、送技术，现在还向送渠道发展。今年市民委帮助阳坊涮肉组建连锁配送体系和中央厨房，帮助企业发展壮大。市民委还编辑出版了《清真美食指南》，帮助全市清真企业走向市场。

杜德印听取市民委、昌平区汇报少数民族经济发展工作后说，少数民族乡村发展的核心是发展经济。本市高度重视少数民族工作，不断加大对少数民族乡村经济的扶持力度，取得了明显成效。希望少数民族企业在保持民族特色的基础上大胆走向市场，为首都各族人民群众服务。各级政府和有关部门在加大对少数民族经济扶持力度的同时，要充分发挥少数民族群众和党员干部的主体作用，组织引导少数民族群众以专业合作社、少数民族经济龙头企业等多种形式走向市场。要“适地栽苗、按苗浇水”，通过提供符合少数民族乡村具体情况的扶持政策，帮助少数民族群众早日走上致富之路。

北京市政协主席阳安江到郊区视察

5月14日阳安江等市政协领导到丰台区调研

5月14日，阳安江等市政协领导到丰台区进行了调研。

市政协领导登上金都苑小区4号楼的顶楼，俯瞰丽泽商务区全貌，并听取了丽泽商务区远景规划的汇报。丽泽商务区总用地412公顷，总建筑面积390万平方米，计划投资额600亿元，规划目标全部实现后的丽泽商务区年经济总量预计将达200亿元左右，年上缴税收40亿元左右，解决7万人就业。阳安江一行还来到王佐镇南宫体育公园，察看了小城镇建设情况。

座谈中，丰台区负责人向阳安江一行介绍了丰台区的经济社会发展情况和区政协的相关工作。阳安江说，实现南城的持续发展和长期富裕，是全市人民关心的一件大事。丽泽商务区的规划建设对带动南城整体发展具有非常重要的作用，丰台区要牢牢抓住这一宝贵的发展机遇，满怀信心，精耕细作，做到目标明确、重点突出、措施有力，将丽泽商务区建设成为首都经济发展的第三增长极。丰台区政协要延续以往工作的成功经验，坚持围绕中心、服务大局，与区委、区政府的中心工作更加紧密地结合；要高度关注民生，多做化解矛盾的工作，为维护社会和谐稳定做出贡献；要大力创新工作模式，充分利用政协人才荟萃、智力密集的优势，不断丰富人民政协履行职能的内容和形式。

6月5日阳安江等市政协领导到密云县调研

6月5日，阳安江等市政协领导到密云县进行了调研。

在密云县蔡家洼村，阳安江一行走进崭新的楼房，与农户亲切交谈起来。在详细了解了村民的生活、工作情况后，阳安江说，建设新农村、引领农民致富，关键在于带头人。他叮嘱村党支部书记要继续开拓思路，根据当地特点寻找新的增收致富手段，使农民生活水平再上一个新台阶。阳安江一行还来到北京呼叫中心产业示范基地，察看了客服服务区的工作情况。

在听取密云县负责人的情况汇报后，阳安江说，密云县牢牢把握城市功能定位，以应对金融危机影响为契机，积极调整产业结构，营造了良好的生态环境、人文环境和发展环境。密云县作为全国生态文明建设试点地区，要站在全局工作的高度，进一步提高认识，把生态环境这一最大优势用好、用足，科学规划、整体推进，在原有生态建设的基础上不断巩固、发展；要发挥自身的独特优势，带头倡导绿色出行理念，按照生态文明的要求，为建设绿色北京作出应有的贡献。密云县政协要坚持围绕中心、服务大局，紧密结合县委、县政府的中心工作，深入调查研究，积极建言献策，把工作做深、做细、做实，充分发挥人民政协人才荟萃、智力密集的优势，为密云生态涵养发展区建设作出自己的贡献。

6月11日阳安江等市政协领导到昌平区调研

6月11日，阳安江等市政协领导到昌平区进行了调研。

在中关村生命科学园，市政协领导了解了园区的规划发展情况，听取了园区负责人的工作汇报，并参观了园区内的蛋白质组学国家工程研究中心。阳安江一行还来到北京乐普医疗器械有限公司，察看了公司的产品研发及生产情况。

在听取昌平区政府、区政协的情况汇报后，阳安江说，在金融危机的不利影响下，昌平区逆势而上，按照“保增长、保民生、保稳定”的要求，结合区域功能定位，积极调整产业结构，发展前景光明，后劲十足，令人鼓舞。辖区内的众多高端科研机构和高新技术企业依靠自主知识产权，以科技赢得市场，探索出了一条产学研相结合的发展新路。昌平区政协的工作紧紧围绕区委、区政府的中心工作展开，细致扎实，特色鲜明，同时积极为委员们做好服务，通过创新工作形式充分发挥了政协组织的职能作用。希望昌平区政协继续发挥自身人才智力密集的优势，积极营造团结、民主的氛围，真正把百姓的切身利益放在心上，为昌平区的经济发展、生态建设和社会和谐服好务，为昌平区经济社会发展各项目标的实现贡献自己的力量。

6月23日阳安江等市政协领导到延庆县调研

6月23日，阳安江等市政协领导到延庆县进行了调研。

重新规划布局后的八达岭大景区充分整合了现有旅游资源，景区面貌焕然一新。阳安江等来到长城博物馆等旅游、服务设施，了解了景区的旅游基础设施改造、商业拆迁升级及交通规划与建设情况。阳安江一行还来到中材科技风电叶片股份有限公司和北京希森三和马铃薯种业基地，察看了新能源产业与都市型现代农业的发展情况。

在听取延庆县政府、县政协的相关工作汇报后，阳安江说，近年来，延庆县坚持科学发展，牢牢把握生态涵养发展区的功能定位，认真实施生态文明建设战略，经济社会发展取得长足进步，特别在生态建设方面成果显著。经过统一规划、科学管理和不断加快的基础设施建设，延庆县的长城旅游资源得到了有序开发和合理利用，打造出了具有国际化水平的八达岭大景区。

在今后的发展中，延庆县要充分利用后发优势，立足长远，扬长避短，在生态涵养、节能减排方面大做文章，积极发展新能源产业和都市型现代农业，向建设富裕、文明、宜居、和谐新延庆的目标不断迈进。今年以来，延庆县政协紧紧围绕积极应对金融危机的主题开展工作，在促进经济发展、维护社会和谐方面发挥了自身的独特作用。希望县政协继续沿着这个思路，不断创新工作方法，在延庆县的未来发展中扮演越来越重要的角色。

7月2日阳安江等市政协领导到房山区调研

7月2日，阳安江等市政协领导来到房山区进行调研。

阳安江一行察看了北一良工数控机床有限公司和北京奥特舒尔保健品开发有限公司的生产情况，并听取了区委、区政府、区政协的相关工作汇报。

阳安江在讲话中说，房山区以科学发展观为指引，以应对金融危机影响为契机，积极调整产业结构，促进大项目落地，全区上下团结一致，干劲十足，展现出了奋发向上的良好精神面貌。房山区要延续上半年良好的发展势头，立足长远，突出重点，稳扎稳打，实现经济跨越式发展；要紧紧抓住北京市推进燕房合作的有利契机，进一步提高认识，上下联动，加大燕房合作的推进力度，将现有政策用足、用好。今年以来，房山区政协牢牢把握自身定位，围绕保增长、保民生、保稳定的主题开展了丰富多彩的调研、视察活动，有声有色地履行了政治协商、民主监督、参政议政的三项职能，为党政机关提供了十分有价值的决策参考。希望区政协进一步与党政部门加强沟通，更加注重发挥委员的智力优势，充分利用政协的大舞台，在房山经济社会发展中大显身手，为全年各项任务目标的实现做出自己的贡献。

8月5—7日阳安江等市政协领导在怀柔区调研

8月5—7日，市政协主席阳安江等市政协领导到怀柔区，围绕促进城乡一体化和新农村建设进行专题调研。

调研期间，市政协领导来到怀柔区北房镇，察看了园区景观建设及设施农业发展情况。在雁栖工业开发区，开发区管委会负责人向阳安江等汇报了开发区企业入驻和下一步规划发展情况。市政协领导还来到园区内的北京御食园有限公司，了解了企业经营发展情况。

在听取怀柔区经济社会整体发展情况汇报后，阳安江说，近年来，怀柔区按照建设人文北京、科技北京、绿色北京的要求，积极调整产业布局，激发发展活力，形成了高端科研院所大量集聚、文化创意产业发展繁荣、生态建设稳步推进的良好局面，各项事业取得长足发展，成绩令人振奋。怀柔区要继续牢牢把握自身的区域功能定位，高度重视生态建设；要全方位发展休闲旅游产业，多种方式促进农民增收；要借助高端科研院所集聚的优势，进一步提升雁栖开发区工作的整体水平。

针对怀柔区政协的工作，阳安江说，怀柔区政协的工作在区委、区政府的高度重视和大力支持下，开展得有声有色。希望怀柔区政协进一步发挥自身人才济济的优势，紧紧围绕区委、区政府的中心工作开展更加有针对性、有深度的调查研究，为党委、政府提供有效的决策参考。

市政协领导还来到怀柔区琉璃庙镇和九渡河镇，就新农村建设情况进行了调研。

10月22日阳安江等市政协领导到大兴区调研

10月22日，市政协主席阳安江等市政协领导到大兴区进行了调研。

阳安江等首先来到大兴北部新城核心区，察看了19号、20号地块项目规划建设和黄村镇义和庄拆迁工作进展情况。随后，市政协领导来到北京以岭药业有限公司，了解了公司的新医药科技研发情况。

在听取大兴区政府、区政协的情况汇报后，阳安江说，今年以来，大兴区以应对金融危机为契机，大力调整产业结构，培育新的经济增长点，较好地完成了经济社会发展各项目标任务。前不久出台的《永定河绿色生态走廊建设规划》和《促进城市南部地区加快发展行动计划》为大兴区的进一步发展创造了良好条件，大兴区要牢牢把握机遇，结合自身区域功能定位，进一步拓宽思路，乘势而上，以产业集聚和业态创新为重点带动区域经济，推动整个北京南部地区的发展。谈到政协工作时阳安江说，大兴区政协紧紧围绕党委、政府的工作重点开展工作，通过调研、座谈等多种方式，为委员们富有成效地履职创造了条件。希望大兴区政协继续坚持团结、民主两大主题，围绕中心，服务大局，适应新形势新情况提出的新要求，不断拓宽反映社情民意的渠道，为全区经济社会发展和和谐社会建设作出应有的贡献。

11月27日阳安江等市政协领导到通州区调研

11月27日，市政协主席阳安江等市政协领导到通州区进行调研。

听取通州区政府、区政协的工作汇报后，阳安江说，今年以来，通州区委、区政府牢牢把握区域功能定位，积极落实扩内需、保增长各项政策措施，在金融危机的大背景下，经济社会发展依然保持着良好势头，区容区貌焕然一新，发展成绩令人鼓舞。通州区紧邻城市中心区，具有独特的区位优势，要立足于实际，全面、准确地分析自身存在的优势与不足，科学规划，找准适合通州特点的发展方向，进一步调整产业结构，实现差异化发展。通州区政协围绕中心、服务大局，积极开展协商活动，为党政部门科学决策提供依据，工作中有不少闪光点。特别是机关工作人员细心、周到的服务，让委员们真切感受到了政协大家庭的温暖。希望通州区政协继续坚持人性化的工作理念，进一步挖掘、发挥政协组织人才荟萃、智力密集的优势，把促进科学发展作为履职的第一要务，为人文北京、科技北京、绿色北京建设做出积极贡献。

阳安江等还来到位于温榆河畔的通州商务园，了解了园区规划、建设及招商情况。作为北京市“十一五”规划重点打造的四个金融后台服务区之一，通州商务园基础设施建设和一期开发已全面铺开，入园项目明年可正式开工建设。

（摘自《北京日报》）

综　　述

2009 年北京郊区经济社会发展综述

中共北京市委农工委研究室

2009 年，在市委、市政府的正确领导下，郊区上下深入贯彻落实科学发展观，以建设"人文北京、科技北京、绿色北京"为主题，按照率先形成城乡经济社会发展一体化新格局的根本要求，坚持抓改革、强基础、重民生、促增收，积极应对国际金融危机，顺应职能调整的需要，开拓思路，创新工作方式，主动调结构、上水平，全力保增长、保民生、保稳定，将着力点放在组织调研、制定规划、研究政策上，集中力量推进重大项目、重点工程、重要工作，切实保障"三农"工作健康有序发展。2009 年，城乡一体化扎实起步，新农村建设深入推进，"三农"工作迎接挑战、抢抓机遇、砥砺奋进、稳定向好。农民人均纯收入达到 11 986 元，实际增长 13.4%。20%相对低收入农户人均纯收入 4 951 元，比上年增长 11.1%。一产增加值 118.3 亿元，按可比价增长 4.6%。农村固定资产投资 480.2 亿元，比上年增加 63.5%，超过了前三年的总和。农业农村工作取得的显著进步，为圆满完成建国六十周年庆祝活动增添了亮丽光彩，为有效应对国际金融危机提供了有力支撑，为推进"人文北京、科技北京、绿色北京"建设作出了重要贡献。

一、城乡一体化扎实起步，城镇化稳步推进

率先形成城乡经济社会发展一体化新格局是新形势下推进首都改革开放和现代化建设的必然要求，是贯彻落实科学发展观的重大举措，是努力使首都各项工作走在全国前列的根本要求。为此，市委市政府分别召开了全市城乡一体化工作会议、务虚会议，进一步确立了在建设世界城市大格局中推进城乡一体化的战略定位，进一步明确了推进城乡一体化的战略任务。围绕小城镇、农产品加工、沟域经济发展等多个专题，推出"1+N"系列行动，强化部门联运机制，推广基层典型经验，取得了积极成效。

1. 参与做好城乡结合部推进城乡一体化试点工作。年初确定海淀区北坞村和朝阳区大望京村为全市城乡结合部地区推进城乡一体化的试点村，市委市政府主要领导率先垂范、深入基层、多次调研、攻克难点。部门和区县集中精力、创新举措、汇聚合力，推动试点建设取得突破性进展。我委牵头负责的人口与产业经济发展专题调研组，多次陪同主要领导深入试点村调研，结合调研组成员单位的职责，提出了人口与产业发展方面的政策意见，得到领导认可，并在试点工作中具体实施。在坚持政府主导、农民主体的大原则下，试点村在规划调整、土地利用、产业政策、拆迁上楼、产权改革等方面取得了突破性进展，农民的利益得到有效保障，为城乡结合部地区推进城乡一体化建设积累了宝贵经验。

2. 小城镇建设工作稳步推进。小城镇是北京城市规划体系和城乡一体化的重要节点，承担着转移本地农村人口、聚集农村产业和解决当地农民就地城镇化的功能，是推进城乡一体化的重要载体。

一是完成了重点小城镇的布局调整工作。根据《北京城市总体规划（2004—2020 年）》和新城规划确定的重点镇和特色镇。为最大限度的发挥小城镇的带动辐射作用，按照突出重点、梯次推进的原则，对原 37 个重点小城镇布局进行了调整，以市政府办公厅的名义发文重新确定了 42 个重点镇。重点小城镇的布局调整为科学推进郊区城乡一体化明确了建设重点。

二是加快了小城镇规划的编制和审批。一年来，通过会议督促、重点调研、现场指导等方式，加快推进小城镇规划编制工作，同时协调市规划委，加快规划的审批。截至 2009 年底，郊区 114 个应编规划的乡镇中，有 86 个乡镇的总体规划已经通过市规划委审批，另有 23 个乡镇在审，5 个乡镇在编。

三是小城镇产业园区建设力度加大。对 42 个重点镇产业园区、入区企业等基本情况进行调研，摸清了小城镇产业发展的底数。明确了小城镇"先生产、后发展"的发展定位。组织小城镇产业发展拉练活动，为区县推进小城镇产业发展搭建学习交流平台。

为缓解小城镇建设融资难问题，争取到了促进产业园区建设的土地储备政策。一批新的产业项目在园区落户投产。

3. *大力度推进村庄规划和农村基础设施建设。*

一是村庄规划编制工作进度加快。村庄规划是新农村建设的基础。年内积极协调市规划委不断加强对新农村规划工作的管理和指导，通过以会代训、经验推广、分类指导、督促检查等多种形式，加快村庄规划编制进度，提高规划编制质量。全年共编制完成1 674个村庄规划，比以前三年已编规划总和还多出500余个。

二是农村基础设施建设速度加快进行。落实《北京市新农村“五项基础设施”建设规划（2009—2012年）》、《北京市新农村“三起来”工程建设规划（2009—2012年）》和市委市政府关于农村“五项基础设施”四年任务两年完成的要求，积极推进新农村“五十三”工程。年内“五十三”工程累计完成投资83亿元，15万农民直接或间接参与了工程建设，实现劳务性收入7亿余元。1 700村进行了建设，完成街坊路硬化3 216万平方米，街坊路绿化1 408万平方米，改造老化供水管网5 049公里，完成一户一表23.85万个，实施污水处理工程286处，改造户厕23.6万座，新建公厕3 093座，为68万农户配置了垃圾分类容器。更换户用节能灯505.5万只，更换节能路灯5.76万盏，更换村内公共场所直管荧光灯11.5万只，安装太阳能路灯2.26万盏，安装太阳灶1 130台；新建节能抗震民居6 274户，实施既有住房节能改造1.56万户；建设太阳能公共浴室171处，建设大中型秸秆气化、沼气集中供气系统33处，建设户用沼气池2 282户，建设生物质燃料加工厂11处，建设雨洪利用工程166处，建设粪污治理工程168处。新农村建设以“五十三”工程为载体，使农村面貌焕然一新，农民生产生活条件改善，农业产业循环融合的趋势已经形成。

三是旧村改造出现新进展。截至2009年底，11个启动改造村已经完成改造面积60余万平方米，累计搬迁上楼1 800余户，较好的改善了村民的住房条件和村庄环境，同时，这些村产业也得到了较快发展。市财政对11个旧村改造试点村的基础设施和公共服务设施建设给予了7 000万元的专项支持。

4. *社会力量参与新农村建设工作取得新进展。*2009年，初步建立了市级社会力量参与新农村建设表彰机制，进一步明确了中央企业对接乡镇新农村建设等工作重点，并组织9家央企到平谷进行了对接。开展调查研究，完成了《北京社会力量参与新农村建设研究》课题。协调开展了系列活动，协调国家国资委组织137家央企对口支援北京市乡镇经济发展。北京市各民主党派充分发挥人才众多、智力密集和联系广泛的优势，引导广大成员积极投身于首都新农村建设。北京工商联系统，积极组织民营企业以自愿参与、量力而行、互惠互利、立足长远、注重实效的原则参与新农村建设。北京卫戍区、首都精神文明办和市直机关工委等单位都以不同的方式支持首都新农村建设，取得大量成果。

二、农村产业发展规划明确，都市型现代农业加快发展

针对2009年国际金融危机的大形势，郊区上下加大工作力度，积极研究出台产业发展政策文件，制定相关产业发展规划和意见，引导农村产业可持续发展。尽管农业在全市GDP中所占比重少、农民在全市总人口中所占比重少，但少数绝对不等于小数，都市型现代农业的快速发展，使农业的生活功能、生态功能、示范功能得以充分展现，也为全市经济社会发展做出了贡献。

1. *研究出台多项农业方面的发展规划，并出台产业发展政策。*为整合各部门的政策、资金和项目，集中力量，突出重点，利用4年时间，打造8万公顷优势产业田、优良生态田、优美景观田，全面提升北京农业基础生产能力，保护都市型现代农业发展空间，会同市农业局、市财政局、市发改委、市国土局、市水务局联合出台了《北京都市型现代农业基础建设及综合开发规划（2009—2012年）》及《北京都市型现代农业基础建设及综合开发规划管理办法》。为解决产业发展中的主要问题，研究起草编制了《北京市种业发展规划（2010—2015年）》、《北京市畜牧业发展规划（2010—2015年）》、《北京水产业发展规划（2010—2015年）》、《关于加强农产品质量安全管理，提升首都农产品质量安全水平的意见》（2010—2012年），明确各产业发展的定位、结构、目标和空间布局，对今后一定时期内产业发展具有指导性作用。同时，为加快发展农产品加工业，做大做强农业产业化龙头企业，进一步推进农业产业化发展，研究制定了《关于加快发展农产品加工业，推进农业产业化经营的指导意见》，成为今后3年我市农产品加工业和农业产业化发展的纲领性文件。

2. *多措并举，推进产业发展。*为适应财政支持产业发展方式转变的新形势，搭建了经信委、发改委、科委、商务委、财政局、园林绿化局等10多个部门参加的农村产业推进平台，定期会商产业发展工作，及时沟通情况，共同研究推动农村产业科学发展。组织开展了现代农业基础建设、三夏三秋生产、设施农业建设、民俗村升级改造、农业产业化等七次高规格、大范围、多点线的大型观摩活动，通过互相学习经验，查找差距，弥补不足，对农业产业发展起到了明显的推进和提升作用。

组织举办了“中国创意农业（北京）发展论坛”。农业部有关领导、专家学者、市区相关部门负责人、外省市区农业部门负责人约100人参加了论坛，并完成了北京创意农业调研报告，拍摄了宣传专题片，编撰了《北京创意农业论文集》。创意农业论坛的举办，宣传推广了创意农业的理念，总结了北京及全国其他

地区创意农业发展的典型经验，促进了各省市区之间的交流，提升了北京都市型现代农业的文化内涵，为北京农业探索出新的产业增长点。

第十七届北京种子大会圆满成功。对于打造中国“种业之都”，提升会展农业水平，促进南城建设有着积极作用。参会企业总数达 803 家，遍布 31 个省、市、自治区，交易范围从种子扩展到农业投入品；交易品种达到 5 000 余个，交易额达 5.2 亿元，较上届增加 2.2 亿元，增长 73%。新建新品种展示基地，吸引了 400 多家企业和科研单位 2 103 个品种进行田间展示。举办种业高峰论坛和种业管产学恳谈会，百余位国内外专家、大型种业企业负责人，就种业发展有关问题进行了广泛探讨和交流。通过思想交流和碰撞，群策群力，为北京都市型现代农业出谋划策，扩大首都农业影响。

同时，拍摄《快速发展的北京农产品加工业》、《北京市设施农业》、《北京创意农业》等多部专题片，编制《北京市农村产业发展报告（2009）》，全方位展示农村产业建设成果，反映都市型现代农业产业发展的现状，取得了良好的效果。

*3. 从重大产业项目建设入手，推进都市型现代农业发展。*为提升农业基础生产水平、推进农村产业融合、延伸产业链条、增强服务能力、拓展发展空间、探索新的增长模式，突出重点，抓住重大项目，有力地推进了现代农业发展。

一是重大建设项目进展顺利。按照《北京都市型现代农业基础设施建设及综合开发规划（2009—2012年）》，30 万亩现代农业基础设施建设工程全面启动，重点项目顺义区杨镇、房山区长阳镇等 10 个核心示范区建设已基本完成。44 个都市型现代农业重大项目，38 个项目已开工建设，35 个项目实现投产。44 个重大项目总投资 107 亿元，实现销售收入 22.6 亿元，利润 2.8 亿元。

二是设施农业建设平稳规范发展。2009 年，规范了设施农业的建设标准和补贴标准，成立了相关部门联席会议审核组。全市新增设施面积 4.3 万亩，累计达到 28.1 万亩，“菜篮子”供应保障能力进一步提升。设施农业全年实现销售收入 33.9 亿元、比上年增长 20.4%。特别是延庆、密云、怀柔、昌平等北部山区的设施农业建设力度明显加强，新增设施面积占全市新增面积的 57.3%。

三是观光休闲农业在规范中提高。2009 年，组织开展了“乡村旅游产业提升工程”，制定了《关于乡村旅游提升工程的实施意见》，以民俗旅游村的改造提升为切入点，推进乡村旅游产业升级。郊区 50 多个乡镇的近 350 个村开展乡村旅游接待工作，其中市级民俗旅游村 167 个；乡村民俗旅游户已发展到 13 708 户，其中市级民俗旅游接待户 9 089 户。同时，根据《北京市观光农业示范园评定标准（2009 修订）》，评定了北京观光南瓜园等 30 个园区为第四批“北京市观光休闲农业示范园”。截止年底，全市实际经营的农业观光园为 1 332 个，其中市级观光农业示范园 95 个。

四是“221 信息平台”已具备实际应用水平。2009 年，“221 信息平台”基本架构逐步完善，综合形成了 138 个专题，240 个信息图层，以及 100 多个非图形数据层，研发了基本功能 430 个，面向政府、企业、农民、市民四类用户，可以提供查询、分析、决策几项服务。在市科委编制“科技北京行动计划”“科技进步促进区县发展”等项目中，在编制全市产业发展规划时及部分重点乡镇、新农村试点村（如顺义吴雄寺等）在编制区域规划中，“221 信息平台”得到了初步应用，为落实科学发展观，精确指导京郊农业产业发展提供了信息支撑。

五是沟域经济成为新的发展亮点。沟域经济发展取得重大进展，成为山区生态涵养发展的重要途径，品牌效应不断扩大，上上下下形成了发展共识。千家店百里山水画廊、斋堂川柏古村落、琉璃庙白河湾、张房仙栖等沟域的建设，进展明显。通过深入调研、推广典型和组织专家高层论坛，沟域经济发展涌现出一批新的典型，社会舆论影响不断扩大，上升为市委、市政府的决策，以高标准规划促沟域经济发展，沟域经济由自发随意向理性发展转变。年底 25 条沟已完成规划设计、61 条沟正在编制规划；5 条沟已具雏形，15 条沟完成阶段建设任务，到位资金 9 208 万元。

2009 年，通过积极引导，食用菌种植形成了林下菌、大棚菌、矿洞菌、果窖菌、工厂化生产菌等多种生产模式，成为山区产业的新亮点。山区农民人均纯收入达到 10 518 元，同比增长 13.7%，比平原和全市平均水平分别高 2.8 和 2.2 个百分点；绝对值增加 1 270 元，高于平原 1 223 元、全市平均 1 239 元的绝对值增加水平。集成国家京津风沙源治理工程、新农村“五十三”基础设施工程、建委墙体保温改造工程、民政农村困难户建房等政策，完成山区泥石流易发区和生态条件恶劣地区农民搬迁任务。一年建成 35 个新村，聚集自然村 63 个，是搬迁工程实施以来政策集成力度最大、建成新村最多的一年。治理了小流域 575 平方公里。提高了山区生态林补偿标准。

六是积极帮助涉农企业上市。为推动农产品加工业快速发展，增强我市农产品加工企业利用资本市场做大做强的能力，对具备一定条件的企业给予上市专题培训。对 25 家拟上市农加工企业进行跟踪服务，分类指导，研究制定针对性政策措施。2009 年，北京新华空港航食已通过上市审批，另 4 家企业已基本完成向中国证监会提交申请的准备工作。大北农已在深交所成功上市。同时，97 家企业成为市级农业产业化重点龙头企业。

七是落实粮食直补等惠农政策。2009 年，继续执行粮食直补政策和生态补贴政策，种植小麦、玉米上下两茬的农民每亩最高可获得补贴资金 252 元。全市共兑现粮食直补和生态补贴资金3.12亿元，补贴面积21万公顷，已全部兑付到农民手中，其中小麦补贴面积（5.93万公顷），兑付直补资金1.03亿元，生态补贴资金0.37亿元；玉米补贴面积15.07万公顷，兑付直补资金1.72亿元。

八是农产品流通体系建设成效显著。加强积极搭建农产品销售平台，举办“北京草莓季”、“北京花季”、“北京樱桃季”、“北京鲜桃季”等系列“季”活动，活动；成立北京农产品流通协会，吸引合作社、经销商、经纪人100余家入会，支持协会到门头沟区、海淀区、密云县等区县开展对接；支持551个农民专业合作社更换运输车辆。推进京郊农产品与超市开展“农超对接”，推动TESCO超市与北京百果惠民果品产销合作社签定了首批采购3 000吨平谷大桃的合同，举办“平谷大集进京城暨北京鲜桃季”活动，支持密云县举办板栗经贸洽谈会。组织北京市“农超对接”信息交流会，编辑《北京都市型现代农业农产品流通信息》，建设“北京农产品贸易网”，开展京郊农产品流通调研。畅通郊区鲜活农产品流通渠道，强化市场信息采集与分析预测工作，确保了国庆鲜活农产品市场供应充足、价格稳定。

九是农业科技支撑作用大、效果明显。大力推进农业科技入户工程。在10个郊区县近50个低收入村开展的“设施农业百村万户科技入户示范工程”，重点培养了3 250多户科技示范户，辐射带动万户低收入农户积极发展设施农业，增收效果明显。在220个示范村和300个规模养殖示范场开展“百村百场科技入户工程”，共培养2 349户核心示范户，辐射带动近3万户。

实施新品种、新技术集成与示范应用。组织实施的30余项各类农业科技示范应用项目，集成、示范应用新品种、新技术近60项。在全郊区示范推广亩效益万元以上的设施高效生产模式16套。繁育天香、书香等自有产权品种近450万株；三年累计推广奶牛优质冷冻精液57.6万剂。

为高端农业科技人才引进搭建平台。贯彻落实市委市政府关于聚集海外人才的“一个意见两个办法”，组织开展了“都市型现代农业海外人才创业园”的选址筹建工作，已具备吸引海外高端人才开展研发、创业的基本条件。加快现代农业产业技术体系创新团队建设。积极支持和推动在京落户的蔬菜、大桃等国家现代农业产业技术体系项目的顺利实施。

十是农业区域合作领域进一步拓宽。积极落实《京张蔬菜产销合作框架协议》、《北京市农村工作委员会支援安徽省金寨县现代农业发展（2008—2010年）框架协议书》。与山西省农业厅签署了《关于农产品产销合作（2009—2012）框架协议》。组织北京市农业科技企业参加在陕西省举办第十六届中国杨凌农业高新科技成果博览会。开展京台农业合作，协助做好“台湾中部四县市农特产品暨观光展览会”。

三、农村金融工作取得新的成效

1. *稳步推进政策性农业保险*。2009年是我市建立政策性农业保险制度的第三个年头。全年收取保费3.47亿元，参保农户24.22万户次，总保险金额89亿元，赔付支出2.48亿元，赔付农户12.2万户次。目前政策性农业保险已覆盖全市主要农业资源近40%。

2009年，主要突出“六新”：一是制度建设有新突破，形成了北京特色的政策性农业保险模式。按照中央文件精神和市政府“折子工程”要求，2009年7月30日，与瑞再和中再成功签订了政策性农业再保险协议，探索建立了北京特色的农业再保险机制。这标志着我市“政府主导、市场运作、多方参与、风险共担、多层分散”的农业再保险机制正式建立，“北京模式”政策性农业保险制度框架已经搭建起来。保监会周延礼副主席对此评价“北京市在全国率先通过政府直接购买再保险，创新了政策性农业再保险的运作模式，创新了财政支农资金的使用方式，创新了政策性农业保险的工作机制，对丰富全国政策性农业保险管理模式，具有十分重要的意义。”据统计，有上百家国内外报刊、媒体做了报道。二是规范服务有新进展，各项管理制度进一步完善。2009年，制定了《北京市政策性农业保险理赔服务规程（试行）》，确保了灾害事故发生后理赔服务及时、有序、规范进行。三是满足风险需求增加新险种，进一步扩大农业保险覆盖面。今年将樱桃和枣纳入了政策性险种范围，目前已开办18个险种的产值已占到全市农业产值的75%以上。四是政策联动进行新尝试，信保联动机制建设开始启动。五是查勘理赔引入新技术，提高了查勘定损的效率。在查勘定损中尝试使用航拍技术探索。启动了《北京市政策性农业保险主要气象灾害实时监测预警评估防御研究》课题研究。六是发展模式有了新创新，拓宽了承保渠道。昌平、顺义、密云等部分区县不断创新发展模式，进一步加强协保员工作队伍建设，增建镇级服务站，实行政策性农业保险工作网络化管理。

2. *首都农村金融体系建设加快推进*。2009年，农村金融有突破性进展。一是农业投资公司正式运营。公司去年底挂牌以来，共投资7 000万元，牵头成立了8家小额贷款公司，带动社会投资7个亿，撬动银行5个亿。二是市农业担保公司成立。3月18日公司挂牌，与各远郊区县建立起以股权为纽带的全市农业担保体系。并已经担保公司审批通过58笔涉农担保项目，合计金额5.6亿元。三是北京农业产业投资基金及管理机构正式成立。四是新型金融组织相继成立。延庆、密云村镇银行相继开业，年底存款余额分别达到7 697万元和7 250万元，贷款余额分别为6 351万元和2 295万元。全市第一家小额贷款公司——兴宏小额贷款公司，年底累计贷款1.4亿元，涉农贷款1亿元，占总贷款的71%，全市共有20多家小额贷款公司已完成审批。为解决农民贷款难的问题，与北京银行、市妇联和农业担保公司签署了“5+5金融支农行动计划”协议，探索农村小额贷款工作新机制。年底，北京银行已经发放3万多张“富民卡”。和邮政储蓄银行北京分行、北京农商行开展了“送贷下乡活动”，为10个远郊区县1 500个村的农民宣传金融知识，普及贷款业务，介绍常用贷款种类，提供优惠贷款政策。与中国扶贫基金会签署了农户小额贷款试点协议，中国扶贫基金会已在门头沟区开展农户小额贷款试点。

3. 推进财政管理体制改革。2009年是市与区县分税制财政管理体制改革的第一年，为适应新变化，加强了与财政部门的沟通联系。一是加强宣传农村有关政策。通过赠予材料、领导讲述、处室座谈、共同备课、邀请财政主要同志参会等多种方式，让财政同志对三农重点工作予以了解。二是主动参与资金管理。为建立支农下划资金使用的制度约束，年初主动起草了下划资金使用管理办法，促进财政局提出下划资金使用管理文件依据。三是争取更多资金支持。为保证重点工作的完成，通过各种形式沟通，增加了原定资金数额，安排了部分原定下划项目。

四、农村公共服务均等化取得重大突破

1. 农村环境明显改善，生态示范建设工作加强。开展环境整治和生态示范建设是改善农村居民生产生活环境的重要举措，是“三个北京”建设的重要内容。召开农村地区生活垃圾分类现场会，推广了门头沟区和平谷区典型乡镇垃圾分类的经验做法。组织发动“百日整治靓京郊、清洁农村迎国庆”暨郊区环境百日综合整治活动。对村庄环境整治情况进行督促检查，使郊区环境继续得到改观，为国庆60周年庆祝活动营造了“路净、村净、庭院净，山美、水美、田园美”的美丽乡村形象。全年有20个乡镇、237个村通过验收，被命名为北京郊区环境优美乡镇和生态村，超额完成了市政府实事工程确定的创建10个环境优美乡镇和100个生态村的任务。截至2009年底，全市累计创建环境优美乡镇117个，生态村956个，有效提升了镇村生态环境建设的水平。制定《加强本市农村地区环境卫生日常运行管理工作指导意见》，明确了市、区县、乡镇的职责，并提出了按照“平均每250人配备1名保洁员”的要求，建立农村保洁员队伍。2009年底，各区县累计建立了4万人的保洁员队伍，确立了农村环卫保洁长效机制，较好巩固和保证了郊区环境的整治效果。

2. 就业、社保、医疗、通邮等推进城乡一体。一是坚持制度创新，推进城乡就业一体化。通过制度创新，基本实现了城乡劳动力就业政策、社保待遇、公共服务的“三个统一”。农村劳动力转移就业或创业享受与城镇失业人员就业创业相当的岗位补贴、社保补贴、收费减免、小额贷款、职业培训补贴政策。加强了对农村劳动力的职业培训、职业指导、职业介绍等就业服务。全年10.23万农村劳动力实现转移就业。推动15万本地农民参与农村基础设施建设，农民累计投劳600万人次，实现农民劳务性收入7亿余元。制定了《北京市共同致富行动计划工作方案》，建立信息收集、监测系统，按照靠促进劳动力转移就业增收一批、发展都市型现代农业增收一批、靠提高社会保障水平增收一批、靠社会帮扶增收一批的要求，重点抓组织建设、基础工作、抓政策落实、就业安置、帮扶机制、产业发展、技能培训、服务保障，完善有针对性政策举措，推动低收入农户收入明显提高。二是率先实现城乡居民养老保障制度一体化和全覆盖，新农合制度不断完善，低保标准逐年提高。《北京市城乡居民养老保险办法》彻底打破城乡户籍界限，实现了缴费、待遇等标准的城乡统一，在全国率先实现了城乡养老保障制度一体化和全覆，农民参保率达90%，平均月养老金水平400余元；以提高保障水平，让农民看得起病为目标，新农合人均筹资水平达420元，全市参合率达95.5%，住院补偿率达50%，门诊补偿率达32%。朝、海、丰已经实现低保待遇的城乡并轨，标准为4 920元/年，10个远郊区县低保标准由2008年的1 780元/年调整为2 040元/年。三是城乡基本公共服务均等化稳步推进。以让农村居民看得上病为目标，调整优化卫生资源，加快推进11个新城区域医疗中心建设，加强187个乡镇卫生机构、1347个村级卫生机构建设和装备标准化配置工作。以让农村居民少得病为目标，加强了农村初级卫生保健工作。落实城乡免费义务教育的各项政策，新增教育经费70%用于农村。中等职业学校农村家庭经济困难学生和涉农专业实行免费。四是在全国率先实现村村建站，户户通邮。按照“市里配备设备，村委会提供用房，从本村村民选取专（兼）职村邮站人员”的建设思路，市财政投入资金1 882万元，新建村邮站3 475个，在全国率先实现村村建站，户户通邮。制定了《北京市农村新型村邮站建设使用管理办法》。

五、改革创新助推“三农”发展

1. 探索“三农”工作思路创新与政策创新。农业、农村、农民问题关系首都现代化国际大都市发展全局。没有农村的现代化就没有首都现代化。坚持“服务首都，富裕农民”的思想，把“三农”工作主动融入国际化大都市发展全局之中定位、谋划。起草《中共北京市委、北京市人民政府关于关于加快农村改革促进农民增收的若干意见》（京发［2009］5号）文件，明确了2009年全市农村工作思路、任务与政策举措。按照市委、市政府统一部署，组织召开全市城乡一体化工作会议和务虚会议，明确了当前及今后一个时期推进城乡一体化工作的目标、任务和重点举措。深入开展了推进一体化调研，研究提出了北坞村推进城乡一体化试点相关工作方案。

2. 深化农村改革发展。按照城乡一体化发展要

求，深化农村改革，增强农村发展内在动力与活力。一是加快推进乡村集体经济产权制度改革。2009年是全市产权制度改革工作进度最快的一年。乡村集体经济产权制度改革累计达到812个，52万农民成为拥有集体资产的股东。二是促进农民专业合作组织规范发展，印发《北京市实施〈中华人民共和国农民专业合作社法〉办法》（草案），农民专业合作社新增1 270家，累计达到3 406家，覆盖从事第一产业农户总数的66%。三是农村基本经营制度进一步落实完善。组织完成了涉及6个区县12个乡镇的农户土地承包经营权确权与流转调研，起草了《关于进一步做好农村土地流转工作的意见（征求意见稿）》，并先后征求了中农办、农业部、市有关部门和各区县政府的意见。制定了《北京市农村土地承包经营权流转合同文本》，进一步规范土地流转合同签订和备案管理工作。按照全覆盖、全开放、上下联动的总体思路，推动市和13个郊区县两级农地流转网建成并运营，下发了《北京市农地流转信息平台管理制度》。加强农村土地承包经营纠纷调解仲裁工作，下发了《关于做好本市学习宣传和贯彻实施〈农村土地承包经营纠纷调解仲裁法〉有关工作的意见》。四是推进农村综合改革，市政府办公厅正式转发了《关于开展本市清理化解农村义务教育“普九”债务试点工作的实施意见》，印发了《北京市化解农村义务教育“普九”等债务实施细则》，全面启动了本市农村义务教育债务化解工作。四是加强农村集体资产、资源、资金管理，研究制定了《北京市村级集体经济组织财务规范管理制度》，召开了全市农村经管工作会议和农村集体财务管理现场会；研究制定了《北京市村民一事一议筹资筹劳管理实施办法》，组织开展春、秋两季农民负担监督检查工作。

3. 推进农村信息化建设。充分发挥信息化对农村产业发展、农民增收致富的引领推动作用。一是推动信息工作规范建设，制定了《北京市农村信息化实施规划》、《北京市农村基层信息分类标准》、《农村基础信息数据元分类与编码规范》。二是推动“农村数字家园”建设，按照“五个一”的标准，即：接通一条宽带网络、建立一个村级综合信息服务站、建立一个网站、组织一批信息资源和服务资源、制订一套信息化工作机制，完善725个“农村数字家园”功能。三是推动移动农网建设，年发送农事信息500多万条次，方便农民生产生活。四是建设农村土地流转信息平台，市和13个郊区县两级农地流转网全部开通运行。五是完善应用系统，进一步推动北京现代农业公共信息网站群、农村管理信息系统、农业资源管理决策系统、农村党员干部现代远程教育系统、新农村规划管理信息系统、中心镇管理信息系统、农村经济数据仓库系统的功能完善和深入应用。

4. 家电下乡工作顺利平稳。2009年在应对世界金融危机，做好“三保”工作的大背景下，承担了部分国家家电下乡、汽车摩托车下乡政策在京的组织落实工作。在家电下乡工作中，开展了二次农民需求调查，摸清了农民对家电产品的需求状况，为全面推动此项工作奠定了基础。同时主动做好农村地区的宣传发动工作，促进了家电下乡政策的贯彻实施。截止2009年底全市家电下乡销售额3.4亿元，销售数量17.3万台，给予农民补贴3 238万多元，惠及农民25万人。汽车摩托车下乡工作同样也取得了阶段性成果。截止2009年底，全市完成补贴农民11 657台下乡汽车摩托车、补贴金额超过4 000万元，补贴车辆销售额4.28亿元。与国家此项政策相衔接，结合郊区实际，开展了现代农业装备对接农民合作社工程并顺利实施，为郊区改善农产品流通条件做了积极尝试。到09年底，共计556辆汽车全部由北京福田汽车中标（275辆3T厢式货车、133辆5T厢式货车、130辆冷藏车、18辆奶罐车）并陆续交付农民，销售额近7 000万元，补贴农民3 300多万元。

六、宣传思想工作形式多样，达到预期宣传效果

2009年，紧紧围绕“三农”工作中心任务，不断创新和丰富宣传形式，对市委市政府强农惠农新政策、各部门各区县推进工作新举措、新农村建设的新经验新成果、城乡之间的新交流新互动进行了重点宣传，为扎实推进城乡一体化、建设新农村提供了良好的思想保证、营造了良好的舆论文化氛围。

1. 强化新闻宣传力度。创新和丰富宣传形式，利用多种宣传阵地开展宣传，统一思想、凝聚党心、激励民心、提振信心。①加强动态宣传。围绕城乡一体化“1+N”行动、“五十三”工程、小城镇建设、农业基础设施和设施农业、低收入农户增收、农村改革等重点工作推进情况，邀请新华社、农民日报等中央媒体和北京电视台、北京日报等市属媒体进行了40余次集体采访，累计播发稿件300多篇次。②加强专题宣传。在农村工作会议、城乡一体化会议、新中国成立60周年等重要时间窗口，对全市新农村建设成就进行了专题宣传，在国家及市属媒体集中报道近200篇次，并开辟了“抓‘三保’促‘三农’、推进城乡一体化”宣传专栏，重点加强宣传攻势。③加强阵地宣传。依托农民日报、北京电视台公共频道、北京电视台综合频道、北京人民广播电台等媒体搭建了“都市型现代农业”专版、《京郊大地》、“乡村新发现”、《生态北京》等四个常年性的宣传平台，使新农村建设得到社会各界越来越多的关注。截至年底，直接涉及“三农”的报道超过2 000篇次。

2. 提升文化宣传效果。立足城乡互动、创新和深化宣传活动载体。①围绕“共建美丽乡村、共享美好生活”主题，开展了2009年度“寻找‘北京最美的乡村’宣传评选活动”，在总结前三年经验、广泛听取建议的基础上，从活动主题、宣传方式、评选方法、成果开发等方面进行了创新，有效地吸引了更多市民积极参与其中，全市362万市民参与了投票，从

33个候选村中评选出了10个“北京最美的乡村”和10个“北京最美的乡村”（提名）。今年国庆“黄金周”期间，“北京最美的乡村”成为了市民体验新农村的热点和亮点，只占全市行政村总数1%的40个“最美的乡村”共接待游客近50万人次、占乡村旅游接待总人数的近19%；总收入超过3 000万元、占乡村旅游总收入的近14%。寻找“北京最美的乡村”宣传评选活动已成为推进新农村建设的一个有力抓手，有效地促进了农民增收和农村发展。②围绕“沿着改革开放路、奔向美好新生活”的主题，在京郊开展了内容丰富多彩、形式多种多样的文化活动，丰富了农民群众的节日文化生活。通过“乡村擂台—首届京郊民间技艺绝活大赛”、“乡村礼赞—京郊农村纪念改革开放30周年大型文艺晚会”、“乡村祝福—新农村、新生活楹联大赛”、“乡村放歌—北京市第八届乡村歌手大赛”、“乡村贺岁—‘城市之声乡间行’”等五项全市性龙头活动，带动13个区县组织开展了100多项、3 000多场群众文化活动，吸引了300多万人次参加。③围绕基层需求，将农民艺术节改版为“乡村歌舞节”和“乡村戏剧节”，两项内容每年轮换开展，着力打造京郊歌舞之乡、戏剧之乡的艺术特色。2009年举办了第20届农民艺术节暨首届北京乡村歌舞节开幕式，启动了首届北京乡村歌舞节合唱大赛、歌舞大赛、“百团带百村——文化志愿者下乡”等全市性文化活动，吸引了城市文化资源向郊区的流动。

七、基层组织建设和乡村治理机制不断完善

1. *农村基层党的建设不断加强*。一是制定下发了《关于贯彻落实党的十七届三中全会精神加强新时期农村基层组织建设的意见》和《关于进一步加强村党支部书记队伍建设的意见》。这两个《意见》明确提出了当前和今后一个时期农村基层组织建设的目标、任务、措施和要求，这对于加强和改进农村基层党建工作具有重要的指导作用。党的十七届四中全会后，又草拟了《关于在推进城乡一体化发展中充分发挥村级党组织作用的意见》。二是农村党的建设“三级联创”活动深入开展。2009年，是我市农村党的建设“三级联创”活动10周年。为认真总结10年来的工作，年初，会同市委组织部，对13个郊区县“三级联创”活动情况进行了全面调研评估，在此基础上，召开了全市农村基层组织建设工作暨“三级联创”活动表彰会议，评选表彰了近3年来涌现出来的“五个好”乡镇党委44个，“五个好”村党组织210个。同时，加强典型总结。结合总结10年来农村创建工作，组织力量编印了1999年至2008年农村党的建设“三级联创”活动《文件选编》和《经验选编》两本书，共选编市、区县有关文件63篇，总结典型经验87篇。重点对怀柔区北房镇创新体制机制，建立驻村工作站，强化基层党组织服务功能的情况进行了调研总结。并连续举办了2期乡镇党委书记轮训班、2期乡镇长轮训班和1期村党支部书记轮训示范班。结合年度重点工作，举办了2期农村金融制度政策专题培训班和1期促进低收入农户增收致富专题培训班。这8期培训班，共对1 100余名农村基层干部进行了培训。

2. *组织开展第三批农村深入学习实践科学发展观活动*。按照市委部署，农村学习实践活动从2009年10月开始到2010年2月基本结束，共涉及11个郊区县的3 224个村党组织、15.4万名党员。在学习实践活动中，坚持突出“一个主题”、实现“两个目的”、做到“三个结合”，主要是四个方面的工作：一是编印一本手册。组织力量编写了《北京市深入学习实践科学发展观活动农村党员干部学习手册》，共印发19万册，做到所有农村党员人手一册。二是组建一个报告团。选拔13名优秀村党支部书记，组建北京市农村学习实践活动巡回报告团。报告团共开展巡回报告13场，听众达4 000人次。三是设置一批现场教学点。选取房山区韩村河村等24处学习实践活动现场教学点，使党员干部在一线身临其境受教育。各现场教学点共接待参观学习人员4.2万人次。四是开展一场科学发展大讨论。针对城乡结合部地区、平原地区、山区等不同区域特点，结合实际确定主题，采取多种形式开展大讨论。通过大讨论，加深对科学发展观科学内涵的理解，找准科学发展上的优势和差距，明确本地区科学发展的思路和措施。

3. *做好村“两委”换届选举工作*。对全面排查确定的153个重点难点村，督促各区县制订整顿建设预案，加大班子调整力度，加强矛盾调处工作。下发了《关于做好村党组织换届选举工作的意见》，对村党组织换届选举的目标要求、选举方式、时间安排等做出了具体安排。建立了村党组织换届工作周报、信息通报、工作专报、领导干部联系点等制度。村党组织的换届选举从2009年11月初开始启动，到2010年1月底基本结束，目前各项工作进展顺利。村委会的换届选举在今年3月份也将正式启动。

4. *抓好农村实用人才工作*。一是举办展示推介活动。2009年上半年，在奥运核心区举办了北京市农村实用人才创业成果展示推介活动，展期3天，参观人数达16万人次，达成意向、协议1 100余万元，达到了“展示成果，扩大交流、促进发展”的目的。二是加大开发培养力度。推行多种开发模式，大力培养“三新”人才，2009年，全市共开发培养农村实用人才6 984人，是上一年的1.7倍。全市共举办各类农村实用人才培训达3万多人次，其中市级培训农村实用人才300多人次。

5. *扎实推进新型农民培养工作*。市区两级积极出台政策，进一步加强对新型农民培养补贴力度。新的《北京市职业培训补贴管理办法》规定：农村劳动力转移就业培训与城镇失业人员享受同等的职业技能培训补贴政策，职业技能培训补贴标准大幅提高。依托各级农业技术部门，采取多种模式开展农业实用技

术推广和培训。全年直接培训一产农民2万余人，辐射带动约10万余户，开办农民田间学校近500所。组织300名设施农业生产骨干农民开展了系统研修培训。全市各级各类职业学校共开展农村劳动力转移就业培训5.8万人，开展农民创业培训1 800余人。全年农民成人学历教育招生人数超过1万人。同时，广泛组织开展了农民思想道德建设和科技文化卫生法律普及活动。

6. *农村法制建设进一步加强*。法规制度的生命力在于执行力。一是做好间接立法工作。配合相关部门，研究提出了《北京市实施〈中华人民共和国妇女权益保障法〉办法（修订草案）》、《北京市排水和再生水管理办法（草案）》等10个法律、法规及规章草案的征求意见。二是抓好行政规范性文件的合法性审核和清理工作，组织开展了两委行政规范性文件的合法性审核工作，组织完成了两委行政规范性文件的清理工作。三是做好有关事项的合法性审核工作，将对有关事项的合法性审核日常制度化，深入开展两委专项资金项目合同的合法性审核和有关重大决策事项的合法性审核工作，建立了专业律师合法审核、法律咨询和政策解答制度。四是开展好专项法制宣传教育活动，落实“五五”普法规划要求，协调配合市有关部门组织开展对农村的法制宣传教育有关工作，配合起草了《关于开展“提高农民法律素质促进农村改革发展的”大型主题宣传活动的通知》（京法宣办［2009］6号），启动了“提高农民法律素质，促进农村改革发展”“法律进乡村”大型主题宣传活动。

（市委农工委研究室　王修达　王东）

郊区城乡一体化进程

概　述

2009年，认真落实率先形成城乡经济社会发展一体化新格局的根本要求，召开全市城乡一体化工作会议和务虚会议，积极开展城乡结合部两个试点，加大城乡一体化政策制度创新力度，推动全市城乡一体化发展水平实现新提高。

全市城乡一体化工作会议召开

4月30日，北京市城乡一体化工作会议召开。副市长夏占义主持会议，市委常委牛有成出席会议并作重要讲话，市人大副主任赵凤山、市政协副主席熊大新、市委副秘书长李福祥出席会议。本次会议的主题是，深入贯彻市委十届五次、六次全会精神，以城乡一体化的目标总揽全局，以保增长、保民生、保稳定为切入点和工作抓手，全面推进农村改革发展。会上，海淀区和市经信委分别就推进北坞村一体化试点改革和城乡产业一体化发展进行了典型发言，朝阳区、门头沟区、顺义区、怀柔区、密云县、市规划委、市人保局、市卫生局等单位进行了书面交流。

牛有成在讲话中指出，要充分认识城乡一体化的必然要求。城乡一体化是解决城乡差距的必然选择，是解决人口资源环境矛盾的必然选择，是解决城乡结合部发展难题的必然选择；要紧紧抓住城乡一体化的历史机遇。城乡一体化是中央和市委作出的历史性决策，北京具备了推进城乡一体化的现实条件，扩大内需是推进城乡一体化的难得机遇；要全面落实城乡一体化的战略任务。明确发展目标，重点在城乡规划、产业布局、基础设施、公共服务、劳动就业、社会管理六个方面加快一体化，把握关键环节，坚持以公共服务均等化为前提、可持续发展为目的、主体利益为核心、改革创新为动力。

牛有成要求，推进城乡一体化要力争在年内取得五个方面的突破性进展。一是在推进城乡结合部和小城镇改革发展方面取得新突破。二是在构造都市型现代农业产业体系方面取得新突破。要大力发展农产品加工业，加强农业基础设施建设，加强农业公共服务体系建设，加强农产品市场营销工作，积极引进海外农业人才，探索建立海外农业人才创业园。三是在促进农民转移就业方面取得新突破。要加快农民就业产业基地建设，千方百计促进农民就业，加强劳动执法，保护农民权益。四是在深化农村改革、保障农民权益方面取得新突破。要深化农村土地制度改革，加快推进集体林权制度改革，全面推进乡村集体经济产权制度改革。五是在理顺政府职能、强化联动与协调机制方面取得新突破。要完善部门联动、政策集成的工作机制；确保区县涉农机构改革顺利推进。特别是，各区县要摸清情况，研究政策，先易后难，点上突破，切实推动城乡一体化工作取得实质性进展。

为了推进城乡一体化工作，本市将实施“1＋10”行动。“1”指的是这次召开的一体化工作会议，进行总体部署。“10”指的是围绕小城镇建设、农村基础设施建设、“三起来”工程、农产品加工业、设施农业、农村二、三产业、沟域经济、农民就业基地、农村公共服务、产权制度改革、城乡结合部改革、农村实用人才、大学生“村官”等方面，组织10次现场拉练观摩活动，通过“会议＋现场观摩”的方式，督促城乡一体化各项工作的落实。

全市推进城乡一体化工作务虚会召开

12月18日，本市召开推进城乡一体化工作务虚会。市委常委牛有成、副市长夏占义出席会议并讲话，市委副秘书长李福祥主持会议，市政府副秘书长安钢参加。会议紧紧围绕学习贯彻中央经济工作会议及市委市政府工作务虚会精神，围绕新时期农林水的价值实现这个主题，深刻分析建设世界城市对首都“三农”工作带来的机遇、挑战及新要求，深入交流全方位提高首都“三农”工作水平、加快推进首都城乡一体化的思路、建议及重大举措。市农委、市水务局、市园林绿化局、市农业局、市公园管理中心、市农研中心、市农科院、市农职院、市中央批发市场管委会等单位的负责同志，畅所欲言、寻找差距、明确定位，统一了思想、凝聚了共识。

牛有成在讲话中指出，建设世界城市提供了新的发展平台。要充分认识世界城市是国际城市的高端化，首都空间有限、发展无限，资源有限、要素无限，已知有限、未知无限，要正确处理好农林水与产业结构、宜居城市的关系，生态服务与GDP的关系，做到认识到位、意识到位、知识到位。城乡一体化提供了实现途径。要立足于首都“三农”实际，努力形成城乡一体化新格局，健全农业服务体系、水利建设体系和林业发展体系，突出抓好城乡结合部、永定河水岸经济、沟域经济、小城镇等建设重点，把工作做实做细。勇于创新提供了不竭动力。要创新体制、整合要素，创新机制、市场运作，创新政策、调整利益。

夏占义在讲话中要求，农林水等各部门要把握大局，紧紧围绕建设世界城市、推进城乡一体化，找准工作的重点和切入点；要履行职责，结合各部门分工和职能，按照依法合规、根植生活、服务生活、效益为王的要求，尽职尽责，全面推进各项事业发展；要提高素质，提升学习思考能力，发扬攻坚克难的精神，加强协调配合，勇于经受市场洗礼，不断提高各项工作的水平，切实促进科学发展。

市委研究室、市政府研究室、市发改、财政、国土、规划、住建委、市政市容、环保、统计等相关部门的负责同志参加了会议。

城乡结合部改革发展试点之一：北坞村试点

基本情况。北坞村位于海淀区四季青镇，是玉泉村委会所属8个自然村之一，东临颐和园，北靠玉泉山，南至南水北调调节池，属于皇家园林控制区，也属第一道绿化隔离地区，土地面积33.61公顷，户籍人口2 858人，外来人口20 230人。该村经济上没有独立经营核算，归玉泉村统一核算管理；玉泉村以第三产业为主，有集体企业21家，2008年完成总收入23 168.6万元、纯收入4 264.1万元。北坞村在册出租房屋户占总户数的47%，房屋出租收入占家庭平均收入的58.7%，相当一部分家庭有稳定的房屋出租收入，但由于农居混杂、外来人口聚集，资源环境及社会管理压力巨大。

主要做法。一是适当调整用地规划。北坞旧村全部腾退拆除，原址除D地块以外全部绿化，建设北坞郊野公园；村民在玉泉行政村范围内异地搬迁上楼，建设回迁小区北坞嘉园。按照“玉泉村统筹规划，满足北坞村旧村搬迁建设和产业发展需要”的原则，根据玉泉行政村总体人口状况对新居建设的需求，对用地规划进行了地址和指标的相应调整，最大限度调增容积率。按照绿隔政策安排产业建设用地，对新增3%～5%的绿色产业项目规划指标，按上限5%安排。新增农民居住建设用地22.5公顷，先行启动玉泉慧谷西侧A地块10.5公顷，用于安置北坞村村民回迁；B地块12公顷，用于下一步安置玉泉行政村其他各村人员。新增产业用地21.5公顷，包括C、D、E、F四个地块，分别安排流动人口公寓、高档商务酒店、生态餐厅及体育休闲园、汽车4S店等集体产业项目。二是支持集体经济组织自主开发建设。为使集体土地收益最大限度地留给农村集体和农民，集体经济组织成立不以盈利为目的的开发主体颐泉公司，全面负责各项开发建设工作。建筑工程由四季青镇下属的四汇公司承担，建成后由农民组建物业公司自我管理、自我服务，改变了过去单一引进开发商建设的模式，避免了土地增值外溢。北坞试点所需资金量较大，市、区、镇各级政府支持村集体多渠道筹集建设资金，统筹实现工程资金平衡。旧村拆除和回迁小区建设同步进行，各方面打破常规、特事特办，立项、土地审批等纳入“绿色通道”。在工程建设安排上，第一步，启动回迁楼建设、旧村拆除等工程，建设启动资金由市、区、镇政府出资解决，市政基础设施由市、区两级政府投资建设。第二步，建设酒店、流动人口公寓等产业项目，支持集体经济组织通过借款、贷款方式解决融资问题。三是统筹产业发展农民增收。试点工作在努力保障农民近期收入水平的同时，注重形成农民持续增收的长效机制。在当前收入方面，大幅度提高绿地养护费标准，达到每平方米2元。提高了占地补偿标准。对于绿地占用宅基地，给予每人2万元的生态补偿费。在中长期收入方面，相关产业项目的实施将壮大农村集体经济，促进农民持续增收。在玉泉慧谷二期西侧建设的流动人口公寓，在北坞村原址上建设的酒店项目，以及在茶棚路西侧和闵庄路北侧安排的集体产业项目，将为农民提供更多的就业增收机会和较为稳定的财产性收入。四是合理确定拆迁补偿标准。根据刘淇书记、郭金龙市长组织的党员干部、村民代表、外来人口三次座谈会，结合入户调查问卷的统计结果和村中的实际情况，本着实行自我腾退、自我建设的方针，制定《四季青镇玉泉地区北坞村腾退改造方案》及实施细则。最终的方案实行宅基地面积置换政策，按原宅基地面积1∶1置换回迁安置楼房建筑面积，若因回迁安置楼房户型原因超面积的，不得超过10平方米，并按优惠价每平方米4 500元购买；不足置换最小成套楼房的，给予每平方米7 000元的经济补偿。对于被腾退房屋及附属物，依据《北京市房屋重置成新价评估技术标准》给予评估补偿，结合相关政策给予搬家费、电器移装费、周转费、装修费等补贴，并设立提前搬家奖励。针对该地区多年停批宅基地的情况，住房困难户可以增加一套最小成套楼房或增加一个自然间，增加部分按每平方米4 500元购买；对于生活特别困难的，经民主评议确定后，可在4 500元的基础上优惠20%。五是促进城乡社保制度衔接。村民不转居，按照社会保障制度城乡衔接的原则，由农民根据自身经济实力、自愿选择参加城镇职工或城乡居民社会保险，在此基础上，最终推动社会保障城乡并轨。对于在企业工作的，可以按规定参加城镇企业职工的各项社会保险，按规定标准缴纳各项社会保险费，符合规定缴费年限及有关条件时，享受与城镇职工相同的各项社会保险待遇。对于年龄较大、按正常缴费退休时达不到15年的，可以参照城镇职工延期缴费的办法，继续缴纳社会保险费，直至满足享受职工社会保险待遇的条件；也可以按照相关规定将保险关系转入城乡居民养老保险，按城乡居民保险的办法享受养老待遇。对于灵活就业的，可由个人按照城镇灵活就业人员社会保险缴费标准参加职工养老、医疗、失业保险，享受城镇职工社会保险待遇；也可以参加城乡居民养老保险、“新农合”，按规定享受相应的待遇。对于超过参保年龄的农民，按照老年保障制度享受福利养老金。六是积极推进集体经济产权制度改革。集体资产处置及经济体制改革，是维护农民利益、提高集体经济效益、维护农村社会稳定的必然选择和重大任务。四季青镇长期实行乡镇一级所有的集体经济管理体制，资产资源全部为一级所有，人员使用全镇统一安排，镇村之间资产没有界定，村集体经济组织成员也难以界定。因此四季青镇决定资产处置及经济体制改革以镇为单位进行。为了最大程度地保障北坞村民的切身利益，四季青镇决定积极推进集体经济产权制度改革，参照产权制度改革的一般程序和方法，合理确定北坞村与玉泉行政村、四季青镇的集体资产切割比例，对集中建设的流动人口公寓等新增资产面向北坞村户籍人口量化股份，继续发展集体经济。

试点取得的经验启示。一是调研先行，为科学谋划决策提供坚实基础。刘淇书记、郭金龙市长等市领导率市有关部门多次深入海淀和北坞村调研、座谈、走访，系统研究北坞村规划、土地、资金、产业、社保等方面的重大问题，做出重要部署。区、镇、村全力配合调研，通过发放民意调查问卷，摸清了村民反映最突出的“社保”、“上楼”、“增收”等方面的诉求。在历经近1个月的周密调研之后，市委、市政府做出了北坞村试点的决策，海淀区委、区政府及镇、村制定了实施方案，并向社会作了通报。调研先行、科学决策，为试点工作顺利推进提供了坚实的基础和前提。二是尊重农民主体地位，引导农民维护自身利益的积极性。无论搬迁、补偿，还是产业发展，都由村民民主决策。《腾退改造方案》及实施细则制定后，用3天时间与各界群体代表300多人召开了5个征求意见座谈会，根据民意对方案进行了18次修改，在玉泉村民代表大会上，与会村民代表全票通过。在北坞村张贴腾退公告，发放《北京市海淀区四季青镇玉泉村民委员会关于“北坞村腾退改造”致被腾退村民的一封信》，对腾退的方式、范围、期限、被腾退人的界定、安置楼房位置、腾退置换办法、地上物补偿办法、评估单位、腾退拆迁单位、估价咨询和拆迁办公地点及时间、办理程序等相关细节都做了具体的说明。充分依靠群众力量，发挥村民自治优势，实现民主决策、民主监督、民主管理，切实维护农民利益。三是发挥政府主导作用，确保各项试点工作顺利实施。建立了市、区、镇、村四级联动的工作格局，市委市政府主要领导、主管领导亲自指挥试点工作，并由主管副市长作为试点工作总协调负责人，区、镇、村组建了试点工作指挥部，党、政一把手亲自挂帅，建立了日例会、周两次调度会、周联席会等工作机制。市各有关委、办、局通力合作，成立了四个专项工作组，研究政策、现场办公，在规划布局调整、基础设施建设、资金调度、社会保障、社会管理等方面给予了强有力的支持和帮助。认真做好群众工作，制作下发《试点工作宣传手册》等宣传材料，确保各项政策入户知晓率100%，摸排重点人，做好维稳工作预案。构建审计、监察、村民监督三位一体的监督体系，成立专门的审计监督小组和由村民代表参加的质量监督组、腾退工作协调组，确保试点工作公开、透明、廉洁、高效。四是坚持实事求是原则，通过政策创新落实“一村一策”。“试”的本身就是要创新、要突破。这次试点中的突破主要有：一是在规划用地上突破。根据玉泉村的实际情况，调整和新增住宅和产业建设用地40余公顷，在农民回迁小区容积率上也做了最大限度的调整，这是解决该地区绿隔问题的核心所在。二是在建设模式上突破。批准玉泉村集体经济组织组建项目公司，并在几日内办结手续，实行自主开发建设，这是一项具有根本性的创新。三是在拆迁补偿方式上的突破。本次试点采取的是按照宅基地面积1∶1置换新居面积，不同于现行各种拆迁模式，避免了宅基地上违章建筑是否计算面积、是否予以补偿的纠缠。四是在落实绿隔政策上突破。对腾退的宅基地，规划了一定的产业建设用地，对3%～5%的绿色产业项目规划指标均按上限安排，解决了以往按低限给予审批，且手续复杂、过程漫长的问题。五是充分发挥“两个作用”上的突破。政府主导作用主要体现在政策的制定及完善上，农民主体作用主要体现在充分享有农村集体土地利益、与自身利益直接相关的问题当家作主上。以村民自治方式自行拆迁建设，政府部门联动、开辟绿色通道，真正践行服务宗旨，把政府主导作用和农民主体作用有机结合，而非偏废某一方面。这些突破体现了实事求是、因地制宜、一村一策的科学精神，是真正落实“一村一策”的关键。

城乡结合部改革发展试点之二：大望京村试点

基本情况。大望京村位于朝阳区崔各庄乡，村域面积1.06平方公里，户籍人口1 691户、2 998人，其中劳动力959人；流动人口约3万人。该村紧邻望京核心区，毗邻电子城功能区，是首都国门路上的重要城市形象节点。虽经历多次征地转居转工，但由于未能按城市规划实施整体开发建设，存在村民住宅布局无序、村域环境质量较差、流动人口聚集、农民增收难度大、村集体经济不堪重负等问题，村民对改善居住条件、增加就业收入、提高公共服务的愿望十分强烈。

主要做法。①找准定位。一是把大望京村改造作为全区城乡一体化建设的突破口和绿化隔离地区可持续发展的新亮点，按照功能、成本、质量、周期、安全“五统筹”的要求，将拆迁改造同产业发展、城市管理、就业社保、安全稳定、流动人口服务管理、集体产权制度改革等工作统筹起来，为系统破解城乡结合部地区发展难题进行创新性探索。二是把大望京村改造同区域发展相统筹，与崔各庄乡、电子城和温榆河功能区、机场高速路沿线产业带的发展统筹考虑，加快五环路绿化带和南皋组团的建设，整体提升朝阳东北部地区的市政基础设施建设水平，为功能区建设和绿隔地区发展创造更多空间。②创新政策。一是实施土地储备，解决拆迁、建设资金平衡问题。改变行政单一主导、政府单一投入的工作模式，整合土地资源，首次通过政府土地储备方式，市场化运作，在短期内筹集资金43亿元，确保拆迁补偿所需资金及时足额到位。将土地出让金纳入绿隔基础设施建设专项资金管理，定向用于农民回迁房配套市政基础设施建设，有效解决了大市政所需资金问题。二是合理补偿，推动农民搬迁上楼。参照《关于加快本市绿化隔离地区建设暂行办法的通知》（京政办发［2000］20号），采取定向安置和货币补偿两种方式，由农民自主选择，按每人50平方米标准实施搬迁腾退、定向安置，定向安置和货币补偿的标准与周边城市房屋拆迁补偿价持平；对人均住房不足50平方米的困难户，不足部分按区位补偿价每平方米3 300元的标准给予补偿，兼顾了不同群体的利益。安置房户型合理、市政设施齐全，交通便利，彻底改善了农民的居住条件。三是就业加社保，保障农民长远生计。959名劳动力由乡集体统一安置，确保稳定就业。首次给予村集体5万平方米商业建筑作为实物补偿，按每人50平方米的标准启动规划产业用地建设，根据城市功能定位和地区业态特征发展集体经济，为农民提供稳定的就业机会和有保障的工资性收入。1 254名农民全部实现转居，纳入城镇社会保障体系。与此同时，按照“资产变股权、农民当股东”的思路，将村经济合作社改制为股份经济合作社。③精心操作。一是区级成立试点工作领导小组。区委书记、区长任组长，通过常委会、专题会、现场会、实地调研等多种形式研究、调度、推动各项具体工作的落实，并建立每周工作进展督查报告制度；24个相关单位参与试点工作方案；监察、审计部门建立了项目评价制度，全程监督，确保资金使用安全。二是乡级成立试点工作指挥部。乡党委书记、乡长任总指挥，下设立信息宣传、综合审核、定向安置、群众工作、安全保卫等10个工作部和10个入户工作组，组建工商、公安、城管、巡防等联合执法宣传队伍，定任务、定标准、定时限、包结果。建立每周全体会、每日碰头会、适时工作会制度，研究问题，部署工作。制定《腾退拆迁责任追究暂行办法》，加大督促检查力度。成立110人组成的处突小组，及时把握社情动态，排查不稳定因素，建立应急防控机制，切实保障拆迁腾退期间村民的人身和财产安全。三是村级成立党员工作组。由10名党性强、威望高的老党员组成的党员工作组，负责上下沟通、舆情反馈，企事业单位、村组干部和党员领导带头，公开倡议支持试点，带头腾退并动员亲朋搬迁。四是做好宣传发动。利用报纸、广播、宣传车、横幅、公开信等各种载体，以座谈会、咨询会等多种形式，广泛宣传政策，做到进入村域身临其境，政策和进展家喻户晓。针对未签订住宅腾退协议的村民，逐户发放《帮您算一算账》、《试点工作特刊》，将腾退补偿安置的有关奖励政策宣传到位，对被腾退人的具体问题解释到位，对不按期腾退造成的个人损失计算到位，引导村民及时签约。40多家媒体跟踪报道试点情况和做法，也营造了良好的舆论环境和社会氛围。五是细化工作措施，注重解决实际困难。10个工作部现场接待村民咨询，为办理拆迁补偿安置手续的村民提供一站式服务；10个入户工作组与拆迁公司、评估公司无缝对接，挨家挨户宣传政策，耐心听取村民意见，消除误解和疑虑，引导村民自觉支持配合腾退安置。在拆迁过程中同步储备1 000多套周转房，妥善安置需要转学的1 500名学生，临时设立农贸市场，建立水电设施应急分队，对残疾人、低保户、生活困难群体提供个性化服务，保障村民正常生产生活。④发挥农民主体作用。一是坚持群众自主决策。在拆迁腾退过程中，先后召开党员代表会、村民座谈会、专家咨询会32次，广泛征求群众对拆迁标准、农民新村、转居转工等46个热点问题和32个关注问题的意见建议；选派村民代表参与拆迁腾退政策的制定工作，并由乡人大全体代表对腾退政策及实施细则进行集体研究、公开讨论、投票决定，确保各项政策措施获得全体村民的认同和支持。二是强化群众自主监督。以群众监督为基础，依法、公平地开展拆迁腾退各项工作，做到规定期限内落实政策一个样，先搬后搬补偿一个样，鼓励腾退奖励补贴一个样，提高了党委、政府的公信力。针对村民反映强烈的集体资产、外迁户、空挂户和违法建设等问题，成立专项小组，逐一核查认定，依据有关法律、法规和政策，妥善处理，及时向村民反馈结果，做到了不让老实人吃亏、不让违法者占便宜。组成由村民代表、党员干部参加的安置房工程建设监督组，全程监督工程进度和质量。

自2009年2月试点工作启动后，由于政策到位，措施得力，拆迁安置工作进展顺利。4月1日启动企业拆迁，25天内拆除了99家单位23.4万平方米建筑；4月21日定向安置房奠基；5月9日农民住宅拆迁腾退启动，只用了不到一个月的时间，全村1 692户村民全部签订拆迁腾退协议，拆除房屋25.2万平方米，且“无一人上访、无一户强拆”，做到了阳光拆迁、惠民拆迁、和谐拆迁。刘淇书记评价说，这是整村农民动迁史上的“奇迹”。目前大望京村农民全部转居转工，大望京商务区规划已经出炉，大望京公园建设基本完成，定向安置房建设已进入主体结构施工阶段。

几点启示。①土地储备是有效形式。加快推进城乡结合部的整治改造与发展，是市委、市政府深入贯彻落实科学发展观的重大举措，是首都发展和建设世界城市新的契机。通过土地储备推进城乡结合部改造，不仅能解决拆迁、建设资金的平衡问题，还能加快拆迁改造的速度，实现整体城市化。同时，还改变政府单一投入的模式，做到政府主导与市场运作相结合，推动土地资本化、产业配套化。②保障农民利益是基础。实现好、维护好、发展好农民利益是推进城乡一体化必须坚持的一项基本原则。大望京村试点统筹解决农民搬迁上楼、转成居民、参加社保、实现就业、产权制度改革，使农民成为主体受益者，使农民有长期稳定的生活保障和可靠的收入来源，这是大望京村拆迁安置工作进展顺利的根本原因。③精心操作是关键。城乡一体化是一项复杂的系统工程，涉及面广，政策性、操作性都很强。要科学谋划、精心操作，各部门要协调配合，各个环节要细致深入，各项措施要公平到位，做到政策公开、程序规范、方法透明。朝阳区建立区乡村三级指挥调度机制，成立工作组，到村入户，征求意见，讲解政策，为群众解决实际困难，让农民全过程参与到拆迁安置补偿工作中，赢得了群众的信任，这是试点工作进展顺利的一个重要原因。

城乡一体化的政策制度创新设计

2009 年，实行城乡统一的丧葬补贴政策，丧葬补贴城乡居民统一 5 000 元；统筹城乡义务兵优待金政策，城乡义务兵优待金标准统一提高到每人每年 1.5 万元。经过几年持续努力，到 2009 年底，城乡居民养老保险、老年补助、非农就业培训、丧葬补贴、义务兵优待金等政策实现了城乡政策待遇和制度设计的统一，城乡一体化政策体系基本形成，城乡基本公共服务均等化进程加快推进。

（市委农工委综合处　聂观涛　赵家如）

新农村基础设施建设与“三起来”工程

概　述

2009年，社会主义新农村建设在加快推进城镇化和新农村建设、创新管理模式，构建城镇化与新农村建设互促共建机制方面做了很大的努力。新农村基础设施、“三起来”工程建设、小城镇建设取得了新进展。

综合投入

【突出政策和资金向郊区倾斜，增强郊区发展后劲】 市政府投资继续向郊区倾斜。2009年，市政府投资郊区与城区的比例为51∶49，连续5年对郊区投资超过50%。统筹四类功能区协调发展，保持生态涵养区政府投资比重在20%以上。加大对城南地区倾斜力度，安排政府投资近90亿元，比上年增长41%。加快新城、重点小城镇建设步伐，安排政府投资108亿元，比上年增长42%。其中，直接安排到乡镇及乡镇以下的市政府投资超过34亿元。实施了一批镇村基础设施、公共服务、生态建设和产业培育等重点项目，镇村基础设施进一步提升，农村公共服务进一步加强，产业发展环境进一步改善，郊区生态环境进一步美化。

【重点小城镇基础设施条件进一步提升】 通过先期启动基础设施建设，增强重点小城镇统筹发展能力。对于重点小城镇基础设施投入，坚持“先外部后内部，先产业后功能，先有规划后上项目”的原则，即：优先打通重点小城镇外部交通联络，提高路网的通达性，然后分批次完善镇区主次干路网，解决基本出行问题；优先支持产业基础设施建设，然后支持功能性基础设施；优先支持规划体系完善的重点小城镇，坚持以规划确定项目，提高投资效益，着力提升重点小城镇对产业和人口的集聚能力，完善城镇功能。

一是建设重要联络线11公里，优先打通重点小城镇与外部交通联系，提高路网的通达性；二是建设镇区路网41公里，改善交通条件和镇区面貌；三是进一步提高镇区供水保障能力，新增供水能力1万吨/天，97%的重点小城镇实现了集中供水；四是进一步提升污水处理率，新增污水处理能力3万吨/天，75%的重点小城镇实现污水集中处理；五是试点推进重点小城镇集中供热工程，提高能源利用效率，促进节能减排；六是加快文化体育活动中心、中小学校舍安全等公共服务设施建设，加快推进城乡基本公共服务均等化。

【加大投入，郊区生态环境进一步改善】 2009年生态环境建设进一步突出重点，提高标准，更加注重从数量到质量的转变，更加注重从生态功能为主到与景观休闲功能并重的转变，以“防沙、保水、增绿、保障”为主线，以生态建设为支撑，有力地促进了生态涵养区沟域经济、旅游经济的发展。

一是以北部燕山和西部太行山为重点，着力构建森林生态屏障。重点安排了京津风沙源治理、废弃矿山治理和三北防护林工程，共计完成造林营林4万公顷，完成废弃矿山治理0.15万公顷，完成防护林建设1.67万公顷。其中，京津风沙源工程年度完成任务往年增加近1倍，造林标准由原来的1 000～2 000元/亩，提高到3 000元/亩以上，废弃矿山治理面积比上年增加了近2倍。在满足生态效果的同时，突出了景观休闲效果，有力地促进了山区旅游经济的发展。

二是以增强水源保护能力为核心，继续加快生态流域建设。2009年完成生态清洁小流域建设435平方公里，比上年增加235平方公里，在怀柔、密云、房山等区县实施了重要地表水源区生态建设工程。清洁的流域，良好的生态环境，促进了山区沟域经济的发展。

三是以提高综合效果为目的，进一步提升全市绿化美化水平。围绕京包高速、西六环等4条重要通道实施了绿化工程，绿化总长度176.2公里，绿化总面积0.29万公顷；继续实施第二道绿化隔离地区绿化建设工程，在朝阳等10个区县共营造景观生态林0.15万公顷。从单纯绿化到注重景观的转变为市民休闲提供了新空间，为城市公园和郊野公园建设提升奠定了较好的基础。

四是以森林防火为突破，进一步加强资源保障能力。重点在国有林场实施森林防火公路38公里、防火步道61公里、防火阻隔护栏近百公里。全市国有林场森林防火体系初步形成，切实提升了全市森林资源保障水平，增强了生物多样性保障能力。

工程建设完成后，全市林木绿化率将达到52.6%，森林覆盖率达到36.7%，比上年提高0.5和0.2个百分点。完成关停废弃矿山植被恢复规划85%的治理任务，将平原治沙规划任务顺利完成，市属国有林场初步形成布局合理的森林防火阻隔系统，防火公路路网密度提高了18.8个百分点，达到7.1米/公顷。

【都市型农业进一步发展，农民收入持续增加】 着力加强农村水务和农业安全体系建设，一是继续推进东南郊水网工程，以水系整体环境为重点，改善区域水环境；二是安排农业节水灌溉工程1.33万公顷，节约利用有限的水资源，提升农业综合生产能力，都市型农业进一步发展；三是加快推进市动物疫病预防控制中心和区县农产品质量安全综合质检体系建设，保障农业生产安全，提升农产品附加值，促进农民增收。

【区县合作进一步深入，生态涵养区增加新动力】 区县合作推进两年来，在促进生态涵养区产业发展与公共服务建设等方面取得初步成效。产业共建基地是引导城区高端产业及总部经济要素进入生态涵养发展区的重要载体和政策试验区，是推进区县合作的重要抓手。6个区县合作产业共建基地通过认定，并正式挂牌投入运营建设，共建基地吸引了多家城区企业入驻，其中，西城一门头沟产业共建基地产业孵化中心项目在市发改委贷款贴息支持下，已基本完成主体建设。

（市发改委　刘志勇）

基础设施与“三起来”工程

【发布新农村“三起来”工程四年建设规划】 为推进“让农村亮起来、让农民暖起来、让农业资源循环起来”工程建设（以下简称“三起来”工程），改善农村居民用能结构，促进农村节能减排，市新农办会同市建委、市发改委、市农业局等部门在调研的基础上，编制了《北京市新农村“三起来”工程建设规划（2009—2012年）》，分别于1月23日、3月3日通过市新农村建设领导小组会议和市政府常务会议，并以市新农村建设领导小组的名义下发。《规划》在总结以往建设经验、分析当前形势和资源状况的基础上，对未来四年“三起来”工作进行了全面谋划，为指导“三起来”工作提供了保障。

【提速新农村“五项基础设施”建设工程】 《北京市新农村“五项基础设施”建设规划（2009—2012年）》明确提出按照“缺什么、补什么”的原则，利用2009—2012年四年时间完成全市3 000余个村庄“街坊路硬化和绿化、老化供水管网改造和一户一表、污水处理、垃圾处理、户厕改造和公厕建设”（以下简称“五项基础设施”）建设任务。按照“保增长、保民生、保稳定”的目标要求，市委市政府提出以《北京市新农村“五项基础设施”建设规划（2009—2012年）》为依据，新农村“五项基础设施”建设四年任务两年完成，2009年和2010年分别完成规划任务的一半。其中2009年计划完成1 700个村庄“五项基础设施”建设，其中完成街坊路硬化2 967万平方米，街坊路两侧绿化1 247万平方米，改造老化供水管网4 000公里，安装水表25万个，在183个村庄实施污水处理工程，为92个乡镇所有农户配齐垃圾源头分类桶（袋），为72个乡镇配置垃圾分类收集运输车，在68个平原乡镇建设垃圾资源再利用处理设施，在24个边远山区乡镇建设小型垃圾无害化处理设施，改造户厕20.1万座，建设农村公厕3 183座。

【部署新农村“五＋三”工程】 3月4日，市新农办会同市发改委、市财政局等相关部门，在北京蟹岛绿色度假村召开了2009年北京市新农村“五项基础设施”和“三起来”工程建设部署会，对2009年本市新农村“五项基础设施”和“三起来”工程（以下简称“五十三”工程）建设任务进行部署，并就工作组织领导、工程组织实施、资金使用和监管、建后运行维护等提出具体要求。同时，市新农办还下发了《关于印发〈2009年北京市新农村“五项基础设施”建设实施方案〉和〈2009年北京市新农村“三起来”工程建设实施方案〉的函》（京新农办函［2009］1号），指导区县开展新农村“五十三”工程。

【搭建新农村“五项基础设施”建设融资平台】 为实现本市新农村“五项基础设施”建设四年任务两年完成的目标，解决工程建设资金不足的问题，市新农办下发了《关于北京市新农村“五项基础设施”建设融资的指导意见》（京新农办发［2009］1号），并与国开行北京分行、农发行北京分行等6家银行签订贷款融资协议，为区县搭建贷款融资平台。

【部门联动，新农村“五项基础设施”建设管理机制逐步完善】 市新农办（市农委）分别与市市政市容委、市水务局、市园林绿化局、市财政局等部门制定了《关于印发做好北京市农村地区生活垃圾减量化资源化无害化工作的指导意见的函》（京政管发［2009］44号）、《关于印发北京市农村地区公厕建设工作指导意见的函》（京政管函［2009］54号）、《关于统筹做好新农村供排水工程建设的通知》（京水务农［2009］97号）、《关于印发〈北京市新农村建设街坊路绿化工程管理办法〉（试行）的通知》（首绿办字［2009］7号），加强对新农村“五项基础设施”工程建设的指导和组织管理。

【建立新农村“五项基础设施”建设责任制】 2009年新农村“街坊路硬化和绿化、老化供水管网改造和一户一表、污水处理、垃圾处理、户厕改造和公厕建设”分别列入市级重点工程，按照市级重点工程的管理要求，市新农办组织各区县新农办分别与市建委签订了“阳光工程责任书”，建立了工程建设与管理责任制。

【加强农村“两气一炕”工程安全管理】 7月21日，市社会主义新农村建设领导小组综合办公室、市安全监督管理局、市农业局联合下发《关于切实加强农村“两气一炕”工程安全生产使用管理工作的通知》（京新农办发［2009］3号），要求各区县要加强农村“两气一炕”工程（沼气、秸秆气化、节能吊炕）运行维护的管理；各乡镇、村要严格执行“六项安全管理制度”，即：岗位责任制度、每日巡查制度、每月督查制度、每季联查制度、每半年交流制度、每年气密性检测制度。按照市新农办、市安监局、市农业局《关于切实加强农村“两气一炕”工程安全生产使用管理工作的通知》，9月1—9日，市新农办组织市各相关部门对郊区县220余处大中型秸秆气化工程及大中型沼气工程的建设、运行管理情况进行了现场检查，并对检查情况进行总结，推广了房山、大兴的经验做法，对气站存在的避雷设施、消防设施不完善，安全管理制度不健全、设备容器检测不及时等安全隐患进行督促整改，并对下一步工作提出了具体要求，保障了“两气”工程的安全运行。

【管道天然气延伸进远郊】 8月20日，北京燃气集团平谷有限公司正式成立，标志着平谷区成为首个使用市燃气集团管道天然气的远郊区县，北京市政管网天然气向平谷供气后，天然气价格与市区同网同价。2009年以来，市农委与市燃气集团就如何加快推进燃气在郊区的发展问题进行多次研究，终于促成了北京燃气集团平谷有限公司成立。今后本市将加快燃气在郊区的发展，不断完善供气系统、扩大管道天然气、压缩天然气、液化石油气供应范围。

【建立新农村“五十三”工程通报机制】 建立了“一月一例会，一月一调度、一月一通报”工作机制，每月召开新农村“五十三”工程建设专题会，与区县新农办一起交流工作经验，分析存在问题、研究解决办法。同时，对各区县每月工程进展情况排名通过《新农村简报》（专刊）的形式进行通报，并将通报寄送区县主要领导；对进展缓慢、措施不力的区县由市农委主要领导进行约谈。通报制度的建立有效地促进了“五十三”工程建设的实施。

【开展新农村“五十三”工程建设检查活动】 一是市新农办组织市农委相关处室、市农业局、市农研中心、市农职院等部门20余人于5月14—20日分组对13个郊区县新农村“五十三”工程总体部署情况、任务及资金落实情况、工程进展情况等进行了检查；二是市新农办牵头，分别组织市发改委、市财政局、市规划委等10余个部门近30人于12月24—28日分组对13个区县192个实施新农村“五十三”工程的村庄进行抽查，现场查看工程建设质量及完成情况。通过检查，督促区县加快工程任务落实。

【新农村“五十三”工程建设任务圆满完成】 截至2009年底，新农村“五十三”工程建设完成年度任务，累计完成投资83亿元，其中市级专项转移支付26.5亿元，区县贷款融资45亿元，在全市1 700个村庄实施了“五项基础设施”建设，完成街坊路硬化3 216万平方米，街坊路绿化1 408万平方米，改造老化供水管网5 049公里，完成一户一表23.85万个，实施污水处理工程286处，改造户厕23.6万座，新建公厕3 093座，为68万农户配置了垃圾分类容器。朝阳、海淀、丰台、顺义、通州五个区更换户用节能灯505.5万只，在全市农村地区更换节能路灯5.76万盏，更换村内公共场所直管荧光灯11.5万只，安装太阳能路灯2.26万盏，安装太阳灶1 130台；新建节能抗震民居6 274户，实施既有住房节能改造1.56万户，实施地热采暖660户；建设太阳能公共浴室171处，建设大中型秸秆气化、沼气集中供气系统33处，建设户用沼气池2 282户，建设生物质燃料加工厂11处，建设雨洪利用工程166处，建设粪污治理工程168处。在完成全市“三起来”工程任务的同时，通州、大兴、密云、延庆、门头沟等区县还结合农村实际需求，自主安排了部分建设项目。累计安装两气配套设备50套、地源热泵2台、吊炕2.6万铺、太阳能取暖设备200套、太阳能热水器5 000台，建设有机肥厂1座、清洁煤厂2个、液化气站9个。

【新农村“五十三”工程呈现三个特点】 一是工程量大，覆盖面广。2009年新农村“五十三”工程覆盖1 700余个村庄，涉及120余万农村人口，总投入80余亿元，工程包括农村的水、电、路、气、热、垃圾、绿化、居、厨、厕、院等各个方面，无论是实施的村庄数、任务量还是投入与2008年相比都增加了6～8倍。二是开工早、见效快。随着财政体制的改革和全市扩大内需的要求，与过去相比，各区县在新农村基础设施建设中的自主性、灵活性更大，组织力、协调力更强，项目审批效率明显提高。各区县“五十三”工程普遍在第二季度开工建设，房山、昌平等区县在4月份已经开工，部分村庄在8、9月份工程就已经完成，实现了当年开工、当年见效。三是农民参与广、增收多。各区县都将扩大农民参与、提高农民劳务性收入作为一项硬指标。例如：延庆县充分发挥农民绿色生态合作组织作用，围绕农村保洁、绿化等开发就业岗位，使全县1.56万农民实现就业。平谷区提出“项目施工单位必须是本地的企业，企业使用本地农民工须达到80%以上，要将用工要求写入合同。过去拖欠过农民工工资的企业不得参与“五项基础设施”建设。通州区制定了《关于全面推进村级重大经济事项招投标工作的意见》，由村级通过招标或竞标的方式确定施队伍，优先使用有资质并雇佣本地农民的单位。2009年新农村“五十三”工程吸纳15万本地农村居民直接或间接参与了工程建设，实现劳务性收入7亿余元。

【“乡村基础设施建设”议案审议意见办理报告通过市人大常委会审议】 9月25日，在本市第十三届人大常委会第十三次会议上，市农委主任王孝东向市人大常委会报告《关于“加强乡村基础设施建设，加快社会主义新农村建设进程议案办理暨本市乡村基础设施建设情况报告”审议意见落实情况的报告》，通过了人大常委会审议。

（市农委村镇处　赵亚男）

折子工程

2009年市农委共承担“保增长”折子、市政府实事、市政府折子工程、新农村建设折子工程、学习实践科学发展观整改措施、第十五阶段控制大气污染措施任务等重要工作94项。

1. *加快设施农业发展，促进新建设施落地。*按照市政府《关于促进设施农业发展的意见》（京政发[2008] 30号），新建设施农业0.267万公顷。并将任务分解到区县，督促建设面积尽早落地、尽快投产。同时围绕设施农业发展，开办农民田间学校200所，培养种养能手、科技示范户以及乡土专家5 000人，加大农业技术推广力度。

2. *加大政策扶持力度，促进养殖业规模化生产。*推进奶牛散户入区、肉禽家庭牧场、生态养猪、畜禽良种、大型养鸡项目等建设，提高养殖业规模化、标准化、产业化水平。对规模化养殖小区吸纳散养奶牛每头给予补贴200元；对规模化小区改造扩建、冷链系统和奶站建设给予专项补贴。

3. *加强农业基础设施建设，挖掘农业内部增长潜力。*年内启动2万公顷农业基础建设工程，抓好0.67万公顷核心示范区建设工程，着力推进农田配肥、农田水利设施改善、田园清洁和农业减灾四项工程建设，强化现代农业发展基础，提高综合生产能力。在更大规模、更大范围、更高层次上深入推进高产创建活动，切实抓好0.67万公顷粮食高产创建示范方建设，其中玉米0.4万公顷、冬小麦0.27万公顷。

4. *积极推进农业产业化，提升现代农业发展规模。*制定农业产业化发展意见，培育引进农产品加工龙头企业，开展第三批北京市农产品加工龙头企业评定工作。引导龙头企业与农民专业合作社、农户结成更紧密的利益共同体，增加农民收入。

5. *加强农产品质量安全体系建设，打造首都农产品安全品牌。*转化奥运农产品供应保障成果，全面推进农业标准化生产，培育名优品牌，提高本市农产品高端市场占有率。制定《北京市农产品质量安全水平提升（2009—2011）行动计划》，促使农产品质量总体合格率达到99%，力争北京品牌农产品在高端市场占有率达到80%。

6. *深化农村综合改革，健全农民增收制度保障。*深化农村土地制度改革，促进农户土地承包经营权流转，年内完成市和区县两级农地流转信息平台建设，尽快启动现状集体建设用地和宅基地确权发证工作，尽快出台基本农田保护补偿具体办法。近郊区要全面推进农村集体经济产权制度改革，远郊区县要积极开展试点工作，重点推进新城规划区、小城镇和群众积极性较高地区的改革。加快制定北京市实施农民专业合作社法的具体办法，培育一批经营规模大、带动能力强的示范社。深入推进农村金融制度改革，健全市农业投资公司运行机制，组建农业担保公司和农业产业投资基金，加快建立农业再保险机制和巨灾风险分散机制，稳步扩大政策性农业保险覆盖面，引导和鼓励金融机构创新金融产品，扩大涉农贷款规模。

7. *加大非农产业发展力度，增加农民工资性收入。*增加农民非农就业机会是促进农民就业增收的重要举措，一是加强农民就业产业基地建设，发展镇域经济；二是推动乡村旅游业上规模、上水平，启动“一环、十一放射”山区旅游路网建设，打造一批乡村旅游产业带和休闲度假示范区；三是强化农民技能培训和就业服务，促进6万名农村劳动力转移就业。

8. *加快推进新农村基础设施建设，增加农民劳务收入。*按照“四年任务，两年完成”的要求，启动1 700村庄的“五项基础设施”工程建设，编制完成村庄建设规划1 413个，完成乡村道路大修400公里。继续开展安装太阳能灯、更换节能灯泡、农民既有住房节能保温改造、农民户用沼气等“三起来”工程项目。当地农民参与新农村基础设施建设作为一项硬任务、硬指标，切实增加农民劳务收入。

9. *加大帮扶力度，促进低收入农户增收。*实现低收入农户人均纯收入增长10%以上。通过发展都市型现代农业增收一批、促进劳动力转移就业增收一批、提高社会保障水平增收一批、社会帮扶增收一批，千方百计加快低收入农户增收步伐。重点是继续实施“百村万户一户一棚”推进工程，继续实施低收入村“十百千产业致富工程”；大力发展沟域经济；通过开发农村公益岗位、就业培训促进低收户转移就业；将山区无劳动能力低保人群全部纳入城市低保范围，按比例补贴低收入户的合作医疗、养老保险和政策性农业保险等费用。

（市农委协调督察处　吴雁军）

社会力量参与

【协调各部门参与新农村建设】　协调国家国资委组织137家央企对口支援北京市乡镇经济发展。北京市各民主党派充分发挥人才众多、智力密集和联系广泛的优势，引导广大成员积极投身于首都新农村建设。北京工商联系统，积极组织民营企业以自愿参与、量力而行、互惠互利、立足长远、注重实效的原则参与新农村建设。北京卫戍区、首都精神文明办和市直机关工委等单位都以不同的方式支持首都新农村建设，取得大量成果。开展调查研究，完成了《北京社会力量参与新农村建设研究》课题。

（市农委协调督察处　吴雁军）

都市型现代农业

概　述

2009年，不断提升都市型现代农业产业布局规划，推进农业结构战略性调整，提高专业化、规模化、集约化水平。以发展籽种农业、精品农业、休闲农业和创新农业为重点，深度开发农业的生产、生态、生活、示范功能。进一步提高了农业综合生产能力和现代化水平，建设了一批精准农业设施项目，推进了生产技术升级换代。

【农业重大项目建设】 按照市委、市政府“保增长、保民生、保稳定”的总体要求，年初确定了44个都市型现代农业重大项目，并建立了重点投资项目“动态监测、跟踪服务”制度，加大了对重大项目建设的指导、扶持、服务力度。44个农村产业重点投资项目进展顺利，总投资额107.7亿元，实现销售收入22.6亿元，上缴利税9 972万元，实现利润2.8亿元。其中26个项目已全部实施完成并投产，18个跨年度项目将于2010年全部完成。

【组织产业发展现场观摩会】 2009年，适时组织开展了现代农业基础建设、三夏三秋生产、设施农业建设、民俗村升级改造、农业产业化等七次大型观摩活动，通过互相学习经验，查找差距，弥补不足，推进重点工作。

【十七届北京种子大会圆满成功】 第十七届北京种子大会在丰台区举行，大会的规模和档次比以往大大提高，参会企业总数达803家，遍布31个省、直辖市、自治区，交易范围从种子扩展到农业投入品；交易品种达到5 000余个，交易额达5.2亿元，较上届增加2.2亿元，增长73%。新建新品种展示基地，吸引了400多家企业和科研单位2 103个品种进行田间展示，成为了品种竞争的擂台、企业展示的舞台、农民选种的看台。大会期间举办的种业高峰论坛和种业管产学恳谈会，百余位国内外专家、大型种业企业负责人，就种业发展有关问题进行了广泛讨论，并就首都种业未来发展定位和措施提出了有价值的建议。本届北京种子大会的成功，对打造中国“种业之都”，提升北京市会展农业水平，促进南城建设有着积极作用。

（市农委经济发展处　赵旻）

【实施都市农业基础建设及综合开发】 按照“部门联动、政策集成、资源整合、资金聚焦”的原则，出台了《北京都市型现代农业基础设施建设及综合开发规划（2009—2012年）》（以下简称《规划》）、《北京都市型现代农业基础设施建设及综合开发管理办法（试行）》、《北京都市型现代农业基础设施建设及综合开发建设标准及实施办法（试行）》。为确保《规划》中各项任务的落实，市、区（县）建立了相应的组织领导机构。市里由市农委、市农业局、市财政局、市国土局、市发改委、市水务局、市园林绿化局等12个部门建立了联席会议制度。各项目区（县）成立了由主管农业区县长牵头、相应部门参加的领导小组。2009年是现代农业基础建设工程启动年，重点实施“9431”工程，即：围绕九大片永久基本农田和重点都市农业走廊，集中实施四项农业基础建设工程（以配水节水为中心的农田水利改善工程、以质量提升为中心的农田培肥工程、以改善环境质量为中心的田园清洁循环工程、以农田景观建设为中心的沟路林渠配套工程），目标是启动建设2万公顷综合示范工程，其中核心示范区0.67万公顷。经市农委、市农业局、市发改委、市财政局、市国土资源局、市水务局、各区县通力合作，按照《规划》的部署，启动实施2.23万公顷建设任务。其中农田水利改善工程启动实施1.19万公顷，包括设施农业0.33万公顷，果树大田0.86万公顷。农日培肥工程实施1.67万公顷，包括秸秆还田实施面积0.85公顷，土壤深松实施面积0.83公顷。田园清洁循环工程生防面积2.45万公顷，防治效果76.9%；沟路林渠配套工程1.67万公顷。重点项目顺义区杨镇、房山区长阳镇等10个核心示范区建设基本完成。各项工程均顺利完成年度计划任务。

（市农业局　贺建德）

种　植　业

【概述】 年内，农作物播种总面积32.01万公顷，其中：粮食作物22.63万公顷，经济作物0.95万公顷，其他农作物8.43万公顷。粮食作物中：夏粮6.09万公顷，其中：冬小麦6.05万公顷；秋粮

16.61万公顷，其中：玉米15.07万公顷，豆类0.95公顷，薯类0.27万公顷，水稻0.04万公顷。经济作物中：油料0.61万公顷，棉花0.06万公顷，药材0.28万公顷。其他农作物中：蔬菜6.85万公顷，饲料0.36万公顷（其中牧草0.14万公顷），瓜类及草莓0.76万公顷（其中西瓜0.69万公顷），花卉0.25万公顷。

【落实粮食直补政策】 年内，全市各项直补总面积达21.25万公顷，补贴资金达3.48亿元，其中：粮食直补面积21.18万公顷，直补资金2.79亿元，包括种植补贴9 072.32万元，种植优良品种补贴4 499.71万元，农资综合补贴资金14 298.67万元；生态作物补贴资金3 710.91万元；中央财政农作物优良品种补贴资金3 165万元。

【实施北京都市型现代农业基础建设及综合开发】 年内，按照“统筹规划、集中投入、整片推进、资金聚焦、资源集成”的原则，编制通过了《北京现代农业基础建设及综合开发规划》，并顺利启动实施2.23万公顷。其中农田水利改善工程启动实施1.87万公顷，其中设施农业0.33万公顷，果树大田0.86万公顷；农田培肥工程实施1.67万公顷；秸秆还田实施面积0.85公顷，土壤深松实施面积0.83公顷；田园清洁循环工程生防面积2.45万公顷，防治效果76.9%；沟路林渠配套工程1.67万公顷。各项工程均顺利完成年度计划任务。

【发展设施农业，提高综合生产能力】 年内，按照全市“两区两带多群落”总体规划，2009年市财政拨付资金4.6亿元，继续大力发展设施农业。全年共完成各类设施建设0.29万公顷，其中日光温室面积0.16万公顷，钢架大棚面积0.13万公顷。结合设施农业建设，采取集中培训、巡回指导、现场观摩、高产创建等多种形式开展设施栽培技术培训，累计开展相关培训活动86期次，培训菜农及技术人员1.2万人次，发放技术资料近6 000余份。到2009年全市设施农业总面积达到1.8万余公顷，完成全市到2012年设施农业总目标面积的65.67%。

【开展高产创建活动】 年内，按照“实现高产、打牢基础、打造农田景观”三个目标，全面提升京郊粮食综合生产能力，发挥农业生态服务价值和景观美学价值。①在顺义、通州、房山、大兴、昌平、怀柔和平谷7个区县共建立小麦万亩示范方一个，千亩示范方21个，高产创建区亩经济效益平均达到835.4元，比全市平均亩增加收入192.4元。②建立玉米高产创建示范片，面积共0.4万公顷，部级万亩示范片3个，市级千亩示范方30个。春播示范田平均亩产858.1千克，比上年同地块增产3.6千克；夏播示范区平均亩产561.5千克，比上年同地块增产2.3千克。春播示范区平均每亩经济效益925.9元，夏播示范区平均每亩经济效益545.9元。

【实施测土配方施肥工程】 在9个主要农业区县推广测土配方施肥3.09万公顷。全市增收节支3.60亿元，共计减少化肥投入1.85万吨左右，有效地解决了施肥过量带来的环境污染问题。调查统计，小麦平均每亩增产21.73千克，每亩增收节支37.26元；玉米平均每亩增产30.87千克，每亩增收节支55.69元，蔬菜平均每亩增产79.88千克，每亩增收节支91.7元；果品亩均增产79.63千克，亩增收节支174.83元。

【实施农田节水工程】 重点实施了都市农业走廊高效节水、水源保护地综合节水、菜田果园水肥一体化和生态粮田农艺高效节水等多项工程，示范推广滴灌施肥、省水灌溉制度、集雨高效利用和随机灌溉管理等13项高效节水技术。年内，全市共建立农田节水示范区0.53万公顷，辐射推广11.6万公顷，总面积达12.13万公顷，实现总节水6 923万立方米。

【做好突发性重大害虫监测和防控】 一是准确监测，坚持重大病虫周报制和紧急情况日报制度。二是积极筹备，随时应对突发事件：建立密云、延庆两支国家级应急防治队；组织开展蝗虫草地螟应急防控演练；配置大型喷药车两台，自走式高空探照杀虫灯两台等大型应急防控设备，为应急防控做好物资准备；启用应急防治队，对土蝗发生较重的密云、怀柔库区荒地进行统一防治，防治面积0.17万公顷，防治效果83%以上。

【做好常规病虫害监测预警】 对粮食、蔬菜等主要作物病虫害进行准确预报。全年共发布病虫简报19期，与北京市气候中心联合发布农作物病虫发生与防治电视预报14期，在《京郊日报》“农科天地”发布病虫害预测预报10期。2009年，全市粮食主要病虫草害总体为中等发生，发生面积98.67万公顷，防治面积70.5万公顷，占总发生面积71.45%。

【全力推进植物检疫工作】 重大植物疫情阻截带建设进展顺利，完成60个标准植物疫情监测点建设工作；拟定《北京市重大植物疫情监测点运行管理办法》；完成50种植物疫情的风险分析和20种作物的疫情风险分析工作；启动了重大植物疫情阻截技术的管理与应用系统研发项目。对美国白蛾、扶桑棉粉蚧、苹果绵蚜、小麦腥黑穗、黄瓜绿斑驳病毒等11种检疫性和危险性有害生物实施普查，共普查面积12.67万公顷。2009年全市豚草防除面积2 333.33公顷次，在大兴区发现感染黄瓜绿斑驳花叶病毒病，对涉疫温室及时进行封锁与销毁。

【农区灭鼠工作顺利开展】 首次采用专业化防治，统一由专业灭鼠公司布放、投放毒饵。全市推广毒饵站灭鼠技术面积3.08万公顷，基本实现设施保护地毒饵站灭鼠全覆盖。全年农田灭鼠面积22.89万公顷，平均防治效果93%以上，鼠密度控制在2%以下。成功组织开展春季、秋季两次农区统一灭鼠行动，除农田外，包括畜禽养殖场（小区）2 900个、养殖户17万户，水产养殖场0.52万公顷等。

【种植业行政许可工作进展顺利】 全年，共办理“肥料登记”220件，其中临时登记33件，正式登记

105件，审核申请农业部颁发的肥料临时/正式登记82件。

（市农业局　任辉霞、贺建德、张立新、喻绍春、钱兴华）

畜　牧　业

【概述】 年内，围绕建设都市型现代农业目标，积极引导发展规模养殖，狠抓良繁体系建设，大力推进产业化经营，克服畜产品价格下降和饲料原料价格上升的不利因素，全市畜牧业实现了平稳发展。全年肉类总产量达到45.19万吨，产值达到136.1亿元，占农业产值的43.2%。全年生猪、牛、羊、家禽存栏量分别为186.57、22.06.67.36、2 835.42万头（只），生猪、牛、羊、家禽出栏量分别为314.04、11.69、86.73、12 355.01万头（只）。生猪出栏占全市生猪屠宰量的35%；出栏肉禽占全市屠宰量的77%；生产鲜蛋15.08万吨，鸡蛋自产率为65%；存栏奶牛15.8万头，生产鲜奶67.38万吨，牛奶自产率为68%。

【畜禽规模养殖再上台阶】 积极推广标准化规模养殖的成功模式，支持各区县发展适合本地区实际的"公司＋农户＋协会"的生产方式，使规模化和标准化饲养比重越来越大。全市现有畜禽规模养殖场（小区）2 312个，其中猪场538个，出栏生猪3 000头以上的大型猪场150个，占全市出栏生猪的61.5%，自产生猪占屠宰生猪35%。在应对极端天气变化和应急情况下，对保障市场猪肉供应起到了重要作用。奶牛场351个，完成了4.15万头散养奶牛入场（区）规模养殖任务，使奶牛规模养殖比重由74%提高到95%，生鲜乳自给率达到67.9%。以农民家庭牧场或养殖小区模式建设的标准化生态肉禽舍3 073个，使肉禽规模养殖比重达到95%，肉禽自给率69.1%，出栏家禽占全市90%，鸡蛋产量占全市80%。形成了以标准化规模养殖为主的生产格局，增强了畜牧业综合生产能力。

【良种畜禽得到发展】 培育出了"京红"、"京粉"两个具有自主知识产权的蛋种鸡品种，占国内（祖代蛋种鸡中70%为国外品种）祖代蛋种鸡市场的25%；培育出了农大三号、金星黄鸡配套系等品种；继续开展品系的选育工作，北京、北京鸭、北京黑猪作为本市的三个地方品种，得到了开发利用，种业优势明显增强。到2009年底种畜禽场数量由2008年的157个增加到187个。种猪年供种能力由40万头提高到50万头，种鸡年供种能力增长15%。养殖收益有了明显提高。

【龙头企业的发展壮大增强了畜禽产品控制力】 顺鑫鹏程股份有限公司、北京二商集团大红门等生猪屠宰加工企业生产规模不断扩大，屠宰加工企业以合同协议方式与本市和外埠养殖场、生猪营销经纪人建立稳定产销关系，积极开发产品和中高档市场，全年13家企业屠宰生猪超过900万头，提高了猪肉市场控制能力。随着三元奶业成功收购三鹿集团和国内知名乳品企业伊利、蒙牛、光明等在本市建厂，本市乳品生产能力和质量安全水平提高。全市加工乳品85万吨，市场控制能力达到80%。大发正大和华都肉鸡公司企业向外埠扩展，产业发展模式辐射到承德、张家口和保定一带，肉鸡屠宰能力增加6 000万只。天鸿顺、三江宏利和金星鸭业等企业不断开发产品，依靠品牌效应开拓中高档市场，肉禽市场控制能力65%。

【继续实施粪污治理】 年内，继续对163家规模化养殖场进行治理，其中治理规模猪场81家，其他养殖场82家，安排治理资金4 088万元。重点治理北运河流域。以大兴为重点推广发酵床生态养猪5万平方米，粪污零排放，取得了较好的经济效益生态效益。在肉禽养殖密集区域，由协会、养殖小区和企业筹资建立5个禽粪加工厂，为沼气工程提供原料。

【落实国家和本市产业发展政策】 2009年全市对25万头能繁母猪进行政策性补贴，补贴资金2 500万元。补贴优质后备母牛6万头，补贴资金3 000万元。通过公开招标采购良种猪精液50万剂，对本市的生猪50%实施人工授精，良种覆盖面增加10%。补贴奶牛良种精液24.8万剂，推广良种奶牛养殖，提高生产水平。

【全面实行养殖场登记备案】 年内，经市政府批准对全市的规模养殖场实行养殖备案、颁发养殖代码和建立养殖档案登记制度。全市备案养殖场、养殖小区2 312个。经过备案的养殖场、养殖小区生产相对集中或相对封闭；饲养畜（禽）品种统一，具有畜牧兽医技术服务、环保等配套设施；规划科学、布局合理、建设规范、管理严格，为保障畜禽产品质量安全，促进畜牧业持续健康发展，奠定了坚实的物质基础。

【开展畜牧业生产预警预测】 在顺义、大兴等5个区县启动《北京市生猪等畜禽产品信息监测统计项目》和《蛋鸡、肉鸡和生鲜乳收购站监测项目》。通过对66个监测点的生产和效益情况的月度监测，获取了大量的基础数字，掌握了翔实的第一手资料，做到了底数清、情况明，为各级政府科学分析形势，准确把握趋势，进行宏观调控，保证生活必需品供应，提供可靠依据。

【规范种畜禽生产经营管理】 一是依据北京市畜禽良种产业发展需求，重新修订了北京市种畜禽生产经营许可标准和现场验收审核程序。二是开展种畜禽质量监测试点，对19个种猪场饲养的纯种猪进行了性能测定，对奶牛和生猪精液质量进行了检测，开展了4.2万头奶牛DHI生产性能测定。三是制订从国外引种计划，依据计划审核良种引进。四是严把种畜禽的引进和调出关，实行种畜禽生产经营许可证、种畜禽合格证和检疫合格证明制度。五是强化行政审批准入门槛和执法监督，全年审核发放30个种畜禽生产经营许可证，审核通过19批次从境外引进种畜禽遗传资源。

【实施牛羊禽定点屠宰管理】 一是开展行政许可工作，全年共办理定点许可证22家；二是规范企业环保措施，要求企业在无害化处理和污水处理方面增加设施设备，同时必须得到环保部门的认可方可进行生产；三是开展对屠宰企业监管和监测工作，监测对象涵盖了全市4家大型肉牛（羊）屠宰厂和6个大型经营性冷库，检测结果均为“瘦肉精”零检出，全部合格。

【编制《北京市畜牧业发展规划（2010—2015）》】 年内组织编制《北京市畜牧业发展规划（2010—2015）》。通过都市型现代畜牧业将构建“两心三区四带五网络”的区域布局，实施五大产业发展工程，力争实现到2015年畜牧业总产值达到210亿元的目标。

（市农业局　张保延）

水　产　业

【概述】 2009年北京市渔业水域共计面积2.01万公顷。淡水养殖面积0.51万公顷，其中，池塘养殖面积0.47万公顷，水库养殖面积0.02万公顷，湖泊养殖面积0.01万公顷；增殖放流面积1.5万公顷。全市水产品产量5.8万吨，其中郊区淡水鱼产量5.02万吨，远洋捕捞产量0.39万吨，观赏鱼产量2.95亿尾，均与去年持平。全年鱼苗产量6.64亿尾，鱼种产量1 263.8万千克。全年渔业产值18.9亿元。

【渔业“增殖放流，生态净水”】 2009年北京市共放流各类水生生物2323.6万尾，其中鲢、鳙等鱼种1 766万尾，草鱼种25.6万尾，细鳞斜颌鲴鱼种500万尾，观赏鱼32万尾。持续的增殖放流产生了良好的生态效益，有效降低了水域富营养化，净化了水质。据测算，密云水库、官厅水库和沙场水库水生生物增殖放流的鱼类可从水体中消耗157.5吨的氮和40.5吨的磷，有效控制和降低了全市水源涵养区水质的富营养化趋势。增殖放流不仅带来了良好的生态效益，也带来了丰厚的经济效益。密云水库每年投入鱼种费300万元，捕捞总产量为1 500吨，通过“鱼王美食节”的拉动，仅“十一”黄金周综合经济效益就达1亿元。

【渔业种业优势日渐显现】 年内，全市水产苗种场达42家，养殖水面411.33公顷，占全市池塘养殖面积的8.57%，年苗种生产能力9亿尾，苗种总产值1.25亿元，占渔业总产值7.2%。经过多年的积累形成了以观赏鱼、虹鳟鱼、罗非鱼和鲟鱼为代表的四大主导品种产业，其中虹鳟鱼、鲟鱼苗种繁育量占全国总量的60%以上，观赏鱼、彭泽鲫等苗种的繁育具国内优势，形成了以国家级、市级和区县三级苗种场构成的水产种苗繁育体系，生产品种包括鲟鱼、虹鳟及罗非鱼等13个品种。

【观赏鱼产业蒸蒸日上】 年内，全市观赏鱼养殖面积达到0.1万公顷，占全市池塘养殖面积的19.6%，产量可达2.5亿尾，连片养殖面积仍居全国首位，已成为首都现代都市型渔业的重要组成部分。本市观赏鱼具有“早、特、奇”的特点，历史悠久、品系独特、市民需求旺盛。据统计，全市观赏鱼出口比上年增长11%，内销增长15%。10月16日举办的北京市第三届中国金鱼、锦鲤大赛暨鉴赏会，有来自全国9个省市70多家观赏鱼养殖单位和爱好者的近千条观赏鱼进行了展示，并参加了67个奖项的角逐，共有30条金鱼和36条锦鲤获奖。

【渔业科技服务年活动成效显著】 2009年是农业部组织的以水产健康养殖为主题的渔业科技服务年。全市年内共实施各类科技项目50项，项目资金2 568万元；举办各类技术培训班62期，培训人员5 500余人次，发放资料1万余份。渔业科技服务年活动取得了明显的辐射带动效应，大量的科技新成果得到转化应用，水产养殖水质调控、病害防治、水产食品安全等先进实用技术以及鳄龟等一批主导品种得到示范推广。

【休闲渔业为“保增长”贡献突出】 年内，渔家乐发展近1 000个，总资产达5亿元，每年累计近1 000万人次到京郊休闲与垂钓，为京郊农民带来10亿元的收益，全市休闲渔业带来的经济效益增加价值年增长在20%以上。

（市农业局　杜英杰）

农　机　业

【概述】 年内，全市农机总动力达到271.5万千瓦；拥有各种拖拉机21 876台，其中大中型拖拉机7 832台，小型拖拉机14 044台；拖拉机配套农具24 291部，农用排灌动力机械45 024台，植保机械133 282台，稻麦联合收割机1 436台，玉米联合收获机406台，大棚卷帘机17 851台，农副产品加工作业机械8 994台，畜牧养殖业机械10 642台，渔业机械11 387台，林果业机械3 710台，农用运输车68 353辆。农业机械原值达23.7亿元。机耕水平78.3%，机播水平68.6%，机收水平33%，全市耕种收综合机械化水平61.8%，比上年提高了5个百分点；全市拥有各类农机服务组织45 345个，其中农机作业服务组织858个，农机户44 487个。

【落实农机购置补贴政策】 开展了农民需求调研，编制了《北京市2009年度农业机械购置补贴产品目录》，继续实行了国补农机具全市统一编号、档案管理工作。年内，各级财政共安排农机购置补贴资金1.32亿元，其中中央资金6 000万元，市级资金5 350万元，市级补贴资金比例达到50%，购机总额达2.13亿元，补贴购置的机具涵盖了粮食生产、设施农业、畜牧水产养殖和农产品质量安全生产等7大类27个品种，受益农户分布在全市13个区县，共4

万余户。

【全面实施保护性耕作项目通过验收】 巩固保护性耕作成果。年内，全市共完成保护性耕作19.56万公顷，其中玉米免耕（覆盖）播种13.68万公顷，占总播种面积的90.2%；冬小麦免（少）耕播种5.49万公顷，占总播种面积的90%。10月29日，“全国保护性耕作座谈会暨北京全面实施保护性耕作项目验收会”在京举行，本市全面实施保护性耕作项目通过了农业部专家组的验收，本市成为全国首个省级保护性耕作示范区。

【建立农业生产用油长效保障机制】 3月10日，北京市农业局与中国石化北京石油分公司签订了《北京市农用油品供应保障机制合作框架协议》，年内，中国石化北京石油分公司提供6万吨燃油作为农业生产用油，其中1万吨燃油以批发价格供应农机社会化服务组织和农机大户，仅此一项，为农民节约生产成本500多万元。北京市农业局组织指导区县建立了储油点，配备了加油车，解决了大型机具和边远乡镇加油难的问题；设立了农用燃油专供点，开辟了绿色通道，免费制作发放了14 000张农机专用加油卡，确保了农用燃油供应及时到位。

【开通“北京农机信息服务直通车”】 北京市农机试验鉴定推广站在中国农机互联网的基础上，开通了“北京农机信息服务直通车”，为管理人员、作业机手和农民用户等传递农机作业供需信息、天气预报、农机维修知识等信息咨询服务，并于“三夏”前开通了市级呼叫热线电话和手机短信平台，免费在10个远郊区县为农机管理、服务组织、农机大户、种养大户、村级农机推广员等人员发放手机1 800多部，构建起了由网站、热线电话、短信平台、终端手机组成的全方位立体式信息服务平台。年内，网络发布各类信息3 118条，短信平台发送信息41 000余条。中国农机互联网英文版面世，为国内外农机同仁提供跨国界的交流。

【推进农机化示范点建设】 制定下发了《农机化示范点建设标准》，确定了全市重点建设的设施农业、粮食生产、有机蔬菜、草莓种植、设施园区、林果生产等6个农业机械化示范点，重点提高食用菌、芦笋两个产业的机械化水平。对示范点和产业规划带内急需的适用机具进行了补贴，共补贴购置微耕机、卷帘机等农业机械9 500余台套，保温被60万平方米，果蔬保鲜库2 500平方米，着重解决了耕整地、播种、育苗、灌溉、施肥、收获及秸秆综合处理、产后加工等生产全过程的机具配备和技术应用。

【开展农业机械化教育培训大行动】 在全市开展了农业机械化教育培训调研，编写出版了《北京市农机操作工培训手册》、农机科普丛书8个分册，制定了《2009年农业机械化教育培训工作实施方案》，围绕农机管理人才队伍、农机科技推广人才队伍、农机技术操作人才队伍“三支队伍”建设，开展了农机教育培训，组织举办了金蓝领农机技能大赛。全年共计培训44 326人次，完成5期418人的职业技能鉴定。

【农机安全生产水平不断提高】 建立北京市农机安全生产联席会议制度，成立了协调工作领导小组，开展了农机安全生产联合行动，全年共开展农机安全生产联合行动196次，检查拖拉机和农用车辆1 873台，纠正违章487起，行政处罚128起；排查农机安全生产相关单位和场所12 205个，排查事故隐患4 068项；加大对农机维修企业执法检查力度，查处违规企业10家；完成了2条移动检测线和2个固定检测点的建设，科技支撑能力进一步提高；核发牌照661副，核发驾驶证834个，办理转移、变更、增驾、补换牌证与驾驶证1 647份，办理年度检验登记14 974份，年度检验拖拉机1.7万台，其他各种农业机械4.3万台。年内，全市共发生农机田间作业事故3起，伤2人，直接经济损失21万元，同比分别下降了73%、50%和14.6%，未发生一起农机生产人员死亡事故，确保了农机安全生产控制考核死亡零指标任务的完成。

【农机化新技术进一步推广】 年内，全市补购置玉米收获机200台，其中披挂式玉米收获机120台，自走式玉米收获机80台，共完成玉米机收面积3.94万公顷，比上年增加了1.8万公顷，占可机收面积的34.6%，突破了玉米机收瓶颈。围绕都市型现代农业基础建设及综合开发项目，进一步加大了土壤深松和秸秆综合利用技术推广力度，全市共推广应用和补贴购置了土壤深松机101台，共完成深松作业面积1.08万公顷，突破了土壤深松难点。

【强化农机质量管理】 加强农机试验鉴定工作，全年共核发北京市农机推广鉴定10件，换发2件。加强农机维修质量监管，及时组织区县完成维修企业的网上申报，共完成409家农机维修企业的网上申报、建档和年度报表等工作。积极开展质量投诉，年内共接到质量投诉7宗，经过协商，为消费者挽回经济损失近5万元。对京郊农机作业质量情况开展了调研，编写了耕地、小麦播种、青贮收获等12个农机作业质量规范，召开了专家审定会，待进一步修改后在全市应用。

【精心组织汽车摩托车下乡工作】 年内，通过调研掌握了全市广大农户对汽车摩托车下乡产品的基本需求，起草下发了汽车摩托车下乡工作实施方案，加大汽车摩托车下乡政策宣传，加强基层业务人员培训，确保补贴审核兑付顺利开展。年内，全市已接受补贴申请11 598个，已完成9 805辆车包括9 777辆新购和28辆报废车辆的补贴审核兑付工作，共兑付补贴资金3 400多万元，销售总额达3.6亿元。

（市农业局　梁井林）

畜禽防疫

【紧急部署加强高致病性禽流感等重大动物疫病防控工作】 1月5日，本市发现一例人感染禽流感死亡病例，为应对这一突发事件，市农业局（市防治重大动物疫病指挥部办公室）紧急部署加强高致病性禽流感等重大动物疫病防控工作，要求在做好日常防控工作的基础上，一是进一步强化检疫监管，做好“外堵”，防止疫情传入；二是加强“内防”，继续强化已实行的免疫、监测等措施，严防本市养殖动物发生重大动物疫情；三是采取有力措施严控非法交易和屠宰活禽问题；四是加强督查指导，确保各项防控措施落实到位；五是进一步完善应急管理，加强部门联动，做好突发动物疫情应对准备工作。1 月 10 日下午，为应对当前高致病性禽流感疫情防控的严峻形势，市农业局（市防治重大动物疫病指挥部办公室）召开紧急会议，部署当前高致病性禽流感风险源排查和疫情隐患治理工作。

【防控禽流感，全市动物卫生监督系统启动“绿剑行动”】 针对高致病性禽流感等重大动物疫病防控的严峻形势，全市动物卫生监督系统从 1 月 15 日起，开展了以保障公共卫生安全、食品安全以及动物及动物产品安全和维护相关产业的正常生产秩序为目的“动物产品安全、农业生产投入品综合整治‘绿剑行动’”。整个行动历时 2 个月，重点是抓好生产、加工、运输、流通和消费五个环节监管工作，严厉查处活禽交易和私屠乱宰、加工、销售病害动物产品和未经检疫动物产品等行为。共组织执法活动 2 700 次，出动执法人员 9 780 人次，检查各类场所 8 252 个次，取缔私屠乱宰点 17 个、活禽交易点 13 个，查处违法行为 59 起，查扣动物 2 757 头（只）、动物产品 12.2 吨，公路动物卫生监督检查站劝返不符合规定动物 2 606头（只）、动物产品 171 吨。

【全面部署 2009 年全市畜牧兽医工作】 2 月 5 日，市防治重大动物疫病指挥部召开了“北京市畜牧兽医工作会暨 2008 年度动物防疫工作总结表彰会”。会议总结了 2008 年畜牧兽医工作和奥运保障服务工作，研究部署了 2009 年工作。夏占义副市长到会并讲话。

【紧急部署 A 型口蹄疫防控工作】 针对奶牛 A 型口蹄疫疫情的严峻形势，2 月 12 日，市农业局召开会议部署全市 A 型口蹄疫防控工作。会议要求全市要重点加强六个方面的防控工作：一是全面依法加强对外引种用、乳用动物的监管；二是全面启动 A 型口蹄疫疫情普查和流行病学调查工作；三是全面开展养殖场所生物安全控制情况大检查；四是进一步加强运输环节监督检查工作；五是继续强化动物防疫监督督查工作，市农业局将采取不定期、不通知的形式对各区县防控工作情况进行检查；六是加强对市场、超市、宾馆、饭店等环节的监督检查，严防销售使用来自疫区的动物产品。

【紧急部署七项措施应对国外猪流感疫情】 针对墨西哥和美国暴发“人传人猪流感”疫情，疫情在世界范围内呈快速蔓延趋势的形势，4 月 27 日上午，北京市农业局研究确定了专项防控意见；4 月 28 日，市防治重大动物疫病指挥部办公室召开各区县兽医主管部门及市相关部门负责人会议，部署了七项防范措施：一是进一步加强猪场的生物安全控制措施；二是加强运输环节的监督；三是进一步加强对屠宰环节的监管；四是开展养殖环节猪流感检测；五是加强部门联动；六是加强消毒药、防护服等应急物资储备工作；七是加强与新闻单位的沟通，做好正面宣传。

【举办“防灾减灾日”宣传活动】 5 月 9 日，在全国第一个“防灾减灾日”即将来临之际，市重大动物疫情应急指挥部办公室、市农业局和西城区动物卫生监督管理办公室联合举办了主题为“加强重大动物疫情应急管理，保障公共卫生安全”的宣传活动，通过现场咨询、展板展示、发放宣传资料等方式宣传了动物疫病防治、动物疫情应急管理等方面的法律法规和科普知识。

【12 省区联手严把八道关　保障建国 60 周年首都动物卫生和畜产品安全】 为保障建国 60 周年首都动物卫生和畜产品安全，北京、天津、河北、山西、内蒙古、黑龙江、辽宁、吉林、山东、河南、四川等 11 个省、区、市和北京军区畜牧兽医主管部门于 8 月 11 日联合召开了“十二省区保障建国 60 周年首都动物卫生和畜产品安全工作会议”。会议提出：12 省区联手行动，严把种用、雏用和乳用动物检疫关、投入品监管关、免疫和防疫监管关、病害动物或死亡动物无害化处理关、产地检疫和屠宰检疫关、出证和查证验物关、客运关、生物安全监管关等八道关，并通过“五加强”（加强组织领导，加强宣传动员，加强信息沟通，加强应急准备，加强督导检查）确保监管工作成效，共筑重大动物疫病和畜产品安全防线，为建国 60 周年首都庆典活动营造一个平安、稳定的社会环境。农业部副部长高鸿宾和北京市副市长夏占义出席会议并讲话。

（市农业局　方芳）

【落实各项措施确保重大动物疫情零发生】 继续落实动物强制免疫程序化免疫，年内全市累计免疫口蹄疫 710.09 万头，免疫高致病性禽流感 13 107.76 万只，免疫高致病性猪蓝耳病 336.85 万头/次，免疫猪瘟 543.21 万头/次，免疫狂犬病 73.61 万条。实施动物疫病监测，全年全市共监测动物血清样本 554 163份/次，监测结果表明，本市重点动物疫病免疫效果良好。强化动物及动物产品检疫监督，全年共产地检疫生猪 155.931 5 万头，牛 3.890 8 万头，羊 7.522 7 万头，禽 2.90 亿只，其他动物 18.015 3 万头只，动物产品 1.683 2 万吨。强化动物疫病检疫净化，全年全市累计检测牛、羊及其他偶蹄动物布病 7.08 万头（只）次，检出阳性牛 31 头。

【狂犬病的防治】 一是加强犬狂犬病免疫定点管理。研究制定了犬狂犬病免疫定点单位验收备案工作流程和现场审核验收评分表，进一步规范了对新申请犬狂犬病免疫定点单位的审核验收管理工作。全年共验收备案定点单位15个，全市狂犬病免疫定点单位达363个。集中办发免疫定点标识铜牌73块。制发了《北京市犬狂犬病免疫注射提示牌》。二是积极开展狂犬病免疫和监测工作。全年共免疫狂犬病66.21万条/次，监测狂犬病2 066份/次，抗体阳性率为98.40%。三是积极开展狂犬病宣传工作。2009年共集中组织狂犬病宣传2次，发放宣传册20万套，粘贴画3万张，宣传袋8万个，宣传记事本3万本，宣传展板20套。

【强化兽药行政审批和企业监管】 全年共受理兽药行政许可491件，其中新兽药临床试验审批9件、兽药生产企业审核6件、兽药产品批准文号审核288件、兽药经营企业审批12件、兽药广告审查8件、进口兽药通关单核发168件。继续做好兽药生产企业做好兽药GMP技术指导工作，进行GMP指导30余次，日常检查50余次。年内全市2家新建企业和4家复验企业均顺利通过了农业部兽药GMP认证。农业部共派出3个飞行检查组对本市重大动物疫病疫苗生产企业进行飞行检查，并对北京市企业生产、检验情况给予了充分肯定。

【建设动物标识及疫病可追溯体系】 累计申请耳标数量164.65万，实际生产数量163.239 8万，合格率99.14%，累计签收数量156.805 5万，签收率96.06%。“北京市动物防疫溯源省级数据中心建设项目”已经顺利完成，项目配备了服务器、路由器、防火墙、交换机、磁盘阵列、磁带机等设备，能满足北京市现阶段动物标识及疫病溯源的需要。组织全市溯源管理员及业务骨干开展两次大规模集中培训，直接培训师资人员100余人。全市共上传溯源业务数据4.2万余条，涉及猪、牛、羊180余万头只/次。引入、试验、推广安全、绿色、环保的设备和技术手段在动物及动物产品屠宰加工行业中的应用，调整千喜鹤、鹏程、资源和大红门4家大型生猪定点屠宰企业的检疫印章，改用激光灼刻检疫印章，开展激光灼刻检疫印章的试点工作，目前已完成项目评审工作。

【推进本市公路综合检查站建设】 全市24个公路动物防疫监督检查站（以下简称“公路站”）将纳入公路综合检查站的统一规划、建设工程中，并新建12个公路站。全市参与一期建设的18个公路站已全部迁入新址、开展工作，车辆消毒通道、信息网络系统建设涉及相关费用已报市交委，统一纳入公路综合建站整体预算和规划。

【动物防疫体系建设规划实施】 市农业局会同市发展改革委、市财政局和市园林绿化局，共同编制并于2009年2月发布实施了《北京市动物防疫体系建设规划（2008—2012）》。截止年底，市动物疫病预防与控制中心建设项目已进入施工阶段，市畜牧环境质量监督检验测试中心建设工程已经市发展改革委批复已签订土地购置协议；大兴区、密云县、怀柔区、通州区有关建设项目已陆续启动。

【中央扩大内需项目建设】 本市新增乡镇兽医站基础设施建设项目和2009年县级动物防疫基础设施建设项目分别纳入中央扩大内需第一批和第三批建设项目，全年为11个区县72个乡镇兽医站配置动物防疫仪器设备1 512台（套），为8个区县动物疫病预防控制中心建设拼装式冷库8套，购置车辆8台，其他仪器设备248台（套）。

（市农业局　张佳艳）

农产品质量安全

【强化监管，深入开展农产品质量安全执法年工作】 年内，全面开展种植业产品、生鲜乳、饲料、兽药及兽药残留、水产品、认证产品、农资打假七项具体治理行动。一是在种植业产品专项整治行中，重点在经营、生产领域集中进行了甲胺磷等5种高毒农药和假劣农药专项检查。二是在生鲜乳专项整治行动中，按照标准对生鲜乳收购站进行审批验收，采取联合检查、集中检查、突击检查等多种形式和手段，强化生鲜乳质量安全监管，重点查处违法添加三聚氰胺等有毒有害化学物质的行为。三是在饲料专项整治行动中，开展了“瘦肉精”、饲料蛋白原料、饲料标签的专项整治，重点加强饲料产品中营养指标和卫生指标监测，商品饲料、饲料蛋白原料和养殖场自配料中瘦肉精、三聚氰胺等违禁物质监测，反刍动物中牛羊源性成分监测以及饲料产品标签的监测。四是兽药及兽药残留专项整治行动，全市共检查兽药生产、经营、使用单位4 875个次，查处违法行为96起，查获假劣兽药2 263千克。同时结合3·15、“五一”、“十一”等特别日子，在全市范围内开展兽药科普宣传。五是在水产品专项整治行动中，全面摸清水产苗种场的基本情况，并针对水产苗种的生产季节特点组织水产苗种场专项检测，重点检查水产苗种中氯霉素、孔雀石绿、呋喃唑酮、甲基睾丸酮等药物及其代谢物残留，检测结果全部合格。六是认证产品专项整治行动，在组织无公害农产品、绿色食品和有机农产品（以下简称“三品”）生产企业自查的基础上，开展市区县两级检查员现场检查为主的专项检查。先后取消29家企业的无公害农产品证书。七是开展农资打假专项整治行动，组织“放心农资下乡进村宣传周”活动，全面加强了农资打假督查力度，维护农资市场秩序和农民的合法权益。

【强化监督抽检，确保农产品质量安全】 年内，组织种植、畜牧、水产三个行业的6家检测单位对全市的农产品和农业投入品开展定量监测工作。共完成13 158批次的定量检测工作，其中产品类样本9 944批次，投入品样本3 214批次。一是蔬菜样本1 919个，农残合格率为97.8%；二是生鲜乳样品308个，检测结果100%合格；三是动物及动物产品样品7 240份，检测结果1例磺胺超标，其余均合格；四是水产品检测样本377份，综合合格率为100%；五是农药样品202个，合格率为87.6%；六是兽药产品质量抽检309批，合格率96.4%，兽药产品合格率明显高于上年同期水平；七是饲料样品2 703批次，检测总体合格率为98.2%。

【落实监管措施，圆满完成国庆60周年庆祝活动农产品保障工作】 对供应国庆农产品的生产企业实施派驻监管制度，共派出12名工作人员，对定点供应企业实施了驻点监管。根据行业特点和工作需要，建立分行业驻点监管机制，成立了种植业和养殖业2个驻点监管巡查组小组，分别负责对本行业内的供应企业和基地的督导巡查工作，巡查督点200多人次。进一步完善了国庆供应农产品的追溯系统和物流监控手段；实行工作例会、信息沟通、24小时值班和突发事件应急处置制度；实施全程追溯和批批检测，共检测定点供应农产品生产企业样本382批次。累计监测国庆供应农产品1 663.4吨，产品质量合格率达100%。落实奶站、饲料、“三品一标”检查，路口检疫等六项措施，加强对全市生产基地环境、投入品和市场供应产品检测，确保了国庆期间农产品供应的质量安全。

（市农业局　葛建军）

农产品加工和农业产业化

【农产品加工和农业产业化工作加大力度】

1. *研究制定《关于加快发展农产品加工业，推进农业产业化经营的指导意见》。*为加快发展农产品加工业，做大做强农业产业化龙头企业，进一步推进农业产业化发展，市农村工作委员会同11家市农业产业化领导小组成员单位研究制定了《关于加快发展农产品加工业，推进农业产业化经营的指导意见》（京政办发［2009］41号），由市政府办公厅下发各区县和相关部门。该《意见》是指导以后3年市农产品加工业和农业产业化发展的纲领性文件。

2. *组织召开农产品加工现场观摩会议。*5月，市农委组织召开了农产品加工现场观摩会议。会议进一步明确了农产品加工业的地位和未来发展方向，各区县及相关企业互相学习借鉴了发展农产品加工业的做法、经验和模式，坚定了依托农产品加工业带动农民就业增收的信心。

3. *开展北京市农业产业化龙头企业认定工作。*市农业产业化领导小组研究制定了《北京市农业产业化重点龙头企业认定和动态监测管理办法》（京政农函［2009］35号）。开展了北京市农业产业化重点龙头企业的认定工作，经过企业申报、评审小组初审、专家评审、社会公示，最终认定市级农业产业化重点龙头企业共76家。

4. *郊区拟上市农产品加工企业的培育。*为培育北京市农产品加工企业利用资本市场做大做强，推动农产品加工业快速发展，8月在北京会议中心举办了北京市农产品加工重点企业培训班，对企业上市进行了专题培训。之后又开展了对拟上市农产品加工企业的跟踪服务和座谈，并研究制定了有关政策措施。

5. *拍摄了农产品加工企业专题宣传片。*为加强对北京市农产品加工企业的宣传，培育农产品优势品牌，加快农业产业化发展步伐，拍摄了反映北京农产品加工业发展的专题片——快速发展的北京农产品加工业。宣传片发放给了市农业产业化领导小组成员单位、农产品加工企业和有关单位。

6. *安排农产品加工专项资金扶持项目。*为落实市委市政府“保增长、保民生、保稳定”的总体要求，安排了农产品加工专项资金1 000万元，对列入市政府帮扶企业名单，对首都“三保”具有支撑作用的农产品加工重大项目和与当地农民利益联系紧密，促进农民就业增收效果突出，带动地区经济发展显著的农产品加工项目给予了扶持。

7. *召开北京市农村产业工作联席会议。*为落实市委市政府“保增长、保民生、保稳定”的总体部署，及时掌握本市农村产业发展情况，分析解决农村产业发展中的问题，促进农村一、二、三产业融合发展，11月17日，市新农村建设领导小组综合办公室组织召开了北京市农村产业工作联席会议第一次会议。会议听取了市农村产业工作联席会议成员单位前三季度促进农村产业发展的工作汇报，研究了农村产业发展中出现的问题以及下一年的工作重点。

8. *完成农业部安排的有关工作。*按照农业部要求，北京市农业产业化办公室完成了农业产业化国家级重点龙头企业的监测工作、2008年农业产业化和一村一品发展情况统计分析工作、2009年农业产业化和一村一品项目落实工作、2010年农业产业化和一村一品项目申报工作、2010年国家农产品加工技术研发专业分中心申报工作、2009年农民就地就近转移就业培训工作；2009年学生饮用奶作文、绘画大赛作品征集工作；2009年第三批学生奶奶源示范基地检查验收工作。

（市农委经济发展处　林然）

农业投入

【财政支农资金】

1. *支持设施农业发展。*按照《关于促进设施农业发展的意见》（京政发［2008］30号）文件精神，2009年市财政拨付设施农业发展资金5亿元，新增设施农业0.29万公顷。

2. *扶持奶业规模化生产。*按照《关于促进奶业规模化发展若干政策的意见》（京政农函［2008］96号）的规定，2009年市财政拨付资金4 571万元，吸纳41 563头奶牛入驻规模化养殖小区。

3. *完善政策性农业保险制度。*2009年市财政会同市农委在全国率先建立农业保险再保险制度，建立巨灾风险转移机制。2009年共拨付农业保险补助资金17 713.4万元，全市农业参保达24.2万户，保险金额达89.4亿元。

4. *支持农产品安全体系建设。*2009年拨付资金

1 850万元，对农业投入品、农产品及其生产环境进行监督检测，支持无公害农产品基地建设，完善农产品质量安全追溯系统。

5. 落实各项农业补贴政策。2009年市财政拨付良种补贴2 746万元；农机具购置补贴资金8 750万元，完成购机总额1.75亿元，购置农业机械1.6万余台套，补贴机具种类涉及到大中型拖拉机、联合收获机、园田耕作机、小麦免耕播种机、小型植保打药机、温室卷帘机、渔业、畜牧业机械等农业机械。拨付资金3 727万元，对农民专业合作社购买封闭货车、奶罐车给予补助，扶持农民专业合作组织发展。

6. 支持村邮站建设。根据市农委《关于申请2009年村邮站建设资金的函》（京政农函［2009］11号）和市农委、市邮政管理局测算，全市共需新建村邮站3 469个，2009年市财政拨付资金1 900万元，基本实现"村村通邮"。

7. 推动农村金融体系建设。农投、农担公司正式开始运作，小额贷款公司和村镇银行等新型农村金融机构逐步设立，为农村经济发展注入活力。

8. 积极推进集体林权制度改革。市财政为积极支持集体林权制度改革工作，按照每亩5元标准拨付12个区县林改工作经费共6 750万元，专项用于外业勘测支出、业内支出、林权纠纷调出支出、档案管理支出和培训支出。

9. 继续完善本市山区生态林管护制度。将山区生态林补偿机制作为一项长效机制予以坚持，根据山区生态林建设和森林资源的消长变化，每两年核定一次生态林管护面积和管护员人数，将新增山区生态林纳入补偿范围，并对生态林管护人员的轮岗时间进行了调整。同时，适当地提高了生态林管护人员工资补偿标准，在原有的每人每年4 800元的基础上增长10%，达到年人均5 280元，今后将根据山区人均收入水平和区县财力等情况，每三年提高10%。实行了生态管护员全员投保制度，凡选用的生态林管护员都要投保人身意外伤害保险，并作为上岗的必要条件，投保出资方式和参保形式由各区县自定。

10. 支持第七届中国花卉博览会举办工作。市财政投入资金4 000万元支持室内外展、花卉科技馆等项目建设，确保第七届中国花卉博览会的取得成功。

11. 支持做好森林病虫害防治工作。2009年林业危险性病虫害的防治形势依然严峻，市财政为支持区县病虫害防治工作，按照每个区县补助资金100万元标准共拨付补助资金1 800万元。拨付资金300万元进一步建立与首都周边地区的联防联治机制，确保了首都森林资源的安全。

12. 支持农村绿化美化创建活动。2009年共拨付资金1 620万元支持创建首都绿化美化园林小城镇5个、首都绿色村庄50个、首都绿化美化花园式单位50个。

13. 支持做好森林防火工作。2009年市财政拨付资金2 745万元支持建立现代化森林防火指挥系统建设，全市瞭望监测范围达到60%，视频监测覆盖率达到43%，通讯覆盖率达到70%。

14. 保障城市供水安全。市财政拨付资金24 340.8万元，支持从河北四个水库调水工作，累计收水3.35亿立方米；拨付资金5 500万元，支持密云水库上游地区水源保护，完成0.69万公顷稻改旱工程；拨付资金2 300万元，实施境外输水1 000多万立方米，境内输水5 000万立方米。

15. 支持知春桥雨水泵站改造。2009年市财政拨付资金1 200万元，进一步加大对城市排水系统的排查和疏通改造力度，完成知春桥雨水泵站及排水管线改造工作，解决知春桥积水问题。

16. 推进水资源循环利用。拨付污水处理费8.7亿元、污水处理厂运行补贴1.8亿元，提高污水处理能力。拨付再生水厂运行补助费3 000万元，保障中水工作的正常运行。拨付水资源费5 400万元，支持市相关部门采用再生水替代使用自来水和天然水，改善水环境。

17. 推进生态清洁小流域综合治理工作。拨付土地出让金8 000万元，强化水源保护，与市发改委共同支持建设生态清洁小流域23条，治理水土流失120平方公里。

18. 做好大中型水库移民后期扶持工作。安排水库移民后期扶持及农转非培训资金7 785.4万元，保障水库移民资金及时到位。为维护首都的稳定，将本市大中型水库移民补贴资金、农转非培训资金的拨付时间进行了调整，与市移民办共同确定在每年的6月30日之前将大中型水库移民补贴资金、农转非培训资金核定、下拨。

19. 参与重大水务规划政策的研究制定。参与完成《北运河流域水系综合治理规划》。参与完成了《永定河绿色生态走廊建设规划》。参与制定《北京市排水和污水再生利用管理办法》。参与推进水管事业单位体制改革。

20. 启动都市型现代农业基础建设。2009年市财政与市农委、市发改委、市农业局、市水务局等部门沟通，倡导搭建都市型现代农业基础建设平台，推动农业基础建设。同时，会同市农委等部门编制完成以四项工程（以提质减量为中心的农田培肥工程、以配水节水为中心的农田水利改善工程、以改善环境质量为中心的田园清洁循环工程、以路网林网完善为中心的田园景观建设工程）为主体的北京市都市型现代农业基础建设工程规划。计划用四年的时间全力打造8万公顷优势主导产业田、优良生态田、优美景观田，提升农业综合生产能力、生态服务能力和景观服务能力，把郊区农村建设成为首都优美的生产性绿色空间。通过资金整合，2009年拨付农业综合开发资金7.72亿元建设高标准农田1.3万公顷，大大推进了都市型农业建设水平。

21. 推进城乡一体化试点工作。市财政认真落实市领导的指示，支持北坞村试点工作，向项目开发主体注资5 000万元；对绿化占用宅基地按照北坞村目前人口2 858人，每人一次性给予2万元补助标准计算，拨付生态占地补偿资金5 716万元。

22. 进一步完善市与区县分税制财政管理体制。按照市委市政府《关于进一步完善市与区县分税制财政管理体制的通知》（京发［2008］27号）要求，建立局级领导协调调研机制，深入区县，指导做好新的财政体制的衔接落实工作。狠抓财政收入征收，2009年全市地方财政收入达到2 026.8亿元，增长10.3%。

23. 加强财政支农制度建设。对现行制度规定进行梳理，整理完成《北京市财政支农政策汇编》，制定出台《市与区县分税制财政管理体制支农专项转移支付资金管理办法》、《农业综合开发地方项目资金管理暂行办法》、《北京市少数民族乡村经济发展专项资金使用管理补充办法》。

（市财政局　张建龙）

【集体经济组织资产投入】 截至2009年底，乡村两级集体经济组织累计资产投资达2 972.4亿元，比2008年底的2 427.4亿元净增545亿元，同比增长22.5%。其中用于企业的累计资产投资达1 442.9亿元，占48.5%。

1. 固定资产投资。截至2009年底，北京郊区集体经济组织累计固定资产投资达821.7亿元，占累计资产投资总额的27.6%，比2008年底的745.1亿元净增76.6亿元，同比增长10.3%。其中：乡镇级累计固定资产投资326亿元，占固定资产投资总额的39.7%，比2008年底的317.6亿元净增8.4亿元，增长2.6%；村级累计固定资产投资495.7亿元，占60.3%，比2008年底的427.5亿元净增68.2亿元，增长16%。

2. 流动资产投资。截至2009年底，乡村两级集体经济组织各项非固定资产性投资总规模达到1 895.5亿元，占累计资产投资总额的64.8%，比2008年底的1 429.8亿元净增465.7亿元，增长32.6%。其中：乡镇级919.2亿元，占48.5%，比2008年底的751.6亿元增加167.6亿元，增长22.3%；村级976.3亿元，占51.5%，比2008年底的678.2亿元净增298亿元，增长43.9%。

3. 资产投资的区域分布。近郊集体经济组织累计资产投资达1 431.9亿元，占全郊区累计资产投资的48.2%，人均31.2万元，是全市平均数9.3万元的3.4倍；平原地区集体经济组织累计资产投资1 174.5亿元，占全郊区累计资产投资的39.5%，人均7.6万元，是全市平均水平的81.4%，不足近郊人均的1/4；山区集体经济组织累计资产投资366亿元，占全郊区累计资产投资的12.3%，人均3.1万元，是全市平均水平的32.8%，不足近郊人均的1/10。这组数字表明，地区间的资产拥有量极不均衡，其经济实力相差悬殊。

【公益事业及基础设施投入】 北京郊区公益事业与基础设施规划与建设迈出新步伐。郊区农村统筹安排水、电、路、通讯等基础设施建设项目，优化农村环境整治工作，重点建立完善农村信息网络体系，为农村经济发展和农民增收致富创造良好的环境条件。据北京市农村经济收益分配统计结果显示，2009年北京郊区乡村集体经济组织及其所属企业共获各级财政各种补贴达28.3亿元，同比增长10.7%，有348个农民专业合作经济组织获各级财政扶持资金8.2亿元。北京郊区乡镇级集体经济组织当年用于公益事业方面的支出为6.8亿元，比2008年的6.1亿元增加0.7亿元，同比增长11.6%；用于村镇建设及基础设施方面的投入3.9亿元，比2008年的5.4亿元减少1.5亿元，同比下降27.8%。村集体经济组织当年用于公益性基础设施方面的投入达8.2亿元。

【农户投入】 据北京郊区3 000户农户家庭住户调查资料反映，2009年农户人均生产性投资总额为1 718元，与2008年持平。其中：人均购置生产性固定资产支出146元，占人均生产性投资支出总额的8.5%，比2008年的136元增加10元，同比增长10.4%。其中购置运输工具的投入为71元，同比增加23元，同比增长47.9%。人均家庭经营费用性支出依然是农户投入的主体，达到1 572元，占人均生产性投资支出总额的91.5%，比2008年的1 582元减少10元，同比下降0.6%。人均家庭经营费用性支出中，第一产业是主体，达961元，占到人均生产性投资总额的55.9%，比2008年的931元增加30元，增长3.2%。一产支出中，牧业达658元，占到一产支出总额的68.5%，比上年增加62元，同比增长10.4%；农业252元，占一产支出总额的26.2%，同比减少22元，下降8%。这组数字表明，北京郊区的农村家庭经营依然处在以第一产业为主的状态，二、三产业则相对薄弱。第二产业支出158元，占人均生产性投资总额的9.2%，比2008年的136元增加22元，同比增长16.2%。其中工业77元，比上年同期增加16元，增长26.2%。第三产业453元，占人均生产性投资总额的26.4%，比2008年的515元减少62元，同比下降了12%。其中运输业275元，比上年减少71元，同比下降了20.5%（见表1）。

表1　北京郊区2009年人均生产性支出统计表

单位：元

指标名称	2009年	2008年	增减（%）
合　计（元）	1 718	1 718	0.0
一、购置生产性固定资产支出	146	136	7.4
其中：购置运输工具	71	48	47.9
二、家庭经营费用支出	1 572	1 582	−0.6
1. 一产业支出	961	931	3.2
其中：农业	252	274	−8.0
牧业	658	596	10.4

（续）

指标名称	2009年	2008年	增减（%）
2. 二产业支出	158	136	16.2
其中：工业	77	61	26.2
3. 三产业支出	453	515	－12.0
其中：运输业	275	346	－20.5
批零贸易业、饮食业	150	145	3.4
社会服务业	26	23	13.0

从不同类型地区农户投入情况看，2009年农户人均生产性投入呈现两降一增的区域特点。

城市功能拓展区农户人均生产性投资总额为128元，比上年减少27元，同比下降17.4%。其中：人均购置固定资产性支出仅为1元，占人均生产性投资支出总额的0.8%，比上年减少7元，同比下降87.5%。人均家庭经营费用性支出127元，占人均生产性投资支出总额的99.2%，比上年的147元减少20元，同比下降13.6%。人均家庭经营费用性支出中，第一产业支出10元，占人均家庭经营费用性支出的7.9%，比上年减少2元，同比下降16.7%。其中农业4元，比上年减少21元，同比下降84%。牧业6元，比上年减少10元，同比下降62.5%；第二产业支出空白；第三产业人均支出117元，占人均家庭经营费用性支出的92.1%，比2008年的103元增加14元，同比增长13.6%。其中运输业人均支出114元，比上增加13元，同比增长13.6%（详见表2）。

表2　北京城市功能拓展区2009年人均生产性支出统计表

单位：元

指标名称	2009年	2008年	增减（%）
合　计（元）	128	155	－17.4
一、购置生产性固定资产支出	1	8	－87.5
其中：购置运输工具	0	8	－100.0
二、家庭经营费用支出	127	147	－13.6
1. 一产业支出	10	12	－16.7
其中：农业	4	25	－84.0
牧业	6	16	－62.5
2. 二产业支出	0	1	－100.0
其中：工业	0	0	—
3. 三产业支出	117	103	13.6
其中：运输业	114	101	12.9
批零贸易业、饮食业	3	1	200.0
社会服务业	0	0	—

城市发展新区农户人均生产性投资总额为1 909元，比2008年的2 104元减少195元，同比下降9.3%。其中：人均购置固定资产性支出97元，占人均生产性投资支出总额的5.1%，比2008年的113元减少16元，同比下降14.2%。人均购置固定资产性支出中购置运输工具的支出42元，比上年增加31元，同比增长281.8%。人均家庭经营费用性支出1 812元，占人均生产性投资支出总额的94.9%，比2008年的1 991元减少179元，同比下降9%。人均家庭经营费用性支出中，第一产业支出972元，占人均家庭经营费用性支出的53.6%，比2008年的1 027元减少55元，同比下降5.4%。其中农业301元，比上年减少54元，同比下降15.2%。牧业596元，比上年增加3元，增长0.5%；第二产业人均支出289元，占人均家庭经营费用性支出的15.9%，比2008年的276元增加13元，同比增长4.7%。其中工业157元，比上年增加31元，同比增长24.6%；第三产业人均支出551元，占人均家庭经营费用性支出的30.4%，比2008年的688元减少137元，同比下降19.9%。其中运输业人均支出331元，比上年减少112元，同比下降25.3%（详见表3）。

表3　北京市城市发展新区2009年人均生产性支出统计表

单位：元

指标名称	2009年	2008年	增减（%）
合　计	1 909	2 104	－9.3
一、购置生产性固定资产支出	97	113	－14.2
其中：购置运输工具	42	11	281.8
二、家庭经营费用支出	1 812	1 991	－9.0
1. 第一产业支出	972	1 027	－5.4
其中：农业	301	355	－15.2
牧业	596	593	0.5
2. 第二产业支出	289	276	4.7
其中：工业	157	126	24.6
3. 第三产业支出	551	688	－19.9
其中：运输业	331	443	－25.3
批零贸易业、饮食业	201	215	－6.5
社会服务业	15	28	－46.4

生态涵养发展区农户人均生产性投资总额为2 393元，比2008年的2 095元增加298元，同比增长14.2%。其中：人均购置生产性固定资产支出305元，占人均生产性投资总额的12.7%，比2008年的248元增加57元，同比增长23%。其中人均购置运输工具支出156元，比上年增加31元，同比增长24.8%。人均家庭经营费用性支出2 088元，占人均

生产性投资总额的87.3%，比2008年的1 847元增加241元，同比增长13%。人均家庭经营费用性支出中，第一产业1 519元，占人均家庭经营费用性支出总额的72.7%，比2008年的1 322元增加197元，同比增长14.9%。其中农业330元，比上年增加25元，同比增长8.2%。牧业1 144元，比上年增加195元，同比增长20.5%；第二产业人均支出59元，占人均家庭经营费用性支出总额的2.8%，比2008年的14元增加45元，同比增长321.4%。其中工业4元，与上年持平；第三产业人均支出510元，占人均家庭经营费用性支出总额的12.1%，比2008年的511元减少1元，同比下降0.2%。其中运输业289元，比上年减少63元，同比增长14.2%（详见表4）。

表4 北京市生态涵养发展区2009年人均生产性支出统计表

单位：元

指标名称	2009年	2008年	增减（%）
合计	2 393	2 095	14.2
一、购置生产性固定资产支出	305	248	23.0
其中：购置运输工具	156	125	24.8
二、家庭经营费用支出	2 088	1 847	13.0
1. 第一产业支出	1 519	1 322	14.9
其中：农业	330	305	8.2
牧业	1 144	949	20.5
2. 第二产业支出	59	14	321.4
其中：工业	4	4	0.0
3. 第三产业支出	510	511	−0.2
其中：运输业	289	352	−17.9
批零贸易业、饮食业	163	129	26.4
社会服务业	57	29	96.6

区县间、远郊与近郊农户生产性投入水平相差悬殊，从区县情况看，2009年农民人均生产性支出总额超过2 000元的有6个区县，平谷达到3 171元，排在第一位，其余依次为怀柔、顺义、房山、延庆和大兴。不足百元的有两个区，分别是丰台人均5元，朝阳人均95元。从远近郊的情况看，2009年近郊区农民人均生产性支出总额为128元，比上年减少27元，仅为全市平均水平的7.5%；而远郊区农民人均生产性支出总额则高达2 105元，比全市平均水平高出22.5%，更是近郊区的16.4倍。这与当地农民的收入构成、乡村企业的发达程度、农村劳动力的就业状况、地理位置及资源状况等密切相关。由于独特的地理位置，近郊乡村企业较发达，农民的人均工资性收入、财产性收入及转移性收入均远远高于远郊。2009年近郊农民人均工资性收入达10 509元，占农民人均纯收入总额的68.3%，比远郊区高出4 023元；人均财产性收入达2 683元，高出远郊区1.5倍；人均转移性收入达2 415元，高出远郊区1 025元，其中人均退休养老金达到1 606元，高出远郊区1.2倍。这是近郊区农村居民人均生产性投资相对较少、家庭经营相对薄弱的最直接原因（详见表5）。

表5 各区县、近郊、远郊人均生性投资支出情况表

单位：元

指标名称	2009年	2008年	增减（%）
全市	1 718	1 718	0.0
朝阳	95	70	35.7
丰台	5	27	−81.5
海淀	368	502	−26.7
门头沟	1 818	1 024	77.5
昌平	1 361	1 297	4.9
顺义	2 499	2 999	−16.7
通州	1 106	1 022	8.2
大兴	2 181	2 406	−9.4
房山	2 328	2 686	−13.3
平谷	3 171	2 723	16.5
怀柔	2 929	2 863	2.3
密云	1 480	1 364	8.5
延庆	2 285	2 089	9.4
近郊	128	155	−17.4
远郊	2 105	2 100	0.2
功能拓展区	128	155	−17.4
发展新区	1 909	2 104	−9.3
生态涵养区	2 393	2 095	14.2

（市经管站 刘学军）

郊区绿化美化建设

概　述

郊区新增造林绿化面积 8 733 公顷，栽植各类苗木 2 335 万株。“三北”防护林建设、太行山绿化和京津风沙源治理工程全面推进；废弃矿山生态修复工程进展顺利；西六环、京包高速、京山铁路、S2 线四条重点通道实现绿化 136 千米，1 667 公顷，营造出“绿不断线、景不断链”的生态景观。新农村绿化完成 1 700 个村，绿化面积 1 394.9 万平方米；“城乡手拉手、共建新农村”和“创绿色家园，建富裕新村”等创建活动成效显著，47 个中央单位、201 个市属单位、597 个区属单位和 56 个驻京部队与 748 个村结成对子；积极支持新农村绿化和产业发展，各区县创建园林小城镇 10 个、首都绿色村庄 80 个。启动实施了京冀生态水源保护林建设合作项目 5 333.3 公顷，栽植各类苗木 800 余万株。郊野公园环建设加快推进，新建的 19 处郊野公园全部向社会免费开放，在建的 14 处已完成绿化主体工程，将向市民开放。第二道绿化隔离地区完成绿化面积 2 667 公顷，栽植苗木 320 万株。推进城乡结合部综合配套改革试点，大望京公园基本完成主体任务，北坞郊野公园完成规划设计。11 个新城万亩滨河森林公园全部完成规划方案审批，其中通州、顺义、密云、延庆 4 处正式启动。

生态建设

【维护生态安全，首都森林资源管理水平得到新加强】 ①森林火灾防控能力明显增强。按照完善“四个机制”、加强“四项建设”的思路，着力强化森林防火体制机制和基础设施建设，有效提升了安全保障能力。总投资 1.68 亿元的四个市属国有林场森林防火阻隔系统建设项目完成了初步设计，投资 4 300 余万元完成西山林场一期防火公路建设，投资 2 700 多万元建成了现代化市森林防火指挥系统，北京市航空护林站、森林防火物资储备库、重点火险区综合治理等重大建设项目取得明显进展。全市瞭望监测范围达到 60%，视频监测覆盖率达到 43%，通讯覆盖率达到 70%。全年森林火情下降 41%，实现了大庆之年无重大森林火灾发生、无人员伤亡的目标。②林木有害生物得到有效控制。全市林木有害生物防治率达到 99.4%，无公害防治率达到 100%，种苗产地检疫率达到 100%，测报准确率达到 99.75%。成灾率 0.03‰，比国家下达控制指标降低了 1.47 个千分点，全市未发生美国白蛾灾害。大力推广无公害技术，全市实行飞防 1 798 架（次），释放周氏啮小蜂 30.2 亿头、赤眼蜂 5 亿头，施用美国白蛾病毒 0.67 万公顷（次）。进一步完善与首都周边地区的联防联治机制，确保了首都森林资源安全。③森林资源保护管理全面加强。加强林政资源管理，规范征占用林地和林木采伐管理，通过优化重点工程方案审核，全市减少占用林地 84.16 公顷，减少移伐林木 3.9 万株，有效保护了林地资源。结合建国 60 周年大庆，开展了“同在蓝天下”野生动物保护法律法规大型宣传、野生动物保护利用情况专项执法检查和“绿盾三号”行动，严厉打击了破坏森林和野生动物资源的违法犯罪活动，全年受理查处各类案件 640 余起。推进全市园林绿化资源、植物种质资源、湿地资源调查和森林资源价值评估等工作，湿地、古树名木保护、风景名胜区和自然保护区建设全面加强。

【第二道绿化隔离地区绿化建设】 完成了新增绿化面积 8 000 公顷的任务，使二道新增绿化总面积达到了 139 平方千米（1.4 万公顷）。

【彩色树种造林工程】 在青龙峡、古北口、凤凰岭等风景区、旅游区完成造林 2 000 公顷，栽植彩色树种 150 余万株。

【三北防护林工程建设　太行山绿化工程　重点绿色通道建设工程】 ①三北防护林体系建设工程和太行山绿化工程。2009 年国家下达北京市三北四期防护林体系建设和太行山绿化二期工程建设人工造林任务 1.67 万公顷。鉴于可造林绿化用地面积不够的实际情况，市园林绿化局会同市发展改革委，与国家发改委、国家林业局多次协调，上报了调整建设内容的请示，经国家林业局同意，并经市政府批复，同意任务调整为新增人工造林 3 333.33 公顷和补植补造 1.33 万公顷，其中新增人工造林 3 333.33 公顷与 2009 年市重点绿化工程捆绑实施；补植补造 1.33 万公顷中，结合郊野公园和新城滨河森林公园捆绑实施2 666.67公顷，新增补植补造1.07万公顷。并确定总投资3.89亿元，其中中央2 500万元，市配套3.24亿元，区县配套4 000万元。市、区配套中，与市重点工程捆绑实施的人工造林、与郊野公园和新城滨河森林公园捆绑实施的补植补造的地方配套资金共2.84亿元，按照现行政策由市政府固定资产投资安排解决；1.07万公顷新增补植补造需地方配套资金8 000万元，市、区按照1∶1比例配套，市政府固定资产投资安排4 000万元，各区配套4 000万元。计划任务和配套资金已全部落实。②2009年重点绿色通道工程建设积极推进。2009年重点绿色通道建设包括西六环、京包高速公路、京山铁路、S2线等四条路，绿化总长度176.2千米，规划绿化面积2 882.27公顷，其中：永久性绿化带1 643.97公顷（普通段绿化面积1 115.06公顷，重点段绿化面积528.91公顷），平原地区500米可视范围和山区前山脸100米范围改造提升绿化面积1 238.3公顷。工程建设总投资3.7亿元，规划建设期限为2009年2月至2010年5月。截至目前，延庆县规划绿化任务全部完成；大兴区完成任务量的74%；昌平区完成74.7%；海淀完成59.7%；房山进展迟缓，完成30.9%；丰台区、门头沟区均已完成土地流转，拆迁腾退，施工招投标，已开始动工。

【京冀生态水源保护林建设工程】 按照北京市政府和河北省政府签署的《京冀合作备忘录（2006年）》和《关于进一步深化经济社会发展合作的会谈纪要（2008年）》中关于双方共同营造生态水源保护林建设和森林保护合作的任务要求，2006年12月到2009年5月，会同市发展改革委、张承两市林业局，编制了《2009—2011年京冀生态水源保护林建设和森林保护合作规划》，完成了项目的立项、评估、审批等前期大量工作，于2009年5月正式获市政府批准。规划利用三年时间在河北省张家口的赤城、怀来，承德市的滦平、丰宁四县营造水源保护林1.33万公顷，总投资1亿元，其中2009年造林5 333.33公顷。项目于2009年7月正式启动，截止当前全年计划的5 333.33公顷造林任务已全部完成，栽植各类苗木800多万株。

【山区生态林补偿机制】 2009年，在与市财政局、农委多次沟通协调的基础上，完成了山区生态林补偿机制的完善工作，以市园林绿化局、财政局、农委文件形式印发了《关于完善本市山区生态林补偿机制的通知》（京绿造发［2009］14号），明确规定：一是本市山区生态林补偿机制作为一项长效机制予以坚持，新增集体生态林纳入管护范围。今后根据山区生态林建设和森林资源的消长变化，每两年核定一次生态林管护补偿面积和生态林管护员人数；二是适当提高管护补偿标准，建立稳定的增长机制。从2009年7月1日开始，全市山区生态林管护员补偿标准由原来的平均每月400元提高到440元，今后每三年提高10%。新增资金由区县财政负担，并纳入区县财政年度预算；三是实行生态林管护员全员投保制度。凡选用的生态林管护员都要投保人身意外伤害保险，并作为上岗的必备条件。投保出资方式和参保形式由各区县自定；四是合理调整生态林管护员轮岗时间。自2010年起，全市生态林管护员轮岗时间由原来的每年12月底调整为每年6月底；五是进一步强化区县政府的主体责任，建立健全管理制度；完善区县、乡镇、村管理体系、管护员绩效考核制度、管护员培训制度等内容。

【起草山区生态公益林生态效益促进发展机制意见】 2009年，会同市财政局、市政府研究室等部门，在多次调研、座谈和沟通协调的基础上，起草提出了《关于推进集体林权制度改革，建立山区生态公益林生态效益补偿制度的意见》，并以市园林绿化局和市财政局、市政府研究室联合行文上报了市政府，并经市委常委会讨论通过。此意见提出对山区67.33万公顷集体生态公益林按每年每亩40元标准进行效益补偿，按照市推进集体林权制度改革确定的“均股不分山、均利不分林”、“确权入股、确权确利”和“公开、公正、公平”的原则，以村为单位，将60%的补偿金平均分配给集体经济组织成员，让作出生态贡献的山区农民得到实惠，增加农民收入；40%的补偿金主要用于以林木抚育为主的森林健康经营，由区县依据生态公益林的有关规定要求和经营规划方案，统筹安排实施，农民参与建设，提高生态功能和价值，实现补偿与生态效益增长的挂钩。同时，就加强组织领导、建立协调机制、严格资金管理、完善考核制度等方面提出了具体要求。

【荒山困难地造林工程】 全面启动北京市山区困难地造林工程。为了认真贯彻落实北京市园林绿化局提出的建设“生态园林、科技园林、人文园林”新战略，加快北京市2.75万公顷宜林荒山绿化步伐，经过深入调研、统筹规划、周密部署，2009年全面启动了北京市山区困难地造林工程。依据国家和北京市有关造林技术规程和规定，北京市园林绿化局先期制定并颁发了《北京山区困难地造林技术规定（试行）》，并在规定中明确提出：一要适地适树、因地制宜，选用长势强壮、冠型饱满的良种壮苗，实现针阔混交、乔灌混交、错落有致的自然配置；二要按照“多树种、多植物、多层次、多色彩、多功能”的要求，运用近自然、森林健康、林业碳汇等先进理念，应用抗旱造林、土壤管理等适用技术，利用现代科学技术成果，营建结构合理、景观优美、稳定健康的森林生态系统的要求。荒山困难地造林工程完成情况。2009年北京市荒山困难地造林工程总任务6 866.67公顷，工程涉及8个区县、67个乡镇、179个村，其中：昌平区600公顷、延庆县666.67公顷、门头沟区2 000公顷、房山区2 000公顷、平谷区266.67公顷、怀柔区666.67公顷、密云县573.33公顷、顺义区93.33公顷。截至5月下旬，北京市8个区县荒山困难地造林工程任务全面完成，共栽植油松、侧柏、文冠果、白蜡、香花槐、栓皮栎等各类针阔、彩叶、经济树种50多个品种、722万株、修步道林道785.7千米、修建防火隔离带339.5千米、修筑蓄水池374个、铺设输水管线854.8千米、架设各类水泵806台，共组建专业施工队伍232支，施工人员13 542人。

【山区低效生态公益林改造规划的编制工作】 编制《北京市山区低效生态公益林改造工程规划》是近两年来的重点工作。2009年11月5日，初步确定2010—2020年共实施完成20万公顷山区低效生态公益林改造任务，总投资约95亿元。规划2010—2015年对风景名胜区、旅游观光区、主要通道两侧等重点区域的80万公顷低效生态林进行改造，2016—2020年对远山深山的12万公顷低效林进行改造，其中2010年进行工程试点建设，改造任务初定为1 333.33公顷。工程建设分低效纯林改造（2.01万公顷）、低效灌木林改造（8.33万公顷）、衰退次生林改造（1.87万公顷）、景观低效林改造（7.8万公顷）四种类型，平均每亩投资3 000元。2009年，在完成上述重点工作的基础上，统筹兼顾，开展了生态林管护培训，技术规程编制、科技项目实施、提案议案办理、来访考察接待、信访咨询答复、项目绩效考评等多项工作。

【北京市太行山绿化工程】 北京市2009年完成太行山绿化工程2 477.3公顷，其中，防护林完成1707.6公顷，特用林完成600.6公顷，经济林完成169.1公顷。工程主要特点：科学规划，打造精品。在太行山区绿化工程建设中，为了提高造林质量，突出绿化造林效果，各区按照因地制宜、科学规划、突出重点的原则，以“前山脸、风景点、路两侧、水源边”为造林规划重点，造林地块尽量能够使不同年度造林工程相连接，乡镇与乡镇造林、村与村造林相连接；在造林模式上，全部推广针阔混交造林，增加火炬、黄栌、元宝枫等彩色树种的比例，提升景观效果。注重科技，提升建设水平。提高了工程建设的质量和造林成效，在工程建设中，大力推广应用了容器苗造林、地膜覆盖、盖草、压石、生根粉、保水剂等抗旱保墒适用科学技术，有效提高了造林成活率和保存率，使新造林苗木成活率达到了90%以上，为打造精品工程奠定坚实基础，确保了造林成效。房山区春季造林使用保水剂50吨、生根粉4 000克、地膜100吨。

【彩叶工程】 从2001年开始，全市将彩色树种的种植作为一项重点工程来抓，以实现“山山看红叶”的目标，创建层林尽染、万山红遍的生态景观。按照“集中连片、形成规模、突出景观”的原则，围绕名胜古迹区、风景旅游区、休闲观光区、前山脸地区和主要公路、河道两侧等重点区域，加大彩叶树种的植树比例，实施彩叶工程，大力栽植黄栌、元宝枫、栾树、栎类、臭椿类、地锦等彩色树种。规划到2015年，全市山区彩色景观林面积达到2.67万公顷，打造10处彩色景观区、6条彩色景观带，建设30个彩色景观点。截至2009年，彩色树种分布面积已达2.3万公顷。山区彩叶观赏区初具规模，彩色景观景点基本形成，成为市民旅游观光、休闲游憩的重要场所。2009年全市实施彩色树种造林工程2 000公顷，栽植黄栌、元宝枫、栾树、栎类、臭椿类、地锦等各类彩色树种180余万株，工程重点安排在金海湖、古北口、青龙峡、玉渡山、八达岭—十三陵、凤凰岭、九龙山、青龙湖、十渡等10大重点风景名胜区、旅游区。工程涉及平谷、怀柔、密云、昌平、延庆、门头沟、房山、海淀、丰台、顺义等10个区县。

果树花卉产业

【果树产业提质增效】 据初步统计，2009年全市果品产量为9.77亿千克，同比增长7%，是2003年以来增长幅度最高的一年，果农户均果品收入突破万元。其中鲜果增长6.7%；果品收入31.9亿元，同比增长14%，增量和增幅均创历史新高。分析原因主要是落实北京市《关于推进农业现代化加快农民致富步伐若干政策意见》，连续几年推广果树有机化栽培，努力实现果树产业的“三大转变”，再加上连年独具特色的“百万市民观光采摘等特色旅游文化工程”宣传活动，初步挖掘了首都高端果品需求市场，促进了产业提质增效，实现了京郊果农增收致富。全市果品收入连续三年增长超过10个百分点，2009年全市30万户果农户均果品收入首次突破万元，达10 648.8元，同比增长36.9%。2009年鲜果产量达到9.2亿千克，同比增长6.75%；收入达到22.5亿元，同比增长17%；核桃、板栗、仁用杏等干果产量首次突破5 000万千克，达到5 715万千克，增长16%，尤其是板栗产量达到3 116万千克，增产26.5%。但由于严重干旱，栗果质量等级下降，使得板栗收购价格偏低，导致板栗收入略低于上年，为2.1亿元。从树种看，除鲜杏、葡萄产量与上年基本持平外，其他各种干鲜果品均有不同幅度增产，梨、桃等大宗果品超过4%，柿子、李子、枣、樱桃超过20%，桃、梨、鲜杏、柿子、李子的收入增幅超过10%，其中桃实现增收27.5%，樱桃收入增长30%。干果中核桃、仁用杏增收分别为6.2%和11%。

【果树更新改造力度加大】 2009年春季完成果树发展5 333.33公顷、413.9万株。其中，扩大面积新发展果树2 800公顷、249.1万株，比上年减少，山区县占到2 666.67公顷，其中鲜果1 933.33公顷，干果866.67公顷、58.7万株；完成老杂劣等低效果园的更新改造1 600公顷、105.0万株，分别比上年增加9.3%、5.5%。继续积极利用野生酸枣、山杏资源。春季全市完成243.5万株的野生果树资源的嫁接利用，其中嫁接酸枣223.2万株，嫁接山杏20.3万株。

【果树温室大棚稳步发展】 2009年设施保护地果品总收入又创历史新高达到1.59亿元，同比增长22%，平均亩收入达到2.1万元。全市共有设施保护地果树栽培面积933.33公顷，其中结果面积502.47公顷、7 735个棚室。2009年全市设施保护地果品总产量达到808.3万千克，比上年增长14.7%；总收入达到1.59亿元，按结果面积算，平均亩收入达到2.1万元。2009年全市又投资7 301万元新建果树设施保护地88.67公顷、1 065个棚室。其中，砖钢结构的温室74.2公顷、1 033个；钢架大棚7.27公顷、87个，涉及农户154户。总投资中农民自筹6 573万元、市县乡补助728万元，二者比例为9∶1。设施果树的高效益促使全市果农积极主动的发展设施果品生产。

【观光采摘效益持续攀升】 2009年京郊果园共接待游客741.39万人次，采摘果品总量达4 000万千克，采摘直接收入达3.3亿元。京郊开放果园已由上年的837个增加到926个，面积达到3.27万公顷(同比增长8.0%)。通过观光采摘促销果品8 121.75万千克，同比增长122%，促销收入2.8亿元，同比增长48%。号称“春果第一枝”的樱桃有1 333.33公顷结果，总产量409.92万千克，总收入1.5亿元，其中樱桃采摘收入8 557.1万元，约有91.6万人次的市民来到樱桃园，樱桃采摘量加上团购量超过总产量的80%，采摘收入占到了总收入的57%。平谷北寨红杏成熟时，北寨村就接待4万余人次，175万千克红杏有50万被采摘，综合采摘收入达到550万元。大兴安定镇千亩古桑园接待观光采摘8万人次，采摘26万千克桑椹，收入120万元。

【果品配送及国庆庆典用果配送工作】 2009年，北京市果树产业协会间接帮助会员销售和直接通过协会下属北京百果神农果品配送有限公司直接销售果品共计4 595万千克，其中间接销售1 137万千克，直接由协会下属北京百果神农果品配送有限公司直接销售3 458万千克。农超对接超市配送3 078万千克，其他途径配送380万千克包括家庭VIP配送206万千克，各大机关及会议用果配送158.2万千克，国庆特供1.8万千克，采摘6万千克，社区销售8万千克。8月10日，北京市果树产业协会“北京果品网”(www.6s-guo.com)开通后，网站受到了广大市民的热烈欢迎。点击流量已近两万人次，百度排名曾经持续一周在前五名，注册用户达二千余人，电话咨询量每天都在100人次以上，截至10月底实际购买成交1 000余笔，使VIP家庭配送量比上年同期增加116万千克，使北京安全放心、快捷便利、周到细致、特色优质果品服务，通过高科技电子商务手段正在走入千家万户市民。

【干鲜果品及加工品出口】 2009年完成干鲜果品及加工品出口1 680万千克。受全球经济危机的影响，2009年全市干鲜果品及加工品出口减少近一半。据初步统计，全市已完成干鲜果品及加工品出口1 680万千克，收入3 638万元。其中，桃、梨等鲜果390万千克、收入1 050万元；板栗、仁用杏等干果280万千克、收入560万元；果品加工品出口1 010万千克，收入2 028万元。

【强化协会功能，开拓“农超对接”，实现优质优价】 北京市果树产业协会为了认真贯彻落实市有关领导农产品“农超对接”的指示精神，积极开拓果品市场，带领果农增收致富，充分发挥政府、果农和市场之间的桥梁和纽带作用。2009年初与全球第三大零售商、英国的TESCO（乐购）建立紧密合作伙伴关系，随后英国TESCO本部委派专业采购人员对北京市果树产业协会会员的果品基地和协会下属果品配送中心——北京百果神农果品配送有限公司进行了严格的实地考察和评估，考查内容包括果品管理水平和果品质量以及果品配送中心采后处理的分选、包装系统的设备、检验仪器、果品质量的追溯系统等内容，考察结果符合TESCO的国际质量安全标准。因此，TESCO与由协会会员组成的农民专业合作组织“北京百果惠民果品产销合作”签订了TESCO直采北京地产优质果品的合同，实现其在北京果品“农超对接”的第一单。2009年7月21日上午，在TESCO北京大成东店举办了“TESCO直采北京地区地产优质果品暨TESCO与北京百果惠民果品产销合作采购3 000吨平谷大桃签约新闻发布会”，会上，来自英国的TESCO与北京百果惠民果品产销合作签订了TESCO直采北京地产优质果品的合同，首批采购果品为3 000吨大桃，直接进入TESCO在华东、华北和东北共58家大卖场及6家试运营的便捷店。这是以实现果品商品化处理为基础，实现了优质优价的目标。此举推动了北京优质果品走向全国、全世界，体现出优质优价，使农民得到实惠，顾客买到好的果品，实现双赢。

【继续做好果树风险互助工作】 果树风险互助工作开展三年来，受到了广大果农欢迎和有关领导部门的认可。2009年的果树互助保险依然对苹果、梨、葡萄、樱桃、桃等十个树种进行承保，2009年承保范围：全年参保乡镇31个，行政村110个，参保农户874户，互助面积1 423.44公顷，收取互助保险金从2008年的446万元增长到了505万元，比上年增长13.22%，保障金额从9 000万元增加到1亿多元。并为全市上年未出灾果农优惠4万余元保费。

由于2009年风雹灾害较重，灾害评估工作正在进行中，以日期计算共发生风雹灾害27次，其中雹灾4次、剩余全部为风灾。共涉及20个乡镇，46个村，623户果农，现已确定赔付果树灾害保险金400余万元。

【花卉产业】 2009年前三季度生产鲜切花4 644万支，产值1.56亿元；盆栽植物1.1亿盆，产值8.37亿元。预计全年花卉产值将突破12亿元，比2008年的9.2亿元增长30%。日光温室400公顷，增加30%，高档自控温室122万平方米，增加30%。以筹办花博会为契机，花卉产业再上新台阶。花卉种植面积达到0.38万公顷，比2006年底增长4.2%，其中花卉设施生产面积0.09万公顷，是2006年底的2倍；产值9.2亿元，比2006年底增长26%；亩效益1.6万元，比2006年底增长23%；全市大型花卉交易市场37家，比2006年底增加68%；花卉消费额达到70亿元，比2006年的51.9亿元增长了34.9%，花卉年需求量仍以每年10%的速度增长。做好第七届中国花卉博览会各项工作，一届“展会内容丰富，博览规模宏大”的花博会呈现世人面前，是迄今为止历届花博会中参与范围最广、企业品质最优、花卉品种最新、科技含量最高、展示领域最宽、影响最为深远的一次国际性花事盛会。启动实施百万市民走进京郊百花园活动。选择具有代表性的花卉企业，组织广大市民到京郊赏花、观光采摘、休闲旅游，首批推出了北京国际鲜花港、北京花乡花木集团有限公司、市大东流苗圃、延庆县四海镇等17家定点花卉生产基地、花卉示范园区，向社会开放，让市民零距离观赏各种精品花卉。

郊野公园建设

【城市绿化隔离地区的郊野公园建设】 ①概况：为落实《北京城市总体规划（2004—2020年）》要“围绕中心城以第一道绿化隔离地区形成公园环”、“建设成为具有游憩功能的景观绿化带和生态保护带”，满足城市发展的要求和市民休闲游憩的需求，按照刘淇书记“要把100多平方公里绿地建设成为市民休闲游憩的大公园”的指示精神，2007年市委、市政府启动实施了绿化隔离地区郊野公园环建设。经过三年多的建设，取得了明显成效，提高了绿地质量水平，提升了生态景观效果，增加了林木绿地的服务功能和价值，得到了市民的广泛赞誉。②进展情况：2007—2009年新建郊野公园42个、面积2 606.67公顷，加上2007年前原有公园29个、面积2 393.33公顷，目前已有公园71处、总面积达5 000公顷。2010年计划安排新建郊野公园10个、面积666.67公顷。据专家测算，目前已有的71个公园，每天可吸收二氧化碳4 500吨，释放氧气3 000吨（公园绿地每天每亩吸收二氧化碳60千克，释放氧气40千克），公园瞬时可容纳82.5万游人（按人均60平方米）。郊野公园建成后实行免费向社会开放，让市民更直接、更具体地享受绿化建设成果，得到了社会的广泛关注和市民的拥护。许多市民来信来电反映强烈，认为实施郊野公园环建设是市委、市政府改善城市生态环境，关注民生的重要体现，功在当代、利在千秋。③2008年建设的14处郊野公园已于2009年“五一”向社会免费开放。2008年建设19处郊野公园，面积为1 160公顷。其中朝阳区10处601.27公顷、海淀区2处147.4公顷、丰台区5处241.47公顷、大兴区1处90.8公顷、石景山区1处79.07公顷。经过评估，2008年19处郊野公园建设总投资为78 369万元，平均造价69.39元/平方米。按照市、区7∶3的投资比例，市投入54 913万元，区投入23 456万元。其中：调整林木结构，新植乔木、花灌木158万株，栽种地被及水生植物390万平方米，绿化投资36 470万元占46.54%；建设道路、广场和绿荫停车场铺装面积76万平方米，公共配套服务设施建筑面积4.35万平方米，生态厕所27个，太阳能灯1 088套，投资41 899万元占53.46%。拆除建筑35万平方米，于2009年“五一”陆续全部向社会免费开放。④2009年建设的14处郊野公园于2010年“五一”向社会免费开放。2009年市政府确定实施并纳入为群众办实事的14处郊野公园、726.33公顷建设任务，主要分布在朝阳区6处，面积310.53公顷；海淀区2处，面积81.13公顷；丰台区5个，面积262.33公顷；昌平区1个，面积72.33公顷。2009年全市郊野公园总投资49 178万元，其中：市政府投资34 426万元，区政府投资14 752万元。平均每平方米造价67.67元。经过一年多的努力，在2010年5月份陆续对外免费开放。建成后的公园可以安排2 000余人劳动力就业。⑤2010年市政府确定实施并纳入为群众办实事的10处郊野公园、666.67公顷建设任务。目前公园规划设计方案已经通过市有关部门联合审查，正在抓紧公园加快实施方案的上报和审批工作，2011年“五一”向社会免费开放。

推进林业改革创新

【推进改革创新　园林绿化综合管理能力显著增强】 ①法制规划工作取得重要进展。经过多年来的不懈努力，《北京市绿化条例》经市人大审议通过，2009年3月1日起正式实施。《条例》的颁布，对推进依法治绿、高效管理、城乡统筹、科学发展具有重大意义；《北京市重点保护陆生野生动物造成损失补偿办法》经市政府常务会议审议通过颁布施行，2009年对6个区县35个乡镇211个村的3 789名受损户进行了补偿，发放补偿资金147万元；启动了《风景名胜区实施办法》、《湿地保护条例》的起草和立法调研工作。《北京市绿地系统规划》获市政府批准，完成了第一批城市绿线划定，全面启动了城市绿地确权登记工作。启动了全市公园事业发展和乡镇公园体系建设规划的编制工作；编制完成园林绿化科技、山区低效林改造、园林绿化废弃物资源化利用等专项规划，《林地保护利用规划》和《森林经营方案》编制工作扎实推进。《八达岭—十三陵国家级风景名胜区总体规划》已由市政府上报国务院；石花洞风景名胜区详规编制正式启动。②体制机制改革实现重大突破。以政府机构改革为契机，全面理顺了18个区县园林绿化管理体制，在全国率先形成了绿化资源城乡统筹的发展格局；扎实推进乡镇、街道设立绿化委员会和基层林业站改革工作，市、区县、乡镇（街道）三级绿化工作管理体制不断完善。高效推进扩大内需重大项目绿色通道审批，进一步完善了重大项目统筹协调、联审联批机制，对63项行政许可事项进行了全面梳理，取消行政审批2项，下放区县审批8项，缩短了审批流程和办理时间，提高了服务水平和行政效能。③集体林权制度改革全面启动。围绕落实中央林业工作会议精神，市委常委会、市政府常务会审议通过了关于建立山区生态效益促进发展机制、林木采伐育林基金征收为零、强化公共财政和金融支撑、推进林业碳汇发展等政策措施，出台了《北京市集体林权制度改革工作指导方案》。市委、市政府召开了全市林业工作会议，全面启动了集体林权制度改革，怀柔、房山、昌平、通州四个区召开了集体林权制度改革动员大会，全市22个试点乡镇的林改工作有序推进。进一步完善了山区生态林管护机制，结合推进林权改革，按照“均股不分山、均利不分林”和“生态受保护、农民得实惠”的原则，制定了《关于建立山区公益林生态效益促进发展机制的意见》，提出了山区集体公益林生态效益补偿政策。④科技服务与交流合作成效明显。以召开全市园林绿化科技大会为契机，加大对湿地恢复、森林健康经营、林业碳汇技术和园林绿化废弃物资源化利用关键技术等重大基础性课题的研究试验，组织实施国家、市级科技项目30项，制定完善22项园林绿化地方标准，推广应用科技成果27项。大力加强节约型园林建设，全市建成具备中水浇灌条件的绿地1 200公顷，推广节水灌溉设施绿地面积达到300多公顷，雨洪利用9万立方米；建成西城、朝阳、丰台、顺义4个园林绿化废弃物集中处理基地。加大科普宣传力度，组织开展了第十二届生物多样性科普宣传月活动，成功举办了“北京园林绿化行业新技术新材料推介会暨专题报告会”，近60万人次参加了各种活动。开展了“首届林果乡土专家进城交友行动”，全年共培训林农、果农、花农、蜂农等10万人次。国际交流与合作进一步扩大，中韩、中日、中德等国际合作项目稳步推进。高水平完成济南“园博会”北京园建设和日本滨松国际立体花坛博览会的参展任务，受到国内外高度评价，并获得两项大奖。进一步完善网格化管理系统内部功能，促进了信息管理新模式的普及应用。⑤市属国有林场和苗圃基础建设全面加强。各场圃紧紧围绕“生态优先、场园一体”的思路，积极参与全市京津风沙源治理、绿色通道、绿化隔离地区等重点生态工程建设，在森林经营抚育、绿色景观提升、先进技术研发、科普教育示范和生态文化普及等方面实现了新的突破。通过实施一批基础设施建设和改造工程，使林场、苗圃的面貌发生了新的变化，经营管理水平取得了新的进步，经济效益实现了新的提高。特别是京林大厦圆满完成了市政府交办的甲型流感隔离保障任务，树立了首都园林绿化战线顾全大局、勇挑重担的过硬作风和良好形象，受到市委、市政府的充分肯定和表扬。

（市园林绿化局　黄桂林）

郊区二、三产业

概　述

2009年，积极发展非农产业。市、区县不仅注意产业开发还注意完善产业布局，落实发展规划，加快基础设施建设，引进和发展先进制造业、高新技术产业、生产性服务业和文化创意等低碳高端产业，走新型工业化之路。注重二、三产业集中发展和提升农产品加工业，推动第一产业向二、三产业延伸，大力发展乡村旅游业，向质量效益型转变。加快农村地区商业、物流等现代服务业发展。

2009年，郊区农村第二产业在国家加大基础设施建设投入方针的刺激下，呈现触底回升的态势，主要指标稳步回升，复苏迹象明显。全市农村第二产业实现收入1 702亿元，比上年增长11.8%。其中，工业收入1 289元，比上年的1 159.5亿元增加129.5亿元，增长幅度达到11.2%。建筑业实现收入413亿元，比上年的363亿元增加50亿元，增长幅度达到13.8%。

2009年，郊区农村第三产业在国家扩大内需方针的刺激下得到进一步发展。全年收入实现1 869.9亿元，比上年的1 685.3亿元增加184.6亿元，增长幅度达到11%。其中，商业饮食业实现收入852.7亿元，增长10.7%；交通运输业实现收入224.7亿元，比上年增长4.9%。以乡村旅游为主体的服务业收入实现605.8亿元，比上年的493.7亿元增了112.1亿元，增长幅度达到22.7%。

（摘自市农研中心《2009—2010年郊区农村经济形势分析与预测报告》）

郊区第二产业

【郊区已成为北京市第二产业发展的聚集地】 北京现有各类工业（科技）园区31个，总规划面积255平方公里。其中30个座落在北京郊区，它们是：国家级开发区4个，包括北京经济技术开发区，北京新技术产业开发区海淀园区、丰台园区、昌平园区（简称一区三园）。经北京市政府批准的工业（科技）园区有：北京市西三旗高新建材城；朝阳区2个：望京工业区、东部旅游经济开发区；石景山区1个：八大处高科技园区；门头沟区1个：石龙工业区；房山区2个：良乡卫星城工业开发区、燕山东流水工业区；通州区3个：张家湾工业开发区、永乐经济开发区、次渠工业区；大兴区2个：大兴工业开发区、埝坛经济开发区；昌平县1个：民办科技园区；怀柔县5个：雁栖工业开发区、凤翔科技开发区、农业经济开发区、中国乡镇企业城、民营经济开发区；平谷县2个：滨河工业区、兴谷经济开发区；密云县1个：密云县工业开发区；顺义区3个：林河工业区、吉祥工业区、天竺空港工业区；延庆县2个：南菜园工业开发区、八达岭经济开发区。可见，依据全市第二产业发展规划——工业主要向工业园区集中，未来全市第二产业将主要集中在郊区，郊区将成为全市第二产业的聚集地。

【郊区第二产业产值在郊区GDP中的比重仍旧保持在40%以上】 全市经过多次产业结构调整，但郊区第二产业产值在郊区GDP中的比重仍旧保持在40%以上（见表1），可见，第二产业对郊区经济发展具有重要作用。

表1　1990—2009年北京市郊区第二产业GDP统计

单位：亿元

年份	郊区总量	郊区第二产业	二产增长率（%）	二产比重（%）
1990	119.90	54.81	—	45.71
1991	132.73	62.35	13.76	46.98
1992	156.95	78.12	25.29	49.77
1993	207.61	117.86	50.87	56.77
1994	241.45	126.00	6.91	52.18
1995	298.68	155.97	23.79	52.22
1996	295.04	130.11	−16.58	44.10
1997	312.44	134.30	3.22	42.98
1998	326.96	138.60	3.20	42.39
1999	354.38	147.92	6.72	41.74
2000	389.10	160.93	8.80	41.36
2001	437.99	182.21	13.22	41.60
2002	493.95	205.51	12.79	41.61
2003	558.36	232.39	13.08	41.62

（续）

年份	郊区总量	郊区第二产业	二产增长率（%）	二产比重（%）
2004	612.37	287.45	23.69	46.94
2005	669.88	323.68	12.60	48.32
2006	709.86	348.39	7.63	49.08
2007	750.51	337.26	−3.19	44.94
2008	801.86	364.21	7.99	45.42
2009	900.91	409.02	12.30	45.40

注：2008 年和 2009 年数据是依据 ARMR 模型推断得出。

资料来源：北京市统计局《北京农村统计资料京郊改革开放 30 年（1978—2008）》。

2009 年郊区第二产业在郊区 GDP 中的比重为 45.40%，工业企业仍是拉动经济增长的主要因素。2009 年 1—6 月份，乡镇企业中的工业企业实现总收入 853 亿元，同比增长 6.2%；实现增加值 165.3 亿元，同比增长 6.9%；实现利润 42 亿元，同比增长 7.3%。总收入、增加值、利润总额分别超过全市乡镇企业平均增长水平 3.2、3.4 和 5.9 个百分点。总收入、增加值、利润总额占全市乡镇企业的比重分别为 53.4%、57.5%和 51.8%。同时，郊区建筑业也触底回升，建筑业实现收入 413 亿元，比上年的 363 亿元增加 50 亿元，增长幅度达到 13.8%。这说明，在应对全球经济危机，促发展、保增长上，郊区第二产业发挥了重要作用，尤其是乡镇企业中的工业企业。

【郊区第二产业固定资产投资环境更加优越】《北京城市空间发展战略研究》、《北京城市总体规划（2004—2020 年）》和新农村建设 20 字方针指明了在全市郊区大力发展第二产业的方向。中共十一届三中全会以后，在改革开放的形势下，郊区各县在发展经济的同时，加快了城镇建设的步伐，依托卫星城建设方案，全市郊区基础设施建设得到大力推进，基础设施水平获得极大提升。近几年，全市郊区第二产业固定资产投资逐渐下降（见表 2），表明全市郊区基础设施建设已经达到较高水平。

表 2　2007—2009 年北京市郊区第二产业固定资产投资一览表

单位：万元

项目	2007	2008	2009	2009 年是 2008 年的（%）	2009 年是 2007 年的（%）
采矿业	19 781	24 872	34 994	140.70	176.91
制造业	522 719	376 516	275 185	73.09	52.64
电力、煤气及水的生产和供应业	245 591	153 032	117 735	76.93	47.94
建筑业	36 830	7 373	3 989	54.10	10.83

注：2009 年数据采用外推法获得。

进入 2009 年以来，为了扩大内需，固定资产投资开始回升。2009 年郊区第二产业固定资产投资达到 43.19 亿元。近几年，全市加大郊区工业园区建设力度，已有 30 个工业（科技）园区相继落成。同南方地区和沿海开放城市相比，北京工业（科技）园区的建设起步较晚，但能在短期内取得比较好的成效，是有其自身特点和经验的，主要表现在：一是依托优势，统一规划，合理布局，避免了区县各行其事，乱圈地乱占地和荒地现象的发生。二是坚持基础设施建设先行的原则，把加快基础设施建设，完善市政配套设施作为首要任务来抓。三是坚持“小块起步，分期开发，滚动发展”的建设方针，以项目带开发，开发一片，建成一片，收益一片，再开发新的一片。四是坚持“广开门路，多方求助”的方法，利用各种渠道，筹措开发资金。五是着眼于发展高新技术产业，积极引进国内外大公司在工业（科技）园区投资兴业，现已有几十家国际大公司先后在这些园区落户。如北京新技术产业开发试验区在我市工业（科技）园区中具有典型性和代表性。北京新技术产业开发试验区包括海淀园区、丰台园区和昌平园区（简称一区三园）。该园区是北京成立的第一个工业（科技）园区，总规划面积为 110 平方公里。试验区按照邓小平同志“科技是第一生产力”的思想，积极贯彻依靠科技发展的战略方针，充分利用当地高等院校、科研单位多的优势，力图探索一条以科技进步和提高劳动者素质为核心的经济发展新道路。北京新技术产业开发试验区与众不同的地方，一是试验区造就了一批技术先进、产品精良、效益显著、实力雄厚的高技术企业和企业集团。四通、联想、北大方正等集团就是他们中的代表。二是试验区聚集了一支素质高、实力强的专门从事高科技研究与开发的专业技术队伍，锻炼造就了一批富有开拓精神、懂业务、会管理、善经营的科技企业家队伍。在试验区职工队伍中，专业技术人员达半数以上，博士、硕士和归国留学人员数千人之多。三是试验区形成了以电子信息、光机电一体化、生物及新药、新材料为四大产业的产业发展新格局。四大产业的总产值已占全市高新产业总产值的 95.5%，占全市工业总产值的 15.5%。四是试验区形成了一套比较科学、适应市场经济要求的经营管理体制，“以市场为导向，以高技术为依托，技工贸一体化，研产销相结合”的产业组织模式，以及不要国家拨款、不要国家编制，自筹资金、自由组合、自主经营、自负盈亏、自我发展、自我约束的企业运行机制等等。五是试验区的科技企业已成功地登上了国际市场。四通、联想、北大方正等集团的产品已陆续打进欧美等地区。

【郊区建筑业贡献大】 在一系列保增长、促发展措施的推动下，全市建筑业总产值高速增长，完成产值由降转增。2009 年全市建筑业企业完成总产值 4 059.8亿元，增长 32.4%。在全市建筑业高速增长的同时，2009 年，全市郊区建筑业在国家加大基础设施建设投入的方针刺激下，也呈现触底回升的态势，建筑业实现收入413亿元，比上年的363亿元增加50亿元，增长幅度达到13.8%。

2008年基数低是产值增速较高的主要原因。2008年受奥运期间相关措施对施工的制约，三季度增速回落到16.1%。受此影响，2009年本市建筑业产值增速呈现与上年同期相反的变动趋势，上半年增速较低，而三季度增速明显提高（图1）。

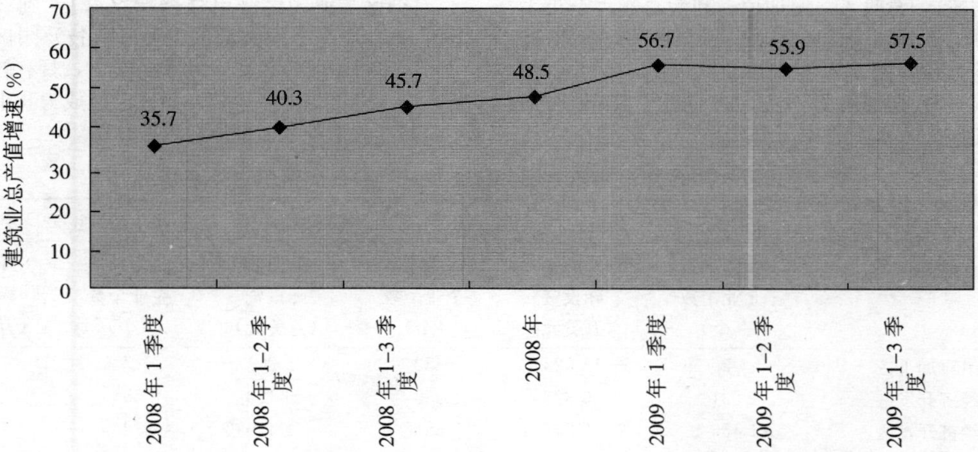

图1　2008—2009年前3个季度北京建筑业总产值增速

资料来源：北京市统计局网站。

在保增长、扩内需宏观经济政策的作用下，全市郊区固定资产投资大幅度增长，带动了建筑业在北京郊区施工情况的好转。2009年固定资产投资中建安投资由上半年的同比下降14.2%转为增长13.2%，建筑业完成产值增速，也由上半年的同比下降18.1%转为增长8.3%，同时实现了由降转增。建筑业的增长对全市郊区应对经济危机、保持稳定增长贡献较大。

【郊区工业稳步回升】 全球经济危机对郊区经济发展的影响很大。2008年，前5个月乡镇企业主要指标增长速度仍保持两位数，从6月份开始，乡镇企业增长速度逐月放慢，经济增长态势的拐点出现在7月份，个别指标在8、9、10、11月均出现负增长，到年底，出口指标将吃掉前期所有涨幅，其他指标增长速度也跌入一位数区间，从而主要指标增幅明显回落。到了2009年，经济危机对郊区工业冲击明显。2009年，全市郊区规模以上工业企业实现增加值348亿元，按可比价格计算，增速由上半年下降1.2%转为增长5.7%。分季度看，一季度下降3.4%，二季度增长0.5%，三季度受上年同期基数低的影响，增速明显提高，达到18.6%。受汽车、医药制造业快速增长，四季度本市工业增加值继续保持较高增速。从月度生产规模看，工业增加值连续4个月稳定在40亿元以上，保持了稳步回升态势。郊区工业企稳回升对稳定农村经济发挥了重要作用。2009年，郊区农村经济158.4亿元的利润总额中，工业的利润总额达到83.7亿元，占52.8%；工业利润所占比重比2008年的39.2%提高了13.6个百分点。

【郊区第二产业经济收入稳中有升】 全市郊区在第二产业发展过程中，注重产业内部结构调整，淘汰技术落后和污染严重的小企业，支持企业技术改造更新和产业升级，提高了第二产业经济收入水平（表3）。

表3　2008—2009年北京市郊区第二产业经济收入一览表

单位：万元

项目	2009	2008	2009年为2008年（%）
营业收入	15 878 911	15 225 810	104.29
工业	12 017 270	11 595 322	103.64
建筑业	3 863 667	3 630 488	106.42
营业成本	14 075 261	13 496 413	104.29
工业	10 538 844	10 212 699	103.19
建筑业	3 541 464	3 283 714	107.85
营业利润	1 803 648	1 729 396	104.29
工业	1 480 127	1 382 623	107.05
建筑业	327 967	346 774	94.58

注：2009年数据采用外推法获得。

资料来源：《北京市统计年鉴》（2009）。

从表3可以看出，2009年与2008年相比，全市郊区工业营业收入增长了3.64个百分点；建筑业营业收入增长了6.42个百分点，但是由于建筑材料涨价，建筑业营业成本提高了7.85个百分点，使2009年全市郊区建筑业利润有所下降。

2009年上半年全市郊区第二产业就已经实现了

企稳回升的态势。从数据上看，2009年1—6月份，工业企业实现总收入853亿元，同比增长6.2%；实现增加值165.3亿元，同比增长6.9%；实现利润42亿元，同比增长7.3%。总收入、增加值、利润总额分别超过全市乡镇企业平均增长水平3.2、3.4和5.9个百分点。总收入、增加值、利润总额占全市乡镇企业的比重分别为53.4%、57.5%和51.8%。同时，1—6月份，建筑业实现总收入140.4亿元，同比下降6.4%；增加值22.1亿元，同比下降12.6%；利润总额6.8亿元，同比下降13.2%。销售收入比1—5月份下降速度减少了2.8个百分点。可见，全市在应对经济危机对郊区第二产业的影响是积极有效的，郊区第二产业经济收入稳中有升。

（摘自市农研中心《2009—2010年郊区农村经济形势分析与预测报告》）

【郊区工业园区吸引外资情况好】 到2009年，郊区建成31个不同类型的工业（科技）园区，加大了园区基础设施建设和行政服务能力，具有较好的投资环境。郊区工业（科技）园区已经成为我市吸引外资的基地和对外开放的窗口（表4）。

表4 2007—2008年北京市主要郊区工业（科技）园区引进外资情况

名称	2007年		2008年		2008年比2007年增减	
	招商项目企业个数（个）	外商实际投资（万美元）	招商项目企业个数（个）	外商实际投资（万美元）	招商项目企业个数（个）	外商实际投资（万美元）
北京天竺出口加工区	25	15 023	32	22 201	7	7 178
北京石龙经济开发区	1 331	6 323	1 386	6 423	55	100
北京良乡经济开发区	1 456	3 597	1 688	4 479	232	882
北京大兴经济开发区	645	9 491	645	9 491	0	0
北京通州经济开发区	230	33 078	233	33 578	3	500
北京雁栖经济开发区	260	36 600	292	257 217	32	220 617
北京兴谷经济开发区	221	33 236	226	34 670	5	1 434
北京密云经济开发区	114	16 875	165	20 427	51	3 552
北京林河经济开发区	78	43 129	81	92 427	3	49 298
北京天竺空港经济开发区	377	72 465	413	109 242	36	36 777
北京八达岭经济开发区	568	60	599	60	31	0
北京永乐经济开发区	22	1 027	22	1 027	0	0
北京延庆经济开发区	484	5 220	470	6 494	−14	1 274
北京昌平小汤山工业园区	39	655	50	655	11	0
大兴采育经济开发区	37	240	39	335	2	95
北京房山工业园区	271	—	402	—	131	0
北京马坊工业园区	42	2 500	42	2 500	0	0
合计	6 200	279 519	6 785	601 226	585	321 707

注：年度数据为累计数。

资料来源：《北京市统计年鉴》（2009）。

郊区第三产业

2009年，全市农村第三产业蓬勃发展，对农村经济起到了重要的辐射、带动作用，商贸、餐饮、仓储、运输等传统产业在改造升级中稳步发展，以科教文卫体为主要内容的高新技术产业、现代服务业和金融保险业逐步成为第三产业加速发展的重要力量。

【产值占农村GDP比重超过40%，增长势头好】 到2002年，第三产业产值占农村GDP比重首次突破了40%。2009年，全市农村第三产业产值达到346.86亿元，同比增长8.33%，占农村GDP（826.04亿元）比重41.99%（表5），是2008年的3.17倍。

表5 2000—2009年北京农村第三产业GDP统计汇总表

单位：亿元，%

年份	农村三次产业		农村第三产业		
	GDP	同比	GDP	同比	比重
2000	389.1	—	149.58	—	38.44
2001	437.99	12.56	175	16.99	39.96
2002	493.95	12.78	204.42	16.81	41.38
2003	558.36	13.04	236.14	15.52	42.29
2004	612.37	9.67	229.38	−2.86	37.46
2005	669.88	9.39	248.21	8.21	37.05
2006	709.86	5.97	272.67	9.85	38.41

（续）

年份	农村三次产业		农村第三产业		
	GDP	同比	GDP	同比	比重
2007	750.51	5.73	312.00	14.42	41.57
2008	781.87	4.18	320.19	2.63	40.95
2009	826.04	5.65	346.86	8.33	41.99

注：由于2008年数据要在2010年上半年第二次经济普查结束后，才能公示，2008和2009年数据是运用趋势外推法计算得出。

资料来源：北京市统计局，《北京农村统计资料京郊改革开放30年（1978—2008）》。

【固定资产投资占农村投资总额的71.77%】 在国际金融危机导致外需大幅下滑的严峻形势下，扩内需成为保增长的必然选择。2003—2008年，北京农村第三产业固定资产投资，基本保持了稳步增长态势。2008年，创历史新高，为210.9亿元，占农村投资总额71.77%（表6）。

表6 2003—2008年北京农村第三产业固定资产投资情况

单位：万元，%

行业	2003	2004	2005	2006	2007	2008
投资额	638 244	1 238 610	1 186 583	1 671 811	2 092 616	2 108 596
比例	48.32	63.42	51.19	58.62	67.53	71.77

注：表中第三产业比例是第三产业总投资额占固定资产总投资额的比例。

资料来源：国家统计局《中国农村统计年鉴》（2004—2009）。

【利润下降，与全市第三产业回升存在差距】 北京市统计局发布统计数据，2009年度全市第三产业企业利润止跌回升，累计利润增长幅度实现了9.3%，超出预期水平。然而，北京农村的第三产业还尚未走出低谷，2009年产业利润同比下降了10.42%，利润额由63.96亿元跌至57.29亿元。与此同时，在农村三产总利润额的比例也有所下降，较2008年的49.96%同比下降了13.35个百分点（表7）。

表7 2002—2009年北京农村第三产业利润汇总表

单位：万元，%

年份	三次产业总额	第三产业		
		金额	同比	占总额比例
2002	753 352.1	362 601.2	—	48.13
2003	817 664.7	408 149.8	12.56	49.92
2004	972 496.5	457 887.8	12.19	47.08
2005	1 074 342	526 365.2	14.96	48.99
2006	1 088 628.7	538 703.1	2.34	49.48
2007	1 175 185.1	555 711.3	3.16	47.29
2008	1 280 114.5	639 555.3	15.09	49.96
2009	1 584 157.9	572 892.8	−10.42	36.16

资料来源：《北京市农村经济收益分配统计资料》（2003—2008），2009年数据由北京市农村合作经济经营管理站提供。

从产业结构看，2002年以来，第三产业中历来以服务业利润最高，始终为第三产业创造着70.00%左右的利润。但是，2009年出现拐点，服务业利润明显减少。从行业内部对比，服务业利润从2008年的45.10亿元降至35.55亿元，同比缩减了21.18%；与产业其他行业纵向对比，服务业利润占第三产业利润总额的比例从2008年的70.52%降至62.05%，缩减了8.5个百分点。与此呈现鲜明反差的是交运业，以往交运业利润仅占第三产业利润的1%～2%，而且呈现下降趋势，但在2009年出现反弹。交运业利润占第三产业利润总额首次突破3%，利润额实现翻倍增长，从2008年的0.86亿元猛增至1.77亿元（表8）。

表8 2002—2009年北京农村第三产业利润总额情况

单位：万元，%

年份	交运		商饮		服务		其他		合计
	金额	百分比	金额	百分比	金额	百分比	金额	百分比	
2002	4 360.2	1.20	53 945.4	14.88	275 673.1	76.03	28 622.5	7.89	362 601.2
2003	4 304	1.05	64 267.8	15.75	315 842.1	77.38	23 735.9	5.82	408 149.8
2004	6 540.4	1.43	88 501.4	19.33	319 012.3	69.67	43 833.7	9.57	457 887.8
2005	10 647.3	2.02	104 708	19.89	373 508.6	70.96	37 501.1	7.12	526 365.2
2006	11 562	2.15	102 443	19.02	385 577.2	71.58	39 121.3	7.26	538 703.1
2007	1 399.5	0.25	125 407	22.57	386 571.1	69.56	42 334	7.62	555 711.3
2008	8 564	1.34	117 401	18.36	450 986.4	70.52	62 603.8	9.79	639 555.3
2009	17 653.4	3.08	137 929	24.08	355 488.3	62.05	61 822.2	10.79	572 892.8

资料来源：《北京市农村经济收益分配统计资料》（2003—2008），2009年数据由北京市农村合作经济经营管理站提供。

【人均劳动所得6 558.5元来自第三产业】 2009年，全市农村人均劳动所得中平均有6 558.5元来自第三产业，较2008年的5 932.9元，同比增长10.54%。

表 9　2009 年北京农村第三产业人均劳动所得情况

单位：元，%

区县	2008	2009	
	金额	金额	同比
合计	5 932.9	6 558.5	10.54
城市功能拓展区	46 351.8	50 879.6	9.77
朝阳区	15 021.8	16 140.2	7.45
海淀区	9 166.8	10 128.7	10.49
丰台区	9 231.3	10 478.7	13.51
石景山区	12 931.9	14 132.0	9.28
城市发展新区	26 711.0	29 228.8	9.43
房山区	4 120.4	4 448.2	7.96
通州区	5 559.0	6 108.4	9.88
顺义区	4 901.1	5 315.7	8.46
大兴区	5 555.7	6 207.8	11.74
昌平区	6 574.8	7 148.7	8.73
生态涵养发展区	25 914.6	29 305.1	13.08
门头沟区	6 468.3	7 222.8	11.66
平谷区	3 462.8	3 807.7	9.96
怀柔区	6 745.9	7 680.6	13.86
密云县	3 947.6	4 358.0	10.40
延庆县	5 290.0	6 236.0	17.88

资料来源：北京市农村合作经济经营管理站提供。

以功能划分区域来看，2009 年城市功能拓展区（朝阳、海淀、丰台、石景山）的第三产业创造的人均劳动所得居首，均在万元以上，但增长速度有所放缓，同比增长 9.77%；增长速度最快的是生态涵养区（门头沟、平谷、怀柔、密云、延庆），实现了 13.08%的增长速度，超越全市农村该项指标的平均增速（10.54%）（表 9）。

【第三产业为农村财政收入贡献 67.65 亿元】　在全市农村财政收入收缴中，第三产业对税收贡献尤为突出。2009 年，全市农村地税收入中，来自第三产业的税金收入达到 67.65 亿元，同比增长 15.34%，占农村三次产业各项税收总额（120.05 亿元）的 56.35%（表 10）。

表 10　2006—2009 年北京农村第三产业税收情况

单位：万元，%

指标	三次产业总额	第三产业					
		交运	商饮	服务	其他	合计	比重
2006	875 906.2	31 185.2	137 646.7	241 609.9	44 008.1	454 449.9	51.88
2007	1 020 816.7	31 881.5	167 689.6	257 807.6	44 135.1	501 513.8	49.13
2008	1 098 183.8	35 765.0	156 500.7	339 304.0	54 964.4	586 534.1	53.41
2009	1 200 583.5	36 009.6	173 729.0	421 976.2	44 770.8	676 485.6	56.35

资料来源：《北京市农村经济收益分配统计资料》（2003—2008），2009 年数据由北京市农村合作经济经营管理站提供。

（摘自市农研中心《2009—2010 年郊区农村经济形势分析与预测报告》）。

镇 村 企 业

【总体情况】　2009 年京郊镇村企业个数为 15.9 万家，同比增加 681 家。15.9 万家企业中规模企业 4 152家，同比增加 217 家。职工人数 140.1 万人，同比增加 1 031 人。按照工商登记注册类型划分：京郊镇村企业共有内资企业 159 462 家，同比增加 664 家，港、澳、台商投资企业 136 家，同比增加 16 家，外商投资企业 277 家，同比增长 1 家。内资企业中集体企业 2 197 家，占内资企业的 1.4%；股份合作企业 652 家，占 0.4%；联营企业 37 家，占 0.02%；有限责任公司 7 791 家，占 4.9%；股份有限公司 236 家，占 0.1%；私营企业 11 270 家，占 7.1%；个体工商户 137 279 家，占 86.08%。私营以上企业按国民经济行业划分：农业企业 329 家，占 1.5%；

工业企业 13 702 家，占 60.6%；建筑业 958 家，占 4.2%；交通运输仓储业 1 217 家，占 5.4%；批发零售业 2 894 家，占 12.8%；住宿及餐饮业 909 家，占 4%；居民服务、其他服务和娱乐业 2 290 家，占 10.2%；其他企业 297 家，占 1.3%。私营以上企业按产业划分：一产 329 家，占 1.5%；二产 14 660 家，占 64.8%，三产 7 607 家，占 33.7%。私营以上企业职工人数按一、二、三产业划分：一产 11 474 人，占 1.3%；二产 621 539 人，占 72.1%；三产 229 009 人，占 26.6%。年内，京郊镇村企业全年实现总收入 3 692.7 亿元，同比增长 13.7%；增加值 671 亿元，同比增长 11.6%；利润总额 207.6 亿元，同比增长 18.4%；工业增加值 379.8 亿元，同比增长 18%；出口产品交货值 128.4 亿元，同比下降 16.5%。镇村企业职工人均劳动者报酬 14 909 元，同比增长 7.3%。

【镇村规模企业】 2009 年，京郊乡镇规模企业 4 152家，比上年的 3 935 家增加 217 家。实现营业收入 2 567.5 亿元，同比增长 13.6%，占全部镇村企业的比重 69.6%；利润总额 121.8 亿元，同比增长 34.4%，占全部镇村企业的比重 58.7%；增加值 426.2 亿元，同比增长 17.3%，占全部镇村企业的比重 63.5%。增长速度高于全市镇村企业平均水平，除镇村企业营业收入占全部镇村企业比重与上年持平外，利润、增加值占全部镇村企业的比重分别提高 7 和 3.1 个百分点。规模企业行业构成：2009 年 4 152 家规模企业中农业企业 48 家，占乡镇规模企业 1.2%，实现增加值 2 亿元，同比增长 2.3%；工业企业 2 917 家，占乡镇规模企业 70.4%，实现增加值 286.2 亿元，同比增长 19.7%；建筑业 331 家，占乡镇规模企业 7.8%，实现增加值 39.2 亿元，同比增长 21.3%；交通运输业 63 家，占乡镇规模企业 1.5%；实现增加值 11.3 亿元，同比增长 20.7%；批发零售业 440 家，占乡镇规模企业 10.6%，实现增加值 48.8 亿元，同比增长 15%；住宿餐饮业 111 家，占镇村企业 2.7%，实现增加值 6.3 亿元，同比增加 17.6%；服务业 182 家，占乡镇规模企业 4.4%；实现增加值 21.7 亿元，同比减少 5.6%；其他企业 60 家，占规模镇村企业 1.4%，实现增加值 10.6 亿元，同比增长 7.6%。

【镇村规模以上工业企业】 2009 年，京郊乡镇规模工业企业 2 917 家，比去年增加 169 家，实现营业收入 1 537.8 亿元，比上年增加 22.2%；利润总额 83.8 亿元，同比增长 44.5%；增加值 286.2 亿元，同比增加 19.7%；2009 年，镇村企业营业收入超过 5 亿元（含）的乡镇数 135 个，同比增加 5 个，占全市的 71.4%。超过 10 亿元（含）的乡镇数 98 个，同比增加 7 个，占全市的 51.9%。超过 50 亿元（含）的乡镇数 19 个，同比增加 3 个，占全市的 10.1%。

【镇村企业职工收入】 2009 年，京郊乡镇私营以上企业拥有资产总额 3 576 亿元，比上年增长 8.2%。镇村企业在自身规模实力不断增强的同时，对社会贡献也进一步加大。镇村企业发展增加了农民收入。2009 年京郊镇村企业支付镇村企业职工劳动者报酬 194.5 亿元，同比增长 7.3%。均报酬 14 909 元，同比增长 7.3%，比全市农民人均 11 986 元的纯收入高 2 923 元。镇村企业税收增长，增加了国家财政收入。2009 年上交国家税金 141 亿元，同比增长 5.2%。

【镇村产业基地建设】 2009 年，京郊镇村产业基地建设采取了多种发展模式，年内 54 个镇村产业基地（原农民产业基地）累计完成基础设施投资 83.2 亿元；累计入区企业 1 874 个；总投资 591.4 亿元；基地内职工人数 16.4 万人，到 2009 年底实现销售收入 491 亿元、利润 30.9 亿元、税金 21.9 亿元，同比分别增长 3.8%、17.4%、5.3%。

（市经信委　尤靖）

商业服务业与新兴产业

【大力发展郊区农产品流通工作】

（1）积极搭建农产品销售平台。①举办系列农产品流通“季”活动，搭建京郊农产品与消费者对接的桥梁。相继举办“北京草莓季”、“北京花季”、“北京樱桃季”、“北京鲜桃季”等活动，免费为市民提供京郊农产品地图，向市民推荐京郊果品种植园和采摘节，并为广大市民提供休闲旅游信息，推动北京都市型现代农业农产品的销售。②协助成立北京农产品流通协会，吸引京郊专业合作社和农产品经销商、经纪人 100 余家入会，积极支持协会到门头沟区、海淀区、密云县等区县开展对接。③给 551 个农民专业合作社补助资金，支持专业合作组织更换运输车辆，改善物流条件。

（2）积极推进京郊农产品与超市开展“农超对接”。①与市园林绿化局和市商务委共同支持 TESCO 超市与北京百果惠民集品产销合作社签定了首批采购 3 000 吨平谷大桃的合同。②与平谷区政府共同举办“平谷大集进京城暨北京鲜桃季”活动，物美集团、京客隆、家乐福、沃尔玛等 19 家中外大型连锁超市与平谷区 7 镇 2 乡 11 家农产品专业合作社进行了对接，与光运岩巍农业科技公司、山东庄果品协会、福顺祥合作社、夏各庄有机蔬菜基地现场签定供销协议 2 000 多吨；华润超市、华联综超、乐购、美廉美、家乐福、沃尔玛等 15 家超市也分别与平谷的蔬果合作社达成十多项合作意向。③支持密云县举办板栗经贸洽谈会，来自北京的超市和全国各地的 60 余家板栗加工企业与板栗生产基地、合作社进行了洽谈，河北栗源食品公司、北京绿润食品有限公司等 3 家企业签订了供销协议，协议额 5 800 吨。

（3）打造农产品销售信息平台。①与市商务委共同组织北京市“农超对接”信息交流会，发放《北京市“农超对接”材料汇编》，介绍 150 多家农民专业合作组织、龙头企业、生产基地和9家京城大超市进行的生产和需求信息，开展面对面的洽谈，搭建“农超对接”信息平台，并达成了多项“农超对接”意向。②编辑《北京都市型现代农业农产品流通信息》，为各级领导指导农产品销售提供信息服务。③建设“北京农产品贸易网”，将于年底前投入运行。

(4) 积极开展京郊农产品流通调研。先后开展郊区特色农产品专营店和产地批发市场，京郊草莓、樱桃、苹果、板栗、大白菜等生产基地，京郊农节和樱桃产销等情况调查，摸清京郊农产品流通底数，为促进京郊农产品销售提供基础材料。

(市农委协调督查处　吴雁军)

【农产品流通体系建设被列入流通业鼓励发展目录】 2009年9月，由市商务委、市发改委、市规划委、市工商局四部门共同制定的《北京市流通业发展分类指导目录（2009年）》向全社会公开发布，“加强农产品流通体系建设”被列入鼓励类发展目录，其目标是建立与首都多元化消费需求相适应的农产品物流体系，建设现代化农产品流通枢纽和流通渠道，提升农产品流通效率，确保食品安全。包括三项具体措施，一是鼓励农产品批发市场升级改造，重点是鼓励农产品冷链物流环节和体系建设、各交易品类的电子交易结算中心建设、新建废弃物和废水处理中心和加强仓储、流通、信息等基础设施建设；二是鼓励规范化菜市场建设，采取多种形式完善蔬菜零售网点，重点是鼓励连锁超市发展生鲜经营，在新建居住社区建设规范化菜市场，在各区县设置蔬菜零售网点；三是鼓励农产品流通组织发展，重点是鼓励发展专业化农产品经销公司、农产品流通专业合作社，发展城市农产品流通组织，发展物流配送中心、农产品加工中心，鼓励大型商业企业农超对接，引导农民与市场对接。

【郊区现代流通网络规范化水平继续提升】 在郊区连锁商业网络“覆盖乡镇，覆盖千人以上大村”的基础上，2009年提出新的发展目标，即“再用三年左右的时间，引导郊区连锁企业提升规范化水平，提高整体分销能力；提升统一采购规模，提高商品配送能力”。通过紧紧围绕两个“全面提升”，郊区现代流通网络的质量得到逐步提高，联合采购和统一配送能力进一步增强。一是新建或改造直营店和规范加盟店，提高连锁网络质量，10家企业投资近千万元对330家店铺进行规范化改造。二是组织联合采购，提高企业商品经营能力和统一配送能力。从2009年4月1日到12月31日，郊区联合采购平台系统注册的店铺已有3 089家，网上采购总金额1.6亿元，总定货量超过5亿元，全年配送额达24.8亿元。

【农产品批发市场功能得到继续完善】 新发地农产品批发市场、北城回龙观农产品批发市场、八里桥农产品批发市场等6家大型综合农产品批发市场，岳各庄农产品批发市场、大兴西沙窝农副产品批发市场、延庆八达岭农批市场等5家区域型和产地型农批市场，累计14个改造建设项目完成了改造建设。通过改造，进一步提升了农批市场交易设施的水平和环境，提高了市场交易承载能力，扩宽了农产品交易电子化的范围，强化了食品质量可追溯性，提升了农批市场的管理水平。同时，也为促进产地农产品流通，拓宽本地农产品销售渠道，扩大销售规模，促进农民增收起到了积极的作用。批发市场改造项目带动企业直接投入1.16亿元。实施改造后的市场预计增加交易额35.5亿元、交易量57.9万吨，降低了成本，增加了收入，同时也带动就业2 000人。据不完全调查统计，2009年全市主要农批市场年交易量超过2 700万吨，交易额超过1 000亿元，增幅双双突破25%。

【“一乡一集市”覆盖率提高9个百分点】 “提高郊区一乡一集市的覆盖面”被列入2009年市政府折子工程。完成25家农村集贸市场改造工程，硬化市场地面超过22.51万平方米，建设交易厅棚和商业用房近9.38万平方米。填补“一乡一集市”空白的项目15个，全市“一乡一集市”覆盖率达到72%，超额完成市政府折子工程任务覆盖面70%指标的二个百分点。2007—2009年，全市已累计改造建设集贸市场127家，硬化市场地面99.17万平方米，建设交易厅棚和商业用房43.25万平方米。十个郊区县152个乡镇的“一乡一集市”总体覆盖率已达到72%。

【“农超对接”工作稳步推进】 认真贯彻落实国务院《关于加强农业基础建设，进一步促进农业发展农民增收的若干意见》（中发［2008］1号）和十七届三中全会精神，积极发展农产品现代流通方式，推进鲜活农产品“超市+基地”的供应链模式，保障城乡居民食品安全，促进农民持续稳定增收。2009年，市商务委与市农委积极引导大型连锁超市直接与鲜活农产品产地的农民专业合作社对接，搭建京郊农超对接平台，巩固奥运期间形成的商农密切合作成果，组织2次农超对接洽谈会，召开了农超对接信息发布会，加强信息沟通，密切了商农合作关系，扎实推进了北京“农超对接”工作。

【农资连锁销售规模进一步提高】 进一步推动和规范农资流通网络体系的升级改造，开展农资连锁网络服务，加大农资产品的配送和个性化服务力度，为农民提供优质、低价的农资商品和科技培训服务，保证农民增产增收，推动社会主义新农村建设。2009年，全市11家主要农资连锁企业拥有门店1 097个，销售化肥33万多吨、农药3 150多吨、农膜2 430多吨、种子4 630多吨，各项指标较上年均有不同程度的提高。

【家电下乡实现现场兑付补贴】 2009年，全市家电下乡工作主要从以下五个方面着手：一是提前试销，稳步推进销售网络建设；二是通过组织商务、财政、销售企业等培训工作、多渠道多层次宣传家电下乡政策，让政策深入人心；三是简化家电下乡补贴资金兑付流程，方便农民；四是组织多种形式家电下乡促销活动；五是加强对销售企业和销售网点的督查管理，规范运作。自1月23日北京市启动家电下乡工作以来，截至12月31日，全市共销售家电下乡产品17.3台，销售额达到3.4亿元；已发放补贴产品12.2台，补贴金额共计3 238.5万元；13个区县共备案销售网点697个。全市家电下乡各项工作进展顺利，家电下乡产品陆续上市，销售情况越来越好；财政补贴资金准备充足、发放及时；备案销售网点基本覆盖13个区县的城区和大部分乡镇；家电下乡政策宣传得力，市场秩序整体良好。通过实施家电下乡工作，一方面促进了农村地区消费，另一方面发挥了惠农强农的作用，同时，对于完善农村地区耐用消费品流通网络起到积极促进作用。

【做好粮食收购和补助工作】 顺利完成退耕还林补助粮食供应工作，供应粮食总量折合4.36万吨原粮，切实保护了退耕农户的利益。扎实完成夏粮收购工作，共收购小麦4.2万吨，保护了农民的种粮积极性。完成《北京市农户科学储粮专项建设规划(2010—2012)》编制工作，推动农户储粮减损工程实施。

【鲜奶、奶粉和乳清实施进口许可管理】 商务部、海关总署公告2009年第45号公布，自2009年8月1日起对鲜奶、奶粉和乳清实施自动进口许可管理。商务部公告2009年第50号公布，进口鲜奶、奶粉和乳清的对外贸易经营者应按照《大宗农产品进口报告和信息发布管理办法》（商务部令2008年第10号）履行有关进口信息报告义务。

（市商务委　郭亚天）

【农民专业合作社登记注册情况】 年内，本市登记农民专业合作社1 047户，其中种植业648户、养殖业219户、其他151户、农产品销售27户、与农业生产资料经营有关的技术、信息等服务2户；出资总额128 370万元，其中货币出资119 632万元，非货币出资8 738万元；按照出资总额100万～500万元的187户，按照出资总额500万～1 000万元的31户，按照出资总额1 000万～10 000万元的14户，按照出资总额10 000万元以上的3户；成员总数24 797个，按照成员类别划分：农民成员23 415个，非农民成员1 379个，企业单位成员2个，事业单位成员1个；按成员人数分类：50～100人的39户，100～500人的105户，500～1 000人的1户。截至年底，本市累计登记农民专业合作社3 602户。

【商标富裕农民】 截至2009年底本市共注册农产品商标近5 000件，地理标志6件。通过制定涉农商标、地理标志和集体商标培育工作计划，指导专业合作社、涉农企业、农民群众等注册和规范使用，充分利用集体商标、地理标志，优势互补、富裕农民。

【引导优势涉农品牌创著名商标】 2009年市工商局认定的117件北京市著名商标中有涉农商标26件，占总数的22%，是历年来数量较多的一年。目前本市377件著名商标中涉农商标达80件。

【加强农资质量监管】 市工商局采取多项措施，加强农资质量监管：一是加大巡查和行政指导力度，规范农资经营行为，通过检查、督促和指导农资经营者落实“两账两票一书一卡”制度，保证商品进货渠道的可追溯性；二是扩大优良农资的配送力度，送合格农资下乡。配合农委等部门开设农资连锁配送便利店，切实实现为农业生产提供质优、价廉、安全的农药商品；三是开展农用新技术咨询活动，解决农民使用农用新技术过程中存在的困惑；四是加大维权力度，通过设立红盾护农工作站和分局12315的调动指挥及时解决农民的申诉、举报；五是拓宽农资商品的抽检范围。将农资抽检范围从棚膜、地膜等农膜拓展到化肥等，以确保辖区流通领域农资商品的质量。目前全市共纠正未按规定实施“两账两票一书一卡”制度的经营人员348人次，农村地区设立宣传栏、公示栏222个，建立农资龙头企业、连锁经营和农资放心店378个，为农民挽回经济损失702.69万元，捣毁涉及农资商品的制假售假窝点6个，查处农资商品案件6起，罚没款25.66万元，查处粮食案件2起，罚没款1万元。

【首家农村经纪人培训基地挂牌成立】 年内，本市首家农村经纪人培训基地在延庆正式挂牌成立，对316名经纪执业人员进行了培训。目前，本市农村经纪人已达239户，农村经纪执业人员1 355人。制订《北京市乡村民俗旅游合同》、《北京市甘薯种植收购合同》等4种涉农合同文本，发放文本82 700份。检查指导涉农企业1 350户，检查合同13 741份，调解涉农合同纠纷5件，解决合同争议金额2.75万元。

【规范农村家电市场】 年内，市工商局制定了《北京市工商局关于进一步规范农村家电市场秩序和保障农村消费者合法权益的通知》，通过开展有针对性地专项执法检查，严格实施商品准入制度，依法查处制售假冒伪劣家电类商品的违法行为等具体措施，督促家电商品经营单位做好售后服务工作，妥善解决好家电下乡工作中的消费纠纷，有效维护了农村消费者合法权益。

（市工商局　汪凌波）

乡村旅游业

【概况】 2009年，市旅游局紧紧抓住后奥运发展契机，以产业升级改造，大力扶持乡村旅游新型业态，打造现代新型乡村休闲度假娱乐项目为主导；通过充分挖掘郊区旅游资源潜力，对现有产品存量进行升级改造，丰富郊区旅游活动内容；通过一区（县）一色、一沟（村）一品建设，提升乡村旅游规模和品质，全面打造北京市乡村旅游精品，力争实现北京市乡村旅游产业质的飞跃。到2009年12月，全市共有13个区县开展了乡村旅游工作，民俗旅游村达到344个，其中市级民俗旅游村167个；民俗旅游户发展到2万余户，其中市级民俗旅游户9 089户。

【2009年新评定的市级乡村民俗旅游村、市级乡村民俗旅游户】 根据《北京市乡村民俗旅游村等级划分与评定》(DB11/T350—2006)《北京市乡村民俗旅游户等级划分与评定》(DB11/T351—2006)地方标准，经北京市乡村民俗旅游村、户评定委员会评定，批准门头沟区妙峰山镇黄土台村等17个村为市级乡村民俗旅游村，房山区张坊镇南白岱村宋学彬等423户农户为市级乡村民俗旅游户。

1. 市级乡村民俗旅游村17个。门头沟区2个：妙峰山镇黄土台村、雁翅镇高台村；房山区2个：大石窝镇南河村、张坊镇千河口村；大兴区1个：采育镇管箩庄村；昌平区2个：流村镇漆园村、北照台村；平谷区2个：黄松峪乡梨树沟村、大华山镇东辛撞村；怀柔区4个：渤海镇慕田峪村、琉璃庙镇八宝堂村、西湾子村、燕栖镇莲花池村；密云县2个：大城子镇大龙门村、石城镇捧河岩村；延庆县2个：沈家营镇西王化营村、旧县镇古城村。

2. 市级乡村民俗旅游户423户。海淀区12户，门头沟区53户，房山区8户，通州区3户，顺义区5户，昌平区5户，大兴区37户，平谷区110户，怀柔区56户，密云县30户，延庆县104户。

【郊区有特色的旅游活动】 第二十三届龙庆峡冰灯艺术节。1月16日晚，主题为“盛世中华”的第二十三届龙庆峡冰灯艺术节拉开帷幕。市民和游客赏冰灯可以持续到2月底。本届冰灯艺术节分为环境区、彩灯区、娱乐区和冰灯展区。总面积约16万平方米，作品数420余件，总用冰量约1.2万立方米。环境区突出灯造型，白雪皑皑的山谷里，“龙庆峡”三个大字平铺在山坡上，耀眼夺目。万里长城轮廓灯，蜿蜒至远山尽头，亭台楼阁的造型散落其间。彩灯区里，直径8米、高10米的巨型灯笼、挂满水果的长廊、高入云端的礼花树等200组彩灯成为今年冰灯艺术节的亮点。文化广场上的“拓荒牛”和巨大的“春”字花灯，更增添了节日的气氛。娱乐区是游客亲身参与的项目，冰滑梯、雪山寻宝、雪地激战、狂欢既惊险又刺激。冰灯展区是冰雪艺术的殿堂，由精雕展艺、江山多娇、锦绣中华、冰川飞瀑四部分组成，名为“神州雄风”的42米长巨型雪雕，展示的是四大发明和飞天梦想，表现国家繁荣昌盛，五千年的灿烂文化。南京熙园的夕佳楼，广东谊园的蒨香水榭，四川的望江楼，南昌的滕王阁，内蒙古的成吉思汗塔等全国著名建筑，都以冰的形式展示。游客感受冰灯艺术的恢宏气势的同时，驻足流连于冰雕雪雕的精致与细腻。刚刚结束的国际冰雕雪雕大赛，留下了50余件顶级作品。这些作品都是出自国内外雕塑家之手，每件作品栩栩如生、寓意深刻。市民和游客赏冰灯可以持续到2月底，在冰灯艺术节期间，龙庆峡文化广场上每天都有充满蒙古风情的文艺演出，广大游客免费观赏。

“北京人”回家看看。房山是北京人根祖，2009年春节黄金周，房山区以“北京人”回家看看为主题，推出了相约周口店、云居滑雪撞钟迎祥、溶洞科普探奇、新春庙会、温室采摘、农家过大年等6大系列12项特色活动，并推出了面向市民和旅行社的优惠办法，迎接八方宾客共聚房山、共享新春佳节。

怀柔“敛巧饭”。2月8日，国家级非物质文化遗产项目、怀柔区琉璃庙镇杨树底下村元宵节习俗“敛巧饭”又开锅了。镇政府和区旅游局等单位联合举办的“敛巧饭”民俗风情节开幕，吸引3 000人来村里吃团圆饭。2009年的吃客除了数百邻村的乡亲外，还有闻讯而至的2 000余位城里的游客。大家伙儿争着吃饭的热情让村里10口直径90厘米的大锅一小时内就干干净净，啥没剩。

龙庆峡冰灯艺术节40天进账860万元。3月10日，第23届龙庆峡冰灯艺术节日前完美落幕。在40多天的时间里，创造了接近15万人次，收入860余万元的好成绩。接待人数比上年同期增加4.7%，为近十年之最。

平谷民俗户摆擂赛厨艺。3月31日，平谷区第四届农家饭厨艺技能大赛，在金海湖畔的海子村举行，从1 223家乡村民俗旅游食宿接待户中选拔出的22支代表队参加了角逐。

密云旅游大礼包发给城里客。4月1日起，密云旅游局在密云近30个景区，20家旅游酒店向消费者送出价值500万元的旅游大礼包，其中包括境内景区门票10万张，酒店免费住房6 000间，绿色谷物10万千克。“为配合旅游消费者的出游计划，降低出游成本，增加出游机会，密云于4月1日～12月31日启动‘心暖在密云’2009年市民休闲服务计划”。活动期间，包括司马台长城、黑龙潭在内的全县近30家景区，每家每天送出10张门票，市民可凭本人身份证，到密云县专业合作农副产品销售中心以及道顺咨询公司登记领取，每人限额领取一张。此次500万元“旅游大礼包”的发放，是本市首次以发放旅游消费券的形式，向消费者送出优惠。

平谷—首都生态涵养发展区。4月中旬，走进平谷就像进入了桃花的海洋。平谷区现有14个景区、14家星级宾馆饭店和143个民俗旅游村。京平高速贯通京津后，平谷一跃成为环渤海经济圈的前沿地带。自平谷出发，40分钟进京，60分钟入津20分钟到（空）港，平谷融入京津一小时经济圈，区位优势愈加明显，为平谷旅游产业发展奠定了良好的硬件基础。面对京津冀3 000万以上常住人口的巨大旅游市场，平谷结合自身优势与特点，积极谋划构建“整体休闲园”的旅游体系，整合了区内旅游、文化、民俗及新农村建设等资源，在现有的有接待能力的景观中打包推出“平谷十六景”。集中展示了平谷秀美的山川美景、厚重的历史文化与独具特色的民俗旅游，塑造了以文化体验、休闲观光、特色民俗旅游为内涵的特色旅游品牌，把平谷建成京津冀市民的整体休闲园。平谷整体休闲园的直接受益者是全区22万农民，据统计，农民增收有近三成得益于旅游产业发展。民俗旅游专业村，全区目前已发展到143个，占行政村总数的52.4%。

房山区“五一”假日特色旅游活动。“五一”假期期间，房山区推出了游览周口店遗址体验远古文明、上方山国家森林公园、登山踏青赏花节、石花洞自驾车＋玫瑰花园之旅、白草畔赏花节、百花山自然风景区、云居寺浴佛节、十渡景区蹑足登山挑战极限等10项特色活动，向广大游客推荐10条“圆梦在北京、休闲到房山”精品旅游线路。房山区域旅游资源丰富多彩，得天独厚，人文景观与自然景观有机融合，山、水、洞、寺，景致齐全，古、野、新、奇，特色鲜明。房山是北京人根祖，不断带的历史画卷。房山是溶洞王国，地下岩溶博物馆。房山是山水秀地，世外桃源。房山是温泉之乡，现代乐园。

第四届北京延庆端午文化节。5月8日，第四届北京延庆端午文化节拉开序幕。当天举行了隆重的龙舟下水仪式，崭新的龙舟披红挂彩，点睛下水。队员们开始龙舟比赛训练，在夏都公园1 000亩的湖面上，龙舟飞渡。在水边的广场上，棕叶飘香，由市民参与的包粽子比赛，将活动推向高潮。同时“走邮驿之路，品古塞风情”开始发车。装饰一新的车队，由延庆出发沿古驿路经河北怀来，向内蒙草原进发，沿途体验古塞风情。延庆夏都公园彩旗招展，击鼓声、呐喊声，此起彼伏，旱船、舞龙、舞狮、大鼓，浓妆重彩，为下水龙舟呐喊助威，夏都公园汇聚成传统文化的殿堂。5月28—30日，夏都公园集中举办系列活动，除传统的赛龙舟、包粽子比赛、插艾蒿活动外，还举办端午古诗文咏诵大赛、非物质文化遗产保护项目展演、民间手工艺品展示、端午传统文化展览。今年最大的亮点就是吸引更多的国际友人参与到中国传统的端午文化活动当中，有来自哥伦比亚巴兰基亚民族狂欢歌舞团、阿根廷探戈舞团、瑞典绝顶乐队等演出团体，为北京市民献上16场精彩的文艺节目。

北京房山旅游节。2009年春季北京国际长走大会暨第十五届房山旅游文化节于5月17日在“北方水乡”——房山长沟镇举办。此次长走路线沿途设计了多处以图片展板形式组成的模拟景区，展现周口店北京人遗址、云居寺、石花洞等景区景点。本届房山旅游文化节持续到12月底，其间推出十渡风景区登山健身游、周口店北京人遗址参观体验等活动。

北京通州举行旅游产业项目推介会。5月26日，由通州区人民政府主办、区发改委、旅游局、投资促进局承办的2009年北京通州旅游产业项目推介会在北京亚太花园酒店举行。该次会议是落实《通州区人民政府关于加快推进旅游产业发展的意见》的一项重大举措，是通州区第一次旅游项目招商引资的政府行为。本次旅游产业项目推介会，以“弘扬运河文化，彰显通州旅游魅力，大力宣传推介全区旅游资源、项目资源，打造旅游品牌，提升新城形象，吸引企业投资”为主题，共推出新城基业资产运营有限公司（运河公园）、宋庄文化创意产业集聚区管委会、文化委、西集镇、永乐店镇、潞城镇大营村、漷县镇吉鼎立达科贸公司等7家单位的旅游项目26个，涵盖历史文化古迹、特色休闲娱乐基地、体育主题商业街区、水上特色餐饮娱乐、特色商业街区、艺术主题公园、艺术主题演出活动、民俗休闲旅游等，涉及投资总额达29亿元。会上，北京新城基业资产运营有限公司与北京摩登风景文化传播有限公司、北京水上行运河文化有限公司分别就“草莓音乐节”项目和“运河船餐”项目进行了签约，与北京京东天雨典当有限公司签订了“运河漕运码头”项目合作意向书。北京摩登风景文化传播有限公司主要负责人就进一步与通州区加强旅游产业项目合作进行了发言。

首届北京端午文化节活动。5月30日，首届北京端午文化节在延庆县会展中心文化广场落下帷幕。26—30日，全市有近50万名市民休闲旅游到延庆直接参与到文化节各项活动当中。无论社区还是村庄，处处洋溢着浓厚的节日氛围，人们通过诵诗、撞拐、包粽子、系五彩线、祭屈原、蘸雄黄酒、看龙舟赛等活动感受到传统节日文化的魅力。

顺义举办第18届燕京啤酒节。北京顺义区第18届燕京啤酒节6月6—8日举办。燕京啤酒节自1992年举办以来，秉承“以酒为媒，广交朋友，发展经济，繁荣顺义”的宗旨，已经成为展示顺义改革开放成果，展现全区人民“同心向上、科学创新、脚踏实地、追求卓越”精神风貌，弘扬地区传统文化的经济旅游文化盛会。

延庆避暑节30项旅游文化活动。6月18日，北京市延庆县第14届消夏避暑节开幕，避暑节至9月18日闭幕。在本届避暑节上，延庆县旅游局结合从6万名网友中征集来的“北京周末　延庆出品”品牌理念，推出一系列新颖独特的周末“郊野游”。相继举办妫水风情观光、八达岭长城文艺汇演、龙庆峡避暑狂欢夜、康西草原“敖包相会”等30项旅游文化活动。

十三陵国际旅游文化节。6月20日是明长陵营建600周年纪念日。当天在长陵正门前广场上，50面奥运缶击奏出雄浑节拍，《永乐赋》厚重的诵读声回荡，伴随着6 000只印有文化节主题的气球腾空而起，2 009只白鸽从陵门后飞起，十三陵国际旅游文化节正式拉开大幕。明十三陵历经600年风雨依旧规制完整、气势恢弘，被誉为“明代建筑的实物历史”、中国古代陵寝建筑的优秀典范。其长达200余年的营建过程是明朝政治、经济、军事、文化等诸多领域发展的缩影与见证，是明代文化集中展示的最具代表性的载体。旨在弘扬历史文化，感受明史神韵，文化节借历史陈列展示丰富的景区内容，借遗产保护加强景区设施建设，借学术研究推动文化产业落地，借专属纪念品开发传播明文化，借创意设计建视觉识别系统，颇具特色的系列活动提升了旅游文化品牌。

大兴西瓜节成为北京旅游品牌。6月，大兴西瓜节已成为北京旅游品牌。北京大兴庞各庄是我国有名的瓜果之乡。改革开放以来，大兴西瓜节已成功举办

21届，成为了北京的旅游品牌。在近30年的发展历程中，大兴不仅建立起全国首家西瓜博物馆、开辟出35公里长的“西瓜旅游大道”，还推出乐平御瓜园、老宋瓜趣园、东方绿洲西瓜采摘园等40多个精品旅游采摘园。而西瓜节上演的大兴“全国西甜瓜擂台赛”更借助北京首都的中心优势，成为了北京一道亮丽的旅游风景，吸引着全国瓜农和游客来京旅游。

科学发展之旅。7月2日上午，标有“科学发展之旅号”标识的4辆旅游大巴，缓缓开出北京丰台南宫世界地热博览园。车上的游客亲身感受科学发展给丰台带来的巨大变迁。走进西南四环丰台科技园总部基地，300多栋总部大楼让参观“科学发展之旅”的游客激动不已。在南四环，还矗立着距北京市中心最近的植物园——世界花卉大观园。该区将打造总部经济基地企业群、花卉产业发展新模式作为发展旅游业的新抓手，这一经验值得借鉴。丰台王佐镇曾是京西南一个偏僻小镇，改革开放30年来，该镇从一个“有女不嫁王佐朗，穷乡僻壤第一乡”的落后乡镇，变成了花园式旅游小城镇。目前，学习实践科学发展观活动正在全国各地深入展开，“科学发展之旅”是一部难得的好题材。“科学发展之旅”是北京市委宣传部、首都文明办主办的“2009‘爱祖国、爱北京、爱家乡’”主题活动的重要组成部分。丰台区旅游部门已设立旅游接待中心，专门安排“科旅”参观事宜，各个参观点也有专门导游员接待。要将“科旅”打造成为北京旅游业的新品牌。

北京欢乐谷举办玛雅文化节。7月3日“燕京啤酒2009北京欢乐谷第三届玛雅狂欢节”盛大开幕，此次狂欢将持续59天，至8月30日结束。北京欢乐谷第三届玛雅狂欢节将再度与燕京啤酒联手，为市民打造原汁原味的桑巴狂欢盛宴。

门头沟灵山风情节。7月4日—9月17日风情节期间，每晚8：00—10：00举办歌舞之夜活动。最新的西藏歌手组合为游客献上《美丽的哈拉玛》、《采花》等一首首经典的藏族民歌。《雪域高原送吉祥》大型歌舞表演是灵山风情节的一大看点，游客能与大型锅庄热舞，全身心融入到神秘的雪域风情当中。与此同时，可品尝到来自西藏的人参果粥、酥油粑、酥油茶、青稞酒、奶茶、烤野兔、羊肉串、烤全羊等原滋原味的饕餮盛宴。西藏工艺品展销展示一个个流光溢彩、魅力无穷的文化艺术世界。海拔2 303米的灵山翠绿夺目，是北京的最高峰，独冠群峰，从山脚到山顶垂直分布着茂盛的多样性植被，造就了其独特的清凉气候。灵山顾名思义：聚灵气之仙山，是修身养性、悟到解惑的境界。活动期间灵山风情区还将推出“北京之巅送清爽”等活动，让游客在炎炎酷夏，感受到来自高原的清凉。

潭柘寺首届禅茶文化节开幕。7月7日，北京潭柘寺首届禅茶文化节开幕。首届禅茶文化节为期两个月，文化节期间，潭柘寺除推出“潭柘寺禅茶”便于游人祈福结缘外，还推出了独具潭柘寺特色的“潭柘寺素饼”。结合潭柘寺千年素斋制作工艺精制而成，是馈赠亲朋好友的上等佳品。

北京密云推“私家山宅”。7月11日，密云县推出“私家山宅”新型旅游产品。“私家山宅”项目主要是把密云农民的闲置房屋和院落整合起来，通过规范的租赁协议出租给城市居民。“房屋主要进行长期出租，租期一般为5～10年。农户作为房东，可以为租户提供物业、餐饮和保洁等服务，同时还可以配以私家果园和私家菜园等服务项目。租户则可根据自己的喜好，对房屋进行装修和改造。为破解乡村旅游重复低端开发的局面，提升乡村旅游发展水平，密云旅游局启动“私家山宅”项目，面向高端旅游市场首批推出83户农家院，7月15日起接受市民租住。

（市旅游局　王文生）

【休闲农业发展状况良好】 2009年，北京市休闲农业发展状况良好，郊区开展观光休闲服务的农业园有1 294个，吸纳从业人员5.0万人，接待游客1 597.4万人次，实现总收入15.2亿元，分别比上年增长6.6%和12.2%；实际经营民俗旅游（农家乐）接待户8 705户，接待游客1 393.1万人次，实现收入6.1亿元，分别比上年增长15.6%和15.1%。各远郊区县特别是山区县，将休闲农业、乡村旅游作为都市型现代农业发展的重点，不断扩大规模、提升建设水平，涌现出延庆山水画廊等一批新亮点。

北京休闲农业经过近几年的培育和发展，总体水平实现了质的提高，呈现以下几个特点：一是观光园的主题更为突出，特色更为明显。以果树主题公园、主题农业公园为主的观光园，数量提高，质量增加。从产业来说，有果树主题公园、花卉主题公园、瓜果主题公园、养殖业主题公园等。从产品来说，有苹果主题公园、梨主题公园、葡萄主题公园、香草主题公园。呈现出百花齐放、异彩纷呈的局面。二是投资主体日趋多元化。从第四批入选的30个市级园区看，约有近一半的园区是外来投资者以有限责任公司的形式独立开展经营。外来资金、技术、理念，与农村的资源有机结合，开发了一批较高档次的观光农业园。三是在开发模式上，进行了有益的探索，呈现区域集群化、产业融合化发展的新趋势。主要体现在：在区域开发模式上，呈现出集群化发展的特点，形成了特色明显、资源互补、利益联结紧密、满足游客多元化需求的集群式乡村旅游目的地；在产业开发模式上，呈现出产业融合性发展的特点。四是观光农业园的素质和总体水平较前三批有了较大提高。主要表现在：基础设施明显改善，园内观光休闲内容与项目增多，文化内涵有了提升，宣传促销的力度增大，经营理念也有了质的变化。

（市农委产业发展处　田亦平　范子文）

农村金融

概 述

农村金融是现代农村经济的核心，是北京农村第三产业的主发动机。党的十七届三中全会提出建立现代农村金融制度后，市委、市政府高度重视，于2008年4月发布了《关于促进首都金融业发展的意见》，明确提出要构建分工合理、投资多元、功能完善、服务高效的农村金融组织体系。通过一年多的努力，中国银监会统计结果显示，北京率先实现了银行业机构网点在农村的全覆盖，农村金融组织体系搭建取得了阶段性成果。

【农村金融体系建设统筹推进】 农村金融组织逐步丰富，农村信贷体系进一步完善。一是设立20家小额贷款公司，覆盖东城、崇文、朝阳、海淀、丰台、石景山、房山、通州、大兴、昌平、怀柔、平谷等12个区，注册资本达18.85亿元。截至2009年11月底，共有12家小额贷款公司开业，其中8家正式对外发放贷款，累计达4.92亿元，面向“三农”客户和中小企业贷款分别为2.63亿元和2.25亿元。二是村镇银行试点进一步扩大。2008年底开业的延庆和密云汇丰2家村镇银行，截至2009年11月底，存、贷款余额分别为2.03亿元和8 997万元；延庆村镇银行获批同意增资扩股到1亿元，新增股本7 000万元，大兴九银、怀柔融兴2家村镇银行获批筹建。三是邮储银行在大兴区庞各庄设立全市首家“三农”信贷专营机构。四是中国扶贫基金会农户小额贷款试点已开始为门头沟低收入农户发放小额贷款。同时，银行农村信贷扶持力度进一步加大，截至2009年9月底，全市涉农贷款余额761.63亿元，比年初增加68.78亿元，增幅近10%，呈上升趋势。

政策性农业保险健康发展，农业保险体系进一步完善。政策性农业保险自2007年推行以来发展迅速，承保范围达18类主要农业品种，覆盖全市30%的主要农业资源，对帮助农民抗御灾害、稳定收入起到了积极促进作用。截至2009年11月底，总保额达89.36亿元，是去年同期的1.41倍；参保农24.22万户次，共收取保费3.47亿元；获赔农户12.15万户次，赔付支出总计2.48亿元。2009年7月，市政府与瑞士再保险公司、中国再保险（集团）公司签署了政策性农业再保险合作协议，建立了农业巨灾风险分散机制，本市政策性农业保险制度和体系进一步完善。

市农业投资公司作用充分显现，农业投资体系进一步完善。为构建农业投资体系，市财政出资10亿元设立了市农业投资公司。目前，已发起或参与设立小额贷款公司7家，正准备筹建2家，投资金额将逾3亿元，预计拉动社会投资8亿元，带动银行贷款6亿元，合计带动直接投资14亿元，有效实现了政府资金带动和促进金融资本、社会资本为农业、农村经济发展服务的目的。分别投资5 000万和2 000万元，参与昌平区和平谷区设施农业建设；出资2亿元发起设立了规模10亿元的市农业产业投资基金。2009年1月，市政府还推动设立了全市首家区县级创业投资基金——中科房山创业投资基金，现资金到位4.2亿元，积极投资于房山区内涉农和环保产业。

市农业担保公司作用较好发挥，农业担保体系进一步完善。2009年3月，市农业投资公司和门头沟等8个区县共同出资组建了市农业担保公司，首期注册资本5亿元。截至11月底，市农业担保公司已审批通过了56笔担保项目，合计金额5.5亿元。积极参与向京郊农户发放50万张“富民卡”、给予50亿元支农小额贷款授信额度的“5+5”金融服务行动计划，承担一定规模的100%本金担保，促进了计划的顺利施行。另外，公司还对大兴区庞各庄镇大学生“村官”的食用菌养殖项目提供了20万元小额贷款担保，并为他们提供企业、财务等方面的管理咨询支持，较好地发挥了市级政策性农业担保公司作用。

“三信”工程建设稳步开展，农村信用体系进一步完善。2004年以来，本市开展了“信用户、信用村、信用乡镇”评选活动。截至2009年9月底，全市信用户评定面达15.6万户。通过开展“三信”评定工作，农户信用贷款额度得到提高，农户信用贷款手续得以简化，农民的信用意识进一步增强。

农民金融意识显著增强。随着全市农村金融环境的逐步改善，农村金融服务深入基层，农民接触的金融产品也逐渐增多，农民的金融意识显著提高。2009年11月28日，北京成立首个农民筹资兴建的小额贷款公司——北京市丰花小额贷款有限公司。通过聚集农村集体经济闲置资金，从事农村金融服务的方式，不仅能够为农民和中小企业发展提供贷款，而且还为农村集体资产理财提供了一种新途径。这标志着农村金融进一步深入了农村，为突破城乡二元结构做出了一次积极的探索。

2005—2009年北京农村居民存款情况汇总表　　单位：元

年份	人均手存现金	比重（%）	人均存款余额	比重（%）	总额（可支配额）
2005	1 282	19.50	5 291	80.50	6 573
2006	1 437	17.74	6 664	82.26	8 101
2007	1 610	15.71	8 638	84.29	10 248
2008	1 852	15.40	1 0171	84.60	12 023
2009	2 094	14.23	12 657	86.04	14 711

注：2009年数据是运用趋势外推法计算得出。

资料来源：北京统计局提供。

农民逐渐接受了金融，对银行的信任程度持续升高。自2002年以来，农民人均存款余额始终占可支配总额的80%以上，而且呈现逐年递增的趋势。2009年全市农民人均存款余额达到12 657元，占可支配总额的86.4%，是手存现金的6倍。

（摘自市农研中心《2009—2010年郊区农村经济形势分析与预测报告》）

【农村金融各项事业兴旺发达】 农业贷款。北京市推进构建多元化、多层次的农村金融组织体系。截至2009年末，北京市已设立覆盖12个区县的小额贷款公司21家。延庆村镇银行和密云汇丰村镇银行已经开业，怀柔融兴、大兴九银、大兴华夏、昌平兆丰等4家村镇银行获批筹建。中国邮储银行设立全市首家“三农”信贷专营机构。乐平农村资金互助社筹建工作稳步推进。

农业投资。2009年，北京市出资10亿元设立市农业投资公司。市农业投资公司分别投资5 000万和2 000万元，参与昌平区和平谷区设施农业建设，并积极参与小额贷款公司试点工作。截至2009年底，已发起或参与设立小额贷款公司8家，准备筹建1家，投资金额约3亿元，预计拉动社会投资6亿元，带动银行贷款6亿元，合计带动间接融资12亿元。

农业基金。2009年，北京市农业投资公司和中信证券所属的金石投资有限公司各出资2亿元，并向社会募集资金，发起设立了规模10亿元的农业产业投资基金，目前已经开始项目筛选和投资运作。同时，北京市推动设立中科房山创业投资基金，这是全市首家区县级创业投资基金，截至2009年底到位资金达4.2亿元。投资于房山区内涉农和环保产业。

农业保险。北京市政策性农业保险承保范围已达18大类主要农业品种，覆盖本市30%的农业资源，总保额达89.36亿元，对农民抗御灾害、稳定收入有极大帮助。此外，北京市还在全国首先建立农业再保险机制，有力地分散了农业巨灾风险。

农业信用。北京市自2004年开始，开展了“信用户、信用村、信用乡镇”的评选活动。截至2009年底，共评定信用户6.9万户，信用村342个，信用镇17个，为5万左右农户建立了信用档案，完善了农村信用体系建设。

（市金融工作局　赵强）

【北京农商行充分发挥首都金融支农主力军作用】 2009年，北京农村商业银行积极适应首都城乡经济社会一体化发展的新形势新要求，加强金融支农体制机制和产品服务创新，为农村环境整治、旧村改造、一般基础设施建设和新农村“五项基础设施”建设等项目提供资金支持。截至2009年末，全行涉农贷款余额337亿元，占全市涉农贷款总额的41.2%；农户贷款余额38亿元，占全市农户贷款总额的91.4%，在支持新农村建设中发挥着重要作用。

【持续优化农村地区支付环境】 2009年，北京农村商业银行按照人民银行改善农村地区支付环境的要求，加大对京郊农村地区资源配置的力度。一是加大京郊ATM机具的布放力度。截至2009年末，共在郊区10个区县支行安装ATM587台，占郊区ATM总数的30.89%；二是举办“凤凰乡村游”活动，搭建城乡金融服务桥梁。截至2009年末，在京郊布放POS机具3 600余台，解决了2 800余户农民的现代结算服务，带动约140万人次赴京郊刷卡消费，引领23亿元城市资金到农村地区，有力地支持了京郊社会主义新农村建设；三是为农民社保基金、粮油直补资金、农民养老金等农村地区款项提供支付结算服务。截至2009年末，共向郊区256万农民办理凤凰结算卡362万张，为农民提供了便利金融服务。

【系统梳理农户贷款系列产品】 2009年，北京农村商业银行对已有的14个农户贷款产品进行全面梳理，推出了“新农家”农户贷款服务方案，将农户贷款产品分为“便利农贷、创业农贷、暖心农贷”三大系列。“便利农贷”是充分考虑京郊农民实际担保能力，以免担保为主、抵质押担保为补充的系列农户贷款产品，包括农户小额信用贷款、农户保证及农户抵质押、多户联保等。“创业农贷”是支持广大农户自主创业，促进农村家庭增收致富的创新型业务，包括设施农业贷款、协会+农户贷款、订单农贷、融资快车等。“暖心农贷”是面向特定农户群体的扶助型业务，包括面向残疾人、符合计生政策的家庭、农家女、贫困学生等特定群体发放的贴息贷款。

【北京农商行营业网点全方位覆盖首都 18 区县】 2009 年，北京农村商业银行完善网点服务功能、便利居民金融服务为目标，积极推进网点布局调整。截至 2009 年末，北京农商行共有营业网点 694 家，全方位覆盖 18 个区县。其中 10 个郊区县营业网点共 413 家，占全行全部营业网点的 60%以上，约占 10 个郊区县所有银行机构营业网点的 50%，服务覆盖京郊 151 个乡镇，3 642 个行政村，305 万农业人口。

（北京农商行　卫鹏鹏）

农产品流通

概　　述

2009年，大力加强农产品市场流通，建立与首都多元化消费需求相适应的农产品物流体系，改造提升大中型农产品批发市场，加强市场基础设施建设，改善销售环境，组织和支持农民生产的农产品与市场对接，保证首都农产品市场供应。

农产品供求状况

【农产品市场需求持续增长】 2009年1—11月，全市食品类商品社会零售总额1 148.8亿元，占社会商品零售总额的24%，比上年同期增加106.9亿元，增长10.3%。城镇居民人均食品支出1—11月累计5 468元，同比增长329元，增长了6.4%；农村居民人均食品支出2 663元，同比增长335元，增长了14.4%。2009年1—11月，北京市居民食品消费价格指数为102.4，其中粮食105.5，肉禽及其制品95，蛋102，蔬菜107.7。根据以上数据推算，2009年北京市农产品及食品，社会购买能力比2008年增加116.6亿元，其中，居民家庭购买能力增加61亿元（其中城镇居民增加34.1亿元，农村居民增加10.2亿元，暂住居民增加16.7亿元），集团消费增加55.6亿元。扣除物价因素，农产品及食品消费需求量比2008年增加7.9%。

农产品价格

【农产品市场行情】 全市八个大型农产品批发市场的监测数据显示：年内，蔬菜、肉禽蛋、淡水鱼、粮油价格出现不同程度的升降波动，其中蔬菜、猪肉和食用油行情波动幅度较大。与历年同期相比，部分农产品平均价格仍在高位运行。其中，蔬菜、牛肉、羊肉、鸡蛋、大米和富强粉等6类农产品的加权平均价格创出自2002年以来的新高。

【蔬菜价格大幅上涨】 年内，蔬菜上市总量为76.1亿千克，比上年同期减少2.6%，本地菜上市比例为4%。蔬菜加权平均价格为每千克2.28元，比上年同期上升23.9%。2009年，蔬菜价格出现少有的大幅上涨走势。年初长江中下游地区出现的阴雨低温、11份开始的几次降雪等气候变化是引起2009年蔬菜价格大幅波动的主因之一，供应链的变化以及产地价格的上升，加之叶菜类价格涨幅和波动程度较大，推高了蔬菜价格。

【猪肉价格先跌后升】 年内，猪肉上市总量为2.85亿千克，比上年同期增加20.7%，本地比例约占76.4%。2009年猪肉平均价格为每千克14.49元，比去年同期下降21.6%。2009年是猪肉价格近三年来最为平稳的一年，春节过后猪肉价格持续下降，猪粮比价在5月份开始低于6∶1的盈亏点，国家适时启动生猪肉收储政策，调控生猪市场，此后猪肉价格逐渐回升。6月份开始猪肉价格止跌回升，8月份至11月份猪肉价格围绕每千克15元窄幅波动，价格走势呈现敞口U型。

【牛肉价格持续上升】 年内，牛肉上市总量为4543.2万千克，比上年同期减少18.2%，本市比例为5%。牛肉加权平均价格为每千克26.4元，比上年同期上升3%。近两年，牛肉的价格一直维持在较高的水平，基本没有出现大幅的调整，从2008年的每千克25元水平上涨到2009年每千克26元的水平，价格较为坚挺。主要原因仍然是肉牛存栏量较少，市场供求矛盾突出。据企业反映，企业的屠宰量一直在减少，企业开工率不足，且肉牛的收购价格比上年大约上升20%。从批发市场监测的上市量情况看，牛肉上市量明显比上年低一个档次。

【羊肉价格高位运行】 年内，羊肉上市总量为3 818.9万千克，比上年同期减少18.9%，本市比例为22.3%。羊肉平均价格为每千克23.2元，比上年同期上升3.3%。与牛肉市场价格走势基本相似，羊肉价格持续在高位运行。主要的原因仍然是羊肉市场供给不足，与上年相比，2009年羊肉上市量大幅减少。上市量的不足与持续高价格长期存在，对整个产业链的发展将产生不利的影响。

【鸡肉价格运行平稳】 年内，白条鸡上市总量为6 029.7万千克，比上年同期增加21.9%，其中本地上市比例为50%。白条鸡加权平均价格为每千克10.49元，比上年同期下降7.7%。总体来看，白条鸡价格走势是比较平稳，基本在每千克10.5元上下波动。下半年，首都农业发展集团在本市统一肉鸡政策，政府也加大了对肉鸡养殖的扶持力度，保障了肉鸡养殖的利润。设施设备的更新避免了遭受自然灾害，因此市场供应充足。伴随着全球经济从金融危机中逐步复苏，鸡肉出口比例有所增加。

【鸡蛋价格略有上升】 年内，鸡蛋上市总量为1.69亿千克，比上年同期增加13.3%，本市比例为8%。鸡蛋加权平均价格为每千克6.11元，比上年同期上升1.8%。鸡蛋价格总体水平略高于上年，价格上升的原因主要是玉米价格较高，生产成本上升。

【淡水鱼价格略有降低】 年内，淡水鱼上市总量为2.62亿千克，比上年同期增加4.5%，本市比例为14%。淡水鱼加权平均价格为每千克9.73元，比上年同期下降8.5%。2009年淡水鱼价格走势较为平缓，全年价格基本在上年的水平线下运行。

【粮油类农产品价格有升有降】 年内，大米上市总量为6.04亿千克，比上年同期增加30.9%，加权平均价格为每千克3.24元，比上年同期上升6.9%；富强粉上市总量为5.65亿千克，比上年同期增加18.4%，加权平均价格为每千克2.44元，比上年同期上升10.9%；食用油上市总量为1.65亿千克，比上年同期小幅下降0.5%，加权平均价格为每千克7.64元，比上年同期下降26.2%。东北大米行情的上涨主要来自于上游稻谷成本的推动，2009年1月24日国家宣布提高2009年度稻谷最低收购价，提高幅度为16%左右。由此，占有大米市场近九成的东北产大米出现了多年来少有的强势行情。面粉价格的上涨与国家提高小麦最低收购价也有很大的关系。食用油市场主要是受国际期货市场的影响。

【完善农产品市场行情监测体系】 通过2008年奥运期间农产品市场供应安全保障工作，明确了对全市农产品供应具有指向性的八个大型农产品批发市场（新发地、岳各庄、大洋路、八里桥、回龙观、水屯、石门、锦绣大地）。年内，着力开展八大农产品批发市场行情信息平台建设，整合全市农产品市场信息资源，建成了面向领导服务的北京农产品市场信息综合服务平台、面向业务人员开展市场分析的农产品市场信息综合管理系统，更新了面向企业、农民等社会公众提供全面市场信息的农产品市场网，架构形成了较为完善的农产品批发市场行情监测体系。同时，加强农产品会商机制建设，形成了行业主管部门、行业协会、龙头企业、生产大户及农产品市场联合会商、全产业链研究分析的工作机制。在此基础上，深入开展农产品来源及流向研究、产销地农产品价格传导研究、农产品价格替代关系研究等内容，为保障全市农产品稳定供给提供了科学指导。

【建设京张蔬菜产销信息平台】 年内，把北京蔬菜主要供应地的张家口作为试点，开展京张蔬菜产销信息平台建设，实现对张家口蔬菜产地信息进行每日监测，蔬菜产地数据与北京市蔬菜数据信息联合分析，从而有利于摸清两地蔬菜产销链结构，蔬菜价格、上市量之间的联动关系。另外，以产销信息平台为契机，建立了京张蔬菜信息交流合作机制，建立了两地蔬菜信息交流合作组织机构，建立了一支稳定的蔬菜产地信息采集、加工工作队伍。平台的建设对于保障北京蔬菜市场供应、促进张家口菜农增收发挥了重要的作用。

（市农业局　王晓冬）

郊区城镇建设

概　述

2009年，坚持把小城镇作为聚集产业、扩大内需、农业就业创业的重要载体，切实加大了投入和工作力度。

小城镇建设

【全市调整确定42个重点镇】 随着国务院对《北京城市总体规划（2004—2020年）》的批复以及市政府对11个新城总体规划、山区协调发展总体规划的批复，郊区小城镇空间布局有了较大变化，原37个中心镇中，有13个镇纳入新城规划或城镇组团中，属于城市建设与管理范围。为落实市委《关于率先形成城乡经济社会发展一体化新格局的意见》（京发［2008］30号）和全市城乡一体化工作会议要求，巩固和提高本市小城镇建设发展的整体水平，根据《北京城市总体规划（2004—2020年）》及相关新城规划，结合城乡经济社会发展和城镇建设的实际情况，市政府研究确定了42个重点小城镇作为下一步本市郊区小城镇建设发展的重点，同时市政府办公厅于7月3日下发了《关于本市重点小城镇建设有关工作的通知》（京政办发［2009］37号），调整确定了本市42个重点镇。同时要求各区县政府、市政府各有关部门要按照规划目标和城镇化与新农村建设"双轮驱动"战略要求，优先做好重点小城镇的规划，进一步加大投入，推进重点小城镇经济社会发展，充分发挥其在新农村建设中的集聚、辐射和示范作用。42个重点镇为：门头沟区斋堂镇、潭柘寺镇、军庄镇，房山区韩村河镇、窦店镇、琉璃河镇、长沟镇、河北镇，通州区潞县镇、台湖镇、西集镇、永乐店镇，顺义区高丽营镇、杨镇、赵全营镇、李遂镇，大兴区采育镇、庞各庄镇、安定镇、榆垡镇、魏善庄镇，昌平区小汤山镇、阳坊镇、南口镇、北七家镇、十三陵镇，平谷区金海湖镇、峪口镇、马坊镇，怀柔区桥梓镇、怀北镇、汤河口镇，密云县溪翁庄镇、太师屯镇、西田各庄镇、古北口镇、巨各庄镇、穆家峪镇，延庆县康庄镇、永宁镇、八达岭镇、旧县镇。

【召开郊区小城镇建设现场观摩会】 5月6日，市委常委牛有成、副市长夏占义带队，对通州区马驹桥镇和大兴区采育镇进行了现场观摩，围绕小城镇建设召开了专题会议。会议要求，各级党委、政府要进一步提高对小城镇地位、作用的认识。会议提出：一是要进一步准确把握小城镇的功能定位。小城镇是城乡一体化的重要节点，其主要功能是转移农村人口、聚集农村产业、解决当地农民就地城镇化问题；二是明确小城镇的建设原则和方向。建设小城镇要坚持以人为本和"先生产后生活"原则，要充分考虑农民需求，用政策引导农民参与，确实保护农民利益。要把产业发展作为小城镇建设的核心，让农民在城镇化过程中形成财富积累，实现安居乐业有保障：三是优化小城镇的管理，不断增强小城镇的公共服务和社会管理职能。会议强调，小城镇建设是一个系统工程，市各部门要采取积极有力的措施，切实加强对小城镇建设的服务和指导；各区县委、政府要把小城镇建设作为推进城乡一体化的重要抓手，科学、有序、扎实推进。

【召开小城镇产业发展现场观摩座谈会】 10月22—24日，为促进小城镇产业发展，推进城乡一体化进程，举行小城镇产业发展现场观摩座谈会。副市长夏占义指出，小城镇产业基地建设非同小可、非有不可、非抓好不可。小城镇产业园区要有产业和土地利用总体规划、要有产业园区管理机构、要有主导产业、要有带动全局的大项目。产业园区要有明确的功能分区，产业要有集群、要有规模，要按照区县功能定位，搞好招商引资，不能同质竞争。要加强小城镇基础设施建设，拓宽小城镇的融资渠道，加大招商引资的力度，提高项目投资的效率，加强对小城镇从业人员的培训。

【乡镇域总体规划编制工作进展顺利】 本市郊区共有182个乡镇，其中有67个乡镇纳入了中心城市、新城以及城市组团规划范围，不需要单独编制乡镇总体规划，需要编制总体规划的乡镇总数为115个。截至2009年底，115个乡镇中，总体规划已经编完110个，其中已经批复73个，市规划委正在审查的36个，另有5个在编。42个重点镇中已经编完总体规划的40个，其中36个已经批复，市规划委在审4个，另有2个在编。

【重点镇产业园区（就业基地）建设情况】 截至2009年底，42个重点小城镇产业园区规划用地面积为13 717.7公顷（合205 766亩）。其中，没有产业园区（或农民就业基地）的镇有9个，这些镇多为以旅游产业为主的小城镇，没有集中规划产业园区；面积很小（不足1平方公里）的镇有5个；1～3平方公里的镇有17个，3平方公里以上的镇有11个。42个重点镇产业园区内（或农民就业产业基地）基础设施投资累计完成28.6亿元；园区内有实际占地建设项目的企业累计1 156个，其中已投产企业921个，完成总投资额583.2亿元，项目固定资产投资完成额241.4亿元，实际到位资金270.3亿元，园区从业人数10.2万人。

【重点镇土地纳储情况】 截至2009年底，42个镇纳入市土地整理储备的项目47个项目，用地面积3 309.5公顷，项目总投资439.9亿元，其中2009年计划投资125.5亿元，实际到位资金52.4亿元，占2009年计划投资的41.8%。

【重点小城镇主要经济指标】 截至2009年底，42个重点镇累计注册企业有11 166家，企业销售总收入862.8亿元，注册企业上缴税金83.1亿元。其中，园区内生产企业1 156个，占小城镇注册企业的10.4%；销售收入452.8亿元，占小城镇注册企业销售总收入的52.5%；企业上缴税金21.4亿元，占小城镇注册企业上缴税金的25.8%。

（市农委村镇建设处　赵亚男）

旧村改造

【支持旧村改造试点村基础设施建设】 市级财政支持门头沟樱桃沟、房山八十亩地、顺义北郎中、昌平奋仓屯、平谷挂甲峪、玻璃台，怀柔官地、驸马庄，密云蔡家洼、延庆营城子、延庆西白庙等11个市级旧村改造试点村7 000万元，重点用于11个试点村的基础设施和公共服务设施建设。截至年底，已经启动改造的11个村已经完成改造面积60余万平方米，累计搬迁上楼1 800余户，较好地改善了村民的住房条件和村庄环境，同时，这些村产业也得到了较快发展。

【加快推进村庄规划编制工作】 一是搭建交流平台。市农委会同市规划委通过召开专题会的形式，宣传推广各区县村庄规划编制和审批经验做法。先后交流推广了大兴、延庆、顺义、昌平等区县建立的“四审一公示”制度、责任规划师制度、一镇一院制度、延伸规划服务制度等；二是加强检查督促。市农委会同市规划委、市规划院、市测绘院组成检查组定期对各区县村庄规划编制、审批、地形图测绘等项工作进行检查，现场解决规划编制中出现的问题；三是建立动态通报制度。对各区县村庄规划编制进度进行定期通报。通过多种方式的推进，本市年内新编村庄规划1674个，累计编制村庄规划2 803个，占全市应编规划村庄的75%以上，其中丰台区率先实现村庄规划全覆盖的目标。

（市农委村镇建设处　赵亚男）

农村环境与基础建设

概　述

2009年，郊区农村环境与基础建设取得实实在在的进展。街坊路硬化及硬化率、主要街道的路面结构、安全饮水、污水处理、厕所改造、垃圾处理等方面都取得很好成绩，农村的生产生活条件有很大改善。市县乡各级领导明确要认真解决农民最关心、最直接、最现实的问题，迎来乡村基础建设的大好时期。

郊区环境整治

【举办2009年农村地区垃圾分类现场会】 3月19日，市农委、市市政市容委、市商务委、市环保局、市财政局在门头沟区王平镇召开了全市农村地区垃圾分类现场会，现场观摩了王平镇东马各庄、西马各庄实施农村生活垃圾分类的做法，参观了王平镇生活垃圾压缩站和有机肥厂，推广交流了王平镇和平谷区农村垃圾分类试点的经验和做法。

【举办2009年农村地区生活垃圾分类培训班】 7月9—10日，市农委、市市政市容委、市商务局、市环保局在市市政市容委培训中心举办2009本市农村地区生活垃圾分类培训班，对13个郊区县相关部门、当年实施农村地区垃圾分类的91个乡镇政府主管领导及环保社团共计500人进行了专题培训。培训围绕新农村建设垃圾分类工作的总体要求、农村地区生活垃圾中可回收物和有害垃圾的管理要求、堆肥技术、垃圾分类收集、运输设备等技术标准和规范等内容，聘请科研院校的专家进行了讲解。会上，市市政市容委陈玲副主任做了开班动员，对下一步推进农村地区垃圾分类工作提出：一是加强领导，落实责任；二是明确任务，落实资金；三是勇于创新，提高效率；四是农民参与，调动主体；五是加强监管，确保实效。

【启动“百日整治靓京郊清洁农村迎国庆”活动】 6月25日，市农委会同市市政市容委、市园林绿化局等相关部门组织召开了“北京郊区百日环境综合整治部署大会”，在全市13个郊区县启动了“百日整治靓京郊、清洁农村迎国庆”暨郊区环境百日综合整治活动。活动要求，各区县、各乡镇要在6月25日—10月7日开展百日集中整治活动，要按照“六无三落实”（无垃圾乱倒、无乱堆乱放、无私搭乱建、无卫生死角、无污水溢流、无乱写乱画，管护队伍落实、管护责任落实、监管制度落实）的要求深入开展环境整治活动，要从清运积存垃圾、治理乱堆乱放、拆除私搭乱建、清洗乱贴乱画、清理拉拉秧、完善环卫保洁设施、加强绿化美化、健全管理制度等方面入手，对主要道路和铁路两侧、河道两岸和村庄进行重点整治，营造了“路净、村净、庭院净，山美、水美、田园美”的美丽乡村形象，为国庆庆典提供优美的环境保障。

【开展多种形式的检查活动促进环境整治持续深入开展】 一是开展区县互查。分别于2月17—21日、4月20—25日，组织13个郊区县环境建设主管部门相关领导，对郊区县农村环境状况进行互查，学习各区县开展环境整治的经验做法，检查村庄环境建设中存在的问题；二是开展环境抽查。市农委会同市市政市容委、市环保局、市水务局、市爱卫会、市园林绿化局、市文明办、市妇联等有关部门组成联合检查组，于8月10—13日、9月24—27日对郊区环境进行两次抽查，指导区县加强村庄环境整治，督促检查农村环境建设中存在的问题，总结环境整治和建设的典型经验。全年共抽查村庄500余个，近郊区平均得分85分以上，远郊区县平均得分90分以上。

【开展“环境卫生综合整治月”活动】 8月25日，市农委会同市市政市容委召开了“开展环境卫生综合整治月活动”电视电话会议，对郊区环境整治工作进行进一步的部署，要求各区县、乡镇集中利用一个月的时间对郊区农村环境面貌进行再整治，在整治中要处理好整治与建设、整治与管理的关系，在确保高质量完成整治任务的基础上，努力探索和建立行之有效的长效机制，确保郊区环境长治久洁。

【召开百日综合整治活动总结会议】 10月20日，市农委会同市市政市容委等相关部门，召开了郊区环境百日综合整治活动总结大会，对百日整治活动中措施得力、效果突出的房山、延庆、平谷、顺义、密云、怀柔等六个区县进行了表彰，并对下一步环境工作进行具体部署。

【建立农村环境卫生管理长效机制】 市农委与市市政市容委共同制定了《加强本市农村地区环境卫生日常运行管理工作指导意见》，明确了市、区县、乡镇的职责，并提出了按照“平均每250人配备1名保洁员”的要求，建立农村保洁员队伍，管护资金由市对区县环卫运行专项经费中解决。截至年底，本市建立了4万人的保洁员队伍。

（市农委村镇建设处　赵亚男）

生态示范创建

【召开生态示范创建工作会议】 1月19日，市农委会同市环保局组织召开了本市2009年生态示范创建工作会议，对2008年度获得北京郊区“环境优美乡镇”和“生态文明村”的镇村进行了表彰授牌，并对2010年生态示范创建工作进行部署。2010年本市计划创建10个北京郊区“环境优美乡镇”和50个“生态村”，并将其列入市政府为民办实事工程。

【举办生态示范创建培训班】 4月13—17日，市农委、市环保局分两期举办了2009年北京郊区生态示范创建工作培训班，对13个郊区县创建工作主管部门负责人、申报参与当年创建的镇村负责人共计430余人进行了专题培训。培训主要围绕创建工作的意义、创建指标体系解释、创建工作程序及验收方式、乡镇环境规划编制、镇村绿化美化、农村垃圾分类收集处理方法等内容进行了系统讲授，有针对性的指导创建工作。

【举办生态示范创建工作研讨会】 11月12日，市新农办、市环保局在昌平区召开本市郊区生态示范创建工作研讨会，对2009年生态示范创建及验收评审工作进行了总结，并围绕创建指标体系、创建中存在的主要问题、经济发展和基础设施建设与生态的关系及创建活动的主要经验与做法等方面进行了热烈研讨。提出创建环境优美乡镇和生态村活动是学习实践科学发展观，推进农村环保工作的一项重要举措，是改善和提升全市生态环境质量；优化区域发展环境的有益探索，是宣传和引导生态服务价值理念、提高郊区广大群众生态环保意识的有效载体。要求各区县要牢固树立生态建设只有起点没有终点的意识，要进一步深化创建内涵、丰富创建内容、拓宽创建途径、创新活动形式，不断提高生态建设效果。生态示范创建工作专家组、北京林业大学环境科学与工程学院的专家、教授以及郊区13个区县主管部门负责人、部分乡镇代表参加了会议。

【年内创建20个环境优美乡镇和237个生态村】 通过区县申报、专题培训、专家验收、社会公示等，有20个乡镇、237个村通过专家验收和社会公示，分别被命名为北京郊区环境优美乡镇和生态村，超额完成了市政府实事工程确定的创建10个环境优美乡镇和100个生态村的任务，有效提升了镇村生态环境建设的水平。截至年底，全市累计创建北京郊区环境优美乡镇117个，其中43个乡镇获得国家级环境优美乡镇称号，生态村956个；怀柔、朝阳、海淀、大兴、门头沟、平谷、昌平、通州等8个区成为国家生态示范区；密云县、延庆县被环境保护部命名为“国家生态县”称号，密云县同时被环境保护部确定为全国六个生态文明试点地区之一。郊区环境优美乡镇（共20个）：海淀区上庄镇；门头沟区王平镇、门头沟区雁翅镇、门头沟区清水镇；房山区琉璃河镇、房山区韩村河镇；通州区于家务乡：顺义区杨镇、顺义区天竺镇、顺义区北务镇、顺义区南彩镇；昌平区南口镇、昌平区十三陵镇、昌平区流村镇；平谷区平谷镇、平谷区金海湖镇、平谷区山东庄镇、平谷区镇罗营镇、平谷区夏各庄镇；怀柔区怀柔镇。郊区生态村（共237个）。

（市农委村镇建设处　赵亚男）

水利建设与管理

【基本情况】 2009年本市水务工作落实中央和市委、市政府“保增长、保民生、保稳定”的工作部署，按照加快推进“民生水务、科技水务、生态水务”的工作方针，应对水资源紧缺困难，统筹水资源配置，实施境内外调水，稳定水源地开采，强化用水管理，促进用水结构调整，保障了大旱之年的水安全。改善环境服务发展，依法行政强化管理。加强水务建设运行管理，实现了水源安全、供水安全、水环境安全和迎汛安全的目标，保障了国庆60周年庆典活动和城市安全运行。

【水文和水资源】 全年平均降水448毫米，比上年降水量638毫米减少30%，比多年平均减少23%，为枯水年。全市水资源总量为21.84亿立方米，比多年平均37.39亿立方米少42%。其中地表水资源量为6.76亿立方米，地下水资源量为15.08亿立方米。入境水量为3.03亿立方米，出境水量为8.23亿立方米。截至年底，全市大中型水库蓄水总量13.54亿立方米，可利用来水量为3.49亿立方米。官厅、密云两大水库蓄水量为11.58亿立方米，其中密云水库蓄水10.39亿立方米，比上年减少0.9亿立方米，水质保持Ⅱ类；官厅水库蓄水1.19亿立方米，比上年减少0.4亿立方米，水质Ⅲ到Ⅳ类。平原区地下水平均埋深为24.07米，地下水位比上年末下降1.15米，地下水埋深继续下降。

【全年总供水量】 2009年全市总供水量35.5亿立方米，比上年的35.1亿立方米增长0.4亿立方米。万元GDP水耗由上年的35.7立方米下降到32.78立方米，用水效率进一步提高，继续在全国保持领先水平。其中生活用水14.7亿立方米，环境用水3.6亿立方米，工业用水5.2亿立方米，农业用水12亿立方米。供水来源中，地表水为4.6亿立方米，占总供水量的13%；南水北调水2.6亿立方米；地下水为21.8亿立方米，占总供水量的62%；再生水为6.5

亿立方米，占总供水量的18.4%。

【南水北调工程建设】 2009年在完成南水北调中线干线北京段建设的基础上，加强已建工程的管理和保护，充分发挥已建工程效益，圆满完成了京石段应急调水任务，同时积极推进市内配套工程建设。南干渠、大宁调蓄水库工程招标及合同签订工作完成，组织成立了现场管理机构，征地拆迁工作全面开展，下达工程投资12亿元。制定《北京市南水北调配套工程总体规划实施方案》，明确了工程建设时序，落实了建设责任主体。通过提前完工的南水北调中线京石段应急供水工程，从河北省岗南、黄壁庄、王快3座水库引水到京。南水北调北京段单位工程验收共计49项，已完成40项；合同项目验收28个。建立征地拆迁联络员工作机制，引入征地拆迁监理机制，积极推进配套工程征地拆迁，交付临时用地3.7万平方米，移植树木1 497株。

【污水处理】 2009年全市污水排放总量13.65亿立方米，污水处理量0.97亿立方米，污水处理率80%。其中城八区85 774万立方米，污水处理率达94%，郊区23 948万立方米，污水处理率达51%。北苑污水处理厂建成试运行，解决了北苑地区多年来污水直排，污染环境的问题。城乡结合部的垡头、东坝污水处理厂已进入工程实施阶段，定福庄至高碑店污水调水工程取得明显进展。污泥处理处置取得新突破，清河污泥热干化项目和北京水泥厂污泥处置项目投入运行，污泥无害化日处理能力达到1 600吨。

【再生水利用】 2009年全市再生水利用量6.5亿立方米，再生水利用率达到60%，比上年增加5 000万立方米。再生水已占全市总用水量的18%，连续两年成为本市稳定可靠的新水源。清河二期、卢沟桥等再生水厂建设全面启动，完成门头沟再生水厂建设。延庆再生水厂投入使用。市区新建再生水管线25公里，扩大再生水浇灌绿地面积200万平方米。

【节水型社会建设】 2009年对29 663个社会用水单位下达计划用水指标24.04亿立方米。按月监管，严格落实预警制度，全市累计发出预警22 033户次。制定了年度用水计划制定办法和“应对北京市水资源紧缺采取的措施”，其中包括工业、农业、宾馆饭店、学校、医院等所采取的措施。召开2009年北京市节约用水大会，市政府、水利部、建设部领导出席并讲话。会议总结了奥运筹办以来的节水工作，安排部署全市的节水工作，表彰2008年度节水先进单位和个人，通过树立、奖励节水先进典型，充分调动全社会节水的积极性。举办2009年北京市节水新技术与产品推介会，邀请12家厂商参展，产品包括：雨水利用、再生水处理、空调循环水处理、洗车水循环处理、直饮水处理、节水解冻机及节水器具等设备。北京公共场所已基本普及节水器具，家庭节水器具普及率达85%以上。结合新农村建设，实施供水一户一表及管网改造工程，改造管网5 000公里，安装入户水表25万块，推进村镇供水向计量化、集约化迈进。创建节水型单位100个，建设节水型小区66个。配合市经济与信息化部门加快“三高”企业的退出步伐，全年超额完成50家“三高”企业的退出任务，节水近200万立方米。

【改善水环境】 2009年城市水环境管理标准到位、责任到位、监管到位，实行全天候巡查，随时维护，保持水面清洁。合理调度水源，共3.6亿立方米用于补充河湖水量，有效保障了环境用水的需要。重点水域采用曝气措施，促进水体循环流动。建成朝阳马泉营、通州运河等6处生态湿地，形成220万平方米水面，为通州新城建设打下了水环境基础。确定了28个考核断面，建立了区县出境断面考核公示机制。榆林庄闸出市境断面COD平均值由2008年的49.6毫克/升下降到46毫克/升，达到了预期目标值，流域水环境质量整体改善。

【水务规划】 2009年针对水务为全市经济社会发展服务的战略问题，组织编制了《2014年南水北调通水前水源配置方案》、《北运河水系综合治理规划》、《永定河绿色生态走廊建设规划》，经市委、市政府审议通过并开始实施。为保障首都的供水安全，制定了《2014年前南水北调通水前水资源配置方案》。方案按照做好“四个服务”的要求，充分考虑水资源面临的风险，实行最严格的水资源管理制度，严格控制用水总量，限制用水过快增长，立足自身，争取外援，优化配置，深度挖潜，确保2014年南水北调引水进京前首都水源安全。市水务局、市发改委、市环保局等有关部门共同编制了《北运河流域水系综合治理规划（2009—2015年）》。规划吸纳市人大代表的意见和建议，治理思路实现“三个转变”：坚持城乡统筹，从重点治理中心城区污染向统筹城乡污染治理转变；坚持综合治理，从分段分块治理向流域综合治理转变；坚持循环利用，从污水处理无害化向资源化转变。推广生态清洁小流域建设和管理的理念到大流域，建设“三个体系”：流域水资源保护体系、流域水资源配置体系、流域防洪减灾体系。根据市委、市政府提出的建设京西生态屏障，服务水岸经济，全面提升西南五区社会经济发展水平，建设宜居城市的要求，针对永定河多年断流干涸、生态退化的局面，有关部门制定了《永定河生态走廊建设规划》，该规划的实施对缓解水资源与水环境矛盾具有积极示范意义。市水务局、市农委、市发改委、市财政局、市国土局等有关部门共同编制了《北京都市型现代农业基础建设及综合开发规划（2009—2012年）》，规划围绕九大基本农田集中分布区，开展以配水节水为中心的农田水利改善、以质量提升为中心的农田培肥工程、以改善环境质量为中心的田园清洁循环工程、以农田景观建设为中心的沟路林渠配套工程等四项工程，为都市型现代农业节水高效发展指明了方向、奠定了基础。

【防汛应急体系建设】 2009年成功应对14次较强降水，应急指挥系统运行高效，防洪排涝工程运行正常，水利工程运行正常，山区没有出现险情，危旧房屋没有出现倒房塌房，城市运行总体平稳。组织对涉及新中国成立60周年庆典活动广场、道路、大街、场所等重点部位进行隐患排查，安排3 000多名人员进行盯守，组织制定排水等专项防汛保障预案10余项，防汛应急保障组全部到位，保障了“十一”期间城市运行安全，确保了新中国成立60周年庆典活动顺利进行。年内确定的积滞水点隐患共计79处，年底已完成71处。知春桥排水改造工程、首都机场滑行东桥雨水泵站、红领巾立交桥雨水泵站、万泉河排水管线建设工程全部完成，排水标准明显提高，积水问题基本解决。

【应急水源及调水】 建成张坊水源地配套工程，新建潮白河、怀河应急水源，应急水源稳定开采，年内供水2.8亿立方米。实施跨省市水资源合作，利用南水北调工程成功地从河北黄壁庄、王快等水库向北京应急输水，年内输水2.64亿立方米；从河北洋河、云州等水库向北京输水2 000多万立方米。境内白河堡等水库向密云水库调水8 000万立方米。

【水务服务管理】 2009年，全市水务系统落实建设服务型政府的要求，不断规范行政管理，提高行政效率和服务水平。年内受理涉水行政许可事项2 265件，全部在规定时限内办结，办理效率提高15%。办理人大代表和政协委员建议提案66件，受理政风行风热线、水务热线10 000多件，做到及时办理，服务到位，群众满意。解决了市属水管单位调整职能和经费形式等一批困扰水务多年的问题。扎实推进水库移民后期扶持工作，共落实移民接收村扶持项目829项，年内发放扶助资金7 783万元。农民管水员管理更加规范，在乡村水务设施管护和节水、管水中发挥了重要作用。

【水务法制建设】 2009年按照规范化、精细化管理的目标，水务制度体系建设取得新进展。启动了4项涉水立法项目。《北京市排水和再生水管理办法》已经市政府常务会议审议通过，1月1日起施行。适应北京水资源严重紧缺和建设绿色北京的需要，启动了《北京市节水奖励办法》立法调研，决定修订《北京市节约用水办法》，并列入2010年市政府立法计划。配合市有关部门完成了水污染防治、节约能源立法调研及法规草案起草上报工作，《北京市水污染防治条例》、《北京市实施〈中华人民共和国节约能源法〉办法》草案已经市政府常务会议审议通过。出台《北京市超定额超计划用水累进加价费征收使用管理办法》、《北京市水务行业有限空间作业安全生产规范》等行政规范性文件；编制了《北京市村镇供水管理指导意见》等指导性文件；编制了《机井报废技术标准》、《中小河道治理规划导则》等标准；年内均已下发全市水务系统。

【开展水政执法】 2009年水务与城管联动，出动执法人员780人次，清理垃圾3 300立方米，劝止河边违章刷车、违章摊贩4.5万人次，拆除沿河违法建筑2 931平方米。采取“属地管理、三及时、四结合、五管住”等措施，巩固砂石禁采成果。出动执法人员4 100人次，加强对河湖水环境的巡查和管护，水务与城管协调联合执法485次，重点地段日夜巡查、蹲守，查处盗采车辆214辆次，刑拘盗采人员190人次，在整体上巩固了河道砂石禁采成果，提高了执法效能。全系统共查处违法水事案件1 790件，罚款204万元，挽回直接经济损失135万元，保证了水工程的安全，维护了正常的水事秩序。

【村镇供水】 2009年，在郊区329万农民实现安全饮水的基础上，针对部分未实施安全饮水工程村庄存在老化管网压力不足、“跑冒滴漏”、缺少计量设施等问题，结合新农村建设，实施供水一户一表及管网改造工程，完成管网改造5 000余公里，安装入户水表25万块。推进村镇供水向计量化、集约化迈进。启动村镇供水管理信息系统建设。通过建设“一个中心、三个系统”，即供水监控管理中心及信息采集系统、信息传输系统和信息管理系统，进一步提高村镇供水管理水平。

【农业节水】 以设施农业和果树微灌工程配套为重点，全市新增改善农业节水灌溉面积0.73万公顷，更新机井120眼，新建井房440座、配套水泵和配套首部423台套、铺设主管路1 608公里、支管路4 593公里。全市节水灌溉面积达到28.47万公顷，占灌溉面积的88%。灌溉水利用系数提高到0.68，居全国前列。全市农业用水量12亿立方米，与上年基本持平。其中新水9亿立方米，比上年减少3 400万立方米；再生水3亿立方米，比上年增加3 500万立方米。

【村镇治污】 结合小城镇和重点镇建设，2009年建成昌平南口和北七家、大兴天堂河等3座污水处理厂，全部投入运行，新增污水处理能力8.5万吨/日。开工建设海淀翠湖、通州永乐店和台湖等3座污水处理厂，建成后日可增加污水处理能力5万吨。加快推进房山窦店、琉璃河、韩村河、平谷马坊等4座乡镇污水处理厂建设，建成后可新增污水处理能力2.3万吨/日。实施124个市级民俗旅游村和重要地表水源地村庄污水治理，建成污水处理设施200处，新增日污水处理能力5 000吨。全市山区640个村生活污水得到治理。村镇地区实现污水处理3 790万吨，污水处理率达到38%，比2008年提高6个百分点。

【生态清洁小流域建设】 2009年建设生态清洁小流域52条，治理水土流失面积575平方公里。坚持污水、垃圾、厕所、环境、河道五同步治理，采取21项措施，源头治污，保护水源。设置封禁标牌240块，拦护设施2 000米；完成梯田整修616公顷，水源工程57处，节水灌溉工程7 441公顷，护村护地坝37 670米，生态岸坡1 330米；栽植水生植物37 510平方米；建成污水处理设施27处，日新增污水处理能力600吨；垃圾收集及处置设施2 342处，年新增垃圾消纳能力2万吨；新增保土能力120万吨。全市共完成小流域治理379条，治理面积5 118平方公里。其中生态清洁小流域128条，面积1 592平方公里。

【水土流失监测】 发布《北京市水土保持公报》和7个区县级水土保持公报。对7个山区县11个坡地径流场、163个坡地径流小区和14个沟道控制站进行了降雨、水土流失量及污染物流失等监测，获取监测数据1万多条。监测结果表明，小流域出口水质均达到地表水三类以上水质标准。

【城乡结合部水环境治理】 积极推进城乡结合部水环境治理工作，结合城乡一体化建设试点、棚户区改造和拆迁上楼等工程，完成了朝阳大望京村、海淀北坞村和八家村、丰台南苑村和万泉寺等5个村的水环境整治工作，整治了村内环境。实施了村边望京沟的生态治理工程，连通了坝河、北小河等水系，新增水面面积2万平方米，改善了区域生态环境。实施朝阳小场沟、海淀风格渠等12条区县河道生态治理，总长45公里，实现了“有水则清、无水则绿”、防洪安全和排水达标，形成了水清、岸绿、流畅的自然生态水系。

【农村雨洪利用工程】 结合“四治一蓄”（治污水、治垃圾、治违章、治砂石坑、蓄滞雨洪），完成郊区150处雨洪利用工程建设，增加蓄水能力550万立方米，汛期实现利用雨洪水300万立方米。2006—2009年，全市共建成农村雨洪利用工程650处，增加蓄水能力2 550万立方米，4年时间共集蓄利用雨洪水3 500万立方米。

【东南郊水网骨干工程】 完成清淤沟渠21条105公里，新建改建骨干建筑物74座，促进了周边农田保墒，实现了干旱之年无旱灾。同时，汛期蓄滞利用雨洪水2 700万立方米，减轻了区域排洪压力，回补了地下水。

【农村基层水务管理体系建设】 出台《北京市村镇供水管理指导意见》，组织区县政府与市水务局签订了《2009年村镇供水安全责任书》，村镇供水热线实行24小时值班。通过授课、集中学习操作实践和跨区县交流等方式，培训农民管水员3万多人次。编制《北京市农村水务管理100例》，总结近年来农民用水协会循环水务典型、阶梯水价典型、保奥运安全典型、生态清洁小流域典型以及辛勤工作的管水员典型等，推广先进经验。完成27个水务站和2个区县级中心站的信息管理系统建设。全市117个基层水务站全部实现了信息化管理，并在怀柔、平谷、顺义和房山区分别建立了数据集中存储、资源共享的区县级一体化水务信息平台。编制完成《北京市农业用水提补水价试点建设工作方案》，在密云县金沟村和顺义区别庄村开展农业用水“提补水价”试点建设。监测结果表明，实行提补水价后，用电量与用水量减少了近40%。完善基层水务管理制度建设。在全市集中供水厂建立“三证三卡五公开”制度的基础上，继续落实单村供水工程“三证三卡五公开”制度以及农民用水协会的“五项制度、八项措施”。完成902个村级农民用水协会“五项制度、八项措施”，累计达到1 799个，占全部农民用水协会的50%。

【水土保持监督执法】 严格落实开发建设项目水土保持“三同时”制度，全市共开展水土保持监督执法检查400余次，组织水土保持方案审查62次，审批开发建设项目水土保持方案102个。审批的水土保持方案涉及防治范围50多平方公里，建设单位落实水土保持投资12.1亿元。市水务局、市环保局、市发改委联合发文《关于加强开发建设项目水土保持工作的通知》，要求开发建设项目水土保持方案作为环评和立项前置条件，明确公路、铁路、水利等12类开发建设项目必须落实水土保持工作，并从项目报批流程、工程投资上严格把关。

（市水务局　王民洲　唐菊　刘春明）

公路建设

【基本情况】 2009年，北京交通在加快农村基础设施建设，以交通带动农村经济社会发展方面取得了显著成效，在全国率先实现了村村通油路、区区通高速、村村通公交，对沟通城乡、传递文明，提升产业、转变观念等都起到了重要作用。

【农村公路概况】 2009年，乡村公路建养资金共计投入约6亿元，具体完成路面大修工程742.3公里、501条，其中乡公路431.9公里、247条，村公路311公里、254条；新建、改建桥梁3 841.26平方米，完成乡村公路日常养护13 172公里。

【农村客运概况】 2009年，有20个客运站列入交通运输部固定资产投资计划，计划总投资1 966万元，其中中央投资200万元，市级配套补助400万元。截至2009年底，已完成投资1 980万元，其中中央投资190万元，企业自筹1 790万元；20个项目中已完工14个，在建3个，前期准备2个，申请调整1个。

【乡村公路管养体制改革】 2009年，北京市实行了市、区两级分税制财政管理体制改革，将原来市级乡村公路建养补助资金由市财政直接划转至各区县财政，不再通过北京市交通委。区、县人民政府负责本行政区域内乡道、村道的管理工作，乡镇政府负责本行政区域内乡道、村道的建养，市交通委对乡村公路实行行业管理，由市公路管理机构的派出机构负责监督、检查和指导管辖区域内的乡道、村道的建设和养护工作，日常养护建立了三公里一人的日常养护作业机制，保证了乡村公路经常处于良好的技术状态。由此，基本理顺了农村公路的管养体制和运行机制，推进了乡村公路管养体制改革。

【八方达公司参与远郊区县区域公交运营】 1月1日，受怀柔、延庆、门头沟等远郊区县政府的委托，八方达公司正式开始经营怀柔、延庆和门头沟三个远郊区县的45条区域公交线路。

【培训乡村公路养护管理人员】 3月30日，为加强乡村公路行业管理，进一步提高乡村公路一线管理人员业务水平，市交通委路政局举办培训班，对全市十个远郊区县151个乡镇公路管理站站长及管理技术骨干约300人进行了培训，培训内容主要有政策法规、农村公路安保设施管养、道路桥梁常见病害识别与处置、科学化养护等相关知识。

【郊区公路多项工程竣工】

长周路道路工程6标段竣工。6月，长周路道路工程6标段竣工。该工程位于长辛店至周口店，合同价12 046.682 1万元，于2007年9月开工，包括道路长5 342.75米，路面面积122 283平方米，桥梁1座，桥梁面积8 342.25平方米。该工程由市首都公路发展集团有限公司建设，北京国道通公路设计研究院设计，市政一建设工程有限责任公司施工，北京正远监理公司监理。

六环路全线贯通。9月12日，六环路良乡至寨口段完工通车，实现了六环路的全线贯通。六环路是国家高速公路网中规划的北京城市环线，是大庆至广州高速公路的组成部分，于1998年12月起分七期组织建设，全长187.6公里。六环路良乡至寨口段全长38.28公里，是六环路工程的最后一期，起点位于房山区良乡，终点至海淀区寨口，途经房山、丰台、门头沟、石景山、海淀5个区、11个乡镇、37个行政村，多次跨越铁路、河流、水库，地质状况多变、建设环境复杂、施工难度极大，于2007年1月开工建设，由首发集团组织实施。

温榆河北河堤铁路道口平改立工程竣工。9月25日，温榆河北河堤铁路道口平改立工程竣工。该工程位于通州区温榆河北侧，合同价为1 361万元，于3月6日开工，规划等级为城市次干道，设计速度40公里/小时，路线长度758.6米。该工程由市交通委路政局通州区分局建设，北京国道通公路设计研究院设计，市公路桥梁建设集团有限公司施工，北京顺通公路交通技术咨询有限责任公司监理。

京承高速三期建成通车。9月27日，京承高速公路三期建成通车，实现了京承高速公路（全长209.1公里）全线贯通。京承高速北京段全长132.4公里，分三期建设，历时8年：一期工程四环路至高丽营段21公里，于2002年建成通车；二期工程高丽营至沙峪沟段47公里，于2006年建成通车；三期工程全长62.7公里，设计时速100公里，起点在密云县的沙峪沟村，途经穆家峪、后焦家坞、大城子、太师屯、黑古沿村，终点至京冀交界处司马台长城，包括互通立交8座，桥梁108座，隧道10处20座，共设置8处收费站，于2007年8月开工建设，由市首发集团组织实施。京承高速公路也是《国家高速公路网规划》中大庆到广州高速公路的重要组成部分。京承高速公路全线通车后，北京至承德车程只需2小时，比通车前缩短了一半时间。

康定街跨凉水河桥工程竣工。9月，北京经济技术开发区康定街跨凉水河桥工程竣工。该工程位于亦庄核心区域的南部，起点为博兴三路、旧头路相交路口，终点为康定街与西环南路相交路口，合同价为4 458.6万元，于3月开工。该工程道路全长382.31米，道路面积为5 420平方米，其中桥梁全长137.08米，桥梁面积46 644平方米，桥面分为两幅，单幅宽度20米，全宽40米。该工程由北京经济技术开发区基建办公室建设，市政工程设计研究总院设计，市公路桥梁建设集团有限公司一分公司施工，北京致远工程建设监理有限责任公司监理。

房山五渡桥竣工。10月31日，房山五渡桥竣工。该工程位于北京十渡旅游风景区的十渡镇涞宝路西关上村，跨越拒马河，合同价为4 336万元，于2008年3月22日开工，全长550米，主桥长173米，采用三角形钢架悬吊连续梁桥，跨径纵向布置为46.5＋80＋46.5米。该工程由市交通委路政局房山公路分局建设，市政专业设计院有限责任公司设计，市道路工程质量监督站监督，北京逸群工程咨询有限公司监理，市公路桥梁建设公司一分公司施工。

通州区马大路大修工程竣工。10月，通州区马大路大修工程竣工。该工程位于通州区马驹桥镇，起止桩号K0＋000～K5＋027，二级公路，合同价1 498万元，于2009年4月开工，共分五支桥、六支桥、小杜社桥等三座小桥。该工程由市交通委路政局通州公路分局建设，北京国道通公路设计研究院设计，市公路桥梁建设集团有限公司施工，北京顺通监理咨询有限公司监理。

怀柔水库1号路道路改建工程竣工。11月30日，怀柔水库1号路道路改建工程竣工。该工程总造价4 880万元，于2008年4月28日开工。该工程由市交通委路政局怀柔分局建设，北京国道通公路设计研究院设计，北京鑫旺路桥建设有限公司施工，北京仕邦工程监理有限责任公司监理。

不老屯镇镇区路网建设工程竣工。11月，密云县不老屯镇镇区路网建设工程竣工。该工程位于密云县不老屯镇，总造价4 000万元，于4月开工建设，包括山区路及涵洞9千米。该工程由密云县不老屯镇政府建设，北京冠亚伟业民用建筑设计公司设计，北京常青市政建设有限公司施工，北京日豪监理公司监理。

平谷农村村内道路建设工程二标竣工。11月，平谷区农村村内道路建设工程二标竣工。该工程位于平谷区大华山镇、刘家店镇，总造价1 000万元，于4月开工建设，包括平谷区大华山镇、刘家店镇村路砼路10万平方米。该工程由绿都基础设施公司建设，北京京联市政设计公司设计，北京常青市政建设有限公司施工，正远监理公司监理。

汤河口镇镇区路网建设工程竣工。12月30日，怀柔区汤河口镇镇区路网建设工程竣工。该工程位于怀柔区，总造价4 892万元，于5月4日开工建设。该工程由怀柔区汤河口镇人民政府建设，市政工程设计研究总院设计，市政建设集团有限责任公司第三工程处施工，北京中景恒基工程管理有限公司监理。

【顺义12座客运场站完工】 年内，顺义区交通局争取中央、市级财政补助资金30万元，建设完成骏马公交总站，占地面积16 315平方米，建筑面积3 600平方米；争取区级财政补助资金46.8万元，新建农村公共候车亭16组、32座；争取市级财政补助资金323.9万元，完成花博会公交港湾改扩建工程和新建公共候车亭54座。截至年底，全区共有客运场站12座。

【延庆县建设客运场站和候车亭】 年内，延庆县交通局建设完成了张山营客运站，在各公交线路上新建了135座候车亭，162个龙门杆，并协调有关乡镇政府、村委会修建了南天门、解子石、铁炉、石峡、海子口、丁家堡等村的6个公交车调头场地。

（市交通委 顾涛 周凌）

气象概况与气候评价

2009年（2009年1—12月，下同）北京市降水略偏少，气温偏高，日照略偏少。

冬季（2008年12月—2009年2月，下同）气温略偏高，降水显著偏多；春季（3—5月）气温显著偏高，降水偏少；夏季（6—8月）气温略偏高，降水偏少；秋季（9—11月）气温略偏低，降水略偏少。各季日照时数均接近常年略偏少。

年内北京市主要的天气气候事件有干旱、高温、大风、冰雹、降雪、局地性暴雨、秋季寒潮、雾霾和雷电等。高温天气明显偏多，给本市供水供电带来较大的压力；10月28日至11月3日出现一次寒潮天气过程，受其影响，11月1日出现了下半年以来的第一场降雪，比常年同期（11月29日）偏早28天，为历史上出现降雪第三早的年份，且为降水量最大的初雪过程。降雪、局地性暴雨和秋季大雾给交通造成较大不便，干旱、大风、冰雹、降雪和暴雨等给农业造成了较大的损失。

【气温】 2009年北京市平原地区（以观象台、丰台、顺义、密云、房山和昌平为代表站）平均气温为12.7℃，比常年偏高0.7℃，比近十年（1999—2008年，下同）平均偏低0.1℃，与2008年持平。空间分布上，西部山区和北部山区气温介于6.1～12.5℃，其他地区气温在11.5～13.6℃之间；与常年相比，除观象台、朝阳、通州、石景山、昌平和延庆气温偏高1.0～1.6℃外，其他大部分地区气温偏高0.1～0.8℃不等，此外，霞云岭和怀柔气温偏低0.1℃，平谷气温与常年持平。

南郊观象台极端最高气温出现在6月24日，为39.6℃；极端最低气温出现在12月31日，为−12.2℃。

冬季气温略偏高。冬季本市平原地区平均气温为−1.8℃，比常年同期偏高0.9℃，略低于近十年平均。季内，2008年12月本市平原地区平均气温（−2.0℃）比常年同期（−2.2℃）偏高0.2℃，2009年1月平均气温（−4.0℃）偏高0.5℃，2月平均气温（0.5℃）偏高1.8℃。

春季气温显著偏高。春季本市平原地区平均气温为14.8℃，比常年同期、近十年平均分别偏高1.7℃和0.7℃。季内，3月平均气温（6.6℃）偏高1.2℃，4月气温（15.5℃）偏高1.5℃，5月气温（22.4℃）偏高2.6℃，为1951年以来同期次高值，仅低于2001年同期（23.2℃）。

夏季气温略偏高。夏季本市平原地区平均气温为25.8℃，较常年同期偏高0.8℃，与近十年平均持平。季内，6月平均气温（25.7℃）偏高1.4℃，7月平均气温（26.7℃）偏高0.7℃，8月平均气温（25.1℃）偏高0.5℃。

秋季气温略偏低。秋季本市平原地区平均气温为11.9℃，比常年同期偏低0.3℃。季内，9月平均气温（20.4℃）偏高0.7℃，10月平均气温（14.1℃）偏高1.4℃，11月平均气温（1.3℃）偏低2.8℃，为1951年以来历史同期最低值。

【降水】 年内平原地区降水量为450.1毫米，比常年偏少23%，比近十年平均值和2008年分别偏少7%和35%。全市各测站降水量在286～606毫米之间，主要集中在城区、东南部、东北部的密云和平谷以及西部的门头沟；除朝阳、丰台和通州降水量接近常年外，其他大部分地区降水量较常年偏少1～5成。其中，朝阳年降水量最多为606.1毫米，比常年偏多4%；昌平年降水量最少为285.9毫米，比常年偏少47%。

从年内平原地区降水量看，2、4和11月降水量较常年同期偏多，6、7月降水略偏少，其他各月降水偏少。其中2月和11月降水异常偏多，1月和12月无明显降水。

冬季降水显著偏多。冬季本市平原地区平均降水量为15.0毫米，比常年同期偏多近6成，比近十年平均偏多7成多。本市大部分测站降水量介于8.5～18毫米，与常年同期相比，除北部的汤河口降水偏少近4成、延庆降水接近常年外，其他地区降水量偏多1成至1.2倍不等。季内，2008年12月降水量（0.9毫米）比常年同期偏少6成多，2009年1月无明显降水，2月降水量（14.1毫米）偏多2倍多。

春季降水偏少。春季本市平原地区降水量为40.5毫米，比常年同期偏少3成，比近十年平均、2008年同期分别偏少4成和6成。西南部、城区西部以及西北部的昌平降水量在22～34毫米之间，其他地区降水量在41～72毫米之间；除上甸子降水量接近常年略偏少外，其他测站降水偏少1～6成。季内，3月降水量（5.0毫米）偏少4成，4月降水量（23.9毫米）偏多近3成，5月降水量（11.4毫米）偏少6成多。

夏季降水偏少。夏季平原地区平均降水量为325.3毫米，比常年同期和2008年夏季均偏少近3成，较近十年平均略偏多。全市各测站降水量在

161.8（昌平）～472.1（朝阳）毫米之间，降水主要集中在东北部的密云、东南部和城区部分地区；与常年同期相比，除丰台和通州降水量略偏多外，其他地区降水量较常年同期偏少1～6成。季内，6月降水量（74.2毫米）偏多近1成，7月降水量（164.9毫米）偏少1成多，8月降水量（86毫米）偏少近5成。

夏季北京观象台降水日数为31天，较常年同期偏少，比近十年略多。其中，6月降水日7天，较常年同期偏少，7月降水日12天，较常年同期偏少，8月降水日数12天，与常年同期持平。

秋季降水略偏少。秋季本市平原地区降水量为70.4毫米，比常年同期偏少1成，比近十年平均、2008年秋季分别偏少2成多和4成多。南部的房山、大兴和丰台降水较少，在44～65毫米之间，其他大部分地区降水量多介于70～100毫米。季内，9月降水量（31毫米）偏少3成多，10月降水量（11.1毫米）偏少5成，11月降水量（28.2毫米）偏多2.6倍，居1951年以来第四高值，少于1993年（38.2毫米）、1987年（30.9毫米）和2003年（30.7毫米）。

【日照】 年内本市平原地区年日照时数为2 376小时，比常年同期偏少231小时，比2008年偏多197小时。全市各测站年日照时数在2 117小时（霞云岭）～2 803小时（佛爷顶）之间；与常年相比，除霞云岭、延庆、佛爷顶和石景山年日照时数偏多2～49小时外，其他测站年日照时数偏少4～393小时不等。

冬季平原地区日照时数为538小时，比常年同期相比偏少25小时。季内，12月日照时数（175小时）偏少3小时，1月日照时数（197小时）偏多4小时，2月日照时数（166小时）偏少25小时。

春季平原地区日照时数为726小时，比常年同期偏少22小时。季内，3月日照时数（226小时）偏少1小时，4月日照时数（245小时）偏少1小时，5月日照时数（269小时）偏少7小时。

夏季平原地区日照时数为591小时，比常年同期偏少79小时。季内，6月日照时数（254小时）偏多2小时，7月日照时数（204小时）偏少40小时，8月日照时数（212小时）偏少41小时。

秋季本市平原地区日照时数为518小时，比常年同期偏少111小时。季内，9月份日照时数（150小时）偏少78小时，10月日照时数（215小时）偏少5小时，11月日照时数（153小时）偏少29小时。

【主要天气气候事件、气象灾害及其影响】 年内主要天气气候事件为干旱、高温、暴雨、大风、冰雹、寒潮、强降雪、雾霾和雷电等。干旱、大风、冰雹、强降雪和暴雨给农业造成较大的损失，持续的高温天气给供水供电带来较大的压力，强降雪对交通造成较大不便，11月的雾霾天气给交通和空气质量带来一定的不利影响。

干旱。1—5月，本市西部地区降水量较常年同期偏少3～6成，部分区县出现严重旱情，其中门头沟区和房山区有4.3万人受灾，1 345人饮水发生困难，农作物受灾1.4万公顷，直接经济损失7111.9万元。6月下旬至7月上旬，春玉米主产区普遍出现旱情，在春玉米播种面积最大的延庆县发生严重的“卡勃旱”。

高温。年内观象台高温（日最高气温≥35℃）日数16天，比常年（6天）、近十年平均（11.9天）和2008年（3天）明显偏多。其中5月2天，6月8天，7月3天，8月3天。高温天气出现时间偏早并具持续性，最早出现在5月18日，为35.6℃，极端最高气温出现在6月24日，达39.6℃。高温天气的持续出现，使心脑血管疾病和发热病人骤增，同时导致本市日用水量和日用电最大负荷屡创新高。7月份，999急救中心日出车量最高达到700次，工作量比往常增加了60%。6月25日，市区日供水量达266万立方米，突破了1999年最高日供水量263万立方米的历史最高记录。8月13日北京电网负荷创下1 338万千瓦的纪录，14日12时36分，电网最大负荷达到1 424.6万千瓦，再次刷新最高纪录。

暴雨。年内本市20个气象台站共出现暴雨15站次，主要发生在平原地区，其中城区7站次，房山、大兴和密云各2站次，通州1站次，霞云岭1站次，主要出现在6月上旬和7月中旬。多次暴雨天气过程致使首都机场部分航班无法正常起降，进出港航班延误，并造成城区部分低洼地带积水，严重阻碍了过往车辆顺利通行。7月13日本市出现局地暴雨，到14日6时，房山和丰台降雨超过50毫米，琉璃河雨量最大，达84毫米。由于局地降雨强度大，恰逢交通车流晚高峰时段，13日晚间在降雨较大并集中的地段交通一度严重堵塞，21时20分全市交通恢复正常。7月23日暴雨袭击本市，14～20时最大降雨量达64.2毫米，出现在采育。受本地及周边地区雷雨天气影响，首都机场约100余架次进出港航班延误。

大风冰雹。年内观象台大风日数为15天，比常年（22.4天）偏少，但比2008年（8天）明显偏多。本市多个区县出现了大风冰雹天气，其中以平谷、顺义和昌平较为频繁，给京郊农业生产造成了较大损失。

7月22日下午，顺义、昌平、平谷、怀柔和延庆五区（县）遭受风雹灾害，造成9.5万人受灾，玉米、果树等作物受灾面积8 799.2公顷，倒塌民房14间，另有21间非生活住房损坏，18间生厂用房、110余间民房屋顶瓦片受损，直接经济损失6 634.2万元。7月23日下午，昌平、顺义、平谷和房山四区遭受风雹灾害，造成4.7万人受灾，倒塌房屋5间，162间房屋瓦片损坏，农作物受灾面积5 890.6公顷，直接经济损失4 949.6万元。

秋季寒潮。年内本市遭受1次寒潮天气影响，出现在10月28日至11月3日。受强冷空气的影响，观象台日最低气温由9.8℃（10月28日）降低至−4.8℃（11月3日），降温幅度达到14.6℃，11月1日和2日瞬时最大风速达15.3米/秒。寒潮过程中11月1日本市出现降雪，受11月初的大雪和强降温影响，本市将供暖时间由11月15日提前至11月1日。

降雪。年内观象台降雪（日降水量≥0.1毫米）日数为10天。2月3天，出现在17—19日；3月3天，出现在4、5和29日；11月4天，出现在1、9—10日和12日。其中，下半年初雪早、降雪量大且降雪频次高，给首都机场航班以及高速等道路交通造成较大不便。

11月1日，本市下了下半年的第一场降雪，比常年同期偏早28天，降水过程历经降雨、雨夹雪和降雪，1日平原地区平均降水量为16.1毫米，其中石景山降水量最大，为24.8毫米。降雪造成首都机场飞机起飞大面积延误，百余架次航班滞留机场。各区县普降大雪，雪层最厚达40厘米，导致部分蔬菜钢架大棚、日光温室和畜禽舍等被压塌，露地蔬菜、温室食用菌、苗木以及养殖业等受损严重，其中房山区和大兴区农作物受灾面积655.3公顷，直接经济损失5 853.2万元。11月9—10日本市出现立冬以来的第二场降雪，首都机场积雪厚度达20余厘米，导致11日出港的567架航班延误、61架航班被取消。12日的降雪导致首都机场59个航班取消，百余航班延误，京石高速、111国道和109国道的部分路段因降雪封闭。

大雾和霾。年内观象台出现大雾日数8天，比常年（20.7天）和近10年（12.7天）偏少，但比2008年（4天）明显偏多。其中，8月1天，10月1天，11月5天，12月1天。观测到霾的日数49天，比常年偏多22天，比2008年偏少26天。11月的大雾天气对交通造成较大不便，同时导致空气质量变差。11月5日凌晨开始，本市出现雾霾天气，6日夜间至7日上午雾霾天气明显加重，7日早晨城区大部分地区大雾弥漫，东南部出现能见度小于500米的大雾天气，局部地区能见度小于50米，受其影响，京沈、京开、京石等7条高速公路封闭。由于大雾和连续稳定天气不利于污染物的扩散，本市空气质量连续超标，其中7日、8日达到中度重污染级别。11月29日清晨，因雾大、道路能见度低，京沈高速进京路段发生9起连环交通事故，涉及23辆机动车，造成2人死亡，10人轻伤。

雷电。年内全市发生雷电灾害47起，其中人身伤亡事故1起，单位电子设备等遭雷击20起，居民区电器设备等遭雷击18起，直击雷造成高压线、民居等受损8起，直接经济损失97.7万元。6月13日13时30分左右，雷击造成怀柔区雁栖镇箭扣长城5名游客伤亡，其中2人死亡、3人轻伤。

（市气象局　施洪波　曹冀鲁）

山区建设

概　　述

2009年83个山区乡镇，居民委员会202个。乡镇行政区域面积1 974 740平方公里。乡镇常住1 328 667户，乡镇常住人口3 167 977人；乡镇户籍人口2 885 585人，其中：外来人口347 080人，农业户籍人口1 999 383人；乡镇从业人员数1 654 909人，其中：第一产业542 715人，第二产业428 478人，第三产业683 716人；乡镇外来从业人员数209 447人，其中：第一产业15 274人，第二产业93 018人，第三产业101 155人；本年农转非人数24 210人；本年本地人口参加就业技能培训157 840人，其中：通过培训就业的83 942人。农业用地面积856 608.3公顷，其中：园地面积120 383.7公顷，林地面积640 530.5公顷，牧草地面积185.5公顷，畜禽饲养用地3 002.7公顷，渔业养殖面积1 936.3公顷，耕地面积67 260.9公顷，其中：常用耕地面积64 178.3公顷，其中：有效灌溉面积66 975.47公顷，其中：节水灌溉面积17 176公顷；绿色覆盖面积1 242 104公顷，林地覆盖面积994 947.6公顷，园地覆盖面积151 505.8公顷，草地覆盖面积13 082.1公顷。生活垃圾产生量3 845.6吨，生活垃圾无害化处理量3 554.2吨；污水排放量72 242 917吨，污水处理量26 090 516吨，污水处理厂（站）309个。乡镇用电总量415 481.8万千瓦时，其中：生活用电112 901.9万千瓦时，生产用电302 579.9万千瓦时，其中：第一产业生产用电65 679.3万千瓦时；乡镇用水量452 682 204吨，其中：第一产业用水量228 138 906吨，二、三产业用水量96 704 794吨，生活用水量127 838 504.4吨。年末农业机械总动力2 116 810千瓦，农技推广服务机构291个，农技推广服务从业人员7 339人，农业专业合作经济组织3 924个，农业专业合作经济组织成员247 571人，农业技术人员3 165人；财政供给人数17 815人，其中：公务员6 622人，事业编制5 939人，财政供给人员全年工资总额94 093.7万元。财政总收入1 005 508万元，其中：一般预算收入492 889.2万元；财政支出1 080 798万元，其中：农业支出251 506.4万元，科学技术支出2 492万元，教育支出9 032.2万元；年末资产总额714 795万元；年末债务总额339 032.9万元，其中：当年负债88 057.5万元；固定资产投资完成额4 730 040万元，其中：基础设施投资1 682 453万元，公益事业投资完成额159 325万元，乡镇政府固定资产投资完成额585 500万元，其中：农业投资完成额161 117.4万元。龙头企业带动的农户80 633户。农林牧渔业总产值（现价）1 788 145万元，其中：农业697 105.4万元，林业231 886.3万元，牧业797 099.4万元，渔业61 755.4万元。农作物总播种面积180 002.8公顷，其中：粮食播种面积145 109.8公顷；粮食总产量684 415.8吨。肉类总产量338 806.3吨。企业个数17 244个，其中：第二产业7 690个，其中：工业企业6 834个，第三产业8 346个；企业从业人员559 889人，其中：第二产业331 975人，其中：工业企业253 044人，第三产业189 734人；企业总收入12 691 229万元，其中：第二产业7 145 490万元，第三产业5 387 826万元；企业利润总额660 614.2万元，企业实交税金总额409 703.6万元；职工工资总额698 729.6万元，其中：第二产业468 049.8万元，第三产业219 703.8万元。集中供水厂91个，集中供暖面积17 115 230平方米，公共厕所个数4 729个，其中：已改厕3 119个，汽车站235个，邮电所149个，储蓄所366个，乡镇公路里程13 197公里。市场个数219个，其中：综合市场159个，专业市场60个，其中：农产品专业市场33个，市场交易总额769 251万元。小学校总数442个，小学在校学生总数114 354人，小学教师总数16 773人；中学校总数186个，中学在校学生总数89 915人，中学教师总数14 320人；职业技术学校27个，职业技术学校在校学生总数65 655人，职业技术学校教师总数3 982人；幼儿园、托儿所632个。图书馆、文化站149个，图书馆、文化站藏书册数4 020 855册，影剧院、影视娱乐场所个数11个，放映及演出次数2 292场，体育场馆13个，广播电视站个数58个，公园个数175个，医院、卫生院189个，医生数7 674人，病床数10 510床，全民健身体育设施3 722个，敬老院、福利院174个，敬老院、福利院收养人数5 828人。参加农村新型合作医疗人数2 043 306人，参加农村社会养老保险人数1 073 652人，参加城镇养老保险的进城务工农民工人数60 965人，享受居民最低生活保障人数122 556人，集中供水的户数449 555人，饮用安全标准水的人数2 464 268人，集中供暖的户数100 302户，有线电视入户数824 915户，家庭内有上网条件的农户数242 210户，使用再生能源的农户数263 509户。农村人均纯收入1 561 842元，居民储蓄存款余额3 687 747万元，刑事案件立案数5135个。镇区规划面积47 708.6公顷，其中：建成区面积18 376.4公顷，其中：居住用地面积7 134.1公顷，企业用地面积3 908.4公顷。镇区常住户数255 649户，镇区常住人口616 009人，其中：户籍人口（镇区户籍人口）550 039人，其中：农业人口294 855人。镇区企业个数3 386个，其中：工业企业1 422个。镇区从业人员297 858人，其中：第二产业116 170人，第三产业121 354人；其中：企业从业人员136 292人，其中：工业企业76 264人，其中：外来从业人员64 705人，其中：第一产业2 967人，第二产业35 802人，第三产业25 936人。镇区公园个数125个，镇区公共厕所个数897个，其中：已改厕544个，镇区公交车通车线路427条，镇区绿化面积3 618.2公顷。

2009年山区工作，市级除抓好列入市政府实事和折子工程的山区农民搬迁工程和小流域综合治理工程外，重点推进沟域经济建设工作。各区县继续组织推进“十百千”农民致富工程、小流域产业建设工程及搬迁村后续产业工程等建设。一是搬迁任务圆满完成，部门整合力度加大。搬迁工程于2008年10月即确定计划，市级1.7亿补助资金于2009年4月全部到位。2009年全市计划搬迁2 719户6 811人，涉及30个山区乡镇63个行政村。其中处于泥石流易发区的农民1 420户3 548人，占任务的52%，其余为生活条件恶劣地区农民。计划集中新建35个自然村，聚焦63个自然村，聚集2 627户6 491人，占总任务的95%。截至目前，散户已全部搬迁，集中新建房屋主体工程全部完工。圆满并超额完成市政府任务。2009年搬迁工程，在整合政策方面又有新突破。市建委作为搬迁工程联席会新成员，2009年市建委对1 684户使用新型节能保温建材的搬迁农民给予每户2万元的补贴，共投入资金3 368万元，覆盖面达到65%。市发改委积极争取国家退耕还林后续政策，2009年补充下达生态移民资金3 000余万元，全部配套用于山区搬迁工程基础设施建设。在新一轮的搬迁中，区县也加强了政策集成。密云县凡集中建设的搬迁村，要求新农村五项基础设施建设、水务上下水工程、建委和能源的新型建筑保暖材料应用等政策，都跟随搬迁政策集中使用，保障搬迁一个新村，建成一个新农村。二是沟域经济全面铺开，学术论坛成功举办。为推动全市沟域经济稳步有序推进，2009年委托市农科院对山区沟域开展基础性调研工作，摸清资源底数，制定《北京市山区沟域经济发展五年工作规划》。目前25条沟已完成规划设计、61条沟正在编制规划。2009年每个区县重点对2～3条沟域进行开发建设。5条沟已具雏形，15条沟完成阶段建设任务，到位资金9 208万元。怀柔区2009年重点打造“白河湾”和“银河谷”两条沟，投入资金7 048万元，其中6 000余万元为区级财政投入。延庆县投资800余万元打造的千家店镇“百里山水画廊”，成为北京山区的新亮点。11月中旬，由市农委主办农学院承办的“山区沟域经济论坛”成功举办。与会专家、领导给予北京山区沟域经济建设高度评价，一致认为北京山区的沟域经济是一次理论创新、模式创新，是山区建设的成功模式探索。论坛的成功举办在社会各界引起广泛关注和强烈反响，各大媒体争相宣传，北京日报整版刊载专家学者对沟域经济的分析评价。全国各省市争相到山区参观考察，学习沟域经济建设的理念和模式。三是小流域综合治理稳步推进，农民参与工程实现增收。2008年底全市制定了2009—2011年小流域综合治理规划，拟到2011年全市547条小流域全部完成治理任务。规划对每年每个区县的治理任务做了规定，具体到小流域名称、治理水土流失面积等。2009年治理51条小流域，治理水土流失面积575平方公里，绿化造林0.1万公顷，土地开发整理规模466.67余公顷。2009年小流域综合治理工程从“项目前期、工程实施、后期管护”等环节入手，鼓励农民全程参与生态清洁小流域建设，使农民成为工程建设的主体、流域管理的主体、经济受益的主体。门头沟韭园小流域投资77.6万元的田间生产道路、梯田等8项措施纳入自营工程，农民人均增收600元。四是致富产业持续发展。随着财政体制改革，2009年针对低收入村的“十百千”致富工程、配套小流域综合治理的产业工程、新建搬迁村的后续产业工程以及针对房山、门头沟两区的矿山替代产业工程都有区县自主安排，积极推动项目开展。2009年完成产业项目162项，区县共投资9 221.72万元。房山区实施产业项目102项，区级投入资金2 300余万元。

山区沟域经济

【市委常委会听取报告】 11月11日，十届市委常委会第117次会议听取并同意了市农委关于北京市山区沟域经济发展情况的汇报。会议强调，发展沟域经济要坚持规划先行，参照发达国家山区发展的先进经验，结合北京实际，研究制定高标准的发展规划，为推动沟域经济发展奠定基础。要集成山区政策，将各部门在山区实施的小流域综合治理、生态修复、生态产业发展、道路交通、新农村基础设施、山区搬迁等项工程，向重点沟域安排聚集，形成建设合力，提高资金投入效益。同时，鼓励社会力量在符合规划的前提下投资山区建设。要盘活山区集体建设用地，在权属明晰、保护农民权益和集体经济利益的前提下，探索整合沟域内分散建设用地的途径，解决好产业发展用地问题。要不断提高沟域经济的组织化、专业化程度，进一步实现产业升级。

【发展现状】 沟域经济属于区域经济范畴，是指以山区自然沟域为单元，充分发掘沟域范围内的自然景观、历史文化遗迹和产业资源基础，打破行政区域界限，对山、水、林、田、路、村和产业发展进行整体科学规划，统一打造，集成生态涵养、旅游观光、民俗欣赏、高新技术、文化创意、科普教育等产业内容，建成绿色生态、产业融合、高端高效、特色鲜明的沟域产业经济带，以达到服务首都和致富农民目标的一种经济形态。

首都山区面积约1万平方公里，占全市面积的62%。利用地理信息系统分析技术对山区的高差、村庄布局、交通水系等参数分析，全市拥有1公里以上的沟约2 300多条，3公里以上沟约220余条。在政策引导、部署推进、典型示范等工作措施的推动下，七个山区积极开展富有创新精神的实践性探索工作，其中起步较早的17条沟域，已经形成一定规模并起到了示范作用。

沟域经济在发展过程中，各区县根据每条沟域不同的自然条件、产业基础、历史文化、发展趋势，创造出几种适合不同地区条件的发展模式，主要模式有五种：一是文化创意先导模式。即通过创新思维改变人们现有的消费理念、方式和途径，依托自然、历史、文化资源开发文化创意产业，打造新的经济增长点。如密云汤河沟域“紫海香堤”以“浪漫香花，山水长城”为定位，打造长城脚下最具时尚浪漫、国际型的香草庄园。二是特色产业主导模式。即利用已有特色产业资源，注入科技、绿色、健康内涵，延伸都市农业产业链，提升产业整体竞争力。例如，平谷区大华山镇依托大桃产业打造桃花谷沟域经济。三是龙头景区带动模式。即以知名景区为龙头，发展农业采摘园、民俗村、宾馆饭店等配套服务设施，形成众星捧月的区域发展格局。例如，房山区以十渡景区为龙头打造“十渡山水文化休闲走廊”。四是自然风光旅游模式。即依托优美自然环境，发展农业体验、休闲养生、观光旅游业，带动区域产业发展。例如，延庆县千家店镇充分利用优美的自然环境，启动了“黑白河沿线百里山水画廊工程”。五是民俗文化展示模式。即依托传统民居、宗教寺庙、革命遗址等人文景观，发展民俗旅游、文化旅游和红色旅游，并带动特色林果业、休闲农业和农业科技园区等现代都市型山区农业发展。例如，门头沟区斋堂镇利用爨底下村明清古建筑群资源打造爨柏民居文化休闲旅游沟域。

沟域经济已有很好效果。主要有：一是发展沟域经济提高了山区农民收入的整体水平。沟域经济是北京新农村建设的有效形式，为山区人们安居乐业、脱贫致富带来了一条新途径。近几年，北京山区农民人均收入增长很快，2001年山区农民人均收入仅为4 138元，到2008年上升到9 248元，同比增长123.49%，主要原因是发展了以旅游业为龙头的沟域经济。此外，从旅游收入来看，民俗旅游总收入4.96亿元，增加35.6%。各区县旅游收入有明显差距，其中怀柔区的民俗旅游总收入最高，为1.17亿元，增长了51.3%。密云县的民俗旅游收入为9 645万元，增长了39.8%。平谷民俗旅游收入为8 817万元，增长了37.3%。延庆县民俗旅游收入为6 348万元，增长了35.5%。门头沟的民俗旅游发展迅速，民俗旅游收入仅为1 585万元，达到2 419万元，增长了52.6%。发展沟域经济不仅丰富了山区产业内涵，解决了农民就业问题，还从整体上提高了山区人们的收入水平。二是发展沟域经济提高了山区生态环境质量。从城市功能的角度看，宜居城市是北京的重要定位，宜居离不开生态，沟域经济正是以保护生态为前提，与构建宜居城市的要求是一致的。发展沟域经济使生态环境持续改善，山川更加秀美，人们更加安康，生态建设与农民增收协调互动，生态涵养与富裕农民相得益彰。山区小流域综合治理效益明显，完成小流域治理327条，治理面积4 543平方公里，其中76条小流域1 017平方公里已经达到清洁小流域治理标准。开发整理土地0.13万公顷，新增耕地524.47公顷。废弃矿山生态修复进展顺利，恢复矿山植被面积0.25万公顷。积极开展水源地保护、示范性自然保护区建设，控制农业面源污染，推进裸露农田“生物覆盖”工程，山区林木绿化率达到70.49%。到2009年，山区“环境优美乡镇”已累计达35个乡镇，“文明生态村”有504个，分别占全市总数的36.1%和70.1%。7个山区县全部成为“全国水土保持生态建设示范县”，其中密云、延庆荣获国家生态县称号。如房山区在完善生态涵养区功能的基础上，形成了特色林果业、绿色养殖业、休闲旅游业三大主导产业。以磨盘柿为主的特色林果总规模达到1.6万公顷，干鲜果品产量9 300万千克，产值2.1亿元；以柴鸡、蜜蜂、冷水鱼为主的绿色养殖业飞速发展；民俗村、户总数达到49个、4 701户，观光园累计达到34个，从业人员总数达到10 193人。可见，“保护环境就是保护生产力、改善环境就是发展生产力”已成为山区农民的共识，越来越多的人从采取有利于环境保护的生活方式、消费方式做起，自觉行动起来保护与改善生态环境，尤其是“沟域经济”正在把山区变成生态环境良好、基础设施完备、绿色产业兴旺、社会事业发达、山川景色秀美、人民生活安康的新山区。三是发展沟域经济提高了城市居民的幸福指数。随着北京市民人们生活水平的不断提高，城镇居民可支配收入明显增长；双休日、节假日使人们有了更多的闲暇时间；私人汽车等交通工具的快速增长大大延伸了出行范围，加上工作节奏明显加快，大家对休闲度假的需求越来越强烈。回归自然、崇尚田园生活的休闲旅游方式，适应了人们对“天人合一”境界的向往与对人与自然和谐相处的追求，走进乡村、亲近农业、享受田园风光的人越来越多，农业和农村的休闲观光功能日益彰显。山区沟域经济顺时而出，主要以休闲旅游为主，满足城市居民的绿色消费、养生健身等多种需求，如怀柔的“不夜谷”、“夜渤海”，密云的“云蒙风情大道”、“汤泉香谷”，门头沟的“玫瑰谷”、“明清古村落”……这些名字北京的广大市民已经耳熟能详，每到周末假日都是游人如织。如黄岭西村和著名的旅游景区爨底下都在一条山沟里，这条山沟包括黄岭西村、爨底下村等6个民俗旅游村，通过发挥沟域优势，6村联手成立了“爨柏景区”，在爨底下旅游热度的辐射下，整条沟主打古村落文化旅游。“爨柏景区”迎客当天，小山沟就迎来5 000多名游客。可以说，沟域经济极大地提高了城市居民的幸福指数和家庭和谐度。

【举办发展论坛】 北京沟域经济发展论坛于2009年10月17—18日在北京市延庆县召开，此次论坛的主题是“探索新模式，建设新山区”。会议围绕北京市沟域经济的理论与模式等问题开展学术交流。一是科学阐释京郊沟域经济发展的理论与实践，二是解析沟域经济在新农村建设和都市型现代农业发展中的地位与作用，三是阐述北京市沟域经济的演进与趋势。四是科学总结北京市沟域经济的发展模式与类型。五是探讨支持北京市沟域经济发展的各项政策等。论坛在沟域经济发展上形成了共识。一是关于对北京沟域经济的认识评价。沟域经济属于区域经济学范畴，它是指以山区为地理空间，以其内聚力发展变化为基础，实现山区空间增长极——沟域的发展，从而带动整个山区发展的一种经济形态。二是关于沟域经济的理论支撑与实践意义。发展沟域经济是区域经济学中空间增长极理论在山区发展中的首次系统应用，它以沟域为空间增长极，带动整个山区的发展。沟域经济是生态学经济中生态要素商品化理论的重要实践，对指导山区盘活生态资产、实现生态服务价值、找到生态保护和地方经济发展的最佳结合点具有重要意义。沟域经济是在有效保护生态前提下富裕农民、服务城市居民、推进城乡经济社会一体化发展的经济，是山区发展模式的一项创新和有益探索。三是关于北京沟域经济的主要特征北京沟域经济具有外源性。它是以北京城市快速发展为前提，在市民绿色需求与生态旅游消费需求的拉动下，服务首都、提升市民生活质量的经济形态。北京沟域经济是以内聚力发展变化为基础、产业高度融合的经济形态。它催生了北京山区产业的高度关联和功能渗透，使山区一、三产业呈现融合与互动发展的新趋势。北京沟域经济是生态友好、可持续发展的经济形态。它紧紧围绕自然生态、乡土、历史文化等资源，发展生态友好、就业富民的绿色产业，强化生态涵养和水源地保护的特殊职能，打造特色鲜明的生态景观，使沟域走上一条生态友好、经济持续的发展道路。由北京沟域经济的特征可概括其涵义：它是在北京城市发展推动下形成的外源式或需求拉动式的生态沟域经济，主要以生态涵养与保护为基础，以生态建设与休闲旅游产业为龙头，集生态涵养、旅游观光、经济发展和人文价值于一体，打造统一规划、形式多样、产业融合、集约经营、规模适度、特色鲜明的产业经济带，实现山区发展与农民致富的一种经济形态。四是关于沟域经济的主要发展类型。在北京山区沟域经济的实践与探索过程中，形成了以下几种发展类型：文化创意先导型。通过创新思维改变人们现有的消费理念、方式和途径，依托自然、历史、文化资源开发文化创意产业，打造新的经济增长点。特色产业主导型。利用已有的特色支柱产业资源，注入科技、绿色、健康内涵，配套发展环境友好型生态产业，延伸产业链，提升产业整体竞争力，发展特色产业。龙头景区带动型。以知名景区为龙头，推进旅游项目建设，提升休闲旅游业发展水平和产业培育层次，带动周边地区产业发展，形成辐射面较大的经济区域。自然风光旅游型。依托优良的自然环境，重点发展休闲观光旅游业，并带动特色林果业、农业观光园区和休闲农业等产业发展。民俗文化展示型。依托传统民居、宗教寺庙、革命遗址等人文景观，重点发展民俗旅游、文化旅游和红色旅游，并带动相关产业的发展。五是关于推进北京山区沟域经济发展的建议。在沟域经济发展的过程中应把握以下原则：以生态环境保护为前提；注重文化内涵；突出区域特色；坚持政府政策引导；坚持社会参与。应在摸清市场需求与沟域基础资源两张底牌的基础上，强化科技支撑体系与政策支持体系的建设，搭建沟域经济信息服务平台，引导社会力量参与建设沟域经济。应对沟域经济的理论基础、实践经验和支撑体系进一步梳理和凝练。应探索建立沟域建设、运行、管理的长效机制。应通过建立政府专项扶持资金，支持引导沟域经济健康快速发展。应坚持部门联动、项目集成、通过搭建资金平台化解建设资金矛盾。综上，这次论坛是一次高层次、高水准的学术交流盛会，在沟域经济理论研究方面具有较高的学术价值；对北京市的山区发展具有很强的指导作用，是理论研讨和实际密切结合的一个示范。但是，北京沟域经济发展现在还处于初步探索阶段，还存在许多方面的不足，还需要进一步探索深化与完善，使命光荣，任重而道远。北京山区沟域经济学术论文集《北京山区沟域经济理论与实践》出版。该书由北京农学院院长王有年、市农委主任王孝东主编，中国农业科技出版社出版。

山区搬迁工程

【工程计划】 2009年，全市计划搬迁泥石流易发区及生存条件恶劣地区2 719户6 811人，涉及30个乡镇63个行政村78个自然村。其中房山区490户1 484人，门头沟区169户388人，昌平区62户221人，延庆644户1 497人，怀柔567户1 137人，密云530户1 247人，平谷257户837人。市级财政补助资金 17 011.3 万元。

【完成情况】 2009 年山区泥石流易发区及生存条件恶劣地区农户搬迁工程 2 719 户 6 811 人，全部按计划完成。其中泥石流易发区搬迁 1 420 户 3 548 人，占总任务 53%。集中建新村 35 个，其中重新选址 7 个，部分集中迁建 28 个，聚集自然村 63 个、聚集 2 627 户 6 491 人，占总任务 95%。

【先进典型】 2009 年，“北京市怀柔区整建制搬迁”获得北京市 2009 年京郊工作创新奖，获得奖励资金 100 万元。怀柔区 2004 年正式启动山区受泥石流威胁险村险户和生态移民搬迁工程。在土地确权等政策的新形势下创新了整建制搬迁的新模式，采取由山区自然村向平原镇、村和行政主村集中相结合的搬迁形式，以山区自然村向行政主村集中为主，推广部门联动，政策集成的做法，实现人口资源整合，并在 2007 年、2008 年全市郊区综合评比中连续两年排名第一。2004—2009 年 6 年实际累计完成搬迁（包括京津风沙源工程的生态移民搬迁）3 797 户，8 712 口人（其中包括整建制搬迁村 3 351 户，7 606 口人，占搬迁总人数的 87.3%）。其中：2009 年市区共投资 3 679 万元，其中市下拨 3 179 万元、区配套 500 万元。实际完成了喇叭沟门乡四道穴、上台子村；宝山镇下坊、大黄木厂、四道河村，琉璃庙镇琉璃庙村，汤河口镇大榆树村，长哨营乡的四道河、老西沟村等 10 个村，全部为整建制搬迁形式，各村按照搬迁村庄规划和实施方案设计，实际完成搬迁 497 户、1 139口人。几年来的泥石流搬迁工作证明，积极协调各有关部门，采取政策集成的路子非常对，就搬迁而言，在出现生态移民搬迁与泥石流搬迁的同时，采取的是两项有效结合的方式，形成工作的统一性。一是泥石流险户搬迁与生态移民搬迁政策相结合。把泥石流搬迁市、区补助资金作为搬迁户的新建房的补助，另外把生态移民搬迁的每人 1 万元作为搬迁整建制搬迁接收村的基础设施建设费，这样既缓解了搬迁建房的压力，又极大的缓解了村集体对整建制搬迁基础设施的投入。协调发改委在选择生态移民搬迁村时优先安排受泥石流和洪水威胁集中的村、户，共集成生态移民搬迁资金 2 870 万元。二是整建制搬迁与社会主义新村建设相结合，避免重复投资和浪费。从实施搬迁以来，只要是新农村市区级试点村和规划村，又属于泥石流和生态移民搬迁的范围，并且村干部有能力、群众自愿同意，两项政策一定紧密结合，用老百姓的一句通俗的话说：搬迁让我们住上了新房，避免了洪水的威胁。三是山区泥石流搬迁与新农村农民抗震节能住宅建设政策相结合，形成政策合力，全力推进怀柔区新农村建设。仅 2009 年有 8 个村的 333 户农民住上了抗震节能住宅，其抗震、节能、保温等功能俱佳，室内的温度可比原来提高 3～5℃，冬暖夏凉，居住舒适，得到了当地村民的高度评价。四是山区整建制搬迁与环境综合整治相结合，搞好规划、绿化美化，供排水工程和垃圾处理。近几年来，山区整建制整搬迁与环境综合整治相结合的帮助各村绿化了街道，安装了路灯和垃圾桶等，大大改善了各村的环境。又如水务部门为整建制搬迁接收村安排供、排水和小流域综合治理工程，大大地解决了各村的实际问题。五是山区整建制村搬迁与卫生改水改厕政策相结合。协调爱卫会把山区整建制村搬迁与卫生改水改厕政策相结合，与改水改厕政策相结合的村有 10 个，帮助各村自来水改造和户改厕。六是山区整建制村搬迁与市、区民委扶持的老年活动站、少数民族村的扶持政策相结合。及时与区民政局沟通，列入到市、区民委扶持的老年活动站、少数民族村的扶持范围。七是山区整建制村搬迁与文委的数字影院的扶持政策结合。整建制搬迁接收村进行了数字影院建设的资金和投影仪等。八是山区整建制村搬迁与发展致富产业政策相结合。搬迁后接收村按照村镇统一规划，根据搬迁户个人承受能力和意愿，建房采取集中或村民自建形式，统一标准建成三合院或四合院，为今后发展乡村旅游打下基础。此次对山区受泥石流威胁和生存条件恶劣的险村、险户实施了有计划、有步骤地的搬迁，继续采取自然村搬迁户搬迁到行政主村和其他安全地区的搬迁方式，搬迁后都比较满意，受到了各级干部群众的广泛欢迎，取得了良好的效果，归纳起来，主要有以下几方面：①山区泥石流易发区险村险户搬迁工程解决了农民的安全和避险问题。②搬迁农户的生产、生活条件得到了根本改善。山区泥石流易发区多存在着山高、坡陡、路远。同时存在着饮水难、出行难、通讯难、看病难、上学难、看电视难、安全保障难等“七难”问题。通过搬迁，山区搬迁农户搬迁后，交通比以前方便了，居住条件得到较大改善，居住地址相对也比较安全了。③山区搬迁农户搬迁后，扩大了山区农民的就业机会和就业空间，促进了农民增收致富。坚持“搬得出、稳得住、能致富”是本轮搬迁突出强调的原则。在搬迁过程中，通过科学规划、合理布局和政策的引导及扶持，促进了农民由一产向二、三产业的转移，农民的就业机会和就业空间进一步拓宽。据初步统计，有 497 户的搬迁户从建房的标准上是按照民俗院标准设计和施工的。搬迁户新建房后基本具备了民俗接待能力。④改善了山区生态环境，减少人为毁林并恢复生态。为生态环境的恢复和改善创造了条件，很大程度上减少了人类活动对生态环境的破坏。⑤优化了村庄布局，节约了国家对基础设施建设的投资。⑥为社会主义新农村建设打下良好基础。

京津风沙源治理工程

【工程建设的基本情况】 根据国家发展计划委员会、财政部、国家林业局、农业部和水利部《京津风沙源治理工程规划（2001—2010 年）》及《关于印发国家发展改革委关于调整京津风沙源治理工程规划有个问题的请示的通知》（发改农经［2006］925 号），工程涉及的林业项目规划范围、投资、治理任务情况如下：规划范围：依据国家《京津风沙源治理工程规划》，北京市的平谷区、密云县、怀柔区、延庆县、昌平区、门头沟区六个山区县纳入京津风沙源治理工程生态体系建设范围。2009 年全面完成了国家下达北京市的造林营林总任务 29.51 万公顷，其中，退耕还林 5.8 万公顷（退耕地造林 3.01 万公顷、配套荒山荒地造林 2.73 万公顷），人工造林 4.88 万公顷，飞播造林 2.04 万公顷，封山育林 15.58 万公顷，爆破造林 1.2 万公顷，种苗基地建设 24 处。

【工程管理与做法】 多年来，在工程建设过程中，北京市各工程区县严格按照《京津风沙源治理工程建设管理办法》、《京津风沙源治理工程林业建设技术规定》、《京津风沙源治理工程年度检查验收办法》等规范文件开展工程建设，不断加强制度建设，全过程实行工程建设质量监督管理，工程质量明显提升。一是分工明确，多部门联动。京津风沙源治理是一项综合性治理工程，涉及林业、水利、农业、生态移民等多项建设内容，任务重、范围广、部门多。市有关部门按照市委、市政府的统一部署，各司其职，各负其责，积极做好管理工作，共同推动工程建设稳步推进。市建立了以主管副市长为召集人的工程建设协调联席会议制度，定期召开有关会议研究工程进展有需要解决的问题。市发改委负责工程总体规划的审查论证，年度计划编制、综合平衡与上报，会同有关部门研究制定有关政策和办法，联合有关部门下达年度投资计划、审批区县年度实施方案，协调有关方面工作等；市园林绿化局负责指导各区县林业部门编制工程规划、实施方案，提出年度计划安排，审批林业作业设计，向国家有关部门报送进展情况和总体进度报告，负责造林和林木资源保护方面技术指导、检查监督等。会有关部门编制工程总体规划，开展工程总体监测及土地荒漠化、沙化情况监测，定期公布监测结果；市水利局负责指导各区县水务部门编制工程规划、实施方案，提出年度计划安排，审批水利作业设计，向有关部门提供水利工程进展情况和工程监测结果，负责小流域综合治理、与生态建设相关的水利配套工程等方面工作技术指导、检查监督，水利工程监测等；市农业局负责指导各区县农业部门编制工程规划、实施方案，提出年度计划，审批农业作业设计，向有关部门提供农业工程进展情况和工程监测结果，负责人工种草、天然草场保护和禁牧舍饲等方面技术指导、检查监督，农业工程的监测等；市农委负责指导各区县农委编制工程规划、实施方案，提出年度计划，审批生态移民作业设计，向有关部门提供生态移民进展情况和监测结果，负责生态移民工程技术指导、检查监督，监测等。各区县也相继成立了以区县长为组长的领导小组，研究、协调和解决工程建设中存在的实际问题。在加强组织体系、明确分工的基础上，北京市各级林业部门和乡镇林业站还分别成立了相应的项目办公室和技术指导小组，在分解年度任务的基础上，通过层层签订目标责任书，把计划、目标、资金和责任落到项目建设单位。二是建章立制，规范透明。在工程建设管理过程中，北京市严格按照基本建设程序开展工程建设与管理，实行按规划立项、按项目搞设计、按设计组织施工、按工程项目安排资金，按效益考核工程建设效果；在制度和技术标准建设上，先后制定《北京市京津风沙源治理工程管理办法》、《北京市退耕还林管理办法》、《北京市封山育林管理办法》、《北京市京津风沙源治理工程人工造林技术规程》和《封山育林技术规程》等一系列的管理办法和技术规程；施工过程中，执行工程项目法人负责制、设计审批制、工程监理制、合同管理制、重要材料和设备招投标制、资金使用报账制、公示制等制度管理。财务管理上，设立专户，实行跟踪审计，确保专款专用。三是整合资源，管理现代化。北京市对京津风沙源治理工程实行数字化管理。各工程区县在工程管理和编制作业设计过程中充分运用卫片、航片和各类电子软件技术提高工作效率；检查验收过程中，利用 PDA 现场采集数据；为搞好京津风沙源治理工程的档案管理工作，北京市对京津风沙源治理工程的各类文字材料、声像材料等档案的归档工作实行专人专柜管理。目前，全市的京津风沙源治理工程档案管理工作在标准化、规范化的基础上，已基本实现了网络化管理。四是治理模式多样，阶段性成果显著。建设过程中，北京市各工程区县尊重群众的首创精神，根据不同立地条件和建设内容，积极探索各具特色的生态与产业培育结合的治理模式。目前比较成熟的模式有：多树种混交治理模式、生态走廊模式、生态旅游模式、特色经济林带模式、速生丰产林模式、荒滩治理模式、精品采摘园治理模式等，取得了良好的阶段性成果。五是加强科技支撑，强化技术培训。为提高工程质量水平，坚持把科技贯穿于京津风沙源治理工程的全过程，加大对京津风沙源治理工程的科技投入。从工程区的实际出发，集中力量推广一批先进实用的新产品、新技术，切实提高了工程建设的科技水平。近年来，重点推广了坡耕地营造生态经济林综合技术、覆盖造林技术、抗旱沙生植物栽培技术、喷施蒸腾剂抗旱造林技术、节水保水造林技术、植树袋营养袋造林技术、施肥造林技术。每年冬季，利用冬闲时间开展多种形式的技术培训，特别针对一线领导和技术人员进行强化培训，努力提高施工人员的技术水平和组织协调能力，确保工程高标准高质量顺利实施。六是依托工程，打造后续产业。多年的生态建设，为北京市郊区农村聚集了大量生态资源，为后续产业发展提供了难得的机遇。一是资源性产业迅速扩大，北京市依托退耕还林工程，大力开展精品干鲜果品基地建设，形成了板栗、仁用杏、核桃、大桃、苹果等一批有特色的标准化生产基地和观光果园，为农民增收开辟新的途径；二是发展蜜蜂饲养和蜂产品深加工。各工程区县种植了大量的蜜源植物，为养蜂业的发展奠定了坚实基础。全市蜜蜂饲养量由

2000年的11万群增加到2008年底的20万群，产值超过1亿元；三是积极发展林下经济。近年来，北京市充分利用京津风沙源治理工程形成的大量林地资源，发展林下经济，开展仿野生栽培，使生态建设与农民增收致富紧密结合，成效显著。截至2008年底，北京市累计发展林下经济1.07万公顷，产值突破12亿元，带动农民就业6万多户，24万余人。其中2008年，林下经济直接受益的农户9 325户，参与企业54个，带动就业人数41 850人。参与的农户户均收入就达8 400元。重点示范推广林菌、林药、林桑、林花、林草等模式。

【工程建设成效】 一是改善生态环境，提升生态服务功能。北京市在“绿色奥运”理念的推动下，紧紧围绕“办绿色奥运，建生态城市”的目标，全面推进工程建设。经过近十年的治理，北京市山区林木覆盖率大幅度提高，区域生态环境明显好转。到2009年底工程区林木绿化率达到72%，比工程启动初期提高12.1%。二是促进区域经济发展，加快产业结构调整。随着工程建设的不断深入，山区逐渐形成了以特色林果业、绿色养殖业和森林旅游业为主的三大主导产业，为增加农民收入、统筹城乡发展奠定了坚实的基础，产业互动、产业互促的格局逐步形成。农民就业增收渠道日益拓展，经济社会可持续发展能力显著提高。三是倡导绿色生态文明，推进社会和谐进步。京津风沙源治理工程实施不仅改善了北京市生态环境，更重要的是改变了郊区农村和农民的发展理念和发展模式，实现了环境治理与经济发展的共赢，推动了社会进步。山区农民逐渐认识到了“保护环境就是保护生产力、改善环境就是发展生产力”的重要性。越来越多的人从采取有利于环境保护的生活方式、消费方式做起，自觉行动起来建设与保护生态环境。越来越多的农民参与到造林营林、森林防火、有害生物防治中，人与环境良性互动关系逐步建立。目前，全市有6万多名山区农民成为林木管护人员，实现了山区农民由“靠山吃山”向“养山就业”的重大转变。

山区小流域综合治理工程

【完成情况】 治理水土流失面积575平方公里，建设生态清洁小流域52条。坚持污水、垃圾、厕所、河道、环境5同步治理，采取21项措施，源头治污，保护水源。建成污水处理设施27处，日新增污水处理能力600吨；垃圾收集及处置设施2 342处，年新增垃圾消纳能力2万吨；新增雨洪利用能力3万立方米，保土能力120万吨；发展节水灌溉面积7 441公顷；栽植水生植物37 510平方米。截至2009年底，建成生态清洁小流域128条，治理面积5 118平方公里。全市640个村实现整村治污，新增日污水处理能力3.3万吨。加强监督管理，控制人为水土流失。以公路、房地产、输变电、水利等6类行业为重点，共开展执法检查621次，其中市级检查58次，检查项目80个；区县开展监督检查563次，检查建设项目560个。共审批开发建设项目水土保持方案110个，涉及防治责任范围62平方公里，建设单位落实水土保持投资14亿元，预计减少水土流失量28.3万吨。截至2009年底，全市各类建设项目累计落实水土保持投资54.4亿元，涉及水土流失防治责任范围476平方公里，减少人为水土流失量241.8万吨。加强监测，评估治理效果。全市11个坡面径流场、163个坡面径流小区和14个沟道控制站，开展水质、土壤流失量、土壤含水量、径流、泥沙、降雨等指标监测，取得万条数据。继续对2006—2009年所建的41条典型生态清洁小流域水质水量进行监测评价，已取得各类监测数据600条。监测表明，建成后的生态清洁小流域COD_{Mn}消减20.1%，总磷消减48.7%，总氮消减29.2%，主要指标均达到国家地表水三类水质标准以上。市县两级均发布了2008年水土保持公报。公报为市发改委、财政、农委、园林绿化、农业、环保等科研院所提供了宏观决策及研究依据。

【主要做法及特点】 第一，实施生态清洁小流域建设精细化管理，突出五个抓手。一是抓前期，提高水平。明确农民参与途径与程序，提高项目区农民生态参与保护意识，对工程涉及乡镇的主管镇长、村书记进行培训300人次；剖析工程设计难题，提高工程含金量，对区县水保站、设计单位、监理单位有关人员进行培训60人次。二是抓管理，规范建设。制定用好“尺子”，规范水土保持建设与管理工作。出台《北京市生态清洁小流域建设管理办法》，从前期工作、招投标管理、施工进度管理、质量管理、工程监理、资金管理、检查验收、运行管理维护、监督执法、监测评价10个方面进行规范管理与建设。实施了精细化管理，编制《北京市生态清洁小流域制图手册》，统一生态清洁小流域21项措施图式、图例、标准图。严格控制了生态清洁小流域建设标准，在调查、评价、规划、治理、监测和验收等环节上，落实执行《生态清洁小流域技术规范》（DB11/T548—2008）。治理后的小流域全部达到生态清洁小流域控制标准。三是抓科技，提高技术含量。加强新技术的创新与集成，引进推广污水处理、护坡、节水灌溉3类15项新技术。推广坡改平生态护坡专利技术，首次在怀柔区四窝铺小流域天河河道推广使用坡改平生态护坡2 000平方米；应用日本改进型生物净化槽技术，建设1处示范工程；建成了集10种节水灌溉技术于一体的示范基地。四是抓试点，促进农民参与。坚持问需于民、问计于民、问策于民，建立农民全程参与机制。在门头沟区珠窝、延庆县左所屯等小流域开展农民参与试点工作。明确农民是生态清洁小流域建设主体、管理主体、受益主体，实现了水土保持工作“零距离”服务农民。如门头沟韭园小流域将田间生产道路、梯田等8项措施，投资77.6万元的工程，由农民参与建设，人均增收600元。五是抓典型，以点带面。落实刘淇书记、牛有成常委和安钢副秘书长在《工作研究》第15期上的批示精神，按照对农村污水、垃圾进行同步治理的相关要求，在怀柔区琉璃庙镇青石岭小流域双文铺村等山区县的7个村开展水源地农村污水、垃圾综合治理管护试点工作。试点工程实现了污水达标排放，再生水回用，垃圾减量化、无害化、资源化的目标。

第二，落实最严格的水土资源保护制度，实现四项突破。一是建立部门联动机制，开发建设项目水土保持方案突破百个。强化部门联动机制，源头把关。与环保局、发改委联合发文，明确要求密云、怀柔等十个远郊区县的涉及土石方挖填的建设项目编报并落实水土保持方案，没有水保方案，不批环评，发改委不立项，把好项目立项审批关。开发建设项目水土保持项目编报率和2008年相比增加34%。二是构建四级监督机制，实现网格化管理。解决以往监督执法"断层"问题，联合市人大、法制办、发改委、规划委、建委、国土资源局、环保局、园林绿化局等多部门，建立市级联合监督执法机制；落实水土保持方案属地管理要求，建立区县级联合监督执法机制；依托乡镇政府、流域水务站建立乡镇监督机制；以小流域为单位，划分网格，依托10 800名农民管水员，建立监督举报机制。2009年全市共开展监督执法621次。三是建设监督执法管理信息系统，开发建设项目规范管理实现突破。建设监督执法管理信息系统，内容涉及开发建设项目填报、水土保持预防监督管理、信息公示、信息交换、GIS信息、管理工具等六大模块，实现开发建设项目上报、查询、汇总、统计，全过程掌握开发建设项目建设。四是完善全开发建设项目水保方案管理体系，环节控制实现突破。以落实最严格的水土资源保护制度为目标，严格控制水土保持方案的编制、审查、监督、监测、验收等5个环节。严格控制编制环节和审查环节。以开发建设项目水土保持新国标6项防治目标基础，结合北京特点，制定公路、房地产、输变电、水利等6类行业36项防治指标的《北京市开发建设项目水土保持方案技术导则》，提高项目防治标准，提高项目准入门槛；严格控制监督检查环节。市水务局、市环保局、市发改委联合发文《关于加强开发建设项目水土保持工作的通知》(京水务农［2009］20号)，以此作为行业指导依据；严格控制监测评估环节、验收环节。制定开发建设项目水土保持工作指南，为水土保持方案的监测和设施的验收提供支撑。

第三，加强重大课题的研究与应用，支撑水土保持建设。一是实施水土保持全过程精细化管理。应用GIS技术，建立市、区县、乡镇三级水土保持业务与服务管理系统，搭建数字水保平台，服务首都水源保护。目前，已完成水土保持综合数据库结构建设，入库数据涉及图层19个，建立表结构19张以及对应元数据结构19个，涉及库记录11万条，总容量350G，实现山区547条小流域三维动态查询。二是建立了北京山区区域三道防线划分指标体系。增强了流域治理规划设计、监督管理和监测等水源保护措施的科学性。以3S技术为手段，应用层次分析法空间多准则评价模型等多种定性和定量分析方法，考虑土壤侵蚀、水质、人为活动和管理等20个因子，将全市范围三道防线界线落实到具体区域和地块。同时，建立了生态清洁小流域的清洁指标。三是筛选农村污水处理工艺，建设示范工程，指导新农村污水建设与管理。对曝气生物滤池、膜生物反应器、厌氧滤池、生物填料反应器、可装配式填料人工湿地、间歇式活性污泥处理技术6项技术，从处理工艺、适用性、建设成本、运行费用等方面进行优化，并建设了10处示范工程。四是市重大科技项目"密云水库流域水土流失综合防治体系及示范推广研究"——"面源污染监测、评价及防治研究"子课题取得重要成果。采用地理信息系统和模型，全面系统地开展了密云水库北京区域面源污染物流失风险评价；划定了水库周边区域不同环境的保护区域；构建了密云水库区域面源污染防治监测评价体系；提出了密云水库流域不同类型面源污染治理经济可行的模式，并将公众参与纳入密云水库面源污染的控制和管理中，为重点水源区环境保护管理提供了经验参考。鉴定专家组认为：该成果总体上达到国内同类研究的领先水平。

第四，引进欧盟河道近自然修复理念。启动中德财政合作项目，引入欧盟的河道近自然修复理念、《欧盟水框架指令》标准和流域管理机制，实施精细化管理，完成6条生态清洁小流域建设、100公里河道小型水体生态恢复示范工程，同时制订出适合北京市的小型水体生态恢复规范标准和评价指标体系，将全市生态清洁小流域建设与国际接轨。

第五，营造政府主导、市场引导、社会参与氛围，提高公众生态文明意识。市委决定，将山区生态清洁小流域达标率、农村污水达标排放比率作为2009年各区县党政领导班子和领导干部届中实绩考核中经济社会实绩考核的指标。以纪念《水土保持法》颁布实施18周年为契机，由市政府安钢副秘书长主持召开13个相关委办局、有关区县主管区县长、水务局长参加的"北京市纪念《水土保持法》颁布实施18周年暨水土保持监督管理能力建设启动会"。会议要求，要从生态文明高度认识水土保持工作，充分发挥部门联动作用，服务"人文北京、科技北京、绿色北京"建设；要源头把关，实现水土保持全过程、精细化、规范化管理；要通过宣传教育，形成政府主导、市场引导、全社会参与的氛围，推动水土保持工作全面发展。2009年1—12月，来自中国工程院院士及甘肃定西等省市水利水保专家300余人次，考察了北京市水生态清洁小流域建设与管理工作。在中国水利报、水利部水保网、北京水务报等媒体，刊登50余篇生态清洁小流域建设情况文章或报道；依托水土保持青少年户外教育基地，有300多名中小学生受到水土保持知识宣传和教育。王浩院士认为：这次到北京考察印象十分深刻，党的十七大提出“生态文明”理念后，北京市水务局进行了成功的实践，建立了从山顶到山脚、从河道到水库、从水源到再生水的水源生态保护体系，走在了全国前列，这是全国未来十年推广的方向。

山区产业发展

【概况】 依托山区资源优势，以市场为导向，围绕产业结构调整、生态环境优化和农民增收三个工作中心，山区大力发展生态友好型产业，以薄皮核桃、优质板栗等林果种植为主的特色种植业，以蛋鸡、肉鸡为主的绿色养殖业，以民俗接待、农业观光等为主的休闲旅游业得到大力发展，三大主导产业已经成为山区经济发展的主要拉动因素。山区农林牧渔总产值80.3亿元，同比增长5%。其中：种植业（含林业）产值34.2亿元，同比增长46%；林业产值8亿元，同比增长16%；果品产值10亿元，同比增长21%；养殖业（含渔业）产值39.2亿元，同比减少4%。高效种植业发展迅速。以“221行动计划”为总揽，以大力发展都市型现代农业为目标，瞄准市场需求，着力培育生态、绿色、有机农业。昌平、房山、密云针对北京市优势高效农产品进行有机化栽培，根据耕地土壤中微生物群落比较复杂的特点，对重点地区进行保护地耕作栽培。在怀柔、延庆、密云、房山四个山区县发展玉米制种面积近1万亩。进一步完善农资连锁配送服务站，开展了农产品质量安全追溯试点工作。重点发展以果、蔬、特色营养品及有一定观赏性为特点的高附加值的农业。进行测土配方施肥技术推广，鼓励农民使用无污染、低残留的新型肥料、新型农药，全面提升山区特色种植业的品质和科技含量。加快发展籽种、中草药、小杂粮、冷凉蔬菜、山野菜、花卉等有山区特色的农产品种植园。建设10个标准化高效示范园、培育30个特色果品专业村、300个高效示范户。畜禽养殖成效显著。山区养殖业由过去的大养殖向生态绿色养殖转变，大量减少了对饲料消耗和粪污量大的大体形动物养殖，转变为易于规模养殖和规范化管理的肉鸡养殖。畜牧、渔业产值达到39.2亿元。出栏肉鸡6 000万只，牛奶产量13万吨，禽蛋产量7万吨，水产品产量1.9万吨，年末大牲畜存栏8.9万头，其中奶牛存栏5万头。

发展规模化、标准化、产业化畜禽养殖，大力推广使用清洁技术，改变山区传统养殖方式。山区养殖业规模化经营比例达到40%，60%以上养殖小区实现产业化，主要畜产品全面实现标准化生产。在大发、华都等龙头企业带动下，规模化生产基地有了新的发展。怀柔、房山、密云、延庆按照区域分布发展了饲养肉鸡的规模化生产基地。门头沟肉鸡生产规模发展较快。平谷区发展以规模化养殖为主的蛋鸡饲养业。怀柔除发展肉鸡饲养产业外，正在构建鹿茸良种繁育基地。房山和门头沟区发展山区的绒山羊特色产业。延庆、房山、密云为全国奶业发展优势示范县。饲料青贮加工进一步扩大，饲养场、小区环境逐步改善。特色水产业迅速发展。发展集观赏、垂钓、休闲于一体，与大自然和谐发展的都市型休闲渔业和生态渔业。实施鲟鱼、虹鳟鱼产业化工程。全市自采卵繁殖鲟鱼苗200万尾，减少了对进口鲟鱼卵的依赖。开展旅游休闲渔业的池塘水面达到1 200万平方米。蜜蜂养殖业蓬勃发展。全市蜜蜂饲养量达19万群，主要集中在山区县，其中密云6.4万群、昌平4万群、房山2.7万群、延庆2万群、门头沟1.8万群。以密云、房山、门头沟、延庆等四个山区县为养蜂生产发展重点区域，大力发展家庭养蜂和无公害养蜂基地、标准化养蜂基地。启动“蜜蜂授粉富民工程”，成立9个蜜蜂授粉专业队，每年可繁育授粉蜂3万群以上，使山区蜂场与平原果树等基地结成互助、互补对子，实现了良好的经济效益。建立蜂授粉示范基地，为10余种果树和蔬菜授粉，推广面积2万多公顷，农产品增收超过5亿元。发展蜂产业作为矿山替代产业，两年来共发展养蜂户250多户，安置就业650人，实现经济效益600多万元，为矿工和农民提供了就业机会与致富门路。山区企业进一步壮大。积极发展生态友好型产业。房山、门头沟、延庆、密云、怀柔开辟山区工业发展区，积极进行山区新型产业研究和项目引入活动，结合北京山区资源的特点，引入符合山区发展的产业项目，以支撑山区经济的发展。扶持区域性农产品加工龙头企业发展，鼓励龙头企业与农户建立利益联结机制。

【主要举措】 一是出台政策。制定下发《山区农民产业致富项目扶持意见》，明确了市级产业发展扶持资金的扶持范围、对象、环节和原则，规定了项目申报程序。通过严把项目审批关、明确项目实施主体和责任人，加强服务和指导，帮助山区县确立环境友好型、可长期致富的主导产业。市政府召开专题会议，研究推进山区产业发展的对策。加大加大结构调整力度，培育山区优势产业。进一步加大关闭影响生态环境的资源开采型企业的力度，山区产业继续向生态友好型转变。关闭矿山80个，关闭煤场、采石场、灰场等资源开采经营性企业648家，使矿山关闭率达到70%，超额完成中央对北京市关闭矿山的任务要求。通过会议部署、下发文件、培训致富带头人等措施，引导山区大力发展生态友好型产业。加强特色农业资源的保护。特色农业资源是山区农村产业发展的基础。特色农业资源种类多，栽植历史悠久，知名度高，市场稳定，因而要进行原产地种质资源、文化资源的保护。同时加大科研力度，不断更新品种和生产技术，使宝贵的特色农业资源永续繁衍。重点保护黄土坎鸭梨、大城子红肖梨、石峨玉皇李子、张山营葡萄、燕山板栗、怀柔柴鸡蛋鸭、张坊磨盘柿、北寨红杏、京白梨、雁翅苹果、火村红杏、红螺大脆枣、妙峰山樱桃、珍珠泉蛋鸭、苏子峪蜜枣、陇架庄盖柿、妙峰山玫瑰花等品种。继续扩大西峰山小枣、怀柔冷水鱼、尜尜枣、清水薄皮核桃、怀柔中药材、清水龙王帽杏扁、马牙枣、大红袍花椒、熊儿寨薄壳核桃、雁翅香椿、镇罗营金星蜜梨等引进品种的生产规模。三是稳步推进山区“十百千”产业致富工程“十百千”产业致富工程重点扶持了102个山区村发展特色产业，市区两级财政共投入6 712万元，惠及1.5万农户。山区乡镇新建果园79个，改建果园84个，山区观光果园累计达到564个；山区出栏肉鸡近5 000万只，以柴鸡、蛋鸭为主的禽蛋产量5.8万吨；达到本区县级标准的民俗游专业村178个，11 667户山区农民从事乡村旅游业，接待游客达1 200万人次。“十百千”产业致富工程扶持的农户，与实施前相比，户均增收2 000元以上。四是加大搬迁村产业发展的扶持力度。坚持“搬得出、稳得住、能致富”，通过加大政策扶持、加强对农民的技能培训，促进了搬迁农民由一产向二、三产业的转移，农民的就业机会和就业空间进一步拓宽。五是加大矿山关闭替代产业的扶持力度。房山区和门头沟区是北京市重要的产煤区，煤炭生产在两区的经济发展中曾占有很大比重，关闭矿山生产对于两区的影响巨大。山区再关闭矿山80个，关闭煤场、采石场、灰场等资源开采经营性企业648家，使北京市矿山关闭率达到70%，超额完成中央对北京市关闭矿山的任务要求。为尽快解决煤矿关闭后农民的生产生活问题，农委每年安排1 000万元帮助房山区和门头沟区的煤矿关闭村庄发展替代产业，选择适合当地发展的特色种植业（如林果业和港道蘑菇等）、绿色养殖业（肉鸡、柴鸡养殖）和乡村旅游接待业予以支持，通过对产业发展基础设施、良种引进培育等环节的资金扶持和指导，每年帮助20个左右的村培育生态友好型产业，1 000余户山区农户从事生态农业生产并逐步走上农游结合的致富道路。市政府相关部门实施矿山生态修复、生态产业、农民就业的扶持计划，有效地减轻了矿山关闭后农村经济上的压力，促进了农民从资源型开采行业向生态友好型农业产业转移，为山区生态建设创造了环境基础。六是山区小流域综合治理。以“流域综合治理”项目为平台，市发改委、市财政局、市国土局、市园林绿化局、市农业局参与分类指导，治理20条小流域，治理水土流失面积310平方公里，治理后的小流域全部达到清洁小流域的标准。工程覆盖21个乡镇66个行政村，涉及农户22万户、60万人，耕地0.35万公顷，山场3.7万公顷。新耕土地438.33公顷，以林果、药材等特色种植业为重点，对50个村的生态产业给予了扶持。七是节水灌溉与爆破造林。山区建设各类集雨工程200处，实施节水灌溉工程，节水灌溉面积比例达到88%。八是山区干部农民培训。组织山区致富带头人培训班和小流域综合治理村负责人培训班。250个山区村干部和致富带头人参加了培训，培训班通过就农业政策、农村发展、农民增收等内容组织安排课程及参观活动，达到了丰富知识、开阔眼界、提高本领的目的。

区县合作建设山区

【总体思路】 以科学发展观为指导，落实区域主导功能，加强政策引导，建立以区县为主体的合作共赢机制，促进城区要素进山区、山区资源补城区，提高资源配置整体效率，实现城乡区域协调发展。

优势互补，合作共赢。根据生态涵养发展区与城区之间发展条件的差异性、互补性，以区县为主体，自愿协商，互利合作，共同发展；政府引导，市场推动。政府通过政策引导，创造良好合作环境，充分发挥市场机制的基础性作用；遵循规划，落实功能。突出区县功能定位，突出生态涵养功能，确保各项规划和主导功能的落实；创新机制，利益共享。合作机制更加体现利益调整。建立健全考核和激励机制。注重与原有城乡帮扶等工作相衔接。

根据发展规划、发展水平、产业关联度和要素互补性、地缘因素及历史渊源，立足现状，着眼未来，选择发展较快的东城区、西城区、朝阳区、海淀区、顺义区、北京经济技术开发区与生态涵养发展区5个区县及房山区，开展“一对一”互助合作。合作期限初定五年。具体结对方案：东城区—怀柔区；西城区—门头沟区；朝阳区—延庆县；海淀区—密云县；顺义区—平谷区；北京经济技术开发区—房山区。在明确6对结对区县的基础上，鼓励其他区县、产业园区之间在平等自愿的前提下，积极探索多种形式、多层次、多领域的互助合作。鼓励毗邻区县推动连接带区域形成交通同网、旅游同区、环境同治、成果同享，促进区县合作向纵深拓展。

【保障措施】 第一，建立领导协调机制。建立区县合作发展联席会议制度，统筹协调区县合作发展工作。联席会议成员单位由市相关部门和结对区县政府组成，市发展改革委、市农委负责落实联席会议议定的工作事项。以区县为主体，区县长负总责、亲自抓，建立和完善相关工作制度。市相关部门要明确工作职责，主动参与，协调、督促和落实区县合作工作。第二，建立考核激励机制。各结对区县要编制五年的区县合作发展规划，明确双方合作的领域、目标、内容、任务。各部门要充分发挥职能作用，密切合作，每年为区县合作办一批实事。市政府每年年初组织各结对区县签订合作发展任务书，年底召开区县合作发展经验交流总结会，对成绩突出的单位和个人进行表彰奖励。要充分利用各种新闻媒体，深入做好区县合作宣传工作，营造有利于推动区县合作的舆论环境和社会氛围。第三，加大财政支持力度。市政府在财政预算中，安排一定比例的资金，主要用于共建基地、城市功能疏解项目的贷款贴息和人才交流培训，以及表彰奖励等方面支出。在符合规划的前提下，市政府固定资产投资以及其他市级专项资金优先对合作项目和共建基地给予支持。第四，建立政策共享机制。对于经联席会议认定的共建基地内项目，可试点探索享受中关村科技园区相关优惠政策和金融产业、文化创意产业相关优惠政策。第五，优先保障土地供应。对共建基地和经联席会议认定的城市功能疏解项目涉及土地供应的，在符合节约集约用地和本市产业政策的前提下，优先列入土地供应计划，并加快办理有关用地手续。第六，加大金融支持力度。鼓励金融机构优先对共建基地、产业合作项目等方面提供金融服务。发挥各类金融投资公司的作用，为大型企业集团与生态涵养发展区的市级产业园区共同搭建资本平台提供多层次的金融服务。第七，建立有效的政策引导机制。市有关部门要研究制定合作区县之间的财税激励及共享机制，研究对共建基地、城市功能疏解项目实行定向供地等土地供应政策，及时跟进出台鼓励深化合作的其他相关政策，促进区县合作健康持续发展。第八，深化体制改革和机制创新。要深化改革，充分发挥市场配置资源的基础性作用，努力消除因行政区划造成的制约因素，促进生产要素、公共产品和服务在区域间共享和流动。要积极探索优势互补、利益共享的长效机制，推动区县在更广泛领域开展形式多样的实质性合作。

【主要工作及成效】 2009 年，全市有关部门、结对区县认真落实市委、市政府的决策部署，按照政府引导、市场推动、优势互补、合作共赢的原则，加快推进各项工作，相关配套政策陆续发布，6 个产业共建基地建设正式启动，多领域、多层次的合作有序开展，区县合作取得新进展，为推动生态涵养发展区协调发展、加快城乡一体化步伐奠定了较好的基础。

第一，建章立制，加强保障。一是建立工作机制。全市成立了由市领导牵头、15 个市级部门及 12 个结对区县政府组成的北京市区县合作发展联席会议，统筹协调全市区县合作工作。各结对区县建立了由双方区县领导、各部门、街道及乡镇组成的多层次合作机制，协商推进各项任务落实。二是加强规划指导。各结对区县编制了 5 年合作发展规划，围绕产业共建基地、公共服务、生态建设、人才交流、城市功能优化等领域，明确了发展目标、合作方向及重点任务。三是强化政策保障。以《关于推动区县合作促进生态涵养发展区协调发展的意见》为指导，制定了《关于促进生态涵养发展区协调发展的意见》、《北京市区县合作产业共建基地认定办法》、《北京市区县合作评选表彰办法》等配套政策，完善了区县合作的政策保障体系。

第二，加大支持，培育产业。一是认定共建基地。在生态涵养区市级产业园区内，分两批认定了 6 家区县合作产业共建基地，由合作双方共同建设，共同运营，共享利益。二是支持园区基础设施和公共服务平台建设。目前，已有 4 个项目纳入政府投资储备库，1 个公共服务平台项目获得政府投资支持。三是支持产业发展。发挥工业发展专项资金的支持作用，对顺义—平谷等 4 个产业共建基地投入专项资金 3 400多万元，用于支持基地内重点产业项目发展。目前，6 个共建基地已引进产业项目近 20 个，落户企业 30 多个，其中，西城—门头沟产业孵化中心项目已完成主体建设，国家级风电叶片研究检测中心、京西重工减震器工厂等 6 个项目已开工建设，并实现部分投产。

第三，促进公共服务领域合作。在教育领域，采取名校办分校、结对子、教师培训、教学交流等多种形式加强合作，50 多所中小学结对合作，2 000 多人次教师参加了培训交流，提升了涵养区中小学的师资水平，改善了办学环境。在医疗卫生领域，通过人才交流、技术培训、专家下乡、对口支援等形式，涵养区 30 多家医疗机构与城区 10 多家三级医院建立了合作关系，输送 200 多名业务骨干参加城区医院技术培训，城区医院 150 多名专家下乡坐诊，诊治病人 2 000人次，完成手术 400 例。在劳务领域，通过定向人才招聘、就业互助手拉手、建立用工信息平台、开展劳动技能培训等方式加强合作，组织专场招聘会 20 多场次，开展劳务培训 600 多人次，城区为涵养区开发就业岗位 1 000 多个，促进了涵养区富余劳动力的转移就业。

第四，优势互补，拓展合作领域。各结对区县不仅在院校合作、人才交流、劳务合作等公共服务及生态建设领域开展合作，而且发挥各自优势，进一步拓宽合作领域，在养老、旅游、文化交流及科普教育等方面开展了卓有成效的合作。一是在养老方面，为解决城区养老服务设施落地难的问题，西城区与门头沟区合作，试点共建养老基地。二是在旅游方面，怀柔区与东城区、延庆县与朝阳区通过宣传推介、互送客源、沟通信息等，积极宣传两地旅游资源、旅游产品、旅游项目和旅游节庆活动，促进了双方旅游产业共同发展。三是在文化交流方面，西城区与门头沟区图书馆以“共享文献资源、共促业务发展、共办文化活动”为宗旨加强馆际合作，并协助门头沟区图书馆建设分馆。东城区非物质文化遗产参加怀柔区群众艺术节，活跃了两区文化交流。四是在科普教育方面，东城区科普专家积极参与怀柔区西水峪村科普基地建设，赠送科普设施，为打造科普型民俗旅游品牌建言献策。海淀区与密云县加强科普合作，以密云县青少年宫为平台共同建设青少年科普交流基地。

第五，多方参与，多层互动。一是借助区县合作平台，通过企业之间的合作，有力促进了城区与山区资源要素的相互对接。朝阳京区客隆商业集团与延庆县农业企业合作，使延庆每年 1 万吨无公害蔬菜进入京客隆 50%的连锁店，并将“永宁豆腐”打出品牌，推进超市，提高了农产品效益。二是推动区县合作工作下移。西城区 7 个街道办事处与门头沟区部分街道和乡镇建立合作关系，在社区建设、城市管理、劳务合作等方面开展交流合作，进一步延伸了区县合作的触角。三是积极吸引社会组织参与区县合作。在春季植树期间，朝阳区组织 100 多人赴延庆县佛峪口荒滩参加义务植树活动，加深了城乡居民互动，扩大了社会影响。

第六，积极主动，创新机制。各区县积极探索，不断创新工作机制。一是朝阳区与延庆县为促进合作项目发展，共同出资建立了合作发展资金，双方每年共同出资1 000万元，用于支持生态建设、生态旅游、生态农业、新能源与循环经济、文化创意产业合作项目以及奖励等。二是延庆县以折子工程的形式确定了13项合作事项，明确责任，明确时限，确保了合作实效。三是为方便沟通信息，促进交流合作，合作区县都建立了合作信息平台，强化信息通报制度，完善了合作机制。

【开展2009年北京市区县合作先进集体和先进工作者评选活动】 由市委组织部、市发改委、市农委、市人力社保局、市财政局成立区县合作评选表彰工作领导小组。领导小组下设办公室，办公室设在市农委、市人力社保局，具体负责评选表彰的组织协调工作。

区县合作先进集体（30个）：北京市经济和信息化委员会布局处，北京市规划委员会总体规划处，北京市卫生局基层卫生处，北京市科学技术委员会农村科技发展处，北京市教育委员会基础教育处，北京市财政局预算处，北京市东城区人力资源和社会保障局，北京市东城区教育委员会，北京市西城区民政局，北京市西城区教育委员会，北京市朝阳区发展和改革委员会，北京京客隆商业集团股份有限公司，北京市中关村科技园区海淀园管理委员会产业规划发展处，北京市海淀区政府公共服务委员会，北京市顺义区发展和改革委员会，北京市天竺空港经济开发区管理委员会，北京市经济技术开发区发展和改革局，北京市怀柔区发展和改革委员会，北京市怀柔区教育委员会，北京市门头沟区发展和改革委员会，北京市门头沟区职业介绍服务中心，北京市延庆县发展和改革委员会，北京八达岭经济开发区管理委员会，北京市密云县发展和改革委员会，北京密云经济开发区管理委员会，北京市密云县卫生局，北京市平谷区经济和信息化委员会，北京马坊工业园区管理委员会，北京市房山区工业园区建设管理委员会，北京市房山区窦店镇人民政府。

区县合作先进工作者（50名）：王红艳（女）（北京市经济和信息化委员会布局处），乔金环（女）（北京市规划委员会法制处），叶向阳（北京市园林绿化局（首都绿化办）义务植树处），荣志清（女）（北京市卫生局基层卫生处），李志军（北京市科学技术委员会农村发展中心），陈斌（北京市教育委员会职业教育与成人教育处），付晓娟（女）（北京市财政局预算处），刘国栋（北京市东城区发展和改革委员会），贾邦（中关村科技园区雍和园管理委员会），方晨子（女）（北京市东城区旅游局），岑运东（北京市西城区发展和改革委员会），刘传铭（北京市西城区民政局），樊亚玲（女）（北京市西城区图书馆），兰学军（北京市朝阳区旅游局），王蕴生（北京市朝阳区发展和改革委员会），张馨艳（女）（北京市朝阳区职业介绍中心），杨培蔚（北京市朝阳区卫生局），刘伯正（北京市海淀区发展和改革委员会），陈燕（女）（北京市海淀教师进修学校），白蕙芙（女）（北京市海淀区北下关社区卫生服务中心），赵汉民（北京市顺义区发展和改革委员会），吴建国（北京市顺义区经济和信息化委员会），李雪（女）（北京天竺空港开发公司），肖永生（北京经济技术开发区职业介绍服务中心），王晓军（北京经济技术投资开发总公司），孙自华（女）（北京市怀柔区发展和改革委员会），胡静平（北京雁栖开发区管理委员会），武献梅（女）（北京市怀柔区人力资源和社会保障局），张景瑞（北京市怀柔区科技委员会），石铁存（北京市门头沟区救助管理），刘春（北京石龙经济开发区投资开发有限公司），高玉明（北京八中分校斋堂中学），付向阳（北京市门头沟区发展和改革委员会），张会臣（北京绿富隆农业股份有限公司），尹文强（北京市延庆县卫生局），李建国（北京市延庆县第一职业学校），李凤毅（北京市延庆县园林绿化局），刘红福（北京市延庆县人力资源和社会保障局），崔春花（女）（北京市密云县发展和改革委员会），杨华利（北京市密云县教育委员会），蒋学甫（北京市密云县农村工作委员会），姚宝春（北京市密云经济开发区管理委员会），方明成（北京市平谷区发展和改革委员会），冯晓辉（女）（北京市平谷区发展和改革委员会），徐双合（北京市平谷区经济和信息化委员会），马冬梅（女）（北京马坊工业园区管理委员会），石银山（北京市房山区发展和改革委员会），刘宝刚（北京市房山区发展和改革委员会），史军（北京市良乡经济开发区实业总公司），庞永宁（北京市房山区工业园区建设管理委员会）

（市农委山区建设处　齐智）

科 技 进 步

概 述

2009年，郊区农业科技工作以提高农业生产效率、促进农民增收为主要目标，主要采取政府购买服务和委托实施两种方式，积极组织各级农技推广机构、在京农业科研院所和高校，鼓励和发动相关社会力量参与，组织实施一批农业技术示范推广项目，有效解决影响农业生产和农村发展的关键性技术问题，努力探索构建北京现代农业产业技术体系，为郊区农产品高端市场控制力和农业产业化水平提升提供强有力的科技支撑，开展相关品种、技术和高效生产的示范推广；储备和熟化有苗头和代表我市农业发展方向的相关技术；做好国家转基因生物新品种培育重大专项的对接工作。主要工作内容：一是大力推进农业科技入户工程，重点围绕设施农业和高效养殖继续推进科技入户工作，促进农业科技进村入户；二是通过单一来源采购方式重点实施了“新型高效沼气处理工艺的示范应用”和“养殖水体富营养综合治理技术示范应用”两个项目；三是组织实施新品种、新技术集成与示范推广，重点围绕设施农业、籽种农业等发展方向，组织实施各类农业科技示范推广工作30余项，累计示范推广新品种、新技术50余项；四是积极落实转基因生物新品种培育重大专项对接工作；五是加快现代农业产业技术体系北京市创新团队建设。

科技推广与科技成果

【农业科技入户工程】 年内，围绕设施农业和高效养殖继续推进科技入户工作，促进农业科技进村入户。配合市政府“百村万户一户一棚援助型设施农业工程”，在10个郊区县的48个低收入村开展“设施农业百村万户科技入户工程”，共选择3 250户低收入户作为科技示范户，示范推广25个优良品种和11项先进技术，组织80余名技术人员进村入户开展多种形式的技术指导6 800人次，举办培训及现场观摩活动近80期，培训人员8 500人次，发放技术资料10 000多份，带动万名农户发展设施生产；选取13个远郊区县的220个示范村和300个规模养殖示范场开展“百村百场科技入户工程”，在2 349户核心示范户中主推高产品种78个、主推高效、安全、精养技术55项，聘请专家及技术指导员334名，累计开展入户指导7.44万人次，培训4.38万人次，发放各类技术资料近5.3万份，辐射带动农户近3万户。

【探索开展自主创新产品政府采购】 以低碳、循环技术为重点，通过单一来源采购方式重点实施了“新型高效沼气处理工艺的示范应用”和“养殖水体富营养综合治理技术示范应用”两个项目，目前均取得了阶段性成果。在平谷、通州66.67公顷鱼塘开展生物修复技术示范应用，每亩增加养殖效益500元以上；在大兴、海淀分别建立一个容积为150平方米的中温高效沼气发酵试验示范装置，试产期产气效率提高20%～40%，成本降低15%。

【通过实施新品种、新技术集成与示范推广，为郊区农业产业水平提升提供了科技支撑】 重点围绕设施农业、籽种农业等发展方向，组织实施的30余项各类农业科技示范应用项目，集成、示范应用新品种、新技术近60项。在全郊区示范推广亩效益万元以上的设施高效生产模式16套，多个新品种、新产品、新技术的示范应用为解决设施蔬菜生产连作障碍问题奠定了良好的技术储备。繁育天香、书香等自有产权品种近450万株；集成多项技术，建立优质百合种球繁育与切花生产技术体系，共生产脱毒种球500余万粒；三年累计推广奶牛优质冷冻精液57.6万剂，有效提升了全郊区奶牛良种覆盖率。

【开办农民田间学校近500所】 年内，农民田间学校建设列入北京市直接关系人民群众生活方面拟办的重要实事。围绕郊区蔬菜、瓜果、草莓、食用菌、鲜食玉米、粮繁制种、甘薯、生猪、奶牛、肉羊、肉禽、鱼等12个主导产业，共开办农民田间学校481年，主要分布在11个远郊区县。

【基层农技推广体系改革与建设示范县启动】 年内，大兴、密云、延庆、房山4个区县列入了全国首批基层农技推广体系改革与建设示范县。通过制定《北京市基层农技推广体系改革与建设示范县项目实施指导意见》，明确了以创新农技推广机制为核心，以建立产业技术包村联户责任制为重点，以建立村级农业综合服务试点为创新点的工作目标。年内共筛选主导产业12个、主导品种99个，主推技术78项，初步构建了分层级的专家队伍和区县、乡镇技术指导员队伍和村级科技示范户队伍，并依托区县、乡镇和村级有效载体，初步建立了示范县综合性或区域性的试验示范基地41个。

【百村百场科技入户成效显著】 年内，围绕蔬菜、食用菌、西甜瓜、林下中草药、生猪、肉鸡、奶牛、鮰吻鲟等主导产业和特色产业，组织实施百村百场科技入户项目8项，为设施农业和规模化养殖发展提供了有力的技术支撑。

（市农业局　武山）

【国家转基因生物新品种培育重大专项对接】 在京单位主持的转基因生物新品种重大专项课题10个，克隆编码抗病虫、抗逆、优质等重要农艺性状的功能基因100个，创制转基因育种新材料1 500份，推出转基因动植物新品种2个，申请专利50项，建立条件完善的转基因动物、植物试验基地4个。此外，组织在京相关科研部门和企业共申报2009年度国家转基因生物新品种培育重大专项16个。

【加快现代农业产业技术体系北京市创新团队建设】 在配合农业部做好在京落户的大桃、蔬菜等国家现代农业产业技术体系项目的同时，启动了果类蔬菜、生猪和观赏鱼三个现代农业产业技术体系北京市创新团队建设试点工作。建立起由研发中心（内设功能研究室）、综合试验站和农民田间学校工作站三个层级构成的体系架构，公开遴选33名岗位专家、14名综合试验站长，119名农民田间学校工作站站长；广泛开展科技需求调研，全年累计开展调研499次，参加人员达6 238人次，撰写了各产业发展需求调研报告；加强对现有技术的集成和试验示范，建立试验示范点48个，试验田（场）178个，示范推广技术75项、品种959个，共组织各类培训200期，培训1.25万人次，组织观摩活动150次，参加7 569人次。

【2009年农业技术推广奖评审结果揭晓】 2009年北京市农业技术推广奖共评定60项奖励成果，其中：一等奖10项，二等奖18项，三等奖23项，共有670名农业科技人员受到表彰奖励。

2009年北京市农业技术推广奖获奖项目

序号	项目名称	获奖名称及等级	主持单位
1	大兴西瓜产业升级关键技术集成与推广	北京市农业技术推广一等奖	北京市大兴区种植业服务中心
2	十字花科蔬菜病虫害可持续治理技术应用示范	北京市农业技术推广一等奖	北京市农林科学院植物保护环境保护研究所
3	果树优质综合农艺节水技术示范与推广	北京市农业技术推广一等奖	北京市农林科学院林业果树研究所
4	北京市美国白蛾防控关键技术研究与推广	北京市农业技术推广一等奖	北京市林业保护站
5	核桃嫩枝嫁接技术在核桃良种推广中的应用	北京市农业技术推广一等奖	北京市农林科学院林业果树研究所
6	草莓新品种选育与示范推广	北京市农业技术推广一等奖	北京市农林科学院林业果树研究所
7	口蹄疫监测技术的优化与推广应用	北京市农业技术推广一等奖	北京市兽医实验诊断所
8	现代奶牛EDTM生产技术体系建立与应用推广	北京市农业技术推广一等奖	北京三元绿荷奶牛养殖中心
9	鲟鱼全人工繁殖优质苗种生产与示范	北京市农业技术推广一等奖	北京市水产科学研究所
10	大兴区生态环保养猪模式技术集成与推广应用	北京市农业技术推广一等奖	北京市大兴区动物卫生监督管理局
11	优质奥运蔬菜专用品种引进、筛选及配套技术示范与应用	北京市农业技术推广二等奖	北京市农业技术推广站
12	安全优质果蔬（“三品”果蔬）生产关键控制技术的集成与应用	北京市农业技术推广二等奖	北京市农业环境监测站
13	园艺作物文化品位提升技术示范推广	北京市农业技术推广二等奖	北京市农业技术推广站
14	作物高效繁制种综合配套技术推广—科技入户工程	北京市农业技术推广二等奖	北京市农业技术推广站
15	京郊大豆品种第四次更新换代及配套技术推广	北京市农业技术推广二等奖	北京市种子管理站

（续）

序号	项目名称	获奖名称及等级	主持单位
16	北京市农区毒饵站灭鼠技术的研究与推广	北京市农业技术推广二等奖	北京市植物保护站
17	林地食用菌栽培技术的示范推广	北京市农业技术推广二等奖	北京市农林科学院植物保护环境保护研究所
18	保水缓释肥料研制与示范推广	北京市农业技术推广二等奖	北京市农林科学院植物营养与资源研究所
19	大兴梨产业优化升级关键技术研究与推广	北京市农业技术推广二等奖	北京市大兴区林业局
20	密云水库集水区标准化水源保护林营建技术体系示范与推广	北京市农业技术推广二等奖	北京市水源保护林试验工作站
21	北京夏季花卉的品种优选及其配套技术的研究与推广	北京市农业技术推广二等奖	北京市海淀区植物组织培养技术实验室
22	草本花卉良种繁育基地建设与示范	北京市农业技术推广二等奖	北京市花乡盛芳园花卉种植基地
23	平谷区桃果实主要病害防治技术研究与推广	北京市农业技术推广二等奖	北京市平谷区人民政府果品办公室
24	板栗密植低产园改造高效栽培技术推广	北京市农业技术推广二等奖	北京市农林科学院农业综合发展研究所
25	鳄龟人工繁育规模化技术示范推广	北京市农业技术推广二等奖	北京市水产技术推广站
26	怀头鲶的引种与池塘养殖技术示范推广	北京市农业技术推广二等奖	北京市水产技术推广站
27	水产品质量安全控制技术研究与应用	北京市农业技术推广二等奖	北京市水产技术推广站
28	黄颡鱼规模化养殖技术研究与应用	北京市农业技术推广二等奖	北京市水产科学研究所
29	延庆县中药材生产配套技术研究与推广应用	北京市农业技术推广三等奖	延庆县种植业服务中心
30	顺义区三种高效栽培模式示范推广	北京市农业技术推广三等奖	北京市顺义区农业科学研究所
31	延庆县特色谷子品种引进及栽培技术研究与推广	北京市农业技术推广三等奖	延庆县农业技术推广站
32	延庆县测土配方施肥技术示范推广应用	北京市农业技术推广三等奖	北京市延庆县农业技术推广站
33	欧李优新品种引选与关键技术试验示范	北京市农业技术推广三等奖	北京农林科学院农业综合发展研究所
34	TC 土壤调节剂节水抗旱造林综合配套技术应用、示范	北京市农业技术推广三等奖	延庆县林业局
35	怀柔区有机板栗主要害虫和天敌种群及害虫综合治理技术研究与应用	北京市农业技术推广三等奖	北京市怀柔区林木病虫防治检疫站
36	特色花卉高效繁殖及规模化生产技术研究与推广	北京市农业技术推广三等奖	大兴区林业局
37	不同葡萄品种配套栽培技术体系的推广和应用	北京市农业技术推广三等奖	北京市通州区张家湾葡萄协会
38	设施果树标准化生产技术体系的建立与推广	北京市农业技术推广三等奖	北京农学院
39	移动式低空索道的运用与推广	北京市农业技术推广三等奖	延庆县绿化美化服务中心
40	大豆膨化提高 PUFA 转化为 CLA 作用机理研究及产业化开发	北京市农业技术推广三等奖	北京农学院
41	种猪遗传评估技术推广与应用	北京市农业技术推广三等奖	北京市畜牧兽医总站
42	马流感流行病学调查及防治技术研究与推广	北京市农业技术推广三等奖	北京市畜牧兽医总站

（续）

序号	项目名称	获奖名称及等级	主持单位
43	马流感、马传贫、马鼻疽和高致病性禽流感综合防控技术的推广应用	北京市农业技术推广三等奖	昌平区动物疫病预防控制中心
44	名优冷水鱼繁育及健康养殖技术研究与示范	北京市农业技术推广三等奖	北京市水产科学研究所
45	观赏鱼繁养殖技术研究与示范推广	北京市农业技术推广三等奖	北京市水产科学研究所
46	日光白点鲑推广养殖	北京市农业技术推广三等奖	北京顺通虹鳟鱼养殖中心
47	奶牛冬季健康体检及安全越冬技术推广	北京市农业技术推广三等奖	北京农业职业学院
48	北京市水产品质量安全监控技术的应用与推广	北京市农业技术推广三等奖	北京市水产技术推广站
49	妫水河流域水生态环境综合治理技术研究与示范	北京市农业技术推广三等奖	延庆县水务局
50	北京市通州区利用世界银行贷款发展节水灌溉技术推广	北京市农业技术推广三等奖	北京市通州区水务局
51	高效小型设施农业机械研制与推广	北京市农业技术推广三等奖	北京市通州区农机服务中心

【荣获2009年北京市农业技术推广奖一等奖、二等奖的农业技术推广项目介绍】

1. 大兴西瓜产业升级关键技术集成与推广。该项目通过筛选、示范、推广小型西瓜、礼品西瓜、中果型优质西瓜等精品西瓜，配套精品西瓜无公害栽培技术，进行“大兴西瓜”品牌建设，打造精品西瓜理念，以适应首都市民的消费品位逐渐升级的需求。项目实施后，全区0.6万公顷西瓜达到无公害质量标准。累计推广新引进品种1万公顷，覆盖率达50%以上，京欣一号所占比例从85%降到50%以下，实现了品种的更新换代。优良西瓜嫁接砧木累计推广1.8万公顷，覆盖率达到95%以上，保护地多层覆盖技术普及率达90%以上。项目实施后从第三年开始计效，共计新增产值22 990万元左右。实现新增效益13 794万元。三年累计为首都市场提供精品优质西瓜6亿千克。建立西瓜新品种展示基地6个，展示精品瓜38个品种，建立西瓜育苗基地3个，每个基地育苗数量在10万株以上，通过各种形式累计培训瓜农4.5万人次。主要工作内容：一是西瓜新品种引进与示范推广，从国内外共引220个西瓜品种，筛选出适宜本地种植的优良西瓜品种10余个；二是嫁接砧木品种的筛选与示范推广；三是精品西瓜配套栽培技术的研究与推广：①无公害西瓜施肥技术的研究与推广；②西瓜设施栽培中多层覆盖技术的研究与推广；③小型西瓜配套栽培技术的研究；④西瓜有机生态型无土栽培技术研究；四是地方及国家标准的制定实施及著作出版：①制定了北京市地方标准《无公害西瓜》；②将《保护地西瓜栽培技术综合标准》修订为《无公害保护地西瓜生产技术规程》；③制定了国家标准《地理标志产品　大兴西瓜》；④编著、出版《无公害西瓜栽培技术200问》。本项目被评为2009年北京市农业技术推广奖一等奖。

2. 十字花科蔬菜病虫害可持续治理技术应用示范。本项目通过2006—2008年在延庆县、大兴区、顺义区和超大集团平谷、张北基地等进行了十字花科蔬菜病虫害可持续治理技术应用示范，以田间大面积应用小菜蛾性引诱剂、利用植物源诱抗剂和生物化学协调技术进行苗期保健防病和科学合理使用农药3项技术为核心；建立了以研究院所、推广部门和当地政府、农民合作组织有机结合和科研院所与企业强强联合的两种先进的推广体系，在核心示范区，通过技物配套形式、集中培训、田间即时培训和现场观摩展示以及媒体宣传等多种培训方式，使技术成果得以快速有效的实施推广。建立了延庆万亩十字花科蔬菜病虫害生物防治示范基地，辐射带动了周边地区，三年累计应用示范面积0.55万公顷、辐射推广面积0.73万公顷，总计1.28万公顷，增产7 740.15万千克、增加产值8 167.4万元、减少农药费用710.5万元，实际增加纯收益8 877.9万元，技术覆盖率71%。示范区的蔬菜达到了无公害标准，三年培训农民2万人次，发放培训资料2万余份，农民科学用药水平提高，促进了北京地区生态建设，这对北京市乃致全国十字花科蔬菜的安全生产和可持续发展具有重要的意义。主要工作内容：第一，十字花科蔬菜主要病虫害的发生情况调查。十字花科蔬菜害虫主要是小菜蛾、菜青虫、甘蓝夜蛾、甜菜夜蛾；其中危害最重的是小菜蛾，在华北地区成虫的发生高峰期在5月上、中旬，是全年危害最重的世代；第二，十字花科蔬菜主要病虫害防治关键技术研究；第三，十字花科蔬菜病虫害可持续治理技术体系的应用示范。示范推广了以生物防治为主的十字花科蔬菜病虫害可持续治理技术体系，重点开展了利用性诱剂和生物农药等综合措施控制小菜蛾；利用释放天敌昆虫赤眼蜂控制菜青虫、棉铃虫、甘蓝夜蛾等；采用植物源诱抗剂和生物化学协调控制技术进行苗期保健防病。本项目被评为2009年北京市农业技术推广奖一等奖。

3. 果树优质综合农艺节水技术示范与推广。本项目历经6年，在理论研究、田间验证和试验示范基础上，创建了果树优质农艺节水技术体系。通过果树盆栽分根交替和定位灌溉方法及不同灌水量等对果树生长发育、草炭和有机肥对砂土和壤土的不同改土模式和改良体积空间的保水保肥效应的基础理论研究，富士苹果分根交替灌溉和不同土壤梨园灌溉沟深度、宽度和灌水量对产量、品质影响的田间验证等，创立了果园土壤局部改良集贮肥水分、起垄覆盖保墒排涝和小沟适时交替灌溉综合农艺节水技术体系，并在苹果、梨、桃、樱桃等多种果树试验示范和推广应用，较传统灌溉每次灌水量减少70%，每亩每年节水160～180立方米，果实可溶性固形物提高0.8～1.6度，肥料利用率提高35%，优质果率达88%。示范园每亩增收节支860元，推广应用每亩增收节支680元。通过示范园建设、召开现场会、举办学习班和发放操作技术光盘等方式，累计培训果农19 730人次；在北京推广应用2.32万公顷，节水6 602.5万立方米，增收27 105万元；其他省市推广应用5.35万公顷，节水14 398万立方米，增收54 756万元。累计节水21 000.5万立方米、获经济效益81 861万元。发表论文26篇。主要工作内容：第一，果树优质综合农艺节水理论基础研究。①苹果分根灌溉节水机理研究，应用盆栽试验的方法，系统研究了果树分根交替灌溉、分根定位灌溉、分根交替灌溉不同水量、分根定位灌溉不同水量对苹果叶片生理指标（光合强度、蒸腾、气孔阻力、水分利用效率）的动态变化与差异、新梢、叶片生长、根系类型和植株生物量等的影响；②土壤局部改良的节水保肥性能。以砂土和壤土的3种改土模式（混合处理、局部处理和对照）和不同的改良体积空间，研究了土壤的不同改良方法和体积空间的保水保肥效应及对葡萄生长发育的影响；第二，果树优质综合农艺节水田间验证研究。①分根交替灌溉在富士苹果上的应用，以12年生富士苹果为材料，系统研究了分根交替灌溉对富士苹果果实、新梢生长动态、果实产量、品质和叶片净光合速率(Pn)、蒸腾速率（Tr）、气孔导度（gS）、耗水量和水分利用效率的影响；②梨树不同灌水沟大小交替灌溉的田间验证研究；第三，果树优质综合农艺节水技术的推广应用。本项目被评为2009年北京市农业技术推广奖一等奖。

4. 北京市美国白蛾防控关键技术研究与推广。该项目实施5年来，在北京市19个区县（含亦庄开发区）研究并推广了包括周氏啮小蜂、美国白蛾病毒、美国白蛾性诱剂和杀虫灯等主要技术的美国白蛾综合防控技术，制定了美国白蛾防控技术规程。倡导并实践了从幼虫防治为主向控制成虫为主转移的防控策略，提供了综合无公害防治的技术支撑，实现了高效率、低投入和少污染的目标。5年累计推广面积159.6万公顷次，实现了零成灾率目标，挽回经济损失5.16亿元，社会和生态效益显著。主要工作内容：一是美国白蛾发生规律及防控关键技术研究。通过对美国白蛾的发育和繁殖规律、生活史、危害树种等技术环节的研究，形成性诱剂、杀虫灯诱杀、释放释放周氏啮小蜂、生物及仿生制剂等一系列的美国白蛾防治技术。制定了北京市防控美国白蛾监测、检疫、防治技术规程及北京地区美国白蛾防控工作历。二是推广应用情况。经过5年的基础设施建设，市、区两级新增监测测报点1 609个，总数达到2 076个形成了以国家级中心测报点为龙头，市级监测测报点为主体，区（县）监测测报点为补充的国家、市、区（县）三级监测测报网络体系。采取定点、定期与不定点、不定期的方式在全市范围内开展监测工作。2004—2008年，共普查乡镇4 397个次，面积2 814.5万公顷次，林木455 850万株次开展了周氏啮小蜂、美国白蛾病毒、杀虫灯、性诱剂及仿生制剂等防治措施的推广应用工作。项目实施以来，累计释放周氏啮小蜂57.5亿头，防控总面积达1.9万公顷次；杀虫灯与美国白蛾诱芯累计诱杀美国白蛾成虫分别达129 417头和7 317头，累计防控面积分别达14.6万公顷次和3.9万公顷次；组织各种类型的防治专业队4 151支，投入查防人员99 357人次；人工地面喷药投入人工216.39万人次，出动车辆30.19万台次，动用防治机械84 852台套，使用仿生制剂1 301吨、病毒64.6吨，普防面积达到119.6万公顷次；2004—2008年全市共计组织开展飞防6 228架次，防控面积25.37万公顷次。本项目被评为2009年北京市农业技术推广奖一等奖。

5. 核桃嫩枝嫁接技术在核桃良种推广中的应用。该技术成果以其简单的操作，显著地降低了核桃的嫁接伤流量，科学地改善了接芽的愈合环境，大大地提高了核桃嫁接的成活率及稳定性，且嫁接当年成苗，既降低了苗木成本，又提高了核桃良种穗材的利用率。解决了传统核桃嫁接方法费工、费时、成活率低等问题，随着技术的不断完善、改进，又应用于核桃实生大树（3～10年生）的高接换优，形成了一套完整的核桃嫁接技术体系，是一项重大的技术革新。据不完全统计，2000—2008年核桃嫩枝嫁接技术在北京、河北、山东、河南、山西、陕西、甘肃、辽宁等北方核桃主产区累计推广23.73万公顷，仅北京市就建立早实薄壳良种核桃生产基地0.52万公顷、高接换优34万株（合0.06万公顷）。主要工作内容：一是主要技术措施，包括核桃嫩枝嫁接技术（对芽接）、方块嫩枝芽接技术、门字形芽接技术、实生大树的高接换优技术等；二是技术推广模式。采用了政府职能部门组织，科研机构作为技术依托、技术推广服务机构协作的模式；三是取得的成效。在建立早实薄壳良种核桃生产基地过程中，采用先进的栽植技术、越冬防寒技术、修剪技术、施肥技术、病虫害防治技术、疏花疏果技术，使得良种核桃的栽植成活率、保存率分别达到95%、94%以上，栽植第三年亩产达到35千克，第四年亩产达到60千克，第五年亩产达到110千克，第六年亩产达到150千克；在核桃实生大树高接换优过程中，嫁接成活率达到85%以上，三年生砧木接后第二年、第三年、第四年、第五年的产量分别为0.5千克/株、0.8千克/株、2.1千克/株、3.3千克/株，四年生砧木接后第二年、第三年、第四年、第五年的产量分别为0.65千克/株、1.21千克/株、2.89千克/株、4.96千克/株，五年生砧木接后第二年、第三年、第四年、第五年的产量分别为0.85千克/株、1.46千克/株、3.49千克/株、6.34千克/株。几年来，累计总经济效益达到12 170万元，累积新增纯收益9 032万元。本项目被评为2009年北京市农业技术推广奖一等奖。

6. *草莓新品种选育与示范推广*。本项目在草莓品质研究基础上，对现有资源进行筛选、杂交育种，获得适合北京温室栽培的新品种11个，其中筛选良种6个，审定良种5个，填补了市场无自育草莓品种的空白，初步解决了品种单一、品质差、产量低等问题。通过配套技术，使设施草莓供应期达5个月以上，比露地草莓提高5倍。推广品种占北京市场90%以上。8年间，使北京草莓面积增长数百倍，在京内累计推广0.13万公顷，新增纯效益3.8亿元；京外累计推广0.27万公顷，创产值8亿元。效益高，见效快，对北京种植产业发展的作用突出。主要工作内容：一是草莓新品种的筛选及示范推广，对资源圃400余份资源的果实性状和抗病性进行鉴定，筛选出适合北京及周边地区发展的草莓品种6个，同时通过杂交育种的方法，培育出适合北京地区发展的草莓品种品种5个。二是草莓配套栽培技术推广。①草莓太阳能高温消毒技术，该技术在7—8月全年太阳辐射能量最大，气温最高的时期进行；②草莓三级育苗体系推广，以科研单位、各专业合作社（公司）、北部冷凉山区苗木种植户为主体，构建三级育苗体系，实现原原种圃、原种圃、生产圃配套，生产的草莓苗不仅能满足北京市对优质草莓苗木的巨大需求，而且能带动山区经济发展，促进山区新农村建设；③日光温室草莓配套栽培技术示范推广，采用完善日光温室精品草莓生产技术标准，从良种、高温消毒、整地施肥、栽植技术、膜下滴灌、病虫害防治、疏花疏果、蜜蜂授粉、控水增甜到精品包装实行技术集成，使技术规范化，实用性更强。本项目被评为2009年北京市农业技术推广奖一等奖。

7. *口蹄疫监测技术的优化与推广应用*。该项目对四种监测技术进行了优化，形成了统一的诊断方法、诊断试剂、操作规程以及结果判定标准，并在北京市11个区县推广应用后各区县均能自主开展O型和亚洲Ⅰ型口蹄疫免疫抗体监测，形成了市级和区县级相配套的监测体系。在全市2 600余个场户开展相关监测工作，覆盖11个区县143万头存出栏牛、456万只存出栏羊和731万头存出栏猪，覆盖面达100%。共检测免疫抗体样本40.6万份，检测感染抗体样本14.8万份，检测病原样本4 143份。用科学监测指导免疫，O型免疫抗体平均合格率由2005年的84.1%提高到2008年的98.4%；亚洲Ⅰ型免疫抗体平均合格率由2005年的72.5%提高到2008年的89.1%。口蹄疫感染发病率均为零，有效地防止了口蹄疫的发生。通过项目的推广应用，在国内核心期刊上发表5篇学术成果论文，为国内相关课题的研究提供了参考。主要工作内容：一是推广的核心技术：①O型口蹄疫正相间接血凝试验；②亚洲Ⅰ型口蹄疫液相阻断ELSIA试验；③口蹄疫非结构蛋白抗体ELSIA试验；④口蹄疫病毒RT-PCR试验；二是主要推广工作内容：①对四项检测技术的稳定性、特异性、敏感性进行优化验证；②形成“四统一”：检测方法统一、检测试剂统一、检测操作程序统一、检测结果判定统一；③编写了相应的规范化检测手册。本项目被评为2009年北京市农业技术推广奖一等奖。

8. *现代奶牛EDTM生产技术体系建立与应用推广*。该项目成果集成了奶牛环境控制、生产数字化系统、TMR饲养技术、生产标准化体系关键技术，建立了现代奶牛EDTM生产技术体系，并将该体系核心技术在首都规模化奶牛场/小区大规模推广，覆盖牛群9.23万头，占规模化养殖奶牛头数的84%。成果覆盖区奶牛单产水平达到7 950千克，原料奶品质得到大幅度提高，奶牛繁殖性能和健康状况得到明显改善，生产标准化体系日趋完善，建立了5个北京市地方标准和2套企业标准。通过EDTM体系应用示范、建立了技术服务保障体系、推广奶牛饲养管理技术规范和生产标准化体系。累计获得直接经济效益32 561万元；成果辐射北京周边地区平均年可创造效益5亿元。该体系促进了本市奶牛养殖方式的转变，有利于奶业健康持续发展。成果推广期间，制定奶牛饲养管理北京地方标准5项，申请专利2项，其中授权1项；发表论文20篇。主要工作内容：一是现代奶牛EDTR生产技术体系核心技术，包括：①两次药浴、纸巾干擦“挤奶新工艺，减少了乳房炎的交叉感染，降低了奶牛乳房炎发病率，提高了生鲜奶的质量，是对传统挤奶方法的一次彻底的技术革命；②奶牛TMR饲养的阶段营养调控技术，根据奶牛不同泌乳阶段的生理特点和营养需要，建立了适合不同生产阶段奶牛TMR日粮配方及调制工艺，解决了高产奶牛泌乳高峰期能氮平衡与能量负平衡的生产难题；③奶牛生产标准化体系，首次建立了覆盖现代奶牛生产全过程的（奶牛饲养管理、繁殖育种、疾病防治和产品质量控制等）技术、管理和工作标准体系。本项目被评为2009年北京市农业技术推广奖一等奖。

9. *鲟鱼全人工繁殖优质苗种生产与示范*。该项目通过对鲟鱼亲鱼进行遗传分析，对繁殖群体进行电子标记，亲鱼专用饲料的开发等一系列技术的研究与开发，有效避免了由于近亲繁殖造成的后代遗传性状退化，提高了亲鱼利用率和催产率，提高了鲟鱼苗种的质量；进行6种杂交鲟生产试验，筛选出杂交优势明显的三种杂交鲟；研究总结了鲟鱼不同养殖模式的健康养殖技术，并进行了规模化的生产和推广应用；实现了一年四季的鲟鱼全人工繁殖，可以根据养殖户的需求，及时提供优质鲟鱼苗种，避免了苗种的集中供应和商品鱼的集中上市对养殖户造成的不利影响。通过优质苗种及配套技术的推广与示范，促进了北京市及全国鲟鱼产业的发展。项目执行期间，共生产优质鲟鱼苗857万尾，推广到京郊怀柔、密云、延庆、房山等六个区县，以及湖北、广东、贵州等省市和地区，推广面积0.13万公顷，为市场提供583.7万千克商品鱼，产值超过2亿元，利润7 611万元。主要工作内容：一是亲鱼营养强化培育；二是四种鲟鱼亲鱼的遗传背景分析；三是养殖鲟鱼全年规模化全人工繁殖，用电子芯片标记每一尾亲鱼，按照不同季节进行人工繁殖的计划，通过活体取性腺进行亲鱼的挑选和分池培育。通过对不同发育时期的亲鱼养殖环境进行调控，实现了一年四季进行人工繁殖；四是进行了西伯利亚鲟、史氏鲟、小体鲟、俄罗斯鲟雌鱼与达氏鳇雄鱼杂交以及史氏鲟、俄罗斯鲟雌鱼与西伯利亚鲟雄鱼杂交，综合比较了六种杂交鲟外部形态、开口成活率、抗病能力、生长速度、长途运输成活率等因素，筛选出较好的三个杂交鲟品种，进行了示范和推广。本项目被评为2009年北京市农业技术推广奖一等奖。

10. *大兴区生态环保养猪模式技术集成与推广应用*。该项目将发酵床养猪、免疫增强剂使用和饮用水处理三大核心技术进行集成，同时结合新型猪舍建设、菌种制作、消毒防疫、防热应激、垫料替代等关键技术，逐步形成了比较完善的，能够实现安全、节能、环保、循环、高效的新型高效养殖模式。自2005年实施以来，在大兴区10个镇的170余个规模养殖场（大户）中得到了推广。截至2008年底，全区发酵床总面积达19.2万平方米，年出栏商品猪约39.5万头，占全区规模猪场（大户）出栏量（45万头）的88%，区内规模猪场（大户）该模式普及率达到了85%。主要工作内容：①推广天然植物提取物免疫增强剂技术；②推广平地干式养猪模式；③推广饮用水净化、活化和矿化技术；④技术改进与集成，将发酵床养猪、免疫增强剂使用和饮用水处理三大核心技术进行集成，同时在生态环保养猪模式新型猪舍建设、菌种制作、消毒防疫、热应激、垫料替代等关键技术上进行深入研究；⑤试验与推广。本项目被评为2009年北京市农业技术推广奖一等奖。

11. *优质奥运蔬菜专用品种引进、筛选及配套技术示范与应用*。该项目针对番茄、生菜、甜椒、黄瓜、胡萝卜等奥运会必备的蔬菜需求量大、耐热品种少、越夏栽培困难、产品质量不易控制、连续供应时间长等问题，为确保奥运会期间蔬菜供应达到质量安全、品种多样、数量充足、均衡供应，开展了品种引进、筛选试验，试验点筛选，栽培技术及相关配套技术试验，在试验、示范的基础上进行集成与优化，形成如下成果：①引进番茄等五种奥运蔬菜品种70个，筛选出了适宜品种24个；②总结编写出了番茄等5套奥运蔬菜栽培技术规程；③以“收获期组合”的栽培技术模式，使不同收获期衔接叠加覆盖奥运会会期，保证了奥运会期间的蔬菜均衡供应，总结形成了一套奥运蔬菜安全生产技术体系；通过核心示范区使项目成果就地转化，在延庆、怀柔等地建立了示范基地11个，其中绿富隆等5个基地入选为奥运蔬菜供应基地；④项目的实施，累计推广1 413.33公顷，培训技术人员及农民7 685人次，累计产值14 446.3万元。本项目被评为2009年北京市农业技术推广奖二等奖。

12. *安全优质果蔬（“三品”果蔬）生产关键控制技术的集成与应用*。该项目针对北京市实施无公害农产品、绿色食品和有机农产品“三位一体，整体推进”的发展战略，项目运用全程质量控制理念，开展系统性产地环境监测，确定生产过程主要危害因子，制定了3个生产关键控制技术规范和27个地方标准，编著出版了《食品质量安全认证指南》和《农产品质量安全认证理论与实践》，提出了符合“三品”果蔬发展的管理体制、技术推广、现场核查、执法监督、年度监查等5个管理技术模式，实现了首次运用全程质量控制推进农业生产技术。6年来，“三品”果蔬生产关键控制技术推广面积由2003年2万公顷扩大到2008年的10.64万公顷，占全市菜田和果园总面积的72%，累计生产优质安全果蔬165.3亿千克，累计新增纯收入12.7亿元。技术成果的推广，“三品”生产基地蔬菜例行抽检合格率由2003年的94.4%提高到2008年的99.5%；其中北京2008奥运农产品供应基地均是“三品”生产基地，产品抽检合格率达100%；示范区节省农药15%～20%，减少氮肥投入近20%。主要工作内容：一是系统监测产地环境和农产品质量并确定主要危害因子；二是制定了“三品”果蔬生产关键控制技术规范，制定了《北京市无公害果蔬生产关键控制技术规范》、《北京市绿色食品果蔬生产关键控制技术规范》和《北京市有机果蔬生产关键控制技术规范》三个技术性规范；三是创建了“三品”技术管理体系；四是编著了专业书籍《食品质量安全认证指南》、《农产品质量安全认证理论与实践》等书籍；五是制定了“三品”相关地方标准，编写制定了27项“三品”地方标准，其中无公害农产品地方标准24项，有机食品地方标准2项，蔬菜产地环境质量技术规范1项。本项目被评为2009年北京市农业技术推广奖二等奖。

13. *园艺作物文化品位提升技术示范推广*。该项目针对当前观光采摘农业普遍存在的作物类型单一、缺乏特色品种；栽培样式单调，缺乏景观化栽培效果；观光时间集中，可观时间短；配套栽培技术有待提高以及文化创意、文化品位亟待提升等问题，从景观型、工艺型、采摘型3种创意种植模式入手，选取有代表性、先进性、适用性、可操作性的8大集成技术进行试验、示范和推广，创造出和谐互动的人文景象，建造了老宋瓜趣园等主题园区，取得了显著的经济、技术和社会效益，2005—2008年，各项技术在京郊累计示范推广面积3 343.87公顷，亩增效益3 880元以上，总经济效益增加19 470.34万元，园区平均客流量增加了25%～30%，年经济效益较常年平均增长19.7%。主要工作内容：一是适宜景观、工艺、采摘等栽培品种的引进与筛选，以瓜类和特色蔬菜为切入点，广泛搜集引进了国内外种类型的品种282个，通过试种观侧，从中初步筛选出符合标准的、适合北京地区农业观光园区树栽、盆栽、廊架栽、工艺处理和采摘栽培的15类作物150多个；二是适宜景观、工艺、采摘等栽培模式的关键技术示范推广，包括树式景观栽培模式的关键技术、盆式景观栽培模式的关键技术、廊架景观栽培模式的技术、西瓜贴图工艺化处理造景栽培技术、瓜身雕（刻）字栽培技术、方型西瓜栽培模式试验示范、玻璃保鲜艺术西瓜工艺技术示范、艺术墙式创意栽培、采摘栽培模式的技术等技术的示范和推广。本项目被评为2009年北京市农业技术推广奖二等奖。

*14. 作物高效繁制种综合配套技术推广——科技入户工程。*该项目针对我市繁制种产量不高、质量不稳的现状，整合科研、教学和推广等部门各领域专家的力量，采用科技入户培训模式，围绕主导品种、主推技术和主体培训三个主要环节，从培养入户人才、拓宽入户内容、创新入户方法、丰富入户手段、探索入户途径、强化入户管理等六个方面入手，对农业科技入户工程进行了深化研究和丰富拓展，提高了入户效率、提升了入户效果。项目实施4年，在顺义和通州等8个区县、179个乡镇、549个村、培养示范户2 023名、带动农户21 034户，推荐小麦繁种和玉米制种主导品种22个，应用主推技术27项，示范辐射面积4.36万公顷，增产籽种2 249.66万千克，增收4 350.96万元，为京郊培养出261名专业水平高、综合能力强、服务意识好的指导员，105名有能力、懂技术、会经营、能带动、留得住的农民土专家，搭建起“专家—技术指导员、农村土专家—科技示范户—广大农户”的技术推广新网络。本项目被评为2009年北京市农业技术推广奖二等奖。

*15. 京郊大豆品种第四次更新换代及配套技术推广。*该项目针对京郊第三次大豆品种更换后期出现的品种混杂退化严重、产量下降等问题，引进和区试筛选出中黄13、科丰14、铁丰31、冀豆12四个高产、稳产、优质的大豆新品种，采取了种子管理部门和种子经营企业相结合、现场展示观摩和专题培训相结合、广泛宣传和科技入户相结合、点上示范和面上辐射相结合等措施，开展提高产量和品质等配套栽培技术研究，制定推广了《高蛋白大豆品种高产栽培技术规程》和《高油大豆品种高产栽培技术规程》。项目实施5年来，使四个主栽品种在京郊推广面积从2004年占全市大豆播种面积的16%上升到2008年的84%，实现了京郊大豆品种第四次更新换代，使京郊大豆单产提高到200.1千克，品质得到显著改善。累计推广面积3.41万公顷，增产1 475.3万千克，创造总经济效益3.74亿元，使农民增收6 638.92万元。主要工作内容：一是开展品种引进和试验，筛选高产优质的更新换代新品种，确定“中黄13”、“铁丰31”、“科丰14”、“冀豆12”四个丰产、稳产、优质、抗病的综合性状优良的且春夏播配套的新品种，确定为第四次更换的主栽品种；二是采取高效可行的推广措施，加快更新换代品种的推广速度；三是研究总结配套栽培技术，良种良法同步推广；四是规范种子繁殖技术，促进大豆籽种产业发展。本项目被评为2009年北京市农业技术推广奖二等奖。

*16. 北京市农区毒饵站灭鼠技术的研究与推广。*本项目针对我市农村地区灭鼠实际，集成了安全、经济、环保、持久、高效的毒饵站灭鼠核心技术，形成了一套完整的毒饵站灭鼠技术推广的综合配套技术措施，进一步提高了本市农村地区鼠害防控技术水平。项目实施5年来，在13个郊区县累计推广面积农田8.93万公顷，养殖场7 361场户，挽回粮食、饲料损失2 518.78万千克，新增纯效益3 212.48万元。主要工作内容：一是摸清了农区不同环境的害鼠的发生情况和优势鼠种；二是筛选出适宜养殖场应用的高效、安全的杀鼠剂品种和毒饵载体，开展了农田和养殖场害鼠的抗药性检测，筛选出两种替代杀鼠剂品种；三是筛选出3种适宜北京农村地区推广的毒饵站材质，其中纸制毒饵盒和陶土毒饵站获得了国家实用新型专利，确定了毒饵站的制作标准和加工方法，提出了毒饵站在农田、设施保护地和畜禽养殖场等场所应用的技术，明确了不同场所毒饵站设置位置、个数和投饵次数及数量；四是在原有的“五统一”灭鼠形式的基础上，提出了由区县集中统一制作毒饵站，组织灭鼠专业队或由灭鼠公司以镇或村为单位统一布放毒饵站的示范推广模式，提高了大范围灭鼠的效果。本项目被评为2009年北京市农业技术推广奖二等奖。

*17. 林地食用菌栽培技术的示范推广。*该项目重点在7个基地（其中有两个林地食用菌观光采摘示范园区）进行示范，积极扶持4个农民食用菌合作组织，以“基地＋农户”和“合作组织＋农户”两种模式组织开展林地食用菌技术示范推广，促进了北京林地食用菌产业的快速发展。累计在通州、房山等区县示范推广林地食用菌栽培技术700.67公顷，占北京林地食用菌面积的85.7%，总经济效益达35 015万元，新增总产值13 995万元，新增纯收益9 898万元。组织技术培训活动65期，培训农民4 030人次；现场观摩30次，参加人员1 510人次。主要技术成果：筛选出适合林地栽培的食用菌优良品种7个；适合林地食用菌栽培的高产栽培配方9个；适合林地食用菌栽培的高

产栽培模式9种；制定并推广了林地食用菌栽培技术规程9项；病虫害综合防治技术规程1项。本项目被评为2009年北京市农业技术推广奖二等奖。

18. 保水缓释肥料研制与示范推广。该项目是国家科技成果转化项目，主要研究保水缓释肥料研制以及在旱作农业中的示范推广。保水缓释肥料针对不同作物需肥规律和旱作农业土壤养分特点，设计肥料配方，选择保水剂类型，采用无分离物理掺混技术和挤压造粒技术生产，将抗盐保水剂与缓释肥料科学配伍，制成保水缓释肥料，并形成企业生产标准。该技术具有创新性，达到了国内同类研究领先水平，目前已经获得国家发明专利（专利号ZL03153942.4）。与相关企业合作建立了保水缓释肥料生产线三条，实现产业化，年生产能力均达到2 000吨以上。企业共实现产值1 450万元，利润150万元，税收30万元。项目实施以来，累计在北京郊区县等地建立保水缓释肥料示范基地15个，包括玉米、红薯、花卉、苗木、苹果和葡萄等主要旱作作物。三年间共推广保水缓释肥料7 871吨，累计推广面积1.14万公顷。玉米平均增产6.9%，红薯平均增产11.2%，而各种果树等作物增产9.3%。新增总产值4 259.2万元，增收节支2 513.4万元。本项目被评为2009年北京市农业技术推广奖二等奖。

19. 大兴梨产业优化升级关键技术研究与推广。该项目针对大兴梨产业优化升级关键技术产前的新品种引进及示范；产中的标准化生产、农艺节水灌溉、高光效树体修剪、有机栽培等技术的研发与推广、科技培训体系建立；产后的贮藏保鲜、果品加工、产后处理技术体系的构建、信息平台的建设、品牌塑造等进行了研究与开发，形成了提升大兴区梨产业整体水平的产业综合技术链条。通过项目实施，建成了全国最大的西洋梨生产基地，在国内率先形成了西洋梨栽培技术规范、梨树农艺节水技术规范；建立了国内最大的农艺节水示范基地，面积0.1万公顷，年节水200万吨以上；编写了棚架梨生产技术规范，建设了国内最大的梨树平面网架栽培示范基地，面积近0.33万公顷。编写了梨病虫害防治BIO-IPM，在国内首次提出了冬末春初人工捕捉梨木虱的防治方法；0.33万公顷梨园采用标准化技术，在农药应用量（应用次数）减少50%的情况下，好果率在95%以上。同时，在国内率先形成了有机果园生产等技术体系，233.33公顷梨园通过了有机认证。研发了主推梨品种的贮藏技术，将品种结构调整与贮藏技术有机结合，基本实现了大兴梨的周年上市供应。同时，开发了富硒梨汁加工技术。制定生产技术规程10个、起草地方标准5个、制定企业标准1个、发表科研论文16篇、出版专著1（部）、2项发明专利已经受理。主要工作内容：一是大兴梨品种引进及综合配套技术研究与示范；二是品牌构建与科技服务支撑体系建设；三是大兴梨产业链升级体系建设及关键技术研究。本项目被评为2009年北京市农业技术推广奖二等奖。

20. 密云水库集水区标准化水源保护林营建技术体系示范与推广。该项目高度集中我国及我市“十五”期间的水源保护林营建方面的科研成果以及12项国家和地方标准。首次建立标准化水源保护林业营建技术体系。示范推广总面积1.83万公顷，项目区林木覆盖度达到72%，土壤年均侵蚀量下降到500吨/平方公里，涉及密云冯家峪、石城、北庄、高岭等9个乡镇，推广范围涉及整个密云水库集水区，约1 300平方公里。项目主要内容：一是示范推广12项技术标准，GB/T18337.1—2001生态公益林建设导则；GB/T18337.2—2001生态公益林建设规划设计通则；GB/T18337.3—2001生态公益林建设技术规程；GB6000—1999主要造林树种苗木质量分级；GB6001—1985育苗技术规程；GB/T15781—1995森林抚育规程；GB/T15776—1995造林技术规程；GB/T 15163—94封山（沙）育林技术规程；DB11/T126—2000封山育林技术规程；DB11/T125—2000平原农田防护林建设综合技术标准；LY1000—1991容器育苗技术；二是示范推广四项技术措施：①高效净水节水型水源保护林树种选择技术；②高效净水节水型水源涵养林结构优化设计技术；③高效净水节水型水源涵养林抗旱造林技术；④典型营造林模式。本项目被评为2009年北京市农业技术推广奖二等奖。

21. 北京夏季花卉的品种优选及其配套技术的研究与推广。本项目针对北京夏季炎热高温高湿导致严重缺花少花和花卉品质差的问题，针对农民花卉养护水平较低的现状，结合北京2008年“绿色奥运”对环境绿化美化的更高要求，开展了夏季花卉新品种优选及其配套技术的研究与示范推广。优选出了耐夏季炎热高温高湿、植株形态各异、色彩丰富、品质高、观赏性好、有特色的北京夏季花卉206种，其中11种为自育花卉，出版了《夏季花卉》一书、发表论文1篇、申请国家发明专利3项。建立夏季花卉产业化生产基地40多公顷，具有生产夏季花卉优质种苗1 500万株和优质盆花800万盆的能力；建立了9个夏季花卉核心示范基地，面积100公顷，亩增加收入13 000元，培训花农12 979人次。在北京、辽宁和内蒙古等10多个省市推广应用了1 800多万株（盆）夏季花卉。累计推广花卉种植面积0.13万公顷，增加产值近2.4亿元。主要工作内容：一是进行夏季花卉品种优选；二是建立夏季花卉的繁殖技术体系；三是研究花期促控栽培技术；四是研究部分花卉的耐热性相关指标；五是研究部分花卉的耐阴性相关指标；六是进行夏季花卉的示范栽培；七是进行夏季花卉的推广应用；八是建立夏季花卉的产业化技术体系。本项目被评为2009年北京市农业技术推广奖二等奖。

22. 草本花卉良种繁育基地建设与示范。该项目针对北京市草本花卉生产中存在的品种单调、生产技术与设施落后、生产规模小等问题，引进并筛选出适合北京地区生产的新优草花共19个科30个种的80

个品种；选育出具有自主知识产权的优新一串红、万寿菊、三色堇、黑心菊等共7个品种，3年共向北京地区推广草花优新品种30余个，2 000万盆草花。开展草花工厂化育苗基质、科学水肥管理方式及生长调节剂的调控等关键技术研究。编制了“草花盆花质量标准”、“草花穴盘苗生产技术规范”企业标准和“草本花卉种植技术指导手册”。新建育苗温室5 700平方米，研制出国产精量播种机，形成年产1 500万株种苗的生产能力，发芽率、壮苗率为90%和85%，达到优质种苗标准。主要工作内容：一是草花穴盘育苗生产关键技术研究。包括：①草本花卉工厂化育苗基质的研究与开发；②矮牵牛草花穴盘苗科学施肥方式探讨；③16种草花穴盘苗水分及养分需求特性研究；④多效唑等生长调节剂对一串红、矮牵牛和万寿菊等草花种苗生长的调控及机理研究；⑤穴盘装穴技术研究；⑥温室温度、湿度、光照等环境因子对穴盘苗生长影响的研究；二是草花新优品种的选育研究；三是引进并筛选新优草花品种。以适应性强，观赏性好为引种目标，引进、试种草花42科的55个种126个品种。参考国内外引种评选方法，采取目测各品种直观给予评价打分方式，综合三年的得分，共选出19个科30个种的80个品种。本项目被评为2009年北京市农业技术推广奖二等奖。

23. *平谷区桃果实主要病害防治技术研究与推广*。该项目针对平谷区桃果实主要病害的5种病原及在平谷区的侵染循环规律进行防治技术研究。4年累计推广3.75万公顷，好果率在95%以上，每亩产值可增加590元，累计增加经济效益3.321 7亿元。有0.33万公顷桃园获绿色食品证书。主要工作内容：一是研究5种主要病害防治技术：①桃褐腐病防治技术；②桃根霉软腐病防治技术；③桃炭疽病防治技术；④桃疮痂病防治技术；⑤桃细菌性黑斑病防治技术；二是编写平谷区桃树病虫害防治挂历，并在全区推广应用；三是根据现有生产模式，完善推广体系，成立桃树病害专家顾问组，建立区果品协会，设立村级林果技术员130名，形成健全的推广网络，采用电视、广播、手机短信、培训班、现场会、研讨会、发放技术材料、公布热线电话等方式普及宣传病害防治知识。4年累计组织各类培训400余期，培训5万余人次，发放技术资料20余万份。本项目被评为2009年北京市农业技术推广奖二等奖。

24. *板栗密植低产园改造高效栽培技术推广*。该项目针对目前北京板栗产区密植园面积比例大、产量低、品质差等生产问题，依托核心示范园和成果辐射基地建设，实施技术成果的转化和推广工作，形成了以优良品种引进、树体营养调控、大树改接、栗园间作和病虫害生物防治技术为核心内容的板栗密植低产园改造技术体系。建立板栗优质采穗圃0.8公顷，为生产单位提供优质板栗接穗37.6万头；建立核心示范基地16公顷，辐射推广2 852公顷，定点培养科技协调员829人；编制印发了《板栗低产园改造技术手册》5 000册，针对栗农需求举办各种类型的专题技术培训班38期，培训栗农3 600余人次。主要技术内容：一是优良品种的推广；二是板栗改造嫁接技术：①采集优质板栗接穗资源技术；②接穗蜡封、保存技术；③板栗改接、嫁接技术；④板栗嫁接后管理技术；三是密植低产园改造营养调控、快速恢复树势技术：①配套板栗修剪技术；②疏除板栗雄花技术；③土壤培肥技术：生草覆盖、增施有机肥，以改善土壤环境；④合理施用基肥和追肥；四是改造板栗园间作技术；五是板栗虫害有机防治技术；六是水土保持技术。本项目被评为2009年北京市农业技术推广奖二等奖。

25. *鳄龟人工繁育规模化技术示范推广*。该项目针对鳄龟苗种短缺，人工繁育规模化技术空白，受精率、孵化率和成活率低下，及养殖配套技术落后的现状，与大连水产学院、华中农业大学、中国科学院水生生物研究所等单位合作攻关，突破了鳄龟的繁殖生理学、鳄龟的人工繁育规模化技术、人工养殖规模化技术、人工配合饲料技术、病害综合防治技术和不同模式下的健康养殖技术几个鳄龟养殖的关键技术，并在全国12个省市进行技术成果转化。在北京丰台槐房和海淀形成北京市大路广翼水产研究中心和北京太平洋渔业公司两个鳄龟人工繁育基地，已孵化出鳄龟苗种61 815只，产生经济效益211万元；带动北京养殖户25家，养殖面积50万平方米，生产商品龟918吨，产值达5 509万元，经济效益1 471万元。在全国形成示范点500多个，带动养殖户1 482户，培育龟苗152.44万只，生产商品龟5 270吨，总产值达60 453万元，产生经济效益23 077万元。主要工作内容：一是鳄龟的繁殖生理学研究，通过解剖和实验，对鳄龟的生殖系统结构和功能，分子、细胞和生化遗传学特性以及雌雄鉴别、繁殖习性（繁殖季节、产卵和怀卵量等）等方面进行了系统研究。摸清了鳄龟的整个繁殖生理学特性；二是完成整套成熟的人工繁育规模化技术：①野生亲龟的选育技术；②人工繁育前亲龟的强化培育的技术；③规模化人工繁育前亲龟的选择技术；④鳄龟繁育的雌雄配比、放养密度、交配受精与产卵控制技术；⑤受精卵的孵化技术；⑥稚龟培育技术；三是形成整套幼龟、成龟的人工规模化养殖技术；四是鳄龟营养学研究及鳄龟饲料技术；五是鳄龟病害防治技术；六是鳄龟健康养殖模式技术。本项目被评为2009年北京市农业技术推广奖二等奖。

26. *怀头鲶的引种与池塘养殖技术示范推广*。该项目通过引进怀头鲶夏花苗种、优质亲鱼，并进行相关技术的试验研究，总结形成了怀头鲶的池塘精养、套养技术以及怀头鲶苗种与成鱼专用饲料配方，对怀头鲶的人工繁殖技术进行了研究初探。在平谷、房山、通州、朝阳、顺义、密云等9个区县推广怀头鲶池塘精养面积1.01公顷，套养面积138.67公顷，带动池塘精养农户12户，池塘套养农户79户。其中精养池塘的亩效益达到了4 513元，套养池塘亩增效益610元，项目总效益达到了195.5万元。开展相关技术培训25期，培训养殖户1 200人次，发放技术资料3 700余份。主要工作内容：一是相关技术研究，包括罗非鱼池套养怀头鲶技术、池塘精养技术以及怀头鲶苗种与成鱼专用饲料的研究；二是推广培训工作。本项目被评为2009年北京市农业技术推广奖二等奖。

27. *水产品质量安全控制技术研究与应用*。该项目针对北京市市场上销售水产品总量的50%来自北京市和天津市水产养殖基地的现状，为保障水产品质量安全，提升渔业产业水平，北京市和天津市政府在2004年签定合作协议，由两市科委分别下达任务，两市水产技术推广站承担并实施本项目。在两市累计示范推广0.51万公顷，其中北京0.07万公顷，天津0.43万公顷，示范基地总产量12.94万吨，新增产量累计2.496万吨，新增产值达2.25亿元，总产值10.81亿元。累计抽检样品484个，检测数据4 900余个，水产品质量合格率达到98%以上。养殖水中总磷、总氮下降20%以上，病害发生率降低40%。培训人数4 128人次，发放技术资料3 700份，发放光盘90份，录制2期电视节目，编制《淡水鱼养殖病害防治挂图》。主要工作内容：一是调研北京和天津渔业生产状况及水产养殖及水产品质量安全存在的问题；二是建立控制产品质量安全的制度和生产源头上控制水产品质量安全的技术措施：①引进、宣传并应用HACCP管理模式；②筛选优质苗种、渔药（中草药、微生态制剂）和环保型膨化饲料，并推广给北京和天津参试基地，进行试验示范和推广应用；③对基地的养殖环境、养殖病害以及养殖品种质量实时监测，根据监测中发现的问题指导养殖生产，确保水产品质量安全。本项目被评为2009年北京市农业技术推广奖二等奖。

28. *黄颡鱼规模化养殖技术研究与应用*。该项目主要内容为引进优质的黄颡鱼原种，研究其亲鱼培育、人工繁殖、苗种培育、商品鱼养殖和饲料配制以及病害防治等技术，形成系统的规模化养殖配套技术。并在此基础上，扩大种群规模，形成种质资源库。有计划、有目的地进行黄颡鱼苗种推广和养殖技术辐射，带动京郊乃至全国养殖渔（农）户，实现黄颡鱼规模化、产业化生产。项目执行期间和执行后，产品不仅辐射到京郊区县，还推广到河北、辽宁、吉林、黑龙江、四川、广东、天津、贵州、云南、新疆等近20个省市，同时发放黄颡鱼人工繁殖技术操作规程、苗种培育技术操作规程、商品鱼养殖技术操作规程、鱼病防治技术操作规程技术材料三千余份，集中培训9次，现场培训会53次，带动农（渔）户2 000余户，农（渔）民养殖面积达733.33公顷以上，经济效益近亿元，北京地区黄颡鱼示范养推广面积达238公顷，平均每亩增收4 000余元。本项目被评为2009年北京市农业技术推广奖二等奖。

（市农委社会发展处　董艳华）

【北京市农林科学院服务农村取得显著成绩】 市农林科学院整合了7个所中心资源，采用了专家督导机制和资源整合、技术集成、联合攻关、兵团作战的工作模式，2006—2009年期间在33个各类基地集成示范林地食用菌栽培等新技术102项、新品种133个、新产品16种，推广面积达8.92万公顷。设施蔬菜化肥利用率提高8%、化学农药用量减少50%；果树实现全年综合节水70%；玉米在0.73万公顷核心示范区实现节水达550万立方米；技术支撑了5家奥运特供鲜切菜加工企业的快速发展，取得了9 300万元经济效益和显著的社会效益。

——白菜高效育种技术研究及春夏秋播系列配套品种的选育和推广。白菜是我国栽培面积最大的蔬菜作物。针对白菜的生产模式（由秋季生产为主逐步向秋、春、夏季周年生产转变）和消费模式（以追求大球型、高产耐贮藏品种为主逐步向大、中、小球均有需求并发展了小型白菜、苗用白菜等多种产品形式转变）发生的变化以及不少品种不耐贮存并在结球和贮存过程中极易发生干烧心、失去商品性等存在的问题，市农林科学院蔬菜研究中心通过材料引进、多材料复合杂交和多种育种新技术的研发和应用，育成了适合在全国不同生态区域种植的优质、多抗、高产、商品性好的系列配套大白菜品种13个，其中2个品种通过国家鉴定，11个品种通过北京市审定，满足了周年供应和市场多样化的需求；建立了以多亲本复合杂交创新大白菜种质技术、晚抽薹和抗干烧心病评价技术、小孢子培养和分子标记辅助育种等高效育种技术为研究核心等3项高效育种技术。2001年以来在全国28个省（市、区）累计推广38.33万公顷，社会、经济效益显著。

——“221信息平台”建设取得阶段成果。市农林科学院农业信息技术研究中心通过挖掘多个农业管理部门对于“221信息平台”的实际需求，新研发出430个基本功能，形成138个专题，240个信息图层和100多个非图形数据层；建立了“221”决策信息化支持模式；可为政府、企业、农民和市民提供查询、分析、决策等服务。年内，平台已经率先在市科委、市农业局以及大兴、房山、朝阳、顺义得到推广应用。2009年12月7日，在市政府常务会议上进行了工作汇报，获得了一致肯定和通过。

——全国农科院新品种展示基地建设。市农林科学院蔬菜研究中心精心筛选，在国内外搜集了4大类13种666个蔬菜新品种。年内安排了755个品种展示种植，包括全国部分农科院所优势蔬菜新品种、国外新品种和蔬菜中心的新品种。在基地建设的同时，组织了各种形式的观摩活动、品种推介会、现场交流会20余次，专题讲座50余次，技术培训与咨询、田间技术指导等300多次，充分发挥了农业科研机构的成果转化与示范优势，带动与辐射一批周边农户增收致富。

——果树优质综合农艺节水技术为增收增效做贡

献。市农林科学院林业果树研究所针对我国北方地区水资源缺乏、自然降水与果树需水不协调的特点和土壤有机质偏低及有机肥资源有限的现实情况，创立了果园土壤局部改良集贮肥水分、起垄覆盖保墒排涝和适时小沟灌溉等综合农艺节水技术体系。在京郊新建示范基地22个，示范面积333.33公顷，辐射带动面积0.2万公顷，每亩节约灌水160立方米以上，优质果率提高15%。并在山东、陕西、甘肃等省市累计推广应用22.7万公顷，节水5.68亿立方米，增收节支20.9亿元。

——西瓜品种再获大奖。在第二十一届大兴西瓜节全国西甜瓜擂台赛上，按照西瓜含糖量、西瓜外观、口感等方面的综合评分标准评判，市农林科学院选育的西瓜品种“京欣3号”和“京秀”连续五年获得中、小两个级别综合瓜王奖。新品种“京玲”无籽小型西瓜获得新品种奖。“京欣三号”是市农林科学院培育的早熟、优质、高档西瓜品种，具有果实条纹漂亮，皮薄，口感佳，糖度高等特点，适于在城郊保护地早熟嫁接栽培；“京秀”小型西瓜具有果实底色绿，条纹漂亮，外观周正，含糖量高，糖度梯度小，口感脆嫩，少籽等显著特点，适合在保护地栽培；“京玲”是最新育成小型无籽西瓜杂种一代，具有高产、耐裂、优质、糖度梯度小、皮薄、耐储运等特点。

——农村党员干部现代远程教育平台建成。年内，市农林科学院农业科技信息所完成了农村党员干部现代远程教育市级平台建设，平台具备10大功能，拥有1 300小时视频课件资源，在郊区建成远程培训站点4 233个。该所围绕设施农业技术、有机蔬菜栽培管理等科技需求热点，发挥平台科技宣传作用，组织专题科技培训24次，有效服务了农业生产和新农村建设。

——主要农作物定量遥感技术在黄淮海和东北粮食主产区大面积推广应用。市农林科学院农业信息技术研究中心通过定量遥感反演农学参数，监测作物长势、水分、产量与品质主要指标，指导以肥水优化配置决策为主的调优栽培，实现小麦、水稻和玉米等主要作物的“产前优良品种区划-产中肥水优化调控及产量和品质预报-产后分类收购加工”的全程优质调控，建立了面向作物调优、高效栽培与品质控制的空间信息关键支撑技术，形成了系列主要农作物定量遥感技术与应用产品，成果填补了我国在该领域的空白。成果获专利授权4项，获软件著作权登记10项，该中心率先在黄淮海和东北粮食主产区开展了示范应用，促进了空间信息技术在作物调优栽培和分级收购中的应用，累计应用186.3万公顷、增产16 620.8万千克、增收节支6.2亿元，经济社会效益显著。

——板栗有机栽培技术促栗农增收。市农林科学院农业综合发展研究所首次采用土壤微生物量、微生物碳代谢功能群多样性及原生动物群落作为重要参数来评价板栗土壤环境质量和研究土壤培肥时；提出了以风化煤和作物秸秆发酵生产腐殖酸板栗专用肥的实验室技术；明确了北京地区桃蛀螟发生代数和最佳防治时期，提出有机栽培条件下病虫害的综合防治措施。该成果在郊区建立了3个示范基地40公顷，带动906.67公顷板栗通过有机认证，辐射面积达2 133.33公顷，为当地板栗生产户增收890万元。

——为政府优化配置农村公共产品提供决策依据。市农林科学院农业综合发展研究所采用实证研究的方法，通过历史数据资料的整理，系统分析了北京农村公共整体投入和各类公共产品投入及建设情况；利用计量经济学方法，建立农村公共投资模型，测算公共投资对农村经济增长的影响程度，并根据要素的边际产出投入比的大小提出了农村公共投资的优先序；以853份调查问卷为基础，讨论了包括决策专家、咨询专家、农民及其他人员在内的四类人群对农村公共产品投资优先序的意愿；在综合以上研究结果基础上，提出了北京市农村公共产品投资优先序，为政府优化配置财政资源，提高公共投资效率提供量化的决策依据。

——优质锦鲤繁育及养殖关键技术取得突破性进展。市农林科学院水产科学研究所首次采用性状相关分子标记QTL分析、EST-SSRs分析，鉴定出与锦鲤生长相关功能基因及有利用价值的基因型，并与传统育种技术结合，筛选构建了锦鲤优质亲本群体，为锦鲤重要生长性状的分子标记辅助育种提供了依据；探讨了锦鲤体色调控机制，建立了红白锦鲤、大正三色锦鲤、昭和三色锦鲤雌核发育纯系，筛选出红白锦鲤人工雌核发育F1代白色体色相关功能基因；创建了锦鲤规模化繁育及养殖技术模式；筛选出了3种高效的天然增色剂；形成了以锦鲤循环池建造为核心的循环节水型工厂化养殖技术；构建了锦鲤筛选技术规程、锦鲤分级标准、锦鲤健康养殖技术规范。年内，该所培育亲鱼及后备亲鱼2 000组，年育苗能力达3 500万尾，苗种选优率达0.053%，苗种成活率达75%。成果已经在北京、河北、天津、江苏等20余省市推广应用。

——市民的果盘子、菜篮子、米袋子又添新品种。年内，市农林科学院共有43个新品种通过国家、省市审定或专家鉴定认定，涉及蔬菜、林果、玉米、小麦等多个专业领域，其中玉米新品种京科389和草业新品种京西野古草2个品种通过国家级审定，西瓜新品种京欣8号、白菜新品种京秋娃娃菜、草莓新品种天香、燕香以及小麦新品种京麦7号、京冬24等20个品种通过北京市审定，西葫芦新品种京葫一号、京珠、杏新品种京佳1号、西农25号等21个品种通过专家鉴定认定。一大批新品种通过审定、鉴定认定，对于进一步丰富市民的果盘子、菜篮子、米袋子有重要的现实意义。

——获得一批专利授权。年内，市农林科学院获得专利授权37项，其中一种橙色花椰菜的选育方法、移动式注肥喷药一体装置、检测十字花科植物在胁迫条件下基因表达信息的cDNA芯片等14个项目获国家发明专利，起垄器、一种小型昆虫分离器、变量施肥控制器等22个项目获实用新型专利，包装盒（茶菊）获外观设计专利。这些专利涉及蔬菜、林果、植物保护、生物技术、信息技术等多个专业领域，进一步体现对创新的尊重和保护。

——烟粉虱综合防治技术在农业生产中的应用。经过近10年的刻苦攻关，发现并揭示烟粉虱在我国的入侵来源、分布现状、扩散路径等特点；开发出具有自主知识产权的环保型捕虫黄板；建立了烟粉虱天敌——丽蚜小蜂的产品质量标准、生产技术规程和规模化生产线；筛选出了噻嗪酮等10余种对天敌安全、对环境友好的高效低毒药剂，提出害虫农业防治、物理防治、生物防治与化学防治的协同应用技术。该项目创新点在于提出了与我国设施栽培条件相适应，以“隔离、净苗、诱捕、生防和调控”为核心技术的烟粉虱可持续控制技术体系，在有效控制害虫危害的同时，可减少杀虫剂使用量70%。

——北京农村面源污染控制技术取得了重要研究成果。市农林科学院以北京市行政区域为对象，开展了京郊地区农业面源污染成因分析及治理对策、面源污染发生控制机理研究和控制农村面源污染技术应用与集成，建立了农业面源污染调查评价方法体系，估算出北京市面源污染各类因子的环境贡献率；应用3S技术建立了北京市农业面源污染监测体系和信息系统；集成了生物物理防治、缓控释肥料、配方施肥、废弃物处理、生物质气化等多项面源污染控制技术；在延庆县示范推广农村面源污染控制综合体系，建设各项工程，形成了农业循环经济产业链；研发成功面源污染控制技术产品。该技术对于提高农作物秸秆处理和化肥利用率以及减少化学农药用量提供了新的办法。

——节水灌溉控制与远程监测关键技术应用研究填补了国内空白。市农林科学院利用各种信号转换技术，实现了土壤水分、计算机技术、变频技术和通信技术的有机融合，改变了传统灌溉控制模式。结合最新信息技术和水利行业实际需求，提出了整体节水灌溉应用系统和技术解决方案。墒情监测系统采用B/S和C/S混合的多层体系结构，可基于地理信息系统为平台对监测到的数据进行墒情信息的查询、分析、预测和管理。研发了低成本用水计量仪器设备和具有量水及控制双重功能的量水设备，为解决农业用水计量难和收费难的问题提供了科技支撑。应用该成果系列具有自主知识产权的产品，为解决农业用水管理和高效节水中的灌溉精确控制、土壤墒情信息动态监测和水资源科学管理等关键问题提供了新的手段。

（北京市农林科学院　郭建强）

信息化建设

【农村信息化应用】 北京移动农网应用，按照“多予少取”的要求，资费降低幅度达到20%～50%。2009年，13个郊区县信息机安装222台，农信机安装3 810台，服务用户37.9万户，共发送实用短信上千万条。为配合市汽车摩托车下乡宣传，组织13个区县进行了专题短信发送。

北京现代农业信息网全年有效访问量500多万人次。注册会员达到2 257家；供求信息总数达到58 511条，2009年发布供求信息28 136条，月均发布23 45条；自助建站数量达到296个。

根据市农委统一部署，开发建设北京农地流转信息平台并投入运行。与市经管站密切配合，制订北京市农地流转信息平台建设方案和技术规范，积极开展农地流转信息平台的项目立项、经费申请、审批等工作，与每个区县都进行了专门研究，有效促进了平台建设的及早落实，保证技术开发和相关工作的顺利开展。

完成200个农村“数字家园”建设工作。5月底1 000台套计算机及组网设备全部到位。印发了《关于做好419个村农村“数字家园”设备登记入账工作的通知》（京城乡信［2009］6号）。开展了农村“数字家园”专项调查，调查结果显示，绝大部分农村“数字家园”管理和使用情况良好。97.2%的农村“数字家园”能保证电脑接入互联网供村民使用，72.6%的农村“数字家园”设置了记录簿并对使用者进行了登记，90.6%的农村“数字家园”设有专人对电脑设备进行维护。

通过培训，开展农民信息能力提升工作。配合《北京市提高全民信息能力行动纲要》实施，精心准备了针对提高郊区农民信息能力的专门培训讲稿和演示片，全年直接组织参加的农村信息化培训27期、1 000多人次。

【“221信息平台”建设】 在市农委、市农研中心的组织领导下，积极开展协调推进工作，起草并以市农委名义印发了《2009年度“221信息平台”工作安排》（京政农函［2009］22号）。每月参加一次工作小组会议，配合技术开发单位完善系统功能。召开郊区各区县农委专门会议，全面部署并按时完成各区县“221信息平台”2008年的数据更新工作；补充了三品基地的地址、文字、图片和畜牧等相关信息，核实了相关部门的业务数据并进行地址匹配。向市保密技术核查中心对“221信息平台”数据保密做了具体汇报并进行了工作研讨。

【政府信息公开】 市农委网站内容得到有效提高和充实，共有14个中文频道1个英文频道、154个栏目。全年共采集、编辑文字信息26 862条，图片信息881条，累计发布信息64万条。全年共有全球100多个国家和地区的网上访问点击数千万人次。答复网上领导信箱的群众来信76封，咨询信箱信件115封，农村法律咨询信箱来信69封。依托市农口综合信息平台的硬软件系统和采编发平台，改版升级市农研中心网站，开发建设了7个频道26个栏目，初步体现了市农研中心的机构职能和业务工作情况。

共向中国农业信息网“全国农业信息联播”频道报送信息 1 716 条，向首都之窗网站报送信息 3 530 条，报送数和采用率名列前茅。

【信息分析】 联合市农产品产销信息协会开展郊区农产品产销基础信息采集试点工作，选取 5 个区县 13 个信息采集点，为采集点配送了电脑设备。每月接收 13 个采集点报送数据，并进行汇总分析。完成了密云县西田各庄镇大辛庄低收入村专题调研报告。与零点市场调查公司合作开展北京大白菜市场专项调查，并根据调查数据进行专门分析。共编印《北京城乡信息》25 期，约 5 万字。维护领导决策平台的“三农”调研成果库，入库成果 3 800 多条，总字数约 2 000 万。

【网络安全保障】 落实市网络与信息安全协调小组办公室、《首都之窗》等部门要求，将新中国成立 60 周年信息网络安全保障作为全年工作的重中之重，圆满完成了各项保障任务。同时，完成了元旦春节和北京市与全国两会期间市农委系统信息网络安全保障、信息化规章制度规范完善、信息资产梳理、统一认证平台集成、信息安全保密专项检查等工作。通过《信息安全月报》及时反映、总结信息安全工作情况。

（市农研中心　马俊强）

农民生活与农村社会保障

概　述

就业是民生之本，保障是和谐之源。2009年，市委、市政府及地方各级党委政府为了确保“保增长、保稳定、保民生”目标的实现，出台并实施了一系列促进农民就业、促进农村经济建设又快又好发展及加快城乡居民社会保障一体化建设的政策措施，使郊区农民的就业状况、社会保障面及保障力度大为改观。市委市政府将中央“多予少取放活”的方针进一步细化、实化、具体化。财政对远郊区投入的范围进一步扩大，投入力度进一步加大，投入比例进一步提高，远郊区经济建设和社会建设得到进一步发展，农民收入稳步增长，农民人均纯收入达到11 986元，同比增长11.5%。与此同时，农民工养老保险、农村合作医疗、农民最低生活保障等农村各项社会保障工作也取得实质性进展。特别是自2009年1月1日起《北京市城乡无社会保障老年居民养老保障办法》的贯彻实施，真正实现了全市城乡居民的老有所养；全市65岁以上老年人在全市范围内免费乘坐公交车，以及家电下乡活动的开展，都从不同角度改善着农民生活，增加着农民收入，提高了农民的生活质量。

农村劳动力就业

北京郊区农村劳动力就业动态监测结果显示：2009年度北京市各级政府继续加大对农村劳动力就业安置工作力度，郊区非农就业人数继续增加，就业状况进一步改善。

【农村劳动力基本状况】 截至2009年底，全市共有农村劳动力187.6万人，比2008年底增加1.1万人。其中就业人数175.6万人，比2008年底增加0.7万人，就业率达到93.6%。近郊区（丰台、海淀、朝阳、石景山）农村劳动力资源总数为27.4万人，比上年减少0.1万人。其中就业劳动力25.4万人，与上年基本持平，占近郊劳动力资源总数的92.8%，就业劳动力所占比重较上年高出尽0.1个百分点；平原地区（大兴、通州、顺义及山区县中29个平原乡镇）农村劳动力资源总数为90.3万人，比上年增加0.4万人，就业劳动力84.8万人，比上年减少0.1万人，占平原劳动力资源总数的94%，比上年下降0.2个百分点；山区（山区县中的83个山区乡镇）农村劳动力资源总数为69.9万人，比上年增加0.8万人，就业劳动力65.4万人，比上年增加0.8万人，占山区劳动力资源总数的93.5%，比上年持平（农村劳动力就业分布状况见表1）。

表1　2009年北京市农村劳动力就业区域分布状况表

单位：万人

区县	劳动力总数			就业人数		
	2008年	2009年	增减（%）	2008年	2009年	增减（%）
北京市	186.5	187.6	0.6	174.9	175.6	0.4
近郊	27.5	27.4	−0.4	25.4	25.4	−0.2
平原	89.9	90.3	0.4	84.9	84.8	−0.1
山区	69.1	69.9	1.2	64.6	65.4	1.3

【农村各行业的劳动力分布】 2009年北京郊区农村劳动力在各行业的分布特点是，一产就业比重进一步下降，非农产业就业比重进一步提高。农村劳动力实现非农就业124万人，同比增加2.4万人，增长1.9%，占就业人员总数的70.6%，比上年提高1个百分点；在各类企业就业41.2万人，比上年增加0.5万人。从三次产业情况看，第一产业从业人员51.6万人，比上年减少1.6万人；第二产业从业人员39.8万人，与上年持平；第三产业从业人员84.2万人，比上年增加2.3万人。三次产业从业比由上年的30.4∶22.8∶46.8变为2009年的29.4∶22.7∶47.9，第一产业所占比重同比下降1个百分点，第二产业下降0.1个百分点，第三产业上升1.1个百分点。

2009年，北京郊区农村劳动力进一步向非农产业转移，农业从业劳动力为36.8万人，比上年减少1.2万人；林业从业人员6.9万人，比上年减少0.3万人；畜牧业从业人员7万人，比上年减少0.2万人；渔业从业人员0.9万人，比上年增加0.1万人。农、林、牧、渔四业在就业人员总数中的比重分别为21%、3.9%、4.0%和0.5%，农业就业比重比上年下降0.7个百分点，林业比上年下降0.2个百分点，畜牧业比上年下降0.1个百分点，渔业与上年持平。

第二产业中，工业就业人员25.6万人，比上年减少0.3万人，占就业人员总数的14.6%，比上年又下降了0.2个百分点；建筑业从业人员14.2万人，比上年增加0.3万人，占就业人员总数的8.1%，比上年上升了0.2个百分点。

第三产业就业人数继续保持增加态势，但各业间发展亦不均衡。近几年北京郊区城市化建设步伐进一步加快，加之政府对各项公益性事业的投入不断加大，在房地产业得到较快增长的同时，还催生了包括社区物业、卫生社保及公益福利事业的形成和发展，从而促进了相关产业的就业。另一方面，近几年民俗旅游业的进一步发展也带动了相关行业的发展，从而使第三产业就业人数进一步增加。交通运输业就业人员达到15.1万人，占就业人员总数的比重为8.6%，就业人数比上年减少0.2万人，占就业人数的比重比上年下降0.1个百分点；商饮业就业人数13.2万人，比上年减少0.1万人，占就业人员总数的7.5%，比上年下降0.1个百分点；服务业从业人员43.2万人，比上年增加2.2万人，占就业人员总数的24.6%，比上年上升1.2个百分点；其他行业从业人员12.7万人，比上年增加0.3万人，占就业人员总数的7.2%，比上年上升0.1个百分点（农村劳动力产业及行业就业结构见表2、表3）。

表2　2009年北京市农村劳动力三次产业就业结构表

产业类别	人数（万人）			占就业总人数的比重（%）		
	2008年	2009年	增减（%）	2008年	2009年	增减
合计	174.9	175.6	0.4	100	100	0
第一产业	53.2	51.6	−3.0	30.4	29.4	−1
第二产业	39.8	39.8	0.0	22.8	22.7	−0.1
第三产业	81.9	84.2	2.8	46.8	47.9	1.1

表3　2009年北京市农村劳动力各行业就业结构表

行业类别	人数（万人）			占就业总人数的比重（%）		
	2008年	2009年	增减（%）	2008年	2009年	增减
合计	174.9	175.6	0.4	100	100	0
农业	38	36.8	−3.1	21.7	21.0	−0.7
林业	7.2	6.9	−4.6	4.1	3.9	−0.2
畜牧业	7.2	7.0	−2.2	4.1	4.0	−0.1
渔业	0.8	0.9	7.3	0.5	0.5	0.0
工业	25.9	25.6	−1.2	14.8	14.6	−0.2
建筑业	13.9	14.2	2.4	7.9	8.1	0.2
交运业	15.3	15.1	−1.2	8.7	8.6	−0.1
商饮业	13.3	13.2	−0.4	7.6	7.5	−0.1
服务业	40.9	43.2	5.5	23.4	24.6	1.2
其他	12.4	12.7	2.3	7.1	7.2	0.1

【不同区位的就业结构特点】　从不同区位的就业结构特点看，近郊（丰台、海淀、朝阳、石景山）农村劳动力就业以第三产业为主，其第三产业就业比重达到71%；平原地区（大兴、通州、顺义及山区县中29个平原乡镇）和山区（山区县中的83个山区乡镇）尽管也是第三产业就业比重最高，但其所占比重比近郊均低了20多个百分点，相比之下，第一产业就业比重则比近郊高出2～3倍。

随着近几年北京城市化建设步伐的加快，近郊第一产业的生存空间不断萎缩，从业人员呈现进一步下降趋势。2009年近郊区第一产业就业人数为3万人，比上年减少0.2万人，占近郊就业人员总数的11.9%，比上年下降0.8个百分点。其中：农业就业人数1.7万人，比上年减少0.1万人；林业1.1万人，比上年减少0.1万人，畜牧业和渔业均与上年持平，畜牧业就业0.1万人，渔业就业0.1万人。受城市化建设步伐加快和环境治理致使部分工业企业向外拆迁影响，近郊第二产业就业人数持续下降。2009年近郊第二产业就业人数为4.3万人，比上年减少0.2万人，占近郊就业人员总数的17.1%，比上年下降0.8个百分点，其中：工业就业人员3.3万人，同比减少0.3万人，建筑业就业人员1万人，与上年持平。在第一、二产业从业人员连年减少的同时，第三产业成了近郊农村劳动力从业的主要支柱，2009年近郊第三产业从业人员达到18万人，同比增加0.3万人，占近郊就业人员总数的比重达到71%，比上年又上升了1.5个百分点。

2009年平原地区第一产业就业人数24.6万人，比上年减少1.1万人，占平原地区就业人员总数的29.1%，比上年下降1.2个百分点。从各业来看，农业从业人员18.7万人，比上年增加1万人，占就业人员总数的22.1%，比上年下降了1.1个百分点；林业就业人员1.1万人，比上年减少0.1万人，就业比重下降0.1个百分点；畜牧业从业人员4.2万人，比上年减少0.1万人，占就业人员总数的5.0%，比上年下降0.1个百分点；渔业从业人员0.5万人，人数与所占比重均与上年持平。第二产业从业人员22.8万人，比上年增加0.4万人，占就业总人数的27%，比上年下降0.5个百分点。从各业看，工业就业人数15.1万人，比上年增加0.2万人，占就业人员总数的17.8%，比上年上升0.3个百分点；建筑业就业人数7.7万人，比上年增加0.1万人，占就业人员总数的9.1%，比上年上升0.2个百分点。第三产业从业人员达到37.3万人，比上年增加0.6万人，占就业人员总数的比重为44%，比上年上升0.8个百分点。从各业看，服务业从业人员达到16.9万人，比上年增加0.5万人，占就业人员总数的19.9%，比上年上升了0.6个百分点；交通运输业从业人员8万人，比上年增加0.1万人，占就业人员总数的比重为9.4%，比上年上升了0.1个百分点；商饮业6.3万人，所占比重为7.4%，就业人数及所占比重均与上年持平；其他行业就业人数6.2万人，比上年增加0.1万人，占就业人员总数的比重为7.3%，比上年上升0.1个百分点。

2009年山区第一产业就业人数为23.9万人，比上年减少0.3万人，占就业人员总数的36.6%，比上年下降1个百分点。从第一产业内部看，农业16.4万人，同比减少0.1万人，占就业人员总数的25%，比上年下降0.6个百分点；林业就业4.6万人，同比减少0.2万人，占就业人员总数的7.1%，比上年下降0.4个百分点；畜牧业和渔业分别为2.6万和0.2万人，均与上年持平。第二产业从业人员12.6万人，比上年减少0.1万人，占就业人员总数的19.3%，比上年下降0.4个百分点。其中工业7.1万人，同比减少0.3万人，占就业人员总数的10.9%，同比下降了0.6个百分点；建筑业5.5万人，比上年增加0.2万人，占就业总数的8.4%，比上年上升0.2个百分点。第三产业从业人员28.9万人，比上年增加1.3万人，占就业人员总数的44.1%，比上年上升了1.4个百分点。其中：交运业从业人员5.8万人，同比减少0.2万人，占就业人员总数的8.9%，比上年下降了0.5个百分点；商饮业4.5万人，占就业人员总数的6.9%，人数与所占比重均与上年持平；服务业16.1万人，同比增加1.3万人，占就业人员总数的24.7%，比上年上升1.8个百分点；其他2.3万人，比上年增加0.1万人，占就业人员总数的3.6%，比上年上升0.1个百分点（不同地区行业就业结构见表4）。

表4　不同地区农村劳动力各行业就业结构表

单位：%

行业类别		近郊			平原			山区		
		2008年	2009年	增减	2008年	2009年	增减	2008年	2009年	增减
合计		100.0	100.0	0.0	100.0	100.0	0.0	100.0	100.0	0.0
第一产业	小计	12.7	11.9	−0.8	30.3	29.1	−1.2	37.6	36.6	−1.0
	农业	7.2	6.8	−0.4	23.2	22.1	−1.1	25.6	25.0	−0.6
	林业	4.7	4.2	−0.5	1.4	1.3	−0.1	7.5	7.1	−0.4
	畜牧业	0.5	0.5	0.0	5.1	5.0	−0.1	4.2	4.0	−0.2
	渔业	0.3	0.4	0.1	0.6	0.6	0.0	0.4	0.4	0.0
第二产业	小计	17.9	17.1	−0.8	26.5	27.0	0.5	19.7	19.3	−0.4
	工业	14.0	13.0	−1.0	17.5	17.8	0.3	11.5	10.9	−0.6
	建筑业	3.9	4.0	0.1	8.9	9.1	0.2	8.2	8.4	0.2
第三产业	小计	69.5	71.0	1.5	43.2	44.0	0.8	42.7	44.1	1.4
	交运业	5.3	5.1	−0.2	9.3	9.4	0.1	9.4	8.9	−0.5
	商饮业	9.8	9.5	−0.3	7.4	7.4	0.0	6.9	6.9	0.0
	服务业	38.3	39.9	1.6	19.3	19.9	0.6	22.9	24.7	1.8
	其他	16.1	16.5	0.4	7.2	7.3	0.1	3.5	3.6	0.1

（市农研中心　刘学军）

农民收入

【总体概况】 2009年，北京市委、市政府及郊区各级党委政府采取了更直接、更有力的措施，将中央的“多予少取放活”的方针进一步细化、实化、具体化。《北京市城乡无社会保障老年居民养老保障办法》的贯彻实施，惠及郊区四十多万60岁以上农村无社会保障老年人，对农民收入的增长作用深远。由于市委、市政府及各级党委政府的政策直接，措施有力，从而确保了郊区农民收入的平稳增长。据北京市农村经济收益分配汇总结果显示：2009年全市农民人均劳动所得达到10 954元，比上年增加885.6元，同比增长8.8%。

【产业构成情况】 农民人均劳动所得10 954元中，第一产业所得2 049元，占农民人均劳动所得总额的18.7%，比上年增加107元，同比增长5.5%，对农民收入增长的贡献率为12.1%。其中：农业1 036.1元，占人均所得总额的9.5%，比上年增加74.9元，同比增长7.8%，对农民收入增长的贡献率为8.5%；林业166.6元，占人均所得总额的1.5%，比上年增加8.4元，同比增长5.3%，对农民收入增长的贡献率为 0.9%；畜牧业 772.3 元，占人均所得总额的 7.1%，比上年增加 18.7 元，同比增长 2.5%，对农民收入增长的贡献率为 2.1%；渔业 74 元，占人均所得总额的 0.7%，比上年增加 5 元，增长 7.3%，对农民收入增长的贡献率为 0.6%。第二产业实现人均所得 2 346 元，占人均所得总额的 21.4%，比上年增加 152.9 元，增长 8.9%，对农民收入增长的贡献率为 17.3%。其中：工业 1 423 元，占人均所得总额的 13%，比上年增加 58.8 元，同比增长 4.3%，对农民收入增长的贡献率为 6.6%；建筑业 923 元，占人均所得总额的 8.4%，比上年增加 94.1 元，增长 11.4%，对农民收入增长的贡献率为 10.6%。第三产业 6 558.5 元，占人均所得总额的 61.9%，比上年增加 625.6 元，同比增长 10.5%，对农民收入增长的贡献率达到 70.6%。其中：交通运输业 1 239.6 元，占 11.3%，比上年增加 49.9 元，同比增长 4.2%，对农民收入增长的贡献率为 5.6%；商饮业 1 215.5 元，所占比重为 11.1%，比上年增加 129.3 元，同比增长 11.9%，对农民收入增长的贡献率为 14.6%；服务业 2 701.5 元，所占比重 24.7%，比上年增加 314.6 元，同比增长 13.2%，对农民收入增长的贡献率为 35.5%。其中人均劳务收入 913.5 元，所占比重 8.3%，比上年增加 133.9 元，同比增长 17.2%，对农民收入增长的贡献率为 15.1%。其他业 1 401.9 元，占 12.8%，比上年增加 131.8 元，增长 10.4%，对农民收入增长的贡献率为 14.3%。其中人均财产性净收入 461.3 元，占人均所得总额的 4.2%，比上年增加 84.8 元，同比增长 22.5%，对农民收入增长的贡献率为 9.6%（详情见表 1）。

表 1　人均劳动所得行业构成分析表

指　标	金额（元）				占总额（%）		增长贡献率（%）
	2008 年	2009 年	增减额	±（%）	2008 年	2009 年	
合计	10 068	10 953.6	885.6	8.8	100.0	100.0	100.0
第一产业小计	1 942	2 049	107	5.5	19.3	18.7	12.1
农业	961.2	1 036.1	74.9	7.8	9.5	9.5	8.5
林业	158.2	166.6	8.4	5.3	1.6	1.5	0.9
畜牧业	753.6	772.3	18.7	2.5	7.5	7.1	2.1
渔业	69	74	5	7.2	0.7	0.7	0.6
第二产业小计	2 193.1	2 346	152.9	7.0	21.8	21.4	17.3
工业	1 364.2	1 423	58.8	4.3	13.5	13.0	6.6
建筑业	828.9	923	94.1	11.4	8.2	8.4	10.6
第三产业小计	5 932.9	6 558.5	625.6	10.5	58.9	59.9	70.6
交通运输业	1 189.7	1 239.6	49.9	4.2	11.8	11.3	5.6
商饮业	1 086.2	1 215.5	129.3	11.9	10.8	11.1	14.6
服务业	2 386.9	2 701.5	314.6	13.2	23.7	24.7	35.5
其中：劳务收入	779.6	913.5	133.9	17.2	7.7	8.3	15.1
其他业	1 270.1	1 401.9	131.8	10.4	12.6	12.8	14.9
其中：财产性收入	376.5	461.3	84.8	22.5	3.7	4.2	9.6

【不同经济成分构成情况】　汇总结果显示：非公经济是北京郊区农民劳动所得的主体。2009 年北京郊区农民人均劳动所得中，从非公经济获取的所得为 8 862.8 元，占到人均所得总额的 80.9%，比上年增加 735.4 元，同比增长 9%，对农民收入增长的贡献率达到 83%。其中人均家庭经营净收入 8 525元，占人均所得总额的 77.8%，比上年增加 706.3 元，同比增长 9%，对农民收入增长的贡献率为 79.8%；私营企业主所得 337.8 元，占人均所得总额的 3.1%，比上年增加 29.2 元，同比增长 9.5%，对农民收入增长的贡献率为 3.3%。从公有经济获取的所得为 2 090.8 元，占人均所得总额的 19.1%，比上年增加 150.2 元，同比增长 7.7%，对农民收入增长的贡献率为 17%。其中：从乡镇公有经济获取的所得为 606.2 元，占人均所得总额的 5.5%，比上年增加 48.4 元，同比增长 8.7%，对农民收入增长的贡献率为 5.5%；从村公有经济中获取的所得为 1484.6 元，占人均所得总额的 13.6%，比上年增加 101.7 元，同比增长 7.4%，对农民收入增长的贡献率为 11.5%。其中从村级集

体经济组织获取的所得为515.6元，占人均所得总额的4.7%，比上年增加70.3元，增长15.8%，对农民收入增长的贡献率为7.9%。从各类企业获取的所得为1 864.1元，占人均所得总额的17%，比上年增加94.8元，同比增长5.4%，对农民收入增长的贡献率为10.7%。

表2　农民人均劳动所得结构分析表

项　　目	人均所得（元）				占人均所得总额（%）		增收贡献率（%）
	上年	本年	增减额	±（%）	上年	本年	
合计	10 068.0	10 953.6	885.6	8.8	100.0	100.0	100.0
一、从公有经济所得	1 940.6	2 090.8	150.2	7.7	19.3	19.1	17.0
1. 从乡镇公有经济中得到	557.8	606.2	48.4	8.7	5.5	5.5	5.5
2. 从村公有经济中得到	1 382.9	1 484.6	101.7	7.4	13.7	13.6	11.5
其中：从村合作经济组织中得到	445.3	515.6	70.3	15.8	4.4	4.7	7.9
二、从非公经济所得	8 127.4	8 862.8	735.4	9.0	80.7	80.9	83.0
1. 家庭经营净收入	7 818.7	8 525.0	706.3	9.0	77.7	77.8	79.8
2. 私营企业主所得	308.6	337.8	29.2	9.5	3.1	3.1	3.3

【农民收入水平与集体经济实力密切相关】 集体资产规模及经济实力的高低是地区产业发展水平的直接体现，而产业的发展规模是当地农民就业的基石，直接关系农民收入水平的高低。对2009年农民收入水平与村集体经济实力相关性分析结果表明，村集体经济实力越强，农民收入水平就越高，反之则越低，农民收入水平与集体经济实力呈现高度的正相关。2009年北京市农村经济收益分配报表汇总结果显示：北京郊区村级集体经济实力明显增强，薄弱村减少，强村增多。人均集体净资产在2 000元以下的村数比上年减少，特别是500元以下薄弱村比上年减少32个，但资不抵债村比上年增加7个；而人均集体净资产在5 000元以上的村数明显增多，特别是人均10 000元以上的集体经济强村比上年增加154个（具体相关程度见表3）。

表3　村集体经济实力与农民收入相关性分析表

村人均集体净资产	村数（个）			人均所得（元）	其中：人均集体所得（元）
	2008年	2009年	增减个数		
1.500元以下	485	453	−32	9 713.3	1 014.7
其中：资不抵债	252	259	7	9 864.3	1 014.3
2.500～2000元	885	693	−192	9 031.8	496.7
3.2 000～5 000元	948	978	30	9 592.3	731.9
4.5 000～10 000元	618	656	38	10 230.2	1 117.0
5.10 000～30 000元	550	606	56	11 677.8	2 331.7
6.30 000～50 000元	180	192	12	13 617.0	4 522.3
7.50 000～100 000元	178	188	10	14 332.4	5 550.7
8.100 000元以上	155	231	76	16 972.2	8 423.4

全市十强乡镇2009年人均集体所有者权益达30.8万元，农民人均劳动所得达到2 0330.2元，分别比全市平均水平高出27万元和9 376.6元，是全市平均水平的8.2倍和1.9倍。十强乡镇人均劳动所得达23 562.3元，人均集体所有者权益也高达19.5万元，分别比全市平均水平高12 608.7元和15.7万元，是全市平均水平的2.2倍和5.2倍。2009年全市百强村人均集体所有者权益高达34.6万元，人均劳动所得达17 969元，分别比全市平均水平（村级人均所有者权益为24 849.4元）高出32.1万元和7 015.4元，是全市平均水平的13.9倍和1.6倍。百富村人均集体所有者权益14.4万元，人均劳动所得27 401.1元，分别比全市平均水平高出11.9万元和16 447.5元，是全市平均水平的5.8倍和2.5倍。

分析结果还表明：不同地区间集体资产规模及集体经济实力相差悬殊，这是造成不同地域间农民收入相差悬殊的重要原因之一。2009年全市农村人均集体资产总额92 589.6元，而近郊达到31.2万元，高出全市平均水平21.9万元，是全市平均水平的3.4倍；高出平原地区23.6万元，是平原地区的4.1倍；高出山区28.1万元，是山区的10.2倍。全市农村人均集体净资产37 585.7元，而近郊达到101 019.8

元，高出全市平均水平 63 634.1 元，是全市平均水平的 2.7 倍；高出平原地区 64 929 元，是平原地区的 2.8 倍；高出山区 85 797.2 元，是山区的 6.6 倍。山区人均集体资产总额仅为全市平均水平的 33%，仅为近郊的 9.8%；人均集体净资产仅为全市平均水平的 40.5%，仅为近郊的 15.1%（见表 4）。

表 4　不同地区集体资产规模、集体经济实力表及人均所得一览表

区别	人均集体资产总额（元）	人均集体净资产（元）	人均所得（元）
合计	92 589.6	37 585.7	10 953.6
近郊	311 705.1	101 019.8	15 054.4
平原	75 693.8	36 090.8	11 233.8
山区	30 521.1	15 222.6	9 020.3
石景山区	842 368.0	293 117.0	17 773.1
海淀区	309 365.2	114 516.1	12 887.3
朝阳区	357 495.8	92 069.1	19 079.7
丰台区	240 669.1	87 854.8	12 851.0
昌平区	128 609.5	43 973.6	10 457.3
顺义区	61 795.8	38 923.6	10 370.1
大兴区	90 881.7	34 955.5	12 331.2
怀柔区	58 403.6	31 794.6	11 455.6
门头沟区	45 455.3	27 354.3	8 165.4
通州区	64 588.9	27 163.0	9 644.6
房山区	47 998.7	26 029.8	11 947.2
延庆县	31 735.7	15 038.6	9 970.6
平谷区	18 354.3	10 259.3	9 540.2
密云县	10 981.0	5 280.2	9 067.4

【城乡及不同地区间农民收入差距进一步拉大】 2009 年北京市农民人均纯收入 11 986 元（市统计局数据），城镇居民人均可支配收入 26 738 元，二者相差 14 752 元，城乡居民收入差距比上年又拉大了 774 元，城镇居民人均可支配收入是农民人均收入的 2.23 倍。

郊区不同地区间农民收入差距也在拉大，2009 年近郊农民人均劳动所得达到 15 054.4 元，比平原地区的 11 233.8 元高出 3 820.6 元，平原与近郊的差距比上年又加大了 158.6 元，近郊比山区的 9 020.3 元高出 6 034.1 元，山区与近郊的差距比上年又加大了 442.8 元。

【多数村农民收入低于全市平均水平】 2009 年全市农民人均劳动所得在平均水平 10 953.6 元以下的村有 2 585 个，占全市总村数的 64.7%，这表明平均数掩盖了农民收入的不均衡。全市还有 20 个村农民人均所得不足 3 000 元，占全市总村数的 0.5%；农民人均劳动所得在 3 000～5 000 元的村 92 个，占全市总村数的 2.3%；5 000～7 000 元的村 382 个，占总村数的 9.6%；7 000～10 953.6 元的村 2 091 个，占 52.3%；在平均数 10 953.6 元以上的村 1 412 个，占 35.3%；其中 30 000 元以上的村 24 个，占 0.6%。从表 5 的数据可以看出：近郊 76.7%的村农民人均劳动所得在全市平均数的 10 953.6 元以上，而山区则有 85.8%的村农民人均劳动所得尚未达到全市平均数，可见，郊区农村中低收入村主要分布在远郊区的山区及偏远的平原地区（各组数据及其分布见表 5）。2008 年，人均纯收入低于 4 500 元，且具有劳动能力的农村家庭，为低收入农户，全市有 19.8 万户。

表 5　北京郊区 2009 年农民人均劳动所得按村分组表

地区类型及区县	合计	3 000 元以下		3 000～5 000 元		5 000～7 000 元		7 000～10 953.6 元		10 953.6 元以上		其中：30 000 元以上	
		村数	占总村数（%）	村数	占总村数（%）	村数	占总村数（%）	村数	占总村数（%）	村数	占总村数（%）	村数	占总村数（%）
合计	3 997	20	0.5	92	2.3	382	9.6	2 091	52.3	1 412	35.3	24	0.6
近郊	330			3	0.9	11	3.3	66	20.0	250	75.8	18	5.5
平原	1 993	2	0.1	7	0.4	43	2.2	1 009	50.6	932	46.8	1	0.1
山区	1 674	18	1.1	82	4.9	328	19.6	1 016	60.7	230	13.7	5	0.3

【区县农民收入】 2009 年农民人均劳动所得超过全市平均数 10 953.6 元的区县有 7 个，依次为：朝阳 19 079.7 元、石景山 17 773.1 元、海淀 12 887.3元、丰台 12 851 元、大兴 12 331.2 元、怀柔 11 947.2 元、通州 11 455.6 元。7个未达到全市平均数的区县中，有 5 个人均所得不足万元，分别是：延庆 9 970.6 元、门头沟 9 644.6 元、平谷 9 540.2元、密云 9 067.4 元、房山 8 165.4 元（各区县农民人均劳动所得排序见表 6）。

表6　各区县人均劳动所得排名表

序号	区县	人均劳动所得（元）	序号	区县	人均劳动所得（元）
1	朝阳区	19 079.7	8	昌平区	10 457.3
2	石景山区	17 773.1	9	顺义区	10 370.1
3	海淀区	12 887.3	10	延庆县	9 970.6
4	丰台区	12 851	11	门头沟区	9 644.6
5	大兴区	12 331.2	12	平谷区	9 540.2
6	怀柔区	11 947.2	13	密云县	9 067.4
7	通州区	11 455.6	14	房山区	8 165.4

（市农研中心　刘学军）

农村消费

近年来，随着本市郊区经济的持续、快速和稳定发展，北京市郊区居民无论是生活消费需求，还是在调整生产结构，提高科技水平、改善劳作条件的生产消费方面，都开始了由温饱向小康、由传统向现代渐进升级的转变，其间也蕴藏并释放了相当的消费潜能。通过对近年来本市农村消费相关数据进行分析，呈现以下主要特点。

【农村居民收入水平和消费能力提高】 据市农调队3 000户农民家计调查资料显示，2009年农村居民人均纯收入为11 986元，比上年增长11.5%。其中，20%低收入户实现人均纯收入4 951元，同比增长11.1%；20%中低收入户实现人均纯收入8 170元，同比增长13.7%；20%中等收入户实现人均纯收入10 795元，同比增长12.8%；20%中高收入户实现人均纯收入14 267元，同比增长11.5%；20%高收入户实现人均纯收入23 739元，同比增长9.8%。收入水平的高低和前期收入积累的多少是决定消费能力高低的最直接因素。因此，收入水平的提高无疑会使农村居民的消费能力得到相应提高。

从消费支出看，2009年农村居民人均生活费支出9 141元，比上年的7 656元增长19.4%。受猪肉价格下降因素影响，2009年农村居民恩格尔系数为32.39%，比2008年下降了1.95个百分点。

尽管农村居民收入同比增幅较城市居民高出3.4个百分点，人均消费支出较城镇居民低8 752元，但农村居民消费倾向（即消费支出占人均纯收入的比重）却高出城镇居民9.4个百分点，这表明农村居民的收入积累无论是绝对数量还是相对数量都比城镇居民低，收入积累的多少是影响日后消费潜能高低的直接因素。2009年郊区农民消费倾向为0.763，同比上升5.1个百分点；而城市居民消费倾向为0.669，同比仅上升0.3个百分点（见表1）。

表1　城镇、农村人均收支、消费倾向情况表

单位：元

年份	城镇居民			农村居民		
	可支配收入	消费支出	消费倾向	纯收入	消费支出	消费倾向
2008年	24 725	16 460	0.666	10 747	7 656	0.712
2009年	26 738	17 893	0.669	11 986	9 141	0.763

【农村居民工资性收入增加是农民消费水平的基础性因素之一】 农业经济结构调整，生产专业化程度的提高，促进了农民工资性收入的增长，而工资收入的货币特征是影响农民消费水平的基础性因素之一。据市农调队3 000户农民家计调查资料显示，2009年本市农村居民人均工资性收入达到7 274元，比2008年的6 354元增加920元，同比增长14.5%，工资性收入在人均纯收入中的比重也比上年同期提高了1.6个百分点（见表2）。

表2　农民人均工资性收入及比重

单位：元，%

项目	2001	2002	2003	2004	2005	2006	2007	2008	2009
农民人均工资性收入	3 356.5	3 672.5	3 909	4 358.3	4 774.3	5 225	5 676	6 354	7 274
占纯收入比重	65.8	62.5	60	60.8	60.7	60.6	59.4	59.1	60.7

【农村人口及家庭结构的新变化为农村消费品市场扩大提供了有力支撑】 近些年的城市化进程加快导致了农村人口的减少，在一定程度上促进了农村收入水平和消费能力的提高；农村大家庭生活习惯的逐渐隐退，以两代人为主的小家庭增加，增加了重复购买的可能性。北京市农村户均人口由2008年的3.29人下降到2009年的3.27人；在郊区土地开发中，进入本市郊区打工的外地务工人员数以百万计，成为拉动农村消费品市场的重要有生力量。由于外地人员具有（相对本地人员）极强的流动性，从而产生更多的重复购买机会。因而，从某种意义上说，这些外地务工人员的购买力甚至比本地农民还要高。这些都为以家庭消费为主的农村消费品市场的扩大提供了有力支撑，从而有力的拉动了郊区的消费品市场。

【农民生活必需品消费支出比例上升】 2009年，尽管农民用于自身发展和享受生活的消费支出显著增加，现代家庭生活的许多耐用消费品，如电话、移动电话、空调、电脑、照相机、摄像机、汽车、中高档乐器等进入农民家庭，农民的精神生活日益充实，但农民生活必需品消费支出增势更猛，特别是其所占比

例出现了不降反升的局面（见表3、表4、表5）。

从2009年农民家庭人均生活消费支出情况数据看，京郊农村八项农民家庭人均生活消费支出均呈现增长态势。其中，居住支出增长最为突出增长额达到483元，增幅高达37.4%。食品支出、交通和通讯支出、家庭设备用品及服务支出、医疗保健支出和衣着支出等项增加额也均在百元以上，分别达到了332元、221元、116元、107元和103元。从增长幅看，除文化教育娱乐用品及服务支出不足两位数外，其余增幅均在两位数以上，其中在30%以上的两项，20%～30%的两项，10%～20%的三项。尽管2009年郊区农民家庭人均生活消费支出有了较快增长，但与城市居民相比，其人均消费支出总量仍相对较低，2009年农民人均生活消费支出总量为9 141元，比城镇居民的17 893元仍低8 752元，仅是城镇居民人均消费的51.1%。从消费构成看，农村居民生活必需品消费所占比重过高，且居高不下，从某种程度上使农民的生活质量打了一定折扣。2009年上述两项在消费总额中的比例高达51.8%，比上年又高出0.6个百分点。

表3　2009年农民家庭人均生活消费支出情况表

单位：元

项　目	2008	2009	增减额	±(%)
合计	7 656	9 141	1 485	19.4
食品支出	2 629	2 961	332	12.6
衣着支出	597	700	103	17.3
居住支出	1 291	1 774	483	37.4
家庭设备、用品及服务	482	598	116	24.1
医疗保健	757	864	107	14.1
交通和通讯	887	1 108	221	24.9
文化教育娱乐用品及服务	877	959	82	9.4
其他商品及服务	136	177	41	30.1

表4　2009年北京城市、农村八大类人均消费支出对比表

单位：元,%

项　目	消费支出		构成（%）	
	2008	2009	2008	2009
食品	2 629	2 961	34.3	32.4
衣着	597	700	7.8	7.7
家庭设备用品及服务	482	598	6.3	6.5
医疗保健	757	864	9.9	9.5
交通和通讯	887	1 108	11.6	12.1
教育文化娱乐服务	877	959	11.5	10.5
居住	1 291	1 774	16.9	19.4
其他商品与服务	136	177	1.8	1.9

表5　2009年北京市农村居民每百户耐用消费品拥有量情况表

消费品名称	单位	2008	2009	增减(%)
1. 洗衣机	台	101	101	0.0
2. 电冰箱	台	104	105	1.0
3. 空调机	台	89	98	10.1
4. 抽油烟机	台	62	66	6.5
5. 吸尘器	台	8	9	12.5
6. 微波炉	台	46	50	8.7
7. 热水器	台	81	86	6.2
8. 自行车	辆	183	181	−1.1
9. 摩托车	辆	29	26	−10.3
10. 汽车（生活用）	辆	12	12	0.0
11. 固定电话	部	113	109	−3.5
12. 移动电话	部	201	212	5.5
13. 彩色电视机	台	137	138	0.7
14. 黑白电视机	台	1	1	0.0
15. 摄像机	台	4	5	25.0
16. 影碟机	台	49	50	2.0
17. 照相机	架	39	42	7.7
18. 家用计算机	台	52	58	11.5
19. 中高档乐器	件	2	3	50.0

【农民消费倾向与其收入水平关系密切】 统计数据显示：不同收入群体其消费水平存在较大差异，其消费水平与其收入正相关，消费倾向与其收入水平负相关。20%低收入户人均消费水平为5 705元，同比增长32.1%，其消费倾向高达1.152，表明低收入群体的生活状况极为艰难，处于入不敷出状态，抵御风险的能力极低；20%中低收入户人均消费水平为7 013元，同比增长16.6%，消费倾向为0.858，表明其生活状况较为艰难，积累水平很低，抵御风险的能力亦非常低；20%中等收入户人均消费水平为8 027元，同比增长8.7%，消费倾向为0.744；20%中高收入户人均消费水平为10 620元，同比增长20.7%，消费倾向也为0.744；20%高收入户人均消费水平为15 383元，同比增长21.3%，消费倾向为0.648（见表6）。

表6　2009年北京农村居民不同收入群体消费情况一览表

	人均纯收入（元）	人均消费（元）	消费倾向
合计	11 986	9 141	0.763
20%低收入户	4 951	5 705	1.152
20%中低收入户	8 170	7 013	0.858
20%中等收入户	10 795	8027	0.744
20%中高收入户	14 267	10 620	0.744
20%高收入户	23 739	15 383	0.648

【不同类型地区消费水平差异明显】 功能拓展区农村居民人均消费支出为12 558元，高出全市平均水平3 417元，消费倾向为0.816；城市发展新区（包括昌平区、顺义区、通州区、大兴区和房山区）农村居民人均消费支出为8 594元，比全市平均水平低547元，消费倾向为0.760；生态涵养发展区（包括门头沟区、平谷区、怀柔区、密云县和延庆县）农村居民人均消费支出为7 886元，低于全市平均水平1 255元，消费倾向为0.726。从八大类人均消费数额看，除个别类别的个别其中项外，不同功能区农村居民人均消费支出额排序均是城市功能拓展区最高，城市发展新区次之，生态涵养发展区最低（详见表7）。

表7 2009年不同功能区农民人均生活消费支出情况一览表

单位：元

指标名称	全市	城市功能拓展区	城市发展新区	生态涵养发展区
合计	9 141	12 558	8 594	7 886
一、食品支出	2 961	4 033	2 799	2 555
其中：谷物	255	238	253	267
蔬菜及制品	228	326	213	190
肉、禽、蛋、奶及制品	730	1 007	704	600
在外饮食	583	756	548	531
二、衣着支出	700	1 196	598	552
其中：服装	426	773	351	328
三、居住支出	1 774	2 377	1 635	1 616
其中：生活用电	326	535	306	231
燃料	477	625	439	444
四、家庭设备用品及服务支出	598	799	564	526
其中：机电用品	250	306	250	217
日用品	166	236	159	135
五、交通和通讯支出	1 108	1 519	1 113	852
其中：交通工具	388	397	459	277
通讯工具	92	118	87	84
通讯费	369	540	339	309
六、文教娱乐用品及服务支出	959	1 340	876	852
其中：教育服务消费	509	604	488	481
机电用品	197	273	176	183
学杂费	313	196	333	354
文娱费	175	337	145	122
七、医疗保健支出	864	1 000	854	796
其中：药品	271	284	265	272
医疗费	544	629	541	497
八、其他商品及服务支出	177	294	155	137
附：服务性支出	3 037	4 194	2 849	2 615

不同功能区人均消费实物量除粮食、豆类及豆制品、学杂费、医疗费等个别品种外，其人均消费量次序也基本上是城市功能拓展区最高，城市发展新区次之，生态涵养发展区最低。个别品种消费规律的特殊性体现了不同区域食物构成、学杂及医疗费负担的差异，为制定相关政策提供了参考（详见表8）。不同功能区每百户拥有19种主要耐用品量特点规律也与上述雷同（详见表9），表9数据的规律特点及其数据的大小是修订北京市家电、汽车等下乡政策的重要考量依据。

表8 2009年不同功能区人均实物量消费情况一览表

指标名称	单位	全市	城市功能拓展区	城市发展新区	生态涵养发展区
一、人均年内粮食收入	千克	400.7	92.0	443.7	523.6
1. 家庭经营生产	千克	221.3	0.0	258.1	300.6
2. 购入	千克	164.2	82.4	175.6	196.6
3. 其他	千克	15.2	9.6	10.0	26.4
二、人均年内粮食支出	千克	347.7	87.3	374.1	465.9
1. 生活用粮	千克	105.6	82.4	110.3	112.7
其中：小麦	千克	44.9	29.2	51.8	44.2
稻谷	千克	40.0	33.9	35.1	51.1
2. 出售粮食	千克	158.5	4.9	163.1	244.5
3. 其他	千克	83.6	0.0	100.7	108.7
三、人均消费					
1. 粮食	千克	105.6	82.4	110.3	112.7
其中：小麦	千克	44.9	29.2	51.8	44.2
稻谷	千克	40.0	33.9	35.1	51.1
玉米	千克	3.6	2.2	4.9	2.6
2. 豆类及豆制品	千克	7.3	7.3	7.2	7.6
其中：豆制品	千克	5.3	4.7	5.0	6.1
3. 蔬菜及菜制品	千克	95.6	103.6	92.9	94.7
4. 植物油	千克	10.0	11.0	9.5	10.0
5. 动物油	千克	0.0	0.0	0.0	0.0
6. 肉禽及其制品	千克	26.1	30.3	26.2	23.5
其中：猪肉	千克	13.9	14.3	13.7	13.8
牛羊肉	千克	4.6	7.7	4.5	2.8
家禽	千克	3.4	3.9	3.5	3.0
7. 蛋类及其制品	千克	11.0	13.1	11.0	9.9
8. 奶和奶制品	千克	12.7	21.8	11.1	9.5
9. 水产品	千克	5.7	7.0	6.2	4.3
其中：鱼类	千克	4.8	5.4	5.2	3.7

（续）

指标名称	单位	全市	城市功能拓展区	城市发展新区	生态涵养发展区
10. 食糖	千克	1.2	1.4	1.1	1.2
11. 白酒	千克	5.3	5.4	4.7	6.2
12. 啤酒	千克	14.0	15.4	11.9	16.2
13. 果酒	千克	0.1	0.2	0.1	0.1
14. 茶叶	千克	0.6	1.1	0.6	0.4
15. 干鲜瓜果类	千克	43.5	48.5	42.9	41.8
16. 卷烟	盒	46.8	47.6	44.7	49.6
17. 服装	件	4.4	5.2	4.0	4.5

表9　不同功能区每百户主要耐用消费品拥有量情况一览表

指标名称	单位	全市	城市功能拓展区	城市发展新区	生态涵养发展区
1. 洗衣机	台	101	108	101	98
2. 电冰箱	台	105	115	107	97
3. 空调机	台	98	156	104	57
4. 抽油烟机	台	66	95	63	55
5. 吸尘器	台	9	22	5	5
6. 微波炉	台	50	83	47	37
7. 热水器	台	86	95	81	87
8. 自行车	辆	181	201	188	162
9. 摩托车	辆	26	19	27	28
10. 汽车(生活用)	辆	12	18	14	8
11. 固定电话	部	109	130	106	100
12. 移动电话	部	212	224	209	209
13. 彩色电视机	台	138	152	142	125
14. 黑白电视机	台	1	0	1	1
15. 摄像机	台	5	8	5	3
16. 影碟机	台	50	56	48	48
17. 照相机	架	42	71	40	28
18. 家用计算机	台	58	84	61	38
19. 中高档乐器	件	3	5	1	3

（市农研中心　刘学军）

农村社会保障

【实现城乡居民养老保障一体化】 年内，为使养老保险制度实现全覆盖，按照统筹城乡的原则，在新农保制度基础上，建立了城乡一体化的居民养老保险制度。将城镇职工养老保险制度、老年保障制度、机关事业单位退休制度以外的所有城乡居民统一纳入到城乡居民养老保险制度中。年内，全市有64万人（其中农民47万人）享受了福利养老金。参加城乡养老保险的居民162万人，其中参保农民153万人，农民参保率已达到90%。市区两级财政投入20.86亿元，其中，支付福利养老金15.08亿元，支付缴费补贴和基础养老金5.78亿元。2009年财政投入比2008年增加了5.17亿元，增长了33%。年内，出台了《北京市城乡居民养老保险办法实施细则》（京劳社农发［2009］13号）、《北京市城乡居民养老保险工作流程》（京劳社农发［2009］14号）、《关于对参加城乡居民养老保险的人员给予缴费补贴的通知》（京人社居发［2009］191号），对符合享受缴费补贴的参保人员按年度给予每人每年30元的补贴，缴费补贴年限不超过15年。对已享受政府缴费补贴超过30元（每人每年）的参保人员不再给予缴费补贴，对享受政府缴费补贴低于30元（每人每年）的参保人员予以补差。

（市人力资源和社会保障局　冯晓晴）

【适时调整农村低保标准】 从1月1日开始，农村低保最低保障标准从年人均1 780元调整为2 040元。各区县政府综合考虑本地经济发展状况，在全市规定的农村低保最低标准的基础上陆续调整公布了当地农村低保标准。其中，朝阳、海淀和丰台三区首先实现了城乡低保标准统筹并轨，农村低保标准与城市低保标准统一上调为月人均410元。其他区县农村低保标准分别为：顺义区2 530元，昌平区2 520元，门头沟区2 400元，大兴区、房山区、通州区、平谷区、怀柔区、密云县、延庆县均为2 040元。截止年底，全市城乡共有12.2万户、23.2万名低保对象。其中，城市低保对象7.47万户、14.73万人，农村低保对象4.75万户、8.46万人，全年累计发放低保资金7.6亿元。

【实施农村低保分类救助政策】 从1月1日起实施农村低保分类救助制度，对五保人员、重残人、老年人、未成年人等特殊困难人员，分别按照15%、10%、5%等不同增加系数实施救助，从而加大了对特殊困难人员的救助力度。其中，农村低保对象中没有劳动能力的重残人参照城市低保标准享受救助待遇。同时，对法定抚养人达到退休年龄的重残人家庭，核定其家庭收入时，法定抚养人先扣除本市（本区县）当年城乡低保标准的80%，再计算家庭收入，以提高扶养老人的生活水平。农村低保分类救助制度的实施，进一步促进了农村低保制度的规范化和科学化，增强了救助的针对性。

【提高农村五保供养标准】 会同市财政局、市统计局、国家统计局北京调查总队测算、公布了本市2009年各区县农村五保供养最低标准。各区县从7月1日开始，农村五保供养标准按照上年度农村居民消费性支出水平统一上调，具体标准如下：朝阳区11 260元，海淀区11 400元，丰台区9 358元，门头沟7 444元，房山区6 889元，通州区6 766元，顺义区6 906元，昌平区8 667元，大兴区6 541元，平谷区6 329元，怀柔区6 960元，密云县7 008元，延庆县 5 535 元，全市平均 7 656 元。

同时，根据市政府办公厅转发市农委《关于进一步促进山区经济社会发展若干政策措施的通知》精神，农村分散供养五保对象中重残人的生活费发放标准参照城市低保标准执行；已实行城乡低保标准并轨的区县，按分类救助系数 1.15 的标准享受待遇，从而进一步提高了农村五保供养保障水平。

【统筹城乡医疗救助政策】 认真贯彻落实《关于规范和统筹城乡医疗救助制度的通知》，取消城乡医疗救助起付线和救助病种限制，并将报销比例由 50%提高到 60%，门诊救助报销最高 2 000 元，大病住院救助额度由 1 万元提高到 3 万元。同时，下发了《关于低保边缘家庭成员申请医疗救助有关事项的通知》，规范和细化了低收入人员享受医疗救助的程序。

2009 年全年农村医疗救助共计 1.98 万人次、支出资金 1 174.59 万元，实现了低保病人“应救必救”。

【拓展高校新生入学教育救助范围】 2009 年本市高等教育新生入学救助范围由城乡低保对象扩大为城乡低保边缘人员，本市城乡低保家庭及家庭人均收入高于城乡低保标准，低于城乡低收入家庭认定标准的低保边缘家庭中，符合条件的高等教育当年录取的新生，均可申请享受本市民政部门提供的新生入学 4 000元教育救助待遇及当地其他教育救助待遇。全市全年共有 4 645 名农村低收入家庭的学生享受到了高等教育新生入学救助，支出金额 1 857 万元。

【发放一次性生活补贴】 根据民政部、财政部统一安排，各区县春节前完成困难群众一次性生活补贴发放工作，共支出资金 3 524 万元，惠及 25.7 万城乡困难群众（其中，城市低保对象 14.5 万人、农村低保对象 7.88 万人、农村五保对象 4 288 人、优抚对象 2.46 万人、新中国成立前老党员4 222人），有效保障了困难群众春节期间的基本生活。

【开展“两节”走访慰问】 2009 年春节元旦期间，全市各级民政部门对本市城乡低保家庭进行了普遍走访慰问，发放了慰问金和慰问品。其中农村慰问金发放标准为：农村低保对象每人 200 元，2 人以上的农村低保家庭按户发放，每户 400 元。全市走访慰问农村低保及生活困难对象 8.4 万人。

【开展低收入家庭救助】 根据《关于规范和统筹城乡临时救助制度的通知》，将本市的临时救助标准规范为“城乡低收入家庭认定标准”，2009 年城乡低收入家庭认定标准为本市（当地）当年城乡低保标准的 170%，将医疗、教育、住房等专项救助制度拓展到低保边缘家庭。10 月，市民政局又下发了《北京市低收入家庭认定暂行办法》，进一步规范和统一了各区县民政部门低收入家庭认定的具体工作。截至 2009 年底，全市共安排农村临时救助资金 2 510 万元，救助农村居民 6.3 万人次。

（市民政局　钱洁凡）

【翻修危房有新成绩】 4 月 20 日，市政府专题会议审议通过了市民政局《关于加快我市农村优抚和社救对象危房翻建维修工作的意见》，将 2009 年计划为本市农村社会救助对象翻建维修危旧房的数量，由 1 000 户调整为 5 500 户；建房补助资金标准大幅增加，翻建房屋每户补助 4.5 万元；维修房屋每户补助 1.35 万元。建房补助资金负担方式由市、区县、乡镇三级负担调整为由区县财政负担。同时，市民政局会同市住房城乡建设委下发《北京市农村优抚社救对象危旧房翻建和维修技术导则》、《北京市农村优抚社救对象危旧房翻建维修工作实施办法》，规范建房工作。全年共为农村社会救助对象翻建维修房屋 5 500 户、19 093 间，投入资金 1.8 513 亿元。

（市民政局　项虹）

【妥善安排受灾群众基本生活】 2009 年，发生的各类自然灾害导致受灾人口 35.113 3 万人；损毁房屋 312 间，农作物受灾面积近 5.7 万公顷，其中绝收面积 0.88 万公顷，造成直接经济损失近 3.57 亿元，其中农业直接经济损失 3.18 亿元。在市委市政府的领导下，各级民政部门认真履行救灾职能，迅速组织核查灾情，及时做好灾民救助工作，帮助受灾群众解决生活困难。根据受灾地区灾情和需救济情况，全年共安排中央、市、区县三级救灾资金 823.2 万元，为灾民解决临时生活困难，修缮损毁住房，确保了灾区的社会稳定。

（市民政局　赵娟）

农村改革与管理

概　　述

2009年，创新农村经济体制，以增强农民增收的内在动力与活力。深化农村土地制度改革、全面推进乡村集体经济产权制度改革、规范发展农民专业合作社等多方面取得了新进展。

减轻农民负担

认真开展农民负担执法检查，确保农民负担不反弹。2009年，继续开展农村春秋两季农民负担执法检查，春季农民负担执法检查的主要内容包括：2008年度村级公益事业补助资金的使用情况和2009年度的拨付情况；2007年度市级新农村建设五项基础设施全面推进试点村因新农村建设而增加的集体非生产性负债（含账内、账外）情况；2008年度公安部门收取农户养犬管理费情况。2009年秋季农民负担执法检查内容主要有三点：一是按照农业部等7部委《关于切实解决部分领域农民不合理负担问题的通知》的要求，开展乱收费问题的专项治理。针对农民反映的突出问题，特别是计划生育、殡葬、农民外出务工经商办证、农村义务教育代收费等乱收费问题，进行一次专项检查。同时对2008年以来农民通过电话、信件和上访等各种渠道反映的突出问题进行清理。二是对2009年村级公益事业补助资金的拨付及使用情况进行专项检查；三是对2009年在新农村“五十三”工程建设中（五项基础设施建设、三起来），农民获得劳务收入情况进行抽查。

加强对村级财政转移支付资金监督管理，确保村级组织正常运转。农村税费改革取消了村提留以后，为防止村级组织向农民乱收费，确保村级组织正常运转，市、区和乡镇财政按照城乡统筹的原则，加大了对村级组织转移支付的力度。为确保这些财政转移支付资金及时拨付到位和合理使用，我们建立了村级财政转移支付资金的监管制度。市经管站对村级公益事业补助资金拨付使用情况按月汇总报表，上报市政府相关部门。并把村级财政转移支付资金拨付使用情况作为春秋两季执法检查的重要内容。经检查，全市2009年度的财政对村级的补贴资金包括：村级干部固定报酬及办公经费补贴12 085万元，农业税附加返还1 740万元、村级集体公益事业专项补贴资金52 542万元，共计66 367万元。这些资金全部拨付到村。

组织村级公益事业建设“一事一议”培训。为贯彻农业部《村民一事一议筹资筹劳管理办法》文件精神，全面开展村民“一事一议”筹资筹劳工作打好基础，对郊区农民负担管理人员共70余人进行了业务培训。截止到2009年底，全市共有33个村开展了村民“一事一议”筹资筹劳工作。

（市农研中心　吴新生）

农村土地承包与流转

【开展农户土地承包经营权落实情况重点调查】 按照北京市委、市政府提出的“年内开展农户土地承包经营权落实情况检查工作，对存在的问题限期进行整改”的工作部署，2009年3—6月，市农委体改处、市经管站共同进行了农村土地确权和流转调研。重点调查了朝阳、海淀、通州、平谷、延庆、大兴六个区县。本次调查的重点是：农户土地承包经营权落实到位情况；土地确权确利、确股分红收益兑现情况；承包期内收回、调整农民承包土地的情况及依法纠正违法收回和调整农村承包地的行为，特别要重点检查外出农民工返乡可能出现的土地承包和流转纠纷问题；农村土地承包经营权流转情况，依法纠正强迫承包方流转土地承包经营权、截留扣缴承包方土地流转收益的行为；农村土地流转合同和土地承包经营权证书登记和备案情况；农村土地承包经营权确权后续完善情况；其他侵害农民土地权益、损害农民利益的问题。通过调研，进一步掌握了郊区农村土地承包及流转的现状、存在的问题，明确了今后的工作方向：要进一步全面落实农户土地承包经营权，不留死角；切实维护农民土地承包经营权，不断提高农民土地流转收益；做好土地承包经营权确权后续完善工作，规范土地承包管理；畅通纠纷解决渠道，及时化解农村土地承包纠纷。

【搭建北京市农地流转信息平台】　“研究制定促

进农户土地承包经营权流转支持政策，搭建农地流转信息平台”是2009年北京市政府折子工程确定的重要工作之一，是深化农村改革、推动和规范农村土地流转的重要措施。搭建农地流转信息平台，为农户流转土地承包经营权提供有效的信息服务，是健全土地承包经营权流转市场的一项重要内容，也是政府规范管理、加强服务和依法引导农村土地流转的重要手段。为此，按照统筹规划、便民利民和服务与管理并重的原则，在全市开展农地流转信息平台建设工作。通过信息平台提供以下服务：一是为农户土地承包经营权流转各方提供便捷的信息服务，有效扩大信息覆盖和服务半径；二是加强农村土地流转相关法律法规的宣传；三是通过典型经验介绍和流转动态的发布加强交流；四是为政府管理和决策提供及时的监测数据和统计结果。2009年1月13日召开了“北京市农地流转信息平台建设现场会”。经过半年的筹备，“北京市农地流转信息网”于7月初正式开通（网址是：www.bjndlz.gov.cn)，网站共分为转出信息、需求信息、流转动态、政策法规、区县流转网站、流转规程和常见问题六个版块。

本次建设农地流转信息平台的特点：一是全覆盖，市和13个区县都建立农地流转信息网；二是全开放，城乡居民可随时登录查询；三是上下联动，实现市和区县两级平台同步运行、信息共享。

在建设和完善农地流转信息平台地过程中完成的主要工作有：

一是按照市农委的统一安排，由市经管站制定了《北京市农地流转信息平台管理制度》。该《制度》共分为五章、42条，主要包括：一是总则，规定了北京市农地流转信息平台的建设目的、功能、网站构成、网站的维护与管理单位等；二是北京市农地流转信息网的使用和管理，具体分为网站的页面结构及内容，信息的采集与录入，信息的审核与发布，管理人员及职责；三是北京农经平台及村管系统合同管理模块的使用和管理，规定了对互联网上形成的土地流转信息进行录入、统计、分析的操作步骤；四是网站安全管理及技术要求，规定了农地流转信息网的数据规范、数据传输办法和应采取的安全防护措施；五是附则，规定了管理制度的解释单位和实施时间。

二是由市经管站、市城乡经济信息中心设计了《北京市农地流转信息网》上的《北京市农户土地承包经营权转出信息表》和《北京市农户土地承包经营权需求信息表》，提供了网站栏目中流转动态、政策法规、流转规程和常见问题的基础文本资料，对网站栏目、网页风格的设计提出了意见和建议。

三是由市经管站、市城乡经济信息中心对市级网站与区县网站数据对接进行了测试，并提供测试数据。对《北京市农地流转信息网》后台管理知识进行了学习，为下半年全面开展网站管理工作做好准备。

四是进行内网建设。农地流转信息平台的内网依托市经管站的《北京农村管理信息系统》和《北京农经管理平台》两套系统建设，内网的主要功能是对“北京农地流转信息网”的转出信息、需求信息、成交信息进行统计。市经管站在两套系统中共增加了6张统计表，用于统计、分析和汇总。

五是对北京市农地流转信息网进行日常管理和更新维护。农地流转信息平台自2009年6月底开始试运行到年底，累计发布各区县农地转出信息642条、需求信息81条，已发布政策法规12条、流转动态15篇。

【制定《北京市农村土地承包经营权流转合同(示范文本)》】 为稳定和完善农村基本经营制度，进一步落实农民的土地承包经营权，规范农村土地承包经营权流转合同管理，根据《中华人民共和国农村土地承包法》和《中华人民共和国农村土地承包经营权流转管理办法》（农业部令第47号)，在广泛征求区县意见的基础上，由市经管站研究制定了《北京市农村土地承包经营权流转合同（示范文本)》（共10种)，具体包括：《北京市农村土地承包经营权转包合同》、《出租合同》、《互换合同》、《转让合同》、《入股合同》、《土地承包经营权流转委托书》、《土地承包经营权转让申请表》、《土地承包经营权流转（转包、出租、入股、其他形式）登记簿》、《土地承包经营权互换登记簿》、《土地承包经营权转让登记簿》。2009年7月30日，市经管站下发了《关于印发北京市农村土地承包经营权流转合同示范文本的通知》，将流转合同示范文本印发到各区县。

【开展农村土地承包经营纠纷仲裁情况的调查】《中华人民共和国农村土地承包经营纠纷调解仲裁法》颁布后，北京市各级农业行政主管部门和经管部门高度重视。为做好郊区农村土地承包经营纠纷调解仲裁工作，全面学习宣传《调解仲裁法》，落实《调解仲裁法》的各项规定，市经管站下发了《关于开展我市农村土地承包经营纠纷仲裁情况调查的通知》。重点调查了各区县农村土地承包经营纠纷仲裁工作开展情况、仲裁机构建设情况。包括：是否成立了农村土地承包仲裁委员会，仲裁委员会的名称、机构设置情况、机构成立年份；仲裁机构是否正常运行并开展工作；仲裁员配备情况；仲裁制度建设情况；当前仲裁工作中存在的主要问题等。根据区县上报情况，完成了《关于我市农村土地承包经营纠纷仲裁情况的调查报告》。调查结果显示：①农村土地承包纠纷情况：2004—2008年，全市发生的农村土地承包纠纷案件分别为958起、625起、780起、806起、542起，5年间纠纷案件数量下降了43.4%。2008年，纠纷数量占合同总数量111.7万份的0.048 5%，不足二千分之一。②仲裁机构建设情况：1988—1993年，13个区县相继成立了农业承包合同仲裁委员会，仲裁委员会普遍按照《北京市农业联产承包合同纠纷仲裁办法》（1991年制定并实施，以下简称《仲裁办法》）设立，一般由区县主管农业的副区县长任主任，区县农委主任、经管站长任副主任，成员由农业、林业、畜牧、水产、国土、司法、民政等有关部门的领导组成。日常办公机构大多设在各区县经管站合同科，密云、延庆另设有仲裁科。目前，仍在行使土地承包纠纷仲裁职能的区县仲裁委员会有 8 个，2004—2008 年受理农村土地承包经营纠纷 2 400 余件，为维护郊区农村土地承包关系稳定、保护集体经济组织和农民合法权益起到了重要作用。③仲裁制度和仲裁文书制定情况：各区县仲裁委员会仲裁纠纷时主要依照《仲裁办法》的规定进行立案、取证、现场勘察、举证、调解、仲裁、合议及文书送达。按照《仲裁办法》另行制定了仲裁制度的区县有房山、大兴、密云和延庆。制度主要包括：《仲裁员工作守则》、《仲裁委员会工作制度》、《庭审纪律》、《仲裁档案管理制度》等。制定了仲裁规范文书的有 7 个区县，海淀、朝阳、房山、大兴、怀柔、密云、延庆，其中，海淀、朝阳、房山、密云 4 个区县的仲裁文书种类较齐全，文本较规范，主要包括：《立案审批表》、《立案通知书》、《答辩通知书》、《授权委托书》、《开庭通知书》、《送达回证》、《案件评议笔录》、《调解意见书》、《调解书》、《仲裁裁决书》等。④仲裁员配备情况：据初步统计，持有《仲裁员证》的有 104 人，从事仲裁工作的 81 人。通过调查，也发现了农村土地承包纠纷仲裁工作存在的主要问题是：仲裁机构不健全，仲裁制度建设尚不完善，仲裁员短缺且专业素质有待提高，办公条件简陋。

【完成了 2008 年农村管理信息化合同管理模块的数据检测和分析工作】 4 月初和 6 月初先后两次对区县上报数据进行了检测，提出了修改意见，并发放各区县。完成了《2008 年合同管理信息化数据分析表》和《2008 年合同管理信息化数据的分析报告》，对土地确权面积、类型及确权结构情况、应确权村、已确权村、未确权村的分布情况、已确权土地的土地类型情况、确权确利、确权确股土地的经营形式、确利收益兑现情况、股金分红情况、确权合同签订情况、土地承包经营权证书发放情况等进行统计并分析。据 2008 年底信息化系统统计，确权确地、确权确利、确权确股三类合同签订率分别为 98.6%、98.1%和 78%；土地承包经营权证书和确权证书的发放率达到 97.4%。

【完成了农业部部署的各项专项调查】 一是按照农业部经管司的要求，在房山、大兴、延庆开展了农村土地承包关系长久不变专题调研。下发了《关于开展农村土地承包关系长久不变专题调研工作的通知》（农经字［2009］19 号），完成并上报了《北京市农村土地承包关系长久不变专题调研报告》，且陪同农业部有关领导到房山区进行了实地调研。

二是按照农业部经管司《关于征集农村土地承包经营纠纷调解仲裁案例评析》的要求，市经管站向区县下发了《关于征集农村土地承包经营纠纷调解仲裁案例的通知》，共征集到房山、密云、顺义、怀柔等四个区县的 12 个案例，并及时上报农业部经管司。

三是按照农业部经管司《关于报送农村土地承包经营纠纷仲裁试点总结报告的通知》（农（经综）函［2009］108 号）要求，市经管站对房山、大兴、延庆三个试点区县的仲裁工作情况进行了总结，完成并上报了《北京市农村土地承包纠纷仲裁试点总结报告》。

四是按照农业部经管司《关于报送农村土地承包经营纠纷调解仲裁法贯彻实施准备情况的通知》（农（经综）函［2009］125 号）要求，对本市法律学习宣传、贯彻实施的情况进行了认真总结，完成并上报了《北京市贯彻实施〈农村土地承包经营纠纷调解仲裁法〉准备情况的工作报告》及相关报表。

（市农研中心　任玉玲）

农民专业合作组织

【全市农民专业合作组织得到快速发展】 近年来，全市认真贯彻《农民专业合作社法》，在各级党委、政府的引导扶持下，农民专业合作社得到快速发展。截至 2009 年底，全市工商登记注册的农民专业合作社达 3 406 个，带动农户数占全市从事一产农户的 66%。从专业合作社分布情况看，从事种植业的 1 819个，占 53.4%；从事畜牧养殖的 1 138 个，占 33.4%；从事林业的 119 个，占 3.5%；从事服务业的 92 个（其中农机服务业 65 个），占 2.7%；从事渔业的 58 个，占 1.7%；从事其他行业的 180 个，占 5.3%。从专业合作社服务内容情况看，产加销一体化服务的 2 667 个，占 78.3%；以购买服务为主的 41 个，占 1.2%；以运销服务为主的 51 个，占 1.5%；以加工服务为主的 24 个，占 0.7%；以仓储服务为主的 3 个，占 0.1%；以技术信息服务为主的 276 个，占 8.1%；从事其他服务的 344 个，占 10.1%。

经过多年培育发展，全市农民专业合作社已经具有了一定基础和规模，初步形成了自己的特色：一是发展速度不断加快。《农民专业合作社法》颁布实施后，郊区农民发展专业合作社积极性普遍高涨，大量的专业协会也通过规范，重新组建为专业合作社。从 2006 年底到 2009 年，全市农民专业合作由 481 个增加到 3 406 个，新增 2 925 个，同期专业协会减少 386 个。同时，围绕主导产业，合作社开始走向联合，规模逐步扩大。如密云县在发育好基层社的基础上，进一步上规模、上水平，提高服务能力，已形成奶牛、板栗、柴蛋鸡、糯玉米等四大产业的联合社。二是合作领域拓宽，合作深度逐步加大。合作范围已经从初期的蔬菜、瓜果种植和畜禽养殖领域扩展到农机、运输、民俗旅游、土地、用水等各个行业，服务内容也从单纯的农业科技服务，扩展到产前、产中、产后全过程，尤其是农产品加工、销售环节的合作，有了更快的发展。三是与农业产业化结合紧密。农民专业合作社的发展与开发农业新功能、发育主导产业和特色产品紧密结合，涌现出一批如西瓜、大桃、苹果、梨、奶牛、生猪、柴蛋鸡、观赏鱼等产业化特征突出的农民专业合作社。

【扶持规范农民专业合作社的主要做法】

1. 整合政策资源，加大扶持力度。《中华人民共和国农民专业合作社法》出台以后，按照该法第七章有关规定的精神，北京市出台了一系列扶持政策，从注册登记、税收减免、资金投入、产业支持、信贷服务、人才支撑等多个方面，加大了对农民专业合作社的扶持。从 2007 年到 2009 年，市级财政共安排 9 500万元专项资金，通过项目补贴和奖励两种方式，从开展信息、技术、培训、质量标准与认证、市场营销等服务，建设标准化生产基地、兴办仓储设施和加工企业、购置农产品运销设备等环节，重点扶持了 250 家农民专业合作社，进一步增强了合作社实力。2009 年，为进一步提高农民专业合作社的营销运输能力，加强农民专业合作社与市场对接，有效解决农民专业合作社运输难的问题，切实增加农民收入，本市又组织了实施“现代农业装备对接农民专业合作社工程”，通过政府招标采购、市财政按购车全款给予 50%补助的方式，帮助农民专业合作社购置符合绿标标准的 3～5 吨封闭货车、冷藏车和 5～8 吨奶罐车共 556 辆。把有限的政府扶持资金用在了刀刃上，取得了让广大农民群众看得见、摸得着的效果，使典型示范作用更明显、更有效。

2. 加强指导服务，促进合作社规范化建设。几年来，本市按照“重点突破，整体推进”的指导思想，以典型示范为切入点，以规范化建设为核心，推进农民专业合作社健康快速发展。几年来，在全市培育和树立了 300 个市级和 24 个农业部专业合作社示范典型，涌现出密云奥金达蜂产品专业合作社、大兴圣泽林梨专业合作社、顺义绿奥蔬菜产销专业合作社、延庆大柏老聚八方奶牛专业合作社等一批引领全市农民专业合作社发展的排头兵。本市在农民专业合作社规范化建设中注重抓好三个机制：一是民主管理机制。着重建立完善民主管理的各项制度，严格按照章程办事，最大限度地保障成员的民主权益。二是利益联结机制。积极鼓励、引导农民专业合作社通过订单收购、股份经营、盈余返还等方式，建立稳定的购销关系和利益分配机制。指导合作社按照标准化生产的要求，开展农产品质量认准，保证农产品的质量，使成员获得更大的收益。三是自律机制。加强自律是农民专业合作社健康发展的重要基础和保障，制定和完善相应的管理制度，引导和帮助农民专业合作社建立自律机制，优化人员结构，引入竞争机制，聚集高素质人才，从多方面提高农民专业合作社的工作水平和服务质量。通过加强指导和规范，本市农民专业合作组织整体上逐步由松散型向紧密型发展，大多数专业合作社成员以出资或合同方式与专业合作社形成“利益共享、风险共担”的共同体，依法办社、规范运作成为专业合作社的自觉行动。

3. 创新营销方式，推进合作社与市场对接。近两年来，本市不断创新合作社市场营销方式，积极引导农民专业合作社通过与批发市场洽谈合作、“农超对接”、开办直销店、产品进社区、网上联销等方式开展市场对接，提高市场竞争力。例如，大兴区积极组织北京市农产品中央批发市场、新发地批发市场的 40 余位经销商与区内有规模、有特色的 24 家农民专业合作社直接洽谈合作，与批发市场达成了在信息、基地建设、品牌宣传、销售平台建设、农业技术交流等七方面的合作意向。该区还积极引荐农民专业合作社打入北京知名品牌超市。目前，大兴的瓜果专业合作社已经打入了北京家乐福、美廉美、沃尔玛、华堂、世纪联华、欧尚、京客隆等多家超市，巩固和提升了大兴瓜果的市场形象和市场价值。密云县农民专业合作社服务中心牵头成立了密云县农民专业合作社产品销售中心。选择 10 家农副产品销售企业为密云县农民专业合作社产品定点销售单位，授予牌匾，形成了全县统一的销售网点。同时，选择 10 家合作社为北京果美食品有限公司的生产基地，形成了“龙头企业＋专业合作社＋农户”的产业化经营模式。实现了农民专业合作社与市场的直接对接，为打造“密云农业”品牌找到了新路子。截至目前，市场营销平台共为 140 余家专业合作社销售了 100 余类农产品，销售额达到 5 200 余万元。怀柔、平谷、昌平等区县的一些专业合作社，在本地和市区开设了多家直销店，促进了合作社产品直接走进社区。房山区依托“房山农合网”建立了“网上联合社”，为全区 50 家合作社建立了网店，推介展出蔬菜、食用菌、果品、特色养殖等 280 多项产品。

通过大力发展农民专业合作社，有效地解决了在家庭承包经营基础上提高农业组织化的问题，对维护农民市场主体地位，解决单家独户交易地位不平等、信息渠道不对称、生产操作不规范、产品无规格、销售不成批量、市场空前狭小等问题效果明显，对于扶持弱势人群发展经济，提高农民收入意义重大。在统筹城乡发展、推动北京都市型现代农业发展进程中，也展现出特有的优势，受到了农民群众的欢迎和拥护。

【加快发展农民专业合作社的重点工作】

1. 完成了《北京市实施〈农民专业合作社法〉办法》立法工作。为进一步贯彻落实《中华人民共和国农民专业合作社法》，加快发展农民专业合作社，提高农业组织化程度，促进农民增收，在前期调研的基础上，组织起草了《北京市实施〈中华人民共和国农民专业合作社法〉办法》（草案），市农委、市人大、市法制办组织有关人员进行了三十多次研究修改。2009 年 11 月 20 日由北京市第十三届人民代表大会常务委员会第十四次会议审议通过，2010 年 3 月 1 日起施行。《实施办法》在坚持《农民专业合作社法》基本原则的前提下，根据本市都市型现代农业发展的要求，结合农民专业合作社建设的实际，本着突出本市地方特色、解决实际问题、明确扶持政策、促进合作社健康长远发展的精神，坚持“以指导、服务为主，尊重农民意愿，不干涉合作社的经营管理，在发展中规范，在规范中发展”的原则，认真开展立法工作。《实施办法》有针对性地健全了农民专业合作社的内部管理制度，增加和细化了一些支持、促进农民专业合作社发展的政策措施，明确了政府对农民专业合作社的指导、服务职责。《实施办法》分为总则、设立与运行、指导与服务、扶持与促进、法律责任、附则，共六章52条。在农民专业合作社登记范围、设立登记中农民成员身份的界定、规范农民专业合作社内部管理制度、政府部门和有关组织的指导、扶持和服务职责、扶持和优惠政策（包括财政扶持资金、项目建设、金融保险服务、用地政策、奖励制度）等方面都作出了明确规定。

2. *加强指导服务和规范化建设*。组织召开了2次专家指导组工作会议，听取了专家对各区县农民专业合作组织发展和建设情况的汇报。为更好地评估农民专业合作社规范化发展水平，与工合国际委员会合作开展了“合作社发展的阶梯式评估工具”（DLA）示范性项目，在密云县和平谷区各选定10个合作社进行第一批试点。该项目采用问卷调查的方式，发动合作社干部、社员共同参与，对合作社制度建设、内部治理、业务开展、财务管理、远景规划等5个方面进行民主评估。其目的是，通过民主参与式的合作社内部评估，发现和分析合作社内部存在的问题，通过共同制定改进计划，实现合作社的自我完善。经过在北京郊区2个区县20个合作社的两轮民主评估测试，其中综合得分达到90分以上的合作社有4个，占20%；80～90分的合作社有3个，占15%；70～80分的9个，占45%；60～70分的4个，占20%。通过评估调查中的失分项目，可以清楚地看到每个合作社在规范化建设方面存在的不足之处，从而有针对性地开展进一步培训和制定改进措施。参加评估的干部、社员和专家学者们认为，上述评估结果基本符合当地合作社的实际发展状况，说明这套评估工具的设计比较科学、比较可靠、具有广泛的适用性。

3. *举办了农民专业合作社培训班*。为进一步提高农民专业合作社辅导员和基层社管理人员的业务素质和管理水平，4月上旬，市经管站组织13个区县农民专业合作社统计监测员参加了农业部举办的农民专业合作社统计监测培训班，系统地学习了“农民专业合作组织统计信息管理系统”的主要内容、使用方法及操作规程，为进一步做好农民专业合作社统计工作奠定了良好的基础。10月下旬，市经管站组织13个区（县）的农民专业合作组织辅导员、统计监测员以及105个农民专业合作社负责人共152人，在密云县举办了农民专业合作社培训班。聘请北京市农民专业合作社专家指导组专家、教授，就农民专业合作社财务管理与收益分配、正确把握农民专业合作社法律规范与自治的关系、如何当好一个合作社的理事长、农民专业合作社资金互助等内容进行了专题培训。通过培训，进一步增强了专业合作组织管理人员的指导和服务能力，提高了合作组织负责人的合作意识和办社能力。

4. *开展了农民专业合作组织统计监测工作*。按照农业部办公厅《关于做好农民专业合作组织统计监测分析工作的通知》要求，市经管站下发了《关于做好农民专业合作组织统计监测分析工作的通知》，组织各区县对2009年农民专业合作组织情况进行了两次网上统计，完成了北京市2009年农民专业合作组织统计汇总工作。截至2009年9月底，全市农民专业合作组织发展到3 409个，比2008年增加1 324个，增长63.5%，带动农户占郊区从事一产农户的66%。

5. *完成了《农民专业合作社开展资金互助合作的实证研究》课题*。该课题采取实地调查与理论研究相结合的方式，重点对近年来农民专业合作社开展资金互助合作的背景、制度、政策、问题、作用等方面进行深入研究，提出发展建议，探索一条符合北京实际的合作社资金互助新路子。课题总报告共分为六个部分：资金互助组织的产生与发展、农民专业合作社开展资金互助合作实证、农民专业合作社开展资金互助合作的制度特征及绩效分析、农民专业合作社资金互助合作运作机制中存在的问题、完善农民专业合作社资金互助合作运作机制的政策建议和结论。研究表明：通过自愿的联合实现资金互助合作是一种必然的选择和趋势。合作社开展资金互助合作将传统松散的农村短效资金借贷行为升级为在资金互助合作组织有效管理之下的长期活动，充分调动了农村资金资源，更为方便地解决了农村资金困难，推动了农村金融市场的竞争和改革，同时也加速了社会主义新农村建设。但是它毕竟是个新事物，再加上农村整体条件限制，在实际运作过程中一系列问题亟待解决。所以一方面相关政府机构要在政策上加强鼓励和规范，在业务上加强指导和监督，另一方面广大农户要积极参加相关的培训、学习、交流，争取在探索中谋求发展和创新，从而使合作社资金互助合作更好地服务于“三农”。

6. *开展了“农超对接”试点工作*。为了更好地帮助农民专业合作社将鲜活农产品直接进入大型连锁超市销售，按照农业部的工作部署，组织和推荐了一批农民专业合作社参加了农业部经管司举办的“全国农民专业合作社生鲜农产品与连锁超市对接洽谈会”，其中密云县奥金达蜂产品专业合作社、诚凯成柴鸡养殖专业合作社、延庆县绿富隆蔬菜产销专业合作社、怀柔区蓝天白鸽专业合作社和大兴区圣泽林梨专业合作社与北京市几个大型超市签订了供货协议，取得了良好的效果。

（市农研中心　任玉玲）

集体经济管理

2009年，北京市乡村集体经济进一步加强经营管理，集体经济实力进一步发展壮大。

截至2009年底，全市有乡（镇）级合作经济组织193个，村级合作经济组织3 992个。乡村集体经济组织总资产（含所属乡村集体企业资产，下同）达到2 972.4亿元，比上一年度的2 427.4亿元增加了22.5%；乡村集体经济组织净资产达到1 206.6亿元，比上一年度的1 034.1亿元增加了16.7%。

2009年，全市乡村集体经济组织实收资本金391.3亿元，比上一年度的384.9亿元增长1.7%。实收资本金中，乡集体资本金84.1亿元，占21.5%；村集体资本金133.5亿元，占34.1%；国家资本金12.5亿元，占3.2%；法人资本金81.7亿元，占20.9%；个人资本金64.3亿元，占16.4%；外商资本金15.2亿元，占3.9%。乡村集体经济组织实收资本结构的多元化，反映了集体经济产权制度改革的成果。

为加强农村集体经济的管理，2009年主要采取了以下措施：

1. 建立健全制度，进一步规范农村财务管理。制定下发了《北京市村集体经济组织财务规范管理制度（试行）》，召开了全市农村集体财务管理工作会议，表彰了9家全国和100家本市农村集体财务管理规范化示范单位。继续推进“村账托管”工作，全市已有3 799个村实行了“村账托管”，占全市总村数的95.5%，其中2 835个村实行了“账款双托管”，占全市总村数的71.2%。对一些地方存在的托管手续不健全、账户管理不规范和收取托管费等问题进行了认真整改。全市农村普遍建立了民主理财小组，实行了财务公开，其中规范公开的达到90%以上。全市有3 550个村实现会计电算化，占全市总村数的89.2%。

2. 加强农村集体资产、资源管理。按照《北京市农村集体资产产权登记及其管理办法》，组织区县乡镇经管部门开展了乡村集体经济组织的产权登记证年检工作。为加强农村集体资产承包、租赁、出让以及经济合同管理，建立村级重要经济事项招投标管理制度，目前已在5个区县推行了村级重要经济事项及建设工程招投标制度。同时，进一步加大了对全市土地征占补偿费、集体资产和资源租赁费的使用管理情况的检查力度，加强了对产权制度改革清产核资和撤制村、队集体资产处置方案审批工作的监督和指导。

3. 强化农村集体经济审计监督。认真贯彻市委农工委、市农委、市监察局、市纠风办《关于切实做好村干部任期和离任经济责任审计的通知》和《关于进一步加强村级公益事业专项补助资金监督管理的通知》，进一步加大审计工作力度。对全市554名村干部进行了经济责任审计，对2008年村级专项补助资金管理使用情况、粮食直补补贴资金和10个郊区县的生态林补偿资金到村到户情况进行了年度审计和调查。2009年，全市农村集体经济审计机构共对8 229个单位进行了审计，审计资金总额834亿元，查出违纪违规单位51个，违纪违规金额985万元；查出损失浪费金额358万元，促进增收节支306万元。

4. 推进农村管理信息化，创新集体经济管理手段。坚持“巩固成果、完善系统、提高应用”的指导原则，对农村管理信息化系统进行了深度开发，《村管系统》和《农经平台》两套应用软件全面升级，搭建了自然与社会管理平台，将GIS技术、自然资源与农村社会经济信息进行了整合交融；进行了四级网络传输试点，实现了局部四级网络传输、实时在线的建设目标。为300个村配备了电脑触摸屏，到2009年底，全市已有700个村配备了电脑触摸屏，提高了民主理财、村务公开水平。运用现代信息手段，提高农村审计监督的效率和水平，在线审计试点取得成功。一年来，昌平区经管站利用农村经济在线审计系统进行了全区村干部届中经济责任审计、财务收支审计、村级财务、资产、合同管理检查等多项审计和检查工作，取得了较好的应用效果，对加强农村集体资金、资产、资源管理工作发挥了重要作用。

5. 继续开展了农村经营管理干部培训工作。2009年，市、区县、乡镇三级共举办各类培训班269期，培训人员4.3万人次。通过培训，提高了农村经营管理干部的业务能力和工作水平。

（市农研中心　吴汝明）

集体经济产权制度改革

2009年是本市乡村集体经济产权制度改革力度最大、进度最快的一年。全年新完成改制单位346个，比年初计划超额28%，比上年完成数增加182个，增长1.1倍。到年末，全市完成产权制度改革的乡村集体经济组织累计达到812个，占乡村集体经济组织总数19.4%，其中乡集体经济组织是5个，村集体经济组织805个，组（队）集体经济组织2个，已有52万农民成为集体资产的股东。特别是丰台区，除4个村以外，其余66个村全部完成集体经济产权制度改革，占总数的94%。怀柔区已完成了70%以上村的改革。改革的工作力度比较大、进展比较快的区县还有顺义区、昌平区和通州区。

2009年集体经济产权制度改革的主要措施和特点是：

1. 各区县高度重视，加强协调指导。按照市农村工作会议提出的工作要求，各区县普遍建立健全了以主要领导或主管领导牵头的组织领导机构，加强领导和协调，并将此项工作列入区县重点工作任务，顺义、怀柔、通州、昌平等多数区县均成立了改革工作指导组，深入乡村指导工作，对推进改革发挥了关键作用。

2. 通过制订改革计划，有序推进改革。年初，各区县结合本地实际，及时研究制定区县年度改革工作计划，提出改革的具体措施、办法和目标，增强了乡村集体经济产权制度改革的整体性和预见性。同时，通过改革计划，进一步建立了工作责任机制，使改革工作有了抓手，起到了积极推进作用。

3. *加大培训和宣传，提高工作水平。*2009 年，市级共开展六期培训班，对年初以来新开展产权制度改革和去年新完成改革的村干部进行系统培训，共达 600 多人。各区县也根据本地特点，全部加大了对乡村干部的培训工作。此外，各区县还认真总结推广了一批典型经验，起到了很好的示范作用。

4. *因地制宜，多途径推进改革。*在实际工作中，各区县坚持因地制宜，分类指导、因村施改、一村一策的原则，多途径、多方式稳步推进改革。一是大部分乡村普遍通过“存量资产量化”方式改革，加快了全市改革步伐；二是部分山区乡村充分利用山场等自然资源较多的优势，吸引社会资本推进改革；三是在一些集体资产较大、产业发展较好的村，通过社员入股，以农民投资为主体推进改革。

5. *逐步健全农村改革激励机制，调动基层改革的积极性。*为推进改革，部分区县还建立了改革工作的激励机制。如昌平、怀柔区对完成改革的村集体经济组织每村给予 5 万元的奖励或补贴；顺义区采取由区里统一承担公告、清产核资、材料印刷费等费用，支持基层改革工作；门头沟区明确提出，要将新农村建设和产业发展的相关优惠政策与集体经济产权制度改革工作结合起来，对完成改制的村优先给予扶持。这些措施对推进改革都发挥了积极引导作用。

乡村集体经济产权制度改革，有力地促进了农村集体经济的发展和农民收入的提高。据北京市经管站 2009 年 6 月对 421 个新型集体经济组织的调查，截至 2008 年底，这 421 个改制单位资产总额达到 399.6 亿元，比改制前的 211.8 亿元增加 187.8 亿元，增长 88.7%；资产所有者权益（净资产）为 166.4 亿元，比改制前的 99.8 亿元增加 66.9 亿元，增长 66.7%。实现营业收入 114.8 亿元，比改制前的 77.4 亿元增加 37.4 亿元，增长 48.3%；实现净利润的 15.03 亿元，比改制前 8.2 亿元增加 6.83 亿元，增长 83.32%。2008 年股金分红总额 5.26 亿元，其中集体股东分红金额 1.1 亿元，其他企业法人和社会自然人股东分红金额 0.03 亿元，集体经济组织成员股金分红金额 3.4 亿元，平均每个集体经济成员分红 949 元。

（市农研中心　吴汝明）

私营个体经济

【私营企业基本情况】 截至 2009 年底，本市 10 个郊区、县工商登记注册私营企业累计 133 992 户，比上年 118 666 户增加 12.91%；从业人员 991 882 人，比上年 901 224 人增加 10.06%；注册资本 17 533 936 万元，比上年 13 741 701 万元增加 27.60%。按区县分，如表 1。

表 1　各区县私营企业情况

区　县	户数（户）		从业人员（人）		注册资本（万元）	
	本期累计	上年同期	本期累计	上年同期	本期累计	上年同期
门头沟区	7 777	7 260	63 203	60 839	1 066 361	865 130
房山区	15 824	12 841	91 511	76 938	1 638 292	1 166 553
通州区	27 433	23 890	171 711	159 905	3 090 859	2 408 350
顺义区	10 465	9 066	113 371	100 765	1 465 456	1 145 076
昌平区	15 526	13 080	107 240	88 372	1 776 025	1 331 236
大兴区	29 683	27 302	195 987	186 868	3 847 888	3 034 047
平谷区	9 864	9 587	76 451	69 706	1 312 463	1 074 411
怀柔区	8 050	7 187	79 235	70 580	1 703 042	1 383 367
密云县	6 911	6 171	66 341	61 691	1 185 019	988 877
延庆县	2 459	2 282	26 832	25 560	448 531	344 654
合计	133 992	118 666	991 882	901 224	17 533 936	13 741 701

资料来源：摘自国家统计局北京调查总队等 5 部门统计资料。表 2、表 3、表 4 同。

【个体工商户基本情况】 截至 2009 年底，本市 10 个郊区、县工商登记注册个体工商户累计 410 602 户，比上年 370 020 户增加 10.97%；从业人员 609 091人，比上年 544 287 人增加 11.91%；注册资本 958 909 万元，比上年 841 537 万元增加 13.95%。按区县分，如表 2：

表2 各区县个体工商户情况

区县	户数（户）		从业人员（人）		注册资本（万元）	
	本期累计	上年同期	本期累计	上年同期	本期累计	上年同期
门头沟区	13 683	12 626	18 449	16 860	21 005	18 862
房山区	39 370	36 131	72 791	65 970	87 190	70 019
通州区	71 521	64 646	96 077	87 496	127 667	132 859
顺义区	48 714	44 848	98 451	89 260	170 767	141 617
昌平区	77 674	67 785	96 994	83 712	173 415	150 732
大兴区	77 386	69 195	109 352	95 545	105 011	92 388
平谷区	30 056	26 606	31 002	27 551	82 000	71 451
怀柔区	18 487	16 775	30 595	26 758	75 366	62 177
密云县	20 990	19 315	34 385	31 378	77 275	66 621
延庆县	12 721	12 093	20 995	19 757	39 213	34 811
合计	410 602	370 020	609 091	544 287	958 909	841 537

【私营企业税收情况】 截至2009年底，本市10个郊区、县私营企业本期累计入库税收722 400万元，比上年同期626 332万元增加15.34%，其中地税511 226万元，比上同期443 931万元增加15.16%；国税211 174万元，比上年同期182 401万元增加15.77%。入库税收按区县分，如表3：

表3 私营企业税收情况

单位：万元

区县	地税税收		国税税收	
	本期累计	上年同期	本期累计	上年同期
门头沟区	42 742	45 237	51 522	49 425
房山区	36 795	39 112	43 076	26 592
通州区	88 034	62 408	4 035	2 801
顺义区	59 473	49 076	989	1 032
昌平区	56 049	38 332	1 498	1 200
大兴区	120 008	115 851	88 009	81 069
平谷区	842	1 193	865	836
怀柔区	45 062	38 607	112	99
密云县	32 778	29 005	20 813	19 161
延庆县	29 443	25 110	255	186
合计	511 226	443 931	211 174	182 401

【个体经营税收情况】 截至2009年底，本市10个郊区县个体经营本期累计入库税收124 755万元，比上年同期97 832万元增加27.52%，其中地税114 509万元，比上年同期87 482万元增加30.89%；国税10 246万元，比上年同期10 350万元减少104万元减少1.00%。入库税收按区县分，如表4：

表4 个体经营税收情况

单位：万元

区县	地税税收		国税税收	
	本期累计	上年同期	本期累计	上年同期
门头沟区	947	855	104	96
房山区	13 119	8 697	1 008	1 115
通州区	16 002	14 141	2 087	1 962
顺义区	21 435	13 361	1 937	2 431
昌平区	27 009	25 287	1 695	1 648
大兴区	13 871	8 603	1 395	1 362
平谷区	7 942	4 523	468	418
怀柔区	1 155	1 414	532	486
密云县	10 049	8 916	529	392
延庆县	2 980	1 685	491	440
合计	114 509	87 482	10 246	10 350

（市工商局 党仁先）

农村社会事业

概　述

农村社会事业全面进步。农村精神文明建设逐渐深入、宣传思想工作不断创新、形势政策教育形式多样，通过宣传市委市政府的新政策、新举措、新成果，有效引导农村干部群众迅速统一思想和行动。围绕中心工作，创新宣传形式，丰富宣传内容，为扎实推进新农村建设营造了良好的舆论氛围。"寻找'北京最美的乡村'宣传评选活动"立足城乡互动从多个方面进行了创新，吸引了更多的市民参与其中，进一步扩大了在社会影响。第20届农民艺术节围绕"展现城乡和谐、歌唱美丽乡村"，不断促进和带动农村基层群众文化活动健康深入开展。农村文化事业、教育事业、卫生事业等各个方面都有显著进步。

宣传工作及精神文明建设

【强化新闻宣传为新农村建设营造良好的舆论氛围】 围绕全市新农村建设的中心工作，不断创新和丰富宣传形式，通过动态宣传、专题宣传、阵地宣传等形式，对市委市政府支农惠农新政策、各部门各区县推进工作新举措、新农村建设的新经验新成果、城乡之间的新交流新互动进行重点宣传，直接涉及"三农"的报道超过2 000篇次。

一是动态宣传，跟踪报道重点工作推进情况。围绕城乡一体化"1＋N"行动、"五十三"工程、小城镇建设、农业基础设施和设施农业、低收入农户增收、农村改革等重点工作推进情况，邀请新华社、农民日报等中央媒体和北京电视台、北京日报等市属媒体进行了集体采访40余次，累计播发报道300多篇次。

二是专题宣传，围绕城乡一体化营造舆论声势。在农村工作会议、城乡一体化会议、新中国成立60周年等重要时间窗口，对全市新农村建设成就进行了专题宣传：农村工作会前后撰写并提供6篇综合性成就稿件，新华社、中央人民广播电台等媒体集中报道30多篇；城乡一体化工作会议前后，在北京日报、北京电视台、北京晚报、北京青年报、北京晨报、京郊日报、千龙网等7家市属新闻媒体同时开设了"抓'三保'促'三农'，推进城乡一体化"专栏，集中报道50多篇次；国庆节前夕，面向中外50多家新闻媒体召开了"新中国成立60周年北京新农村建设成就"专题新闻发布会，累计报道近百篇次。

三是阵地宣传，搭建常年性"三农"宣传平台。与《农民日报》合办"都市型现代农业"专版，搭建了面向全国的宣传平台，围绕北京新农村建设情况，每周突出一个主题、刊发一个专版，全年共刊发52个专版、500多篇报道；与北京电视台公共频道合办全市唯一的农业电视栏目——《京郊大地》，每周播出一期、30分钟，全年累计播出52期、300多篇条；与北京电视台综合频道联合创办了"乡村新发现"栏目，从创新的角度深度报道新农村建设带来的新变化，已经累计报道近20集；与北京人民广播电台继续合办《生态北京》栏目，每周六、日各播出一期、30分钟，全年播出104期、900多条。

【组织开展了2009年度"寻找'北京最美的乡村'宣传评选活动"】 2009年度"寻找'北京最美的乡村'宣传评选活动"，立足城乡互动，从活动主题、宣传方式、评选方法和活动成果上进行了创新，吸引了更多的市民参与其中，进一步扩大了在社会各界的影响。在活动主题上，根据展示成果、沟通城乡、引导资源的活动定位，明确了"共建美丽乡村、共享美好生活"的活动主题，实践证明，这个主题反映了全体市民的心声并已逐步深入人心，共建共享的社会氛围日趋浓厚。在宣传方式上实现了立体宣传：一是媒体集中采访新闻性宣传，联合北京电视台、北京人民广播电台、北京日报、北京晚报、京郊日报、千龙网、首都之窗等媒体，同时开设专题或专栏对每一个候选村进行集中宣传200多篇次，形成了"报纸、电视、广播、杂志、网络、手机报"全媒体覆盖的宣传格局；二是邀请市民参观体验性宣传，设计印制了50 000份《"北京最美的乡村"候选村体验评选套票》，并免费赠送给市民；三是公共交通工具流动性宣传，在6条线路12辆公交车车身上进行了公益宣传，行程10多万公里、载客量超过200万人次，引起了广泛的社会关注。在评选方法上采取了网络投票、报纸选票、市民体验、专家评委四种评选方式，按照5：30：30：35的比例进行了加权综合评选，2009年有效选票达到362万多张，从33个候选村中评选出了10个“北京最美的乡村”和10个“北京最美的乡村”（提名）。在活动成果的深化开发上不断打造“宣传品牌”，扩大活动的影响，坚持每年出版发行《北京最美的乡村》图书，2009年又与市旅游局联合开展了“‘美丽乡村’十佳精品旅游线路”宣传评选，以“北京最美的乡村”为关键节点，进行了整体形象包装和提升。

2009年度荣获“北京最美的乡村”称号的村庄是：

1. 满族风情俏京南——大兴区北臧村镇巴园子村。巴园子村因曾是清朝皇族巴姓人家的菜园子而得名，男性村民皆为巴姓，为满族镶黄旗后裔。走进村里，满族风情随处可见：文化长廊展示着历史人物和满族风俗，村民住宅透着浓浓的满族气息，“八碟八碗”宴席从饭菜到餐具都体现着满族特色，上百年历史的巴氏宗谱承古续新，如果碰巧还会受到盛装的“格格”和“阿哥”们列队欢迎呢。信步走到村外，六个造型别致的竹亭点缀在成方连片的温室之间，瓜果蔬菜的清香随风飘散，每年都会吸引很多市民前来观光采摘。巴园子村敏锐地把握住市场需求，努力把无形的文化资源转化为有形的文化特色并发扬光大，走出了“文化兴村”和“科技兴村”相结合的成功发展道路。

2. 万亩梨园花果香——大兴区庞各庄镇梨花村。梨花村名副其实，掩映在永定河东岸的万亩梨园之中。下了京开高速，一路迎着梨香，很容易就能找到村子，因为地处梨园中心区，所以百年老梨树随处可见，那棵已经417岁的贡梨树依然硕果累累。听着“北村萝卜葱心绿、南庄鸭梨金把黄”的故事，咬上一口与庞各庄西瓜齐名的“金把黄”，从嘴到心都是甜的。一路六街通南北、九道二巷穿东西，徜徉村中，随便走进60多家民俗接待户中的一家，都能吃到梨丝饼等特色美食。“春赏花团锦簇、夏观叶碧茵浓、秋品果垂金镀、冬看枝挂雪晴”，梨花村用心把“花果”做成了大产业，写出了一产与三产有机融合的大文章。

3. 名闻中外“画家村”——通州区宋庄镇小堡村。“世界小堡”，敢于这么自称，一定有其不同凡响之处。东六环外的一处所在，国防工事改建的艺术区里数十个画家工作室风格迥异，上上国际美术馆铁锈色的主体建筑与青灰色的外墙反差强烈，12家美术馆各具特色、80多个艺术机构聚集于此，第五届中国宋庄文化艺术节正进行得如火如荼，这个说是农村却像艺术城堡的地方便是小堡村。如今，1 200多名艺术家与村民和谐相处，相互影响着、启发着，农民画家的作品被国外收藏了、农民的孩子考上美术类院校了、农民开始办画廊了，艺术气息布满了整个村庄。小堡村主动转变观念，变“管理”为“服务”，安巢留凤、乘凤高飞，借力艺术家推进文化创意产业，实现了快速发展。

4. 宜工宜居两相和——顺义区马坡镇石家营村。从京承高速转向奥运大道，不用10分钟就能到达石家营村。“人人团结和谐美，携手共建咱新村……”还没进村，欢快的村歌就已入耳。花草点缀的村庄里，一环、二环、三环路干净整洁，老人、孩子在音乐喷泉的文化广场上舞蹈、嬉戏，劳动力全部进入村里引进的25家企业工作。村里文娱设施齐全，村民生活用的是清洁能源，影像监控实现全村域覆盖，就连太阳能公共浴室都挂着“婆媳澡堂”的牌子。村西不远，有蜜枣林和樱桃林，还有原生态的洛娃庄园，几十种瓜果蔬菜自由地生长着，红色主题餐厅旁，马、牛、羊、狼、狗、藏獒组成了一个小小动物园，吸引着游人的兴趣。石家营村以充分就业促进了增收，以和谐乡风凝聚了民心，实现了物质和精神的双丰收。

5. 山环水绕栗之乡——怀柔区渤海镇六渡河村。怀沙河流经的村庄以数字顺序命名，第六个村子自然就叫“六渡河”了，虽排名不靠前却以“京郊板栗第一村”而著称。居于8公里“栗花沟”的核心地段，青山相对、清溪绕村的美景让人流连，丰富浓郁的板栗文化让人忘返：“吃”有特色板栗宴，“住”有板栗文化装饰，“行”有渤海旅游东环线，“游”有赏花采摘节，“购”有现炒的栗子和现采的栗树蘑，“娱”有栗树认领和板栗农耕文化。在水面宽阔的人工湿地边闲坐垂钓，嗑着烫手的栗子、品着淡淡的清茶、听着广场上的音乐、看着小鱼儿在蓝天白云的倒影中嬉戏，平静的心里只有快乐了。六渡河村致力于人与自然的和谐，通过完善板栗产业链，发展民俗旅游，实现了循环发展的新模式。

6. 四围青山藏古韵——门头沟区斋堂镇爨底下村。始建于明朝永乐年间的爨底下村坐落在门头沟区西部深山的峡谷之中。“爨”字原意是烧火，因爨底下村人都姓韩，与寒同音，为使阴阳调和，驱散贫寒，就定名“爨底下”。如今，村里保存完好的明清山地四合院有76套，均依山而建，高低错落，以村后龙头为圆心，南北为轴线呈扇面形伸展于两侧，是北方地区保存最为完整的古民居群。这里每年接待国内外游客10万人次以上，人均纯收入达到2万元。爨底下村先后荣获中国最具旅游价值古村落、国家级文物保护单位、国家A级景区、市级民俗旅游专业村等称号。在将生活资源转变为生产资源这条道路上爨底下人进行了积极的探索，他们于物化的历史中挖掘人文精髓，真正为爨底下人的生活加了一把现代文明之火。

7. 山水人家作画廊——平谷区黄松峪乡雕窝村。雕窝村是一个只有50多户人家的小山村。这里深深浅浅的绿树覆盖着层层叠叠的页岩，巨石、奇石遍布峡谷，有“北方巨石第一园”之誉；黄松峪水库那一汪碧蓝的净水衬托着幽绿的山峡，给山村平添几分灵气。秀丽的风景引来众多文化名人，作家王蒙、画家陈克永、版画家叶友良等相继落户到这里，如今画院就有7座，每年接待名人名家3 000多人次，使这里又有了“京东艺术第一谷”之称。雕窝人正是利用山水人家与文化名人两大资源的优势大力发展乡村旅游业，无可复制的景色引得游人纷至沓来，其淳朴的民风更使其知名度与美誉度不断提升。如今，全村55户人家就有53户从事民俗接待，去年人均纯收入达到了1.8万元，村民生活幸福而惬意。

8. *幸福家园美如画——顺义区马坡镇庙卷村。*庙卷位于顺义新城核心区，距奥林匹克水上公园仅5分钟车程，因为古时军营家眷居住之地而得名，是一个人口仅有460人的平原小村。走进庙卷，首先映入眼帘的是主街两侧、农家院墙上精心绘制的百米山水画廊。置身村内，纵横的街道干净整洁，百姓的院落错落有致，花草树木点缀其间。那透着现代文明的影剧院、健身广场、市民学校、图书室、计算机室、洗浴中心和标准的乒乓球俱乐部，让这里的百姓尽享高品质的生活。那依托区位、美化环境、筑巢引凤而引进的13家企业，又让这里的百姓100%得到高质量就业。这是一个全面发展的村庄，这是一个基础完善堪比城镇而又不失乡村特色的地方，这是一个农民安居乐业的家园。

9. *朝霞首缕映仙谷——密云县新城子镇花园村。*每个晴朗的日子，第一缕阳光都会从这里开始慢慢铺满整个北京，她就是被称为“北京东极”的花园村。想要完整地感受花园村，必须得起个大早：披着夜色、听着虫鸣，沿着安达木河边的山路爬上山顶，在唤醒四县的雄鸡报晓声中静静地等待着初阳升起，一边享受温暖一边欣赏逐渐清晰的山水，身心都经历了一次彻底的洗礼。村民集资入股开发的“东极仙谷”里，曲径通幽、步移景换，特别是保存完好的长城水关十分少见，再加上一路上随处可见的烽火台和古城墙，引得众多游人流连忘返。花园村创造了“资源+资本”的发展模式，以村民入股的形式对自然赐予的“原始股”进行有效开发，把青山绿水变成了村民致富的“聚宝盆”。

10. *云居素斋结“禅”缘——房山区大石窝镇水头村。*水头村因南泉水河发源于此而得名。“南有少林、北有云居，武出少林、文自云居”，千年古刹云居寺就座落在村里，“佛光”也因此照进了村里的角角落落。从状如菩萨脚印的“脚踏石（实）地”巨石边转过，原木搭建的文化墙便跃然眼前，一个个有关云居寺的传说历历在目。村里每家民俗户都有一个富有禅意的名字，聆听着流传千年的禅理故事、品尝着独具特色的原味佛家素斋，每个人都仿佛找到了慧根。独特的佛教文化旅游、沟域休闲观光产业、品牌农特产品加工、皇家贡品“菱枣”采摘，水头村每年都吸引着络绎不绝的游人。因水源而名、因佛缘而富，水头村借独特的佛教文化资源发展文化旅游，闯出了新农村发展经济的新路子。

【组织开展了北京市第二十届农民艺术节】 为适应城乡一体化、建设新农村的新形势，自第20届农民艺术节开始，尝试改版创新，立足群众性、面向国际化，一节带“两节”，两节带“三团”，即每年轮换主推“乡村歌舞节”和“乡村戏剧节”，带动农村合唱团、舞蹈团、戏剧团及小剧场的普及发展，着力打造京郊歌舞、戏剧之乡。2010年初，北京市第20届农民艺术节暨首届北京乡村歌舞节由中共北京市委宣传部、市委农工委、市农委、市文化局共同举办，以“展现城乡和谐、歌唱美丽乡村”为主题，开展了三项全市性活动。一是组织开展了“融合的城乡——北京市第20届农民艺术节开幕式暨2009北京美丽乡村主题晚会”。晚会通过欢腾的城乡、美丽的乡村、多彩的农业、和谐的北京四部分展现城乡一体化新理念、城乡融合的新成果以及新农村的崭新面貌和新农民的幸福生活，2009年度寻找“北京最美的乡村”颁奖活动巧妙穿插在晚会中，整场晚会始终贯穿着城乡融合的氛围，观众热情洋溢、掌声不断。二是举办首届北京“乡村合唱大赛和乡村歌舞大赛”，全市各郊区县共有近400支团队、14 000余人报名参加比赛，经过区县初赛和市级复赛，共有来自12个郊区县的10支合唱团和10支舞蹈团队进入决赛，他们清一色的由当地农民组成，决赛现场上他们歌声整齐高昂、舞蹈喜庆优美，不少原创作品更是淋漓尽致地展示了首都新农村的新面貌。最终丰台区区选送的《如诗的花乡与您相约》获得了合唱一等奖，昌平区选送的《山丹丹花开红艳艳》获得了歌舞一等奖，同时产生了4个二等奖、6个三等奖和8个单项奖。三是启动“百团带百村——文化志愿者下乡”活动。利用首都文艺演出团体、文化人才集中的优势，引导高品质的文化资源向农村流动，甄选一批高水平的城区志愿者合唱团、舞蹈团，深入行政村与基层合唱团进行对接帮扶，让“百团”（百个城区合唱团）带动“百村”（百个村级合唱团），通过动员文化志愿者下乡，协助新农村文化建设整体提升。

【组织开展了第十二届“郊区十大新闻人物”评选活动】 市委农工委和京郊日报继续共同举办第十二届“京郊十大新闻人物”评选活动，在历经2008年南方冰雪灾害、四川汶川特大地震、北京奥运会等令人刻骨铭心的事件后，评选出了本年度的“京郊十大新闻人物”，20 000多名读者踊跃投寄选票，10 000多人在网上点击，认真评选自己心中的楷模。最终，舍己救人烈士周波、抗震勇士张彦明、残奥会冠军杨森、“工程师村官”刘德新等当选本届“京郊十大新闻人物”。从当选新闻人物看，既有在新农村建设中带领农民致富的村干部、合作社社长，也有在抗震救灾中舍小家的抗震英雄和在北京残奥会上勇夺金牌，为国争光的体育健儿。正是因为他们的可信、可亲、可敬，凝聚了广大郊区农民的心。2008年度“郊区十大新闻人物”是：

周　波　北京卫戍区某部战士（舍己救人烈士）
张燕明　昌平区百善镇泥洼村村民（抗震勇士）
杨　森　大兴区魏善庄镇人（残奥会冠军）
刘德新　房山区窦店镇河口村党支部书记（工程师村官）
冯建国　市农村经济研究中心副主任（农村垃圾“教父”）
侯亚军　顺义区特殊教育学校听障部（特教校长）
霍龙延　延庆县延庆镇付余屯村村民（撑家少年）
吴军伶　怀柔区北房镇韦里村村民（身残志坚）
王守中　丰台区退休教师（圆梦“绳王”）
李凤珍　密云县太师屯村民（“绿色”使者）

（市委农工委宣传处　顾崇华）

农村文化工作

【周末场演出计划】　旨在培育本市郊区县的文化演出市场，整合文化资源，活跃京郊广大人民群众的文化生活，并为专业院团深入基层服务搭建广阔的平台的“周末场演出计划”于2006年9月由北京市文化局推出，该办法利用北京郊区现有文化设施，在每个星期的双休日，让京郊百姓都能在专业剧场里欣赏到高水准、低票价的专业院团演出的剧（节）目。此办法一经推出，立刻受到京郊观众的欢迎。截至2009年，共计演出2 256场。其中，2006年试点演出89场，拨款178万元；2007年736场，拨款1 472万元；2008年731场，拨款2 174万元；2009年700场，拨款1 750万元。4年累计拨款5 574万元。

从2008年1月1日起，“周末场演出计划”开始执行由市财政局、市文化局联合下发的《北京市“周末场演出计划”专项资金管理暂行办法》，“新办法”的核心内容是对参加周末场演出的专业院团实施分档补贴，自低向高，每场1.5万、2万、3万元；对推行周末场演出的京郊剧场实行每场2 000元的场租补贴；对于演出票房好的剧场，按售票比例进行奖励补贴；售票一律实行低票价。以上办法极大地激发了剧场和剧院团的积极性，演出质量和演出场次均有较大幅度提高。

周末场演出计划吸引了各类艺术表演团体参与农村公益演出的积极性，本市各专业院团，经过资质认定的14家民营院团、外省市级表演团体和部分中央在京艺术表演团体都积极参与周末场演出；各专业院团将保留剧目、获奖剧目送到郊区，让京郊百姓也能欣赏到高水平的文艺演出。

周末场演出计划激发了剧场的售票热情，许多剧场纷纷加强营销手段，提高售票率。同时，有些剧场通过周末场演出带动本剧场的商演，如顺义影剧院与中国评剧院尝试在春节期间除了演出“周末场”外还签了10场商业性演出，取得了很大的成功。2009年“六一”儿童节期间，由于演出需求量大，顺义影剧院再与北京儿童艺术剧院签订了除“周末场”之外的商演，满足了家长和孩子们的愿望。两次借“周末场”进行的商演均取得了很好的社会效益和经济效益。

【文艺演出星火工程】　为促进首都城乡经济、文化协调发展，推动城市文化的交流与繁荣，提高专业团队面向基层演出的积极性以及群众参与文化活动的热情，市文化局于2006年5月份在通州、大兴、怀柔、平谷及房山五个区开展了“文艺演出星火工程”试点工作。2007年市文化局在试点的基础上，在全市13个涉农区县全面推广了此项工作，有计划地对指定性专业院团到农村演出和群众性文艺团队跨区县、乡镇、行政村的交流演出给予适当的资金支持。

“文艺演出星火工程”的核心内容是：在全市每个行政村每年安排4场文艺演出，其中3场为群众性文艺团队或民营职业团队的演出、1场为专业院团或市级品牌团队的演出，俗称“3+1演出”。

2006—2009年星火工程共计演出34 006场，拨款12 434万元。其中：2006年试点演出4 852场（无不拨钱场次），拨付资金2 014.22万元。2007年演出9 699场，其中拨钱7 239场，不拨钱2 460场，拨付资金2 299.3万元。2008年演出11 545场，拨付资金3 659万元。2009年演出7 910场，拨付资金4 462万元。

（市文化局　郭竹青）

农村教育工作

【持续加大农村教育的支持力度】　2009年，市教育系统在本年预算中明确新增教育经费向农村地区、薄弱学校倾斜。市级基础教育经费70%投入农村地区学校和薄弱学校。

【全面推动城乡教育一体化发展】　2009年，市教育系统继续实施中小学规范化建设工程，作为本年市政府实事，重点推进200所小学在主要项目上达到新颁办学条件标准，修缮改造300所农村中小学教师集体宿舍，解决7 000余名农村教师在校住宿问题。

【加大农村学前教育扶持力度】　2009年，市教育系统继续加大农村学前教育扶持力度。加大改造乡镇中心园办园条件，在着重为70所乡镇中心园改善办园条件的基础上，大面积提高农村园长的管理水平和教师的教育教学能力。通过开展农村转岗教师培训，帮助转岗教师树立正确的教育观和儿童观，提高教育教学技能。鼓励扶持园所上级上类工作，尤其扶持一批城市薄弱园和农村园通过上级上类促进园所办园条件和教育教学水平的提高。

【召开第二次百对城乡中小学手拉手活动经验交流暨表彰会】　5月16日，市教育系统召开北京市第二次百对城乡中小学手拉手活动经验交流暨表彰会。会议主题是：深入开展手拉手活动促进首都义务教育均衡发展。会上对50所先进学校和99名先进个人进行表彰。海淀区人大附中、崇文区广渠门中学、大兴区庞各庄第二中心小学、延庆县教委介绍开展城乡中小学手拉手活动的经验。该项活动开始于2005年，2006年市教委第一次表彰百对城乡中小学手拉手活动先进学校和先进个人。

【启动首都高校全面支持郊区中小学建设工程】 7月29日，市委教育工委、市教委召开首都高校全面支持郊区中小学建设启动大会。各区县教委领导、首都高校主管干部和对口支援的农村中小学校长400人参加会议。首都56所高校以“一对一”的形式帮助郊区中小学校提高办学水平、干部管理水平、教师教书育人水平，实现郊区中小学整体办学水平的全面提升，缩小城乡教育差距。开展首都高校全面支持郊区中小学建设，是为贯彻落实教育部和市委、市政府关于进一步推进义务教育均衡发展有关文件精神，优先支持农村义务教育，引导优质教育资源向农村辐射，充分发挥首都高校教育资源优势，进一步提高高等学校为首都经济建设、社会发展和率先基本实现教育现代化贡献力量。

【加强农民教育流动课堂车的使用管理】 2009年，市教育系统为部分远郊区县职业学校和乡镇成人学校配备农民流动课堂车。充分利用流动课堂车，开展送教下乡活动，把文化知识、最新农业生产技术和农产品营销知识送到农民的手中。总结推广大兴区流动课堂车的使用和管理的经验，完善流动课堂车的使用和管理制度。

【加强农村成人学校建设】 2009年，市教育系统加强农村成人学校建设，夯实农民教育基础。积极协调有关部门，解决房山区、通州区等区县乡镇成人学校的机构和人员编制问题。依据《示范性乡镇成人学校基本办学标准》和《示范性乡镇成人学校评估细则》，对15所乡镇成人学校开展评估验收。完善农民教育培训网络，促进农民终身教育体系建设。

【加强农村实用人才培养力度】 2009年，市教育系统落实市政府关于“加强农村实用人才开发培养力度，提高农村实用人才数量和质量”的工作要求，完成培训4 000人工作任务。动员郊区各中等职业学校和各类成人学校利用教育资源，开展农村成人教育工作。先后举办农村经济合作组织带头人、农业科技致富带头人、农村巧娘工作室带头人等培训班18期，共培训农民6 100余人次。发挥基地“带着农民干、做给农民看、帮助农民赚”的优势，共举办各种实用技术培训班35期，培训农民5万人次。

（市教委　华蕾）

【协议开发培养农村实用人才】 2009年5月，全市农村实用人才工作会议召开，利用社会智力资源协议开发培养农村实用人才模式全面推行，各区县积极筛选培养对象，与培养教师、龙头企业和合作社等负责人签订培养协议。经过一年的实施，在各区县自查验收的基础上，市里组成4个考核评估组深入13个区县，采取电话访谈、入户走访、听取汇报等形式，对各区县农村实用人才工作进行了检查验收，共6 984人达到《评价标准》，农村实用人才总量达到2.5万人。

【组织开展农村实用人才培训】 结合农村富余劳动力就业转移培训、科技入户工程、农民田间学校等工作，对农村实用人才进行了多层次、多形式的培训。组织95人参加了农业部农村实用人才示范实训基地培训8期；组织举办全市农村实用人才带头人培训班，220名农村实用人才带头人参加了培训，并从中遴选了40名优秀学员赴陕西省杨凌高新农业示范区参观考察。组织24名农村实用人才带头人赴澳大利亚进行了为期3周的系统培训，进一步开阔了视野、增长了见识。指导各区县利用各自的示范实训基地开展多种类培训，全市共培训各类农村实用人才4 000多人。同时，组织研究制定了《北京市农村实用人才等级评定管理办法》，进一步明确了高级、中级、初级农村实用人才的标准和条件，明确了农村实用人才评定程序和分级管理全面，为下一步更好地管理服务农村实用人才奠定了基础。

【举办农村实用人才展示推介活动】 4月23—25日，在奥林匹克公园核心区举办了“北京市农村实用人才创业成果暨乡村旅游产品（手工艺品）展示推介活动”，各区县参展作品共12大类、173个项目、5 560多件，涉及农民创办的企业、专业合作社、专业协会等多种实体，是全市农村实用人才创业成果的一次大荟萃。活动期间参观人数达16万人次，现金收入150余万元，达成销售协议意向1 100余万元，达到了“扩大社会影响，宣传创业成果、有效衔接市场、促进相互交流”的目的，取得了良好成效。

（市委农工委干部处　杨琦　宗大勇）

【一产农民专业技能培训】 依托各级农业技术推广机构、大专院校、科研院所，围绕郊区农业主导产业，采用农业科技入户、骨干农民研修、农民田间学校、农业科技“套餐”配送等有效模式，广泛开展农业实用技术推广和培训。充分发挥涉农企业、农业专业协会、农民专业合作社等力量在带动农民规模化、标准化生产，产销一体化经营等方面的优势作用，培养和提升农民集约化、专业化、高效化的农业生产经营技能。全年直接培训一产农民2万余人，辐射带动约10万余户，开办农民田间学校近500所。组织300名设施农业生产骨干农民开展了系统的研修培训，正陆续派往山东、河北、福建、台湾等地培训。

【农村劳动力转移就业和创业技能培训】 依托各类职业学校，瞄准企业人力需求，以提升技能、促进就业、增加收入为核心目标，探索开展“定点招生、定岗培训、定向就业”的职业培训模式，进一步完善城乡一体化的职业培训制度，逐步提高中高级职业技能培训比例，为农村劳动力提供集职业培训、技能鉴定、就业（创业）服务为一体的综合服务，帮助他们实现稳定、高质量转移就业或创业。做好镇村企业在职职工职业技能提升培训和乡村旅游从业人员从业技能提升培训。全市开展农村劳动力转移就业培训5.3万余人，开展农民创业培训1 600余人。

【农民成人学历教育】 依托各级职业学校、成人学校，探索开展适合农民的成人学历教育模式，在农民提高从业技能的基础上，鼓励和帮助他们提高学历水平。面向农村初中后、高中后、复员军人等新增青年劳动力，开展成人中、高等职业教育。据初步统计，全年招生人数超过1万人。

【农民思想道德建设和科技文化卫生法律普及】 各级宣传、思想政治、文体、司法、科技等部门广泛组织开展农民思想道德建设和科技文化卫生法律普及活动。以现代远程教育为重要手段，开展全方位的农村科学普及和技术知识传播，引导郊区农民思维方式、生产方式、生活方式的有效转变。以学习型城市建设、农民科学素质行动、科技文化卫生法律体育下乡、文明镇村创建等常年工作为载体，广泛开展农民思想道德建设，以及科技、卫生、法律知识和文化体育普及活动。

（市农业局　董艳华）

农村卫生工作

【概述】 自2009年12月1日起，由北京市卫生局基层卫生处负责北京市农村卫生的卫生行政管理工作。随着机构改革工作的推进，北京市卫生局原农村卫生处和原妇幼与社区卫生处的社区卫生职能部分合并成立北京市卫生局基层卫生处，并于2009年12月1日正式运行。基层卫生处职能包括负责本市城乡基层卫生工作和新型农村合作医疗的综合管理，拟定基层卫生工作的发展规划、政策措施、规范标准并组织实施；指导基层卫生服务体系建设和乡村医生相关管理工作；负责老年卫生、基层医疗康复的管理工作；参与基层卫生人才队伍建设和实用技术普及推广工作。年内，北京市农村卫生工作着重在农村基本医疗卫生制度建设、巩固和发展新型农村合作医疗制度、推进农村卫生服务体系建设、加强乡村医生从业管理等方面开展工作。

【农村基本医疗卫生制度建设】 年内，本市实施以强化乡镇卫生机构医疗服务能力为切入点的农村卫生发展举措；在房山区探索实施村级基本用药试点；积极改善农村基层卫生服务条件；整合镇村两级卫生资源；强化镇级政府和村级组织属地管理责任，实施镇村卫生机构建设规划并逐步完善运行机制。推行了首批30类122项农村基本医疗卫生服务免费项目，努力实现农村居民公平享有与首都经济发展水平相适应的公共卫生、基本医疗和基本药品服务。

【发展新型农村合作医疗】 2009年，新型农村合作医疗人均筹资420元，农民参合率95.7%，筹资总额11.9亿元。全市统一规范“特殊病种”门诊补偿范围，试行乡镇卫生院“零起付”补偿政策，住院补偿“封顶线”18万元，推行“出院即报和随诊随报”。为加强基金监管，组织市级专家和社会监督员开展了新农合基金稽查；完善新农合信息管理系统功能，加快推进新农合实时结报进程；以规范管理和提高服务能力为目标，实施了新农合管理干部和专业人员的培训。全市新农合基金支出111 401.545 7万元，住院补偿率46.17%（不包括二次补偿），门诊平均补偿33.71%。

【农村卫生服务体系建设】 年内，起草了《关于加强本市郊区村级医疗卫生机构服务能力建设的实施意见》、《关于统筹城乡卫生事业发展，加快推进本市农村卫生工作的实施意见》。为做好《中国初级卫生保健发展纲要2001—2010年》的终末期评估，对各郊区县工作开展的情况进行了调查，对历年主要健康指标数据进行了初步统计分析，为制订终末期评估验收方案奠定了基础。

【乡村医生管理】 全年完成5 494名乡村医生的执业注册和换证工作。开展了乡村医生待遇落实情况调查，为完善政策提供了依据；印制了《乡村医生管理手册》，规范和指导各郊区县做好乡村医生的管理工作；与《健康报》合作，免费向乡村医生发放《健康报〈乡医导刊〉》，宣传卫生方针政策以及农村卫生工作动态，指导乡村医生做好村级卫生服务。

（市卫生局　宗保国）

农村计划生育

【概述】 全市围绕“稳定低生育水平、统筹解决人口问题”主线，坚持“小人口”不放松、“大人口”探索推进的思路。各区县圆满完成了与市长签订的人口计生目标管理责任书的各项指标。低生育水平保持稳定，总和生育率1左右。全年出生人口13.7万人，自然增长率3.5‰，计生率95.32%，总体工作水平全面提升并继续走在全国前列。

2003—2009年，18个区县先后被评为全国计生优质服务先进单位，北京市在全国率先实现“国优”全覆盖，人口计生工作跨上新的平台。12月全市18区县人口计生工作考核评估结果。有11个区被评为模范区县，7个区县被评为先进区县。农村部分计生家庭奖励扶助制度自2005年1月1日实施，2009年受益人群达12 526人，发放扶助金1 503.1万元。独生子女伤残、死亡家庭养老保障措施之一的计生家庭特别扶助制度自上年9月实施，2009年共发放1 545万多元，5 500人受益。2008、2009两年市政府将“农村长效节育户籍已婚育龄群众免费健康体检项目”列为市民办实事之一。2008年以来，市财政投入3 000万元，两年体检受益群众高达42万人。

利用财政贴息贷款资助困难独生子女家庭发展生产工作继续推进，2009年完成贷款近2.5亿元，资助6 743户。全市各级计生协会为“幸福工程”募集捐款283万元，目前在全国18个省市、26个区县建立了幸福工程对口援助项目点，援助经费达578万元；在本市11个区县投入项目经费1 000万元。

开展全市人在户不在育龄妇女登记和现居住地建档工作，细化了现居住地考核评估细则，启动全员流动人口数据库建设。在全市建立流动人口在京出生监测点164个。开展关怀关爱流动人口活动，推进在流动人口集聚地建立协会工作，建立200个流动人口图书角。

圆满完成了“人口卫生”方阵的演练和彩车游行等任务。启动了新农村百家“人口文化活动室”和人口文化园建设。配合国庆60周年，举办“我与国策共成长”征文演讲比赛活动。

加大干部培训力度，探索了与首都知名高校联合举办综合素质培训班的新途径。开展街乡镇主管领导和计生办主任的业务轮训及统计练兵等培训活动。加强村级计生干部队伍职业化建设，市人口计生委被授予“首都文明单位标兵”称号。

【“三下乡”活动】 1月16日，在延庆县张山营镇张山营村举行市人口计生系统文化科技卫生“三下乡”宣传活动暨议国策话和谐迎新春座谈会。国家人口计生委、中国人口宣教中心、市直机关工委、市人口计生委领导和延庆县领导出席活动。活动中，领导与张山营村独生子女户、享受奖扶政策代表、使用贴息贷款代表和基层计生专干进行交流；市人口计生委向该县人口学校赠送20台电脑和宣传品、图书。“生殖健康伴你行”服务车走进张山营镇，专家和医务人员为育龄妇女免费健康检查，举办“生殖健康大课堂”。

【市13个部门会签加强人口计生工作】 2月23日，市人口计生委协调市委组织部等13个部门，会签印发《关于转发中组部、国家人口计生委等11部委〈关于加强人口和计划生育工作若干政策措施的通知〉的通知》。要求对党员、干部违法生育的，除依法征收社会抚养费外，应书面通报其组织关系所在地和单位，建议给予相应的党纪政纪处分。征收处理后，及时通知当事人人事档案部门。

【全市健康生育计划经验交流会召开】 4月28日，市人口计生委在西城区召开预防出生缺陷——北京市健康生育计划经验交流会。重点推广了西城区提高出生人口素质，预防出生缺陷——社区健康生育全程服务模式，市人口计生委2008年8月启动了“健康生育计划”项目。2009年，全市通过重点开展婚前体检、婚育咨询、优生指导、叶酸增补、孕前检测、孕期保健、产前筛查及产后随访为主的综合干预服务，并投资300万元，向全市免费发放叶酸41万多瓶，约有7万余准妈妈受益，有效地降低了出生缺陷发生的风险。

【举办社区计生（卫生）服务站医师培训班】 6月14—26日举办了2009年度社区计生（卫生）服务站人员培训班（记入继续医学教育学分6分），分两批对来自18区县约300名社区计划生育（卫生）服务站人员进行了人口和计划生育业务培训。

【举办“高校专家延庆行　生育关怀进乡村”主题活动】 7月14日至15日，市人口计生委、市计生协会和市计生协高校联合会在延庆县举办“高校专家延庆行　生育关怀进乡村”主题活动。市人口计生委主任、计生协常务副会长邓行舟，市直机关工委副书记杨公鼎，市纪委驻市人口计生委纪检组长、人口计生委机关党委书记李红文等参加此次活动。该活动是市政府“三进两促”活动的重要内容之一，旨在借助高校协会师资的优势，对区县乡镇居民开展讲座培训及服务，同时帮助高校人才深入基层进行实际调研，实现资源交流。清华大学、中国农业大学、北京航空航天大学、北京林业大学、北京交通大学、北京工业大学、北京服装学院9位教授，在延庆县四海镇和沈家营镇，为居民提供有关讲座和服务。

【推进新农村计生建设】 2009年，市人口计生委发挥村、镇（乡）人口文化学校三级网络的作用，投入110万元，为10个远郊区县配备村级“人口文化活动室”56个，其中90万元图书、20万元统一标牌和书柜。

【实施流动人口监测工作】 市采取多阶段与规模成比例抽样结合的方法，在北京市以流动人口规模为抽样标识，选取40个乡镇街道80个行政村居委会，每个行政村（居委会）抽取50户流动人口家庭，对企事业单位集体户样本以150人户进行抽取，最终获得4 820户流动人口家庭样本，其中涉及9 981个流动人口有效住处，共有6 905个流动人口个人接受了个人问卷调查，本次调查还收回行政村居委会负责人问卷71份，乡镇街道负责人问卷39份。

【奖励扶助工作】 经村居、乡镇、区县三级资格确认、审核和村级三次公示，以及市级20%的资格认定抽查确认，全市10个涉农区县新增奖励扶助对象2 006人，退出631人，受奖励扶助总人数增加到12 527人。截至7月30日，每人1 200元的奖励扶助金已拨付到奖励扶助对象个人账户。独生子女死亡家庭的特别扶助工作，经社区村（居）民委员会、乡镇街道、区县人口计生委三级资格确认和市级20%抽查，确认2009年全市新增特别扶助对象857人，因死亡或子女数发生变化退出22人。全市累计享受独生子女死亡特别扶助人数增加到5 500人，每人2 400元的特别扶助金已全部注入个人账户。探索独生子女伤残家庭特别扶助，市人口计生委与市财政局联合下发《北京市独生子女伤残家庭特别扶助制度实施方案》，以市残联2009年在全市普遍换发的第二代《残疾人证》为依据，独生子女三级以上残疾，女方年满49周岁的，夫妇双方每人每月享受160元的特别扶助，直到死亡或者子女康复为止。独生子女伤残家庭特别扶助制度自10月开始在全市全面开展，将于2010年2月每人每月160元特别扶助金发放到个人账户。

【完善加强利益导向机制】 2009年市将“对符合计划生育政策规定、年满60周岁的农民发放奖励扶助金”工作纳入新农村建设折子工程，并列入市政府折子工程。据统计，2009年新增奖励扶助对象2 006人，退出631人（其中3人因再婚子女数发生变化、106人户籍农转非、258人死亡、264人转入特别扶助或其他原因退出），受奖励扶助总人数增加到12 526人。市农村商业银行为新增2 006人建立个人账户，7月31日前将每人1 200元的奖励扶助金及时足额拨付到奖励扶助对象的个人账户。

2009年是特别扶助工作在北京市开展的第二年，全市各级人口计生部门根据2008年《北京市独生子女家庭特别扶助制度实施方案》及配套文件的要求，认真核查。截至2009年4月底特别扶助对象的资格认定工作全部完成。经审核2009年全市特别扶助对象5 500人（城市居民4 599人、农村居民901人），其中新增857人，因死亡或子女数发生变化退出22人。

【市人口计生委经费投入】 全年总投入达1.7亿元，其中财政投入1.66亿元；总支出达1.6亿元，其中财政性资金支出1.56亿元。经费投入体现了“立足计生、服务民生”的特点，利益导向力度进一步加强。全年共为12 526名农民发放奖励扶助金1 503.12万元，为5 500名独生子女死亡家庭人员发放特别扶助金1 320万元；全年投入2 090.92万元为21万名农村长效节育户籍已婚育龄群众免费体检，投入600万元扶持农村计划生育低收入家庭增收致富；开展药具“普惠易得”工程，投入1 800多万元购置发放避孕药具；投入600多万元开展流动人口“一盘棋”服务与管理工作；投入1 500多万元开展人口计生宣传教育工作，其中首次为全市大学生印制了80万册性健康教育读本。

2009年各功能区的财政投入继续纳入目标管理责任制考核，户籍人口的人均计生事业费投入指标分别是：首都功能核心区6.4元，首都功能拓展区10.4元，城市发展新区12.9元，生态涵养发展区12.9元。经过检查各区县均完成了当年的投入任务。

【房山区提升计生优质服务】 一是“计划生育生殖健康伴你行”系列活动。以计生“大篷车”为龙头，以区医院、卫生院为依托，在全区开展妇女健康体检活动。2008、2009年计卫联手开展生殖健康下乡服务450多个村，普查20万多人次。二是扩大生殖保健知识普及范围，两年来，计生宣讲团下乡讲课195个村，听课人数1.6万人次。三是投入200多万元，改造技术中心环境，添置先进医疗设备。四是依托数字系统开展生殖健康门诊服务3.5万人次，依托178个村级社区计生服务站开展活动。

【大兴区建立健全利益导向机制】 一是出台《关于建立完善人口和计划生育利益导向机制的实施意见》，鼓励各镇、街结合本地实际，探索利益导向机制，协调相关部门给予计生家庭政策倾斜。二是落实农村部分计生家庭奖励扶助制度和独生子女死亡家庭特别扶助制度。奖励扶助1 121人，特别扶助总人数达到119人。三是深化贴息贷款项目。2009年全共发放贷款2 035.8万元。扶持595户计生低收入家庭发展种养殖业，为644个贷款户办理了贴息资金近160万元。

【通州区实施计生优先优惠制度】 一是围绕全区10万户计生家庭通过政府和村里买单的形式，使奖励政策不同程度地“提标扩面”。两年来，4 784名独生子女享受到旧村改造优惠政策8 065万元；1 492名独生子女享受到300万元助学奖励；3.8万人享受村集体的计生奖励待遇；1万名独生子女优先提前享受养老金；9 300名独生子女父母享受受到医药费“二次报销”优惠政策；为1万多独生子女家庭入了养老保险，入保达2 000万元。两年来全区用于对计生家庭的各项优先、优惠、扶持、救助资金投入达1.35亿元。436个村建立利益导向机制，政策落实覆盖面积已达90%以上。二是制定《关于农村部分计划生育家庭奖励扶助实施意见》，全区奖励扶助对象2 388人，特别扶助对象216人，享受低保补助困难计生家庭1 543户，每年为600户农村计生家庭利用市财政2 000万贴息贷款发展生产。

【顺义区四级养老】 2009年全区奖励扶助对象人数1 734人。区级奖励扶助金男孩户增加至450元，女孩户610元。各镇增加了奖扶额度，最高的天竺镇女孩户每人每年800元，男孩户680元。全年市级投入208.08万元，区级投入88.286万元，镇级投入70余万元，该区领取市区镇三级奖扶助金最多的每人每年2 610元。124个村增加了额度，共发放了1 083.8万元，9 530名老人受益。全区享受四级养老的老人平均每人每年可领取3 250元。

区镇两级追加特别扶助金。对于因天灾人祸失去子女的计生老人在市级发放每人每年2 400元的基础上区级为特别扶助对象每人每年再发1 200元。特扶对象193人，市级投入463 200元，区级投入231 600元。

2009年利用市3 000万元贴息贷款扶持820户独生子女低收入家庭增收致富。随着项目的推进，一户带多户致富项目逐渐增多，820户可以带动1 300户计生家庭共同致富。区级100万扶持资金扶助52个农村计生低收入户发展生产。在市计生协的帮助下，利用81万元“幸福工程”款，扶助81个下岗失业计生家庭脱贫致富。

各部门兑现独生子女家庭优先优惠政策。1 005个低保农村独生子女家庭得到每户400元的专项救助金，兑现40.2万元。4 362名独生子女学生获得高于一般学生20%的人民助学金补贴，兑现80.5万元。对每招用一名独生子女家庭劳动力的用人单位奖励500元，兑现455人，奖励22.75万元。

【怀柔区抓重点工作，保低生育水平】 一是为2万名农村长效节育户籍已婚育龄群众进行了健康体检。共查出各类妇科检查异常3 509人次，乳腺检查异常2 753人次。对病情较重的771人进行了跟踪随访，26人在复查后进行了手术（其中乳腺3例、宫颈癌2例）。与卫生部门联合深入村居开展“送健康、暖民心”活动，平均每年为48 000余名育龄妇女进行免费健康体检，占育龄妇女总数的85.5%。在知情自愿的情况下免费发放斯利安叶酸片，两年共发放2 400余人份。编印了五期知识读本3.3万册、折页2万张、购置光盘6 000张，全部免费发放群众。在全区范围内设立免费药具发放点438个，实现了药具免费发放的全覆盖。

二是2009年全区奖励扶助年审发放688人，特别扶助年审发放117人。为117名特别扶助对象发放扶助金280 800元，为21名当年死亡的独生子女发放一次性安抚金52 500元，为64名独生子女父母发放养老保险补贴30 720元。

三是采取了由主管乡镇长抽签、计生办主任参与的统计核查工作，并将核查结果与政治工作考核挂钩，使出生统计核查进一步规范化、制度化，出生统计数据质量有了很大程度的提高。

四是加强对外来流动人口的服务与管理，为居住生活在城区周边地区的近万名人户分离已婚育龄妇女建立基础信息库，开具“免费三联单”并协同镇乡开展随访服务。成立由计生、建委、卫生、工商、城管、流动管办6个部门参与的流动人口计划生育工作领导小组。

五是利用计生财政贴息贷款帮扶计生家庭发展经济，两年共发放计生贴息贷款4 500万元，扶持1 437个计生家庭发展鲟鱼养殖、花卉种植、民俗旅游等项目，户均增收1.2万元。蔬菜种植、吉祥灯笼制作等7个工程项目，惠及计生家庭364个。启动了“空巢家庭救助”项目和“助老服务”项目，为5个“空巢”家庭送去10名优秀“兵儿子”；招募67名大学生村官为亲情牵手志愿者，与特扶对象结“国策亲戚”。

六是调整信访规范化管理工作领导小组成员，开通了信访电话（69622738）和举报邮箱（jsw-js@126.com）。两年共受理接待群众来信、来访、来电727件次，按期结案率100%。

七是建立了政务公开和信访工作制度，按照全区统一要求，16个镇（乡）街道、308个村（居）全部设立人口计生政务公开栏。搭建监督评议平台，筑牢“科学决策工程”。下发“请农民兄弟姐妹评计生”、“请流动人口评计生”和“请镇乡街道评计生”调查问卷3 200余份。结果统计，满意的占97%。

八是实施了7个项目，即人口文化园、生殖健康技术服务中心、农村避孕节育服务体系和五期知识教育4个项目，专项资金3 360万元。

【延庆县实现利益导向机制突破】 年内100%落实独生子女父母奖励费，落实1 000元一次性奖励190人，落实一次性经济帮助1人，落实特殊扶助28人，落实农村奖励扶助568人；向965户独生子女家庭发放了计生财政贴息贷款2 375万元，超出原计划375万元165户；投入100多万元用于县计生技术服务中心、药具站以及各乡镇社区卫生计生服务中心、村居社区卫生服务站的建设。建设市级人口文化活动室6个，市级示范协会会员之家3个，县级人口文化书屋16个。

（市计生委海涛、刘颖、曹宏、树勤、冯雷、王虹、艳丽、乐华、广华、连义、美俊、婷方、振启、振富）

农村体育工作

【实行《全民健身条例》，加大郊区体育事业投入】 改革开放以来，特别是实施《全民健身计划纲要》十几年来，北京市农村体育事业进入了发展最快的时期。在京郊大地上，健身工程普遍配建，乡村体育设施日趋完善，农民体育赛事此起彼伏，农民健身活动空前活跃。市级农民运动会四年一届，形成制度；区县、乡镇农民运动会基本二年一届，单项比赛更是繁花似锦。百分之百的乡镇配有健身路径和器材的“居家工程”，多数乡镇建成大型的文体广场，一批体育专业村如雨后春笋般涌现出来，京郊农民体育人口超过50%。农民参加健身活动的积极性越来越高涨。2009年，国务院颁布《全民健身条例》，从国家法令的高度，从保障公民的合法权益的角度，明确政府把全民健身事业纳入国民经济和社会发展规划，加大对基层公共体育设施建设的投入，真正把全民健身落实到实处。郊区抓住大好时机，在市体育局、市农委的领导下，依靠区县和乡镇政府，在北京郊区农村迅速掀起学习贯彻《全民健身条例》的热潮。

【开展“亿万农民健身活动”推动郊区体育活动开展】 为了提高京郊广大农民体质，2009年，举办了京郊系列体育活动。一是市级活动多，农民参加踊跃，举办了全市的农民象棋、围棋比赛，全市13个区县60多运动员参加；举办了百镇千村台球赛，有近百个乡镇和约千个行政村进行预赛，共有48个队、200多运动员参加为期5天的决赛，盛况空前；举办了全市农民围棋邀请赛，有42个队参加，为京郊农民围棋的普及开展作出了贡献，经过系列的农民比赛，既活跃了农民的业余文化生活、又为和谐社会作出了贡献。同时举办全市回春操和第四套健身秧歌学习班。二是参加全国比赛，成绩优异，全年共参加四项全国比赛，参加全国农民象棋赛，获团体总分第四名，参加全国农民拔河赛，获560公斤级第一名，680公斤第二名。参加全国农民健身秧歌赛，获第二套和第三套一等奖，并荣获总分第一名，参加全国风筝赛获两金、一银、一铜，并被评为“最佳工艺奖”。市农民体协作为农民群体代表，先后参加国家体育总局和北京市体育局的座谈会，并受邀请参加国庆天安门观礼和晚会。市农委主任王孝东同志批示市农民体协工作扎实，成绩优异，再接再厉，为我们的工作做出了肯定。三是协助市农业局工会，开展全局体育活动，受到好评，全年市农业局组织了拔河、台球、羽毛球、广播操等活动，共有近千名人次参加，同时还请市老年体协、市职工体协为他们举办回春操和广播操培训班，为市农业局培养了60多名体育骨干，为开展局体育活动和工间操作出了贡献。

（市农民体育协会　许胜卓）

少数民族乡村工作

【基本情况】 目前，本市有5个民族乡、117个民族村，分布在12个区县、54个乡镇。5个少数民族乡，分别是朝刚区常营回族乡、通州区于家务回族乡、密云县檀营满族蒙古族乡、怀柔区喇叭沟门满族乡和长哨营满族乡。其中常营乡和檀营乡城市化进程较快，同时挂有地区办事处和乡政府两块牌子，檀营乡农民已全部转为居民，常营乡农民还未全部转为居民。全市117个少数民族村中有满族村67个、回族村46个、回满族村1个、苗回满族村1个、壮满瑶族村1个，回满朝鲜族村1个。同样，朝阳、大兴、通州等区县的民族村也处于城市化过渡阶段。民族乡村最多的是怀柔区有2个民族乡及29个民族村；最少的是海淀、门头沟和平谷区，各有1个民族村。民族乡村总人口16.8万人，其中，少数民族人口6.7万人，约占民族乡村总人口的40%。近年来，在各级党委、政府的高度重视和人力支持下，少数民族乡村基础设施建设有了根本改善，优势主导产业有了较快发展，经济发展水平有了明显提高。少数民族乡村农民人均收入水平实现了跨越式增长，据市经管站统计，2009年，本市民族乡农民人均劳动所得为10 844.7元，民族村农民人均劳动所得为11 192.2元。农民人均劳动所得最高的是大兴区西红门镇五村和九村，为27 237.5元，最低的是房山区韩村河镇二龙岗村，为4 670.5元。

【主要工作】 第一，政府重视，各界关注，北京市少数民族乡村经济发展面临良好机遇。北京市少数民族乡村经济的快速发展与市区政府和各级领导的关心重视密切相关。一是市委市政府有关领导高度重视。2005年，原副市长牛有成同志在全市少数民族乡村经济工作会议上提出了“少数不等于小数、和谐需要基础、发展要有特色”等思想，要求各区县加快民族乡村基础设施建设，加大政策、资金、人才支持力度，进一步促进民族乡村经济和社会快速、健康、稳定发展。2009年3月，首次以市委市政府名义召开了全市少数民族乡村经济工作会议，副市长程红主持，市委常委、统战部部长牛有成出席并做重要讲话，充分体现了市委市政府对民族乡村经济发展的关心。二是市人大、政协非常关注本市少数民族乡村经济发展。2006年，市人大在组织对《北京市少数民族权益保障条例》执法检查中，把少数民族乡村经济发展作为检查的重点。几年来，市人大有关领导多次深入少数民族乡村视察和指导工作，促进了各级政府对于少数民族乡村经济发展的重视和支持。市政协也多次提案，呼吁市政府加大对少数民族经济发展的扶持力度。三是设立了少数民族乡村经济发展专项资金。自2002年起，市政府设立了少数民族经济发展专项资金，每年600万元专项资金用于促进少数民族乡村经济发展。“十一五”期间，专项资金增加为每年1 200万元，最后两年，专项资金又翻了一番，达到了每年2 400万元。专项资金的设立，既是民族政策的体现，同时对于促进本市民族乡村经济的快速发展起到了非常重要的作用。

第二，部门联动，政策集成，北京市少数民族乡村经济发展注入了部门合力。少数民族经济的快速发展仅靠某个部门的力量是远远不够的，必须要使之成为各部门共同关注的重点，部门联动，政策集成，形成合力。一是市民委和市农委作为牵头部门，多次召开会议专题研究少数民族乡村经济发展问题，联合下发了《关于进一步加快少数民族乡村经济发展的意见》。从2002年起，两委共同研究确定了8 400万元少数民族乡村经济发展专项资金的扶持意见，共扶持5个民族乡、77个民族村的258个经济发展项目。二是市农委组织相关单位在编制村庄规划的基础上，帮助49个民族村整体启动了道路、饮水、垃圾、污水、厕所等基础设施建设和“农村亮起来、农民暖起来、农业资源循环起来”的“五十三”工程，民族村村容村貌和生产生活条件发生了明显变化。三是市财政局出台了《北京市少数民族经济发展专项资金管理办法》，注重加强对专项资金管理和规范，并在此基础上，与市民委、市农委共同研究制定了《北京市少数民族乡村经济发展专项资金使用管理补充办法》，首次确立了以奖代补的原则，明确了在对少数民族乡村经济发展项目实施定额补助的基础上，设立奖励资金，实施以奖代补。四是市水务局与市民委联合下发了《关于做好少数民族乡村水务在作的通知》，共同建立了少数民族乡村水务工作联动机制。“十一五”期间，投入资金2.1亿元帮助少数民族乡村农民完成安全饮水工程建设。投入资金2 600多万元为35个少数民族村新打和更新机51眼，发展节水灌溉面积0.087万公顷。五是市科委通过“北京市少数民族经济发展科技服务工程”、“北京市少数民族乡村建设科技服务工程”和“北京市少数民族乡村产业发展科技支撑工程”等项目，共投入科技经费550万元，帮助19个民族村制定了产业发展规划，并通过组织科技培训和农业新品种引进，促进了优势主导产业的发展，提高了民族乡村依靠科技致富的能力。六是市交通委在道路建设中坚持对于少数民族乡村实施计划优先、投资优先和支持优先的“三优先”原则。“十一五”期间，投入资金8 000多万元为民族乡村修建道路13多公里，桥梁2座，街坊路近4万元平方米。

第三，区县领导，乡镇负责，北京市少数民族乡村经济发展。2005年，市民委与市农委联合下发《关于进一步加快民族乡村经济发展的意见》中明确了民族乡村经济发展要坚持“区县领导、乡镇负责、村为基础”的原则，提出民族乡村经济发展关键在区县及乡镇政府，区县政府是民族乡村经济发展第一责任人，要求区县加强对民族乡村经济发展的领导。近年来，各区县、乡镇政府高度重视民族乡村经济工作，加强了区域内政策资源的协调和整合，并制定了相应的政策措施。大兴区委、区政府制定了《关于进一步加强民族工作的意见》，并在2009年全市少数民族乡村经济工作会议后，以区政府名义下发了《加快本地区低收入民族村经济发展的意见》，将低收入民族村经济发展中遇到的问题和困难向区相关委办局进行了任务分解；房山区委、区政府认真贯彻落实全市少数民族乡村经济工作会议精神，以区委区政府的名义下发了《关于进一步加快民族村经济发展的意见》，并从2010年起每年设立300万元用于扶持本地区民族村的经济发展，平均到全区的15个民族村，每村20万元，体现了重视和倾斜：延庆县委、县政府在财政收入非常紧张的情况下，从2006年起每年为每个民族村安排10万元扶持资金；顺义区只有5个民族村，但区委、区政府提出了“二优先”措施，即优先研究民族村工作，对民族村的资金投入要优先安排，对民族村提出的困难和存在的问题要优先解决，并每年设立50万元专项资金。大兴区礼贤镇、榆垡镇党委政府在实施“刘礼路现代都市观光走廊”工程时，采取延长走廊的方式，让两端原本不能享受政策的两个民族村享受到1 500万元的财政支持，帮助两个村新建了300个日光温室大棚，为今后快速发展打下了坚实的基础。区县和乡镇政府对民族经济工作的重视，有力地促进了民族经济的快速发展。区县和乡镇政府对民族乡村经济工作的重视和支持，有力地促进了民族乡村经济的快速发展。第四，优化产业，重视培训，北京市少数民族乡村经济发展打下了科学的基础，本市少数民族乡村在地理环境、资源条件、发展水平、主导产业、经营模式、民俗风情等方面差异很大。共同研究确定了“规划先行、项目推进、部门联动、政策集成、优先发展”的工作思路，在指导和促进少数民族乡村经济发展过程中，针对这一客观实际，确立了“规划先行、项目推进、部门联动、政策集成、优先发展”的指导思想。依托北京农学院、北京农科院等农业科研单位，以发展现代农业为着力点，帮助部分民族村制定产业发展规划，指导确立主导产业，努力形成“一村一品”的发展模式。此外，聘请专业旅游规划公司帮助部分具备乡村旅游资源的民族村制定旅游发展规划，针对当地的自然资源和风俗习惯，打造出各具特色的旅游品牌。多年来，坚持采取多种形式加强对民族乡村干部群众的培训。利用三年时间，完成了对全市所有民族乡乡长、民族村村支书和村主任的培训，帮助他们进一步解放思想、更新观念，明确带领民族乡村群众致富的责任和思路。组织200名民族乡村群众参加了在北京农学院举办的为期三天的“民族乡村技术骨干培训班”，邀请了相关专业的大学教授为他们讲授种、养殖和民俗旅游等方面知识。针对民族村主导产业，结合民族村群众对于科技知识和实用技术的需求，积极联系农业科研院所，经常性开展科技下乡系列活动，加大对种植、养殖和民俗旅游等专业技术的指导和服务力度，组织有关专家和教授，深入民族村为村民集中授课，并针对他们在果树栽培、种植、嫁接、民俗旅游接待和奶牛养殖等方面存在的问题进行现场指导，获得了民族村干部群众的好评。

（市农委山区建设处　齐智）

【市委、市政府领导听取民族乡村经济发展和专项资金使用情况汇报】 2月3日，市委常委、统战部部长牛有成，市政府副市长程红听取了全市民族乡村经济发展情况的汇报。市民委副主任马中璞汇报了民族乡村基本情况、经济发展现状、存在的突出问题及下一步打算。牛有成在听取汇报后讲了三点意见，一是明确一个思想，本市少数民族乡村的民族工作主题是经济发展，突出抓经济；二是强调发挥区县、乡镇政府的主体作用，既要调动农民的积极性，又要调动区县乡镇政府的积极性；三是发挥市政府相关委办局的主导作用，要研究专项资金使用办法，市政府相关部门要出规则、出标准、制定奖励政策，强调了专项资金不搞平均分配，不走扶贫而是要走发展的路子，关键要促发展。市委统战部副部长周伯琦、市民委主任申建军参加了汇报会。3月12日，市委常委、统战部部长牛有成，市政府副市长程红听取了市民委关于2009年少数民族乡村经济发展专项资金使用意见等工作汇报。

【市少数民族经济发展专项资金翻一番】 2002年起，市政府每年设立1 000万元少数民族经济发展专项资金，用于促进少数民族经济发展，其中民族乡村经济发展扶持资金600万元，清真餐饮副食网点及民族特需商品定点生产企业发展扶持资金400万元。“十一五”期间，市政府加大了资金扶持力度，将专项资金翻了一番，确定为每年2 000万元。2009年，市政府进一步加大对少数民族经济的支持力度，决定“十一五”最后两年，专项资金再翻一番，达到每年4 000万元。其中，2 400万元用于扶持民族乡村经济发展，1 600万元用于扶持清真餐饮副食网点建设及民族特需商品定点生产企业发展。专项资金的设立并逐步增加，既是民族政策的体现，同时对于促进全市民族经济的快速发展起到了非常重要的作用。

【市委、市政府召开全市少数民族乡村经济工作会】 3月30日，市少数民族乡村经济工作会议在北京会议中心召开。市人大、市政协民族宗教专委会的有关领导，市委统战部、市民委、市农委、市科委、市交通委、市财政局、市水务局、市统计局、市银监局、市金融局的部门主管领导，12个有少数民族乡村的区县主管民族工作的区县长、统战部部长和民委(民宗办)、农委、财政局等相关部门的负责同志，全市5个民族乡、49个有少数民族村的乡镇领导以及117个少数民族村的支部书记参加了会议。国家民委经济发展司副司长张志刚应邀出席了会议。以市委市政府名义召开全市民族乡村经济工作会，在本市尚属首次，充分体现了市委市政府对民族乡村经济发展的重视和关心。围绕加快民族乡村经济发展，牛有成同志讲了三点意见。第一，认识问题，短板制约长板。目前，少数民族乡村的经济发展还是一块短板，全市仍有77%的民族村人均收入低于郊区的平均水平，75%的民族村人均收入尚未达到所在区县的平均水平。短板正在制约着长板效能的发挥，少数民族乡村经济发展缓慢，就会影响全市率先形成城乡经济社会发展一体化新格局的顺利实现。第二，研究问题，自上而下分析。问题出在基层，问题产生的原因要自上而下进行分析。一是调整政策。市政府首先加大了资金扶持力度，少数民族乡村经济发展专项资金翻了一番。二是政策倾斜。市政府相关部门、区县政府要在基础设施建设、产业发展、农民素质提高等方面加大政策倾斜力度。三是机制创新。民族乡村在经济发展过程中，离不开社会资金、金融资金的支持，要研究财政资金与金融资金捆绑使用的机制。第三，解决问题，主体决定成败。在提高认识、政策倾斜后，民族乡村经济发展的快与慢，很大程度上取决于主体作用的发挥。一是区县挂帅、市里挂账。要坚持区县领导、乡镇负责、村为基础的原则，区县政府要研究、解决少数民族乡村的经济发展问题。年底，市民委牵头进行检查销账，看看哪些区县、哪些村通过努力发展上去了。二是在新农村建设中要优先民族乡村的经济发展。区县、乡镇在落实各项政策过程中，要先看少数民族乡村是否符合条件，符合的要优先发展。三是要加大奖励、鼓励创造。市少数民族乡村经济发展专项资金要逐步采用以奖代补的方式，建立奖励机制，制定考核标准，通过奖励调动各级主体的积极性。

【建立少数民族乡村经济发展专项资金以奖代补机制】 年内，市民委、市农委和市财政局贯彻落实全市少数民族乡村经济工作会议和有关领导指示精神，联合下发了《北京市少数民族乡村经济发展专项资金使用管理补充办法》，建立了激励机制，从专项资金中设立了1 600万元奖励资金，用于实施以奖代补，以此调动和发挥区县、乡镇政府和民族乡村干部群众的主体作用和积极性。通过组织由相关部门、专家和区县代表等组成的考评小组，对2009年度全市少数民族乡村经济发展变化情况和少数民族乡村经济发展专项资金扶持项目完成情况进行了综合考评，大兴区、房山区等6个区县政府获区县主体作用发挥优秀奖，房山区良乡镇东石羊村果品花卉种植基地建设项目等40个项目获专项资金扶持项目优秀奖。

【市民委与市金融局、市银监局专题研究少数民族乡村经济发展贷款事宜】 4月16日，市民委与市金融局、市银监局及相关银行在大兴区礼贤镇政府，就充分利用金融资金加快少数民族乡村经济发展问题进行了专题研究。相关部门在研究讨论的基础上，提出以礼贤镇4个民族村肉牛养殖合作社贷款项目为试点，探索财政资金与金融资金捆绑使用的新机制。

【市民委组织召开民族村产业发展规划专家评审会】 5月8日，市民委在北京会议中心召开了民族村产业发展规划专家评审会。年内，在市科委专项资金的支持下，市民委委托农业部规划设计研究院、市农林科学院等科研部门帮助11个民族村制定了产业发展规划。为确保规划编制的科学性、可行性和产业定位的准确性，市民委组织蔬菜研究中心、农业局畜牧处、旅游局规划统计处等种、养殖和民俗旅游业的专家对规划进行了评审，提出了具体的要求和修改意见。

【市民委、市水务局考察密云县民族村水务建设情况】 5月21日，市民委和市水务局联合对密云县北穆家峪村、河南寨村和陈各庄村3个民族村的河道治理情况进行实地考察。市水务局表示，市县水务部门将继续加大对民族村水务建设的投入力度，按照村庄建设整体规划，优先支持和促进民族村在安全饮水、农业灌溉和防汛防洪等方面建设。

【市民委组织专家到大庄科乡进行实用技术培训】 6月16日，市民委邀请市农林科学院的专家到延庆县大庄科乡3个民族村进行板栗种植实用技术培训，当地的70多名板栗种植户参加了培训。为提高培训的效果，市民委还委托市农林科学院编印了《板栗种植与管理实用技术手册》发放给当地农民。此次技术培训，针对性强，现场互动气氛浓厚，获得了民族村干部群众的好评。

【市民委领导到房山区调研民族经济工作】 7月8日，市民委副主任马中璞到房山区调研民族经济工作，实地考察了东石羊村果品花卉大棚建设情况。他提出要通过产业建设，带动农民增收就业，促进民族村经济快速发展。

【积极协调，促进民族村肉鸡养殖产业加快发展】 近年来，延庆县民族村肉鸡养殖产业发展迅速，5个民族村陆续建起150多个肉鸡养殖大棚，对当地民族村的经济发展起到了较大的推动作用。为保证民族村肉鸡养殖产业的顺利发展，通过市民委协调，北京大发集团董事长尹彦勋表示，将给予延庆县民族村肉鸡养殖户特殊关照，并从延庆县开始，加大对民族村肉鸡养殖户的服务力度。

杜三任要求，相关部门要进一步加强支持少数民族乡村经济发展的责任感和紧迫感，研究在少数民族乡村优先建立社会保障托底机制，优先安排各项经济、社会建设资金政策，促进少数民族乡村经济与社会协调发展，实现各民族共同团结奋斗，共同繁荣发展。

市人大副主任刘晓晨、李昭玲，市人大秘书长唐龙，市人大民宗侨委主任席文启，副主任吴宝华、马朝军，市民委副主任马中璞，大兴区委、区人大、区政府主要领导陪同视察。

【市民委、市科委联合组织全市民族乡村设施蔬菜种植骨干培训交流会】 为进一步提高民族乡村技术骨干在设施蔬菜种植方面的技术水平，10月23日，市民委与市科委联合组织了全市民族乡村设施蔬菜种植骨干培训交流会，大兴、怀柔、密云、通州等6个区县的50多名民族乡村技术骨干参加了培训。此次培训，既有现场观摩，又有专家讲课和现场提问交流，形式灵活、针对性强，现场互动气氛浓厚，获得了民族乡村技术骨干的好评。

【市民委、市农委联合举办全市少数民族乡村技术骨干培训班】 11月6日，由市民委和市农委联合举办、北京农学院承办的为期三天的“北京市少数民族乡村技术骨干培训班”在北京农学院科技交流中心圆满结束。全市正在从事肉牛和奶牛养殖、食用菌和设施蔬菜种植及民俗旅游等产业的200多名少数民族乡村技术骨干参加了培训。北京市民委副主任马中璞、北京市农委委员王建中和北京农学院副院长郑一淳参加了开训动员。

此次培训，民族乡村技术骨干普遍反映收获较大，认为培训班举办得非常及时、很有针对性，对于了解产业发展方向、提高实用技术水平很有帮助。培训主要有以下三个特点：一是两委联合举办。这是市民委和市农委近年来坚持“部门联动、政策集成”的具体体现。两委有关处室共同对培训计划、课程设置进行了认真的研究和安排，市农委专门安排资金用于培训，充分体现了市政府相关部门对民族乡村经济工作的关心和重视。二是培训内容丰富，针对性强。针对近年来在大兴区礼贤镇、榆垡镇、怀柔区长哨营乡和密云县古北口镇等民族乡村逐步形成规模的肉牛奶牛养殖、设施蔬菜和食用菌种植及民俗旅游等产业需求，邀请了市奶业协会、中国农业大学肉牛研究中心、市农科院和旅游管理学院的专家讲授了奶牛疫病防控及饲料调制、肉牛育肥关键技术、食用菌病虫害防治、温室大棚蔬菜高产栽培技术、民俗旅游定位与产品设计等内容。三是培训方法灵活。为增强学习效果，除在课堂授课外，还安排技术骨干到通州区三元绿荷奶牛养殖中心示范场、密云县溪翁庄镇食用菌基地和昌平区金六环农业园进行了实地观摩。同时，市民委还组织专家编写并发放了涉及种、养殖技术的5种《北京市少数民族乡村实用技术手册系列丛书》共计4 500册。

【市民委、市畜牧兽医总站考察大兴区民族村奶牛养殖小区建设情况】 11月24日，市民委和市畜牧兽医总站对大兴区榆垡镇崔指挥营村奶牛养殖小区建设情况进行实地考察，指导当地业务主管部门帮助该奶牛养殖小区做好谱系登记，为今后奶牛良种引进和养殖规模扩大做好基础性工作；计划在该村设立田间学校，加大技术培训力度，提高奶农的养殖技术和管理水平。

【全市少数民族乡村经济发展首次超过全市平均水平】 据市农村合作经济经营管理站统计，2009年全市117个少数民族乡村经济发展首次超过全市平均水平。2009年，全市少数民族村农民人均劳动所得为11 192.2元，比全市平均水平10 953.6元高238.6元；全市少数民族村较上年10 006元增长11.9%，高于全市平均水平增长8.8%。

（市民委　沙海涛）

农村法制建设

概　述

2009年市和区县政府在社会主义新农村建设中，继续重视和加强农村法制建设，以贯彻国务院《全面推进依法行政实施纲要》为主线，依法开展各项农村工作，深入推进农村工作的依法行政。同时，紧紧围绕本市新农村建设中心工作和重点工作，继续深入开展农村法制宣传教育工作，开展农村法律服务和法律援助各项工作，加强农村基础法制建设，有效地促进了农村法制环境建设总体水平提升。

立法和执法

【开展《农民专业合作社法》实施办法立法工作】 2009年3月北京市人民政府办公厅印发的《2009年市政府立法计划》（京政办发［2009］17号）中，将《实施〈中华人民共和国农民专业合作社法〉办法（草案）》确定为北京市2009年4项计划完成的地方性法规项目之一，并确定由市农委起草。根据相关部署，由市农委、市政府法制办等有关单位人员组成的起草小组，在充分调研和多次召开协调会和座谈会，征求市属有关部门、区县政府有关部门意见的基础上，起草了《北京市实施〈中华人民共和国农民专业合作社法〉办法》征求意见稿。2009年4月8日，起草工作小组召开有市人大农委、市人大法制办、市政府法制办、市工商局、市发改委、市财政局、市科委、市国土资源局等共17个部门负责同志参加的立法协调座谈会，重点结合本市都市型现代农业发展，就《实施办法》拟重点解决的拓展农民专业合作社业务范围、健全内部管理制度、加强指导服务能力、提供优惠政策等方面问题进一步研究和座谈。根据研究和座谈结果，起草小组进一步对《北京市实施〈中华人民共和国农民专业合作社法〉办法（草案征求意见稿）》进行了修改和完善。2009年5月，起草小组将送审稿报送市政府，市政府审定后报送市人大。2009年7月，北京市第十三届人民代表大会常务委员会第十二次会议对《北京市实施〈中华人民共和国农民专业合作社法〉办法》进行第一次审议。2009年11月20日，北京市第十三届人民代表大会常务委员会第十四次会议对《北京市实施〈中华人民共和国农民专业合作社法〉办法》进行第二次审议，正式通过并公布了《北京市实施〈中华人民共和国农民专业合作社〉办法》。《北京市实施〈中华人民共和国农民专业合作社〉办法》于2010年3月1日正式施行。

【根据有关部署参与间接立法】 2009年，市农委完成市人大、市政府有关部门交办的《中华人民共和国农村土地承包经营纠纷调解仲裁法（草案）》、《北京市实施〈中华人民共和国妇女权益保障法〉办法（修订草案）》、《北京市排水和再生水管理办法（草案）》等法律、法规及规章草案征求意见15件。市农委还行文将市农业局起草的《北京市实施〈中华人民共和国农产品质量安全法〉办法》立项报告，报到了市政府法制办。

【开展《农村土地承包经营纠纷调解仲裁法》实施前准备工作】 2009年6月，《中华人民共和国农村土地承包经营纠纷调解仲裁法》正式颁布。为做好该法的贯彻实施工作，2009年7月，市农委在大兴区经管站召集了有本委有关处室、市经管站、部分区县经管站负责同志参加的专题座谈会，学习领会《中华人民共和国农村土地承包经营纠纷调解仲裁法》具体条款，领会该法律对市及区县农业部门开展相关调解和仲裁工作规定的职责权限和工作要求，并认真研究了宣传贯彻和具体实施的有关工作。2009年9月，市委农工委、市农委印发了《关于做好本市学习宣传和贯彻实施农村土地承包经营纠纷调解仲裁法有关工作的意见》（京农函［2009］10号），组织各区县开展了相关宣传贯彻活动和准备工作。各郊区县先后制定了贯彻实施方案，成立了由区县政府及有关部门和有关人民团体代表、农村集体经济组织代表、农民代表和法律、经济等相关专业人员兼任组成的调解仲裁委员会；确定了日常调解仲裁工作机构和调解仲裁人员，对调解仲裁庭的建设提供了相应支持经费，提供了调解仲裁办公场地和配备了必要的办公设备；制定了相关配套工作制度和办理文书。乡镇确定了调解工作机构、村指派了调解人员。2009年12月，市农委在密云县召集市和区县农委、经管站负责同志及相关工作人员开会，专门就2010年1月1日将实施《中华人民共和国农村土地承包经营纠纷调解仲裁法》的有关准备工作听取各区县情况汇报并进行具体部署和专项培训。并请到农业部参与相关立法工作的处长授课，宣讲《中华人民共和国农村土地承包经营纠纷调解仲裁法》的立法意义、必要性以及基本精神，对该法规定的调解仲裁制度、原则以及各相关部门、机构职责，具体申请受理等办理工作程序要求等给与会人员进行解读和对与会人员进行培训。

【市农委将行政执法责任制纳入机关绩效考核管理中】 2009年8月，本市下发了《北京市人民政府关于印发北京市市级国家行政机关绩效考核管理暂行办法的通知》（京政发［2009］23号）及相关文件并开始在市级国家行政机关试行绩效管理之后，市农委随后成立了绩效管理工作领导小组，并对2009年度市农委落实行政机关绩效管理工作做出了安排。根据《北京市市级国家行政机关绩效考核管理暂行办法》中的相关规定以及全市绩效管理工作安排和要求，市农委绩效管理考评4个方面重点指标中，也包括有依法行政内容，成立的领导小组组成机构中，也包括有法制机构。参照市政府法制办制定的市级国家行政机关绩效管理《依法行政专项考评细则》内容要点，2009年9月，市农委制定了本委机关《落实机关绩效管理〈依法行政专项考评工作细则〉办法》。由于绩效管理涉及的依法行政考评指标涵盖了行政执法责任制的工作内容，考评指标相对更加全面和严谨，考评办法更加结合实际，程序统一，为避免有关考核考评工作重复，市农委将行政执法责任制年度考核工作纳入到了绩效管理中的依法行政专项考评工作中，按照《市农委落实机关绩效管理〈依法行政专项考评工作细则〉办法》，根据本委年度工作安排，统一部署、统一实施。2009年10月，在市政府办公厅、市人事局等市有关部门组成的检查组对市农委绩效考核工作进行检查时，根据要求，市农委也对《2009年市农委依法行政工作情况》向检查组进行了汇报。根据本委2009年度落实行政机关绩效管理工作安排，2009年12月市农委在组织开展的对本委机关绩效考核评估工作中，同时也对本委行政执法责任制和依法行政工作情况进行了自查和对照依法行政考评指标进行评分。自查工作结束后，依法行政专项考评小组向绩效管理工作领导小组提交了报告和向机关各处室进行了通报。该项工作的开展为更加有效地促进市农委机关行政执法责任制的落实和依法行政工作的深入推进进一步打下了基础。

【继续规范开展对有关事项的合法性审核工作】 根据《北京市行政规范性文件备案监督办法》（市政府2005年160号令）和《市农委关于印发〈行政规范性文件制发和备案程序性规定〉的通知》（京政农发［2006］9号），2009年市农委继续开展了行政规范性文件的合法性审核工作。通过在本委推行行政执法责任制和建立健全依法行政相关各项制度，机关各处室法律意识不断增强，起草行政规范性文件送审积极主动，全年经过合法性审核的行政规范性文件和报市政府备案的行政规范性文件共11件。

根据《市委农工委市农委关于两委专项资金使用的管理规定》（京农发［2008］2号）中有关两委专项资金项目合同（协议）合法性审核的规定、《市农委关于印发〈北京市农村工作委员会重大决策事项公开规定（试行）〉的通知》（京政农发［2007］14号）中有关对提请公开的重大决策事项进行合法性审核的规定，以及本委推行依法行政工作的相关要求，2009年，市农委继续规范和开展了两委专项资金项目合同（协议）和有关重大决策事项的合法性审核工作。相关工作已经规范形成日常制度性工作。对各送审事项，市农委法制机构对照相关法律法规和本委法定职责权限认真研究和审核，有关法律问题或疑难问题积极征求本委法律顾问的意见和建议，同时与送审处室进行沟通，有关重要事项也向市政府法制办及其他有关市级部门进行咨询。对每项审核结果均按规定程序正式出具书面合法性审核意见书，全年审核两委专项资金项目（协议）及有关决策事项共77件。

2009年，市农委聘请的法律顾问阎建国律师参与了市农委多个工作事项的法律顾问工作，包括为重大决策事项提供法律意见和建议，参与规范性文件的合法性审核，协助审核对外签订的合同（协议）以及负责其他有关涉法问题的咨询和解答，为市农委决策起到了很好的参谋助手作用。由于市农委与北京市信利律师事务所签订的一年《法律顾问聘用合同》于2009年7月到期，根据本机关依法行政工作和本市新农村建设深入推进工作的需要，市农委决定继续聘请北京市信利律师事务所合伙人阎建国律师为市农委法律顾问，并于2009年8月与北京市信利律师事务所签订了期限为三年的《法律顾问聘用合同》。

【配合市有关部门组织开展“法律进乡村活动”】 2009年5月份，市委农工委、市农委配合并会同市法宣办、市委宣传部等部门联合印发了《关于开展“提高农民法律素质　促进农村改革发展的”大型主题宣传活动的通知》（京法宣办［2009］6号），启动了“提高农民法律素质，促进农村改革发展”、“法律进乡村”大型主题宣传活动。根据分工，党委宣传部门负责活动的宣传工作，营造舆论氛围；司法行政部门整合力量，开展法制宣传和法律服务；民政、农业等部门根据职能和所承担的职责，组织主题宣传活动；各区县法宣办负责对主体宣传活动的组织、指导、协调、督促、检查等。各区县、各有关部门在党委、政府统一领导下，各司其职，结合实际，通过组织开展法制讲座、法律咨询、以案说法、法制文艺进乡村活动，组织对“两委”干部和有关人员法制培训，发放普法读本和图册，利用多种宣传媒体和各种宣传阵地开展普法宣传，有效地促进了村党组织和村委会干部依法管理、依法办事能力水平的进一步提高，促进了农民法律素质和依法行使权利、履行义务能力的进一步提高，促进农村依法治理的进一步深化。进一步为推进农村民主法制建设，保障和促进农村改革和发展奠定良好基础。该项活动于12月底结束。结束后，市农委对本委承担的相关配合工作进行了总结。

（市农委法制处　江顺清）

【全面梳理北京市农业部门法定职责】 对全市农业部门法定职责进行全面梳理，结果表明：北京市农业部门执行的现行有效的法律、法规、规章共计130部，具体行政执法职权共749项（其中行政处罚332项、行政许可77项、行政强制15项、行政征收5项、行政确认29项、其他具体行政执法职权291项）。

【办理市人大代表、市政协委员提案119件】 2009年，市农委、市农业局牢固树立法律意识、公仆意识、资源意识，认真按时办结市人大、政协提案。市人大议案4件、市政协团体提案2件、市政协党派提案4件，匀已办结。

（市农业局　郭艺）

法制宣传

【深入开展法律“六进”活动】 1月，市司法局举办了“北京市2009年送法下乡启动仪式”，向13个郊区县赠送了《法制宣传系列连环画》，部署了2009年“法律进农村”的任务。5月开展了第三批“民主法治示范村”命名表彰活动，157个行政村被授予“北京市民主法治示范村”称号。

【汇报农村公益法律服务体系建设试点工作】 6月9—10日，市司法局局长吴玉华在市政府第40次常务会议、市委第100次常委会议上，分别向市政府、市委汇报了全市农村公益法律服务体系建设试点工作情况。其间，刘淇书记、郭金龙市长、吉林副市长、丁向阳副市长、夏占义副市长等市领导对农村公益法律服务体系建设试点工作表示赞成和肯定并指出，在农村地区开展公益法律服务是非常有意义的，符合农民群众的根本利益，对于推动社会建设和城乡一体化进程起到了促进作用，取得了良好的社会效果，可在前期试点的基础上向全市推广。

【下发《关于进一步加强农村公益法律服务体系建设工作的意见》】 11月，市司法局与市财政局联合下发《关于进一步加强农村公益法律服务体系建设工作的意见》，从农村公益法律服务体系建设工作的重要性和必要性、组织框架和队伍组成、工作范围和工作职责、工作要求和监督机制等方面作出规定，为农村公益法律服务体系的长期可持续发展提供政策和财力保障。

【法制宣传系列连环画深入社区、农村】 年内，市司法局设计制作了16集法制宣传系列连环画，印刷50万册，免费发放全市各社区、乡村及法律服务室，向全市提供图文并茂的法制宣传品。连环画内容涉及食品安全法、法律援助条例、突发事件应对条例、劳动合同法、物权法、社会治安管理处罚法、交通安全法、婚姻法、继承法、市容环境卫生条例、非法集资等有关民生法律法规的内容。

（市司法局　武寓文）

维护农村社会稳定

概　述

2009年，市委农工委、市农委坚决按照中央和市委提出的“保增长、保民生、保稳定”的决策部署，年初确定了“平安北京”维护稳定的目标和任务，将维护稳定纳入“国庆安保”整体工作部署，按照重大政治活动多、政治敏感时段多，以及当前仍处在人民内部矛盾突发，刑事案件高发，对敌斗争复杂的特殊阶段这一现实，坚持从群众最关心、最直接、最现实的利益问题出发，积极围绕群众关心的民生等问题，积极开展矛盾纠纷排查化解工作，有针对性的修订和完善影响郊区农村稳定和发展的政策和措施，使一大批矛盾纠纷得到了有效化解和控制，实现了全年提出的“大事不出、小事减少、管理严格、秩序良好”的工作目标。

农村社会治安综合治理

【扎实推进“平安北京”建设，签订综治目标责任书】 按照全市“平安北京”建设的工作总体部署，2009年初，市委农工委、市农委主要领导与刘淇书记、郭金龙市长、王安顺副书记签订了《推进“平安北京”建设，加强社会治安综合治理责任书》。按照首都综治委关于加强安全稳定工作领导责任制的有关要求和市农委承担的任务书要求，市委农工委、市农委制定了《关于农委系统单位实行领导班子和领导干部安全稳定工作承包责任制的若干规定》（京农发[2009] 17号）文件，将综治工作作为本部门重点任务，明确到主要领导和责任人，并将全年的综治目标任务逐层分解落实到各责任领导、各单位和各部门。年初，市农工委书记、市农委主任王孝东同志分别与农口系统所属局、事业单位系统所属8个直属单位党政“一把手”签订了《农委系统“推进‘平安北京’建设，加强社会治安综合治理”责任书》，明确了责任，落实了任务，同时，各局、事业单位与其下属处室、单位也签订了社会治安责任书150余份，将“平安北京”建设任务和责任，“国庆60周年庆典”安保各项任务层层落实到各基层单位，有效保证了农口系统平安国庆和社会治安工作件件有人抓，事事有人管。

【全面落实“平安国庆行动”的各项部署】 一是按照全市“平安国庆行动”要求，2009年，市农委制定了“市委农工委、市农委系统‘平安国庆行动’维护稳定工作的实施方案”，连续召开专项整治和督促检查的工作会议，全面加强农委系统单位安全稳定工作，随着“国庆平安行动”的阶段性转段，市农工委、市农委及系统各单位成立“国庆平安行动”维稳工作小组，对“国庆平安行动”及时作出了安排部署，对工作中存在的问题和困难进行督察整改，落实各项防控措施，落实“看好自己的门、管好自己的人、办好自己的事”要求，确保了国庆期间，市农委系统单位安全稳定，实现“国庆平安”的目标。二是按照首都综治办“国庆平安行动”督查工作的统一部署，从2009年7—10月份市委农工委、市农委由张新委员带队组成市委“平安国庆”督导组对延庆县贯彻“平安北京”整体情况进行了督导检查并编写评估报告上报首都综治办。市委农工委、市农委督查组根据首都综治办“国庆平安行动”督查各阶段的任务，对延庆县“国庆平安行动”开展情况进行了认真的督导检查，通过深入实地开展细致检查和明察暗访等多种形式，全面落实对社区、乡镇村、商店、旅游景点、交通要道等社会面防控工作和对重点人、流动人口管理等工作的督导检查，对延庆县及部分乡镇村综治部门在重点人、地、物、事、组织等台账及资料进行了抽查；实地检查了基层国庆安保和维稳工作的落实情况，延庆县委、县政府和全县各级各部门、社区（村）高度重视国庆安保工作，把维护稳定工作作为压倒一切的政治任务，扎实推进“国庆平安行动”，做到机构健全、责任明确、措施到位、群防群治，上下联动，国庆期间延庆县社会稳定，快乐祥和，未出现影响国庆庆典的任何不稳定事件，为新中国成立60周年庆祝活动的顺利进行和社会的安全稳定作出了突出的贡献，实现了“大事不出，小事也不出，管理严格，秩序良好”的总体目标。

【落实安全生产检查各项措施，确保工作取得实效】 一是制定加强安全生产工作文件，确保系统内单位各项安全工作组织落实到位。2009年，根据全市安全生产和防火安全形势各阶段的总体部署和有关文件的要求，结合本系统的实际情况，市委农工委、市农委先后制定了《关于贯彻落实市防火安全委员会"合围攻坚行动"工作方案的实施意见》，围绕央视大火这一惨痛教训，按照市消防委员会的工作要求，积极开展系统消防安全排查，积极落实具体工作部署。制定下发《关于进行安全生产和社会稳定排查整改切实做好安全稳定工作的意见》（京农发［2009］7号），不断推进安全生产管理长效机制建设。要求各单位继续强化单位内部各项安全制度的落实，按照"看好自己的门，管好自己的人"要求，继续做好对重要部门、部位和重要人员密集场所和重点突出隐患的排查、督查和治理。加强对农委系统各单位危险品、危险源的管理，地下空间危险源的控制。坚持"安全第一，预防为主"的方针，狠抓安全教育，严格落实安全措施，不断完善处置突发安全事故的应急准备。积极开展单位内部的"无刑事案件、无治安灾害事故"安全创建活动和"安全月"竞赛活动。同时，加强了对流动人口、重点人、重点场所和要害部位的管理，建立了治安情况通报制度。特别是各单位保卫部门的职能得到强化，积极推动了科技创安工作。重点单位和要害部位的科技创安率达到100%，确保了各单位的内部安全和稳定。二是及时召开系统安全生产、消防、交通安全工作会议。加强了对系统内各单位的检查督导，保证全年的安全稳定。在平时督查的基础上，市委农工委书记、市农委主任王孝东同志多次组织召开专项工作会议，市委农工委、市农委主要领导在"两节"、重要时期和国庆期间分别带队对农委系统各单位开展安全生产、消防安全、交通安全大检查，排查安全生产、消防安全、交通安全各项事故隐患、国庆安保各项措施的落实情况进行了重点检查，及时组织系统各单位做到防患于未然，把系统安全生产、消防安全和交通安全各项工作落到实处，保证了各项工作的落实。同时，我们通过例会制度，坚持由农工委、农委领导和处室干部，对本系统各局、事业单位进行特殊时期专项安全稳定工作的检查以及日常综合治理和安全稳定工作的检查、督查，真正形成相对固定的检查、督查机制，一年中，我们统一进行安全大检查30余次，对发现的安全隐患及时进行了整改，确保了系统内未发生安全生产、火灾等重大安全责任事故。三是生产安全会同市农业局制定农委系统农机安全生产"三项行动"实施方案。国务院安全生产委员会《关于下达2009年全国安全生产控制指标的通知》（安委［2009］2号）中，明确本市2009年农机安全生产控制考核指标为零。在《国务院办公厅关于进一步推进安全生产"三项行动"的通知》（国办发［2009］32号）中，要求扎实开展安全生产"执法行动、治理行动、宣传教育行动"，加强安全生产全员、全过程、全方位管理，推进"安全生产年"目标任务落实。按照国务院和市政府的要求，我们会同北京市农业局制定下发了《关于报送北京市农机安全生产"三项行动"实施方案》。会同市农业局、安监局、公安交通管理局于5月18日在小汤山召开了"创平安农机，促安全生产"为主题的北京市农机安全生产联合行动大会，对全市农机安全整治行动作出全面部署。四是签订2009年系统交通安全责任书。为预防和减少道路交通安全事故，为全国"两会"和新中国成立60周年创造安全稳定的交通环境，按照市交通安全委员会的要求和部署，同农委系统各单位签订《2009年系统交通安全责任书》，将交通安全的责任分解落实到各基层单位。

【在敏感时期，落实重点防控各项措施】 面对2009年取缔"法轮功"十周年这一实际情况，国内外"法轮功"捣乱破坏活动猖獗这一现实，本市部分律师参与所谓"法轮功"、"维权"活动增加，国内外敌对势力插手境内外群体性事件突出。为确保农委系统重点时期实现"四个不发生"，即不发生"法轮功"规模性非法聚集和恶性极端事件；不发生"法轮功"书写、喷涂、悬挂大幅反宣标语或大面积反宣品案件；不发生"维权"律师代理"法轮功"案件与我对抗事件；不发生"法轮功"插手利用社会热点敏感问题引发的群体性事件。按照中央和市委年初的工作部署，在"4·25"、"5·12"、"6·4"、"7·22"、"国庆"前后及时召开系统安全稳定会议，传达中央和市委有关会议精神，通报当前安全形势，部署农委系统敏感期防控工作，确保了系统的安全和稳定。

【加强流动人口和出租房屋动态管控】 深入开展流动人口和出租房屋调查。在2008年"平安奥运行动"的基础上，按照市流管办《北京市流动人口和出租房屋综合管理信息平台二期建设工作方案》的要求，通过信息化手段，创新流动人口和出租房屋综合管理机制和工作模式，实现对流动人口和出租房屋信息资源的整合，进一步提升对流动人口和出租房屋服务管理工作的水平。要求系统各单位要以2009年"平安北京"建设责任书对流动人口和出租房屋管理为重点，进一步摸清底数，实现底数清，情况明，为下一步科学管理，纳入全市信息平台奠定基础。

【进一步深入开展农村平安创建活动】 一是2009年，结合社会主义新农村建设，市委农工委、市农委，积极按照基层平安建设标准，继续推动"平安村创建试点"工作。通过市级财政转移支付，加大投入力度，推动区县加强农村综治工作，在平安村创建活动中建立健全治安防控工作机制和工作体系，通过示范试点乡村的典型带动，提高郊区农村平安建设的能力，探索农村平安建设的新模式，使郊区农村平安建设的社会面防控工作机制、社会矛盾调处工作体系、农村治安巡防队伍网络、农村地区流动人口管理、治安技防基础设施和农村民主法制建设得到进一步加强。二是做好综治联系点工作，强化农村治安重点整治地区的排查治理。按照排查整治农村治安混乱地区，深入推进农村平安建设工作的要求，市委农工委、市农委，配合市政法、公安等相关部门加强了郊区重点地区治安工作，按照首都综治委《平安奥运责任书》和2009年市级治安重点地区组织开展集中整治，确保年内达标的工作要求，市委农工委、市农委领导多次深入市农委综治联系点通州区、顺义区农村基层开展调研工作。按照综治委《关于排查治理治安重点地区的若干规定》，督促郊区党委、政府对已排查出的市级治安重点整治地区，积极主动地开展专项治理工作，迅速建立起运行良好的“党委政府统一领导，综治部门牵头协调，有关部门积极参与，公安机关具体组织实施”的治理工作机制，彻底改变治安重点整治地区的面貌。同时，我们在建设社会主义新农村中，进一步推进农村警务工作，加强村级社区警务工作站建设，探索“一村一站一警”农村警务工作新模式，强化农村基层综治工作。三是积极筹备成立首都综治委农村综治协调委员会。根据首都综治办2009年工作要点要求，按照市委领导的批示精神和首都综治办的部署，要求由市委农工委、市农委牵头成立首都综治委农村综治协调委员会，为完成这项任务，市农委启动了首都综治委农村协调委员会的调研筹建等工作，组织起草了相关文件，制定筹备工作的计划，目前成立大会的各项工作正积极落实。

信访工作

2009年是新中国成立60周年，市委农工委、市农委坚决按照中央和市委的决策部署，年初确定了“平安北京”信访工作的目标和任务，将信访工作纳入“国庆安保”整体工作部署，按照重大政治活动多、政治敏感时段多，以及当前仍处在人民内部矛盾突发，刑事案件高发，对敌斗争复杂的特殊阶段这一现实，坚持从群众最关心、最直接、最现实的利益问题出发，积极开展矛盾纠纷排查化解工作，深入开展信访积案化解，有针对性的修订和完善影响郊区农村稳定和发展的政策和措施，推广郊区化解矛盾的典型经验，使一大批矛盾纠纷得到了有效化解和控制，全面实现了“大事不出、小事减少、管理严格、秩序良好”的信访工作目标。

【信访基本情况及分类】 一是上访情况。2009年1—12月份，郊区县到市以上部门上访共349批5 695人次。与2008年同期206批2 704人次相比，批次和人次分别上升了69.4%和110.6%。反映的主要问题有：①占地拆迁及补偿分配问题74批1 779人次，占21.2%；②其他社会经济管理问题58批841人次，占16.5%；③企业改制和劳资纠纷问题35批962人次，占10%；④土地征占引发的问题40批680人次，占11.5%；⑤反映农村基层干部管理问题39批357人次，占11.2%；⑥土地承包及流转纠纷33批148人次，占9.5%；⑦山区搬迁遗留问题17批55人次，占4.8%；⑧农村集体资产分配问题17批220人次，占4.9%；⑨违法违纪问题12批131人次，占3.4%；⑩转非转工安置10批264人次，占2.9%；⑪集体经济组织成员身份界定问题11批227人次，占3.2%；⑫农村政策性转居问题3批31人次，占0.9%。

二是网上及来信情况。2009年1—12月份我们共办理领导信箱、投诉信箱、政风行风热线、市长信箱及市信访网上交办件共计463件。反映的问题有：①新农村建设政策咨询问题104件，占22.5%；②其他各类纠纷问题77件，占16.7%；③其他社会管理和经济问题68件，占14.7%；④反映农村基层干部管理问题54件，占11.7%；⑤土地征占补偿分配55件，占11.9%；⑥集体资产处置问题54件，占11.7%；⑦集体经济组织成员身份界定问题51件，占11%。

从2009年上访及群众来信反映问题的情况来看，土地征占补偿、拆迁安置、农村集体资产分配等方面的问题仍将是今后推进城乡统筹和城市化进程引发矛盾和问题的焦点，仍需我们给予关注。

【建立两项制度】 一是领导接访制度。按照市委市政府关于认真做好群众来信来访工作，维护社会稳定的工作部署，依据市委办公厅《关于进一步完善区县局领导干部接待群众来访制度的实施意见》的要求，结合2009年开展“信访积案化解年”这一目标，市委农工委、市农委认真贯彻落实中央和市委工作要求结合自身实际制定下发了《关于认真做好群众来信来访工作的规定》（京农发［2009］16号文件）。有效维护了正常的上访秩序，维护了群众合法权益。最大限度地推动了“事要解决”为构建和谐、解决民生奠定了坚实基础。二是制定下发重大决策信访风险评估实施意见。为深入贯彻党的十七大和市委十届三次、四次、五次全会精神，全面落实科学发展观，进一步提高市委农工委、市农委决策的科学化、民主化水平，按照市委办公厅（京办发［2009］5号文件）《关于对涉及群众利益的重大决策进行信访风险评估的意见》的要求，从源头上预防和减少信访突出问题的产生，制订下发了市委农工委、市农委《关于对涉及群众利益重大决策进行风险评估的意见》（京农发［2009］24号）。对需要进行风险评估的决策事项及评估要求、程序和步骤作出了明确规定，为涉农决策出台更加科学，更加贴近实际，更好地反映民意提供了制度保证。

【认真落实领导干部接访——实施领导下访】 为了落实领导干部接待群众来访制度实施意见的要求，结合市农委工作职责并依据到市农委上访群众的特点，领导接访主要以下访为主，即定期由主管领导和相关处室深入区县农村基层，就有关矛盾和问题听取区县相关负责人员的分析，深入镇、村召开农民代表座谈会认真听取基层群众对有关问题的意见和建议。2009年以来，由张新委员带队共对平谷、大兴、怀柔、昌平、通州五个区进行了五次下访。一是针对一季度平谷区涉农信访数量排名全市第一的情况，就有关土地承包的纠纷问题同平谷农工委和有关部门和乡镇了解具体情况，为做好群众的解释工作，提出具体建议。二是上访人员反映政策性农转居的问题比较突出的问题。我们会同市信访办听取大兴区瀛海镇有关部门及村干部的情况汇报就有关政策问题交换了意见，建议该镇加快产权制度改革，通过产权改革从根本上了断上访人的诉求。三是外埠承包人倪九来反映承包通州区马驹桥镇小杜社村蔬菜大棚未发放确权证书等问题。反映通州区经管站违法，曾到农业部上访。我们接到农业部的交办单后，先后多次分别就此问题与上访人及通州区农委经管站了解情况，在确认事实的基础上依照土地承包法的规定按照信访程序对上访人进行了答复，并上报农业部办理结果，上访人不服申请行政复议未果后，已进入信访复核程序。四是对农村“新老户”问题，对怀柔、昌平两区进行下访。在调查中发现，在具体操作中，凡是经民主程序讨论认定社员身份时，基本上都没有给予外来非政策性搬迁人员社员待遇，基层的同志认为：政策规定虽可以发挥集体经济的民主决策功能，但还要在合情合理的基础上，比如在推进产权制度改革中相应给予在该村生活一定年限外来户相应的量化股份，尽量缩小这种差距，而不是一点不给，人为拉大这种差距。目前，这样的理念并未被多数群众认同。

【在信访联席会议机制中认真履职】 年初，市联席会议2009年提出了全市信访工作“三无”目标及三项化解指标，即“全年无重大重复上访户、无信访群体性事件、敏感时期无非正常上访”。做到初信初访化解率达到90%、重信重访化解率达到80%、信访历史积案化解率达到70%。按照市联席会议的部署和要求，市委农工委、市农委作为农村土地专项小组围绕涉农突出信访问题，积极提出意见和建议，圆满完成了2009年全年信访排查化解的各项任务，确保了在“两会”、“国庆”等重点时期正常的信访秩序。

安全生产

【及时召开系统安全生产、消防、交通安全工作会议】 按照上级要求制定下发《关于进行安全生产和社会稳定排查整改切实做好安全稳定工作的意见》（京农发［2009］7号）按照市政府要求，在春节前后和“两会”期间及时组织系统各单位开展安全生产、消防安全、交通安全大检查，排查安全生产、消防安全、交通安全各项事故隐患，做到防患于未然，把系统安全生产、消防安全和交通安全各项工作落到实处。围绕央视大火这一惨痛教训，按照市消防委员会的工作要求，积极开展系统消防安全排查，积极落实具体工作部署。

【制定农委系统农机安全生产“三项行动”实施方案】 国务院安全生产委员会《关于下达2009年全国安全生产控制指标的通知》（安委［2009］2号）中，明确本市2009年农机安全生产控制考核指标为零。在《国务院办公厅关于进一步推进安全生产“三项行动”的通知》（国办发［2009］32号）中，要求扎实开展安全生产“执法行动、治理行动、宣传教育行动”，加强安全生产全员、全过程、全方位管理，推进“安全生产年”目标任务落实。按照国务院和市政府的要求，我们会同北京市农业局制定下发了《关于报送北京市农机安全生产“三项行动”实施方案》。会同市农业局、安监局、公安交通管理局于5月18日在小汤山召开了“创平安农机，促安全生产”为主题的北京市农机安全生产联合行动大会，对全市农机安全整治行动作出全面部署。

【制定下发消防行动方案】 农委系统《关于贯彻落实市防火安全委员会“合围攻坚行动”工作方案的实施意见》（京农发［2009］22号）。年初，按照市委书记刘淇、市长郭金龙重要指示，为吸取央视新址在建附属文化中心工地火灾教训，加强全市火灾防控工作，遏制重特大火灾特别是群死群伤火灾，在全市组织开展了火灾隐患排查整治“雷霆行动”。我们组织系统各单位按照“雷霆行动”的要求制定工作方案，进行隐患排查，并组织了检查。

【签订2009年系统交通安全责任书】 为预防和减少道路交通安全事故，为全国“两会”和新中国成立60周年创造安全稳定的交通环境，按照市交通安全委员会的要求和部署，同农委系统各单位签订《2009年系统交通安全责任书》，将交通安全的责任分解落实到各基层单位

（市委农工委社会管理处　李旭辉）

领导班子建设与基层组织建设

概　述

2009年，按照市委要求，市委农工委重视领导班子自身建设与基层组织建设，深入学习科学发展观活动和“三级联创”活动以及基层民主政治建设，都取得新成效。

领导班子建设

【组织做好两委机关机构改革工作】 根据北京市人民政府机构改革方案和《北京市人民政府关于机构设置的通知》（京政发［2009］2号），设立北京市农村工作委员会（简称市农委），与中共北京市委农村工作委员会（简称市委农工委）合署办公。市委农工委是负责本市农村工作的市委派出机构。市农委是负责统筹协调本市农村发展和农村经济工作的市政府组成部门。两委机关行政编制104名。其中：市委农工委（市农委）书记（主任）1名，市委农工委副书记2名，市农委副主任4名（含北京市社会主义新农村建设领导小组综合办公室专职副主任1名）；处级领导职数18正（含机关党委专职副书记1名、离退休干部处处长1名）20副。

（市委农工委干部处　满欣　魏红）

【继续推进市委农工委系统各单位党建工作】 2009年，在市委领导下，市委农工委系统各级党组织认真围绕本单位的中心工作，紧扣新农村建设这个主题，党建工作不断推进。一是通过了市委组织部对党员信息库建设的验收和市委保密部门对组工网信息化安全工作的检查，并做好党统年报工作。二是进一步推进党员电化教育工作。推荐市农林科学院孙素芬为《为你而歌》（第七部）拍摄对象，并配合市委组织部完成了拍摄工作。同时，指导北京农业职业学院拍摄并完成《心系京郊大地，科学引领发展——北京农业职业学院真情服务“三农”》电教片，并报送市委组织部电教中心参加全市电教片展播月活动。三是开展慰问帮扶工作。春节前和“七一”前安排两委领导分别到两委机关和农工委系统各单位慰问生活困难的党员和职工。共对19名生活困难的党员进行走访慰问，共发放慰问金23 000元。四是对在首都国庆60周年“社会主义新农村”主题彩车上的10名农村工作代表性人员和5名农村文艺工作者代表人员进行了推荐、政审、具体组织工作以及安全保障工作，圆满完成了国庆当天的彩车游行工作。

（市委农工委组织处　李艳青）

【组织举办全市新农村建设专题培训班】 为加快新农村建设进程，5月中旬，组织举办了全市“新农村建设专题研讨班”。研讨班为期5天，郊区各区县分管新农村建设领导，农委系统单位局级领导干部，郊区各区县农委主任，市人大、市政协相关部门领导，区县人大政协分管领导共48人参加了培训。邀请中央党校、农业部等专家、教授，就农村社会事业发展等各项新农村建设中的政策作了专题辅导，提高了他们贯彻科学发展观、驾驭全局的能力，特别是在新农村建设过程中组织、协调、落实能力和应对新情况、解决新问题的能力。

（市委农工委干部处　满欣　魏红）

【开展农委系统组织协调统筹推进新农村建设考核评比】 按照两委《关于进一步加强市农委系统组织协调统筹推进新农村建设的意见》要求，组织开展了2008年度农委系统统筹推进新农村建设情况考核评比，根据农委系统各单位在新农村建设中履行职能情况、折子工程完成情况、工作创新情况等，总结经验和成效，查找差距和不足，提出建议和要求，并形成考核意见进行反馈，促进了农委系统整体作用的发挥，进一步确保各单位参与新农村建设的工作成效。

（市委农工委干部处　杨琦　宗大勇）

【组织做好两委机关副处长竞争上岗工作】 为进一步创新干部选拔任用机制，扩大干部任用工作中的民主和群众参与程度，推进干部工作的科学化、民主化、制度化建设，组织了对组织处、宣传处、研究室、发展规划处、产业发展处、社会发展处、村镇建设处、新农村建设协调联络处、新农村建设督查处等9个处室副处长的竞争上岗工作，共有16名同志参加了竞争上岗。经过笔试、面试、民主评议、推荐考察等程序，有11名同志走上了副处长岗位。通过民主推荐，有4名同志晋升为调研员。

【组织做好两委机关工作人员选调有关工作】 组织了从区县、农委系统公务员单位及参照公务员管理单位选调机关公务员工作，通过笔试、面试、考察，共选调5名年轻干部到两委机关工作。

（市委农工委干部处 满欣 魏红）

基层党组织建设

【全市农村第三批深入学习实践科学发展观活动成效显著】 根据市委统一部署，全市农村第三批深入学习实践科学发展观活动（以下简称学习实践活动）从2009年10月正式启动，2010年2月基本结束，共有11个郊区县的3 050个村党组织、15万名党员参加了学习实践活动。市委农工委和郊区县各级党组织把开展学习实践活动作为加强农村基层党组织建设和新农村建设的有利契机，加强统筹协调，突出实践特色，着力夯实基础，农村党员干部贯彻落实科学发展观的自觉性明显增强，学习实践活动取得明显成效。一是坚持把加强领导贯穿始终，保证了学习实践活动顺利开展。市委农工委提出了“科学推进新农村建设，促进农业发展农民增收农村和谐”这一鲜明的活动主题，建立了工作周报、信息报送、联系点、深入基层调研等四项工作制度。郊区县各级党委建立领导干部联系点2 560个，派出巡回检查组和指导检查组1 846个，形成了上下联动的工作体系。二是坚持把深化理论学习贯穿始终，促进了科学发展理念更加深入人心。市委农工委推出“四个一”创新举措，即编发一本农村党员干部学习手册、组建一个巡回报告团、设置一批现场教学点、开展一场科学发展大讨论，在全市农村掀起了理论学习热潮。共编印19万册农村党员干部学习手册，做到所有农村党员人手一册；巡回报告团开展巡回演讲13场，所有村党组织书记听取报告；市、区县共设置现场教学点350个，接待参观学习人员9.7万人次；科学发展大讨论参加人员达13.3万人次。广大农村党员干部，在事关农村科学发展的一系列重大问题上形成了共识。三是坚持把围绕中心服务大局贯穿始终，推动了农村各项事业健康发展。市委农工委和郊区县各级党组织切实找准学习实践活动与各项中心工作的结合点，解决了一批关系群众切身利益的突出问题，农村各项事业保持了较好发展势头。把学习实践活动与转变农业农村发展方式相结合，促进了农村经济平稳较快发展；与统筹改善民生相结合，促进了农民生活水平提高；与加强农村社会治理相结合，促进了农村和谐稳定。四是坚持把整合资源凝聚力量贯穿始终，形成了推动农村科学发展的强大合力。从学习实践活动伊始，郊区县各级党组织就积极搭建平台，整合社会力量参与新农村建设，城市优势资源和要素向农村流动的渠道进一步畅通，形成了集中力量统筹城乡、集中资源聚焦“三农”的良好局面。坚持开门搞活动，共收集整理各类意见和建议2.8万条，采纳意见和建议1.6万条。从各村进行的群众满意度测评情况看，总体满意率达到90%以上。五是坚持把加强农村基层组织建设贯穿始终，夯实了农村科学发展的组织保障。郊区县各级党组织认真贯彻落实十七届三中和四中全会精神，坚持重基层、打基础、强基石，充分发挥了基层党组织在发展现代农业、培养新型农民、带领群众致富、维护农村稳定中的作用。圆满完成3 911个村党组织换届选举工作，进一步优化了村级领导班子。村干部“一定三有”长效机制逐步健全，调动了农村基层干部的工作积极性。农村党的建设“三级联创”活动不断深入，城乡统筹党建工作新格局正在形成。六是坚持把创新体制机制贯穿始终，增强了农村科学发展的动力和活力。市委农工委和郊区县各级党组织大力加强机制建设，合力推进城乡统筹、梯度推进新农村建设以及全面推进“三农”工作的机制不断完善，城乡统筹继续走在全国前列。

【继续深化农村党的建设“三级联创”活动】 一是切实加大组织推动力度。召开了全市农村基层组织建设工作暨“三级联创”活动表彰会议，对10年来“三级联创”工作进行了总结，对2009年及今后一段时期工作进行了部署，并评选表彰了近3年来涌现出来的“五个好”乡镇党委44个，“五个好”村党组织210个。郊区各区县结合学习实践科学发展观活动，健全完善领导体制和工作机制，不断提高农村基层组织建设科学化水平。二是大力加强农村基层干部教育培训。会同市委组织部、市委党校，从3月9日至4月10日，连续举办了2期乡镇党委书记轮训班、2期乡镇长轮训班和1期村党支部书记轮训示范班，结合年度重点工作举办了2期全市农村金融制度政策专题培训班和1期全市促进低收入农户增收致富专题培训班。8期培训班，共对1 100余名农村基层干部进行了培训。郊区各区县、乡镇通过多种形式分层次、有计划地对乡镇、村基层干部进行了培训教育，共培训农村基层干部近6万人次。三是深入推进基层党建工作创新。郊区各区县联系实际，积极探索创新党组织的活动内容、活动方式、活动载体，使基层党建工作更加符合新形势下农村经济社会发展的要求。如朝阳区针对农村城市化过程中村居混合和农民上楼后社区化的组织形态，探索构建“村居合一”的工作模式，形成了“交叉设置机构，双向发挥作用”的组织模式和“组织活动在支部，发挥作用在社区”的党员活动方式，保证了组织工作不断档。怀柔区建立健全镇村服务体系，在镇一级设立“一办六中心”，在村一级建立驻村工作站，组建村级社会管理服务中心，实现了镇村两级工作对接，提高了为群众服务的能力。顺义区充分尊重各镇经济、社会事业发展不平衡的现实，研究制定了《农村评价分类办法》，对基层党建工作进行分级分类精细化管理。四是充分发挥基层党组织服务保障作用。重点加强对城市化进程较快地区、特别是城乡结合部地区农村基层组织建设的调查研究。郊区各区县基层党组织把党的建设与推进城乡一体化建设融合对接，搭建农村基层党组织和党员干部发挥作用的有效平台，为服务保障农村科学发展提供了持续动力和组织保证。朝阳、海淀、丰台、通州、顺义、昌平、大兴等区县，强化基层党组织的统筹协调、教育引导功能，引导广大党员干部在农村拆迁改造过程中，带头签订补偿协议、带头搬迁腾退、带头做好亲属工作，推动了拆迁工作顺利进行。在关键时刻发挥了基层党组织和广大党员的战斗堡垒作用和先锋模范作用。

【全市村党组织书记队伍激励保障机制进一步完善】 郊区各区县认真落实村党组织书记“一定三有”要求，加大财力和政策支持，进一步健全完善了村干部激励保障机制。在制度建设方面，郊区各区县都结合实际，研究出台了具体的贯彻落实意见或实施办法。朝阳区、海淀区、丰台区、昌平区、平谷区等按照市委意见精神，对已有的村党组织书记激励保障制度做了进一步的明确和规范。大兴区将村干部待遇、养老保险等列入区委区政府折子工程，明确了牵头领导和主责单位。在保障水平方面，郊区各区县在市财政每人 5 000 元转移支付的基础上，再配套财政专项资金 5 000 至 11 000 元不等，用于村党组织书记工作报酬，加上乡镇和村的绩效奖金，目前全市村党组织书记的工作报酬已基本达到或超过本区县农村劳动力平均收入水平。工作报酬构成主要是“基本报酬＋绩效奖金＋养老保险”的形式。在发放机制方面，主要有两种形式：朝阳区、海淀区、丰台区及其他区县部分村级集体经济较好的乡镇，村干部基本报酬由村集体支付，乡镇审批并按实绩发放绩效奖金；其他多数区县村干部基本报酬由上级财政转移支付解决，乡镇根据工作实绩考核后，发放绩效奖金。

（市委农工委组织处　席俊克）

基层民主政治建设

【圆满完成村党组织换届选举工作】 从 2009 年 10 月底开始，按照市委的统一部署，北京市全面开展了村党组织换届选举工作。至 2010 年 3 月中旬，全市需要换届的 3911 个村党组织全部圆满完成换届工作任务。为做好村党组织和村委会换届准备工作，市委成立北京市村“两委”换届选举工作领导小组，市委组织部、市委农工委印发了《关于做好村党组织换届选举工作的意见》（京组通［2009］249 号）。郊区各区县、乡镇党委高度重视，精心组织，市、区县换届工作领导小组认真履行职能，切实加强工作指导，确保了换届选举工作的顺利进行。分析选举的结果，这次村党组织换届选举主要呈现出“四高四升一稳定”的特点。“四高”，即党员参与率高、一次选举成功率高、连选连任率高、得票率高。这次村党组织换届，参加民主推荐和党员大会选举的党员分别为 163 589 人和 164 276 人，占应参加选举党员总数的 92.8%和 93.1%。党组织委员和党组织书记一次选举成功的分别为 3 685 个和 3 841 个，占 94.3%和 98.3%。当选的 13 439 名村党组织委员和 3 911 名村党组织书记中，连选连任的分别为 9 914 人和 3 115 人，占 73.8%和 79.7%。当选的村党组织书记中，党员、群众推荐排名前三位的分别为 97.6%和 96.8%；党组织书记得票率在 70%以上的占 87.7%，其中满票的占 28%。“四升”，即村党组织书记“直选”比例、村党组织班子中大学生“村官”比例、女性比例和村党组织班子文化程度有较大提升。全市共有 1 162 名村党组织书记通过“直选”的方式产生，占 29.7%，比上届提高 29.4 个百分点。13 个郊区县共有 85 名大学生“村官”党员进入村党组织班子，比上届增加 68 人，其中 4 人任村党组织书记、7 人任副书记。村党组织委员中有女性 2 673 人，占 19.9%，比上届提高 5.6 个百分点；村党组织书记中有女性 236 人，占 6%，比上届提高 1 个百分点；2 173个村有女委员，占 55.6%，比上届提高 3 个百分点。村党组织委员中，大专及以上学历有 4 795 人，占 35.7%，比上届提高 9.3 个百分点；村党组织书记中，大专及以上学历有 1 918 人，占 49.1%，比上届提高 12.9 个百分点。“一稳定”，即与上届相比村党组织班子年龄结构保持稳定。新一届的村党组织委员平均年龄 45.6 岁，比上届降低 0.2 岁；新一届村党组织书记平均年龄 47.7 岁（其中新当选的 792 名村党组织书记平均年龄为 39 岁），比上届增加 0.8 岁，年龄结构与上届基本持平。

【积极发展农村基层党内民主】 进一步深化党务公开，规范和明确公开的时间、内容和程序。建立健全农村党员定期评议村级党组织班子成员和党内事务听证咨询制度，拓宽党员意见表达渠道。全面推广党代表大会代表任期制，明确党代表参与党委工作的内容和范围，发挥党代表的作用。不断深化扩大人民民主。贯彻落实《北京市村务公开和民主管理规程（试行）》，理顺和规范换届选举后村“两委”关系，进一步巩固村党组织领导下的村民自治机制。加强村民代表队伍建设，明确村民代表的职责，对村民代表参与村政事务的范围、方式等做出明确的规定。采取多种方式开展政策法规、民主法治等方面的教育培训，不断提高村民代表参政议政能力。总结推广“村民代表设岗定责”、“村民代表承诺”等经验，不断拓展村民代表发挥作用的渠道，在宣传政策、发展经济、维护稳定中切实发挥他们联系群众、群策群力的作用。

【大力推进农口厂务公开民主管理工作】 推选北京市厂务公开民主管理工作先进单位和先进个人工作。顺义区厂务公开协调小组等 6 个郊区县厂务公开协调小组被评为厂务公开先进组织单位，房山区卫生局等 17 个单位被评为厂务公开先进工作单位，北京一机床良工机床零件制造有限公司工会主席李中霞等 20 名同志被评为厂务公开先进个人。

（市委农工委组织处　舒展）

【全市村委会有3 948个】 据统计，截至2009年12月底，全市共有村委会3 948个。其中：朝阳区154个，海淀区84个，丰台区68个，门头沟区177个，房山区462个，通州区480个，顺义区426个，昌平区303个，大兴区527个，平谷区273个，怀柔区284个，密云县334个，延庆县376个。

【深入开展村务公开民主管理示范单位创建活动】 在全市已有35%的乡镇和村达到“村务公开民主管理示范单位”标准的基础上，市民政局继续指导各区县深入开展村务公开民主管理示范单位创建活动。各区县也积极推进村级各项民主制度建设，加强民主实践活动，不断总结示范活动中创造出的好经验、好做法。12月，通过区县推荐和市级专项检查，全市命名表彰了10%的乡镇和村，即25个村务公开民主管理示范乡镇和589个村务公开民主管理示范村，全市共有50%的乡镇和村达到“村务公开民主管理示范单位”标准。

【开展村务公开和民主管理“难点村”专项治理工作】 2009年，根据中央精神，市民政局与市纪委、市组织部、市委农工委等11部门共同制定了《关于开展村务公开和民主管理“难点村”专项治理工作的实施意见》（京民基发［2009］204号），对北京市深入开展村务公开和民主管理“难点村”专项治理工作进行了具体部署，明确了治理工作的目标要求和主要任务、治理重点和实施步骤。各区县认真开展了“难点村”的调查摸底和矛盾排查工作，共确定了105个“难点村”，并逐一建立台账，准确分析原因，制定治理方案，将利用三年的时间进行专项治理。

【贯彻落实《北京市村务公开民主管理工作规程（试行）》】 2009年以来，市民政局采取多种形式指导各区县做好市新农村建设领导小组村务公开工作办公室制发的《北京市村务公开民主管理工作规程（试行）》（京村办发［2008］5号）的贯彻落实工作，进一步规范了北京市村务公开民主管理工作，提升了村务公开民主管理水平，促进了村级事务管理的法制化、制度化、规范化。

【召开全市村务公开民主管理工作会议】 1月中旬，市新农村建设领导小组村务公开工作办公室组织召开了全市村务公开民主管理工作会议。会议全面总结了北京市村民自治工作取得的长足发展和显著成效，系统分析了村民自治工作的基本经验和存在问题，并提出了下一步全市村民自治工作的目标、任务和措施。会议交流了13个郊区县、13个乡镇、13个村的经验材料。大兴区、房山区阎村镇、密云县溪翁庄镇石马峪村等三个村务公开和民主管理示范单位做了典型发言。

【指导区县开展农村“民主日”活动等村民自治实践活动】 在2009年1月和7月的两次“民主日”实践活动中，市民政局指导各区县认真制定工作方案，明确“民主日”的主题和重点，确保活动的真实性和时效性。通过积极开展“民主日”等村级民主实践活动，提高村民群众的民主法制意识，切实保证了广大村民群众的民主权利。

【组织开展第四批北京市“民主法治示范村”命名表彰活动】 为促进农村基层民主法治建设，推进社会主义新农村建设，市民政局与市司法局继续开展民主法治示范村创建活动。经过自上而下、逐级审核申报，区县检查，市级抽查以及进行社会公示、接受广大群众监督的基础上，全市共确定了157个村为第三批北京市“民主法治示范村”。

【评选表彰2009年度北京市先进村委会、先进村委会主任】 为进一步调动全市农村基层群众性自治组织和广大基层干部工作积极性，授予顺义区仁和镇河南村民委员会等111个单位为“先进村民委员会”荣誉称号；授予通州区宋庄镇草寺村民委员会主任刘立恒等59名同志为“先进村民委员会主任”荣誉称号。

（市民政局　秦琦）

党风廉政建设

【全市农村党风廉政建设工作电视电话会议召开】 2月27日，由市新农村建设领导小组组织召开了北京市农村党风廉政建设工作电视电话会议，会议由市委常委、市纪委书记马志鹏同志主持，市委常委牛有成、副市长夏占义同志出席并讲话。夏占义同志传达了中央和市委有关农村党风廉政建设工作精神，要求以党的十七大和十七届三中全会精神为指导，全面落实科学发展观，紧密结合本市社会主义新农村建设实际，逐步建立起比较系统的、与农村改革发展相适应的农村惩治和预防腐败制度体系，为率先形成城乡经济社会发展一体化新格局提供有力保障。牛有成同志指出，加强农村党风廉政建设是加强党的先进性建设、进一步巩固执政基础的需要；是切实维护农民利益、确保农村和谐稳定的需要；是贯彻党的十七届三中全会精神、顺利实现2020年基本目标的需要。目前，郊区发展处在关键时期，保持农业稳定发展、农民持续增收、农村和谐稳定的任务很艰巨。农村党风廉政建设要服务服从于农村改革发展大局，以作风和能力建设为重点，进一步加强反腐倡廉教育；以规范农村基层干部行为为重点，切实加强制度建设；以保障农民民主权益为目标，切实发展农村基层民主；以维护农民物质利益为目的，改革创新农村集体经济管理模式；以解决损害农民群众利益的突出问题为着力点，加强监督检查。马志鹏要求，各单位的党风廉政建设工作应统筹安排，把党风廉政建设工作与新农村建设结合起来，进一步加强农村的民主建设，使党风廉政建设工作为本市城乡一体化建设提供有力的保障。不断提高农村党风廉政建设工作的水平，勇于实践，大胆创新，结合实际，取得农村党风廉政建设新的更大成效。

【党风廉政建设责任制进一步得到落实】 年初，

结合郊区新农村建设的新任务、新要求，根据《贯彻落实〈北京市建立健全惩治和预防腐败体系2008—2012年实施办法〉的分工方案》（京办字［2008］19号）和《关于印发〈2009年北京市党风廉政建设和反腐败工作主要任务分工〉的通知》（京办发［2009］12号）要求，抓好党风廉政建设和反腐败工作任务分工。市委农工委、市农委制定了落实意见，下发文件将牵头的任务细化分解到主管领导和责任处室，并明确了完成牵头任务的具体措施和要求。调整充实两委党风廉政建设责任制领导小组，建立健全了工作推动机制，对重点工作进行了多次多项监督检查，指导任务事项的落实。年中，以各种方式，积极组织、督促责任处室狠抓落实。年末，组织对各处室牵头任务的检查，听取各处室完成任务情况的汇报。两委在加快推进农村改革发展，促进农民增收，推进率先实现城乡经济社会一体化，落实“保增长、保民生、保稳定”的各项任务的同时，认真贯彻落实党风廉政建设责任制、扎实推进惩防体系建设，坚持把两委承担的牵头任务纳入部门业务工作之中，融入到农村党的建设和社会主义新农村建设之中，取得了新的成效。

【市委农工委、市农委党风廉政建设工作暨廉政风险防范管理工作动员大会召开】 会议学习传达了中央纪委十七届三次全会、市纪委十届五次全会暨全市党风廉政建设工作会议精神，部署了农委系统单位和两委机关2009年的党风廉政建设和反腐败工作，观看了反腐倡廉警示教育片《周良洛受贿案警示录》。市委农工委书记、市农委主任王孝东同志指出，抓好农委系统和两委机关党风廉政建设，一要认清形势，提高认识，切实加强作风建设；二要根据市委的部署，积极开展廉政风险防范管理工作；三要积极推进惩治和预防腐败体系建设，抓好党风廉政建设和反腐败各项任务的落实；四要加强领导，把反腐倡廉建设列入重要议事日程。两委领导班子成员、各处室副处以上干部，系统各单位党政主要负责人、纪委书记（纪检组长）共70余人参加了会议。

【开展廉政风险防范管理工作】 成立了市委农工委、市农委廉政风险防范管理工作领导小组，制定了《关于开展廉政风险防范管理工作的意见》（京农发［2009］9号）和《关于两委机关开展廉政风险防范管理工作的实施方案》。一是抓好动员，统一两委机关干部认识。3月初，召开了两委机关动员部署会议，编写了《廉政风险防范管理工作手册》，下发每名机关干部和系统各单位。同时采取以会代训形式，对各处处长、联络员分阶段集中4次进行培训。二是抓好阶段性工作部署，保证工作有序推进。针对工作进展情况及时进行部署和总结，针对梳理岗位职责、查找廉政风险、制定防范措施、完善工作流程，工作过程中出现的问题，及时与处室进行沟通指导，保证了工作的顺利推进。三是抓好专项检查和重点督导，保证工作不走样。采取专项检查、重点抽查等形式，对廉政风险防范管理每一个步骤的执行情况进行及时指导检查，发现问题随时提出整改意见，并对整改过程、结果进行跟踪、复查，确保廉政风险防范管理每一个步骤都落到实处。2009年，两委机关处室共确定处长、副处长和一般行政管理岗位80个，明确岗位职责事项245项，其中涉及廉政风险防范管理的重要事项32项。从思想道德、外部环境、制度机制三个方面共查找廉政风险点249个。共制定廉政风险防范措施101项，完善工作流程19项，制定廉政风险防范流程图19个。通过开展廉政风险防范工作，各处室细化岗位职责、明确风险内容、制定防控措施，不断健全完善涉及重要事项决策、干部行为规范、行政权力行使、业务工作流程等相关制度，取得了明显效果。

【认真学习贯彻国务院第二次廉政建设会议和市廉政工作电视电话会议精神】 3月25日，市委农工委、市农委召开领导班子会议，学习传达了温家宝总理在国务院第二次廉政建设会议上的重要讲话精神和北京市廉政工作电视电话会议精神，并结合作风年建设活动的开展和科学发展观整改方案的落实，提出六项贯彻措施：一是要切实围绕市委、市政府制定的一系列促进经济平稳较快发展的政策措施，积极会同有关部门加强对66项保增长、保稳定、保民生措施中涉及我委任务完成情况的监督检查，积极推动重大项目的落实；二是要在相关审批、许可、审核等工作环节上，加快工作进度，简化工作程序，组织协调好项目、资金的工作；三是充分发挥市新农办的综合协调职能，按照2009年新农村建设整体工作部署，发挥好六个工作推进小组的作用，切实落实好工作责任制；四是要在改善民生，扩大农民就业，推动产业发展上加大工作力度，有针对性地开展农民培训和转移就业；五是要针对郊区社会稳定方面存在的突出问题，结合郊区实际，着力解决好损害群众利益的突出问题，高度重视信访工作，特别是要针对在旧村改造拆迁安置、集体经济产权制度改革、土地承包经营权的落实和土地流转等方面存在的问题，加大协调解决的力度，推进相关政策、措施落实到位；六是要切实转变工作作风，进一步提高服务水平，深入基层、深入实际，了解农民需求和社情民意，真心实意为群众办实事、办好事。要坚持厉行节约，勤俭办一切事的原则，大力压缩不必要的行政开支，把有限的资金用好、管好。

【组织开展农村党风廉政建设专项检查工作】 按照中纪委要求，10月下旬由市纪委、市委农工委、市农委和市财政局联合组成六个检查组，开展农村党风廉政建设专项检查，在郊区县全面自查的基础上，从农村党风廉政建设领导体制和工作机制建设情况、农村党风廉政制度体系建设情况、中央和市委市政府强农惠农政策措施落实的情况以及农村集体“三资”管理情况等四个方面，采取听、谈、查、访、问等方式，对13个郊区县进行了重点检查，检查面达100%。

【举办农村党风廉政建设研讨班】 为深入贯彻党的十七届四中全会和中纪委十七届四次会议精神，不断提高全市农村党风廉政建设工作水平，12 月，市农村纪工委举办了“北京市农村党风廉政建设研讨班”。郊区县纪委主管副书记、常委（室主任）及部分乡镇纪委书记，共 64 人参加了研讨班。市纪委副书记隋秀梅同志到会并作了主题报告，市纪委常委张同生同志出席。研讨班采取主题授课、研讨交流和参观考察的方式进行。中央纪委、市农委有关领导重点讲解了当前农村党风廉政建设的新任务和新要求，以及全市在推进新农村建设和城乡一体化新格局进程中取得的成效、需要关注和破解的难题等。各涉农区县纪委和部分乡镇重点围绕贯彻落实党的十七届四中全会和中纪委十七届四次会议精神，以及市委、市政府关于推进城乡一体化的重大工作部署，提出了进一步开展农村党风廉政建设的思考和工作建议；按照加快推进惩防体系建设和落实廉政风险防范管理机制向上下两级延伸的要求，在加强农村党员干部管理、规范民主决策、落实强农惠农政策等方面的进展和成效；以及结合当前农村信访和案件工作，分析当前基层党员干部能力和作风建设方面需要解决的突出问题等三个方面进行了广泛研讨交流。实地考察了怀柔区北坊镇农村综合改革和桥梓镇农村集体“三资”管理招标情况。市纪委副书记隋秀梅在主题报告中强调，郊区县要认真贯彻落实党的十七届三中、四中全会和中纪委十七届三次、四次全会以及市委十届五次、六次全会精神，深入贯彻落实科学发展观，按照率先形成城乡经济社会发展一体化新格局的要求，以推进农村党员干部能力和作风建设为重点，加强农村党风廉政制度体系建设，健全农村党风廉政建设长效机制；加强“三农”工作方针政策贯彻执行情况的监督检查，促进农村改革发展稳定，确保政令畅通；加强农村集体“三资”管理，维护农民利益，坚决纠正损害农民利益的突出问题；加强纪律保证，进一步加大案件查处力度，为农村“两委”换届营造风清气正的政治环境。

【积极开展效能监察工作】 按照四年任务二年完成的目标要求，2009 年，市委、市政府加大对新农村建设“五项基础设施”和“三起来”工程投入力度，总投资额达 80 亿元。为推进郊区农村改革发展重大部署和措施的落实，打造民心工程，对“五十三”工程进行立项，开展效能监察。年中，会同市农委有关处室专门成立了 4 个检查组，建立了月通报制度，按季度对 13 个郊区县的“五十三”工程任务核定、组织实施、资金到位、农民参与等情况进行检查，发现问题及时纠正，推动此项工作的顺利开展。年底，又组织了 12 个市政府部门，成立了 6 个检查组，对年度任务完成情况，进行抽查，确保了当年各项工作任务的落实。

【加强全市农村党风廉政制度体系建设】 为进一步加强全市农村党风廉政建设，市纪委、监察局和市委农工委、市农委联合下发了《关于加强农村党风廉政基本制度建设的意见》，提出要健全和完善反腐倡廉宣传教育、廉洁自律、民主权利保障、“三资”管理、监督检查、领导体制和工作机制 6 个方面 18 项基本制度。该《意见》与先后出台的《北京市村务公开和民主管理工作规程（试行）》、《北京市村集体经济组织财务规范化管理制度（试行）》，构成了全市农村党风廉政基本制度体系

（市农村纪工委　才庆学　丁岩）

老干部工作

【概述】 截至 2009 年底，10 个远郊区县和农委系统 5 个局、事业单位离休干部总数为 2 910 人，平均年龄 81.6 岁，其中局级 103 人、处级 1 489 人、科级 443 人、科级以下 875 人，第一、二次国内革命战争时期参加革命的有 1 人，抗日战争时期参加革命的有 599 人，解放战争时期参加革命的有 2 310 人。

在市委、市政府正确领导下，市农口各级党委组织部门、老干部部门，坚持以邓小平理论、“三个代表”重要思想为指导，深入学习实践科学发展观，按照全国老干部局长会议和市第二十二次老干部座谈会的要求，围绕中心，服务大局，全面落实老干部政治、生活待遇，充分发挥广大老干部在维护首都改革发展稳定，构建和谐社会首善之区中的积极作用，老干部工作取得明显成效。

【深入学习实践科学发展观，用中国特色社会主义理论体系武装离退休干部】 各级党组织和老干部部门高度重视离退休干部思想政治建设，把学习实践科学发展观作为“两项建设”的首要任务，围绕科学发展、构建社会主义和谐社会等内容，用中国特色社会主义理论不断武装离退休干部思想。市委农工委根据老同志对理论学习的建议和要求，发放理论讲座光盘，明确学习重点，加强学习指导，增强了老干部理论学习的针对性和实效性。农口各老干部活动中心、老干部（老年）大学、老干部党校通过培训班、读书班、理论辅导报告等形式，先后组织离退休干部学习了十七届四中全会精神、《毛泽东、邓小平、江泽民论科学发展观》等内容，加大形势政策宣讲力度，引导离退休干部把握大局，自觉地为应对国际金融危机、保持经济平稳较快发展、促进社会和谐大局服务。

【积极开展“五好支部”创建活动，离退休干部党支部建设得到加强和改进】 认真贯彻市委组织部、市老干部局《关于深入贯彻党的十七大精神全面加强离退休干部党支部建设的意见》精神，市委农工委从加强党的基层组织建设，推进党的建设新的伟大工程的高度，抓住思想政治建设、组织建设、制度建设的关键环节，不断提高老干部党支部建设水平，老干部党员的党性观念和党员意识进一步增强，老干部党支部的战斗堡垒作用得到进一步发挥。通过开展“五好

支部”创建活动，离退休干部党支部建设基本实现了“支部班子好、党员队伍好、组织设置好、活动开展好、群众反映好”，并涌现出一批先进集体和先进个人。在9月份中组部召开的全国先进离退休干部双先表彰会上，通州区原政协主席刘庄被评为“全国离退休干部先进个人”，房山区工业总公司离休干部党支部被评为全国先进离退休干部党支部。同时，在市离退休干部“双先”评比表彰活动中，农口涌现出24个离退休干部先进党支部和35个离退休干部先进个人。

【热烈庆祝新中国成立60周年，老干部主题实践活动深入展开】 按照市委的统一部署，农工委组织开展丰富多彩、富有特色的庆祝活动，进一步营造关心、照顾老干部和重视、支持老干部工作的良好氛围。“十一”前夕，在通州文化广场举办了以“庆祝建国60周年”为主题的大型文艺演出。围绕庆祝新中国成立60周年，组织老干部参加国庆观礼、参观新中国成立60周年成就展、观看大型音乐舞蹈史诗《复兴之路》等纪念活动，让老同志充分感受喜庆、祥和的节日氛围。顺义区老干部局与顺义电视台合作，组织百余名老干部参与，摄制了《向祖国报告：顺义巨变——从粮仓到国际港》、《史记1949—2009》两部专题片，为祖国60年大庆献上一份厚礼。平谷区老干部局举办以“展三十载桃乡新貌，览六十年山河巨变”为主题的老年精品书画展活动。农口系统各单位、各部门认真组织离退休干部开展“颂祖国促发展，倡和谐乐晚年”主题实践活动，通过组织老同志参观、书画摄影、征文、歌咏比赛等一系列富有特色的庆祝活动，既丰富了老同志的精神文化生活，也抒发了老同志为建设“人文北京、绿色北京、科技北京”、促进社会和谐再立新功的真挚感情。

【切实解决老干部的实际困难，扎实推进“四就近”服务工作】 按照中央和市委的要求，各区县、各单位在抓好“三个机制”落实的基础上，着重为老干部解决实际困难。一是根据市委组织部《关于落实远郊区县无房和住房未达标离休干部住房补贴问题的通知》（京组通［2008］72号）精神，各区县均对本单位离休干部住房情况作了深入的调查了解。成立了由区委组织部、老干部局、区建委、区人事局等相关单位组成的领导小组，明确职责任务、制定落实住房补贴实施方案，将住房补贴发放到无房和住房未达标离休干部手中。二是深入落实离休干部养老医疗补贴政策。根据市委组织部《关于统一本市离休干部养老医疗补贴的通知》（京组通［2009］5号）精神，各老干部部门积极协调相关单位，将养老医疗补贴全部发放到位。三是建立困难离退休干部帮扶机制。通过协调各级政府、部门，建立离退休干部帮扶基金，对有特殊困难、患重大疾病的离退休干部及遗属及时进行救助和救济。四是元旦、春节期间，特别是国庆60周年前夕，对1万多名老干部、老工人、老党员普遍进行了走访慰问，向老同志转达党中央和市委的关怀，并帮他们解决实际困难。

在切实解决好老干部实际困难的同时，“双高期”老干部“四就近”服务工作扎实推进。各区县各单位老干部工作部门积极发挥牵头作用，统筹各方力量，形成工作合力。服务工作更加规范，逐步建立起家庭、单位、社区、党委和政府工作部门“四位一体”的服务管理体系。服务方式实现多样化，即专职与兼职相结合、义务与补偿相结合，为社区离休干部就近提供多样化、个性化、亲情式服务。社区老干部党支部增至126个。社区“四就近”服务管理经费和工作指导经费落实到位。目前郊区老干部“四就近”服务工作已经步入正轨，开展工作所需的人员、经费、场地、设施已基本落实。各区县通过社区组织、政府购买服务和志愿者结对子等方式，向郊区居住的离休干部提供“四就近”服务，其中在农村居住的489名离休干部也能享受来自乡村组织的就近关心照顾。

【着力研究新情况解决新问题，老干部工作水平进一步提高】 一是深入开展调查研究，提高老干部工作的创新能力。按照中组发［2008］10号文件的要求，市委农工委针对老干部和老干部部门反映的突出问题，确定了“退休干部服务管理问题研究”、“加强老干部党支部建设和老干部思想政治建设问题研究”、“关于建立离休干部解困机制”等课题，组织各区县各单位老干部部门深入开展调查研究，形成了《农口系统离退休干部党支部建设情况的调查与思考》、《充分利用社区资源做好离退休干部服务管理工作》等调研报告，为进一步做好老干部工作提供了有力依据。二是坚持从解决老同志普遍关注的重点难点问题入手，积极探索创新。农职院适应离退休干部新需求，创新帮扶机制和办法，成立了离退休干部特困帮扶工作小组，并建立特殊困难帮扶专项资金。昌平区老干部局着眼落实“让老干部满意”的要求，开展老干部评价老干部工作，提高为老干部服务的水平。各区县各单位针对农口退休领导干部快速增长的实际积极探索加强退休干部服务管理工作的办法和途径。目前，多数区县、局和事业单位，已将原领导班子成员和干部管理权限内副处级以上退休干部纳入老干部部门服务管理，加强了退休干部服务管理的宏观指导。三是以加强思想作风建设为重点，不断加强老干部工作部门的自身建设。市委农工委以学习实践科学发展观为重点，深化拓展“讲党性、重品行、作表率”活动，围绕国际国内政治经济形势、老干部政策、心理健康知识等内容，对60名老干部部门科长以上干部进行了为期一周的培训。通过培训教育，工作人员队伍的素质和能力明显提高，增强了服务意识、大局意识、团结意识。

【召开市农口老干部工作座谈会】 为更好地贯彻落实全国老干部局长会议和北京市第二十二次老干部座谈会精神，进一步推动农口离退休干部工作，市委农工委于3月4日召开农口老干部工作座谈会。远郊区县委组织部长和农委系统主管老干部工作的领导参加了会议。市委农工委书记王孝东、副书记白仙畔和市委组织部副部长、市老干部局局长薛菡同志出席会议。会上区县委组织部长们分别介绍了贯彻北京市第二十二次老干部座谈会的情况，同时重点谈了开展离退休干部“两项建设”情况及下一步的打算。市老干部局局长薛菡同志在讲话中对农口老干部工作给予了充分肯定，并就进一步做好老干部工作提出几点希望。最后，市委农工委书记王孝东同志对农口老干部工作提出明确要求：①深刻认识和准确把握中央和市委对离退休干部工作的新要求；②突出重点，努力完成离退休干部工作的各项任务；③加强领导，强化队伍建设，不断提高工作水平。

（市委农工委离退休干部处　王岚）

区 域 合 作

2009年，加强与外埠农业产销合作，保证首都市场供应，取得新进展。

【农业区域经济合作工作】 积极落实《京张蔬菜产销合作框架协议》，在张家口市建设张家口北京蔬菜产业园区，吸引更多的北京市企业到张家口市投资蔬菜产业，提高北京冷凉蔬菜保障能力。

按照《北京市农村工作委员会支援安徽省金寨县现代农业发展（2008—2010年）框架协议书》的要求，会同市工商联组织多家企业赴金寨县考察投资环境，达成了劳务输出、培训实用人才、销售品牌特色农产品等多项投资合作意向。

与山西省农业厅签署了《关于农产品产销合作（2009—2012）框架协议》，进一步推动京晋两地农业合作。9月5日，在承德召开了第三届京承合作论坛，本届论坛以“京承农业一体化发展”为主题，总结经验，明确目标，推进科技合作，充分发挥京承双方各自要素优势，实现全方位对接，推动双方合作提升至新高度、新水平。

组织北京市农业科技企业参加在陕西省举办第十六届中国杨凌农业高新科技成果博览会，展示了北京市农业科技取得的成就，取得很好的效果。

【京台农业合作工作】 6月26—29日，台中市、台中县、彰化县和南投县负责人共同率团来京举办“台湾中部四县市农特产品暨观光展览会”。根据国台办要求，北京市作为此次展览会的主办单位，市农委积极配合市台办承办部分展览会会务和参访团接待活动，组织数十家销售农产品的经销商采购台湾中部四县市农特产品。12月9日，市农委积极协助市台办接待台湾工商建设研究会考察团，参加“北京市产业发展政策说明会”。

（市农委协调督查处　吴雁军）

【支持什邡市重建工作】 市委、市政府成立了对口支援地震灾区重建总指挥部，下设四办三指，市农委是人力资源办（设在市委组织部）和重建规划办（设在市发改委区域经济处）的成员单位。按照市重建办的要求和市委农工委、市农委主要领导的指示，成立了两委对口支援地震灾区领导小组，下设综合办公室（设在协调督查处）和人力支援办公室（设在干部处）。市重建办要求，对口支援什邡市的资金和项目由市里统一安排、统筹解决；凡接到什邡市有关部门重建需求时，均应报市农委系统对口支援地震灾区领导小组，由领导小组研究后上报市指挥部处理（什邡市各类重建需求，已由什邡市统一汇总后向北京市提出）；凡组织赴什邡市进行考察和开展支援工作，要向市指挥部请示，履行有关审批程序。

根据《北京市对口支援什邡市灾后重建智力援助（农业部分）实施计划》，2009年市农委组织3批共45名专家赴什邡进行农业智力援助，举办专题讲座29期，共培训什邡农委、农业局、水利局系统工作人员、各乡镇专业技术人员、农资经营大户等3 000多人次。组织举办了3期什邡市新农村建设骨干人员培训班，每期32人，时间1周；组织举办了1期什邡市林业系统专业技术人员进修班，共13人，时间1个月。

（市委农工委干部处　杨琦　宗大勇）

区县农情

朝阳区

概述

朝阳区总面积470.8平方公里，农村地区面积369.8平方公里，占全区总面积的78.5%，辖20个乡（地区办事处），154个村，140个社区，现有农村户籍人口61.8万人，其中农民14.6万人，另有流动人口92.8万人。2009年，朝阳农村地区按照区委、区政府"解放思想、传承奥运、再创优势"的总体要求，围绕"四个走在前列"和"三保"工作目标，大力实施"三提高"工程，扎实推进环境建设、产业支撑、改善民生、制度创新、安全稳定和基层党建六大体系建设，经济社会各项工作平稳、健康、快速发展。全年实现经济总收入801.7亿元，同比增长12.3%；实现利润37.2亿元，同比增加3.6亿元，增长10.7%；完成税金24.9亿元，同比增加3.2亿元，增长14.7%。农民人均劳动所得19 079.7元，同比增加1 413.5元，增长8.0%。产业结构进一步优化，三次产业的比重为0.67∶26.37∶72.96。

城乡一体化建设

【土地储备】 年内，朝阳区崔各庄乡大望京村城乡一体化试点改革取得成功，朝阳区紧紧抓住这一有利时机，启动了豆各庄、孙河等8个乡26.2平方公里土地储备工作。43个村拆迁腾退工作全面启动，全年累计拆迁住宅和非住宅568.5万平方米，腾退土地11.3平方公里，涉及7 496户、22 853人。南皋组团、长店组团、康营组团定向安置房同期建设。

【农民新村建设】 年内，农民新村开复工83.1万平方米，竣工73.5万平方米，3 349户、7 195人搬迁上楼。

【农村地区新建社区数量进一步增加】 绿化隔离地区建设推进了朝阳农村城市化进程，农村地区新建3个社区，累计农村地区社区总数达到140个，分部在农村地区19个乡。

都市型现代农业

【概述】 年内，本区观光休闲农业、设施农业、加工农业、精品农业得到快速发展，以崔各庄为核心的北部都市型现代农业示范区规划完成并实施建设。蟹岛、朝来农艺园、方圆平安、缤纷四季、观赏鱼养殖发展中心、格林万德等龙头企业带动作用日益显著，崔各庄樱桃园二期、金盏乡蓝调庄园等一批都市型现代农业项目相继建成开业，农业生产、生活、生态和体验功能得到深度开发。2009年农业总产值31 208.1万元，同比增长15.1%。

【观光农业】 全区共有农业观光园14个，接待旅游人数95.9万人次，观光园总收入3.1亿元，比上年增长14.8%；民俗旅游接待户30户，接待旅游人数1 056人次，民俗旅游全年总收入8.2万元。

【新品种新技术试验示范推广】 年内，农业产业化园区开展新品种新技术示范推广工作。共引进示范蔬菜、西甜瓜、南果等品种50余个。引进观赏型向日葵、甘蓝品种43个。

【有机肥培肥地力示范工程】 年内，在朝阳区10个农业园区实施有机肥培肥地力示范工程，推广应用新型有机补贴肥2 000吨，推广面积200公顷。

【农艺节水技术应用】 年内，与市农业技术推广站合作实施节水工程项目，在樱桃园二期和森禾园两个基地的108个温室大棚引进新型节水滴灌设备，实现了水肥一体化管理，修建引水渠等集水排水设施；引进保水剂在蔬菜等作物上应用，节约用水达50%。

【农产品无公害生产基地认证】 年内，全区共有11家农产品认证基地，其中有机基地6家、绿色基地1家、无公害基地4家。完成三家农产品生产基地的复查换证工作，分别为北京格林万德农业科技有限公司、北京缤纷四季园林有限公司、北京鑫源农艺花卉中心。

【蔬菜质量安全追溯体系建设】 年内，完成了全区8家追溯企业追溯管理专用PC机、工业条码打印机、硝酸盐测速仪、酶标仪的固定资产登记和贴标工作，签订了检测设备管理协议。为永顺华等基地申请并增加追溯新品种名称 31 个。组织中绿等追溯企业在 12 家超市申请安装追溯系统终端查询屏 12 台。标签使用总量达 230 多万枚。

【蔬菜普查】 年内，对涉及蔬菜生产的 8 个乡开展了蔬菜普查工作，经普查全区菜田总面积 787.42 公顷，其中设施蔬菜面积 232.83 公顷，露地蔬菜面积 554.60 公顷。全区蔬菜播种面积 983.27 公顷，其中春播面积 290.57 公顷，夏播面积 331.40 公顷，秋播面积 278.77 公顷，冬播面积 82.53 公顷。

【科技项目工作】 年内，实施了区科技项目“逆境蔬菜栽培技术研究与应用”，引进了抗热菠菜、抗寒黄瓜等新品种及土壤调理剂等，应用了袋式栽培、水培等新技术，采用了温室娃娃等高科技田间管理设备，项目尚在进行中。完成了 2008 年区科技项目“都市型现代农业服务体系建设”的总结与验收工作。完成了 2008 年区科技进步奖申报工作，获得区科技进步三等奖。

【农民田间学校】 年内，共建设农民田间学校 7 所，其中蔬菜类 5 所，观赏鱼类 2 所，分布在金盏、崔各庄、黑庄户、孙河等乡。全区现有农民田间学校学员 175 名，市、区各级辅导员 30 人（其中市级技术专家 4 人、区技术负责人 5 人、乡辅导员 6 人、村农民辅导员 14 人）。

【水域养殖与出口创汇】 年内，全区水产养殖面积为 433.53 公顷，观赏鱼养殖面积 345.73 公顷，食用鱼养殖面积 87.80 公顷。朝阳区有养殖户 204 户，其中观赏鱼养殖户 149 户，食用鱼养殖户 55 户，食用鱼养殖户大多以垂钓为主，从事休闲渔业。食用鱼成鱼总产量为 588.8 吨，其中：草鲤鱼产量 346 吨，花白鲢产量 155.6 吨，名优品种产量 87.2 吨，鱼种总产量为 62 吨；观赏鱼总产量为 8 874.2 万尾。渔业总产值为 6 453.33 万元。其中：观赏鱼产值 5 239 万元，食用鱼产值 1 214.33 万元，苗种产值 2 002 万元。观赏鱼直接出口 2 843.2 万尾，出口创汇额 498 万美元，间接出口 1 250 万尾，出口创汇额 950 万元人民币。

【组织举办市第三届观赏鱼大赛】 年内，北京市第三届观赏鱼大赛在高碑店华声天桥民俗文化园举办，来自北京、上海等 9 个省市，70 多家观赏鱼养殖单位和爱好者，上千条观赏鱼精品，参加了 67 个奖项的激烈角逐。华声天桥民俗文化园内 60 多家经营观赏鱼产品及养殖器材、饲料、鱼药等辅助材料的商户参与产品展示和展卖。

【观赏鱼引进与技术推广】 年内，在黑庄户观赏鱼养殖发展中心开展了观赏鱼优质品种的引进。引进二龄锦鲤 26 尾，金鱼亲鱼十多个品种约 240 尾，金鱼、草金鱼夏花 10 万尾，锦鲤夏花 16 万尾。在养殖户中推广名优金鱼水花 60 万尾，锦鲤水花 1 000 万尾。

【淡水鱼特供】 年内，为北京“两会”、全国“两会”特供服务期间，共派出机动车 140 辆次，动用员工 60 人，加班加点 2 340 小时，提供草鱼、鲤鱼、鲫鱼、蓝鲨、罗非鱼共计 5 586 千克。

【亲鱼储备和孵化】 年内，适龄鲤鱼亲鱼2 000 组，德国框式镜鲤亲鱼 200 组。共催产各类亲鱼 800 多组，孵化鲤鱼水花鱼苗 1.1 亿尾。利用 20 亩水面培育各种夏花鱼苗 200 多万尾，利用 2 公顷水面培育四大家鱼和鲤、鲫、罗非鱼种 4 万多千克。后备亲鱼 2 000 尾，对后备亲鱼进行保种和提纯。

【防疫机制建设】 年内，全区共有动物诊疗机构 44 家、兽药生产经营单位 30 家、商场超市 145 家、农贸市场 83 家、冷库半成品加工单位 12 家。建立防控机制，逐级签订三级防疫责任书：区政府—地区办事处、街道办事处（一级）；地区办事处、街道办事处—社区、村委会（二级）；社区、村委会—养殖场户、重点单位（三级）。区疫控中心与乡农服中心、批发市场、配送中心、检疫标志使用单位等重点单位签订 193 份，形成了覆盖全区动物防疫安全责任网络；继续深化村级动物防疫员队伍建设，完善防控体系。在 2008 年 443 名村级防疫员基础上朝阳区基层防疫员队伍扩大至 457 名。

【疫病防控】 年内，全区注册犬 9.9 万条，存栏牛 3 885 头、羊 3 406 只、马属动物 508 匹、特禽 4 144只、鸽子 220 212 只、观赏鸟 13 208 只，应免率均达 100%。猪瘟、丹毒、肺疫、副伤毒、新城疫、羊痘 6 种疫病的免疫率达 100%。检查特禽养殖场所 23 个次，观测区内 5 个主要候鸟栖息地各类飞禽约 27 100 只，没发现异常。全区全年共发放禽消毒药品 46.8 吨。

【动物及产品检疫】 年内，共检疫外埠进京动物 162.15 万头只，动物产品 3.8 万吨，无害化处理不合格动物产品 0.2 万千克。对 2.1 万份畜禽产品，800 份水样进行了检测。

【重大动物疫病入户普查】 年内，完成对全区所有动物养殖场、户的动物疫病入户普查工作，未发现重大动物疫病临床症状。全区共检查特禽养殖 22 户，特禽 4 207 只；牛场 4 家、18 户，奶牛 3 456 头；养羊 68 户，羊 5 330 只；马场 12 家、62 户，马匹共 508 匹；其他养殖 6 户，动物 45 头；养鸽 6 176 户，鸽子 22 万只；养犬 91 234 户，犬 91 234 条。

非农业生产

【乡镇企业发展】 区域内乡镇企业 615 家，全年实现营业收入 352.68 亿元，同比增长 10%；实现利润 10.61 亿元，同比增长 16.5%；上交税金 9.75 亿元，同比增长 19.4%；完成增加值 34.74 亿元，同比增长 6.5%。其中：营业收入 500 万元以上的规模企业达到 294 家，比去年同期减少 1 家，实现营业收入 303.21 亿元，同比增长 4.3%，占全区乡镇企业营业收入总额的 85.9%；实现利润 8.1 亿元，同比增长 1.89%，占全区乡镇企业总利润的 76.3%；增加值达到27.84亿元，同比减少0.48亿元，下降2%，占全区乡镇企业增加值总额的80.1%；上缴税金8.15亿元，同比增长17.4%，占全区乡镇企业上缴税金的83.7%。乡镇企业产业结构不断优化，三次产业结构比例由2008年同期的0.97∶22.74∶76.29调整为0.72∶26.95∶72.33。

【重点建设项目】 年内，推进32个重点产业项目建设，总投资151.32亿元，累计完成投资21.3亿元，16个项目已竣工，其中赛特奥特莱斯、将府庄园敬老院、红星美凯龙、小红门国际工程机械城等11个项目建成开业。

【出口创汇】 农村出口企业9家，比2008年减少2家。全年实现出口交货值1.87亿元，实现总收入3.3亿元，利润117万元，就业职工人数1 256人。来广营乡北京英超工贸公司、豆各庄乡北京格林万德农业科技公司等7家企业出口交货值超过1 000万元。

【文化创意产业】 区域内共有文化创意企业983家，全年实现收入76亿元，吸纳从业人员3万人。主要经济指标保持20%左右的增速。三间房动漫基地动漫科技孵化器一期投入使用；通惠国际、高井传媒一期等项目基本建成。草场地、北京1号地周边形成了当代艺术产业集群；CBD、高井及通惠河沿岸一带初步形成了国际传媒产业集群；高碑店一带初步形成民俗文化产业集群；欢乐谷、奥运功能区形成旅游和体育休闲产业集群。

【现代服务业】 现代商贸企业实现总收入251.3亿元，占三产主营业务收入的44.6%。汽车销售企业全年实现收入183.4亿元，占三产主营业务收入的32.5%。农村房地产、建筑、装饰装修等相关产业实现收入、利润、税金分别为151.57亿、10.97亿、7.68亿元，对朝阳区指标的贡献率分别为19.6%、29.5%、30.9%。

村镇建设

【新农村建设】 根据市新农村建设办公室安排，朝阳区扎实推进9个乡31个村“五项基础设施”及“三起来”建设。“五项基础设施”投资2.59亿元，新修、改扩建道路65.8万平方米；实施绿化39万平方米；改建公厕173座；购置垃圾桶4.85万只，清运车334辆；饮水工程新建管网24万延米，安装水表5 008块；雨排水工程新建管网19.3万延米。“三起来”工程投资4 228万元。安装太阳能路灯3 000盏；安装户用节能灯170万只；村内直管荧光灯更换11.6万只；太阳能浴室工程完成7处3 200平方米；雨洪利用工程新增蓄水58万立方米；沼气工程完成398.8立方米气站主体工程。区自选建设项目文化站、便民市场等公益设施建设项目投资2 213万元。

【高碑店村西区改造】 高碑店村西区改造是朝阳区新农村建设重点项目，五项市政基础设施建设进展顺利，完成668万元，其中饮水管网改造完成4 006平方米，投资381万元；消防工程完成84 000平方米，投资99万元；污水管网完成3 273米，投资188万元。

【节能灯换购进展】 年内，朝阳区20个乡落实换购户用节能灯1 385 384盏，集体单位、公共场所计划安装直管荧光灯10万盏，更换路灯节能灯泡5 000盏，全面完成了农村地区户用节能灯换购任务。

【农村地区道路建设】 年内，启动太阳宫1号路等10条农村道路建设并全部建成。启动并正在实施温榆河大道等13条主干路、广渠路二期等16条次干路的建设。

【农民房屋组织化经营】 何各庄村农民房屋组织化经营模式继续深入推进，第二批90户民宅改造升级全面完成。高碑店村西区改造148个院落完成主体结构施工。

农村改革与管理

【集体经济产权制度改革】 农村地区产权制度改革取得突破性进展，崔各庄乡村级产权制度改革和乡级土地股份制改革基本完成。以“明晰产权、统一开发、整合资源、专业管理”为目标，坚持土地与资产联动、乡与村联动、经济体制改革与社会管理体制改革联动“三个联动”的要求，圆满完成崔各庄乡集体经济产权制度改革和土地股份制改革试点，乡级资源资产股份合作联社正式成立。

【集体资产管理】 年初，根据市经管站有关要求，组织开展全区农村集体资产产权登记年检工作，对全区农村集体资产总量和结构进行核实，3月15日全面完成19个乡155个村的产权登记年检工作。利用信息化手段，将产权年检数据上传至市农村管理信息化平台，准确率达100%。产权年检结果显示：截至2009年底，朝阳区农村集体资产总额达482.8亿元，所有者权益138.7亿元，集体净资产总额112.7亿元，同比分别增长28.4、11.1和5.1个百分点，农村集体资产实现保值增值。

【集体资产处置】 年内，来广营乡立水桥村、东湖村集体资产处置工作全面完成。在区农委、区农村集体经济办公室的指导下，来广营乡党委、乡政府以高度的政治责任感，坚持从本乡实际出发，把农民意愿与安全稳定相结合，把资产处置与农民利益相结合，积极稳妥地对立水桥村、东湖村的村级集体资产进行处置，实现了无越级访、集体访和非正常访零指标，群众满意，地区稳定。立水桥村涉及1 191人，劳动年限为18 952年，扣除预留备用金以及劳动年限遗漏等费用，可分配资产额为18 801.09万元，平均年值9 920元。东湖渠所辖5个生产队享有资产处置的人员4 347人，劳动年限63 751年，扣除备用金后可兑现资产为19 665.8万元，年均3 080元。

【农村经济合同管理】 年内，各乡严格按照《朝阳区农村经济合同登记台账管理制度》要求，更新合同台账数据，完善农村三级经济合同台账，提高管理水平。截止2009年7月底，全区农村土地承包及其他经济合同8 369份，各类经济合同的签订涉及土地面积0.93万公顷，年标的额达到11.4亿元。

【农村财务管理】 继续推广“村财托管”工作，年内，又有豆各庄、三间房、东坝、十八里店、管庄、平房和小红门7个乡46个村完成了“村账托管”工作。全区共有14个乡、125个村实行了“村账托管”，覆盖率达到81%。

【农村集体财务管理规范化】 年内，按照《关于开展农村集体财务管理规范化建设工作实施方案》要求，加大推进农村集体财务管理规范化工作力度，全区共有15个乡86个村的财务管理工作达到了规范化的标准和要求。

【农村管理信息化建设】 年内，本区完成1个区级数据处理分中心、21个乡级数据处理站和161个村级北京市农村管理信息系统的系统升级工作。完成人口信息、劳动力信息、农民家庭收支状况监测、农村土地承包及承包合同管理、农经统计资料、村级组织正常运转专项补助资金、社会综合管理、集体资产管理、农民负担管理、社区股份合作组织改革等十大数据库共计32张报表、含900多项指标、涉及全区21个乡级单位（含19个乡、两个集团）、161个村的数据更新任务。举办全区农村管理信息化村级工作人员业务培训班，此次培训共有24名乡级和164名村级管理信息化人员参加。经过市站统一考试，参训人员全部合格，其中14名新任村级信息化管理工作人员具备取得由市站颁发的《农村管理信息化工作上岗资格证书》资格。管庄乡杨闸、西会村、豆各庄乡西马各庄、孟家坟村、三间房乡定福庄西、金家村、东坝乡东风、后街村、十八里店乡横街子、西直河村、高碑店乡高碑店村、黑庄户乡大鲁店一村为朝阳区农村第四批12个村务公开触摸屏试点村，村务公开电脑触摸屏顺利安装并通过验收，正式投入使用，运转正常。

【农民负担监督管理】 年内，按照市农村负担监督管理领导小组办公室部署，重点开展公益事业专项补助资金管理使用、2007年度市级新农村建设五项基础设施全面推进试点村因新农村建设而增加的集体非生产性负债、2008年度公安部门收取农户养犬管理费、乱收费问题的专项治理等农民负担监督管理执法检查。全区2009年公益事业专项补贴资金拨付到位，管理使用规范，进一步维护了农民群众的知情权和参与权。2007年金盏乡黎各庄村、孙河乡沈家坟村、黑庄户乡幺铺村、崔各庄乡何各庄和马泉营村作为朝阳区新农村建设市级试点村5个，在供水、污水、垃圾处理、道路硬化、公厕户厕五项基础设施建设中不存在集体经济组织非生产性负债问题。农户养犬管理费由公安部门（派出所）收取，大部分养犬户主动到当地派出所交纳，个别乡村由兽医站、村委会协助派出所按户收取，集中交纳派出所，无村集体承担农户养犬管理费情况。区民政局、计划生育委员会和区教委等部门严格规范各项管理费用的标准，杜绝了乱收费问题的发生，切实维护了农民利益。针对农民反映的突出问题及时解决，多年来，在计划生育、殡葬、农民外出务工经商办证、农村义务教育代收费等问题上不存在乱收费的现象，农民负担案（事）件举报为零。

【集体经济审计】 年内，累计开展审计项目713个，审计金额192.8亿元；提出审计建议139条，被采纳审计建议112条，促进增收节支20.5万元。

【集体企业改制】 继续深化集体企业改制，抓好清产核资、产权界定、资产评估等关键环节，指导小红门乡顺达农贸批发市场中心等10家集体企业完成改制工作，确认集体资产1 975.31万元，净资产939.17万元，盘活集体资产1 448万元。

【专业人员培训】 根据《北京市农业和乡镇企业技术职称工作暂行规定》和《2009年北京市会计、经济专业农民技术职称考评工作的通知》要求，对50名申报中级农民会计师、9名申报中级农民经济师和9名申报高级农民会计师人员组织培训，经过全市统一考试及农民中级专业技术职务评审委员会评审，学员全部取得农民中级专业技术职务任职资格。

【集体经济组织年检】 3月，按照北京市农工委《关于印发〈北京市乡村集体经济组织登记办法〉的通知》（京政农发［2003］61号）文件精神，完成18个乡的5个乡级经济合作联社和137个村级经济合作社的农村合作经济组织登记证书进行了年检。同时对30个因法人调整等原因变更的农村合作经济组织登记证书进行了重新登记，审核发证。

【农村土地确权管理】 4月，认真开展土地确权调查，巩固确权成果，掌握确权现状。截至2008年底，采取确权确利的13个乡121个村，农用地确权面积8 636.39公顷，人均确权亩数为1.07亩。涉及农户53 225户，农业人口119 353人，签订协议53 223份；2008年落实确权收益总额达8 411.2万元（其中：市区拨付绿化资金5 728.8万元，村集体经济组织支付2 682.4万元），比2004年的5 403万元，增加3 008.2万元，增长55.7%；户均年收益1 580元，比2004年的937元，增加643元，增长68.6%；人均年收益704.7元，比2004年的454元，增加250元，增长55.1%。

农民生活

【农民生活质量显著提高】 农村居民人均纯收入16 633元，比上年增长10.2%。农村居民人均生活消费现金支出13 297元，比上年增长18.1%。农村居民每百户家庭拥有家用汽车14辆，家用电脑81台，空调166台，手机216部。

【农民保障程度显著提高】 落实促进就业政策，

3 809 名劳动力实现就业和转移就业，1.4 万农民享受转移就业和社会保障补贴。扩大城乡社会保障覆盖面，3 万名劳动力参加城镇职工社会保险，7.2 万农民纳入城乡居民养老保险范围，社会保障覆盖率达到90%。居家养老服务实现全覆盖。参加农村新型合作医疗的人数达到 12.5 万人，新型农村合作医疗参合率达 99.2%，较上年提高 1.5 个百分点。

【农民生活环境明显改善】 加快通惠河滨水文化景观带建设，建成八里桥公园等 3 个景观公园。东坝郊野公园二期等 10 大郊野公园建成并免费向社会开放。整合绿地和郊野公园资源，实施绿化 80 公顷。9 个市级挂账整治督办重点村整治工作取得阶段性成果，9 大类 411 项整治任务基本完成。健全流动人口管理网络，提升服务水平，流动人口减少 18.9%。

【农村地区社会环境和谐稳定】 实施城市管理水平提高工程，农村地区保持和谐稳定。依托信访工作“三级网络”，完善“五大机制”，有序引导农民诉求，有效化解矛盾纠纷，妥善解决了场乡体制改革等遗留问题，重大敏感时期非正常访和群体访双“零指标”和无重大重复上访户目标顺利实现。积极开展甲型 H1N1 流感防控工作，公共卫生体系建设进一步加强。

【大力开展群众文化文明活动】 深入开展“迎国庆、讲文明、树新风”活动，开展公共文明引导行动，做好社会宣传环境布置工作，10 万名志愿者自发组织开展应急救援志愿服务活动并在国庆期间开展社区一日志愿活动；组织巾帼志愿者、思想政治工作志愿者深入基层，开展特色志愿服务。深入开展广泛开展文明乡村创建、“农村系统迎国庆、讲文明、树新风——群星耀朝阳十佳百星”评选等活动，倡导地区文明生活，扎实推进文化科技卫生“三下乡”等活动，营造欢乐祥和的浓厚氛围。

民主政治与党的基层组织建设

【执政能力建设】 区委将 2009 年党的建设确定为“能力建设年”，围绕区委总体部署，各级党组织加强领导班子和干部队伍建设。完善领导干部绩效考核办法，试行《朝阳区地区（乡）领导班子综合考核评价实施办法》，建立千分考核制，形成了“发展实绩论英雄，群众认可看干部”的用人导向。

【深入开展学习实践科学发展观活动】 按照中央和市、区部署，农村地区 815 个基层党组织、29 628 名党员开展了深入学习实践科学发展观活动，达到了“党员干部受教育、科学发展上水平、人民群众得实惠”的目标，为加快农村城市化、推进城乡一体化奠定了坚实的思想基础和组织基础。

【基层组织建设】 围绕城乡一体化建设，探索形成“组织活动在支部，发挥作用在社区”的“村居合一”党建工作新模式。形成“红芍社”、石各庄便民服务队等党建创新品牌。

【基层干部队伍建设】 圆满完成社区“两委”和 154 个村党组织换届选举工作；健全“一定三有”长效机制，实施“村级一把手”工程，村级管理进一步规范，社区管理服务水平不断提升。招聘 202 名大学生村官和大学生社工，为农村发展聚集了高素质人才。在全市率先成立农村地区社会工作协会，农村社会工作模式不断创新。

【基层阵地建设】 按照“建组织、建阵地、建服务体系”的要求，20 个乡全部建立标准统一、标识统一、挂牌统一的党员服务中心，总建设面积达 30 000平方米；采取改造、整合、新建三种模式，建设村（农村社区）级党员服务站 407 处，面积达 42 000平方米。

【基层民主政治建设】 积极推进党务公开、政务公开、村务公开，保证群众的参与权、决策权、知情权、监督权。推广“四议三公开”民主决策程序，推动科学发展重大决策部署的贯彻落实。

区县乡镇领导体制和工作情况

【召开农村城市化工作会议】 会上，区委常委、副区长刘希泉作了题为《加快农村城市化进程，率先形成城乡经济社会发展一体化新格局》的报告。区委书记陈刚做了重要讲话，区委、区政府、区人大、区政协四套班子主要领导参加了会议，区委副书记、区长程连元主持会议。区委、区政府相关部、委、办、局党政正职，各地区机关科级以上干部、村、社区书记、主任等共 1 200 人出席了大会。

【明确 2009 年农村城市化工作目标和工作重点】 2009 年农村城市化工作奋斗目标：农村经济实现又好又快发展；城乡统筹力度进一步加大；流动人口结构进一步优化；基层党组织凝聚力、战斗力、创新能力进一步增强。重点做好四方面工作：实施农村产业发展水平提高工程，推进农民生活质量提高工程，深化城市管理水平提高工程，加强农村党的建设。

【开展农村城市化推进月活动】 2 月 5 日，区委书记陈刚主持召开区农村城市化工作领导小组会议。区领导程连元、戴继楼、刘宇辉、吴桂英、刘希泉、闫学锋、于五一、赵全保、李建海、张春秀、关三多、赵增华，区长助理胡军出席。会议听取了区委农工委关于 2009 年农村城市化工作总体思路和重点任务折子工程的汇报、区委办公室关于农村城市化工作推进月有关情况的汇报。陈刚书记对城市化推进月工作提出要求。

【召开土地储备大会】 7 月 18 日，朝阳区召开推进城乡一体化暨土地储备工作动员会，区委常委、副区长刘希泉所作题为《抓住两大机遇加快城乡一体化进程》的工作报告。区委书记陈刚做了重要讲话。区四套班子领导出席大会。区委副书记、区长程连元主持会议。区委、区政府相关部、委、办、局党政正职，各地区机关科级以上干部、村、社区书记、主任等共1 000人出席了大会。

【积极参与国庆各项活动】朝阳区成立154名女青年组成的女民兵方队，在国庆阅兵式上的精彩亮相博得了海内外一致好评。组建了"共和国同龄人"群众受阅方队参与了"浴血奋斗"方阵的群众游行活动，80名符合条件的共和国同龄人参加训练。根据群众游行、群众联欢任务的需要，组织525人参与了国庆群众联欢晚会的排练、演出，圆满完成群众联欢任务。

朝阳区主要领导人

区委书记	陈　刚
副书记	程连元
常　委	宋连娣（女）　吴桂英（女）　尚延华　佟克克　陈宏志　刘希泉　李彦田　谢　莹（女）　陶　晶
区　长	程连元
常务副区长	吴桂英（女）
副区长	刘希泉　赵全保　李建海　阎　军　张春秀（女）　王　春
区人大主任	王力军（女）
副主任	闫学锋　李　国　于五一　孔德琴（女）　杨文良
区政协主席	辛燕琴（女）
副主席	刘乃晨　关三多　赵增华（女）　茅玉麟（女）　邢念增　高向宇
秘书长	王苏华（女）

朝阳区各地区办事处（乡）党政正职领导

	工委（党委）书记	办事处（乡长）
高碑店	张富生	吴晓军
南磨房	张德亮	张　奎
将　台	刘新平	左景泉
太阳宫	张宏明	王　毅
小红门	康志华	李贺清
十八里店	杨　霆	张启顺
王四营	李世喆	高永荣
平　房	吴学文	米振华
东　坝	孙振东	安永存
金　盏	张　岩	于志刚
来广营	张克斌	马文虎
奥运村	张永红	胡杰华
东　风	张仲凯	龙连柏
孙　河	纪海义	刘大宏
崔各庄	张树宝	刘伯明
三间房	牟燕东	冯永忠
常　营	吉广平	蔡淑敏（女）
豆各庄	李云飞	张士华
黑庄户	路　军	马国勇
管　庄	杨建海	周卫东

（朝阳区农委　李荣祥）

海　淀　区

概　　述

海淀区设8个乡镇，2个地区办事处，84个行政村。非农业人口200.33万人，农业人口9.62万人。2009年，海淀区坚持以邓小平理论和"三个代表"重要思想为指导，深入贯彻落实科学发展观，围绕率先实现城乡一体化的战略目标，科学统筹城乡经济社会发展，全力推进社会主义新农村建设，全面完成了农村改革发展和农民增收等各项任务。农村经济总收入185.0亿元，比上年增加13.3亿元，增长8%；纯收入38.6亿元，比上年增加2.9亿元，增长8%；农村居民人均纯收入16 011.1元，比上年增加1 691.8元，增长11.8%。

都市型现代农业

【综述】　海淀区基本农田规划保留总面积2 992.63公顷，其中耕地面积989.57公顷，园地面积508.94公顷，林地面积1 189.06公顷，牧草地面积305.05公顷。

全区农用地面积2.03万公顷，其中，平原地区用于农林业0.90万公顷（绿化面积0.45万公顷，菜粮果及其他经济作物生产面积0.45万公顷）。

全区已完成并通过验收的标准化基地累计62个，现保留52个，其中国家级4个，市级11个；果树基地40个、面积447.93公顷，水稻基地3个、面积97.53公顷，蔬菜基地3个、面积11.5公顷，畜牧基地1个，水产基地1个，其他基地4个。

全区共有家禽养殖场6个，散养户946个，总存栏19.27万只；规模猪场4个、散养户87个，总存栏2.03万头；规模牛场3个、散养户57户，总存栏3 563头；养羊散养户153个，总存栏4 121只；水产养殖场、户60个，养殖面积93公顷。

截至2009年底，海淀区共有各类生态旅游点124个，生态旅游总收入6 170.5万元，从业人员3 127人，年接待人数63.2万人。其中：民俗旅游农户数55户，从业人员79人，接待人次68 547人，民俗旅游总收入277.6万元；观光园69个，从业人员3 048人，接待56.3万人次，总收入5 892.9万元。

【都市农业产业带建设】　对"一河十园"产业带进行改造提升。大西山产业带凤凰岭景区向国家4A

级景区的目标迈进，西山风景长廊建成通车，阳台山古香道综合整治工程、管家岭村庄入口道路工程竣工。温泉南山产业带中的红楼梦源文化旅游一期项目完成重要节点建设。建设完成日光温室、连栋温室等农业设施66.67公顷，有机示范园7个、标准化基地6个、农田道路5万平方米，稳步推进农业产业项目22个。成功举办第9届杏花节等宣传活动，开展民俗旅游接待户评定工作，促进农业与旅游休闲产业不断融合提升，截至2009年底，海淀区共有民俗旅游农户数55户，从业人员79人，接待人次68 547人，民俗旅游总收入277.6万元；观光园69个，从业人员3 048人，接待56.3万人次，总收入5 892.9万元。

【夏占义副市长带队检查海淀区城市绿化隔离地区郊野公园建设情况】 4月22日，夏占义副市长带队检查海淀区郊野公园建设情况，此次检查的八家郊野公园位于海淀区东升乡八家村，东至双清路，西至轻轨铁路，南至八家林姓住户，北至北五环路，建设面积101.40公顷，共调整和新栽各类乔灌木38万余株；铺设地被及草坪近40万平方米；安装太阳能路灯、庭院灯300余盏；厕所、座椅、果皮箱、体育健身器材等配套服务设施基本建设完成。海淀区已建成玉东、丹青圃等7个郊野公园，分布在东升、海淀和四季青三个乡镇。

【粮食直补政策】 2009年，继续实施粮食直补政策，补贴资金共计76.9万元。其中小麦补贴面积73.73公顷，补贴资金12.6元，涉及12个村，29户农户；玉米补贴面积398.61公顷，补贴资金45.2元，涉及28个村，561户农户；水稻补贴面积110.56公顷，补贴资金19.1元，涉及5个村，151户农户。

【标准化基地建设】 海淀区已完成并通过验收的标准化基地累计62个，现保留52个，其中国家级4个，市级11个；果树基地40个、面积447.93公顷，水稻基地3个、面积97.53公顷，蔬菜基地3个、面积11.50公顷，畜牧基地1个，水产基地1个，其他基地4个。

【农业执法】 本年度受理并办结出入境动物检疫证明，动物检疫合格证明、动物产品检疫合格证明2643批次；办理宠物健康免疫证明16 217批次，兽药经营许可证及动物诊疗许可证26批次，农作物种子经营许可证明31个，植物检疫证书1 162批次；开展种子经营执法检查50次，违规处罚10 350元，农资生产经营检查43次，检查44个单位，食品安全检查152次，检查157个单位。

【草莓文化节】 2009年3月7日，在第六届全国草莓大会暨第四届中国（北京昌平）草莓文化节——中国昌平草莓擂台赛上，由海淀区四季青御香观光采摘园选送的12个草莓参赛样品，共获得全部15个奖项中的11个奖项，其中获得一等奖3个，二等奖4个，三等奖3个，同时获得“最受北京市民喜爱的草莓”奖称号。此次参赛由四季镇香山村书记李万祥和采摘园园长刘景荣率队参加。海淀区四季青御香观光采摘园发展设施短短两三年时间，日光温室规模发展到60栋，种植草莓55栋，从元旦到目前已接待观光采摘游人1.3万人，收入160余万元，草莓观光采摘成为当地冬季农业观光旅游的新亮点。

【开展主题宣传普法活动】 本年度，先后6次联合相关部门开展以打击非法添加非食用物质和滥用食品添加剂、食品安全专项整治、依法文明科学养犬、加强重大动物疫情应急管理、保障公共卫生安全等为主题的大型宣传普法活动，现场摆放了彩色宣传图板300块次，共发放动物防疫法律法规、“病死畜禽肉的鉴别”、“购买动物产品须知”、“牛奶安全消费明白纸”、远离甲型H1N1流感、防治禽流感等宣传材料及环保袋2万余份，解答群众现场咨询近2 000人余次。

【开展农资打假暨3·15消费权益保护宣传活动】 3月15日，海淀区农林委及海淀区种子管理站、植物保护站、农业科学研究所、水产技术推广站、动物卫生监督所和动物疾病预防控制中心以及温泉镇农业服务中心，在温泉镇太舟坞联合举行了农资打假暨3·15消费权益保护宣传活动。宣传活动上，以悬挂主题横幅、发放宣传材料、设置展板、现场解答群众疑问等多种形式展开。重点对《中华人民共和国种子法》、《农业转基因生物安全管理》等农业法律法规、重大动物疫病防控、农产品质量安全进行了宣传；对假冒伪劣农药进行了曝光展示；开展了《农民安全科学使用农药》、《如何从包装识别肥料真假》和《购买动物产品须知》等科普知识的宣传。活动引起了过往群众的广泛关注和热情参与，活动期间共发放各类宣传材料1万余份，设置宣传展板50块，为群众提供现场咨询服务500余人次，宣传活动取得了很好的效果。

【创建全国绿化模范城市】 建立健全创模组织机构，统筹各方力量，全面进行环境整治。积极指导和推动绿化美化创建工作，完成创建首都绿化美化花园式街道2家，首都绿化美化花园式社区1家，首都绿色村庄3个，首都绿化美化花园式单位12家。加大绿化建设成果宣传力度，制作画册、光盘、宣传片，组织大型宣传活动，在报刊电视开辟专栏，在全国征集活动标志、公益广告语和主题歌词，整理完善档案资料。海淀区创建全国绿化模范城市工作受到专家充分肯定。

【保护林业资源成果】 集体林权制度改革有序推进。成立区、镇两级工作领导小组，研究制定林改方案，稳步推进苏家坨镇试点及试点村工作。森林火灾防控能力明显增强。强化防火机制和基础设施建设，监测覆盖率达到100% 实现“双无”目标。以美国白蛾防治为重点的病虫害防治工作扎实有效。加强动态监测和检疫，专项普查120万亩次，实现了“有虫不成灾、有疫不蔓延”的目标。生态林保护成果显著。加大生态林管护力度，兑现政策资金，强化技能培训。古树名木和野生动物保护成效明显。对421株古树进行复壮和保护，开展爱鸟周暨野生动物宣传月主题活动。园林绿化资源管理进一步加强。开展林业资源普查，严格林木伐移手续审批，查处案件3起，完成“绿通”项目审批46项。

非农产业

【举办休闲农业与乡村旅游管理人员培训班】 11月18日，举办了休闲农业与乡村旅游管理人员培训班。北京农业职业学院和中国地理科学与资源研究院开展了“休闲农庄体验活动设计与开发”和“休闲农业资源规划设计与开发”的专题培训。树立农业不仅具有食品保障的功能，而且具有原料供给、就业增收、生态保护、观光休闲和文化传承；只有以服务为舞台，以商品为道具，以消费为中心，创造能够使消费者参与、值得消费的活动，才能实现提高“体验经济”的价值水平的理念。

【农村地区旅游产业发展】 完成了阳台山古香道项目的旅游基础设施建设；投资温泉镇红楼梦源文化旅游带一期项目建设，完成了观景台、牌楼、接待中心、停车场、工艺坊、水榭等节点建设，并设立了标识标牌。大西山旅游路建成，被命名为西山风景长廊。大西山旅游路项目二期工程中，区旅游局配合苏家坨镇完成了海淀驾校路段内的水电管线迁改移等工作，加紧推进旅游路全面竣工。大西山旅游路于2009年10月24日正式开通命名为“西山风景长廊”。西山风景长廊的建成通车，对改善大西山旅游区交通微循环，加强旅游景区、民俗村、采摘园之间的横向沟通与联系，促进客源流动和资源共享。

【海淀乡镇企业协会成立】 7月17日，海淀区乡镇企业协会成立大会隆重举行。乡镇企业协会是根据乡镇企业自身需求，自发的筹备建设的，推选出会长1名，副会长10名，秘书长1名，理事7名。目前，海淀区2 000多家乡镇企业，已经有50多家企业成为了会员。海淀区乡镇企业协会的成立，将在政府和企业之间搭起沟通的桥梁。

村镇建设

【北坞村试点工作】 北坞村试点工作是市委市政府的重大决策，是海淀区的一项重要工作。在市委市政府的关心指导下，区、镇、村等有关方面经过通力协作，克服了诸多困难，确保了北坞村试点工作的顺利实施。北坞村775个院落腾退工作全部完成，43栋农民回迁楼基本建成，“腾退搬迁”、“一起一落”得以实现。初步探索出“政府主导、农民主体、政策创新”的试点经验。

【新农村建设折子工程】 在35个主责单位、39个协办单位的共同努力下，全面完成了58个区级新农村建设折子工程项目。同时，按照市委、市政府的要求，圆满完成了38个市级新农村建设折子工程项目的协办任务，以及25项市级城乡一体化工作分解任务。

【新农村基础设施建设】 2009年海淀区大力推进村庄基础设施建设，安排新农村“五项基础设施”建设奖励资金，建立了部门联动工作机制，发挥了乡镇建设主体作用，加快推进工程建设进度，村庄规划实现全覆盖，46个新农村“五项基础设施”建设和4个镇垃圾工程取得阶段性成果，超额完成北京市下达的年度建设任务。海淀区还安排新农村建设项目74个，投入资金1.52亿元，推动了都市型现代农业、村庄基础设施、农村社会事业、基层党建和“三起来”（亮起来、暖气来、循环起来）工程建设，其中“三起来”工程建设成果在全市名列前茅。农村基础设施条件进一步改善。圆满完成新型村邮站建设任务，实现农村邮政全覆盖。

【农村环境建设】 全面完成各项绿化建设任务。完成二道绿隔绿化建设、六环路绿色通道建设、郊野公园建设等工程920公顷，种植乔、灌、花木100余万株。组织15万人次参加义务植树活动，栽植树木30余万株。全面完成绿化模范城市创建验收工作。积极开展农村生活垃圾分类处理及资源再利用。完成最美乡村推荐工作，上庄镇被评为市级环境优美乡镇，常乐等5个村被评为市级文明生态村。

【农村社会管理】 落实“平安海淀”建设工程。实现森林防火视频监控网络与海淀区骨干网的联通。充分发挥大学生“村官”在农村信息化建设中的作用，完成农村数字家园年度建设任务。畅通农村妇女维权渠道，及时化解婚姻家庭问题和邻里纠纷。加强国庆期间安全保卫工作，组织开展农村地区火灾隐患排查整治“雷霆行动”，及时消除防空洞安全隐患13处。开展青年健康使者火炬行动，宣传推广志愿者理念。农村计划生育家庭奖扶制度全部落实。积极开展精神文明建设主题活动，创建全国文明乡镇1个，全国文明村1个，首都文明乡镇3个，首都文明村30个，区级文明村40个。

农村改革与管理

【农村经济管理体制改革】 继续加强农村集体资产管理和集体经济合同管理，完成全区集体资产产权登记年检。顺利推进玉渊潭、东升乡、海淀乡、西北旺镇等单位的集体资产处置及经济体制改革工作。建立“农村土地流转平台”和“农民专业合作组织信息平台”。开展集体经济审计监督和服务。进一步完善“村账托管”和村务公开制度，开展“白条入账”专项治理、村务公开民主管理“难点村”专项治理。门头、白家疃、屯佃、清河4个村获得北京市农村集体财务管理规范化示范单位荣誉称号。海淀区被民政部评为全国村务公开民主管理示范单位。

【农村集体经济产权制度改革】 海淀区农村集体经济产权制度改革工作已在各乡镇的51个单位展开。东升乡的太平庄、大钟寺等9个村（队）级单位成立了股份经济合作社，完成了登记注册。玉渊潭经济合作社，西北旺镇的小辛店等单位已完成集体资产处置工作。

【农村土地确权及合同管理】 继续巩固农村土地专项治理取得的成果，加强对农村土地承包合同管理，使农民的土地承包经营权进一步得到落实。一是针对部分村土地承包合同到期，下一步如何落实土地承包工作等问题加强调研，要求各镇要广泛征求农民的意见，以法律为依据，稳定为前提，制定切实可行的承包方案，维护农民的合法权益，及时处理土地承包和流转中出现的纠纷，维护农村稳定。二是制定了《海淀区农村集体经济合同管理工作指导意见》。明确签订农村集体经济合同的运作程序，对违反程序的追究相关人员责任。三是完善土地承包纠纷调解、仲裁和信访工作，建立健全本区农村土地承包纠纷仲裁体系，为贯彻实施即将出台的《中华人民共和国农村土地承包经营纠纷仲裁法》做好准备。四是完成全区农村集体经济组织证书年检工作。本年，共办理登记证书变更手续10个，办理年检手续63个，分别是乡镇集体经济组织3个、村集体经济组织56个，农民专业合作经济组织4个。

【农民专业合作经济组织管理】 举办了六期农民专业合作组织培训班，专业合作组织领办人、管理人员及辅导员500多人次参加了培训，培训中组织有关人员参观了延庆、房山的农民专业合作社示范单位。利用邮政广告的形式进行宣传，发放DM广告22.8万份。同时，举办全区农民专业合作组织汇展1次；并在海淀区农经网上开设农民专业合作组织专栏，为农民专业合作组织宣传产品、开拓市场、扩大影响力、提高知名度提供了很好的服务平台。目前，在区农经站备案的农民专业合作组织22个，其中，农民专业合作社7个。

【农村财务会计管理】 继续深化农村财务管理体制改革，起草了《关于进一步规范和完善村账托管的实施方案》，为下一步在全区统一招聘托管会计，优化农村托管会计队伍，提升托管办管理水平打下了基础。年底，本区北部四镇63个行政村中，实行村账托管的村51个，实行双审的村12个，建立民主理财小组的村39个。

依据《关于进一步规范农村财务管理开展“白条入账”专项治理工作的实施方案》，与区纪委、农林委、财政局、审计局、民政局等单位在全区开展农村白条入账专项治理工作。期间，区农经站举办农村财会业务培训2期，本区7个乡镇治理“白条入账”专项工作领导小组办公室、村集体经济组织及其所属单位的工作组成员，包括单位负责人，财务人员、民主理财小组成员、社员代表等300余人参加了培训。

区农经站继续监督各乡镇按照相关文件管理好、使用好村集体征地补偿款，切实保障资金安全。到2009年底，全区村级组织土地征地款累计收入112.6亿元，累计支出45.8亿元，本年发生征地补偿款30.8亿元，支付12.5亿元。

【农村集体经济审计监督】 全年审计完成全区7个乡镇农工商总公司与1个经济合作总社，审计金额88.65亿元，查出问题24条，提出建议21条。指导各乡镇审计村级组织86家，审计金额983.2万元。完成东升乡、上庄镇、苏家坨镇、温泉镇、西北旺镇等5个乡镇的15个农民专业合作经济组织示范项目资金的下拨及使用情况的审计，审计金额200.88万元。通过审计，发现存在大额现金支付和原始票据管理不严，新购固定资产不入账、不提取折旧，政府借用车辆、政府开支由被审单位支付等问题。

【农民负担监督管理】 继续开展春秋两季农民负担执法检查。春季检查主要针对村级组织的专项补贴资金管理使用、有无因新农村建设而增加集体非生产性负债及2008年度公安部门收取农户养犬管理费摊派等情况进行检查。秋季检查主要内容是对村级专项事业补贴资金使用情况、农村乱收费和加重农民负担情况进行检查。通过检查，有效防止了农民和集体经济组织负担反弹，维护了农民合法权益。

农民生活

【农民社会保障】 在各乡镇建立社会保障事务所，在村委会建立转移就业服务站。鼓励乡镇建立农村劳务派遣组织，进一步完善农村劳动力管理制度，继续开展劳动力免费职业技能培训，2 607人实现转移就业。制定专项帮扶政策，对农转工就业困难人员、“零就业家庭”、低保人员给予社保缴费补贴。为4 000余名妇女讲授巧娘工艺制作，举办农村妇女创业培训班，提升农村妇女职业技能。

【落实城乡居民养老保险政策】 不再以户籍区分养老保险参保方式，对本区农村户籍人员和城乡低保人员给予缴费补助，对领取城乡居民养老保险金的人员给予基础养老金补贴。新型农村合作医疗保障水平进一步提高，人均筹资标准及区级财政投入标准均居全市首位，住院起付线和封顶线实现了城乡政策接轨，参合率达到95.6%。逐步推进村卫生室标准化建设，落实乡村医生基本待遇制度。创建北京市卫生村2个，北京市健康促进示范村6个。

【开展村卫生室标准化建设】 区政府投入资金228万元，对18所村卫生室进行标准化建设改造。组织各有关部门及乡镇政府研究制定《海淀区村卫生室建设实施方案》，目前18所村卫生室建设已基本完成。

【加强乡村医生从业管理】 2009年5—6月按照《乡村医生从业管理条例》，开展五年一次的乡村医生换证和再执业注册工作，共对423名乡村医生进行了再执业注册考核和换证，对执业地点变更等问题进行了集中清理。为促进乡村医生提高依法执业水平，开展了向乡村医生免费赠送健康报的试点工作，427名乡村医生及14名管理人员纳入享受范围。

【新型农村合作医疗保障水平进一步提高】 2009年，新型农村合作医疗人均筹资标准为600元，其中市财政补助80元，区财政补助400元，个人和村集体出资120元，人均筹资标准及区级财政投入标准均居全市首位，并提前一年达到北京市提出的“2010年人均筹资520元”的标准。住院补偿起付线由1 500元降至1 300元，住院补偿封顶线由6万元提高至7万元。住院起付线和封顶线实现了和城镇居民医疗保险政策的接轨，2009年，海淀区共有86 820人参加新型农村合作医疗，参合率为95.57%，比2008年增长2个百分点。

【农村文化活动】 开展春节民间花会踩街、五月的鲜花、夏日文化广场、国庆群众联欢等大型群众性文化活动，2009年全区有组织的群众性文化活动在1 200场以上；继续开展“星火文艺演出工程”，中国评剧团、北京歌舞团等专业团体，热情为农民朋友免费提供专业演出。同时，一些民营文艺团体和非专业文艺团体，也到农村进行慰问演出，全年累计演出180多场；开展电影放映“2131”工程，2009年为农民朋友免费放映电影3 600多场；开展文化培训工程，免费培训农村文艺骨干近5 300人次。

【举办第十九届农民艺术节】 本届农民艺术节历时三个月，围绕“沿着改革开放路，创造美好新生活”这一主题，通过各种文艺形式，讴歌了海淀区农村改革开放的辉煌成就，展示了新农村建设的进展和成效。本届艺术节全区共组织了七项大型活动，一是于2008年12月21日举办了海淀区第十九届农民艺术节开幕式暨“改革开放三十年，海淀农村展新颜”大型文艺汇演。二是举办“城乡携手共赢，同建美好家园”海淀农民美术、书法艺术大赛。三是收集三届海淀区“三农”题材文艺创作获奖作品，编辑整理出版作品集《流韵的土地》。四是参加北京市举办的“乡村祝福——新农村、新生活楹联大赛”，五是参加北京市“乡村擂台——首届京郊民间技艺绝活大赛”六是参加“乡村放歌——北京市第八届乡村歌手大赛”，七是举办海淀区“龙泉杯”正月十五花会走街活动。二是召开乡镇系统相关工作会议，部署2008年学习型乡镇、学习型农村社区创建工作，按照区委区政府《关于进一步深入推进学习型海淀建设的决定》，在各乡镇开展学习型组织创建工作，2009年温泉镇高里掌村、苏家坨镇车耳营村创建区学习型组织示范单位。

【新建苏家坨临时公交场站，百姓出行更方便快捷】 自2009年底千余户百姓顺利入住苏家坨镇A地块经济适用房后，近日又传来喜讯，为解决这部分百姓入住后的出行问题，在区政府及有关部门的支持和协调下，威凯公司于2009年11月开工兴建苏家坨临时公交场站，公交场站总占地1.24公顷，可容纳80～100辆公交车停放，目前新开公交线路902路已获得审批，线路为苏家坨公交场站至一亩园，连接地铁线，预计春节后将正式运营，下一步计划将其他两条已运营的968路、957路公交线路延长至该公交场站，以方便苏家坨镇中心区及周边群众的交通出行。同时公交公司在苏家坨镇政府的协助下，正在当地组织司乘人员的招聘工作，将为本地农民增加300～400个就业机会。

【完善和构建全民健身服务体系】 更新全区7个乡镇的全民健身器材，进行了15个农村篮球专项球类活动场地建设。举办了抖空竹、健身腰鼓等社会体育指导员培训，培训农村社会体育指导员100余人。东升乡西三旗大众社区体育健身俱乐部被命名为北京市社区体育健身俱乐部。

【全面启动海淀区行政村联网工作】 农村党员干部现代远程教育体系采取以计算机宽带网络传输、接收和应用为主的模式，实现市、区县、乡镇、村四级互动。信息办配合区委组织部，负责各行政村电子政务网络接入，建立健全网络传输体系，确保网络安全稳定运行，为整个远程教育体系建设搭建网络载体。2009年3月，海淀区已完成84个行政村及7个乡镇的网络接入工作，并经过验收，每条网络带宽为2M，均为光纤接入方式，确保今后农村信息化的进一步开展。

【与中国农业大学联合举办了“海淀区农村信息化人才培训班”】 开设了包括农村信息化基本政策、基础知识，项目管理和实用技术等方面13门课程，全区农村信息化办公室工作人员，区、乡镇涉农单位以及村级信息员60人参加了培训，全体学员经过考试均拿到中国农业大学信息与电气工程学院的结业证书。此次培训的目的是实现区涉农部门和乡镇有信息化人才，从而建立海淀区第一批农村信息化建设管理人才队伍。

【农村数字家园建设】 农村“数字家园”是在农村基层建立公共信息服务场所，通过信息化手段，为农村居民提供一个信息服务、技能培训和学习娱乐的公共服务平台，满足农村居民对信息化的需求。主要开展信息查询、信息发布、信息咨询、技能培训、文化娱乐、网上办事等综合信息服务。2006年海淀区建立了车耳营和门头两个村，2007年新建屯佃、高里掌、七王坟和北安河四个村，2009年又新建了东玉河、六里屯、永泰庄、东马坊、双塔和徐各庄六个村的“数字家园”。区农林委、区信息办积极协调资金为六个农村“数字家园”配备投影机、打印机和电脑，每个村拨1.5万元，支持村里开展农村信息化应用工作。协调区团委、教委和区妇联支援农村，免费为当地农村控制各种各样的活动，从而提高农民的信息化应用能力。目前，这12个村基本能够按照北京市农村“数字家园”“五个一”的标准要求，加大基础设施的建设，建立管理制度和服务规范，定时开放时间，为村民提供信息服务，开展各种培训工作。

【农村安全供水】 组织各镇（乡）、集中供水厂分别成立由主管镇（乡）长、各集中供水厂责任人为组长的农村安全供水领导小组，负责本区域内的农村安全供水工作；配备应急供水车19辆、成立抢险队伍7支，抢险人员278人，并准备了水管、水泵、锹镐、切割机、变频等备用物资，以应对供水突发事件。国庆期间，对京密引水渠海淀段及农村生活自备井进行看护，实行24小时“四定”（即定人、定时、定段、定责）巡查，共出动车辆466台次，人员11 982人次，对海淀区46.2公里长的京密引水渠沿线、438眼生活自备井、5座集中供水厂、880米的南水北调明渠进行看护；同时，成立了圆明园遗址公园、海淀公园、玉渊潭公园涉水事件抢险分队。

基层组织与民主政治建设

【农村党建工作】 继续深入开展农村党的建设“三级联创”活动，创新活动载体，围绕贯彻落实市委“两个意见”和“两个创新”精神，打造农村党建创新项目10个。积极组织农村实用人才推介、农村干部培训工作，开展农村党风廉政检查工作，完成规范两委关系调研和村委会组织法的调研工作。以“坚持科学发展观，推进城乡一体化”为主题，认真组织乡镇开展第二批学习实践科学发展观活动，初步实现了“党员干部受教育、科学发展上水平、人民群众得实惠”的目标。

【学习实践科学发展活动】 按照海淀区委党组关于学习实践活动的部署和要求，在区委学习实践活动第十二指导组的全面指导下，以“创新海淀、科学发展”为中心，围绕“坚持科学发展，求解‘三农’难题”的主题，以“三进三出”为载体，认真开展了学习调研、分析检查、整改落实3个阶段11个环节的各项活动。

【参加北京市农村实用人才展示推介会】 经过一个多月的前期筹备，于4月下旬参加了北京市委组织部、市委农工委在奥林匹克公园公共区举办的“北京市农村实用人才创业成果暨乡村旅游产品（手工艺品）展示推介会”（简称展示推介会）。海淀区围绕“创新海淀、科学发展”的主题，积极参与、认真筹备，用精美的展品、杰出的实用人才创业成果向人们展示着海淀区的人杰地灵、物华天宝。会上介绍区农村实用人才工作取得的成就，宣传了这些实用人才的成长、成才经历和取得的成绩，展示了他们的作品，效果良好。海淀区参展的农耕器具模型、曹氏风筝获得了“最受欢迎的手工艺品二等奖”，苏家坨镇旗舰集团和上庄镇西马坊村草柳编基地的柳编制品分别获得了“最受欢迎的手工艺品三等奖”。海淀区获得了市组委会颁发的“组织奖”。

【村“两委”换届选举工作】 为确保村“两委”换届选举工作顺利开展，海淀区各乡镇党委都成立了专门的领导小组和办公室，出台了专门的工作意见，建立健全了工作制度和突发事件应对机制。针对各乡镇前期调查摸底中确定的16个重点难点村，区委从各职能部门机关及公安分局抽调干部，和乡镇党委选派的同志一起，组成15个指导组入村开展工作，在顺利完成村党组织换届选举工作后，指导组还帮助各村党组织进一步健全完善了相关规章制度，及时化解矛盾纠纷，理顺群众情绪，为村委会换届选举打好基础。认真抓好“三推一选”工作，坚持把扩大民主的要求贯穿党组织选举的全过程，党员参选率达到95.7%，并在全区选取了18个村（占参选村的21.4%）作为直选试点，进一步增强了党员民主意识。从选举结果看，当选的379名委员中，具有大专以上学历的262名，占69.13%，较上届提高了9.18%，平均年龄46.59岁，较上届降低了1.61岁；其中新一届村党组织书记大专以上学历63名，占总数的75%，比上一届提高了10%，班子结构更加优化。

【规范村务管理工作】 在加大对村级干部培训力度的基础上，进一步修订完善了《关于加强党支部建设的三项制度》、《村“两委”联席会议制度》、《村级班子议事规则》、《关于村务公开和民主管理“难点村”专项治理工作的实施意见》等文件，积极推广“四议两公开”（村党支部会提议，村“两委”会商议，党员大会审议，村民代表会议或村民会议决议；决议公开，实施结果公开）的民主决策程序来管理村级事务，抓好“两组”（村务公开监督小组、民主理财小组）对村级财务及其他村级事务的监督，用制度约束和规范村干部的行为。制定了《海淀区村干部任期和离任经济责任审计实施办法》、《农村党支部届内考核制度》和《农村党支部换届考察制度》等制度，进一步建立健全村级组织的考核评价机制。各乡镇党委也结合自身实际，进一步完善了农村工作目标管理考核办法，通过与各村主要负责人签订责任状等形式，进一步明确任期目标和年度工作目标，使管理考核更具针对性和操作性。

【村干部待遇管理工作】 按照中央、市委关于村级组织负责人“一定三有”（定岗位目标、工作有待遇、干好有前途、离岗有保障）的工作要求，将建立村干部待遇补贴制度列为区委区政府新农村建设的督办项目，由组织部、农工委、民政局组成联合调研组，对全区农村干部待遇现状进行了专项调查。从目前情况来看，在职村级组织负责人的待遇根据不同乡镇集体经济基础的不同，平均年收入从2.5万元至18万元不等，为当地劳动力平均收入的2～11倍。离退职村级组织负责人的待遇，主要通过纳入国家养老保险或乡镇农保、所在乡镇按月或按年度给予补贴等形式来解决。在此基础上，为进一步规范村干部的有关待遇保障，草拟了《关于建立村干部待遇补贴保障制度的指导意见》，提出由区财政出资，对在职行政村干部和符合一定条件的离退职行政村干部给予待遇补贴（在职行政村干部，拟按照村两委正职每人每年1.5万元，其他两委干部每人每年1万元的标准进行补贴；正常离退职且连续任正职6年或累计任正职9年以上的村干部，每月享受330元的补贴，同时任职每增加1年每月补贴增加20元），并加强对村干部薪酬收入的监督，进一步加大了对村级干部的关心爱护。此项工作将在2009年年内全面实行，区财政每年支出将在800万元以上。

海淀区主要领导人

区委书记　谭维克
副书记　林抚生
常委　周来升　彭兴业　关成启
刘建朝　周京生　贾洙微
张伟刚　刘　鸿　杨志强
杨智慧
区人大主任　王纪表
副主任　蔡长敏（女）　李松波
王鲁豫
区长　林抚生
副区长　孙宝启　刘长利　吴亚梅（女）
穆　鹏　臧桂武
区政协主席　王洪秀（女）
副主席　刘　恪（女）
区长助理　傅首清　古红梅（女）

海淀区乡镇党政正职领导

	党委书记	乡（镇）长
玉渊潭乡	范永红	刘凤英（女）
四季青镇	张连仲	李万生
东升乡	肖熙之	刘振华
海淀乡	李良轩	高念东
西北旺镇	王桐慧	祝的春
温泉镇	龚宗元	韩顺新
苏家坨镇	曹仲晞	方海强
上庄镇	李景奇	刘精明

（海淀区农委　于鸿珊）

丰台区

概　述

丰台区总面积305.87平方公里，农村地区面积169.81平方公里，占全区总面积的55.56%，辖5个乡镇，1个地区办事处，16个街道（地区）办事处，68个行政村，268个社区居委会。全区常住人口182.3万人，户籍人口104万，其中农业人口12.2万。2009年，丰台农村地区紧紧围绕“保增长、保民生、保稳定”的目标，积极应对国际金融危机和宏观经济下行的严峻挑战，按照抢抓发展机遇、推进城乡统筹、加快区域发展的要求，圆满完成国庆庆典服务保障任务，扎实推进城乡一体化和新农村建设。全年实现农村经济总收入236.5亿元，同比增长9.5%；实现利润总额22.2亿元，同比增长9.5%；上缴税金总额9亿元，同比增长10.2%；产业结构不断优化，三次产业比率为2.3：24.9：72.8；农民人均纯收入13 179元，同比增长13.8%。

城乡一体化

全区按照推进城乡统筹、加快区域发展的要求，以加快形成城乡经济社会发展一体化新格局为目标，在破解城乡二元管理体制方面取得了新的突破。

为推进全区农村改革发展，加快形成城乡经济社会发展一体化新格局，出台了《中共丰台区委关于加快形成城乡经济社会发展一体化新格局的意见》。确定了城乡一体化发展的指导思想、总体目标和基本原则，明确了坚持制度创新、加大城乡统筹力度、以重点功能区带动城市化产业布局、推进城乡基本公共服务均等化、加强和改善党的领导等各项任务措施。按照推进绿隔三大组团9个村新村建设、加快两个村撤村建居、推进四项重点工程带动4个村搬迁上楼的思路，制定了花乡城乡一体化试点工作方案。完成了老庄子村撤村工作。

都市型现代农业

以长青路、北宫南路两条都市型现代农业走廊为重点，一产加快向都市型农业转变并向三产延伸融合。

【种植业保持平稳】 年内耕地利用面积1 157公顷。设施农业面积240.73公顷（其中温室面积208.53公顷，大棚面积25.07公顷、中小棚面积7.13公顷）。粮食种植面积518.73公顷，其中小麦71.73公顷、玉米427.33公顷、大豆0.2公顷、白薯19.47公顷。青饲玉米264公顷。蔬菜播种面积735.40公顷，累计产量1 585万千克。

【养殖业进一步萎缩】 全区现有养殖场（户）300多家，其中规模猪场3个，奶牛场2个，规模鸡场1个。全区生猪累计出栏13 799头，生猪存栏15 048头。奶牛存栏1 157头，累计牛奶产量4 943吨；蛋鸡存栏13.63万只，累计鸡蛋产量1 317.2吨，肉鸡出栏7 500只；羊累计出栏2 094只，存栏2 533只。水产养殖面积15公顷，累计成鱼捕捞量622吨。1家水产养殖基地获无公害农产品认证。

【加强农产品管理】 现有成规模的蔬菜、果品种植企业、基地10家，面积536.73公顷，占总种植业面积的25%。其中获得有机食品认证企业4家，获得无公害农产品认证企业5家，农业标准化基地1家。饲料生产企业6家，农药生产企业2家，农药经营企业及商户31家，兽药经营企业2家；从事动物产品经营的商店、超市、农贸市场和冷库305家，其中经营蔬菜、果品、畜禽产品及水产品的大型批发市场5家，使用畜禽产品的宾馆、饭店、餐馆4 083家。

【花卉产业蓬勃发展】 花卉千亩基地项目一期已通过规划审批，完成1 000亩土地的流转工作，盛芳园花卉种植中心3万平方米高档日光温室及配套设施建设进展顺利。奥运颁奖花卉成果得到进一步深化，占地6 000平方米的北京世纪奥桥花卉园艺中心已建成开业，以全新的理念和模式带动了高端花卉产业的快速发展。林下景观花卉初见成效，在河西地区新开辟了6条1 000亩花卉大道，形成了多处宿根花卉观赏区，延伸了花卉产业链。

【成功举办北京第十七届种子大会】 10月13—16日，成功举办北京第十七届种子大会。本届大会在参会企业和人数、交易展示品种、交易额等方面都大幅增加，参会企业总数达803家，其中外资企业15家、国内大型企业9家、省级以上科研院所13家，累计参会人数达到5万人次，日高峰人数达1.5万人次；交易品种5 000余个，田间展示品种14类2 103个，其中最新育种成果、前沿性品种数量达到200余个；交易额达5.2亿元。大会以“打造种业之都，搭建丰收舞台”为主题，首次正式提出了“种业之都”的概念，进一步明确了未来首都种业发展的定位和目标。首次引入了新品种拍卖、种业高峰论坛和管产学恳谈会，效果显著。

【积极申报承办2014年世界种子大会】 世界种子大会有着“种子奥林匹克”之称，是国际种子联合会主办的国际种业界规模最大、水平最高的集会议、论坛、会展、贸易洽谈、旅游考察、高层决策等于一体的大型综合性种业大会。在中国成功获得2014年世界种子大会的举办权后，丰台区积极与中国种贸协、市农委、市农业局、市种子站、市种子协会沟通协调，认真做好各项筹备工作，积极申报2014年世界种子大会承办权。

【认真开展农业专项整治行动】 采取联合执法检查与自行执法相结合的方式对辖区内的重点地区（大型批发市场、超市、餐饮酒店）、重点产品（野生动物、植物检疫、兽药渔药、种子、农药、化肥、饲料及饲料添加剂、农机及零配件、水产苗种等）、重点环节（进货、销售）等情况进行了重点检查。全年共组织执法活动624次，出动执法人员1 902人次，组织联合执法36次，做出行政处罚55起，罚款11.62万元。

【林果树提质增效】 围绕“两廊一区”，实施果树新品种引进、有机果品栽培，低效果园改造工程67公顷，洛平精品果园、大枣博览园两个观光示范园建设进一步规范，276栋设施果园的日光温室全面启动。全年果品产值同比增长近20%。

【林木有害生物防控得力】 完善了有害生物监测网络，健全了416人的监测队伍。严格检疫执法，普查林地（绿地）39.3万亩次、树木2 119.9万株次，检疫各类苗木463.8万株。加强预防措施，新购置各种防控器具1 300余套（个）。飞机喷药80架次，防治作业面积0.32万公顷，释放美国白蛾天敌近2亿头，完成地面防治作业面积1.54万公顷。

非农产业

随着城市化进程的加快以及产业结构的调整升级，农村地区小、散、弱的“租赁经济”不断向高端的都市经济转型，重点功能区建设取得新的突破。

【乡镇企业发展平稳】 全区695家镇村企业实现营业收入116.82亿元，较上年同期104.73亿元增长2.0%；增加值27.33亿元，较上年同期25.96亿元增长5.3%；利润总额8.14亿元，较上年同期6.35亿元增长28.2%；上交税金4.61亿元，较上年同期5.98亿元下降23.0%；劳动者报酬11.15亿元，较上年同期10.18亿元增长9.5%。出口企业5家，完成出口产品交货值1.01亿元，较上年同期0.24亿元上升140.5%。增长的主要原因为新增一家出口企业，带动增长70.1个百分点。

【乡镇企业产业结构不断优化】 乡镇企业中一产28家，二产271家，三产396家。二产中工业企业234家，建筑业37家。三产中交通运输仓储业21家，批发零售业88家，住宿及餐饮业29家，居民服务、其他服务业和娱乐业208家，其他50家。

年内实现增加值27.33亿元，其中一产0.41亿元，较上年同期的0.39亿元增长6.2%；二产4.92亿元，较上年同期的4.89亿元上升0.6%；三产22.00亿元，较上年同期的20.68亿元上升6.4%。产业结构比例为1.5：18.0：80.5。

【规模乡镇企业发展形势喜人】 年营业收入500万元以上规模乡镇企业122家，较上年同期的143家减少21家。年内实现营业收入51.26亿元，较上年同期47.71亿元增长7.4%；增加值13.01亿元，较上年同期12.62亿元增长3.0%；利润总额4.68亿元，较上年同期4.45亿元增长5.3%；上交税金2.36亿元，较上年同期1.86亿元增长26.7%；劳动者报酬4.56亿元，较上年同期4.19亿元增长8.8%。营业收入、增加值、利润总额、上交税金、劳动者报酬分别占乡镇企业同口径指标的48.0%、47.6%、57.6%、51.3%、40.9%。

【家电下乡工作稳步开展】 年初启动了家电下乡工作，建立了家电下乡工作联席会议制度，加强了宣传力度和规范管理，效果显著。全区销售家电下乡产品8 995台，销售额1 671.7万元。

【丽泽金融商务区开发取得突破】 成立了丽泽控股公司；高起点、高标准完成丽泽金融商务区城市设计方案国际征集和控制性详细规划方案的深化设计，规划面积扩大至8.09平方公里，示范区B6、B7地块和C9回迁安置房拆迁基本完成；与中国联通等五大运营商签订信息化战略合作协议，与国家开发银行等12家金融机构签订600亿元银团授信；国家金融信息中心（新华08）、中国首家环境产业基金等项目落户丽泽。全年实现投资34.6亿元，占全区固定资产投资的8.9%。

【继续推进大红门服装商务区发展】 完善了领导体制，深入开展规划研究，加快基础设施改造和环境建设。作为北京市的服装服饰文化创意产业聚集区，目前拥有纺织、服装、鞋帽类交易市场18家，营业面积29万平方米，经营商户1.2万家。年内，服装、纺织、鞋帽类交易市场实现交易额15.2亿元，受金融危机的连带影响，成交额比上年下降10.2%，成交额占全区同类市场的94.4%。

【积极推进河西生态休闲旅游区建设】 初步完成发展规划编制，基础设施和服务配套设施进一步完善。全年共接待游客97.6元人次，比上年增长105.2%，占全区接待总人数的19.8%；实现营业收入2 157.2万元，增长66.2%，占全区旅游营业收入的25.3%。成功举办了以“体验大自然魅力，感悟千灵山佛教文化”首届千灵山国际登山健身节、以“庆端午欢乐竞渡　盼国庆龙耀神州”为主题的北京市首届端午文化节暨2009第六届“青龙湖国际城杯”龙舟邀请赛和首届北宫踏青节、重阳登高节、第二届北宫彩叶节以及长辛店大枣采摘节等活动。

村镇建设

不断加强基础设施建设和生态环境建设，城市承载能力进一步提升。

【加快农村地区道路建设】 京石第二高速、南水北调等国家重点工程如期推进，地铁4号线、西六环路按时通车，地铁大兴线等7条轨道交通如期开工建设。北宫路完成提级，北宫南路和梅市口路西延设计方案已经确定，万寿路南延、六圈路等主干路前期手续进展顺利，马家堡东路、成寿寺路拆迁基本完成，蒲黄榆路开工建设，农村地区道路联络线更加畅通。

【积极推进新农村“五项基础设施”和“三起来”工程】 全年总投资1.1亿元。完成全部行政村的规划编制工作。完成农村街坊路硬化65.7万平方米，街坊路绿化22万平方米。长辛店人畜饮水管网改造工程已全部竣工，王佐镇集中供水管道改造项目已通过立项并进行初步设计。完成王佐镇佃起、庄户、魏各庄村37公里老旧供水管网改造和5 805户农民一户一表安装以及南宫村日处理400立方米污水处理站建设工程。王佐镇和长辛店镇垃圾减量化试点工作已进入设备招投标和处理站的建设。新改建农村公厕44座，改造农村户厕2 800户。安装太阳能灯1 500盏。

【加强生态清洁小流域建设】 实施了10平方公里马家坟生态清洁小流域治理工程。建设小型污水处理站2座，总处理能力400吨，实现截污和再生水利用。对流域内的天峪沟和北宫森林公园内的东沟进行生态治理，在北宫森林公园东沟建设塘坝2座、梯田10公顷、水保林5公顷，实施节水灌溉10.3公顷。

【建设雨洪利用工程】 建设了庄户村、魏各庄村、下庄村、新宫村等4处农村雨水收集利用工程，工程总投资2 559.37万元，共铺设雨水收集管沟16.7公里，利用老河湾、旧坑塘建设雨水存储坑塘5.6万立方米，平水年可收集利用雨水16.8万立方米。

【加大违法建设拆除力度】 制定了违法建设监管责任追究办法，拆除违法建设31.6万平方米，拆除出租大院49.5万平方米。对拆除后剩余出租大院加强规范管理，全年规范出租大院364个，规范面积128.1万平方米。

【加强农村环境整治】 明确了环境整治的重点，完善了长效管理机制，建立了时间倒排表和挂账销账制度，村庄环境面貌有了明显改善。年内共发放《致村民一封信》等宣传材料31 000余份、发放《村报》2 800份，制作宣传板报26块、横幅27条；共清运各类垃圾4 300余吨、捡拾白色垃圾440千克；清理卫生死角83处、清理路面结冰83处、清理堆物堆料204处，清理不规范广告109处。

【加强农村绿化美化】 新增一道绿化10公顷，完成第二道绿化隔离地区绿化216公顷，彩叶工程33.33公顷，通道绿化11公里，新农村街坊路绿化22万平方米，栽植各类苗木30万余株。北宫森林公园周边66.67公顷裸露山体植被恢复工程竣工；千灵山景区周边66.67公顷废弃矿山植被恢复工程完成了工程措施和水利配套措施。272.53公顷六环路绿化工程全部启动；1 513.33公顷太行山绿化工程完成了项目区现状调查和项目实施方案。

农村改革和管理

不断深化农村改革，强化集体资产管理，为农村发展增添活力。

【加快滞留集体资产处置步伐】 加强对转居转工人员滞留的集体资产的处置。基本完成南苑乡南苑村转居转工人员滞留的资产处置工作，共涉及2 180人，处置资产7 200多万元。

【建立土地承包经营权流转信息平台】 土地承包经营权流转信息平台于5月份开通运行，开设了政策法规、流转动态、流转信息、操作规程、信息查询、下载中心、在线咨询等栏目。6月份实现与市农地流转信息平台对接。平台的建设为农地供求双方提供了免费交流平台，有利于促进丰台区农村土地合理、有序地流转。

【完善政策性农业保险】 构建了区乡村三级政策性农业保险组织体系，成立了政策性农业保险工作协调小组和服务站，制定了政策措施，规范了工作流程。全年投保面积0.51万余公顷，保费金额999.6

万元，投保品种包括玉米、桃、奶牛等14个，新增加了大枣和樱桃两个品种。

【推进农村金融体制改革】 创新农村金融体制，成立了丰花、鑫福海、农投丰融3家小额贷款公司，为缓解农村地区融资难问题创建了便捷平台。

【加快农村专业合作社发展】 年内新成立了3家农村专业合作社，分别是北京京西青饲果品专业合作社、北京城南白盆窑花卉专业合作社、北京长辛店红缘大枣专业合作社。

【加强农村“三资”管理】 出台了农村“三资”（资金、资产、资源）管理的指导意见，包括《丰台区农村集体资产管理指导意见》、《丰台区农村集体经济合同管理工作指导意见》和《关于进一步加强和规范农村财务管理的意见》，不断推动农村“三资”管理制度化、规范化、科学化建设。

农民生活

以民生为本，积极促进农民就业增收，提高农民的社会保障水平，丰富农民的业余生活。

【农民收入大幅增长】 出台了《中共丰台区委 丰台区人民政府关于加快农村经济发展促进农民增收的若干意见》。农民人均纯收入13 179元，比上年增长1 595元，同比增长13.8%，增幅超过城镇居民5.8个百分点。农村居民从事非农产业的工资性收入是收入的主要来源，全年人均工资性收入达10 132元，比上年增长9.6%，占农民人均纯收入的76.9%；转移性收入增长较快，实现转移性收入1767元，比上年增长50.2%，占农村居民人均纯收入的13.4%；财产性收入平稳增长，全年财产性收入1 256元，比上年增长8.7%，占农村居民人均纯收入的9.5%；家庭经营收入人均24元，比上年增长了4.9倍。

【农民消费结构不断优化】 人均生活消费支出达到10 971元，同比增长16.9%，增速提高了3.6个百分点。用于食品的人均消费为3 923元，比上年同期增加475元，食品消费占生活消费支出的比重（恩格尔系数）由2009年的36.9%下降到35.8%，缩减了1.1个百分点；文化教育和娱乐消费、居住消费、衣着消费、交通和通讯消费四项人均各超过千元，共支出4 915元，占生活消费支出的比例为44.8%，其中居住消费是八大类消费中唯一的降幅项目，人均消费1 328元，同比下降19.2%；医疗保健消费、家庭设备用品消费、其他商品和服务消费三项支出总和为2 136元，占生活消费支出的比例为19.4%。

【提高农民参加城乡居民养老保险的覆盖面】 财政投入2 592.4万元用于新型农村社会养老保险，在普遍补贴10%的基础上，着重对困难群体以及王佐镇、长辛店镇困难地区的农民进行补贴。年内农民参保人数达到83 470人，参保覆盖率达到98%。

【创新农村劳动力就业管理服务】 开发“农村人力资源信息管理平台”，通过为每个农村劳动力建立电子档案，全面采集农村人口信息，整合农村人力资源管理、就业管理、职业介绍等资源，实现“区—乡—村”三级联网的农村劳动力动态管理。通过搭建信息管理平台，帮助6 600余名农村劳动力转移就业。

【加强新型农民培养】 进一步完善了区、乡（镇）、村新型农民培养管理机制，加大了资金支持力度，安排政策配套扶持资金170万元。全年完成新型农民培训17 159人次，其中引导性培训13 123人次，技能性培训4 036人。

【提高新型农村合作医疗筹资标准】 新型农村合作医疗筹资标准人均提高到420元。年内参合人数12.8万人，参合率达到95.5%。

【防控甲型H1N1流感】 建立了防控甲型H1N1流感疫情联系网络，坚持加强情况沟通，督促防控措施落实到位，医疗机构做到了每日统计汇报，有效地防止了甲型H1N1流感疫情在农村地区的蔓延。

【加大低收入困难群体救助力度】 进一步规范和完善了城乡医疗救助制度政策。规范了城乡医疗救助名称，提高了救助报销比例（由50%提高到60%），取消了报销起付线，提高了住院救助额度（1万元提高到3万元）。统筹城乡临时救助范围，实现城乡临时救助标准并轨，提高年临时救助额度到3万元，提高了临时救助中的医疗救助比例。投入6 894万元将全区1.68万名城乡低收入居民全部纳入低保范围，实现了动态管理下的应保尽保。完成50户农村特困户危房改造。

【提高农村五保对象供养标准】 自7月1日起，对农村五保供养标准进行调整。由原年8 400元、月700元调整为年9 385元、月782元。其中，集中供养的五保标准为782元/月，按比例拨付到养老机构的生活费为665元/月；分散供养五保对象生活费为471.5元/月。同时分散供养的五保对象日常生活照料费用，按每月100元标准随同五保供养金一同发放。

【壮大农村科技协调员队伍】 有针对性地发展了一批直接服务于花卉、大枣和籽种产业等特色产业的农村科技协调员，并在农林、水务、园林、环保等领域发展了一批农村科技协调员。农村科技协调员队伍由上年的100名壮大到159名。

【化解农村义务教育债务】 经市、区清理核实，农村义务教育形成的债务都是在“普九”以外的其他农村义务债务，共10笔2 714.58万元。其中市级财政补助资金1 447.3万元，区级财政补助资金1 267.28万元。

【积极开展“文化服务到农家”活动】 为农村地区赠送图书、杂志、宣传册9 000余册，为村民写春联、送年画35 000余幅，送文艺演出、电影20场，为农村培训文艺骨干537人，受众人数3万余人。

【加大文体基础设施建设力度】 全年投入200万元在南苑乡新宫村、宛平地区建设两个文化体育休闲广场。在农村地区新建32家数字影院和15个篮球场，更新全民健身器材64套。

【积极推进新型村邮站建设】 在原有5个村邮站的基础上，新建了46个新型村邮站并进行运转，基本达到村村建站，户户通邮。经验收，新建的46个新型村邮站全部合格并运转良好，其中31个村邮站验收为优秀，占总数的68%。

基层组织与民主政治建设

加强农村党建和基层民主政治建设，夯实农村基层基础，为农村改革发展提供保障。

【深入开展“三级联创”活动】 卢沟桥乡、花乡、王佐镇党委被评为“五个好”乡（镇）党委，大井村党总支等28个村级党组织被评为“五个好”村级党组织，公安分局张郭庄派出所等17个基层单位被评为“五个好”涉农队所。

【搭建农村党建信息化网络平台】 初步形成区、乡（镇）、村三级网络平台。卢沟桥乡大井村和花乡黄土岗村两个农村党训网络教室建设完成并投入使用。建成后的党训网络教室面积在80平方米左右、拥有30台学生机和1台教师机、设施先进、功能齐全。

【开展农村改革发展“五个一”活动】 即：举办一次大型图片展、编辑印制一本画册、拍摄制作一部专题片、开展一次征文活动、举办一场摄影比赛。经过三个多月的紧张筹备，活动取得了良好的效果，充分展示了新中国成立60周年，特别是改革开放30年来丰台“三农”工作取得的丰硕成果。

【举办第一期农村基层干部专题培训班】 6月上旬，举办了第一期农村基层干部专题培训班。共有30名党组织书记、村委会主任和集体经济组织负责人参加了为期5天的集中培训和为期7天的四川、山东两地参观考察。这次培训以“推进城乡统筹，加快区域发展”为主题，重点围绕土地集约化利用、城乡统筹规划、农村产业结构优化调整等内容，采取了课堂教学与外出考察相结合的方式，达到了开阔眼界、增强责任、开拓思路、提升能力的目的。

【抓好农村实用人才开发培养】 把实用人才开发培养纳入新农村建设折子工程，建立并充实了农村实用人才库，新培养农村实用人才115名，并分层分类开展好年度培养培训工作。积极推进实用人才成果展示，促进实用人才创业增收。

【积极创建“民主法治示范村”】 积极推广榆树庄村、大井村、南宫村三个“全国民主法治示范村”的典型经验，加大“民主法治示范村”的创建力度，进一步提高农村法治化管理水平。花乡新发地村、卢沟桥乡郑常庄村、长辛店镇张郭庄村、南苑乡分钟寺村、王佐镇庄户村五个村被评为第三批“北京市民主法治示范村”，其中，花乡新发地村被北京市司法局推荐为第四批“全国民主法治示范村”。

【做好农村法制宣传工作】 一是启动法律诊疗专项行动。由律师志愿者组成“法律医师团”，开展普法宣传教育和公益法律服务。二是积极打造“法律服务贴心圈”。开通“我要司法”法律服务专线，集法制宣传、法律咨询、预约代书、申请培训多种功能于一体，为广大农村群众提供“点对点”的优质便捷法律服务。推行法律顾问进村坐诊制，及时解答村民的法律疑惑，引导村民依法维权。三是开展“法人大讲堂，法制牵手行”主题活动和“平安国庆”系列法制活动，在全区营造了良好的法治氛围。

【深入开展学习实践科学发展观活动】 在农口系统11个党委，85个党总支部，661个党支部，1万余名党员中全面开展了深入学习实践科学发展观活动。通过认真学习、深入调研、开展解放思想大讨论和专题组织生活会、制定整改方案，使全体党员提高了思想认识，加强了党性，真正达到了“党员干部受教育、科学发展上水平、人民群众得实惠”的目标。

“三农”工作部署和实施

高度重视“三农”工作，加大新农村建设投入，落实惠农政策，推进新农村建设。

【加大新农村建设投入】 加大公共财政对“三农”的投入力度，全年市区累计投入新农村建设资金11.3亿元，同比增长27%，其中市财政投入资金2.3亿元，区财政投入资金9亿元。

【召开农村工作会】 4月13日，召开了年度农村工作会议，区领导、区新农村建设领导小组成员单位以及乡镇、宛平地区办事处、村负责人共240余人参加了会议。会议由区委副书记、代区长游广斌主持。区委书记李超钢发表了重要讲话。副区长张建国作了题为《扎实推进农村改革发展，努力促进农民就业增收，加快形成城乡经济社会发展一体化新格局》的报告，对上年农村工作进行了总结，对当年农村工作任务进行了部署。会议同时表彰了上年度农村党建“三级联创”活动先进单位和新农村建设先进单位。

【强化新农村建设领导小组职能】 调整了新农村建设领导小组，完善了部门联动机制和专业指导机制；充分发挥新农村建设牵头部门作用，协调全区各部门解决新农村建设的重点难点问题；加大了新农村建设折子工程的督查指导力度，确保了新农村建设各项任务全面完成。

【落实粮食直补政策】 积极落实粮食直补惠农政策，兑付粮食直补、农资综合补贴、小麦生态作物补贴资金99.43万元。享受到粮食综合直补的面积为469.77公顷，王佐镇和长辛店镇5 517户种粮农户直接受益。

【落实农业机械购置补贴政策】 对年内15台新购置的280拖拉机、5台20型拖拉机和2台小型挖掘机进行了补贴。5月份，对全区2006—2008年补贴农机具142台套进行了逐台检查，重点检查了机具使用状况以及是否存在私自转卖、转让的现象。

丰台区主要领导人

区委书记	李超钢
副书记	游广斌 王苏维
常委	杨逸铮（女） 李明圣 孙钫 汪洪 于长辉 于莺隆 郭兴斌
区人大常委会主任	杜瑞琴（女）
副主任	吕跃进 任光明 苗华（女） 郭振江 薛明
区长	游广斌
副区长	汪洪 吕仕杰 李丽萍（女） 李昌安 张建国
区政协主席	初建华
副主席	鲍顺新 胡燕（女） 周大春（女） 赵仑 刘占良
区纪委书记	杨逸铮（女）
副书记	胡春溪 毕永丰 李军

丰台区乡镇党政正职领导

	党委书记	乡（镇）长
卢沟桥乡	李杜	吴继东
花乡	李新民	肖文燕（女）
南苑乡	刘军	李大维
长辛店镇	彭虹	李振茹
王佐镇	吴恒	陈学明
宛平城地区办事处	王京	杜平勋（主任）

（丰台区农委　唐解霞）

门头沟区

概　述

门头沟区位于北京城区正西偏南，总面积1 455平方公里，辖9个镇、4个街道办事处，177个行政村、99个社区居委会。年末常住人口28万人，其中居住半年以上外来人口3.8万人。户籍人口总户数113 987户，总人数244 704人，其中非农人口184 645人，农业人口59 835人，未落户常住人口224人。

2009年，门头沟区新农村建设，在区委、区政府的正确领导下，深入贯彻落实科学发展观，按照“保增长、保民生、保稳定”的要求，围绕建设现代化生态新区这个总目标，以做好国庆安全服务保障为统揽，以促进农民增收为主线，以农村基础设施建设为重点，以深化农村改革为动力，制定出台了一系列促进农村经济社会发展的政策措施，实施了一大批对农村发展具有带动作用的工程项目，农村经济稳步发展，农村改革不断深入，农民收入持续增长，农村环境明显改善，农村经济社会继续保持较快发展的良好态势。全年农村经济总收入实现895 732万元，比2008年增长10.4%。农民人均纯收入11 475.2元，同比增长11.6%。人均劳动所得9 645元，同比增长9.1%。全区农村投资168 953万元，同比增长41.9%，占全社会固定资产投资的比重为19.8%，其中农村基础设施投资11.4亿元，比上年增长51.9%。

城乡一体化

【探索城乡结合部建设管理模式】 年内，对城乡一体化工作进行了调研，写出了《关于统筹城乡市政设施管理体制的对策与研究》的调研报告，制定了《门头沟区统筹城乡市政设施管理实施意见》。探索城乡结合部地区建设管理新模式，把新城范围内村庄建设、管理、运行全部纳入了城镇建设管理范围，城乡结合部地区农村环境卫生统一纳入了市政管理范围。

【采空棚户区改造工作】 6月30日，门头沟区采空棚户区改造石门营地块举行奠基开工仪式。它标志着北京市最大一处棚户区改造工程正式启动。12月8日，石泉砖厂地块安置房项目开工建设。门头沟区采空棚户区位于门城核心区，占地面积约7平方公里，房屋建筑总面积136万平方米，其中住宅面积约占60%。采空棚户区是旧城、旧矿、城中村相互交织的复杂区域，区域内现有人口2.5万户7万人，76%的家庭年人均收入低于全区平均水平。这里以低矮破旧的平房为主，多年失修，破损严重，部分房屋地基下沉、墙体开裂，严重影响了居住安全。同时基础设施严重滞后，水、电、路等基础设施大多建于20世纪70年代，道路完好率低，居民出行难；水、电等管线老化陈旧，居民吃水难、用电难。从2009年开始到2011年，采空棚户区将利用3年时间改造，完成新建安置房160万平方米、收购保障性住房40万平方米，拆迁房屋112万平方米，安置居民3.1万户，8.5万人。安置选址选定门头沟区石门营、石泉砖厂等地块作为安置房建设用地，统一纳入采空棚户区改造范围。经初步测算，三年建设期项目总投资92.6亿元。2009年两处安置房建设地块内的拆迁工作基本完成，共完成居民拆迁2 000户，农民拆迁1 200余户，采空棚户区改造完成投资14.5亿元，完成全部计划投资的15.7%。

都市型现代农业

【概况】 年内，全区都市型现代农业以发展沟域经济为依托，大力发展精品林果业、绿色养殖业，具有地区特色的都市型现代农业体系正在逐步形成。全年实现农林牧渔业总产值 36 286.9 万元，同比增长 15.8%。其中农业实现产值 6 501.1 万元，同比下降 0.4%；林果业实现产值 15 465.8 万元，同比增长 52.1%；畜牧业实现产值 13 736.2 万元，同比下降 2.2%；渔业实现产值 58.8 万元，同比下降 36.5%；农林牧渔服务业实现产值 525 万元，同比增长 5.5%。全区第一产业投资 24 689 万元，同比增长 23.6%。

9 月 7—13 日，第七届中国国际农产品交易会在吉林省长春市举办。门头沟大山鑫港核桃种植专业合作社、北京花露蝴蝶养殖专业合作社、绿纯金蜂业养殖专业合作社等 8 家合作社及企业代表参展。在产品展示区展出了纸皮核桃、玫瑰系列化妆品、黄芩茶、蜂产品系列、珍禽及珍禽蛋、蝶翅画等六大类 50 余种产品。交易会 5 天，总销售额 45.2 万元，发展意向代理商 31 家。区农委获第七届中国国际农产品交易会北京团最佳组织奖。8 家企业获北京参展团畅销产品奖。

种植业

【农作物播种面积继续增加】 年内，全区农作物播种面积共 3 460 公顷，比上年增长 4.0%。其中，粮食播种面积 2 280 公顷，比上年下降 1.2%。粮食播种面积占农作物总播种面积的 66%，比上年降低了 3.3 个百分点。经济作物播种面积 720 公顷，比上年增长 27.1%。其他农作物播种面积 460 公顷，比上年增长 3.0%。

【粮食直补带动玉米播种增加】 年内，全区玉米播种面积 973.33 公顷，比上年的 913.33 公顷增加 60 公顷，增长 6.6%；豆类 1 020 公顷，比上年的 1 133.33公顷减少 113.33 公顷，下降 10.0%；薯类 73.33 公顷，与上年持平。全年粮食总产量 269.4 万千克，比上年下降 30%。

【黄芩种植面积过万亩】 全区黄芩种植面积 671.27 公顷，比上年同期增长 26.3%，成为全区种植规模最大的经济作物。

【推进标准化生产】 年底，全区已建成农业标准化基地 87 个。其中国家级农业标准化示范区 4 个，市级农业标准化基地 45 个，区级农业标准化基地 38 个，基本实现了主要品种标准化生产，有效地保护了产品的质量和安全。

【水源保护地农田节水项目】 6 月 6 日，通过市农业局专家组验收。自 2008 年实施以来，建立核桃、樱桃为主的果药综合节水技术示范区 206.67 公顷，共推广果药、果粮综合节水技术 1 066.67 公顷，培训农民 3 980 人次，发放节水技术使用手册 3 750 册；在果药、果粮等作物上，重点示范了节水型地面灌溉、抗旱制剂、培肥保墒、保水剂等 7 项技术。示范区平均年节水 1 890.45 立方米/公顷，年总节水 39.07 万立方米；推广区平均年节水 1 296.9 立方米/公顷，年总节水 140.06 万立方米；示范区平均年增收 3 783.9 元/公顷，年总增收 78.2 万元；推广区平均年增收 2 125.95 元/公顷，年总增收 229.61 万元。

【农业节水灌溉工程】 年内，发展节水灌溉面积 351.27 公顷，采取因地制宜的工程措施，进一步在取电不便和坡高地陡的地区推广风光互补和分区分压灌溉系统，并结合不同作物灌溉需求和特点安装了高架微喷、滴箭、移动喷灌等设施。

【农田灭鼠工作】 年内，完成了春、秋季农田灭鼠工作，其中农田 2 666.67 公顷，农业设施 133.33 公顷，畜牧养殖场 382 公顷，水产养殖场 24.67 公顷，经评估防治效果达到 92%。

林果业

【干鲜果产量】 全区干鲜果总产量 4 335.3 吨，同比增长 1.5%。其中核桃产量 299 吨，同比减少 5.8%；杏仁产量 89.4 吨，同比减少 57.4%；苹果产量 2 194.9 吨，同比增长 8%；京白梨产量 202 吨，同比减少 12%；樱桃产量 104.3 吨，同比增长 37.1%。

【果园建设】 年内，新发展标准化果园 10 个，总面积 196.67 公顷，种植品种有：樱桃、京白梨、秋梨、薄皮核桃、枣、苹果、葡萄等七个品种；提升改造观光果园 10 个，分别是潭柘寺镇赵家台观光果园、永定镇安家滩果园、龙泉镇琉璃渠村丑岭沟果园、军庄镇孟悟村北坡果园、妙峰山镇上苇甸村果园、王平镇韭园村果园、雁翅镇饮马鞍村观光果园、雁翅镇大村口子沟薄皮核桃观光果园、斋堂镇军响百果园、清水镇台下改造果园；打造农业主题公园 5 个，分别是潭柘寺镇平原村主题公园、永定镇北岭琨璎谷主题公园、妙峰山陇驾庄村盖柿主题公园、雁翅镇青白口村农业主题公园、斋堂镇九龙头农场主题公园。

【林下经济增收显著】 全区发展林下经济 839 公顷，总产值达 800 万元，从事林下经济的农民每年每户可增加收入 7 000 多元，使退耕还林成果得到了巩固，裸露土地得到绿化覆盖，减少了风沙危害，稳定了本地区的生态系统，增强涵养水源、保持水土的生态功能。

【养蜂生产】 年内，全区新增蜜蜂 5 000 群，总规模达到 3 万群。受气候因素影响，4、5 月份干旱少雨，7、8 月份闷热潮湿，致使蜂蜜产量下降，全区蜂蜜产量 254.3 吨，比上年同期减少 113 吨，下降 30.8%。

【北京樱桃擂台赛上获奖】 5 月 28 日，由市园林绿化局、市公园管理中心、中国园艺学会樱桃分会、北京百万市民观光果园采摘活动组委会主办的“2009 年北京百万市民观光果园采摘游启动仪式暨中国·北京樱桃擂台赛开幕式”，在景山公园举行。门头沟区3家樱桃园在“2009中国·北京樱桃擂台赛”上获得3项大奖。其中，北京紫云山庄生态园选送的“早大果”获二等奖；水峪嘴生态农业观光园、北京树梅溪采摘园选送的“红灯”分获三等奖。

【薄皮核桃获奖】 10月10日，由国家林业局造林绿化司、陕西省林业厅、西北农林科技大学主办的第二届中国核桃大会在陕西商洛市召开。王平镇西王平村薄皮核桃获得第二届中国核桃大会优秀奖。

【林果乡土专家】 年内，确定林果乡土专家19名。其中：苹果3名、梨2名、樱桃3名、柿子、枣各1名、鲜杏2名、仁用杏3名、核桃4名。组建了由乡土专家牵头的苹果、樱桃及京白梨科技服务队5支，为果农提供果树修剪、病虫害防治、土水肥管理等技术服务，提高了果树管理的技术含量。

【果农技术培训】 年内，举办果农技术培训班19次，培训人员765人次。其中，在清水镇政府、雁翅镇大村、潭柘寺镇阳坡元村等地举办老核桃树改造和幼树管理培训班3次，培训人员315人；在龙泉镇、军庄镇、王平镇等镇举办果树整形修剪、病虫害防治及水肥管理培训班16次，培训人员450余人。

畜牧业

【生猪生产实现区域调整】 年内，按照新城区建设要求，生猪生产基本实现了由门城地区向深山区的转移，门城地区永定镇、龙泉镇逐渐退出生猪养殖，深山区的清水镇和斋堂镇加大养殖力度，扩大养殖规模，全区生猪生产逐渐回升。全年生猪出栏6 927头，比上年增长28.9%，其中斋堂镇和清水镇生猪出栏分别为1 852头和1 751头，分别比上年增加732头和855头，占全区出栏总量的52%。生猪存栏6 166头，比上年增长9.4%，其中，育肥猪存栏4 294头，比上年增长30.6%；繁殖母猪存栏1 059头，比上年增长9.2%。

【肉牛饲养逐渐退出新城区】 年内，新城区永定镇、龙泉镇及军庄镇逐渐退出肉牛养殖。全区肉牛出栏559头，比上年增加326头，增长140%；存栏113头，比上年下降15%。其中永定、龙泉、军庄三个镇出栏483只，占全区出栏的86.4%；年末三个镇存栏肉牛8头。

【乳牛放弃散养】 年内，受牛奶质量事件影响，政府部门严格控制奶产品质量，要求放弃散养，实行集中饲养，保证奶产品质量。年末乳牛存栏516头，比上年减少656头，下降56%，其中成乳牛存栏379头，比上年减少424头，下降52.8%；牛奶产量2 010.8吨，比上年减少1 119.2吨，下降35.8%。

【羊的饲养略有上升】 全区出栏山、绵羊共计7 866只，比上年增加915只，增长13.2%；存栏19 553只，比上年增加1 674只，增长9.4%。

【家禽养殖稳步增长】 全年出栏肉鸡367.3万只，比上年增长0.5%，实现产值9 878.4万元，占畜牧业产值的71.9%；肉鸡存栏38.53万只，比上年增长4.2%，占家禽存栏总量的78.7%。蛋鸡存栏16万只，鸡蛋产量465.7吨。

【柴鸡产业化项目】 10月22日，该项目通过监理公司验收。项目内容：在潭柘寺镇平原村、军庄镇香峪村、妙峰山镇下苇甸村等地共建造8个标准化柴鸡养殖基地。新建改造鸡舍160间，建围网7 000延米、保鲜库8个，引进鸡雏7万只，建设面积110 370平方米，

水产业

【放生水生生物、维护水域生态】 11月9日，市渔政监督管理站、市河湖管理处、门头沟区联合在永定河畔举办了“依法放生水生生物、科学维护水域生态”主题宣传活动。全国劳模陈伦芬、王绍棠和全市40名渔政执法人员及50名志愿者向永定河投放草鱼、鲤鱼等鱼种1 500尾，向群众发放《依法放生水生生物、科学维护水域生态》手册1 000本。

【开展渔业资源增殖放流活动】 全年累计向珍珠湖水库、斋堂水库、三家店水闸、上苇甸水库和王平湿地等水域投放鲢鳙、草鱼和锦鲤等鱼种共计39万余尾，对改善和维护区内水域生态环境起到了积极的促进作用。

花卉业

【花卉种植】 全区花卉种植面积448.27公顷（包括玫瑰花），生产销售鲜花1 078.5万枝，其中现代月季（含玫瑰花）1 076.9万枝，百合0.6万枝，菊花1万枝。生产销售盆花1.26万盆。全区共有涧沟和北京亨美利嘉农业科技发展有限公司两家大型生产企业，经营面积446.67公顷，其余为花卉销售企业。花卉销售门店7家，营业面积200余平方米。花卉业总收入达1 000余万元。通过以花为媒带动了旅游、观光、休闲、娱乐等相关产业的发展，实现了“政府要生态，企业有效益，群众增收入”的多赢效果。

设施农业

【设施农业】 年内，新建成设施农业30.2公顷，其中日光温室25.73公顷，钢架大棚1.33公顷，连栋温室31 334平方米。全区设施农业达到148.67公顷，实现产值1 312万元。

【永定卫星队食用菌基地】 8月17日，举办了永定镇卫星队食用菌基地开业典礼。卫星队食用菌基地一期投资3 200万元，已建生产车间0.6万平方米、智能冷库车间0.86万平方米，有效栽培面积6.02万平方米，拥有自动生产线3条，每天可以生产菌瓶3万瓶，生产鲜菇8吨，年产值2 800万元，

可安排85家农民就业，带动150户农户从事食用菌种植，每户每年可创利2.5万元。

休闲农业

【农业观光园】 全区共有农业观光园48个，其中市级农业观光园25个，区级农业观光园23个。全年接待游客302 510人，经营总收入3 200万元。

【葡萄休闲观光示范园建设】 年内，在斋堂镇建设葡萄休闲观光示范园，引进种植葡萄品种15个，制作科普展板，建设接待品尝厅，建葡萄观光走廊1 000米。

现代农业服务体系

【农村科技协调员队伍建设】 年内，建立了15个农村科技协调员工作站，包括9个镇、6个专业协会组织（核桃、玫瑰花、黄芩、食用菌、养蜂、养鸡），发展农村科技协调员500名，对农村科技协调员进行专业培训10次，累计培训农民1 800余人次。

【核桃丰产栽培技术研究与示范】 年内，在清水镇小龙门、斋堂镇西斋堂、雁翅镇田庄和王平镇西王平村等地共建核桃丰产栽培示范园33.33公顷。进行"良种核桃整形修剪技术研究与示范"、"核桃抗旱栽培技术研究与示范"、"核桃病虫害综合防治技术的研究与示范"。

【黄芩产业开发科技示范工程】 年内，在斋堂镇、清水镇完成了推广林下种植黄芩66.67公顷，开展黄芩采收期和施肥技术研究等科研实验，提出标准化栽培技术规程草案，开展技术培训5期，培训300人次。

【推广无公害植保技术】 全区果品、蔬菜基地安装太阳能杀虫灯800余盏，示范推广面积近2 666.67公顷，害虫虫口密度下降50%以上，农药平均使用量每公顷减少40%～60%，有效控制了果蔬虫害的发生，大幅度减少化学农药施用量并降低果蔬农药残留。

【农产品"三品"认证工作】 全区农业生产基地36家，产品获得有机、绿色和无公害认证39个，比2008年增加了7家，农产品"三品"认证面积达800公顷。

【农业服务工作】 种业服务：全年下乡技术指导20余次，接待咨询700多人次，配送大田种子26 807.5千克、蔬菜种子927袋。农药连锁配送：强化对9个农药连锁配送站的管理，严把进货渠道，配送农药4 784.5千克，21个品种，服务农户达到8 000户。养殖业服务：不断优化种羊品种，繁育优质种羊，为不同地区的养羊生产单位提供优质种羊。农机服务：深入9个镇为拖拉机手办理检验手续，共检验车辆662辆，办理保险591份，对农机维修网点提供上门验照服务，为农机人员发放50部农机信息机。

【农业执法检查工作】 年内，组织农业执法活动275次，组织联合执法31次，出动执法人员1 133人次，出动执法车辆150余车次。种子和农业转基因生物安全监督执法：累计检查种子企业125家，检查品种数3 000多种，开展农业转基因产品市场检查活动4次，共涉及78家生产企业，各类农业转基因生物产品品牌46个。农药和肥料监督执法：对全区22个农药经营单位发放"农资销售放心单位公示牌"，严把农药标签质量关，加强了全区蔬菜基地农药使用的监督检查力度。渔政监督执法：对超市、农贸市场、水产养殖场点的水产品质量进行监督检查，与水产养殖户签订《水产健康养殖承诺书》和《渔业安全生产责任书》，针对养殖场所和水产品批发市场进行鱼类药残检测工作，药残快速检测抽检覆盖率和合格率均达到了100%。农机执法：共检查车辆700台，纠正违章38起，为被检车辆粘贴荧光条1 324条，与镇、村户层层签订农机安全生产责任书。

非农产业

【乡镇企业经济运行情况】 全年乡镇企业累计实现营业收入71.2亿元，同比增长13.4%；实现利润6.4亿元，同比增长12.1%；实现增加值13.4亿元，同比增长11.2%。从各行业营业收入来看，农业企业实现营业收入4 642万元，同比减少15.8%；工业企业实现营业收入16.7亿元，同比增长7.4%；建筑企业实现营业收入10.5亿元，同比增长24.3%；交通运输仓储企业实现营业收入12.1亿元，同比减少1.5%；批发零售企业实现营业收入14.7亿元，同比增长9.2%；住宿及餐饮企业实现营业收入3.5亿元，同比增长18.3%；其他服务企业实现营业收入13.2亿元，同比增长30.5%。

【扶持发展潜力较好企业】 年内，对北京荣福盛业食品有限责任公司、北京清水阿嫂野山茶加工厂等14家企业进行扶持，扶持资金总计200万元。其中，农产品加工企业共有8家，共获得120万元扶持，解决农民就业110余人。

【加强农产品加工企业服务】 年内，共有7家企业获得有机认证，其中绿纯蜂蜜于9月向北京市工商行政管理局申报了"北京市著名商标"；积极与北京农产品流通协会、北京农产品中央批发市场合作，搭建农产品销售平台，进一步推动"农超对接"工作，促进了全区农产品加工业的发展，带动更多的农民增收致富。

农村商业

【落实家电下乡工作】 2月25日，门头沟区完成首批已销商品补贴资金的审核工作，及时为三位购买家电下乡产品的农民发放了补贴资金513.89元。区各级财政部门已全面开通家电下乡补贴网络，在农村商业银行开设家电下乡补贴资金专户，到位补贴资金340万元。

【家电下乡】 年内，全区家电下乡产品类别齐全，售出八类家电下乡产品4 501台（件），销售额达到904.9万元。电视机、冰箱、洗衣机、空调、电脑五大类产品以旧换新销售量4 363台，销售额1 507.7万元。

【放心粮油年货进千乡】 12月25日，区商委开展了“放心粮油年货进千乡”主题宣传推广活动。来自山区的60多家连锁店经营商户与参加活动的粮油产品合作经销商现场订货，洽谈协作，签订供货合同达10多万元。

【农村连锁商业稳步发展】 年内，农村连锁便民服务功能进一步提升，统一采购、网络订货等先进流通技术得到推广，新发展紧密型直营店40家，实现食品、日化用品配送率100%，年销售额保持1500万元以上，为农村地区食品安全提供有力保障。

民俗旅游

【民俗旅游收入大幅提高】 全区共有民俗旅游户820户，同比增长6.6%；实现收入2 899.2万元，同比增长15.2%。民俗旅游消费人均50.82元，同比增长16.7%，带动餐饮收入和住宿收入提高，分别为1 929.6万元、615.8万元，同比分别增长26.6%、17.9%。民俗旅游出售和加工自产农产品收入353.2万元，同比增长17.1%。

【“乡村旅游产品展示推介会”获奖】 4月23—25日，在北京奥林匹克公园举办“北京市农村实用人才创业成果暨乡村旅游产品（手工艺品）展示推介会”。门头沟区荣获“北京市农村实用人才创业成果暨乡村旅游产品展示推介会”组织奖；手工艺品麦秸画“春夏秋冬”获得一等奖；核桃工艺品“双龙戏珠”、紫石砚“吉祥龙龟砚”获得二等奖；蝴蝶画“山君气象雄虎”、陶土“盼夫”获得三等奖。

【门头沟最美丽的山村评选活动】 5月7日，门头沟区开展“2009门头沟最美丽的山村”评选结果揭晓。斋堂镇川底下村、王平镇韭园村、龙泉镇琉璃渠村、永定镇岢罗坨村、潭柘寺镇桑峪村、军庄镇孟悟村、清水镇八亩堰村、雁翅镇碣石村、妙峰山镇岭角村、妙峰山镇涧沟村10个村被评为优秀奖；军庄镇香峪村、清水镇燕家台村、潭柘寺镇赵家台村、斋堂镇柏峪村、雁翅镇苇子水村、龙泉镇门头口村、王平镇西马各庄村7个村被评为提名奖。优秀奖区政府奖励10万元，提名奖区政府奖励5万元。

【举行“北京樱桃季”启动仪式】 5月15日，由市委农工委、市农委、市园林绿化局、市商务委、市水务局、市旅游局、市农业局等单位主办，北京市农产品中央批发市场管理委员会、北京观光农业行业协会、北京市果树协会、中国移动通信集团北京有限公司支持的“北京樱桃季”启动仪式在妙峰山镇樱桃沟村种植基地举行。市农委副主任康森、区有关领导等出席了仪式。仪式上，免费为市民提供2万份北京樱桃地图，为市民推荐150个北京樱桃种植园和10个樱桃采摘节，供市民休闲、采摘。

【举行全民健身瑜伽季启动仪式】 6月6日，区农委、区旅游局举行门头沟妙峰山高山玫瑰瑜伽基地启动仪式暨首届妙峰山玫瑰谷高山玫瑰瑜伽季开幕仪式。近400名来自全市瑜伽专业机构的瑜伽会员和瑜伽爱好者体验高山瑜伽，参与玫瑰采摘和农家乐等活动。

【妙峰山玫瑰之约旅游活动】 6月12日举行。李慷云、高连广、郭光磊、翟云峰等出席活动。此次活动是为开发妙峰山玫瑰谷旅游项目举办的特别活动，旨在利用玫瑰谷独特的资源优势，发展“观玫瑰花、品玫瑰茶、喝玫瑰酒、吃玫瑰宴、洗玫瑰浴”特色玫瑰风情游，推动区域经济发展。

【北京最美的乡村】 9月26日，由市委农工委、市农委、市旅游局联合主办的2009年度寻找“北京最美的乡村”评选结果揭晓。斋堂镇爨底下村被评为2009北京最美的乡村。

【创建环境优美乡镇和生态村】 市新农办《关于命名2009年度北京郊区环境优美乡镇和生态村的通知》，清水镇、雁翅镇、王平镇荣获“北京郊区环境优美乡镇”荣誉称号。清水镇胜利村、黄塔村；斋堂镇西胡林村、火村；雁翅镇泗家水村、松树村；王平镇河北村；妙峰山镇陇驾庄村、丁家滩村；潭柘寺镇北村荣获“北京郊区生态村”荣誉称号。至此，全区共有1个镇被评为国家级环境优美乡镇，6个镇被评为北京郊区环境优美乡镇，58个村被评为北京郊区生态村。

【首都绿色村庄】 年内，经北京市人民政府、首都绿化委员会批准，清水镇黄安坨村、斋堂镇柏峪村、雁翅镇田庄村、王平镇西马各庄村被评为“首都绿色村庄”。

农村金融业

【开展低收入农户小额信贷试点】 7月30日，中国发达地区农村首次开展的低收入农户小额信贷试点工作在北京市正式启动。这项试点由中国扶贫基金会、北京市农委、门头沟区共同出资建立农户微型创业基金，按照“自主经营、自负盈亏、自我约束、自担风险、保本微利”的原则进行市场化运作，为门头沟地区农户开展微型创业提供无需抵押、无需担保的小额资金支持和技术援助，帮助项目农户发展产业、增加收入，改善生产生活条件，实现可持续发展。在试点中，北京市农委负责通过试点项目的政策环境研究、总结经验，在试点成功后逐步推广到北京其他农村地区。北京市农研中心将对项目进行跟踪研究。

【农业保险】 年内，农业参保种类达到了15类，涵盖全区大部分农产品。种植业参保259.5公顷，其中苹果115.16公顷、樱桃54.6公顷。养殖业种猪参保2 580头。保费总额135.2万元，参保农户590户。

山区建设

【概况】 年内，门头沟区山区建设按照区域功能定位的要求，大力发展沟域经济，加大城乡生态环境建设，构筑起“生态治理、生态修复、生态保护”三道防线，生态建设取得阶段性成果。全区生态建设投资完成5.9亿元，同比增长19.9%。继续实施了农业综合开发、国家水土保持重点建设、清洁小流域综合治理、京津风沙源治理等工程，治理水土流失面积130平方公里；实施永定河流域生态治理工程88公里，造林面积2 775公顷；完成永定大砂坑修复工程，修复面积236.67公顷；完成废弃矿山生态修复401.93公顷；关停非煤矿山3家、煤矸石砖厂3家。截至12月31日，全区空气质量二级和好于二级天数达到259天，占全年有效监测天数的71.4%；林木覆盖率达到82.7%；人均公共绿地面积24.8平方米，增长1.2%。

沟域经济

【沟域经济总体规划】 沟域经济范围包括以贯穿全区的108、109国道为轴线，辐射国道两侧9个镇，总面积860平方公里，涉及农业人口6万余人，基本涵盖了全区农村地区。18条沟归纳为4种不同类型的沟域。①自然风光旅游沟域。特点是依托现有自然风光和相应景点，包括灵山沟域、百花山沟域、龙门涧沟域、珍珠湖沟域、九龙山沟域等5条沟域；②民俗文化展示沟域。特点是拥有民俗文化、寺庙文化、革命遗址等人文景观，包括妙峰山沟域、爨底下沟域、赵家台沟域、韭园沟域、马栏沟域、沿河城沟域6条沟域；③都市农业发展沟。特点是种植京白梨、核桃、香椿等具有地方特色的干鲜果，包括大村沟、田庄沟、东山沟3条沟；④生态治理示范沟。实施采矿企业、资源型企业及落后低端产业关闭、退出计划。到2010年，达不到国家标准的煤矿企业全部关闭，非煤矿山企业关闭90%，对污染严重的建材企业进行限期治理，达不到标准的坚决关闭。

【爨底下沟域】 爨底下民居文化休闲旅游沟域是2009年重点打造沟域。依托爨底下、柏峪、双石头等村的古村落文化优势，加强旅游接待设施建设，注意古村落修缮保护工作，全面推进水电路基础设施改造，加强环境整治工作，沟域发展初具规模。推进黄岭西和青龙涧的特色农业园区建设，农业标准化生产得到提升改造，农业旅游一体化发展的趋势更加明显。探索沟域建设管理机制，推进沟域规划、建设、管理等流程统一。

【妙峰山沟域】 年内，围绕沟域产业提升改造，重点实施了产业结构调整工作，关闭了沟域内所有采矿企业，实施了国家森林公园评审工作。加快了沟域旅游基础设施建设，建设了仰山栖隐寺、滴水岩等旅游景点，实施广化寺沟综合治理工程建设，京西古道风景区完成民俗文化馆、军事酒吧、民俗画院等建设。

【煤窝沟域】 年内，围绕设施农业建设，大力调整产业结构，加快推进土地整理工程，与北京树唐枫林农业科技有限公司合作，建设食用菌设施大棚300栋，食用菌菌棒生产厂完成主体工程，食用菌生产一条沟初具规模，探索试验了生态循环农业发展模式。

生态林建设

【检查退耕还林工作】 6月10—12日，国家林业局到区检查退耕还林工作。主要检查了2004年种植的经济林134.69公顷，检查结果表明全区退耕还林保存面积、管护率、抚育率均达到100%。

【生态林管护员管理】 全区共有集体林104 760公顷纳入了生态林补偿范围，其中幼林面积24 600公顷、成林面积5 686.67公顷、灌木林面积74 473.33公顷，生态林管护员5 662人，涉及9个镇171个行政村。年内轮换管护员2 096人，占总人数的37%。举办培训班88期，培训管护员8 021人次。5 662名生态林管护员均投保了意外伤害保险。

【生态林管护员护林防火工作】 在防火期内，管护员共制止违章用火98次，发现冒烟等非火情报告204次，发现火情报告17次，其中火情实际发生7次，火情报告率100%。清理林间可燃物面积11 900公顷，修林间作业道35.79万米，完成林木抚育12 773.33公顷。上报破坏森林资源行为3次，制止破坏森林资源行为5次，有效地保护了全区的森林资源。

【第二道绿化隔离地区绿化】 年内，共完成384.73公顷，栽植各种苗木42.16万株。

【妙峰山市级森林公园】 6月10日举行揭牌仪式。该公园占地面积2 264.7公顷，植被覆盖率达到98%以上。

山区农户搬迁工程

【生态移民工程】 年内，实施险村搬迁，完成搬迁任务169户388人。斋堂镇沿河口村已办理完前期规划、土地等审批手续，开始进场施工。军庄镇21幢楼主体工程全部完工，7幢已达到入住条件。

小流域综合治理

【国家水利风景区】 8月25日，水利部正式批复妙峰山水利风景区为“国家级水利风景区”，风景区包含苇甸沟域中的上苇甸、炭厂、大沟、禅房、黄台和岭角六个自然村。

【京津风沙源治理工程】 年内，完成封山育林5 333.33公顷，人工造林533.33公顷，爆破造林240公顷，人工种草133.33公顷，围栏封育1 333.33公顷，草种基地66.67公顷，建设暖棚1万平方米，购置饲料机械96台。

村 镇 建 设

【概况】 年内，全面加强农村基础设施建设，农村基础设施建设投资完成11.4亿元，增长51.9%，极大地改善了农村环境。加强农村环境整治工作，农村环境面貌发生了很大变化。

基础设施建设

【建立“五十三”工程指挥平台】 年内，区成立了“五十三”工程总指挥部，对有关工作实行“六统一”，即：①统一项目审批。在各实施单位进行规划设计、编制可行性研究报告和实施方案的基础上，区新农办、区财政局分别提出工程审核意见和资金安排意见，由区发改委统一立项。②统一资金安排。各实施单位提出工程所需资金申请，区新农办根据工程进度统一核算，经区政府批准后由区财政局统一核拨。③统一工程进度。按照“先地下后地上”的原则统筹工程进度，并统一制定进度表，定期掌握各项工程进度，确保两年内全部完成。④统一招标管理。各项工程一律按照“阳光工程”的要求实行招投标。⑤统一核查验收。各实施单位分别聘请监理公司进行监理，并向区总指挥部提交监理和工程报告，由区新农办统一组织验收。⑥统一工程管护。制定“五十三”工程管护办法，验收后交由镇村建立台账并统一管护。

【五项基础设施建设工程】 年内，农村“五项基础设施建设工程”顺利推进，共完成投资1.83亿元，完成计划总投资的85.4%。①街坊路建设和两侧绿化工程。完成9个镇44个村街坊路建设，新建、维修面积20.56万平方米；完成街坊路绿化村庄81个，绿化面积65万平方米。②供水老化管网改造及一户一表工程。在42个村新打水源井7眼，实施老旧管网改造263公里，一户一表改造5 880户，解决2.38万农户安全饮水问题。③污水处理工程。完成污水治理9个村，新建污水处理站13座，铺设污水收集管网22公里，日可处理污水500吨，解决727户2 002人污水处理问题。④垃圾处理工程。在农村177个行政村、37个居委会、66 672户实施垃圾源头分类，发放户用垃圾分类桶20万个，垃圾分类袋13.33万个，发放宣传材料66 672份，配备保洁员469人，三轮车469个，建垃圾转运站5座，灰土处置场161个，堆肥场161个，采购密闭型垃圾压缩运输车12辆。⑤厕所改造工程。完成清水、斋堂、雁翅、王平4镇69个村公厕改造，建设公厕96座。完成农村户厕改造42个村1 700户。

【乡村道路建设】 年内，完成修建乡村公路17条33.73公里，组织当地农民成立乡村公路养护队，道路养护172条444.16公里。完成乡村公路68条路297公里两侧的安保工程，提高了乡村公路交通安全的保障。总投资2 932.33万元。

【行政村全建新型村邮站】 8月3日，举行新型村邮站建设工作启动仪式，全区177个行政村全部建成新型村邮站，实现“村村建站，户户通邮”。

小城镇建设

【小城镇建设】 年内，对潭柘寺镇水厂路实施绿化照明工程2.5公里，总投资282.4万元。对斋堂镇文化广场进行改造，实施了道路铺装、水景及照明、景观绿化植物等工程，总投资210.5万元。

“三起来”工程

【启动清洁能源下乡工程】 12月30日，门头沟区清洁能源下乡工程启动仪式在清水镇举行。区领导伊欣欣、李慷云、高连广、谭杰、翟云峰等参加启动仪式。伊欣欣宣布清洁能源下乡工程启动，翟云峰对全区2009年农村能源建设工作进行总结。并实地察看了上清水村液化气换瓶站点、清洁型煤销售网点和燕家台村节能房改造工程。

【“三起来”工程】 “暖起来”工程。完成农民既有住宅节能保温改造11 884户；完成农村优抚社救对象危旧房翻建维修721户；新建农村节能住房565户；推广太阳能取暖141户；建成清水清洁型煤加工厂1个和清洁型煤销售网点7个。“循环起来”工程。在军庄镇推广太阳灶350台；建成太阳能公共浴室47处；在清水镇和潭柘寺镇建设生态庭院户用沼气池529个；完成雨洪利用工程建设25处，新增蓄水量12.85万立方米。“亮起来”工程。完成安装太阳能路灯2 000盏。

【送气下乡工程】 在清水、斋堂、雁翅3镇85个村18 908户开展送气下乡试点。建成二级瓶装液化石油气供应站9个，总建筑面积1 242平方米。购置液化气钢瓶21 400个、运输车辆20辆。工程总投资为1 259万元，其中市投资1 130万元。

环境治理

【完成九镇四办环境整治】 年内，开展迎国庆百日环境整治活动，共完成绿化面积13.7万平方米，建筑物外立面粉饰18.29万平方米，清运垃圾渣土10.78万吨，围墙修复6.38万平方米，修建花池1.84万立方米，新建文化墙1.5万平方米，修砌边沟9 950平方米。专门聘请监理公司，对175个村环境卫生进行检查，对检查出的问题逐项登记造册，限期解决。

【王平镇创新垃圾分类工作机制】 王平镇建立环境整治积分制度，设立11档加减分值项目，与村（居）主要干部绩效工资挂钩。加大督查力度，采取周考核、月统计、年评优的办法，每月4次深入村（居）检查。推行垃圾不出户、不出村的做法，在田间地头运用人工堆肥办法缩短垃圾还田周期。

农村改革与管理

【概况】 积极稳步推进农村集体经济产权制度和林权制度改革，促进农村经济发展；全面建立“三个中心”，加强对农村集体“三资”管理；不断完善农民专业合作组织管理制度，加强农民专业合作组织建设；农村各项改革和管理不断深入，取得较好成绩。

农民专业合作组织

【农村合作组织建设】 全区规范登记注册农民专业合作社192家，在镇、区备案的134家。市级示范合作社7家，区级示范合作社6家，区级规范合作社12家，区级达标合作社17家，二次返利2家。扶持合作社44家，资金390万元，用于合作社基础设施建设和生产经营等。推进农民专业合作社管理规范化建设，制定了《农民专业合作社社员证》。

产权制度改革

【农村集体经济产权制度改革】 年内，全区开展农村集体经济产权制度改革的村有20个，其中龙泉镇7个，永定、清水、斋堂、妙峰山、潭柘寺、军庄镇各2个，王平镇1个。完成农村集体经济产权制度改革工作的村13个。

【集体林权制度改革工作进展情况】 年初确定军庄镇、雁翅镇为试点镇，军庄镇孟悟村、香峪村和雁翅镇太子墓村、田庄村为试点村。截至年底，军庄镇已基本完成试点村林地、2004年土地确权、实施市第二道隔离地区绿化建设工程面积以及承包、租赁、流转和人员等情况的摸底调查，正筹备党员干部会议、村民会议或村民代表会议。雁翅镇已召开村民代表会议，正在进行征求意见和制定村集体林权制度改革实施方案。

土地确权与流转

【土地确权与流转】 全区应确权村数174个，已确权村数173个，未确权一个村（火村）。应确权面积4 993.73公顷，已确权面积4 935.8公顷，占98.8%。其中：确地面积2 360.53公顷，占47.3%；确利面积2 539.87公顷，占50.8%；确股面积35.47公顷，占0.7%；未确权面积57.93公顷，占1.2%。已确权户数30 031户，已确权人口77 724人。确权确地村数52个，占29.9%；确权确利村数60个，占34.5%；确权确股村数2个，占1.1%；确地与确利相结合的59个，占33.9%。应签合同38 618份，已签合同37 527份，占97.2%；未签1 091份，占2.8%。农户流转土地面积48.02公顷，已签合同427份。制定了《门头沟区规范农村土地承包经营权流转的意见》，规范全区的土地承包经营权流转，更好地保护农民的合法权益。

【农户土地流转信息平台】 6月初建成。信息平台内容包括：区情介绍、政策法规、土地转出、土地需求、流转程序、合同文本、山场转出、山场需求等模块。与市农研中心联网，对全国发布区内农村土地流转供求信息。全年共发布农户土地流转信息60条，点击2 583次。

【置换土地解决“插花地”综合开发】 年内，王平镇东、西马各庄村置换土地解决“插花地”综合开发问题。按照就近开发原则，结合果树园区规模化经营，两村互相置换土地1.33余公顷，利用樱桃、京白梨两个园区现有水利配套设施进行复垦和综合开发，减少土地闲置，实现生产经营规模化和农业设施配套化。

农村集体资产管理

【推动“三个中心”建设】 年内，全区9个镇完成“三个中心”（农村集体资产及经济合同监管中心、农村招投标委托中心、农村会计服务中心）建设，机构、人员全部到位，工作正常运转。176个村集体经济组织中，财政专项资金全部实行监管，监管率达100%。有168个村集体经济组织实行了账款双托管，托管率95.5%。“三个中心”的建立，整合了镇、村两级监督力量，加强了对财政资金的管理，促进了村务公开、民主管理，推动了监督关口前移，初步形成了镇、村、民“三位一体”的农村集体“三资”监管工作格局。

农 民 生 活

【概况】 年内，积极开展低收入农户增收帮扶工作，增加公益性就业岗位；建立零就业家庭帮扶长效机制；加强农村劳动力培训，加快劳务输出，提高农村剩余劳动力的转移速度；快速推进新农村建设，带动农民就业，从而促进了农民收入增加，增强了农民消费能力，进一步提高了农民生活质量。

农民收入和消费

【农民人均纯收入稳步增长】 全年农民人均纯收入11 475.2元，比上年增长11.6%。农民收入呈现出三大特点：一是工资性纯收入仍是农民增收的主体。全年农民人均工资性纯收入 7 817 元，比上年同期增长 12.2%，占农民人均纯收入 68%，对农民增收的贡献率为 71%。在工资性收入中，外出从业纯收入增长最快，人均外出从业纯收入 1 763 元，比上年同期增长 40.6%。二是非生产性纯收入高速增长。全年农民人均非生产性纯收入 1 547 元，比上年同期增长 27.6%。其中，农民人均财产性纯收入 616 元，比上年同期增长 23.1%，人均转移性纯收入 931 元，比上年同期增长 30.8%。三是家庭经营纯收入与 2008 年持平。全年农民人均家庭经营纯收入 2 112 元，比上年同期增长 0.3%。其中，农民人均交通运输纯收入 775 元，比上年同期增长 16.4%。

【农民生活消费支出增加】 全年农民人均生活消费支出 8 307.5 元，同比增长 11.6%。其中食品支出 2 818.8 元，同比增长 1.7%，恩格尔系数为 33.9%，下降 3.3 个百分点；文化教育娱乐服务支出 813.1 元，同比下降 17.2%，文化教育娱乐服务支出比重 9.8%，下降 3.4 个百分点。

【低收入农户大幅减少】 年底，全区低收入农户由 2008 年同期的 6 544 户，减少了 2 798 户，减少 42.8%；全区有低收入农户 3 878 户，其中原有3 746 户，年内新增 132 户，占总农户数 30 216 户的 12.8%，同比减少 9%；全区低收入村已由 2008 年的 51 个减少到 15 个，占总村数的比重也由 27.4% 下降为 8.1%。

【建立农户低收入信息监测平台】 年内，低收入监测农户 3 747 户，家庭农业人数 9 232 人，劳动力 6 357 人，人均可支配收入 4 487 元，比 2008 年的 3 381元增加了 1 106 元，增长了 32.7%元。超过 4 500元的有 1 712 户，占监测户数的 45.7%。监测数据显示，低收入农户家庭收入构成分别是报酬性收入占 47.5%、转移性收入占 42.8%、家庭经营收入占 7.6%、财产性收入占 2.1%。可见，低收入农户收入主要是以报酬性收入和转移性收入为主，而家庭经营收入和财产性收入比例很少，从而进一步说明低收入农民自主创业资金、资产很少，致使自营收入数额也很少，多数低收入农户收入面很窄。

【建立低收入农户增收帮扶机制】 年内，成立了区推进低收入农户增收帮扶工作领导小组，制订了《门头沟区推进低收入农户增收帮扶工作方案》、《门头沟区扶持低收入农户增收致富政策菜单》及《门头沟区低收入农户家庭登记台账手册》，下发到低收村、低收入农户及帮扶工作队，集成各项强农惠农政策，搭建公共政策服务平台。全区党政机关及直属事业单位 78 家党员干部组建帮扶工作队与 160 个村结成帮扶对子，通过帮班子建设、帮发展思路、帮技能培训，深入开展低收入农户增收帮扶工作。建立低收入农户长效挂钩帮扶工作机制。建立低收入农户增收致富信息平台，搭建帮扶和受助对接工作平台，把帮助低收入农户增收情况作为检验学习实践科学发展观活动实际成果的重要标志。建立低收入农户增收动态监测和监督考核制度。将低收入农户增收工作纳入绩效督查考核范围。区政府与各镇签订了责任书。各部门将帮助低收入农户增收纳入业务部门考核目标。各村建立低收入农户工作台账，实行动态监测，做到每月一报。

农村劳动力非农就业

【农村劳动力】 全区农村劳动力总数 46 793 人，占农村分配人口的 57.2%，同比上升 1%。其中劳动力就业人数为 42 711 人，占劳动力总数的 91.3%，同比下降 1.2%。待业劳动力 4 082 人，占劳动力总数的 8.7%，同比上升 1.2%。

【调整优惠政策促进农民就业】 年内，将市级优惠政策覆盖的农村“4050”人员、低保人员等 8 类劳动力扩大到所有农村劳动力。从 1 月 1 日起，用人单位招用区内农村劳动力均可享受每人 3 000 元的岗位补贴和每人 7 000 元的社会保险补贴。

农民教育

【农民培训】 全年共举办各类农业技术培训班 440 期，培训人员 21 104 人。有 1 146 人取得职业资格证书及上岗证书，安排就业 2 769 人。培训新型农民 1 006 人。

【农业科技培训】 全年举办种养业农技培训 30 余期，受训人员 5 000 余人次，发放宣传材料 4 000 余份，培训内容涉及黄芩种植、蔬菜品种更新、柴鸡基地建设、农机技术等。

【农民田间学校】 年内，新建龙泉雾村田间学校等 9 所农民田间学校，并统一标识、统一牌匾、统一制作和授牌。每所学校结合自身特点，开展了多种形式的培训、辅导活动，取得了较好成效。

【农村信息化建设】 年内，与中国移动公司合作，安装信息机 12 台、农信机 191 台，发展信息员 386 名，为 6 个农民专业合作社安装配备了农信机，实现了 9 个镇的全面覆盖。“数字家园”建设完毕，全区共有 23 个农村“数字家园”，全部投入使用。对接市农委 221 信息平台，建设农村经济决策信息系统。与中国移动西区分公司合作在斋堂建设爨底下、柏峪数字沟域。

农村卫生和合作医疗

【创建市级卫生村】 10 月 20—21 日，市爱卫办对区创建北京市卫生村工作进行检查验收。潭柘寺镇王坡村、妙峰山镇禅房村等 15 个村通过了检查，评为北京市卫生村。

【村卫生室和健康工作室建设】 年内，新（改）建村卫生室 22 个，新建健康工作室 12 个，全部投入使用。全区村卫生室达 150 个，医疗卫生人员 221 人。

【建立乡村医生待遇保障机制】 年内，对综合考核合格并受聘于村委会的182名乡村医生给予每人800元/月的经费补助；将343名曾经从事乡村医生工作的人员纳入新型农村社会养老保险范畴，保费个人负担20%、财政补助80%，共落实财政补助资金1 102万元。

【调整农村合作医疗政策】 年内，扩大农民参合范围，覆盖全区177个行政村，参合率达到98.37%；开展医院直报，在本区二级医疗机构住院，报销起付线500元，补偿比例为50%；3月份，启动了辖区区医院、区中医院、区妇幼保健院、龙泉医院以及京煤集团总院共5家定点医院直报工作；在乡镇卫生院开展门诊补偿工作，村民在卫生院就诊，不设补偿起付线，门诊医药费用报销50%。

【开展农民健康教育】 年内，投入240万元，为辖区农民进行健康体检；开发设计健康档案管理软件，规范管理诊疗过程，慢性病病人就诊均有全科诊疗记录的书写。在农村社区居民中普及慢性病管理和健康教育知识，开展健康讲座353次，受益居民9 518人次，同比增加15%。发放宣传材料80 155份，社区医生接待健康通电话咨询服务16 388人次。

文化体育

【强化图书服务基层工作】 年内，完成文化信息共享工程设备发放和安装，实现177个行政村的共享工程文化信息的全覆盖，累计为基层配备电脑、电视等设备180套，价值12.6万元。完成新建农家书屋27个，配送图书、光盘、杂志5万余册（件），书架118组，合计每个村5万元的图书设备。开展送书下基层活动。送书下基层80次，新建图书馆分馆6个，新建温馨家送书点2个，为基层配送图书1.5万册，杂志1 200册。全区农村图书室藏书46万册。

【创建学习型镇村活动】 年内，在农村开展了创建学习型镇村活动。区建设学习型城市工作领导小组授予斋堂镇、龙泉镇、王平镇、潭柘寺镇为门头沟区创建学习型镇先进单位荣誉称号，授予清水镇洪水口村等62个村为创建学习型村先进单位。

【举办“第九届农家女致富擂台赛”】 12月15日，区妇联举办了第九届农家女致富擂台赛。来自各镇的15位选手参加了农家女致富擂台赛。龙泉镇龙泉务村蔬菜种植户邓桂莲、雁翅镇房良村果树种植户平丽琴、斋堂镇白虎头村小枣种植专业户贾秀娟均获得一等奖，并评出二等奖5名、三等奖7名。

【农村体育】 年内，全区组织镇级体育活动38次，建村级体育活动室9处，更新全民健身工程43处，篮球场19个。

农民社会保障

【城乡居民养老保险工作】 参加城乡居民养老保险36 944人，其中：农村居民31 055人，城镇居民5 889人；参保31 788人，其中本年新增11 995人，续保19 793人；收缴保费3 552.03万元。享受养老金待遇2 890人，各项基金累计支出1 080.65万元。城镇居民符合参保条件的基本全部参保，农村居民覆盖率达98%。

【调整农村低保、五保供养标准】 1月起将农村低保标准由年人均2 040元调整到年人均2 400元；7月起将农村五保供养标准由年人均6 888元提高到年人均7 444元。全区共有农村低保对象1 704户2 667人。

基层组织与民主政治建设

【开展学习实践科学发展观活动】 年内，围绕“坚持解放思想、推动科学发展、建设生态新区”主题，按照“注重结合实际，科学确定活动主题；注重突出实践，着力解决突出问题；注重强化基层，提升基层党建水平；注重突出重点，提高活动针对性；注重创新形式，确保提高学习效果”的目标要求，在全区9个镇171个农村基层党组织、8 144名农村党员中开展了学习实践科学发展观活动。

【实行镇党代表任期制】 年内，探索实行了镇党代表任期制，建立镇党代表评议党委及党委成员工作制度、视察调研镇党委重大工程制度、议事制度、联系制度、提案（质询）制度、述职制度、教育培训制度、列席党委会议制度，完善了镇党代表活动保障机制、退出增补机制、组织领导机制，收到了很好的工作效果，激发了广大党员的参政议政意识和先锋模范作用的发挥，促进了党委重大决策的规范化和制度化。

【加强镇领导班子建设】 年内，不断完善镇党委工作规则，规范工作程序，提高总揽全局、协调各方的能力，特别是提高镇领导班子驾驭大局、处理复杂局面、解决突出问题的能力。结合镇届中考察工作，建立基层群众评、相关部门评和主管领导评的“三评机制”。通过座谈走访、征求意见、民主测评、民主评议等方式，广泛征求干部群众意见，共分类召开18场座谈会，个别谈话1 023人次，收到评议意见3 240多条。通过查阅资料、专题调查、实地考察，全面考察领导班子贯彻落实市、区委决策部署的执行力。

【深化农村“两委”任期承诺制】 年内，各镇结合农村党支部工作手册、村委会工作手册和农村党风廉政建设工作手册的要求，按照自主提出承诺、“两委”讨论承诺、包村干部初审、提交“两会”确认、镇党委会审定、签订承诺书、通报公示承诺、公示完成情况等“八步工作法”，严格落实任期承诺制，形成了“党委主导、群众参与、基层导向”的村干部绩效考评体系，群众对村干部考核比重占到60%以上。该做法得到市委充分肯定，被《北京日报》等媒体宣传推广。全年农村“两委”共承诺为民办实事13 696

件，比上年增加358件，群众满意率95%以上。

【市检查农村党风廉政建设工作】 10月29日，市检查组到区开展农村党风廉政建设工作专项检查。区领导刘云广、郭光磊、王智慧、陈国才、翟云峰，市检查组组长宋铁健等参加了区农村党风廉政建设工作检查汇报会。会上，郭光磊汇报了全区农村党风廉政建设工作，区农委、财政局、经管站汇报了全区强农惠农政策落实、资金检查及农村“三资”管理等情况。王智慧主持会议。刘云广讲话。宋铁健对区农村党风廉政建设工作给予了充分肯定。10月29—30日，市检查组对龙泉镇、清水镇的农村党风廉政建设工作进行了检查。

【第一次农村民主日活动】 全区177个行政村中，除潭柘寺镇南辛房村和永定镇坝房子村外，175个村按预定程序开展了民主日活动。共有3 039名村民代表参加，占全区3409名村民代表的89%。提出建议525条，对389项议题进行了审议，通过382项，修改7项，满意率达98.2%。对779名村干部进行了民主评议，评为“好”的666名，占85.5%。

【完善民主决策制度】 年内，贯彻落实区《关于村级重要事项民主议定民主决策的若干规定》，全区177个行政村全部建立了农村“两委”联席会议制度和村级重大经济事项事前咨询制度，138个行政村建立了村民一事一议管理制度。

【村干部任期和离任经济审计】 年内，对7个镇的60个村村干部，2006—2008年任期和离任经济责任进行审计。任期经济责任审计村54个。其中潭柘寺镇9个、龙泉镇10个、军庄镇8个、妙峰山镇8个、斋堂镇6个、清水镇7个、王平镇6个；离任经济责任审计村6个，其中潭柘寺镇3个、妙峰山镇1个、王平镇2个。审计金额140 656万元。区村干部任期和离任经济责任审计办公室对审计存在的问题提出了整改建议，限期整改。

【国庆60周年观礼活动】 10月1日，清水镇洪水口村党支部书记于广云经组织推荐参加新中国成立60周年庆典观礼活动。

【农村党员干部现代远程教育】 12月23日，北京市农村党员干部现代远程教育平台正式开通运行。当日，全区170个村党组织分别组织党员干部通过设置在各村的农村党员干部现代远程教育终端站点观看了《走进远程教育》专题片。

区县乡镇“三农”工作部署和实施

重要会议、部署和实施

【召开农村民主日活动部署会】 1月4日，区召开第一次农村民主日活动部署会。郭光磊、张冰、贾文勤出席会议。会议对民主日活动进行了部署，确定了“扩大基层民主，践行两委承诺，落实三大理念，建设生态新区”的活动主题。印发了《致村民的一封信》、《村民代表征询联系户意见表》，从各委、办、局抽调27名处科级干部组成9个督查组，按照“规范流程、督导工作、发现亮点”的要求，对各镇民主日活动开展情况进行督查指导。

【召开集体林权制度改革工作会】 2月18日，区集体林权制度改革领导小组工作会在区林业局召开，区农委、林业局和发改委等13个成员单位主管领导参加了会议。会议研究了“门头沟区集体林权制度改革试点工作实施方案”。

【召开区农村工作会】 2月20日，召开门头沟区2009年农村工作会。伊欣欣、刘云广、李慷云、高连广、郭光磊等区四大部门领导参加会议。翟云峰作了题为《不断深化农村改革 大力促进农民增收 加快形成城乡经济社会发展一体化格局》的工作报告。刘云广主持会议。郭光磊提出要求。伊欣欣讲话。会上对2008年度新农村建设先进集体和先进个人进行了表彰。

【市召开农村垃圾分类现场会】 3月17日，北京市农村地区垃圾分类工作现场会在区召开。市委农工委副书记、市新农办副主任高华、市市政市容管委副主任陈玲、市财政局、市环保局、市商务委及各郊区县委农工委、市政管委、乡镇领导、副区长翟云峰等领导参加了会议。全体参会人员到王平镇东马各庄村、西马各庄村就农村生活垃圾源头分类工作进行实地调研。王平镇党委书记在会上介绍了王平镇在垃圾分类工作中的做法和经验。高华充分肯定了王平镇在垃圾分类工作中建立的一套制度和做法。垃圾从源头上分类，资源上利用，无害化处理在郊区农村地区大力推广。

【启动低收入农户增收帮扶工作】 4月17日，区召开低收入农户增收帮扶工作部署会。会上，副区长翟云峰介绍了门头沟区低收入农户的基本情况及推进低收入农户增收工作的主要原则、目标和政策措施。张冰对在深入学习实践科学发展观活动中开展低收入农户增收帮扶工作进行了部署。区政府主要领导与各镇签订了《2009年推进低收入农户增收工作责任书》，与区发改委、水务局等部门签订了《增收帮扶工作责任书》。区交通局、清水镇作了表态发言。陈国才主持会议。郭光磊提出要求。伊欣欣讲话。市农委赵铁军处长及全区各委办局、各镇政府主要领导及部分村党支部书记参加会议。

【召开农村产权制度改革座谈会】 5月5日，区召开农村产权制度改革座谈会。听取各镇及有关部门的工作汇报，并就农村产权制度改革的重要意义、实施改革的形式、维护群众利益等内容进行了座谈研讨。伊欣欣讲话。郭光磊主持会议。

【召开低收入农户帮扶检查会】 7月9日，区召开低收入农户增收帮扶工作检查会。区农委主任刘永强、组织部副部长王涛围绕全区低收入农户增收帮扶工作进行了汇报，雁翅镇党委书记李国庆汇报了本镇低收入农户增收帮扶工作情况。区财政局、区委党校代表帮扶单位汇报了本单位开展帮扶工作的具体情况。郭光磊主持会议。伊欣欣讲话。会后，区领导到雁翅镇雁翅村和河南台村，对低收入农户增收帮扶工作进行了实地检查。

【召开农村改革创新工作会】 9月18日，区召开农村改革创新工作会议。郭光磊作了全区上半年农村改革创新工作进展情况及下半年工作安排的报告。龙泉镇刘树军介绍农村社区股份制改革情况；清水镇洪水口村党支部书记于广云介绍农村集体经济股份制改革情况；王平镇耿新民介绍农村基层民主管理情况；雁翅镇李国庆介绍农村林权制度改革情况。市农委副主任陈涛介绍了全市农村产权制度改革情况。伊欣欣讲话。王智慧、翟云峰参加会议。

【召开村“两委”换届选举会】 12月11日，区委召开门头沟区村“两委”换届选举工作动员部署会。市委第二巡回检查组副组长张晓辉及市委第二巡回检查组成员，区领导郭光磊、张冰、韩生辉、聂文玉、翟云峰、贾文勤出席会议。区委学习实践活动巡回检查组组长，区村“两委”换届选举工作领导小组成员，各镇党委书记、副书记、组宣纪办公室主任参加会议。

【召开农业污染源普查总结大会】 12月17日，区召开第一次农业污染源普查总结大会。区农委、农发中心、园林绿化局、财政局及各镇主管领导出席。会上总结了全区农业污染源普查工作情况，表彰了3个镇级先进集体、4名普查指导员和18名优秀普查员。第一次农业污染源普查，从2008年1月开始，全区完成了130个农业源普查对象的入户普查、数据审核录入、样本抽测及分析归档等工作，2009年6月通过市普查办的检查验收。

【低收入农户增收帮扶工作会】 12月22日，区委召开了低收入农户增收帮扶工作总结暨指导村“两委”换届选举培训会。区领导郭光磊、张冰、陈国才及区委第二批学习实践活动巡回检查组组长和参加低收入农户增收帮扶各单位的主管领导参加了会议。

惠民惠农政策落实

【种植补贴】 全区种植补贴面积849.47公顷，补贴资金26.2万元，受益农户5 645户。良种补贴面积815公顷，补贴资金14.7万元，受益农户5 130户。农资综合补贴面积849.47公顷，补贴资金57.3万元，受益农户5 645户。

【生态作物补贴】 全区生态作物补贴面积716.02公顷，其中冬小麦15.3公顷、黄芩665.52公顷、紫花苜蓿35.2公顷，共补贴资金37.7万元，惠及农户1 275户。

【农机具购置补贴】 全年农机具购置补贴50件(套)，受益农户50户，补贴资金120.6万元。

【山区生态林补偿机制资金】 年内，受益农民5 662人，补贴资金2 717.8万元。

【绿隔地区生态林占地补偿资金】 年内，第二道绿化隔离地区绿化建设工程涉及军庄、龙泉、永定和潭柘寺4个镇27个村，受益农民2 272人，绿化隔离地区生态林占地补偿、养护补助资金811.7万元。

【村级组织专项补助资金使用】 年内，全区实收村级组织正常运转专项补助资金2 856.22万元。其中干部固定补贴285.50万元、办公费补贴85.65万元、农业税附加补贴50 719元、公益事业专项补助资金2 480万元。专项补助资金使用金额2 705.44万元。其中：用于村干部报酬282.95万元，占10.46%，实际补助干部人数571人；办公费85.03万元，占3.14%；用于集体公益事业补助2 337.46万元，占86.32%，其中公益设施建设费用608.1万元、公益设施维护费用675.35万元、社会管理费792.58万元、社会事业费91.38万元、村务人员工资167.93万元，享受补助村务人数520人；其他开支21 166元，占0.08%。年初专项补助资金余额1 010.07万元。年末专项补助资金余额1 160.85万元。

领导体制的变革与创新

【农林牧机构改革】 根据中共北京市委、北京市人民政府批准的《北京市门头沟区人民政府机构改革方案》(京办字［2009］28号)，设立北京市门头沟区农村工作委员会（简称区农委），与中共北京市门头沟区委农村工作委员会（简称区委农工委）合署办公。区委农工委是负责本区农村工作的区委派出机构。区农委是负责统筹协调本区农村发展和农村经济工作的区政府工作部门；设立北京市门头沟区农业局（简称区农业局），挂北京市门头沟区动物卫生监督管理局（简称区动物卫生监督管理局）牌子。区农业局（区动物卫生监督管理局）是负责本区农业生产管理和执法监督以及兽医行政管理的区政府工作部门；设立北京市门头沟区园林绿化局（简称区园林绿化局），挂北京市门头沟区绿化委员会办公室（简称区绿化办）的牌子。区园林绿化局（区绿化办）是负责本区园林绿化工作的区政府工作部门。

门头沟区主要领导人

区委书记	伊欣欣
副书记	刘云广　郭光磊
常委	陈志强　王二安　罗　斌　付兆庚　张　冰（女）　韩生辉　陈国才　赵潮英（女）
区人大常委会主任	李慷云
副主任	何震芳（女）　赵爱娟（女）　聂文玉　谭　杰　王建昌
区长	刘云广
副区长	罗　斌　付兆庚　闫永喜　翟云峰　贾文勤（女）

姚忠阳
区政协主席 高连广
副主席 杲建忠 侯建华
安冬梅（女） 野京城
朱德友 孙善民
区纪委书记 赵潮英（女）

门头沟区乡镇党政正职领导

	党委书记	镇长
潭柘寺镇	连春国	韩瑞昌
永定镇	陈波	史雅林
龙泉镇	刘树军	付军利（女）
军庄镇	王九中	舒伯文
妙峰山镇	彭利锋	卢佳强
雁翅镇	李国庆	谢春雪（女）
斋堂镇	万钦	刘贵清
清水镇	张旋里	杨树国
王平镇	耿新民	彭天和

（门头沟区农委 高万庚）

房山区

概述

房山区位于北京西南，全区面积 2 019 平方公里。西北部为山区，东南部为平原，以 100 米等高线为界，山区面积 1 327.2 平方公里，占全区总面积的 65.7%，平原面积 691.8 平方公里，占全区总面积的 34.3%。全区设 6 个乡、14 个镇、4 个街道办事处、1 个办事处，462 个行政村。2009 年末，全区出生 6 039人，人口出生率 7.81‰；死亡 4 332 人，人口死亡率 5.66‰；人口自然增长率为 2.15‰。全区户籍人口达到 76.5 万人，其中农业人口 37 万人。

全年实现地区生产总值 223.09 亿元，比 2008 年增长 5.8%。其中第一、二、三产业增加值分别为 13.31 亿元、114.63 亿元、95.15 亿元。全社会固定资产投资完成 158.3 亿元，比上年下降 11.3%。城镇居民人均可支配收入为 20 328.9 元，农民人均纯收入为 10 073 元，分别比 2008 年增长 8.6%和 12.2%。

城乡一体化

【完成轨道交通房山线拆迁工作】 房山区将轨道交通房山线拆迁工作确定为全区 2009 年“一号工程”重点推进，采取了多项措施，创造了全市轨道交通拆迁工作又好又快的新历史。截至 3 月底，完成了西潞街道办事处、拱辰街道办事处、长阳镇、阎村镇 4 个乡镇、街道，28 个行政村，1 165 家宅院的拆迁任务，拆除建筑面积近 26 万平方米。

【轨道交通房山线工程启动仪式】 4 月 9 日，在良乡高教园区举行轨道交通房山线工程启动仪式。房山线是连接房山新城与主城的快速轨道交通线路，通过地铁 M9 线形成房山新城良乡组团与主城中心的快速联系通道。线路起点设在良乡城南长虹西路和苏庄大街（翠柳大街）交叉口，设置苏庄大街站，然后线路沿长虹西路向东，上跨京广铁路，继续东延至长于路北转，至京良公路转向东，至长周路左转向北，至稻田后线路再右转向东跨过永定河，沿葆台路延伸，经世界公园南门，过丰寿路南延转向北，在郭公庄站与地铁 M9 线起点站进行衔接。房山线经过了良乡城南片区、良乡高教园区、长阳镇区及稻田组团、世界公园等居住区及大型客流集散点，并通过地铁 M9 线与中心区轨道交通网络同站台衔接。线路全长约 24.79 公里，其中地下线约 2.79 公里，高架线约 21.45 公里，沿线设车站 11 座，其中高架站 9 座，地下站 2 座；平均站间距 2.3 公里。线路在位于西六环与京石高速公路之间的东阎村附近设停车场 1 座。

【房山中央休闲购物区（CSD）启动】 9 月 13 日，房山中央休闲购物区（CSD）新闻发布会正式启动。北京市旅游局局长张慧光，市商委会领导以及房山区委书记刘伟，区长祁红，区人大常委会主任郭先英，区政协主席范文彦，区委常委、宣传部长唐淑荣，奥特莱斯（中国）有限公司董事局主席彭越，意大利著名设计师 Enzo Eusebi，万科地产北京公司总经理毛大庆、CSD 项目策划团队代表北京创意设计协会会长袁晓波出席新闻发布会。在发布会上，房山区区长祁红和 Outlets 董事长彭越签署了打造华北最大奥特莱斯的战略合作书。未来的房山中央休闲购物区将以华北地区最大的 Outlets 为经济引擎，以户外体育产业、会展经济为可持续发展的经济动力，以特色旅游产业为休闲服务主体，以酒店、餐饮、娱乐为配套服务的总体构想。随着房山区新品牌标识“Funhill”揭幕，中央休闲购物区（CSD）规划项目正式启动。

都市型现代农业

【概况】 在农业结构调整中，房山区在稳定粮食生产的同时，发展都市型现代农业，促进农业增效、农民增收。2009 年，全区实现农业现价增加值 13.8 亿元，同比增长 4%。其中：农业增加值 7 亿元，比 2008 年增长 18.4%；林业增加值 0.3 亿元，增长 2.1%；牧业增加值 6 亿元，下降 8.7%；渔业增加值 0.3 亿元，增长 2.8%；农林牧渔服务业 0.2 亿元，增长 5%。

【推广测土配方施肥】 2009 年，房山区推广测土配方施肥 4.05 万公顷，其中小麦 0.98 万公顷，玉米1.29万公顷。发放测土配方施肥技术明白卡共计35 000份，通过实施测土配方施肥，全区累计总节本增效达680.2万元。为了更好地推广测土配方肥，扩大配方肥的覆盖面，房山区在全市率先创建郊区补贴配方肥销售网络，全区有19家测土配方（补贴）肥指定供应店，统一配方（补贴）肥的价格，使补贴配方肥覆盖到全区的所有产粮村镇，确保补贴肥保质保量惠及农户。

【农作物春播面积减少2 636公顷】 2009年，房山区农作物春播面积7 700.2公顷，比2008年减少2 636公顷，下降25.5%。粮食作物春播面积6 496.33公顷，减少2 233.8公顷，下降25.6%。其中玉米面积4 811.93公顷，下降29.9%；大豆面积918.73公顷，下降9.0%。经济作物播种面积535.4公顷，比2008年减少360.53公顷，下降40.2%；其中，油料播种面积379.13公顷，下降35.2%。其他作物播种面积668.47公顷，比2008年减少41.67公顷，下降5.9%。

【农作物总播种面积保持稳定】 2009年，房山区农作物总播种面积（不含蔬菜）31 779.8公顷，同比下降1.5%，其中粮食作物30 341.67公顷，同比增长0.2%，经济作物683.6公顷，同比调减35.5%，其他农作物754.53公顷，同比减少17.7%，粮食作物、经济作物和其他农作物种植结构比例由2008年的93.9∶3.3∶2.8调整为95.5∶2.1∶2.4，农作物总播种面积基本保持上年水平。

【果品采摘面积产量实现双增长】 2009年，全区采摘果园面积463公顷，同比增长134.4公顷，增长40.9%，其中苹果采摘果园面积增长78.73公顷，梨园采摘面积增长43.4公顷，桃园采摘面积增长12.6公顷。全区采摘水果产量6 293.9吨，同比增加803.3吨，增加14.6%，全部为园林水果。其中长阳镇采摘产量1 510.5吨，同比增加731.5吨，采摘水果品种多，质量好，吸引了众多的游客来观光采摘。

【举行生态修复全民参与仪式】 2月20日，在周口店镇举办"生态修复，全民参与"生态袋采购和捐赠活动，此次活动的目的是贯彻落实北京市人民政府办公厅关于鼓励社会力量参与生态修复的意见，推动房山区生态修复工作向纵深开展。北京市鼓励社会力量参与生态修复协调小组办公室向房山区的周口店镇政府捐赠了矿山修复生态袋3.2万套。生态袋具有目标性透水不透土的过滤功能，保持了水土及植被赖以生存的介质，是矿山修复工程中一种优秀的工程材料。

【参选草莓样品获奖】 3月6—8日，"第六次全国草莓大会"和"中国第四届草莓文化节"上。房山区选送了长阳、青龙湖、窦店富恒、周口店和石楼5个草莓种植基地的优质草莓参赛。其中，石楼镇南庄村选送的超越99草莓获一等奖和最受市民喜爱草莓第一名；周口店镇周口村的甜查理和广阳大地农业公司选送的红颜获二等奖；富恒农业公司选送的童子一号、长水园艺的红颜以及广阳大地公司选送的另外4个草莓样品获三等奖。

【重点绿化工程苗木实行政府采购】 2009年，房山区京津风沙源治理工程实行苗木政府采购。招标树种包括侧柏、油松、黄栌、元宝枫、文冠果等18个树种。领标书的育苗单位59家，投标单位54家，中标单位50家，中标苗木164.2万株。

【第四届全国柿生产和科研进展研讨会召开】 10月18日，第四届全国柿生产和科研进展研讨会在房山区召开。房山区区长祁红致欢迎辞，首都绿化委员会北京市园林绿化局和北京市农委主要领导发表讲话，市、区政府职能部门领导（或专业技术骨干）、各省市柿产业相关企业家（或种植大户）、各大专院校和科研院所专家代表等200余人参加开幕式。研讨会会期3天，大会主题是"优化升级柿树园、延长加粗产业链、服务市民富裕农民"，会议将进行学术交流、分组讨论和实地参观考察等研讨活动。

【完成林业有害生物防治】 全年病虫害发生0.5万公顷，飞防17.22万亩次、地防85万亩次、释放天敌3.07万亩次、熏烟11.18万亩次、绑草把减除网幕0.182万公顷、围环防治0.073万公顷，防治率达到100%，无公害防治率100%；病虫监测覆盖面积5.22万公顷，测报准确率达到93%；种苗产地检疫面积0.12万公顷，检疫率达到100%；成灾率0.05‰。以美国白蛾为主的林业有害生物得到有效控制。

【3个柿产品获十大优质产品称号】 在第四届全国柿生产和科研进展研讨会上，房山区张坊镇"房山磨盘柿"、雾岚山酒业"岚山窖柿子白兰地酒"、得立青"蜜柿"获"第四届全国柿生产和科学研讨会十大优质产品"称号。同时，"张坊磨盘柿子醋"、雾岚山酒业"五香醇柿酒"、得立青"冰柿"、十渡镇"阳丰"、"次郎"甜柿获"第四届全国柿生产和科学研讨会优秀产品"称号。

【启动开展打击食用农产品专项整治行动】 2月9日，按照卫生部等9部门牵头开展的"全国打击违法添加非食用物质和滥用食品添加剂专项整治"电视电话会议的整体部署和北京市政府、北京市农业局对此次专项整治工作的具体要求，在全区范围内启动"开展打击食用农产品中违法添加非食用物质和滥用食品添加剂专项整治"行动。专项整治时间从2008年12月10日至2009年4月10日，主要开展奶站、饲料、畜产品、水产品、种植业产品、认证农产品、农资产品以及农产品质量安全调查与风险评估等八大行动、31项具体工作，涉及14个乡镇、办事处。经检查，区畜牧业、渔业无公害农产品、绿色食品、有机食品生产经营比较规范、有序，原料及投入品贮存管理符合国家有关规定，能够确保产品质量的安全性。

【创建协会管理村级动物防疫队伍管理模式】 2月19日，区动物卫生监督机构对全区村级动物防疫员进行了重新核定、登记，按照每行政村设置一名村级动物防疫员，明确全区462名村级动物防疫员，并通过集中培训方式，使所有村级防疫员都通过培训考核，确保了村级动物防疫员持证上岗。其中334人通过职业资格认证，获劳动部和农业部颁发的中级兽医防治员职业资格证书。同时，为进一步加强村级动物防疫员管理，根据《北京市农业局、北京市财政局关于建立本市村级动物防疫员队伍的意见》，房山区规定了村级动物防疫员的工作补助：村级动物防疫员经考核达标，区财政每月安排工作补助500元/人，列入区财政277.2万元全部到位。各乡镇结合辖区实际情况对村级动物防疫员工作补助可适当提高补助标准，乡镇拨付村级动物防疫员工作补助控制在每月100～300元内，乡镇拨付的村级动物防疫员工作补助由乡镇、村分别负担。

【完成兽医体制改革】 按照国务院《关于推进兽医管理体制改革若干意见的实施意见》和《北京市人民政府贯彻落实国务院关于推进兽医管理体制改革若干意见的实施意见》，7月13日，房山区动物卫生监督管理局下属行政执法机构——房山区动物卫生监督所，编制77人，下设综合室、食品安全室、路场监督室、生化室、饲药室、产地室6个科室，主要承担辖区动物防疫、检疫、兽医医政和药政、动物产品安全、饲料、种畜禽等行政执法工作。派出机构包括琉璃河、窦店、长沟、窑上、南召、红煤厂6个公路检查站，全区9个定点屠宰厂派驻22名驻厂检疫员实施检疫工作。

【试验示范工程项目通过验收】 10月30日，北京市水产技术推广站相关领导及项目验收专家组一行9人，到房山区就《北京市农业、景观富营养水体生态修复技术试验示范工程》项目房山示范区进行了验收。房山示范区在项目实施过程中，按照项目合同书的各项指标要求，推广微生态制剂使用66.67公顷，举办培训班10期，培训人数800多人次，发放各种技术资料2 000余份。试验期间对鱼类生长、饲料投喂、用水、用电、用药等情况进行了对比试验和详细记录。示范区鱼病发生率平均降低20%，亩平均增产30千克，经测算，年平均养殖成本降低488元/亩。示范区新增纯收益50万元。专家组认为实施单位完成了项目合同书的各项指标，项目实施路线合理，总结材料齐全，试验数据完整。取得了较好的经济效益、社会效益和生态效益，同意通过验收。

【45万尾优质鱼种净化天然水域】 4月21日，由北京市农业局、房山区政府主办，区动物卫生监督管理局承办，区水务局、青龙湖镇政府协办的“2009年度房山区渔业资源增殖放流启动仪式”在青龙湖镇崇青水库举行，将鲢鱼、鳙鱼苗种26万尾投放在崇青水库215公顷水面中，用以净化水质、美化景观。

【2009年水产业检测指标全部达标】 2009年，区水产技术推广站全年累计送检样本32批次105个样本，（分别送至北京市水生动物疾病检测技术中心、农业部渔业产品质量监督检验测试中心北京分中心、深圳市进出口检验检疫局、天津水生动物疾病检测技术中心和普尼测试中心），其中鱼类活体样本71个，水样9个，饲料样品2个，药品样本20个。检测合格率100%。自检活体样本（孔雀石绿）179个，检测合格率100%。病害检测1 000余例，水样1 000余个，4 000余个指标。2009年送检2批次8个活体样本（送至北京市水生动物疾病检测技术中心），检测合格率100%。自检孔雀石绿20个活体样本，自检氯霉素20个活体样本。检测合格率100%。病害检测300余例，水样检测300余例，化验水质指标1 200余个。

【名优品种丁桂鱼落户房山】 北京诚信益达养殖场一期工程在张坊镇西白岱村建设完成，该场主要养殖丁桂鱼。丁桂鱼富含脑黄金，被誉为绿色保健食品。北京诚信益达养殖场占地6.67公顷，2008年3月动工修建，建成池塘68个，养殖水面4.47公顷。该场采用砂滤技术，养殖池水经多次利用后，进入净化池经砂滤净化后循环利用；自然增氧技术，根据渔场地势，在渔场地势高处建立一座长方形蓄水池，净化水经2台至3台水泵提取进入蓄水池后，再从出水孔流出，砸入位于下面的养殖池塘，从而达到天然增氧的目的，这样就节省了每池安放增氧机的成本和能源开支，因此属农业节水节能养殖模式。

【千万盆草花布置国庆】 区林业局、区林果科技服务中心，借助自身科技优势，成立技术服务组，为全区从事花卉生产的单位、农户提供无偿技术指导，并通过订单式生产方式，分别与朝阳公园、丰台园林局、崇文园林局、石景山园林局等多家用花单位建立合作关系。国庆节期间四季海棠、非洲凤仙、孔雀草等30余个品种，近千万盆草花布置城区的大街小巷。

【房山区设施农业实现收入2.5亿元】 2009年，房山区设施农业占地面积1 222.13公顷，比2008年增长30%。实现收入24 861.9万元，增长23%。在设施农业中，蔬菜面积950公顷，增长20%，产量达64 385吨，增长11.2%，实现蔬菜收入22 112.8万元，占设施农业收入的89%，增长30.5%。

【房山区蔬菜产量完成21万吨】 2009年，房山区蔬菜播种面积4 688.2公顷，蔬菜产量211 842.8吨，受价格、产量上升双重影响，蔬菜产值实现42 768.1万元，比2008年增长30.5%。由于设施蔬菜占比例越来越高，蔬菜价格比2008年提升，如菠菜、芹菜、四季豆、油菜和西红柿等平均价格分别增长20%～30%以上。

【食用菌占设施蔬菜收入的四成以上】 房山区为食用菌种植大区之一，技术先进，产量高，价格比一般蔬菜高。2009年，扩大了窦店镇北京格瑞拓普有限公司的白灵菇、英良蟹味菇，青龙湖镇庙耳岗的平菇，城关街道办事处田各庄的杏鲍菇、韩村河镇的金针菇等龙头企业生产规模，带动食用菌产业的发展。2009年全区食用菌种植面积达161.07公顷，产量

12 214.4吨，比上年分别增长 9.1%和 50.3%，实现收入 8 925.9 万元，增长 50.4%，占设施蔬菜收入的 40.4%。

【食用菌生产关键技术研究及产业化开发项目通过验收】 6 月 16 日，市科委组织专家对北京市重大科技项目“食用菌生产关键技术研究及产业化开发”项目进行了验收，验收专家组观看了房山区食用菌产业发展专题片，听取了相关工作人员对该项目及三个课题的汇报，一致认为：该项目按合同要求按期完成项目任务，资金使用合理，项目组织实施有效得力，技术培训工作到位，宣传工作扎实，并通过项目实施，促进了农业结构调整和农民增收致富，为今后食用菌产业发展打下了良好的基础，一致同意通过验收。

【休闲观光农业成为农村经济发展亮点】 2009 年，房山区建设休闲农业观光园 101 个，接待人次为 130.6 万人次，比 2008 年增长 16.5%，总收入为 13 406.2万元，增长 5.8%。其中垂钓收入 1 084.8 万元，增长 71.4%，餐饮收入 6 589.8 万元，增长 41.4%。发展民俗旅游农户为 2 820 户，比 2008 年增加 664 户，增长 30.8%，民俗旅游接待人次为 148.8 万人次，比 2008 年增长 53.9%，总收入为 6 733.5万元，比 2008 年增长 16.5%。休闲观光农业成为房山区农村经济发展的亮点和居民休闲消费的热点。

【琉璃河镇举办第二届梨花文化周】 4 月 11 日，琉璃河镇第二届梨花文化周开幕，开幕式举办了“我们的新农村——梨花飞歌”大型文艺演出，表演了舞蹈《激情琉璃河》、快板书《北京之源琉璃河》、相声《鸭场变奏曲》等 16 个节目。在此期间，在贾河万亩梨园内举办北京歌剧舞剧院歌舞表演、城乡联手地方群众演出、“北京之源杯”摄影比赛、游子联谊及民间手工艺绝活展示等系列活动。其中，琉璃河镇的工农业产品展示及休闲旅游、地区建设项目推介活动贯穿本次活动的始终。

【房山区率先启动农机信息服务直通车】 4 月 29 日，房山区在阎村镇举行“农机信息服务直通车”启动仪式。农机信息服务平台网站包括全区农机服务组织基本情况、农机服务需求、行业动态、二手农机交易等 10 余个栏目，网站中的信息资源经过编辑整理后，按照需求由专人通过信息群发器“一对一”发送给农机户或种植户，实现服务者与被服务者的及时沟通，让农民足不出户就能获得需要的农机信息，从而提升房山区的农机服务水平，提高农业综合生产能力。启动仪式上共向全区农机信息员、种植大户、农机服务组织发放了农村信息机 1 000 余部和 5 000 张加油卡。

【房山区联合开展拖拉机执法检查】 7 月 30 日，北京市农机监理总站、区种植业服务中心、区交通支队联合在房山区河北镇开展了一次对上道路行驶拖拉机的联合执法检查活动。此次检查共出动车辆 4 台，执法人员 13 人，共检查拖拉机及农用车 22 台，查处违章 3 起，其中：限期整改 1 起，交警当场处罚驾驶员 1 人，暂扣未年检拖拉机 1 台。通过开展此次联合行动效果显著，有效打击了上道路行驶拖拉机的违法行为，减少了农机安全隐患，对提高广大农机驾驶员的安全意识和遵纪守法意识起到了重要的促进作用。

非农产业

【农业企业达到 298 家】 2009 年，全区新增农业企业 21 家，累计达到 298 家，资产总额 39.3 亿元。农业企业实现产值 34.3 亿元，同比增长 30.4%，解决劳动力就业 1.7 万人。

【中粮集团重组中旺五谷道场方便面正式投产】 2 月 26 日，中粮集团正式入驻琉璃河镇，接管五谷道场公司。6 月 11 日，正式更名为中粮五谷道场食品有限公司，开展方便面产品的生产销售。

【琉璃河镇被评为全国第二批农产品加工创业基地】 8 月 13 日，琉璃河镇被评为全国第二批农产品加工创业基地。琉璃河镇农产品加工创业基地位于琉璃河镇京石高速公路琉璃河出口处西侧 100 米路南，占地面积 135 万平方米，基地内有企业 21 个，企业员工 4 560 人，其中本地农民 3 192 人。该基地 21 家企业固定资产投资总额 6.2 亿元，年实现总产值 21 亿元。2008 年，琉璃河镇先后投资 1.3 亿元，对基地进行了上下水、管网、路网、雨污排水、道路等基地内的基础设施建设，包括投资 8 000 万元兴建的 110 千伏变电站。

【农村现代流通体系强化提升】 2009 年，房山区农村生活服务连锁网络进一步完善，发展农村生活服务连锁店铺 439 个，二级配送点 30 个，使全区乡镇、千人以上大村、行政村连锁网点覆盖率分别达到 100%、100%和 95%。农资连锁网络进一步完善，发展农资连锁门店 260 家，农产品主产区和生产基地连锁网点覆盖率达到 95%，放心农资市场占有率达到 90%，彻底扭转假冒伪劣农资充斥市场的坑农害农局面。农产品流通网络进一步完善，全区建成农村集贸市场 27 个；培育、提升贸工农一体化龙头企业、农产品出口龙头企业、农产品专业合作组织 10 家。

【家电下乡再创新高】 2 月 6 日，由区商务委主办、北京华冠商贸有限公司承办的家电下乡工程在华冠购物中心正式启动。2009 年全区审核备案家电下乡销售网点共计 78 家，网点累计销售包括冰箱、洗衣机、空调、彩电、手机、计算机、热水器、微波炉、电磁炉等家电产品 24 332 件，销售金额达 50 241 326元，居全市第一。

【3 家企业获农产品贸易促进资金项目支持】 为推动农业产业升级和结构调整，提高农产品出口质量，增强企业国际竞争力，区商务局组织房山区农产品出口企业积极申报 2008 年度农产品贸易促进资金项目申报工作，其中北京卓宸畜牧有限公司、北京格

瑞拓普生物科技有限公司、北京香豆豆食品有限公司3个企业申报了3个建立出口农产品质量可追溯体系项目。截至8月底，3个项目全部通过验收，共获104万元的资金支持。

【中央批发市场房山区安全农产品展销厅正式营业】 12月30日，房山区在中央批发市场设立的安全农产品展销厅正式营业，房山区的利民恒华、得立青、京之源、昊屹等农产品产销企业入驻，共展销磨盘柿、食用菌、肉鸭、杂粮等十几个系列的100多种安全特色农产品。全天共接待客户500多人，发放各类宣传材料1 200多份，并与6家企业达成初步意向。

【房山区获2009北京春节黄金周优秀旅游活动“最佳活动组织奖”】 2月9日，在北京市旅游行业协会主办的2009北京春节黄金周优秀旅游活动评选中房山区获“最佳活动组织奖”。2009年黄金周期间，房山区以“北京人”回家看看——房山请您来过年为主题，面向广大游客推出了相约周口店、云居滑雪撞钟迎祥、溶洞科普观光、新春庙会、温室采摘、农家过大年等6大系列12项特色活动。吸引了众多游客来房山过年，全区共接待游客17万人次，同比增长249%；实现旅游综合收入581万元，同比增长39.7%。整个黄金周假日旅游社会反响强烈，收效明显。

【“清明”小长假旅游稳步增长】 2009年，“清明”小长假期间共接待游客10.04万人次，同比增长6.1%；实现旅游综合收入790万元，同比增长15.3%。其中A级及主要旅游区（点）共接待游客7.9万人次，实现旅游综合收入727万元，分别占接待总量的79%和92%；星级饭店共接待游客3413人次，实现旅游综合收入42万元，分别占接待总量的3.4%和5.3%。

【启动“百家电视台走进房山”活动】 4月12—16日，由中国电视艺术家协会旅游电视委员会组织北京、河北、石家庄、山西、太原、烟台、西安、沈阳等20余家电视台，对房山区的石花洞、周口店北京人遗址、上方山、云居寺、十渡、圣莲山、百花山等重点景区进行拍摄，制作专题在各电视台于“五一”黄金周前播放。并由旅游电视委员会为房山旅游整体拍摄制作《跟我走吧——房山专辑》，为石花洞拍摄《跟我走吧——房山石花洞》。

【“五一”假日旅游成效显著】 2009年，“五一”期间，全区共接待游客39.42万人次，实现旅游综合收入4 155.1万元，同比分别增长29.7%和50.7%。十渡风景区蹑足登山挑战极限、石花洞自驾车+玫瑰花园之旅、云居寺浴佛节、登圣莲山品老子文化、畅游周口店遗址体验远古文明、上方山登山踏青赏花节、青龙湖水上游乐园踏青植树等10项特色旅游活动，吸引了众多游客走进房山，收获新体验，享受新快乐。以十渡风景区为龙头的南线旅游增势强劲，旅游接待游客人数和旅游综合收入均占全区总量的80%以上。

【2009春季北京国际长走大会在长沟镇举办】 5月17日，“2009春季北京国际长走大会暨第15届房山旅游文化节”开幕式在长沟镇举行。市人大副主任刘新成、市政协副主席马大龙共同为本次长走大会击鼓启程。团市委、市外办、市旅游局、市投资促进局、房山区委区政府等主办单位相关负责人出席开幕式。来自机关、企业、高校、社区等各行各业的代表，以及北京志愿者协会、北京球迷协会、车友会、驻京外资企业、机构、外国留学生、劳动模范、普通市民等社会各界人士近万人集合到素有“北方水乡”之称的房山区长沟镇，参加了全程16公里的长走活动。

【周口店北京人遗址获“我心目中的新北京十六景”称号】 “我心目中的新北京十六景”评选活动历时半年，经过网络海选、网络决选、专家评审三个阶段，10月23日，在第十一届北京国际旅游节上揭晓，周口店北京人遗址获“我心目中的新北京十六景”称号，并作为新北京十六景之一进行了花车模型展示。

【水头村被评为“北京最美的乡村”】 2009年，在市委农工委、市农委、市旅游局开展的寻找“北京最美的乡村”的活动中，大石窝镇水头村借助其独特的佛教文化资源，发展文化旅游，闯出了一条新农村建设经济发展之路，被评为“北京最美的乡村”。

【四马台村高山风光休闲之旅被评为2009年度“一村一品美丽乡村一佳精品旅游线路”】 此次评选活动是由北京市旅游局组织，采取网络投票和专家评委评选相结合的方式，综合评选产生了10条2009年度“一村一品美丽乡村十佳精品旅游线路”。四马台村高山风光休闲之旅线路是：没有共产党就没有新中国纪念馆—四马台民俗村—白草畔自然风景区。

【九渡村民俗旅游接待户启用互联网巧做旅游生意】 12月30日，十渡镇九渡村的百余家民俗旅游接待户启用互联网巧做旅游生意。此次助推农户上网开旅店的项目，由区旅游局、十渡镇与中国人家网联袂发起。通过助推以农家院为代表的乡村旅游发展市场化步伐，进而吸引、带动返乡农民再创业，这对繁荣地方经济、造福当地民生、实现城乡统筹和谐发展将起到积极的推动作用。

【房山区获乡村旅游产品展示推介活动最佳组织奖】 房山区在北京市举办的实用人才创业成果暨乡村旅游产品（手工艺品）展示推介活动中取得好成绩。房山区组织了河北青石砚、琉璃河京绣、大石窝石雕、张坊根雕和烙画、良乡灯笼、青龙湖剪纸、西潞利民恒华珠串女包等多家企业的产品参加展示推介。通过评比，房山区获此次推介活动的最高奖项——最佳组织奖，其中河北镇黄土坡村的九龙砚获一等奖，大石窝镇汉白玉石雕华表、琉璃河镇刘秀花的京绣龙袍和寿星获三等奖。

【房山区银农合作迈出新步伐】 为落实北京市新

农村建设“五项基础设施工程”（街坊路硬化和绿化、安全饮水、污水处理、农厕改造、垃圾处理）“四年任务两年完成”的要求，缓解财政压力，根据市政府要求，房山区积极开展银农合作，于年初委托建良源公司作为融资平台，两年共向北京银行、农业银行、农业发展银行、北京农村商业银行、邮政储蓄银行等5家商业银行贷款12亿元，保障了新农村建设的顺利进行。

山区建设

【房山区沟域经济建设进展顺利】 2009年，房山区沟域经济发展迅速。蒲洼“京郊小西藏”生态休闲沟工程投资195万元，完成整地16公顷，种植木兰菜6.67公顷，鲜杏、苹果、香酥梨等干鲜果品14 000株，修蓄水池7座，小塘坝1座，引水管线7 000米，田间路4 000米，新发展民俗户5户。张坊仙栖谷工程投资360万元，完成了瓦沟村米菊茶园、百果观光采摘园、核桃观光采摘园等项目的主体工程建设。种植米菊3.33公顷，栽植苹果、梨、樱桃等果树14 300株，新嫁接菱枣20 000株，垒地堰10 000米，修田间路2 000米。佛子庄上水文化养生谷、大石窝云居仙谷、周口店红螺谷等沟域也开始规划建设。

【沟域经济推介活动开幕】 9月5日，“舞动的蒲洼”沟域经济系列推介活动仪式开幕。“舞动的蒲洼”沟域经济系列推介活动，从2009年9月至2010年5月，共分为“魅力蒲洼”、“文化蒲洼”、“和谐蒲洼”、“崛起蒲洼”四个板块，有“摄影家聚焦蒲洼”、“巧娘巧手巧绣幸福生活刺绣大赛”、“外联强乡——招商引资洽谈会”等18项活动内容，通过沟域经济系列推介活动，把蒲洼全面推向市场，走生态旅游之路。这次活动由区委宣传部、区农委、区旅游局、蒲洼乡党委、政府主办，由北京九州书画艺术研究会、房山区摄影家协会等单位协办。市委组织部、市财政局、市发改委、市园林绿化局、市国土局、市水务局、市农科院、海军92117部队等33个单位、部门的领导同志和自驾游客等近600人参加了开幕式。

【启动山区险户搬迁】 3月10日，房山区召开2009年度山区泥石流易发区及生存条件恶劣地区搬迁工作会，标志着此项工作的全面启动。山区泥石流易发区及生存条件恶劣地区搬迁工作是2009年区政府为民办30件实事和13项重点工程之一。2009年市政府下达房山区的搬迁指标为490户1 484人，涉及4个乡镇，19个行政村，其中霞云岭乡252户701人，张坊镇138户466人，十渡镇10户37人，蒲洼乡90户280人。

【完成山区险村险户搬迁516户】 2009年，房山区完成山区险村险户搬迁516户1 484人，投入资金6 100万元。一是属于自由内、外迁的12个村66户211人，通过自建房和外购房全部入住；二是属于整建制搬迁的霞云岭龙门台村新建可容纳148户329人的55套二层搬迁住宅，全面完成；三是属聚集自然片建小区的7个村302户944人新建搬迁住宅小区，主体工程基本完成，其中蒲洼乡议合村新建小区30户全部入住。

【加快山区清洁小流域建设】 2009年，京津风沙源小流域治理工程，共完成清洁小流域9条，涉及史家营乡的柳林水、河北镇辛开口、佛子庄乡英水沟、霞云岭乡刺港、峪子沟、南窖乡北安、周口店镇的泗马沟、韩村河镇的上中院、大安山乡的瞧煤涧共9条小流域，工程建设以清洁小流域建设为核心理念，重点围绕村庄产业发展、打造山区特色环境，促进山区产业转型及产业升级，促进以旅游为中心的新的产业链的发展。

村镇建设

【农村新能源建设推进农村节能减排】 “两气”工程实现年节煤33 549吨，年节支1 677万元；太阳能照明灯每年可节电1 900万千瓦时，年节支近1 700万元；户用生物质炉可节煤2.4万吨，年节支1 200万元；“阳光屋顶”工程每年可节电2 500万度，年节支1 250万元；卫生吊炕年节煤11 826吨，年节支591万元；生态家园建设，年节支50万元以上。通过新农村建设每年可减少二氧化碳排放18.17万吨，二氧化硫590吨，氮氧化物513吨，有效地减少了温室气体的排放，对于保护生态环境具有重要的意义。

【房山区积极吸纳农民参与新农村建设】 房山区把实施“五十三”工程作为农民增收的重要平台。在工作要求上严格把关，把吸收村民参与新农村基础建设作为一项硬性指标加以部署和考核，层层落实农民参与责任制。把“三保”作为新农村建设的工作目标，落实“三个本地化”，即用人本地化——各项工程尽量使用本地农民工，为农民增收搭建平台；建材使用本地化——施工中尽可能地使用本地的水泥、沙子、石材等建筑材料，以扩大内需；纳税本地化——要求中标施工单位把税收交到本地，否则来年不再使用；同时，妥善解决施工中的各种矛盾，保障了农村社区的稳定。在参与内容上全面拓展，除组织农民参与修路、挖沟、绿化美化、建厕所、沼气池、公共浴室、地采暖等“五十三”工程外，还组织农民参与环境整治、建文化图书室、数字影院、健身广场、卫生室等公共服务设施。在参与形式上灵活多样，既有本地施工队伍承包、用本地劳动力的纯本地化模式，也有外地人中标承包，使用本地劳动力做工，或外地人承包，转交本地施工队伍建设的合作模式，方便了广大农民参与。房山区2009年实施“五十三”工程，共安置本地劳动力2万人，农民投劳165万人次，实现农民劳务性收入近2亿元，有效地缓解了农村劳动力的就业压力。

【农村社区配备小型清洁车和消防车】 11月13

日，“房山区小型清洁车、消防车发放仪式”在石楼镇政府举行。首批发放的小型消防车5台、清洁车95台。为解决农村厕所清掏费时费力、污染环境这一难题，石楼镇南庄村北京润通祥机械制造有限公司，研制了便于农村使用的多功能清运车。此外，该公司设计的小型消防车也填补了房山区农村社区无消防车的空白。

【完成“五十三”工程】 2009年，房山区社会主义新农村建设以“三化两区”建设为抓手，以“保增长、保民生、保稳定”为目标，优化组织方式，完善推进机制，呈现了“动手最早、组织最严、保障最好、进展最快”的特点。全区207个重点村共投入资金129 443万元，完成计划的130%。“五项工程”投资118 000万元，共硬化街坊路540万平方米；完成道路绿化150万平方米；供水老化管网改造795公里；安装“一户一表”24 832户；建污水处理设施25个；建污水管网510公里；建卫生公厕307个；改造户厕32 700个。此外，完成垃圾源头分类74 000户，购置清运车484辆，建垃圾储存场房130处，建小型垃圾无害化处理设施222 000平方米。“三起来”工程投资11 443万元，共安装太阳能路灯4 800盏；建太阳能公共浴池5个；建节能民居980户；实施地热采暖示范项目600户；建大型沼气站3处，大型生物质气化站2处，生物质燃料加工厂3处；实施户用沼气池项目500个；实施既有住房节能改造980户；实施雨洪利用工程15处，实施粪污治理及有机肥项目20处。“三起来”工程受益农户共2.8万户。“五十三”工程的实施，进一步完善了农村公共设施，改善了农民的生活方式，加快了农村城市化进程。

【房山区农村沼气服务体系被列为全国典型示范模式】 在新农村建设中，房山区投资260万元，建成拥有40名专业技术人员的区新农村能源综合服务站，负责全区农村新能源设施的运行、保养、配件供应等工作，并通过监控设备、随时对沼气站的运行进行视频远程监控。在平原、山区地带建成三个区域服务站，辐射周边23个乡镇，沼气系统出现故障，抢修车1小时内到场排除。每个村成立专职服务小组，均指定2～3名沼气管护员负责对新能源设施使用情况进行巡查维护。到2009年末，房山区在8个乡镇25个村实施了大型沼气集中供气工程，年可向农户集中供应燃气490立方米，并在全市率先建立了区、镇、村三级沼气服务体系，被农业部列为全国典型示范模式。

【加强“两气”工程安全工作】 区新能源办负责对全区大中型沼气站、秸秆气站利用甲烷报警仪、一氧化碳检测报警仪等专业设备进行全面检查，对存在安全隐患气站，现场进行整改。接到报警，质检人员一小时之内到达气站所在地，及时妥善处置，清除安全隐患。配备了信息化监控设备，使安全监控工作更加严密、规范，服务更加便捷、高效。

【推进生态创建】 为全面落实市委、市政府提出的“人文北京、科技北京、绿色北京”战略，房山区坚持把创建生态区，打造宜居城市作为一项重要工作。2009年在2个镇和55个村开展了市级环境优美乡镇和生态村创建工作。2个镇、50个村分别获“北京市环境优美乡镇”和“北京市生态村”称号。

【新型村邮站建设全部完成】 根据北京市新农村建设领导小组和北京市邮政管理局“关于2009年北京市新型村邮站建设工作方案”要求，5月房山区启动建设新型村邮站，截至12月底，全区462个行政村，全部完成村邮站建设并通过验收。其中，进行完善的46个，新建416个。实现“村村建站、户户通邮”的目标。村邮站由村级组织负责管护，从本村村民中选派专（兼）职的管护人员，负责接转投递本村邮政用户的邮件、报刊等。村邮站所需要的基本业务设备由各级政府给予支持。区邮政局负责村邮站的业务指导、培训和监督等工作。村邮站经与邮政企业签订相关协议后，可增加代订报刊、代售普通邮票、信封、包装用品等服务功能。

【房山区获“小蘑菇新农村行动十强县”称号】 中国食用菌协会于2006—2009年在全国开展“小蘑菇新农村行动计划”活动，三年来，此活动促进了房山区食用菌产业快速发展。房山区食用菌产业已形成了从菌种研发、菌棒供应、基地生产、产品加工、废料处理、统一品牌的闭合产业链，形成了独特的产业优势。12月16日，中国食用菌协会召开了全国小蘑菇新农村建设总结表彰会，房山区人民政府获“小蘑菇新农村行动十强县”称号，房山区种植业服务中心获“小蘑菇新农村行动优秀团体”称号，青龙湖镇庙耳岗村、大石窝南河村获“小蘑菇新农村行动百强村”称号，另外有三名食用菌工作者在小蘑菇新农村行动中获“突出贡献者”称号。

【农村新能源建设推进农村节能减排成效显著】 2009年，房山区“两气”工程实现年节煤28 352吨，年节支2 835.2万元；太阳能照明灯每年可节电180万瓦时，年节支近90万元；太阳能热水器工程每年可节电800万度，年节支400万元；太阳能公共浴室年节电80万度，节支40万元。生物质地采暖工程年节煤600吨，节支60万元。同时每年可减少二氧化碳排放8.11万吨，二氧化硫263.3吨，氮氧化物229吨。

农村改革与管理

【概况】 2009年，房山区本着因地制宜、因村制宜的原则，在推广社区股份合作制改革和企业型社区股份合作制改革等模式的基础上，积极探索符合基层发展需要的改革新模式，如河北镇磁家务、檀木港等村开展的经营机制改革、史家营青林台村开展的专业合作组织型股份改革等新模式，不断提升集体经济组织体制、机制创新能力和发展活力。全区48个试点村中有7个村完成了改革工作，累计完成14个村。

【启动农民专业合作社高级管理人员培养工程】1月9日，启动了农民专业合作社高级管理人员培养工程。为选择一批具有代表性、成长性好的合作社，通过高级管理人员培养工程，使合作社的管理人员在规范化建设、财务管理、市场营销、内部管理、信息等方面的综合素质得到显著提高，带动农民专业合作社整体管理水平的提高，促进合作事业的全面发展。项目将共分5期，自2009年到2013年5年的时间实施。

【"网上联合社"运行效果显著】截至2009年底，"网上联合社"发展农民专业合作社会员102家，涉及入社社员6 649人，带动农户13 410户，促进农民就业32 923人，为会员推介产品481种，创收1 126.5万元。

【农民专业合作社发展到401家】截至2009年底，全区共发展农民专业合作社401家，拥有社员15 162人，带动社外农户14 641户。2009年发展155家，同比增长16.5%；注册资本同比增长105.4%。其中7个乡镇拥有20家以上合作社，合作社数量占62%。丘陵地区合作社数量占44.6%，平原和山区分别占37.7%、17.7%。行业集中在种养业，其中种植业占51%，畜牧业占41%，林业及其他行业占8%。

【完成试点镇林权主体改革】按照市区集体林权制度工作要求，7月22日，房山区农村集体经济产权制度改革领导小组办公室组织召开"推进农村集体经济产权制度改革试点工作动员会暨培训班"。2009年确定琉璃河和周口店两个镇为集体林权制度改革试点镇，制定了镇、村《集体林权制度改革实施方案》，进一步明确了林地经营形式和利益分配形式。

【土地纠纷化解呈现两增一减】2009年，共受理农村承包合同纠纷47起，同比减少43%，其中调解45起、仲裁2起。接待群众来电来访145起，293人次，同比分别增加34%、24%。

【农村亩均土地权益费达到334元】2009年，全区285个村1.25万公顷土地应向9.9万户农户兑现权益费6250.9万元，比2008年增长1.8%；亩均权益费达到334元，比2008年增长1.5%。

【贯彻落实《农村土地承包经营纠纷调解仲裁法》】2009年，房山区认真贯彻落实《农村土地承包经营纠纷调解仲裁法》，举办了农村土地承包仲裁员培训班，对52名调解仲裁员进行了法律、法规和相关业务知识的培训。完善农村土地承包经营纠纷调解仲裁体系，在原"房山区农村承包合同仲裁委员会"的基础上，成立了"房山区农村土地承包经营纠纷调解仲裁委员会"。完善了仲裁程序、仲裁庭庭审程序等5项制度，制定了调解书、仲裁书等6种文书文本，为实现纠纷调解仲裁工作规范化、制度化奠定了基础。

【农村土地承包合同信息与郊区自然和社会经济信息管理平台挂接】9月9日，区经管站召开了"郊区自然地理信息平台培训会"，部署了郊区自然地理信息平台搭建工作。乡村两级以已有的农村土地承包合同为基础，利用遥感、地理信息系统、全球定位技术，将《农经平台》内18.5万份农村土地承包合同信息挂接到郊区自然和社会经济信息管理平台内。

【率先完成市、区农地流转信息网络联调】5月14日，完成农村土地流转平台改版升级测试，实现与市农地流转信息网的数据对接，成为北京市首家市、区农地流转信息网络联调成功的区县。

【开通"房山农村集体资产管理平台"】5月12日，区经管站开通"房山农村集体资产管理平台"，作为全国第一家农村集体资产管理的专业性网站，其功能定位为管理、推介、服务。是乡村集体经济组织及下属企业的资产管理、盘活集体资产、实现资产保值、增值的资产管理平台，是乡村集体经济组织及下属企业之间、与政府之间、与外部企业之间沟通交流的桥梁，是进行网络推广的电子商务平台。"房山农村集体资产管理平台"主要包括外网、内网两部分：外网重在推介、服务，设有资产动态、财务管理、投资房山、乡镇子站等11个版块。内网重在监管，框架已基本搭建完成。截至2009年底，发布推介信息1 500余条，点击率2万余次。

农民生活

【开展低收入农户动态监测】8月4日，低收入户动态监测数据库建成。数据显示：全区22个乡镇362个村共有低收入户20 139户，58 809人。区经管站自2009年9月起，将对20 139户的就业状况、家族收入获取情况等28项指标，按季度实施动态监测。

【农村居民耐用消费品拥有量不断增加】2009年，随着收入的稳步增长，房山区农村居民生活质量明显改善。从农村居民百户耐用消费品拥有量情况看：截至2009年末，全区农村居民百户拥有洗衣机107台、移动电话223部、生活用汽车15辆、空调机108台、照相机39台、计算机53台，同比分别增长0.9%、5.2%、7%、11.3%、12.4%、18.7%。

【农村居民部分消费量增长】据农村住户调查资料显示：2009年，全区农村居民人均消费奶和奶制品11.9千克，同比增长10%；人均在外饮食支出为482.7元，增长44.1%；人均消费肉禽及其制品20.6千克，增长8.9%；人均消费水产品5.3千克，增长21.8%，其中：消费鱼类4.5千克，增长20.7%。

【城镇居民收入实现稳步增长态势】据住户调查资料显示：2009年，全区城镇居民人均可支配收入实现21 955.2元，同比增长8.0%。其中：人均工资性收入达到17 627.2元，同比增长8.7%，占城镇居民收入主导地位；人均转移性收入达到6 905.2元，同比增长19.8%，成为居民收入增长的主要因素。

【城镇居民生活消费支出同比增长9.6%】 据住户调查资料显示：2009年，全区城镇居民人均消费性支出实现13 885.8元，同比增长9.6%。八大类生活消费支出体现为“五升三降”，同比增长的有：食品、衣着、交通和通讯、教育文化娱乐服务及其他商品和服务，同比分别增长了13%、29.4%、34.7%、12.2%和19.3%；同比下降的有：居住、家庭设备用品及服务和医疗保健支出，同比分别下降2.5%、13.5%和20.8%。

【农村居民收支大幅增长】 据农村住户抽样调查资料显示：2009年，全区农村居民收入实现稳定增长，人均纯收入达到11 314.6元，同比增长12.3%，增速与2008年基本持平。全区农村居民人均生活消费支出达到8 234.5元，同比增长19.5%，增幅比2008年提高7.6个百分点。

【农村居民收入处于“比较合理”区间】 据农村住户调查资料计算得知，2009年房山区农村居民基尼系数为0.334 9，处在“比较合理”的区间内。基尼系数是判断收入分配平均程度的指标，是国际上通用的反映居民收入差异程度的分析指标，它能以一个数值反映总体差异，考虑了全部居民的收入状况。联合国有关组织规定：基尼系数处在0.2以下为绝对平均；0.2～0.3为相对平均；0.3～0.4为比较合理；0.4～0.5以上为差距偏大；0.5以上为差距悬殊。

【农村居民生活消费支出同比增长19.5%】 据农村住户抽样调查资料显示：2009年，全区农村居民人均生活消费支出达到8 234.5元，同比增长19.5%，增幅比2008年提高7.6个百分点。

【农村居民八大类消费支出均有所增长】 调查资料显示：2009年，全区农村居民人均生活消费支出达到8 234.5元，同比增长19.5%。八大类生活消费支出中，居住支出为1 728.2元，同比增长48.2%，增长最快；其次为食品和医疗保健支出，人均为2 493.2元和744.3元，同比分别增长15.8%、15.4%；交通通讯支出为1 100.9元，同比增长14.7%；衣着和家庭设备用品及服务支出为626.8元和587.1元，同比分别增长了11.4%和10.8%；文化教育、娱乐用品及服务支出为823.1元，同比增长8.7%。

【2009年房山区就业形势好于上年】 截至2009年底，全区登记失业人员就业率为57.19%，比2008年同期增长1.74个百分点；房山区登记失业率为3.59%，与2008年基本持平。2009年新增登记失业人员14 948人，比2008年同期减少3 276人，降低18%；其中，女性有7 241人，占总数的48.4%，比2008年同期减少1 761人；高校毕业生数为40人，比2008年同期减少70人。

【开办全市首家农民夜校】 5月31日，由农广校房山分校开办的全市首家“农民夜校”开学，良乡镇16个行政村的党支部书记和南刘庄村20余名农民参加首期培训。“农民夜校”农忙时晚上开课，农闲时白天学习，用农民喜闻乐见的形式，宣传科学理论、传播先进文化、推广农业科技，并把课堂授课与产业基地现场讲解结合起来，手把手地在实践中向农民传授技术、培训技能。

【首都职工素质教育工程农民工专项培训启动】 培训内容涉及文化基础知识、实用技能和对农民工的就业指导等多个领域。来自全区6个乡镇的首批800名农民工免费参加了计算机、民俗旅游、园林、养殖等相关知识培训。将素质教育工程向农民工群体拓展，为农民工提升素质，提高技能搭建了有效平台，为农民工就业、创业提供了全新理念。

【免费为新农村建设培养实用型人才】 区成教中心所属各校以推进农村中等职业教育为重点，送教上门，采取农民职业资格培训与学历教育相结合的办学模式，先后在全区10个乡镇举办新型农民中专班，使农民不离土、不离乡，在家门口就能学习知识、掌握技能。年内，房山区共有3 223名农业劳动者免费参加了汽车运用与维修、园林、物流等9个专业的教育培训。通过培训，改善了农村劳动者的文化结构，提高了农民的文化水平、专业技能和就业能力。

【城镇低保家庭医疗负担减轻】 随着社会保障制度的不断完善，房山区城镇低保家庭医疗负担明显减轻。据低保调查资料显示：2009年，全区城镇居民医疗保健支出人均1 447.1元，同比下降18.9%。

【新型农村合作医疗制度稳步推进】 2009年，全区参合农民406 346人，参合率100%。共计筹集资金17 078.6万元，支出17 156.9万元。截至12月31日，享受合作医疗补偿共计84.9万人次，补偿费用16 595.2万元；高血压、冠心病、脑卒中、糖尿病四种慢病免费筛查与用药工作试点扩大到15个乡镇，受益农民3.5万人次，累计配药金额达561.7万元。平原参合1 500人以上、山区参合1 000人以上的90个村级全部开通网上直报系统，农民报销更加方便、快捷。

【社区高血压患者自我管理全国试点工作在韩村河镇启动】 12月，房山区在韩村河镇启动社区高血压患者自我管理全国试点工作，对社区高血压患者进行干预管理，使其学习掌握控制血压技能，增强自我管理，形成互助氛围，从而达到科学降压目的。该试点是卫生部疾控局、中国疾病预防控制中心在总结并借鉴上海市开展的高血压患者自我管理工作经验的基础上，在全国启动的六个试点之一。

【开展房山区“体育三下乡”活动】 4月20日，房山区“体育三下乡”活动在长阳体育公园启动。在贯穿全年的“体育三下乡”活动中，区体育局共为农村配建全民健身工程50套，更新122套。新建乡镇级体育广场6个，农村篮球场100个。发放全民健身书籍5 000套。进行国民体质监测3 000人次。

【参加北京市万人太极拳表演创吉尼斯世界纪录活动】 8月8日，房山区组织500名太极拳爱好者参加了在奥林匹克公园景观大道举行的北京市万人太极拳表演创吉尼斯世界纪录活动，以33 996人同舞太极而成功创造了新的吉尼斯世界纪录。区体育局获吉尼斯总部颁发的世界纪录证书。

【举行新农村数字家园设备发放仪式】 7月1日，房山区举行新农村数字家园设备发放仪式。本次设备的发放共涉及2008年度的23个市级新农村试点村，为每个村配备5台电脑、5张电脑桌、5把电脑椅及其他配套设备。最终实现“五个一”目标，即：接通一条宽带网络，确定一个可用固定场所，开发建设一个网站，组织一批信息资源和服务资源，制定一套运行管理制度。

【首批64个“农家书屋”建成】 8月11—15日，房山区首批“农家书屋”建成挂牌，包括9个山区乡镇的64个行政村，配发的物资有书柜、期刊柜、图书等。“农家书屋”将实行“统一名称、统一标识、统一制度”的规范化管理，管理员也将接受统一培训。这项工程是继广播电视“村村通”工程、全国文化信息资源共享工程之后农村文化建设的又一重要“惠农”工程，旨在解决农民群众“买书难、借书难、看书难”的问题。

【城镇低保家庭最低生活保障收入同比增长14.1%】 随着社会保障制度的不断完善，房山区城镇低保家庭生活水平有了显著提高。据房山区城镇低保调查资料显示：2009年，全区城镇低保家庭最低生活保障收入人均达到3 384.3元，比2008年同期增加419元，同比增长14.1%。社会保障制度的不断完善，使低保户家庭更多地感受到改革开放所取得的丰硕成果。

【城镇低保家庭人均可支配收入快速增长】 据城镇低保调查资料显示：2009年，房山区城镇低保家庭人均可支配收入达到5 830.8元，同比增长21.2%；其中：工资性收入人均达到1 945元，同比增长39%，工资性收入已经成为拉动房山区低保户家庭收入增长的重要支撑。由此可见，政府部门在扩大低收入群体就业政策上的工作力度明显加强，使大部分低保家庭彻底脱贫成为了可能。

基层组织与民主政治建设

【对乡镇领导班子进行届中考察】 按照区委的统一部署，自2月上旬至3月上旬，区委组织部对全区27个乡镇、街道领导班子和燕山工委办事处共324名处级领导干部进行了全面考察。考察工作严格按照《干部任用工作条例》规定，采取召开动员会、民主测评、民主推荐和个别谈话的方式进行。结合不同功能定位实施分类考察，对不同类型的乡镇、街道，根据其功能定位，确定不同的考察侧重点。扩大测评和谈话面，突出群众公信度考察。考察组将各街道、乡镇近三年的各类考核测评情况进行了梳理分析，提高了考察工作的科学度。结合“三保”任务目标和“三化两区”发展战略要求，把领导班子的精神状态怎么样、保增长的决心和信心怎么样、推动发展的能力和水平怎么样、真抓实干的措施和成效怎么样作为考察工作的重要内容，以增强对乡镇落实科学发展观要求、推进经济社会发展方面考察的针对性。

【组织实施社区党组织换届选举工作】 按照市、区委有关精神和要求，4月初，全区94个社区党组织完成换届工作，选举一次成功率达到100%。此次换届采取由党员和群众公开推荐与上级党组织推荐相结合，社区党员大会或党员代表大会选举的方式进行，共选举产生社区党组织班子成员308人，比上届减少了20人。其中，社区党组织成员和现任居委会成员交叉任职的189人，占61.4%，党组织书记兼任居委会主任的73人，占77.7%。从文化结构上看，大专以上学历的164人，占53.2%；本届新当选的党组织书记中，大专以上学历的20人，占76.9%；从年龄结构上看，平均年龄49岁，同比下降3岁；本届新当选的党组织书记中，55岁以下的22人，占84.6%。

【设立“12371”党员咨询服务电话】 4月，区委组织部开通了全国“12371”党员咨询服务电话，转发了中组部办公厅《关于在全国组织系统开通“12371”党员咨询服务电话的通知》，印制了《“12371”党员咨询服务电话受理情况登记表》，并通过区广电中心、区信息中心等载体，广泛宣传“12371”党员咨询服务电话。截至年底，共接听党员咨询服务电话221个，其中咨询党组织关系接转程序类问题187个，咨询入党程序类问题22个，反映情况及寻求帮助类问题5个，咨询党费收缴类问题7个，均给予了答复。

【实施“千名乡土专家培养工程”】 5月，房山区实施“千名乡土专家培养工程”，目标是利用3年时间，按照创业致富能力、引领带动作用和群众认可程度等标准，选拔培养1 000名优秀农村“乡土专家”，纳入“361高层次创新人才培养工程”培养对象信息库，重点培养一批高层次复合型农村实用人才。经各乡镇组织选拔，已经推荐“乡土专家”培养对象779名，通过项目资助、国内外培训、专家指导、论坛交流、参观考察、实践锻炼等多种方式进行重点培养，引领带动相关产业发展。

【推行村务点题公开】 6月，区委组织部在总结阎村、周口店、河北、南窖、蒲洼等乡镇村务点题公开试点经验的基础上，印发了《关于在全区推行村务点题公开工作的通知》，并于第三季度民主日活动前全面推广村务点题公开。全区各行政村共点题513个，其中，村账财务管理类168个，村干部工资类54个，工程项目类87个，生产生活类59个，村域规划产业发展类56个，村级政策类43个，其他46个，全部给予了答复。

【房山区成立第一个村级联合党支部】 长阳镇稻田、高佃、水碾屯等村由原长阳集体农场“场队制”衍生而成，村级组织结构松散、难以统一规划的问题已成为困扰地区经济社会发展的瓶颈。为此，区委组织部调整传统党组织设置模式，指导长阳镇党委在保持稻田地区现有五个行政村建制不变的基础上，将各村原党支部化为五个村党小组，成立了房山区第一个村级联合党支部——稻田地区联合党支部。规定由联合党支部直接领导各村委会，统筹地区经济社会发展，各党小组负责各村党员的教育培训等日常党务工作。6月26日，稻田地区联合党支部举行成立大会。联合党支部的成立，实现了组织资源的充分整合，切实提升了村级组织的战斗力和凝聚力。

【制定实施农村基层组织建设“1+3”系列文件】为落实市委《关于贯彻落实党的十七届三中全会精神加强新时期农村基层组织建设的意见》和《关于进一步加强村党支部书记队伍建设的意见》精神，区委组织部组织召开“农村基层组织建设专题调研部署会”，围绕农村党支部书记能力提升与培养问题、农村党支部书记考评与调整机制问题、农村党支部书记后顾之忧解决问题、农村基层组织在加快推进城市化进程中如何切实发挥作用问题，开展专题调研。10月，制定并实施了1+3”系列文件。“1”是指《关于加强以村党组织书记队伍为重点的新时期农村基层组织建设若干意见》；“3”是指“一项工程、两项制度”，即《关于在全区范围内开展农村党组织书记“领头雁工程”的实施意见》、《关于进一步健全和完善农村党组织书记动态考核调整机制的意见》和《关于村党组织书记岗位基本报酬和离退职保障的若干规定》。“1+3”系列文件的出台，在村党组织书记培养选拔、教育培训、管理监督、激励保障等方面形成了较为完备的管理体系。

【开展农村党组织书记“三维”式动态考核】 按照《中共房山区委组织部关于进一步健全和完善农村党组织书记动态考核调整机制的意见》的有关规定，10月，全区各乡镇（街道）党（工）委对村党组织书记进行了“三维”式动态考核。农村党组织书记“三维”考核是指党员群众评议、“三委”班子评定和乡镇党委绩效考核。考核的总分值为100分，其中党员群众评议占40%，“三委”班子评定占20%，乡镇党委绩效考核占40%。据统计，2009年全区共有439名村党组织书记进行了“三维”考核，23个村因特殊情况未参加此次考核。从考核结果看，优秀等级419人，占95.44%，称职等级19人，占4.33%，基本不称职1人，占0.23%。

【建立农村实用人才等级评定标准体系】 10月，根据全区农村实用人才队伍的总体情况，以市委农工委制定的《北京市农村实用人才开发培养评价标准》为指导，经过深入调研分析，从房山区农村产业特点出发，研究制定了更具体、更具操作性的农村实用人才等级评定标准体系（试行），对各类农村实用人才的主要生产经营品种或服务项目范围、评价重点进行了界定。该体系将农村实用人才分为高级、中级、初级、准级四个等级，从个人技能水平、主业从业规模、创造的经济社会效益（特别是主业年收入）、辐射带动能力等方面明确了各个等级的具体评定标准。按照评定标准对农村实用人才进行了初步等级评定，经汇总统计，初步评定为高级的202人、占5%，中级418人、占9%，初级1 971人、占46%，准级1 835人、占41%。

【建设完成农村党员干部现代远程教育基础设施】根据市委组织部和市远程办的要求，按照《房山区农村党员干部现代远程教育实施意见》精神，2009年底，房山区全面完成了农村党员干部现代远程教育的基础设施建设工作，创建远程教育示范点39个。10月26日，对全区所有农村党员干部现代远程教育管理员进行了全面培训，形成了远程教育站点覆盖全区、设备配置到位、管理员技术过关的良好局面。在此基础上，建成了区级远程教育教学服务平台。该平台作为北京市农村党员干部现代远程教育教学网站的辅助平台，内容丰富，能够满足房山区农村广大党员干部的需要。

【全面推行“欠先进”党员书面告诫转化制度】11月，区委组织部在总结阎村镇、长沟镇“欠先进”党员书面告诫转化制度试点工作经验基础上，印发了《房山区“欠先进”党员书面告诫转化制度》。针对部分党员在理想信念、宗旨意识、组织纪律、思想作风等方面存在的不符合党员先进性标准但又达不到党纪处分行为的，对其进行书面告诫，督促其限期改正。截至年底，全区确定了2名“欠先进”党员，并进行了书面告诫。

区县乡镇“三农”工作部署和实施

【集体林权制度改革动员大会召开】 11月3日，为贯彻落实中央和北京市林业工作会议精神，房山区区委、区政府召开了集体林权制度改革动员大会，副区长王忠海作题为：《精心组织、狠抓落实，全面完成集体林权制度改革任务》的动员报告，就房山区集体林权制度改革工作进行全面部署。

【发放能繁母猪补贴款297万元】 6月5日，房山区召开“房山区2008—2009年度能繁母猪补贴政策兑现大会”，2008年按照北京市每头能繁母猪补贴100元的标准，截至2008年12月20日，全区共有能繁母猪29 705头，补贴款达297.05万元。区动物卫生监督管理局为确保能将补贴款尽快发放到（场）户，要求各乡镇要及时进行部署，在2008年12月29日前彻底完成能繁母猪调查摸底、登记造册、公示等工作。至2009年6月底，能繁母猪补贴款发放至农户手中。

【完成政府补贴渔机发放工作】 7月27日，房山区2009年度政府补贴渔机发放工作结束。发放的渔机是由北京市农业局为北京市各区县养殖户集中补贴采购，养殖户出资50%，政府补贴50%，此次是房山区首次发放补贴渔机。

【完成退耕还林补助粮供应工作】 贯彻落实《退耕还林管理条例》、《北京市退耕还林补助粮食供应暂行办法》，截至10月29日，房山区完成2008年退耕还林补助粮供应工作，涉及16个乡镇、办事处，退耕面积5 306.70公顷，累计发放补助面粉5 572.039 2吨。

【房山区首家“军民共建医院”落户良乡】 3月28日，解放军第307医院与房山区良乡医院签署协议，首家“军民共建医院”成立。按照协议，双方将本着“相互支持、共同发展”的原则，共同加强医疗质量建设、定期组织专家深入农村、社区联合开展义诊、健康知识讲座等活动。解放军第307医院将对房山区良乡医院进行重点专业技术扶持与帮建、定期组织专家开展教学查房、会诊及手术，定期免费接收医务人员进行业务和军事素质培训。双方还建立起双向转诊绿色通道，房山区良乡医院可随时向解放军第307医院转送重症病人。双方共建活动，将使全区居民不出区享受到三甲医院医疗服务，对提升全区医疗水平也将起到积极促进作用。

【芦子水村与姚家园村结为“平山友好结对村”】 10月28日，蒲洼乡芦子水村与朝阳区平房乡姚家园村在芦子水村举行“平山友好结对村”签字活动。两个村正式结对成为友好村，结对时间为3年。“平山友好结对村”协议内容主要在于推动双方党建工作、产业发展、百姓增收等各项事业的快速发展，各自突出平原与山区特色、经济发展较快地区与革命老区特色、科技发展较快与农产品特色，共建绿色食品基地，探讨山区农村发展模式，以互帮互助，优势互补，互利双赢为宗旨，开展各项合作。

【国家大剧院与周口店镇结对共建新农村】 8月17日，国家大剧院与周口店镇举行“对口帮扶共建新农村”活动签字仪式。国家大剧院对口帮扶周口店镇，为建设城乡发展起到了积极的推动作用，推进周口店镇经济社会的发展，双方要广泛加强合作，抓住优势资源，共同把周口店镇建设成为富裕、文明、开放、和谐的新龙乡。

房山区主要领导人

区委书记　刘　伟
　副书记　祁　红　苗立峰
　常　委　史全富（11月免）
　　唐淑荣（女，11月免）
　　刘欣国　王锁群（12月免）
　　张祝华　高言杰　赵佳琛
　　王智慧（11月任）
　　李　江（11月任）
　　韩　裕（12月任）
区人大常委会主任　郭先英（女）
　副主任　李福田　梁　顺　刘顺林
　　田　雄　王淑红（女）
区　长　祁　红
　副区长　高言杰　李　江（12月任）
　　王忠海（12月免）　卢国懿
　　马丽英（回族，女）　吴会杰
区政协主席　范文彦
　副主席　王晓芝（女）　李惠英（彝族，女）
　　高维魁　万金峰　赵润东
　　肖　武（女）
区纪委书记　史全富（11月免）
　　王智慧（11月任）
　副书记　马俊怀　杨玉香（女）　李　学

房山区办事处、乡镇正职领导人

	党委书记	乡（镇）长、主任
燕山办事处	史全富（11月任） 翟　东（12月任）	史全富（12月免）
城关街道办事处	陆大勇	李爱军
西潞街道办事处	曹　磊	胡淑苹（女）
拱辰街道办事处	吕守军	李光明（8月免） 陈广利（8月任）
新镇街道办事处	孟祥友	孟祥友
良乡镇	赵东升（7月免） 胡玉富（7月免）	胡玉富（7月任） 李更宇（11月任）
周口店地区办事处、周口店镇	张海生	陈　水（7月免） 杨生军（8月任）
琉璃河地区办事处、琉璃河镇	刘宝忠	豆宝才（7月免） 陈　水（8月任）
窦店镇	徐宗军（7月免） 于英虎（7月免）	于英虎（7月任） 朱立增（8月任）
石楼镇	王春菊（女）	钱新宇
长沟镇	王占勇（7月免） 李　仲（7月免）	李　仲（7月任） 杨文淑（女，8月任）
张坊镇	高海军	慈建民
十渡镇	杨建坡	刘永玘
河北镇	陈剑波	王红英（女）
大石窝镇	任正宽（7月免） 李光明（7月任）	李中华
阎村镇	柳铁良	安保良
韩村河镇	康宝和	杨生军（7月免） 豆宝才（8月任）
青龙湖镇	吴宝祥（7月免） 任正宽（7月任）	樊会来
长阳镇	李　军	齐文东
佛子庄乡	于瑞林	赵书国（7月免） 宿廷虎（8月任）
大安山乡	苏秀春	胡建光
南窖乡	王永年	孙建华
史家营乡	董凤山	齐树水
霞云岭乡	孟凡兴	陈兴柱

蒲洼乡　　　　穆建山　　　　王学峰

（房山区史志办　贾昉）

通州区

概述

通州区位于北京市东南部，面积912.34平方公里。辖10个镇、1个乡、4个街道、480个村民委员会。年末户籍人口65.4万人，其中非农业人口31.5万人，农业人口33.9万人。2009年，通州区以深入学习实践科学发展观活动和领导干部作风建设年活动为契机，以“保增长、保民生、保稳定”为主线，以落实各项规划为龙头，全力保持经济增长，推进“两新”建设，强化国庆服务保障、党的建设等工作，圆满完成全年各项任务。全区经济社会发展在以下几方面展开：第一，积极应对金融危机，全力保增长。抓投资，拉动经济增长；促消费，多渠道扩大内需；抓帮扶，着力优化发展环境。第二，产业发展保持良好态势。大项目引进、建设成效显著，产业结构进一步优化；产业园区健康发展，经济贡献持续增强；发展方式进一步转变。第三，新城建设迈出新步伐。基础设施承载能力进一步提高，重点功能区建设取得实质进展，旧城旧村改造全面展开，生态环境明显改善，城市综合管理不断加强。第四，新农村建设取得新成果。都市型现代农业加快发展，农村基础设施建设全面提速，农村改革不断深化。第五，国庆60周年系列活动服务保障工作圆满完成。阅兵服务保障万无一失，庆祝活动丰富多彩，社会保持安全稳定。第六，以改善民生为重点的社会建设全面加强。各项事业全面推进，民生状况持续改善，社会建设不断推进，精神文明和民主法制建设得到加强。此外，按照“转变职能、理顺关系、优化结构、提高效率”的要求，稳步推进政府机构改革，调整12个政府工作部门职能，重新核定33个政府工作部门。组建新城建设管理委员会，统筹新城建设各项工作。

2009年，通州区实现地区生产总值250.2亿元，比上年增长10.8%。其中第一产业增加值14.1亿元，比上年增长2.9%；第二产业增加值115.8亿元，比上年增长7.4%；第三产业增加值120.3亿元，比上年增长15.3%；三次产业结构为5.6∶46.3∶48.1。税收总额实现83.6亿元，比上年增长12.1%；全区完成地方财政收入66.1亿元，比上年增长88.5%；全年完成全社会固定资产投资310.2亿元，比上年增长97.4%；全社会消费品零售额实现161.8亿元，比上年增长10.6%；实现出口创汇总额9亿美元，比上年下降13.5%；城镇居民人均可支配收入、农民人均纯收入分别达到22 454.9元和11 361元，比上年分别增长8.4%和11.2%。城乡居民储蓄余额457.3亿元，比上年增长25.1%。

城乡一体化

【城乡发展水平比较】 2009年，通州区坚持统筹安排，不断加大城乡建设力度，积极推动城乡一体化进程。新城规划体系进一步完善。在全市率先编制完成并组织实施新城近期建设行动方案。重新审视新城发展定位，着手实施运河核心区规划编制调整工作。《通州新城城市可识别系统规划》等城市特色规划正在加紧编制。重点工程进展顺利。温榆河西路、邓家窑大桥等一批道路、桥梁建成通车，新城道路交通进一步畅通。朝阳北路东延二期等重点道路工程全面启动，三河热电联产项目等一批市政工程加快推进。重要节点和功能区开发取得实质性进展。上营棚户区拆迁工作基本完成，工作推进居全市棚户区拆迁试点前列。北苑商务区、“两站一街”项目进展顺利，运河核心区、商务园、宋庄文化创意产业集聚区开发建设取得新进展。新农村建设步伐加快。大力发展都市型现代农业，新增设施农业666.67公顷，建成一批独具特色的农业主题公园，农业产业结构进一步优化。新农村“五项基础设施”建设和“三起来”工程，即“让农村亮起来、让农民暖起来、让农业资源循环起来”。其中“暖起来”包括农村节能吊炕搭建、既有农宅保温改造工程；“循环起来”包括农村雨洪利用工程、粪污治理工程；“亮起来”包括农村节能灯泡更换、安装LED节能路灯，及其他自建工程，如能源管护、两气安全建设等工程进展顺利，新农村整体推进村街坊路建设工程基本完成，工程进度位居全市郊区县前列。以普惠制为基础的“十二项全覆盖”工程实现9项全覆盖。台湖等小城镇建设取得新进展。农村集体经济产权制度改革不断深化，“撤村建居资产处置”试点工作顺利完成。成立北京市首家农村土地流转管理服务中心，土地流转速度进一步加快。生态建设不断加强，在全市率先启动并推进万亩滨河森林公园建设。京津城际铁路等奥运绿色通道绿化工程景观初具规模。新城内景观街道、城市公园等建设取得新成效。国家生态示范区、市卫生区创建工作通过考核验收。环境优美乡镇和生态村创建工作取得新成效。

【农村城市化进程加快】 搞好2009年新农村村庄规划，坚持规划先行。2008年11月，通州区召开新农村规划工作部署会议，各乡镇利用3个月时间完成规划，于2009年3月24日通过区政府审批，在北京市各郊区县率先完成规划任务。年内，完成165个村的村庄规划编制，全区累计完成288个村的村庄规划编制，为下一步通州区新农村建设的科学、合理、有序进行奠定坚实的基础。按照北京市“新农村建设四年任务两年完成”的要求，2009年通州区新农村基础设施建设整体推进村增加到184个（2006年新农村基础设施建设整体推进村9个，2007年整体推进村14个，2008年为23个）。全区各部门、各乡镇、村共同努力，迎难而上搞好建设，各项工程做到“质量无故障，安全无事故，稳定无上访”。绝大部分工程圆满完成建设任务，建设进度在全市郊区县综合排名第一。

【城乡管理体制改革】 农村改革稳步推进。全面推进以“资产变股权、农民当股东”为核心的村级产权制度改革，11个乡镇全面启动村级产权制度改革，完成59个村的改革工作。创新村级产权改革工作思路，完成马驹桥镇北五村“撤村建居资产处置”试点。规范农村土地经营权流转，率先建立农村土地流转指导价格评估机制，全年流转土地666.67公顷，成立2个乡镇“农村土地流转管理服务中心”。加快农村专业合作社发展，成立全市首家土地股份专业合作社，新发展农民专业合作社50家，带动农户2万户。扩大合作社内部资金互助服务试点工作，11家合作社开展内部资金互助服务。积极稳妥推进集体林权制度改革。完善“村账托管”、“大额资金专储账户管理”等村级财务管理制度，在全区范围内推行大额资金专储账户制度，规范村级财务管理工作。在村级设置基本账户，实行“定额备用金制度”，在此基础上，单独开设一个“集体大额资金专储账户”，对集体资金实行专户储存，规范管理；月末基本账户向“集体大额资金专储账户”实行“当月收入零余额解缴”；集体资金的使用实行“先上报、再划拨、后使用”制度。全区有433个村完成“专储账户”开设工作，并实行规范管理，占全区总村数的90%。制定《通州区村级集体财务规范化管理办法》，出台《关于进一步落实村级集体财务规范化管理的意见》，强化民主管理，规范公开程序，明确人员职责。采取“公开栏”、“明白纸”、“村民（代表）会议”、“村务公开触摸屏”四种公开形式，公开栏公示率达100%；463个村每季度发放“明白纸”到户数达134 101户，占全区总户数的95.5%；村务公开触摸屏累计安装82个，供村民点击查看；“村民会议或村民代表会议”财务收支情况汇报率达100%。加大监察力度，开展区纪委、组织部、农委、民政局和经管站五部门的联合大检查。“村级民主理财参席制”得到全面推广，乡镇记账人员分别参加564个村次的民主理财会，参会率达117%，审核总票据71 475张、金额38.3亿元。

国有资产管理体制改革进一步深入。探索国有资本运营新机制，成立国有资产投融资平台，开展融资担保等服务。整合国有优质资产，推进国有资本投资平台建设，优化资源配置，为新城建设募集资金。加快国有资本向新领域进军步伐，加强与新型金融企业合作，拓展国有资本投资领域。国有商业企业运营机制改革稳步推进，顺利完成人民商场整体包装租赁改革，华联商场股权转让取得积极进展。国有资本退出与资产盘活力度加大，通过土地与资产的整体盘活，国有资产产权转让收益得以实现。政府机构改革工作稳步推进。围绕转变政府职能和理顺部门职责关系，按照职能有机统一、职责清晰的要求，稳步推进政府机构改革。加快职能转变，调整划转住建委、经信委、市政市容委、商务委、人保局、园林绿化局等部门职能，新组建金融办、社会办等职能部门，完善服务“三农”、农业发展、住房保障、人力资源和社会保障、园林绿化等方面的管理体制，强化市政市容管理、社会建设、金融等方面的管理职能。

【城乡结合部改革与发展】 在《通州新城规划》功能布局中，永顺镇位于新城西北部和西部旧城两大功能区内，作为新城核心区域承载新城规划中重要的功能，按规划将形成与北京CBD功能互补的商务园、教育产业园及新型住宅区和商务、商贸、文化制造的中心区。永顺镇辖区面积40平方公里，下设25个村，18个社区居委会。镇域内总人口25万人，其中户籍人口5万余人。2009年，完成税收7.3亿元，同比增长57%。其中杨庄村税收突破1亿元，成为通州区第一个税收超亿元村。全镇人均可支配收入达到1.5万元，同比增长10%。由于所处的特殊地理位置，永顺镇的发展必须走城乡一体化建设的道路，实现农村向城市的转变和农民向市民的转变。为此，永顺镇确定在新城区建设中的发展思路：按照通州新城规划空间布局和功能分区的要求，坚持“建设高标准、有产业支撑、基础设施和公共设施完善、可持续发展的滨水宜居新城”的总体思路，依托“一园二区”的发展平台（通州商务园、北苑商务区、运河核心区），大力发展低碳经济，形成“商务中心区、金融服务区、文化创意区、教育功能区、新型住宅区”的发展格局。围绕上述发展思路，2009年及“十二五”期间永顺镇将着力做好以下三方面工作：一是大力发展低碳经济，打造“生态通州、商务永顺”。形成以商务园为代表的生态低密度商务办公聚集区，以北苑商务区为样板的多功能综合型城市商业区，以运河核心区为中心的高层高端商务中心区，并在各个功能区之间建立良好的互动关系。同时，充分利用现有的楼宇资源发展现代服务业，整合镇域内有限的土地资源完善产业发展配套，坚持低碳理念建设生态人居配套中心，实现“产业聚集、和谐文明、生态宜居”的现代化城市中心区——新城生态CBD。二是高标准扎实推进新城建设，提高城市管理服务水平。科学规划，合理布局，整合资源；进一步完善基础设施建设，服务新城发展；突出新城的高端定位，建设高品质人居配套中心；加快城中村改造步伐，统筹推进城市化进程；加强社区规范化管理，创造更加和谐的社会秩序；加大城市环境治理力度，突出生态建设。三是坚持以人为本的发展理念，推进农民市民化。推进新城建设，加快农民市民化的转型步伐；构筑经济发展平台，增加农民转型为市民后的收入；逐步完善社会保障体系，消除农民转居后的后顾之忧；深入开展精神文明系列创建活动，推进“观念转型”，不断提高居民素质。

梨园镇位于通州南部新城，农村城市化进程的现状：一是产业结构不断优化，城乡经济发展后劲进一步增强。以楼宇经济、总部经济、高端现代服务业为产业发展重点，积极引进符合新城功能定位的大项目。近年来引进单体注册资本在1 000万元以上的各类企业30余家。其中包括家乐福、贵友通州店等商业中心；北京银行等金融机构；物美集团结算中心、威猛公司亚太总部等。二是新城建设稳步推进，城市功能日益完善。全镇26个行政村有19个村队进行或完成旧村改造，村民自住楼面积达到100余万平方米，73%的居民户实现搬迁上楼。全镇房地产开发面积500万平方米以上，销售面积450万平方米以上，新建村民自住和各类开发小区达到52个。投资近7亿元加快城市基础设施和功能设施建设，全镇公路路网总里程达到60余公里，道路面积180余万平方米，绿化面积500余万平方米。育才学校通州分校、韩美林艺术馆、田园广场、社区卫生服务站等功能设施提升城市服务水平。三是管理体制初步形成，城市管理水平明显提高。通过建立和完善城市管理的投入机制、工作机制和监管机制，实行科学化、精细化和标准化管理，地区城市管理水平有新提高。先后获得国家级卫生镇、北京市环境优美乡镇、首都文明乡镇等荣誉称号。完成19个社区居委会建设，社区专职工作者达到95名，社区居委会办公和服务用房总面积达到3 250平方米，城市社区管理服务体制初步建立。深入落实信访工作台账、领导包案和信访接待日等工作制度，加大排查调处工作力度，保持地区稳定。四是改善民生的有效渠道初步建立，群众根本利益得到进一步维护。出台农村集体经济产权制度改革系列文件，以“资产变股权、农民当股东”的方式完成16个村的产权制度改革，占全部村的60%；劳动培训就业和社会保障工作不断加强，全镇每年就业安置1 500人次以上。提高地区群众综合素质，连续2年被评为首都文明乡镇，全镇有国家级文明村1个、市级文明村6个、区级文明村14个。梨园镇推进城乡经济社会发展一体化的实施途径：以“八化”促“城乡一体化”，即经济都市化、居住楼宇化、村队社区化、管理规范化、就业充分化、保障社会化、功能完备化、居民文明化。推进梨园城乡一体化进程重点把握的几项工作：抓引进，促进城乡经济持续发展；抓增收，促进城乡居民生活水平提高；抓建设，促进城乡功能设施一体化；抓管理，促进城乡和谐一体化；抓党建，促进基层党建新格局建立。

都市型现代农业

【概况】 2009年，通州区第一产业增加值14.1亿元，增长2.9%。实现农林牧渔业现价总产值38.4亿元，比上年增长1.2%。其中，农业产值22.2亿元、林业产值1亿元、牧业产值12.4亿元、渔业产值2.2亿元、农林牧渔服务业产值0.7亿元。启动3 533.33公顷都市型现代农业基础建设及综合开发工程，落实高产创建示范面积546.67公顷。积极发展设施农业，重点打造漷大路、张凤路、运河左堤路等都市型现代农业生态走廊，新发展、改造设施农业面积666.67公顷，累计达4 000公顷。加快休闲观光农业发展，建成宋庄国际宠物公园、食用菌主题公园等一批农业主题公园，全区农业观光园达80处，其中11处被评为市级农业观光示范园。推动特色农业发展，形成蔬菜、果品、养殖、籽种四大主导产业。全区蔬菜种植面积1万公顷，果树种植面积0.6万公顷，观赏鱼养殖水面466.67公顷。林下经济蓬勃发展，形成林菌间作、林间养殖、林桑间作等种养模式，累计发展林下经济0.173万公顷。食用菌产业发展迅速，形成设施、林地、工厂化等多种食用菌生产模式，年产各类食用菌6 500吨，占全市食用菌产量的60%以上。积极发展龙头企业，培育壮大仙源食品、东升方圆、金福艺农等一批农业龙头企业。

【种植业】 全年粮食播种面积3.912万公顷，比上年减少0.15万公顷；亩产394.49千克，比上年增加18.35千克，总产2.33亿千克，比上年增加388.69万千克。夏粮小麦面积1.526万公顷，比上年减少0.144万公顷。夏粮总产8 142.18万千克，比上年减少850.42万千克。夏粮亩产355.74千克，比上年减少3.25千克。秋粮播种面积2.378万公顷，比上年增加0.18万公顷，亩产425.9千克，比上年增加37.82千克，总产1.52亿千克，比上年增加1 239.11万千克。经济作物花生种植面积135.4公顷，亩产229.6千克；棉花种植面积51.87公顷，亩产208.2千克；薯类19.47公顷；西瓜种植面积378.2公顷。

【林果业】 完成北运河万亩滨河森林公园南区一期绿化主体工程，栽植乔灌木12.5万株，种植花卉、地被及水生植物83万平方米。实施京津城际铁路、京津二通道等4条奥运绿色通道建设，完成运潮减河植被恢复、北运河及潮白河沿岸播草盖沙、三北防护林四期等工程，新增绿化面积820公顷。全区果树种植面积稳定，品种主要有葡萄、樱桃、梨、苹果、桃等。林菌间作面积1 000公顷，品种涉及木耳、鸡腿菇、香菇等10余个；林间养殖面积10多公顷；林桑间作667公顷。

【畜牧业】 2009年，全区有各类畜禽规模养殖场147个，其中生猪70个、肉羊3个、奶牛33个、肉牛4个、蛋鸡9个、肉鸡5个、乌鸡8个、肉鸭10个、特养5个；各类畜禽散养户8 659户。对147家规模大的畜禽场实施备案登记，投资643万元对两河（温榆河、北运河）沿岸34家（其中乌鸡场2个、肉鸭场3个、奶牛场14个、肉牛场1个、养猪场14个）畜禽场采用太阳能沼气和生物床养猪治理两种模式实施粪污治理。根据《乳品质量安全监督管理条例》和《生鲜乳生产收购管理办法》，对全区16家生鲜乳收购站进行整顿，清理不合格奶站6家，对验收合格的10家及时发放生鲜乳收购许可证。2009年，投入320万元完成区动物疫控中心生物二级实验室建设和区乡镇两级11个单位的防疫专用设备的更新、升级工作。其中生物二级实验室建设工程按照生物安全二级实验室建设标准，设有血清学检验室、病理诊断室、病原分离鉴定室、电泳室、细菌分离室、消毒室、解剖室、接样室等八个功能室，极大提高了本区动物疫病化验、分析水平。2009年，全区有奶牛、养猪、蛋禽、水产等34家养殖企业按标准化要求进行基础设施改造和管理的升级。总设计投资3 000万元，改扩建畜禽舍及配套工作室45 000平方米。其中奶牛管理按照统一饲养、统一管理、统一供料、统一挤奶、统一销售的“五统一”模式进行，提倡鼓励奶牛散养户入场、入区。全区有24家奶牛场按标准要求进行改扩建，累计投入建设资金2 290万元，新建牛舍28 684平方米；新建挤奶车间1 400平方米；购置挤奶平台4套，购置冷藏罐、奶罐运输车等设备11台（件）；吸纳散养奶牛户奶牛700头。针对农资、农药、兽药、饲料、生鲜乳及农药残留等存在的问题集中开展多项专项执法和治理活动。累计出动各类执法人员2 300多人次，检查农资、农药、兽药、饲料、生鲜乳等企业1 300多家，行政处罚94起，罚没金额4万元，没收销毁各类不合格的动物产品2 240千克。5个指定进京路口共检查进京动物21万头（只），检查动物产品6.6万吨，检查消毒车辆5.3万辆车次。查出不合格猪9头，禽368只，动物产品2.1吨，均按规定进行无害化处理。对14个非指定路口巡视检查，出动检查144人次，出动车辆78车次，在检查中劝返运输动物、动物产品车辆41车次，设警示牌16块。开展联合执法10余次，检查农村市场30余个，检查经营生鲜猪肉摊450个，查扣私屠乱宰未经检疫猪肉1 343千克，捣毁私屠乱宰和加工病死动物黑窝点6个，查扣未经检疫猪肉23头，病害动物产品1 900千克，没收伪造检疫标志329枚。全年立案18起，作出行政处罚15起。实施处罚13起，罚款6万元，未出现行政复议、行政诉讼败诉事件。

【水产业】 全区有养鱼水面0.16万公顷，其中成鱼养殖水面0.08万公顷、鱼种养殖水面0.027万公顷、观赏鱼养殖水面0.053万公顷；庭院小池面积达到4.5万平方米。食用鱼品种主要有鲤鱼、鲢鱼、花白鲫鱼、草鱼、鲇鱼等。观赏鱼主要有金鱼、锦鲤等。水产品产量9 580吨。建立水环境监测点11处，监测面积169.73公顷，水产品安全监测与监督抽检点17家，鱼病监测点15处，抽样检测各类鱼样760份，通过监测检测确保水产品质量安全。

【花卉业】 全区花卉总面积360公顷，苗木总面积达1 291公顷。全区有花卉生产基地23家，其中规模较大的有吉鼎立达科贸公司、运河苗木公司、新世纪园艺农场、福盛园花卉种植场、北海公园花卉种植基地、永乐店牡丹园、漷县镇军庄蝴蝶兰基地和草厂村非洲菊鲜切花基地等。其中吉鼎立达科贸公司是国内最大的蕨类花卉生产基地，占地80公顷，其种苗全部采自荷兰，被列为市级唯一性特色农产品。

【设施农业】 按照区财政补贴、乡镇配套、农户出资的方式，以年均新建改建1万亩的速度，在马驹桥、永乐店、漷县、于家务、潞城等乡镇新建及改建连片蔬菜日光温室和大棚，设施农业总面积达到0.37万余公顷。重点建设漷大路设施农业产业带，沿线全长5.5公里，涉及9个村，对原有设施167.8公顷进行改造，新建设施113.33公顷。启动张凤路（张家湾镇何各庄村一于家务乡仇庄村）农业走廊建设，规划大于路（马驹桥镇大松垡村一于家务乡于家务村）设施农业产业带。围绕三条产业带辐射带动全区设施农业发展。在新建保护地的同时，抓紧实施所建设施生产基地的水电路基础设施配套工程。在于家务乡果村、漷县镇草厂村等先后建设现代化育苗温室、砖钢结构育苗温室等并投入使用；在马驹桥镇大松垡村、漷县镇草厂村、永乐店镇小务村等蔬菜产地配套建设批发市场。

【籽种业】 建成800万千克储存量的优质粮储仓库。在永乐店、马驹桥、漷县等镇发展小麦优质粮籽种生产666.67多公顷。其中漷县镇黄厂铺村与中国农科院建成133.33多公顷“轮选987”、“北京0045”、“中麦175”优新品种生产基地。与市农科院合作建成农业科技示范基地，使之成为蔬菜、籽种繁育推广基地。实施百村蔬菜品种更新工程，确定漷县、潞城、宋庄、西集、台湖、马驹桥等6个乡镇为重点示范乡镇，建设蔬菜新品种试验基地3个、蔬菜新品种示范村15个、西甜瓜示范基地2个、瓜菜示范村21个、种植示范户120个。在东方种猪场、金展旺养殖场实施种猪良种科技示范园区建设项目，引进法系大白、美系杜洛克、美系长白种猪等，建成金展旺、手牵手、万全及东方种猪场等5个生猪人工授精点。种羊繁育推广中心继续发挥龙头带动作用，在全区范围内大力开展肉羊品种杂交改良，同时筛选5家养殖规模较大的养殖户推广舍饲养羊技术，进一步深化肉羊良种繁育体系建设。针对观赏鱼养殖中出现品质退化的问题，建设高标准金鱼孵化繁育池、早繁金鱼棚、锦鲤产卵池和锦鲤孵化池。从全国各地观赏鱼发达地区引进优质观赏鱼品种，经过提纯复壮，形成既适应市场需求又具备自身特色的高档优质观赏鱼养殖品种，再推广到广大养殖户中，逐渐替代低档鱼。

【休闲农业】 全区11个乡镇均建有观光农业园。全区各类大小观光农业采摘、垂钓、观赏园等达到100多个。其中市级农业观光示范园6个（葡萄大观园、水梦园、第五生产队、吉鼎立达采摘园、禾阳农庄、星湖园）。大型的观光园东升方圆南瓜园建成，张湾金泽园农业园区、“金果冠”台湾果蔬种植采摘园、于家务乡蓝梅园、食用菌主题公园等开始建设。

利用现有资源先后举办"葡萄采摘节"、"通州区樱桃采摘节"、"宋庄梨园观光采摘节"、"通州区花卉节"等一系列活动。

【新兴农业】 2007年，台湾独资企业——北京富勤食用菌科技有限公司落户通州区永乐店镇，是通州区最大一家台湾投资食用菌项目。富勤食用菌科技有限公司采用日本先进技术和台湾工业化机械专用设备，采用先进的常年栽培技术种养殖食用菌金针菇，将食用菌产品的消费由季节性转变为常年性，将原料各配方混合比例达到金针菇生产的最佳黄金比例，既节约资源，又提高生产效率。到2009年，金针菇生产的生物效能平均达到129%～132%，年产量3 000余吨，年产值达2 700余万元。金针菇养殖培育基料万余吨玉米棒回收资源给当地农民增加了经济收入，累计吸收本地区劳动就业150余人。

【现代农业服务体系】 2009年，通州区加强农业服务体系建设，完善村级农业技术员、林果技术员、动物防疫员和水务协管员工作机制。推广使用多功能微耕机、电动卷帘机等新型农业机械，为4 000多农户补贴发放农机具4 300台套。加强农产品认证工作，全区有70家基地133个产品获无公害农产品认证，78家基地获有机食品认证，注册农产品品牌商标100个，"方圆平安"、"大运河"等品牌市场知名度不断扩大。认真落实各项强农惠农政策，全年发放粮食综合直补、生态作物补贴、林业政策性补贴等1.26亿元。积极开展散养奶牛入区养殖工作，对35家养殖场进行治理。健全完善动植物疫病防控体系，全区无重大动植物疫情发生。

非农产业

【概况】 2009年，扎实推进农村二、三产业发展，乡镇工业完成产值421.7亿元，同比增长11.3%。以乡镇为主体、园区为重点的区域经济板块初具规模。台湖镇成为首个总收入100亿元、税收10亿元以上的乡镇，张家湾、马驹桥、西集等乡镇未来发展潜力巨大。园区发展活力明显增强，经济贡献持续增加，光机电成为首个总收入100亿元、税收10亿元以上的园区。被列入区重点产业项目库的65个项目中，入驻园区的项目47个，占项目总数的72%；项目总投资额322.6亿元，占总投资额的73%。

【乡镇企业】 2009年，全区乡镇工业企业完成现价工业总产值421.7亿元，同比增长11.3%，占区域工业总产值的91.6%；完成销售收入437.0亿元，同比增长11.9%，占区域工业销售收入的90.9%；实现利润16.7亿元，同比增长14%，占区域工业实现利润的88%；完成工业增加值91.2亿元，同比增长10.8%，占区域工业增加值的90.2%；上缴税金26.1亿元，同比增长17.9%，占区域工业上缴税金的91.2%。

【农产品加工业】 全区固定资产在500万元以上的农产品加工企业38家，年销售收入500万元以上的农产品加工企业31家。八里桥农产品批发市场获评为国家级龙头企业；雨润肉制品公司、御香苑肉制品公司、古船面粉公司、东升方圆农业公司获评为市级龙头企业。

【农村商业】 继续大力扶持福兰德超市加快农村现代流通体系建设，新建农村连锁超市157个。在管理上，要求福兰德总部对加盟店加大培训力度，根据市场需求及时调整商品种类，使其更加注重商品质量，购物环境和服务水平的提升，在保持加盟店数量快速增长的同时，不断提高商品统一配送率。

【农产品流通】 建设农产品销售网络，促进农产品流通。开展农超对接。北京东升方圆农业开发有限公司、北京金信食用菌有限公司、北京京东大运河农产品配送中心等加工企业在家乐福、易初莲花等超市内新建立专柜52处。参加农交会。北京东升方圆农业种植开发有限公司、北京金信食用菌有限公司、北京仙源食品酿造有限公司、北京御香苑畜牧有限公司、北京桑瑞科技有限公司5家农产品加工企业参加农业部在长春举办的第七届国际农产品展销会。通州区参展的北虫草、桑茶、桑蛋、食用菌、大豆调味品等产品在展会中大受欢迎，展会期间，签订供货合同25份，供货额1 260万元。发展订单农业生产基地，推进农业标准化生产。积极推进农业加工企业生产原料本地化，北京仙源食品酿造有限公司、北京绿友食品有限公司、北京英特食品有限公司等农产品加工企业在区内新发展大副产品、胡萝卜、辣椒等订单农产品标准化生产基地1 066.67余公顷。2009年，全区生猪、乌鸡、肉鸡、肉鸭、肉羊、奶牛等常规养殖业稳步增长。全区有各类家畜家禽养殖场200余个，农民养殖户1.2万个。2009年鲜奶产量8.1万吨，鲜蛋产量7 106吨，肉鸭产量502.7万只，出栏生猪33.2万头，出栏羊10.5万只，出栏肉牛1.2万头。

【民俗旅游】 通州区有市级民俗旅游村2个（大营和皇木厂村），区级民俗旅游村1个，市级民俗旅游户84户。2009年，民俗旅游接待52.9万人次，收入8 925.3万元，同比分别增长22.2%和52.4%。2009年，宋庄镇大邓各庄村被评定为市级乡村民俗旅游村。村内108户农民养殖大白熊犬、萨摩耶犬、哈士奇犬、阿拉斯加雪橇犬等30余种成年世界名犬千余条。建有大邓犬业合作社、大邓犬业协会和CKC国际宠物公园，大邓各庄成为集宠物犬繁育、饲养、防疫、训练、竞技、表演、寄养、美容、销售及果品采摘于一体的乡村专业民俗旅游村。

【农村金融业】 2009年，北京农村商业银行通州支行有营业网点37个，其中管辖行1个，非管辖支行9个，分理处27个。2009年末，资产总额174.38亿元，比上年增长31.45亿元；各项存款余额169.9亿元；各项贷款余额50.31亿元。北京农村商业银行通州支行积极开展"三信"工程建设，坚持

"服务三农"的市场定位，支持首都新农村建设。在全区开展"信用镇、信用村、信用户"评定工作，由上年的1 600户增加到本年的3 500户。9月22日，通州区首家小额贷款公司暨北京农投首诚小额贷款股份有限公司开业，该公司注册资本1亿元，由北京市农业投资公司发起设立。12月17日，通州区北京光谷小额贷款有限公司开业，该公司注册资本5 000万元，由北京光谷科技园开发建设有限公司发起设立。新成立的小额贷款公司将致力于改善农村金融服务，引导资金支持农村、郊区和中小企业发展。开展小额贷款公司试点工作是贯彻落实党中央、国务院有关农村金融创新的具体举措，是进一步完善农村金融服务体系，探索多渠道满足农民和农村中小企业融资需求的客观需要，也是合理、有效地利用民间资本，引导和促进民间融资规范发展的有效路径。

村镇建设

【概况】 镇村建设迈出新步伐。以推进城市化为目标，加大旧村改造力度。加快小城镇和开发区周边旧村改造，加强中心镇开发建设。台湖等小城镇建设取得新进展。新农村"五项基础设施"建设和"三起来"工程进展顺利，新农村整体推进村街坊路建设工程基本完成，工程进度位居全市郊区县前列。以普惠制为基础的"12项全覆盖"工程实现9项全覆盖。

【基础设施建设】 "五项基础设施"建设工程包括村庄街坊路硬化和两侧绿化、供水老化管网改造和一户一表、污水处理、垃圾处理、厕所改造五项内容。2009年全区村庄街坊路硬化总面积458万平方米，农村街坊路主路两侧绿化总面积135万平方米，改造农村户厕45 786座，建设农村公厕426座，完成19个村309公里的农村饮用水老化管网改造和皇木场村污水处理设施建设，完成6各乡镇农村垃圾分类项目，建设任务和建设速度全市排名首位。以普惠制为基础的12项全覆盖工程全面推进，农村垃圾密闭化管理、农村社区卫生服务、农村安全饮水工程、村级主干路建设、农村体育健身场所建设、农村信息服务站、农村"亮起来"工程、农村便民连锁超市、农村文化活动中心等九项工程全区覆盖率达100%。农村卫生厕所普及达到98%、农村有线电视入户达到80%、农村村域林木绿化达标率72.3%。绿化街坊路两侧182万平方米。

【小城镇建设】 加强中心镇开发建设，台湖生态小镇中心区建设加快推进，中心区一级开发、道路、村民自住楼取得积极进展。于家务中心区路网开工建设，乡中心水厂建设完工。台湖、漷县、永乐店、西集等重点镇基础设施和公共服务设施建设加快推进，完成永乐店污水处理厂及宋庄、漷县等镇垃圾中转站建设。

【新村建设】 全年用于农村的水、电、道路、绿化、垃圾及污水处理等基础设施投资达14.3亿元，比上年增长133.3%。2009年完成既有农宅改造工程528户，粪污治理工程34处，雨洪利用工程1处，安装LED节能路灯3 000盏，更换户用节能灯泡154万盏，铺设节能吊炕2 000铺，投入200万元用于两气安全防护设施建设，投入100万元用于沼气安全急用备用配件购置，管理人员全部完成培训，并持证上岗。加快新城规划范围内旧村改造，新启动徐辛庄、龙旺庄等15个村改造，永顺镇焦王庄、刘庄等旧村改造进展顺利，梨园镇砖厂、西小马等村自住楼加快建设。加快小城镇和开发区周边旧村改造，新启动金桥基地古庄等7个村改造，亦庄东扩5村拆迁项目顺利完成。

【环境治理】 全面治理各乡镇、村的环境，加强高速公路、铁路、主要道路两侧、河道两岸和所有村庄的整治，特别是旅游景点周边、民俗旅游村等环境治理工作；加强对城乡结合部地区、乡镇与乡镇、村庄与村庄连接线（处）等区域环境整治。清理村内外乱倒散倒垃圾1 280吨，治理乱堆乱放10 260处，整治卫生死角3 720处，清除村周边拉拉秧2 680处，发放村民宣传材料30.68万份。创建环境优美乡镇1个、生态文明村10个。

农村改革与管理

【概况】 2009年，通州区圆满完成产权改革、土地承包经营权流转、农民专业合作社规范化建设三项折子工程任务，为促进农民增收、维护农村稳定、推进新农村建设和全区农村经济的发展做出重大贡献。农村三项改革工作全面推进，取得显著成绩：产权改革步伐明显加快、土地流转工作稳步推进、农民专业合作组织发展迅速。农村集体经济产权制度改革不断深化，"撤村建居资产处置"试点工作顺利完成。成立北京市首家土地股份合作社，土地流转速度进一步加快。

【农民专业合作组织】 加快农民专业合作社建设步伐，累计发展184家，其中开展资金互助服务的有19家，带动农户2万户，20家合作社完成示范社建设工作。扩大合作社内部资金互助服务，实现融资345万元，切实解决社员在生产中的实际困难。成立北京市首家土地股份合作社，为探索农村土地资本运作新模式创造条件。

【产权制度改革】 全面推进以"资产变股权、农民当股东"为核心的村级产权制度改革，11个乡镇全部启动村级产权制度改革，累计完成125个村，量化集体资产17.4亿元、个人持股12.8亿元、农民股东人数78 258人、人均持股16 326元。创新村级产权改革工作思路，完成马驹桥镇北五村"撤村建居资产处置"试点工作，涉及4 599人，1.97亿元的集体资产兑现到个人账户。

【土地确权与流转】 2009年，出台《关于建立农村承包土地流转指导价格评估机制的意见》，在北京市率先探索和建立农村承包土地指导价格评估机制，2009年7月1日至2010年6月30日全区土地流转评估指导价格平均为1 000元/亩/年，分9个区域分别提供不同的指导价格，有效解决“要少”和“要跑”的问题，提高流转成功率，保护流转双方权益。依托土地流转信息平台，流转土地面积0.127万公顷，其中形成规模流转的达0.08万公顷，累计流转土地1.69万公顷，占确权土地总面积3.47万公顷的49%，比上年提高3个百分点。全市首家农村土地流转管理服务中心在于家务乡揭牌，随后永乐店、宋庄、漷县3个乡镇也相继成立，总数达到4个。

农民生活

【概况】 通过各项改革，农民增收渠道进一步拓宽，致富能力进一步增强，增收步伐明显加快，2009年农民人均纯收入达11 361元，同比增长11.2%，是近年来增幅最大的一年。农村居民年末人均住房面积45.9平方米，比上年增加0.8平方米。农村家庭平均每百户拥有洗衣机101台、电冰箱105台、彩色电视机133台、照相机37架。空调、影碟机、电脑、电话机、手机、抽油烟机、微波炉、热水器，分别拥有110台、38台、63台、111部、191部、68台、52台、88台。

【农民收入和消费】 据农村住户抽样调查资料显示，2009年农村居民人均纯收入11 361元，比上年增长11.2%。其中工资性收入6 239元、家庭经营收入1 880元、财产性收入977元、转移性纯收入2 265元。农民消费水平有所提高，农民人均生活消费支出8 296.4元，同比增长22.6%，其中食品消费支出2 846.6元，增长14.5%；衣着消费支出518.3元，增长15.7%；居住消费支出1 459.2元，增长47.5%；家庭设备、用品消费支出576.5元，增长38.4%；交通和通讯消费支出810.9元，增长0.1%；文化教育、娱乐消费支出812.6元，增长4.8%；医疗保健消费支出1134元，增长58.4%；其他商品和服务消费支出138.5元，增长10.7元。

【农村劳动力非农就业】 加强就业培训服务工作，培训农村劳动力1万人，农村富余劳动力向二、三产业转移就业9 173人次，开发社区就业岗位8 994个。积极开展农村远程教育培训工作，完成培训600期，培训农民2.2万人次。

【农民教育】 全区有蔬菜、食用菌、生猪、观赏鱼等田间学校56所。其中蔬菜、食用菌27所，林果7所，畜牧15所，水产7所。组建果类蔬菜、生猪、观赏鱼等3个综合实验站和19个农民田间学校工作站，其中果类蔬菜工作站8个、生猪工作站6个、观赏鱼工作站5个。2009年新建“农村数字家园”23个，全区有“农村数字家园”47个，建立村级网站47个。全区形成村、乡镇、职能单位、区实用人才办“四级管理体系”。农村实用人才队伍建设成效突出，全年新增农村实用人才709名，农村实用人才总量达到1 603名。

【农村卫生和合作医疗】 2009年，通州区完成张家湾、台湖和次渠卫生院建设工程并投入使用。调整完善社区卫生服务站设置，全区121个社区卫生服务站投入运行。全区参加新型农村合作医疗参合人数32.9万人（包括低保人员7 133人），参合率96.4%。人均筹资420元（筹资标准为：市级财政每人补助140元、区级财政每人补助115元、乡镇财政每人补助115元，农民以户为单位缴费，每人50元），筹资总额为13 813.5万元。门诊和住院报销比例分别提高到35%和50%。全区一级以上医院在北京市率先实现新型农村合作医疗“出院即报”，简化报销手续，方便群众就医。本参合年度截止到10月底，为8.4万人次发放报销款7 478万元，其中领到5 000元以上报销款的2 744人。

【文化体育】 2009年，新建益民书屋334个，完成216处农村数字影厅升级改造和60个行政村体育健身设施建设。完成437个村邮站建设，实现“村村通邮”。成功举办通州区第十九届农村艺术节，举行“五月鲜花”群众歌咏比赛16场、组织“星火工程”文艺演出1 800场次，吸引群众15万人次。

【农民社会保障】 加快完善覆盖城乡的社会保障体系，“一升”、“一降”、“一分”工作顺利完成。城镇五险基金累计收缴11.2亿元。全面放开医疗保险“两个门诊”，顺利启用城乡居民养老保险制度。继续加强养老服务设施建设，新增养老床位1 220张。实行新型农村社会养老保险制度，参保农民19.5万人，覆盖率93%。农村居民最低生活保障家庭4 016户，最低生活保障7 201人。农村集中五保供养196户，五保供养202人。

基层组织与民主政治建设

2009年，通州区加大社区建设力度，推进城市化进程，在漷县镇新成立3个社区居委会。全区累计有社区居委会99个，其中永顺镇、梨园镇、潞城镇、漷县镇等成立社区居委会46个。新建成44个农村社区服务站。农村社区服务站遵循“统一服务标识、统一项目设置、统一运行流程、统一服务规范、统一资源调配”五个统一工作原则，组织实施社区服务站标准化建设工程。标准化建设工程在总结各社区服务站建设经验、调研基层社区服务项目设置情况、征求各相关部门意见的基础上，统一16个服务站服务机构设置，公共服务及便民服务项目62项。在公共设施服务方面达到一站式办公场所要求，设有健身器材、卡拉OK、棋牌室、图书室、数字电影放映厅、计算机房等文体娱乐设施，成立文体队伍和志愿者队伍。新建农村社区服务站全部通过联合检查验收。

2009年，农村基层自治组织建设工作紧紧围绕全区“两新”建设，坚持以加强村民自治为重点，以推进村务公开和民主管理为平台，不断健全基层群众自治组织建设，创新民主管理长效机制，有力地推动全区农村基层民主政治建设健康持续发展。年内，区村务公开领导小组办公室印发《关于做好村务公开民主管理专项督察暨2009年度北京市“村务公开民主管理示范单位”申报工作的通知》，在全区深入开展村务公开民主管理专项督察。区委组织部将村民自治纳入党的建设“三级联创”活动和争创农村“五个好”乡镇党委、“五个好”村党支部的重要内容。通过深入开展农村民主日活动和村级干部“双述双评”，使农村基层自治组织建设得到进一步巩固和加强。2009年潞城镇、台湖镇被评为北京市村务公开民主管理示范镇；梨园镇小稿村等72个村被评为北京市村务公开民主管理示范村。为推进全区农村基层民主建设长足发展，认真做好每年两次的农村民主日安排部署，以区村务公开领导小组办公室名义印发《关于组织开好全区农村民主日活动的安排意见》，按照文件要求，全区各村按照民主程序顺利召开村民代表大会，村民代表按民主程序审议村务工作报告和财务收支报告。按照区委关于对村干部进行“双述双评”工作的要求，认真对村干部进行民主评议。民主日活动的深入开展，有效地保障农村广大群众的知情权、决策权、参与权和监督权。

区乡镇“三农”工作部署和实施

【重要会议、部署和实施】 3月17日，通州区召开2009年农村工作会议。副区长于世疆作《抢抓机遇谋发展　深化改革促增收　加快推进通州城乡经济社会发展一体化进程》的报告，会议总结2008年农业农村工作，部署2009年“三农”工作任务。2009年，通州区农村工作总体思路是：深入贯彻党的十七届三中全会精神，按照建设“人文北京、科技北京、绿色北京”的发展思路和率先形成城乡经济社会发展一体化新格局的根本要求，围绕实现“保增长、保民生、保稳定”的目标，继续坚持区委、区政府确定的新农村建设总体思路，统筹新城和新农村建设，大力发展都市型现代农业，积极创新非农产业发展路径，千方百计促进农民持续增收；围绕拉动农村内需，扩大农村基础设施投资规模，努力改善农村生产生活条件，切实解决民生问题；全面深化农村各项改革，增强农村发展活力，确保全区新农村建设健康快速发展。2009年，农民人均纯收入增长要达到9%以上。围绕以上思路和目标，要着重抓好以下几项工作：①“保增长”，拓宽农民致富渠道，千方百计促进农民持续增收；②“扩内需”，全力推进农村基础设施和公共服务设施建设，改善农村生活环境；③“调结构”，深度开发农业多功能，培育与新城发展相适应的都市型现代农业；④“保民生”，全面推进社会保障和社会事业建设；⑤、抓改革，创新农村经济体制机制，激发农村发展活力；⑥抓科技，提高科技支撑和引领“三农”水平；⑦抓生态，着力打造城乡优美生态大环境；⑧加强组织领导，保障新农村建设稳步推进。

【惠民、惠农政策落实】 认真落实各项强农惠农政策，全年发放粮食综合直补（全年补贴资金5 288.89万元，其中小麦补贴2 603.01万元，玉米等秋粮作物补贴2 685.88万元）、生态作物补贴、林业政策性补贴等1.26亿元。积极推进“家电下乡”等惠民工程，严把网点设立审核关，全区设立“家电下乡”销售网点84个，家电“以旧换新”销售点24个，覆盖全区各乡镇。严格监测各销售网点，实现销售额1亿元，补贴资金3 000万元；逐件审核苏宁、国美“家电以旧换新”产品20万余件；办理黄标车淘汰手续7 196件，其中转出4 287件、报废2 874件，并办理汽车以旧换新补领差额（已报废黄标车以旧换新补领差额）35件，累计发放补助资金4 605.64万元；审核备案“汽车摩托车下乡”销售网点15个，累计销售下乡汽车1 147辆，销售金额4 260万元。

【区人大执法、政协提案办理】 农村基础设施建设是新农村建设的重要任务，是惠及广大农民的民心工程。人大常委会在充分调研的基础上，听取和审议新农村基础设施建设情况的报告，督促区政府要加强领导，完善部门联动机制和责任考核机制；要积极争取市级资金支持，同时建立投资配套机制；要加大宣传力度，调动农民参与新农村建设的积极性；要加强对农村基础设施建设的后期管护，巩固建设成果。通州区政协四届三次会议以来，提案委员会收到提案233件。在立案的217件提案中，提案内容涉及新农村建设方面的28件，占13%。主席会议先后就通州区农业产业结构调整情况进行专题协商，各专门委员会分别就农村劳动力就业和农民社会保障、农村综合数字电影工程等问题与相关部门进行对口协商。委员们提出许多建设性的意见、建议，为区政府及相关部门开展工作提供重要参考。

【社会力量参与、合作】 深入开展“驻村帮扶”活动，积极探索城乡基层党组织互帮互助新机制。通州区自2008年启动农村帮扶工作以来，在五个方面取得成效：

一是加强村级组织建设，村党组织凝聚力、战斗力显著增强。各工作队协助帮扶村以创建“五个好”村党组织为载体，以抓好深入学习实践科学发展观活动、村党组织换届选举、村级组织规范化建设为重点，进一步提高村党组织服务群众的能力，优化村干部队伍结构，完善村级组织建设各项基本制度，村级党组织的凝聚力、战斗力不断加强。区水务局等12支帮扶工作队在学习实践活动中，协助漷县镇各帮扶村，以开展“六服务”活动为载体，不断强化村党支部和党员在创业发展、乡风村容建设、就业培训、村民事务代办、矛盾调解、扶贫解困六个方面的服务功能，赢得村民群众的一致认可。区卫生局帮扶工作队协助张家湾镇后街村党支部制定直选党支部书记的选举工作方案，并与党支部成员一起向党员群众宣传村党支部书记直选的意义、方法、流程，为该村选举工作顺利完成做出积极贡献。各工作队协助村级组织落实村民提出的合理化建议 300 项，入户发放公开信、明白纸近 4 万份。

二是推动都市型现代农业发展，农民群众增收致富的步伐进一步加快。各帮扶工作队充分发挥自身优势，紧紧围绕促进帮扶村产业发展、带领群众增收致富的目标任务，不断加大资金、人才、技术、政策的支持力度，协助帮扶村做强做大集体经济，促进农民增收致富。区旅游局帮扶工作队针对宋庄镇大邓村犬业养殖初具规模的实际情况，充分发挥旅游局自身优势，大力扶持该村名犬养殖特色产业发展，将大邓村打造成宠物犬休闲文化旅游村。使大邓村宠物犬休闲文化游成为“运河文化休闲一日游”的一个新亮点，吸引着大批游人前往，带动村级二、三产业的发展，促进农民增收和就业。区公路分局帮扶工作队在帮扶西集镇协各庄村过程中，针对部分村民群众思想封闭、守旧、缺乏种植技术、发展都市农业信心不足的情况，在耐心做好群众思想工作的同时，引导示范户调整农业产业结构，实施特色果品种植。在示范户的带动下，协各庄村改造 46.67 公顷果品用地，种植樱桃和晚桃，成为远近闻名的果品村。帮扶工作队不断加大农业基础设施的帮扶力度，累计投入帮扶资金 2 600余万元，新修道路 35.6 万平方米、打井 79 眼、改造自来水管线 7.5 万米、修建排水沟 13.8 万米，农村水、电、田间路等生产设施和配套设施建设水平显著提升，有利推动了设施农业、循环农业和休闲农业的发展。全区帮扶村新增设施农业 388.67 公顷，新增休闲观光农业项目 15 处。区林业局帮扶工作队结合永乐店镇熬硝营村土地资源优势，协助村党支部确定“实施土地流转，建立专业合作社，进行规模化生产”的发展思路。2009 年 10 月 21 日，熬硝营村成立林泽家园土地（股份）专业合作社，流转土地 33.33 多公顷，实现入社村民增收近万元。

三是提升农村生活基础设施建设水平，农民群众生活环境进一步优化。区委宣传部帮扶工作队协调 20 万帮扶资金帮助马驹桥镇郭村打造一条奥运文化主题特色街，新建村牌楼一座、硬化路面 6 600 平方米、绿化美化街道 2 400 平方米，并在道路两侧安装节能灯和宣传橱窗，村庄面貌焕然一新。区市政管委帮扶工作队投入帮扶资金 65 万元，为潞城镇太子府村新修道路 5 万多平方米、修建污水管道 2 万余米、完成村庄绿化 5 万平方米、改水、改厕 650 户、修建新型公厕 3 处、安装路灯 110 盏，并修建太阳能浴池和村民文化健身广场，进一步提高群众的生活水平。新城基业公司帮扶工作队筹措资金 60 万元，帮助台湖镇尖垡村先后完成村民健身园改造、党员活动室改造、放映厅建设、图书室建设等重点工程，并配齐图书、书柜等用品，定期开展为村民免费送电影进村活动，改善了该村基础设施、公共设施和文化卫生设施，丰富了村民文化、娱乐生活。各帮扶工作队新建农村社区卫生服务中心、太阳能浴室、休闲健身场所等公共服务设施 79 处，捐赠图书 2.3 万册，组织文艺演出下乡 100 余次，切实满足了农村群众不断增长的精神文化需求。

四是深化农村各项改革，农村经济社会发展的内在活力不断增强。各帮扶工作队以推动农村产权制度改革、加快土地流转为重点，协助帮扶村积极稳妥地推进了各项改革，维护、发展了农民群众的切身利益。协助乡镇党委完成 13 个帮扶村的村级产权制度改革工作，使农民群众分享到集体经济发展的成果。区科委帮扶工作队协助于家务乡北辛店村将本村 16 家农户的 33.33 公顷承包地进行流转，每公顷土地获得流转费达 15 000 元，并解决 50 名村民的劳动就业问题。各帮扶工作队协助帮扶村流转土地 540 多公顷，实现种养业的规模化发展和产业化经营，同时促进农民向二、三产业转移近 2 000 人。

五是深入开展“帮村联户”活动，低收入户群众的生活水平得到进一步改善。为贯彻落实市委十届五次全会和市农村工作会关于促进低收入农户增收工作的会议精神，组织动员社会各界力量，帮助低收入农户增加收入提高生活水平，2009 年 7 月，进一步创新帮扶工作机制，下发《关于在全区各帮扶农村工作队中开展“帮村联户”活动的通知》，“帮村联户”活动开展以来，各帮扶单位选派优秀党支部和党小组深入到帮扶村的低收入户家中，帮助解决生活困难，增强致富能力。区老干部局在了解低收入户的情况后，给每户送去 1 000 元慰问金、食用油和电饭锅，并针对贫困原因制定扶助计划。区检察院在国庆、中秋两节期间为 2 个低收入户送去 10 000 元慰问金和慰问品，并对这两户的蔬菜大棚进行改造升级，提高了收益。区成教中心针对所联系 2 个低收入户身患残疾的情况，积极为其争取残疾人就业政策，解决就业问题，提供了稳定的收入来源。

【领导体制的变革与创新】 深化“三级联创”活动，制定并实施关于加强新时期农村基层组织建设、村党支部书记队伍建设、农村基层党内民主建设等相关文件，基层组织制度更加完善。加大统筹协调力度，完成 478 个村党组织换届选举工作。经过选举，全区选出村党组织委员 1 500 名，有 146 个村实现“直选”，10 名大学生村官进入村党支部班子，村党组织班子的整体结构进一步优化。认真落实村党支部书记“一定三有”政策，进一步加大对村干部的培训力度。认真执行村级党务公开等民主制度，加快农村基层党内民主步伐；深入开展“驻村帮扶”活动，积极探索城乡基层党组织互帮互助新机制。会同区委社会工委研究制定关于加强全区社会领域党建工作等文件，创新“两新”组织中党组织设置形式；顺利完成全区70个社区党组织的换届选举，社区党组织成员的结构进一步优化。建立健全党员发展、教育和管理机制，注重在重大活动、重要工作中发展党员。不断丰富电化教育形式和内容，扎实推进农村党员干部现代远程教育工作。充分发挥组织优势，广泛开展“共产党员献爱心”、“共产党员志愿服务”等活动。

通州区主要领导人

区委书记	王云峰
副书记	邓乃平
	张文山（11月免）
常委	王云峰　邓乃平
	张文山（11月免）
	王春元（11月免）
	岳　鹏（4月任）
	李玉君　张秀余
	张永明（3月免）　尹双曼
	郭旭升（11月任）
	尹燕京　张　勇　储怀森
区人大常委会主任	石进贤
副主任	蒋洪昉　王　平　韩振福
	仇春利（9月免）
	张晓燕（女）
区长	邓乃平
副区长	张永明（3月免）
	岳　鹏（4月任）
	张　勇　赵玉影　于世疆
	刘淑华（女）　张　华
区政协主席	王玉辉
副主席	高志禄　杜宏谋
	李淑华（女，回族）
	金建华　杜少勋　王子江

通州区乡镇党政正职领导

	书记	镇长
永顺镇	董维毅(9月免)	张玉和(9月免)
	刘立新(9月任)	石国辉(9月任)
梨园镇	王岩石	于立东
宋庄镇	胡介报	裴志刚
张家湾镇	尚祖国	孙奎亮
漷县镇	杨连元	囤国常
马驹桥镇	房亚军	鲁新洪
西集镇	刘雪峰	张德启
潞城镇	苏雅文(女)	甄　宇
台湖镇	贾君刚(7月免)	刘贵明(9月免)
	刘贵明(7月任)	倪德才(9月任)
永乐店镇	张振泉	禹学河
于家务回族乡	陈　宇	何志强

（通州区史志办　陈宏毅　张亚昆）

顺义区

概述

顺义区位于北京市东北郊，城区距北京市区30千米，面积1 021平方千米。2009年度总户数25.9万户，户籍人口57.8万人，其中男性28.7万人，女性29.1万人。农业人口30.5万人，居民人口27.3万人，外来人口27万人。区辖19个镇（地区办事处）、6个街道办事处、426个行政村。年内，完成地区生产总值535亿元，同比增长11%，三次产业比重为3.9：47.5：48.6。属地财税收入完成218.8亿元，同比增长15.4%；地方财政收入完成85.2亿元，同比增长13.9%；其中一般预算收入48.1亿元，同比增长16.6%。预计完成固定资产投资330亿元，同比增长29.4%。预计完成出口交货额315亿元，实现社会消费品零售额156亿元。预计城镇居民人均可支配收入达到23 200元，农村居民人均纯收入达到11 600元，同比分别增长8%和12%。

新农村建设

2009年，顺义区委、区政府坚持以城市（产业）带动型为引领，全面推进“四种类型”新农村建设和“三起来”工程建设。市、区、镇、村四级全年累计投入资金19.39亿元，其中，市级支持资金2.41亿元，区级配套资金11.35亿元，镇、村自筹资金5.63亿元。

【城市（产业）带动型新农村建设】 为了满足重点产业功能区、城市扩容和轨道交通建设的需要，农村城市化进程切实加快。截至2009年底，顺义区已完成吴家营、前进、花梨坎、火神营等19个村的拆迁工作，拆除建筑面积173.64万平方米，为城市建设和产业发展提供了建设用地。涉及户数5 353户，使25 855人逐步实现了“工作在园区、居住在城区、生活在社区”的目标。

【整理推进型新农村建设】 投资70 600万元，完成了190个整体推进村的“五项基础设施”建设，硬化街坊路约300万平方米，建成三格化粪池厕所63 469户，老旧自来水管网改造275.1公里，完成马坡镇垃圾分类处理试点工作，同时启动赵全营、高丽营等9个镇的垃圾分类处理工程，建成农村公厕336座。

【环境整治型新农村建设】 2009年，环境整治工作按照“突出三个重点，抓好三个延伸，完善五项机制，实现一个目标”的工作思路，采取“政府主导，依靠群众，创新载体，分步实施，和谐推进”的工作方法，取得了阶段性成果。村容村貌干净整洁，绿化美化程度逐步提高，农村脏乱点得到有效治理，长效管理机制初步建立。特别是环境整治工作与“百村万户”绿化美化工程的有机结合，使各镇村的整体环境得到了显著提升，为“花博会”的成功举办提供了良好的外部环境。

【新农村“三起来”工程建设】 2009年，累计总投资7 520万元，新建太阳能公共浴室工程51座，安装太阳能路灯1 100盏，更换村内街道非节能灯照明总成5 000套，建成大型沼气集中供气工程1处、大型生物质气化集中供气工程1处，完成既有农宅节能改造317户，建设粪污治理工程10处。

【农村公共服务设施更加齐备】 全年投资2.9亿元，完成牛栏山一中、大孙各庄中学、张镇小学、赵全营幼儿园的新、改、翻、扩建工程；对10所农村学校进行教师集体宿舍改造，改造面积5 400平方米；投资2 000万元，改造12所农村中小学的操场10万平方米；市、区、镇三级政府共投资3 342万元，完成了1个社区卫生服务中心和58个社区卫生服务站的标准化建设工作；投资420万元，建设隆华连锁直营店30家，农资连锁直营店10家；投资1 500万元，建设建筑面积3 600平方米的刘家河客运站，新建改造候车亭86个。

都市型现代农业

2009年，顺义区实现农业产值56.6亿元，按可比价增长5.7%，占到全市的18%。其中，花卉产值5.08亿元，种业收入4.9亿元，同比分别增长27.6%和21.1%。农村居民人均纯收入达到11 600元，同比增长12%。

【种植业】 年内，顺义区共种植夏粮小麦1.41万公顷，亩产351.4千克，总产7 405.7万千克，总产值13 330.3万元；秋粮玉米种植面积2.25万公顷，亩产438.3千克，总产14 819.7万千克，总产值25 489.9万元；豆类0.11万公顷，亩产173.7千克，总产294.2万千克，总产值1 414.9万元；薯类0.013万公顷，亩产430.7千克，总产86万千克，总产值890.2万元；花生0.027万公顷，亩产246.4千克，总产109.5万千克，总产值550万元；苜蓿0.087万公顷，亩产干草950千克，总产1 235万千克，总产值1 235万元。蔬菜播种面积1.13万公顷，总产量54 864.8万千克，总产值108 373.8万元；西瓜、甜瓜总播种面积0.17万公顷，总产量8 674.9万千克，总产值23 132万元；全区蔬菜保护地占地面积0.33万公顷，其中温室0.11万公顷，大棚0.16万公顷，中小棚0.053万公顷；全区农产品加工、配送企业共65家，配送网点7 028个，配送总量20 362万千克，销售收入19.43亿元。农产品追溯制企业15家；种植业专业合作社52家，蔬菜为主的专业合作社23家。高产创建项目，建立“小麦—夏玉米”高产示范方666.67公顷，示范方小麦平均亩产407.1千克，夏玉米亩产534.2千克/亩，比全区平均亩产分别增16.3%和24.0%；实施农田培肥工程，推广应用有机肥150.4公顷，1 128吨，配方肥（缓释肥）675.2公顷，506.4吨，涉及2个镇8个村；田园清洁循环工程，释放6亿头赤眼蜂防治二代玉米螟，涉及12个镇，37个村，0.4万公顷玉米，示范区挽回损失500吨；籽种更新工程，推广小麦新品种10个，建立0.17万公顷小麦繁种田，平均亩产400千克，籽种收入2 000万元。推广蔬菜新品种200余个，包括黄瓜、番茄、彩椒、茄子、南瓜、西葫芦、甜瓜、小型西瓜等国内外新品种，增产增收均超过10%以上；设施农业整村推进项目，建立张镇聂庄、北务镇仓上、大孙各庄镇后陆马市级试点村，发放遮阳网10 000平方米、防虫网7 000平方米；测土配方施肥项目，推广测土配方施肥技术4万公顷，建立千亩示范方8个，百亩示范方11个，十亩示范方12个。建立5个国家级和33个市级农户施肥情况长期定位监测点。建立配送点22个，配送粮田有机肥1 050吨，蔬菜有机肥3 537吨，果树有机肥5 213吨，花卉有机肥200吨。此项的实施，全区农民节约资金250万元；水源保护地农田节水示范项目，建立示范区200公顷，亩节水107.48立方米，总节水32.2万立方米，总增收54.6万元。建设0.1万公顷推广区，亩节水58.6立方米，总节水87.9万立方米，总增收148.6万元；工厂化育苗项目，全区蔬菜种苗生产量900万株，产值670万元，同比分别增长12.5%和19.6%；林间食用菌项目，发展林地食用菌面积48.67公顷，210万棒，其中自制菌棒85万棒，外购125万棒；万人实用技术培训工程，组织培训136次，组织观摩32次，现场指导200余次，培训总人数16 000人次，发放材料10 000余份。组建创新团队综合试验站、农民田间学校工作站。其中，果类蔬菜综合试验站1所、农民田间学校工作站13所、田间学校54所，争取市级资金239万元。年内，粮经作物病虫草害发生面积228.47万公顷次，防治面积338.15万公顷次，挽回损失43 453.7吨，实际损失542.1吨；蔬菜病、虫发生面积38.3万公顷次，防治面积110.9万公顷次，其中推广物理防治杀虫灯0.17万公顷、黄板和防虫网0.3万公顷，生物防治16.5万公顷次；建立20个监测点监测外来和本地草地螟及蝗虫发生情况，沿昌金路安装高空探照灯26盏，建设北京市有害生物阻截带第二防线。蔬菜农药残留检测覆盖全区16个镇和石门市场，蔬菜样本检测覆盖率90%以上。速测13 138个样本，合格率为99.9%。农产品农药残留定量检测蔬菜、果品样本共434个，合格率为99.8%。建设“两气”工程2处，900户农民用上清洁燃气，每户年节约煤152吨，减少CO_2排放398吨，解决农民就业10人；完成太阳能大众浴室项目45座，涉及19个镇45个村；安装太阳能路灯1 000盏，涉及25个村。

【农机服务】 全区农机总动力为35.8万千瓦，农机资产原值为4.23亿元。拥有各种拖拉机2 797台，其中大中型拖拉机1 455台，小型拖拉机1 342台；联合收割机422台；配套农机具3 149台（套）；排灌动力机械5 359台；农副产品加工机械532部；植保机械6 097台；畜牧养殖业机械1 328台；渔业机械2 878台；林果业机械866台；设施农业机械3 933台；农用运输车4754辆。年内，完成小麦、玉米等作物机播面积4万公顷，机收面积2.30万公顷，机械植保面积4万公顷，机械化水平分别达到99%、44%和100%。其中玉米机收0.77万公顷，机收率为33%，比上年提高20%，小麦机收1.43万公顷，机收率为100%；完成春夏玉米及冬小麦保护性耕作3.64万公顷，占播种面积的90%；小麦、玉米秸秆综合利用3.73万公顷，综合利用率为100%。年末，全区拥有农机社会化服务组织及农机专业户383家，其中农机资产原值在20万元以上的服务组织及农机专业户264家，占总数的69%。共争取国家、北京市和本区财政农机补贴资金2 000余万元，购置农业机械总值3 244万元，其中国家和北京市财政补贴50%，区财政补贴20%，农民自筹30%。共购置农业机械1 318台（件）和4万平方米日光温室保温被，其中大中型拖拉机100台、小麦联合收割机14台、玉米谷穗收获机72台、土壤深松机34台、玉米免耕播种机65台及设施农业机械1 040台。北京市玉米机收观摩现场会在顺义区举行。9月29日，在南彩镇的玉米地里，不同厂家、不同型号的4台大型自走式玉米收获机和新型土壤深松机、抛肥机、变量施肥机、免耕播种机等机械，分别进行了作业演示。农业部农业机械化司副司长刘宪、北京市农业局局长赵根武、顺义区区长刘剑、副区长赵贵恒参加了观摩活动。11月27日，农业部保护性耕作观摩暨北京全面实现保护性耕作项目验收会议在顺义召开。农业部农业机械化管理司司长宗锦耀、副司长刘宪、北京市农业局副局长王振邦和全国各省（自治区、直辖市）农机主管部门领导及中国农业大学专家、代表共计40多人参加会议。北京市农业局有关领导汇报了全市2006—2008年开展保护性耕作情况，与会代表参观了顺义区小麦保护性耕作示范地块和区农机服务站建设。经农业部专家组会商评审，“北京全面实现保护性耕作项目”合格。2006—2008年，顺义区共累计完成春玉米、夏玉米、冬小麦保护性耕作3.02万公顷、2.93万公顷和2.93万公顷。保护性耕作率分别达到了96.7%、100%和91.3%，均超额完成项目约定指标。

【水产养殖】 2009年顺义区池塘养殖面积951.33公顷，其中成鱼养殖面积837.2公顷，生产成鱼1 062万千克，同比增长1.1%，渔业经济总产值1.56亿元，同比增长1.2%。休闲垂钓渔业发展势头良好，全区垂钓量297.6万千克，与2008年同期相比增加26.6万千克，同比增长9.8%；吸引游客33.17万人次，比2008年增加2.91万人次，同比增加9.6%；垂钓收入6 117万元，比2008年同期增加527万元，同比增长9.4%。年内全区已建成标准化垂钓园17家，政府扶持340万元，养殖者多方投入3 120万元，累计投入资金3 460万元，新增就业岗位78个；新增绿地面积69.6万平方米，植树3.9万株。消除安全隐患四类，池塘堤路硬化120万平方米，电缆线路技术改造5万余米。全区从事垂钓的场家已经达到419户，占全区水产养殖总户525家的79.8%，全区垂钓量297.6万千克，占成鱼总产的28.1%，垂钓收入6 117万元，占渔业经济总产值39.2%。年内向潮白河、后沙峪罗马湖和汗石桥湿地水域投放锦鲤、鲢、草鱼等各类苗种31.25万尾，丰富了水域物种资源，改善了水域生态环境。通过放流前后对水质抽样检测对比，活性磷由每升2.82毫克降到1.79毫克，降幅39%，亚硝酸盐由每升0.55毫克降到0.38毫克，降幅31%，氨态氮由每升0.6毫克降到0.38毫克，降幅37%。各项理化指标都取得显著下降。

【动物卫生监督】 2009年，顺义区新发展种猪场5个，引进更新原种猪300头，建立北京中顺种猪联合育种中心，开展猪人工授精技术服务与推广，推广良种猪精液10万头份，出栏种猪26万头，覆盖全国28个省（自治区、直辖市），促进地方猪种改良，提高了农民养猪收入。全年实现良种产业收入10亿元，占全区畜牧业总收入的37%。动物卫生诚信责任体系工作深入推进。与动物养殖单位、动物屠宰加工单位、经营性冷库、动物产品经营单位、动物产品使用单位、动物诊疗单位、兽医实验室、动物投入品生产、经营企业、生鲜乳收购站以及动物投入品原料供应单位11类361个监管对象签订责任书361份。同时，屠宰加工企业、动物产品经营单位、经营性冷库、动物投入品生产企业、动物养殖单位5种83个监管对象签订了质量安全协议书，签订协议书的供应方数量463个，完成率为100%。产地检疫、屠宰检疫工作不断加强。2009年，顺义区采取有效措施，确保上市动物及动物产品无疫安全：一是严格实行动物检疫报检制，监督员包镇，防疫员包村的责任制度，分别在19个镇设立了26个动物检疫报检点，并将动物检疫报检点的电话号码、报检内容、报检责任人予以公示，发放了便民卡，方便了养殖场（户）报检；二是加强对全区17家畜禽定点屠宰企业监管，严把四关，即畜禽入场关、宰前检疫关、宰后检验关和产品出厂关。2009年，顺义区共检疫生猪62.6万头、牛1.2万头、羊1.1万只、马221匹、禽类1 064万只；屠宰检疫生猪290万头、禽类2 642万只，检出病害生猪8 014头、禽22.4万只。对检出的病害动物及产品，严格按照国家规定进行无害化处理。兽医实验室生物安全监管工作全面开展。强化饲料企业监管。五项措施做好养殖场（户）病死畜禽无害化处理监管工作。一是切实加强领导，增强做好病死畜禽无害化处理监管工作的责任感；二是开展宣传教育，提高畜禽养殖场（户）的法律意识；三是完善处理设施，建立健全病死畜禽无害化处理机制；四是强化检疫监督，督促养殖场（户）落实无害化处理措施；五是加强监督检查，对染疫或疑似染疫的动物及其产品，要严格按照《病害动物和病害动物产品生物安全处理规程》进行处理。2009 年，检查养殖场（户）576 个，立案查处加工病死畜禽案件 2 起，罚款 54 830 元，销毁病死畜禽 1 800 千克，有效遏制了加工出售病死畜禽的违法行为。顺利完成国庆、花博会畜产品供应任务。按照市区主管部门的指示精神，顺义区采取广泛宣传、签订责任书、驻点监控、严格检疫、打击违反动物防疫法律法规行为等一系列措施开展动物卫生监督工作，有效保障供应阅兵村的猪肉产品 335 吨、鸡产品 217 吨，无药物残留和违禁成分，圆满地完成国庆、花博会期间畜产品供应任务。加强重大动物疫病的免疫。2009 年，顺义区按照季节免疫和程序化免疫相结合的方式对辖区所有重点动物疫病全部实行强制免疫，严格落实《三级督察制度》、《动物免疫三方确认制度》，有效确保免疫密度及质量。全区累计完成禽流感、口蹄疫、高致病性猪蓝耳病等重点疫病免疫 5 200 万头只；狂犬病疫苗免疫犬 13.2 万条等，畜禽重点疫病免疫密度全部达到 100%。加强疫病监测和检疫净化。2009 年，顺义区对花博会场馆周边、鲜花港周边等重点部位、重点区域，有针对性地增加了监测的频率和比例。特别是 60 年国庆庆典及花博会期间，我们及时调整了重点地区养殖场户畜禽监测方案，由常态下的抽检升级为普检，为“迎国庆、保花博”打下了坚实的基础。期间共计完成检测畜禽样本 8 万余头份，监测面达到了 100%。

【园林绿化】 2009 年，计 30.5 万人以多种形式义务植树 82.5 万株。花博会室外展区建设面积 26.9 公顷，栽植乔灌木 122 种 8.7 万株，花卉 124 种 300 余万株，建设了一批园林小品和附属配套设施，和谐广场开展了绿化改造等二期工程建设。“百村万户”农村庭院绿化美化示范工程完成 151 个村庄和 36 937 户家庭的绿化，新植和改造面积 266.7 公顷，栽植树木花卉 157 万株。占地面积约 1 200 公顷的潮白河滨河森林公园工程于 10 月启动。白马路东延长线等 4 条重点道路绿化 43.4 公里，面积 196.7 公顷，植树 11.8 万株。京津风沙源治理（人工造林）完成面积 93.3 公顷，栽树 9.9 万株。平原治沙面积 616.1 公顷，栽植树木花卉 13 万株。在白马路东延长线等 6 条道路永久带内播草盖沙面积 166.7 公顷。新植第二道绿化隔离地区景观生态林面积 64 公顷，植树 5.1 万株。彩叶工程面积 33.3 公顷，植树 2.5 万株。果品产量 7 500 万千克，产值 2.35 亿元。更新发展樱桃、苹果等 179.4 公顷，建设了 13.33 公顷“三优、三高、一体化”生产技术体系集成示范园。117 公顷的樱桃等 8 个树种 20 种果品列入北京市唯一性特色果品。推广果品有机化栽培综合配套技术 2 000 公顷。北京人之初农业发展有限公司等 4 家果品基地共投资 1 000 多万元，改善了园区的配套设施。对果农实用技术培训 1 万余人次；30 余家单位和个人获得无公害内检员证书。果品采摘 60 万人次，采摘量 530 万千克，产值 6 900 万元。“2009 中国·北京樱桃擂台赛”顺义区 15 家果园获奖 11 项，其中有三项一等奖。花卉种植面积 1120.9 公顷，生产鲜切花 725 万支、盆栽植物 5 779 万盆，总产值 3.1 亿元。现有花卉市场 1 个，花卉企业 74 家，花卉种植农户 81 户，“两港三带五园多点”的花卉产业格局初步成形。引进 4 家花卉企业，占地 53.3 公顷；北郎中花木中心正在建设有 2 000 多种菊花的主题产业园，6 家花卉企业被授予北京市百万市民走进京郊百花园定点单位。全年接待观光采摘 2.5 万余人次，采摘花卉 150 万株（枝），销售收入 220 万元。在花博会北京区县展顺义展区展示了盆栽、鲜切花等精品花卉。林业苗圃 123 个，育苗面积 2 228.33 公顷，在圃苗木 4 505万株，销售产值 7 200 万元。蜂产业总收入 1 372万元，总蜂群数为 5 260 群。办理林木采伐许可证 870 件、11.45 万株；办理林木移植许可证 147 件、3.34 万株；征占用林地（永久）19 件、44.3 公顷。连续第九年未发生森林火灾。救助市级保护野生动物 18 只、监测野生动物 292 万余只。办理调运检疫、产地检疫等行政许可事项 3 064 件，产地检疫 132 家，检疫面积 3 000 公顷，签发植物检疫证书、出省木材运输证和森林植物检疫要求书 2 932 份；设立森林病虫害监测测报点 116 个，为花博会场馆设立临时测报点 17 个；完成飞机防治 230 架次，地面防治累计 12 万公顷。现有林木绿地养护管理专业队 12 支，管护“五河十路”等重点景观生态林面积 2 133 公顷。开展了二类绿化资源普查、湿地调查、第四次荒漠化和沙化调查、古树名木普查、山区生态林管护工作，编制完成《顺义区林地保护利用规划》。

【水务】 10 月 23 日，举行顺义新城滨河森林公园工程启动仪式，夏占义副市长和市水务局等有关部门领导出席仪式。公园占地 0.124 万公顷，总投资 7.4 亿元，分水工建筑和园林绿化两部分。其中，水利工程部分疏挖、整治河南村橡胶坝下游 9.3 公里河道，改建、新建船闸 2 座、橡胶坝 3 座，建设景观设施。7 月 1 日，举行顺义新城温榆河水资源利用（二期）工程启动仪式，夏占义副市长和市水务局等有关部门领导出席。工程投资 2.7 亿元，建设日处理污（河水）水能力 10 万吨水质净化系统。顺义空港新城龙道河生态治理工程获市发改委批复，工程投资 1.53 亿元，治理河道 6.74 公里。投资 4 417 万元，完成罗马东湖湿地生态环境整治工程，新增蓄水面积 8.87 公顷，全区水务工作荣获市政府“乡村水环境建设先进奖”。召开全区供水安全保障工作会，以产权单位管理为主原则，明确供水设施安全管理权限、职责、任务和标准。加强对615眼村级饮水井、684眼用水单位自备井、水源八厂等市级水源地、裸露输水管线，京密引水渠的监督检查，做到安全运行，万无一失，被花博会指挥部授予“最佳服务保障奖”。投资2.2亿元，改造12个镇42个村供水设施，解决7.2万人饮水安全问题。投资800万元，实施水源地保护工程，更新水源井49眼，配套水泵等设备，改造老化供水管网。严格取用水审批，核发用水指标3.06亿立方米，其中工业和生活用水8 981万立方米。办理50家用水单位取水许可证，完成凿井批准154眼，审批3份水资源论证报告。受理行政许可事项134件，办理完结128件。投资5 940万元，建设大田喷灌0.23万公顷、设施农业节水灌溉295.07公顷，新打机井10眼，新建井房10座。完成6个居民小区，8家用水单位节水型单位创建工作。投资1 403万元，实施赵全营镇北郎中村循环水务村建设工程，整合污水处理站、雨洪利用设施，新增蓄水30万立方米。采用微喷等高效节水技术，利用再生水和拦蓄的雨水灌溉农田。实施北京国际鲜花港集水工程，投资1 822.8万元，建设占地4.67公顷幻花湖，收集智能温室和景观展示区雨水，年可收集雨水10万～12万立方米。投资1 900万元，整治李桥镇苏庄、杨镇别庄等17处坑塘，新增蓄水能力711万立方米，闸坝、坑塘蓄水能力达9 000万立方米。完成花博会主展馆环境和灌溉供水工程，用再生水作环境和花卉灌溉用水，节约地下水400多万立方米。建设15个新农村污水处理站20座，日处理能力1 420立方米。投资165万元，治理10处养殖污水。投资1 843万元，消除怀河史家口村东险段、胡窑排水、中山北街排水主管道检查井等18处安全隐患。各镇、各单位筹集1 460余万元，解决12处镇级度汛隐患，清淤排水沟59条，全区未出现汛期事故。投资2 000万元，开启滤井20眼、推流泵6台套，安装植物浮床10万平方米，改善潮白河和减河水质。投资3 534万元，完成20座危旧桥改造、石园东区等16栋楼排水设施改造工程，翻建化粪池14座，解决污水外溢问题。核定农业户口移民后期扶持人口4 268人，无固定职业农转非移民1 460人，发放农业户口移民扶持资金256.08万元、农转非移民技能培训补贴81.76万元。投资560万元完成移民安置村基础设施建设项目75项，荣获2009年度市级先进奖。

【双青林场】 2009年林场共完成更新改造面积114.53公顷，其中包括复兴工区、郝家疃26小班、河南村6、25、27、28小班、王家场工区、王家场9小班，共栽植乔木和灌木46 456株，全部采用近自然式的栽植方式，进行多树种混交，乔木有油松、杨树、栾树、白蜡、元宝枫等，灌木包括连翘、丁香、珍珠梅、金银木等。中国第七届花卉博览会落户顺义，双青工作组三上青海，四赴云南，行程约2万公里，直接投入32万元。

【气象】 2009年区气象局把第七届花卉博览会气象服务作为重点项目，并纳入国庆60周年的综合服务方案中开展有针对性的服务。5月份区政府为“决策服务网站”投资17.48万元，完成了软硬件平台升级，同时置办了移动自动气象站，在第一届菊花文化节和第七届中国花卉博览会开幕式上投入使用。国庆和花博会期间，提前为16万平方米的建筑进行验收检测。荣获第七届中国花卉博览会最佳服务保障奖；5人获得“第七届中国花卉博览会先进个人”称号。全年平均气温为12.6℃，比历年平均值11.9℃偏高0.7℃，其中秋季平均气温比常年偏低0.3℃，其他三个季节平均气温均偏高，尤其春季平均气温比常年偏高1.8℃。年降水量为421.8毫米，比历年平均值603.1毫米偏少181.3毫米，即偏少3成，其中冬季比常年偏多6成，春、夏季比常年偏少3～4成，秋季比常年偏多1成。年日照时为2 480.4小时，与历年平均值2 628.0小时基本持平，其中秋季比常年偏少1成，其他三个季节与常年基本持平。全年气候条件对农作物生长较为有利，灾害性天气所造成的损失较小。7月2日李遂镇遭受暴雨、大风、冰雹袭击，共造成直接经济损失202.2万元；7月13日北务镇遭受雷雨、大风袭击，共造成直接经济损失410万元；7月23日牛栏山镇、李遂镇、南彩镇、杨镇、北小营镇遭暴雨、大风袭击，共造成直接经济损失1 242.3万元；11月1日北务镇出现暴雪气象灾害，致使15个村20公顷设施受灾，直接经济损失95万元。2009年常规检测单位222家，31家新建建筑物工程图纸报送审验，28家办理了完整的防雷审核手续，建筑面积108余万平方米。办理竣工验收1家，面积16万余平方米（花博会主场馆）。新建工程的防雷跟踪竣工验收29家单位，面积112万余平方米。完成北京现代汽车有限公司重点检测工作，及区教委51家单位的防雷整改复检工作。2009年做出防雷行政许可审核28份，面积88万余平方米；防雷竣工验收1份，为第七届花卉博览会主场馆防雷设施建筑面积16万平方米；施放气球审批17次，气球92个。开展执法检查33天次。5月16日依法查处违法施放气球一起，并实施现场处罚。

【三高科技农业示范区】 北京顺义三高科技农业试验示范区是1995年1月建立的科技农业示范区，核心区占地186.67公顷。2002年11月6日，北京市科学技术委员会、北京市农村工作委员会、北京市顺义区人民政府共同签署加强三高示范区建设（以下简称“委区共建”）决定，三高示范区逐渐形成了精品花卉、观光采摘、林木种苗、农产品加工、畜牧籽种、科普培训、餐饮住宿为主的产业，并依托科研院所成为科技成果孵化转化、示范推广的重要平台。“委区共建”工程取得实效。4月8日，市科委组织有关专家对“顺义三高农业园区示范工程（滚动课题）”进行了验收。主要内容包括：①完成肉羊品种的多态主效基因及遗传距离的测定、肉用型种羊舍饲标准化生产体系制定及羊用子宫角输精技术研发。②

启动科技成果集成示范展示基地建设。③构建以农民专业合作社为主体的新型农业要素集成技术服务体系。农民专业合作社建设进展顺利。在2月12日召开的北京市农村工作会上，顺义区的绿奥蔬菜合作社和百果惠民果品产销专业合作社被评为京郊农民专业合作社先进单位。9月11日，顺义区人大代表到北务镇希望花卉专业合作社视察，对顺义区农民专业合作社基本概况、开展的主要工作、合作社建设成效以及今后工作思路等情况进行了解。顺义区“2009年北京市现代农业装备对接农民专业合作社工程”购车工作完成。顺义区共有37家农民专业合作社完成了购置39台专用车辆的所有手续。截至2009年底，顺义区共有136家农民专业合作社，社员共14 039户，与当地未入社农户相比，户均增收2 630元。休闲、采摘产业不断发展。2009年，三高示范区调整种植结构，增加名特优新种植品种，增加了淡季草莓观光、采摘新品种——枥乙女和章姬、礼品西瓜、礼品甜瓜、食用大黄、叶用藤三七等都市型高科技农业种植品种，充实观光、采摘内容。引进的沙田柚、平山柚、红肉火龙果等南方热带水果生长良好。三高示范区全年共接待参观游客7.1万人，其中中小学生4.3万人，外省市游客1.2万人，外宾0.7万人，参观考察人员0.9万人，实现收益21.6万元。成为北京市中小学生社会大课堂重点单位。三高农业示范区被北京市教委确定为“中小学生社会大课堂”示范基地、首批43家社会资源单位中的一员。确定了“草莓的栽培与管理”、“水培波士顿生菜的种植与管理”、“景德镇陶艺文化与陶瓷制作”等多门课程。经顺义区教委推荐成为中学生“课改”学分制课堂，共两项：一项为无土栽培，一项为病虫害防治。即为北京市中小学生提供了急需的实习基地，也为三高示范区提高了知名度，更有利于学生接触、了解北京顺义三高科技农业试验示范区。2009年三高示范区共接待“中小学生社会大课堂”上课学生6.2万人次，中学生“课改”学分制课堂学生1.2万人次，实现收益368万元。

【汉石桥湿地】 汉石桥湿地自然保护区于2005年4月4日经市政府批准为市级自然保护区，同年6月成立顺义区汉石桥湿地自然保护区管理办公室（简称湿地办），为区政府直属正处级全额拨款事业单位。负责保护区的保护、管理与湿地资源的开发利用，组织开展科学研究、科普旅游等。汉石桥湿地自然保护区位于顺义杨镇地区，距北京城区约35公里，总面积19平方公里，是北京市唯一现存的大型芦苇沼泽湿地以及多种珍稀水禽的栖息地，其中国家Ⅰ级重点保护野生动物2种，国家Ⅱ级重点野生动物17种，具有极大的保护和科研价值，对于区域经济社会可持续发展具有重要意义。保护区划分为核心区、缓冲区和实验区。核心区面积163.5公顷，是保护区的核心和精华，实行全封闭保护，控制人员进入；缓冲区面积12.1公顷；实验区面积1 724.4公顷，保护区主要针对这一区域开发利用，开展生态旅游、科研科普等方面工作。汉石桥湿地污水处理厂竣工。汉石桥湿地污水处理厂竣工并投入试运行。该水厂主要处理杨镇镇区、杨镇中学、杨镇工业区等区域产生的污水，达标后再流入湿地，有效解决湿地水源不足及水污染问题，解决杨镇中心区的污水治理问题，将对汉石桥湿地的保护和发展起到重要作用。目前，每天可处理污水2 000吨左右，水质可达到《城镇污水处理厂污染物排放标准》一级A标准，远期可实现日处理污水20 000吨。生态旅游形成热点。湿地办大力开展旅游工作，汉石桥湿地的知名度和美誉度不断提高，成为顺义旅游的新热点。一是完善旅游基础设施。新建餐厅、烧烤区、快餐区，完成道路、桥涵、停车场、码头的建设，优化游览路线，开通东直门到湿地的旅游专线，方便了游客。二是增设旅游项目。增加水上自行车、水上步行球、水上滚筒、露营等新项目，景区接待能力进一步增强。三是开展适度营销。通过开展摄影比赛、观鸟比赛、垂钓比赛等赛事活动，汉石桥湿地的知名度和影响力不断扩大，游客人数迅猛增长。年内共接待游客10万余人，日客流高峰达5 000人。湿地生态环境得到改善。湿地办通过水生及陆生植被的种植、养护、旱生植物治理等工作，使有害生物得到有效治理，旱生植物得到有效控制，营造出四季有绿、三季有花、处处有景的良好生态景观。

农村二、三产业

2009年全区经信委系统围绕“保增长，促发展”这一中心任务，积极帮扶企业应对金融危机，引进服务重大项目，狠抓功能区和二、三产业基地建设，全面调整和优化产业结构，区域工业全年实现逆势而上，保持高位运行。

【经济运行情况】 2009年，全区限额以上工业企业640家，共完成工业总产值1 507.6亿元，同比增长25.1%；完成销售产值1 495.3亿元，同比增长25.6%。完成属地财税收入88.7亿元，同比增长63.0%；完成地方财政收入11.1亿元，同比增长59.0%。

交通运输设备制造业拉动作用明显。2009年，汽车及零部件企业累计实现产值771亿元，同比增长67.7%，拉动全区经济指标增长26.8个百分点；完成销售收入776亿元，同比增长73.7%；贡献税收61.9亿元，同比增长92.2%；吸纳就业17 366人，本地化率48%。2009年全年，全区整车产销分别为622 247辆和621 338辆，同比分别增长80%和83%；其中北京现代产销分别为571 234辆和570 309辆，同比分别增长90.2%和93.6%。北汽有限共生产汽车51 013辆，销售51 029辆，同比分别增长12.6%和13.6%。电子通讯业指标下滑幅度缩减。全区限额以上电子通讯设备制造业企业共18家，完成工业总产值 263.9 亿元，同比下降 16.2%；完成销售产值 263.8 亿元，同比下降 16.7%；实现出口交货值 234.9 亿元，同比下降 18.2%。松下普天完成总产值 18.5 亿元，同比增长 17.0%；完成销售产值 18.6 亿元，同比增长 18.5%；实现出口 18.6 亿元，同比增长 18.5%。索爱普天完成总产值 224.8 亿元，同比下降 18.9%；完成销售产值 223.8 亿元，同比下降 19.9%；实现出口 207.3 亿元，同比下降 20.6%。都市工业平稳运行。2009 年，都市工业累计完成工业总产值 184.2 亿元，同比增长 2.5%；完成销售产值 182.5 亿元，同比增长 2.1%；完成出口交货值 19.2 亿元，同比下降 9.7%。牛栏山酒厂完成总产值 16.4 亿元，同比增长 40.4%；完成销售产值 15.6 亿元，同比增长 43.9%。鹏程食品年内完成总产值 28 亿元，同比增长 3.7%。曲美家具在 2009 年市场不稳的情况下，创新营销模式，启动了网络商城与实体店相结合的营销模式，缩短了渠道环节，有效降低了渠道成本、提升了品牌竞争力。全年完成总产值 3.0 亿元，同比增长 53%。通用设备制造业产销指标稳步提升。限额以上通用设备制造业企业共有 67 家，2009 年完成工业总产值 77.6 亿元，同比增长 14.4%；完成销售产值 74.5 亿元，同比增长 10.1%；实现出口交货值 9.3 亿元，同比下降 31.7%。其中，伟世通空调产销指标增速均在 50% 以上，完成总产值 18.5 亿元，同比增长 65.1%；完成销售产值 18.4 亿元，同比增长 64.6%。恩布拉科雪花压缩机各项指标快速增长，完成工业总产值 16.6 亿元，同比增长 34.7%；完成销售产值 16.1 亿元，同比增长 37.9%；完成出口交货值 1.5 亿元，同比增长 41.0%。限额以上基础工业企业 142 家，累计完成工业总产值 158.3 亿元，同比增长 33.4%；完成销售产值 1 540.0 亿元，同比增长 31.2%。其中，首钢冷轧完成工业总产值 47.7 亿元；完成销售产值 46.6 亿元，增长均为 2008 年同期的 1.8 倍；拉动该行业产值、销售产值分别增长 26 个和 25.7 个百分点。江河幕墙分别完成总产值、销售产值 31.7 亿元，同比增长 13%。限额以上生物医药企业 25 家，2009 年累计完成总产值 14.7 亿元，同比增长 21.8%；完成销售产值 13.3 亿元，同比增长 18.8%。韩美药品完成总产值 4.6 亿元，同比增长 27.2%；完成销售产值 4.2 亿元，同比增长 24.4%。总产值亿元以上企业 94 家，累计完成总产值 1 385.9 亿元；产值 10 亿元以上企业 16 家，完成总产值 1 176.3亿元；百亿元以上企业 3 家，完成总产值 843.5 亿元，分别是北京现代 474.9 亿元，索爱 224.8 亿元，现代摩比斯零部件 143.8 亿元。其中，汽车产业对区域工业的拉动作用极为突出，成为全区工业快速增长的强劲引擎；通用设备制造业和基础产业也为顺义区工业保持高速增长做出了突出贡献。

【重点监控企业情况】 2009 年，30 户重点监控企业累计完成工业总产值 1 215.9 亿元，同比增长 33.5%，完成销售产值 1 205.1 亿元，同比增长 33.9%，实现出口交货值 245.3 亿元，同比下降 18.8%。北京汽车制造厂有限公司，全年实现总产值 30.0 亿元，同比增长 16%；实现销售产值 29.8 亿元，同比增长 17.3%；吸纳就业 1 781 人。燕京啤酒集团围绕市场结构、产品结构和产品价格三大结构调整，有序展开行动，增强了市场整体作战能力，大大提高了企业创利水平。2009 年，北京地区啤酒产量达到 121 万千升，比 2008 年同期增加 12.7 万千升，同比增长 11.8%；完成销售收入 44.4 亿元，同比增长 14.6%；实现利润总额 5.4 亿元，同比增长 37.7%。

农村改革与管理

2009 年，区经管站在区委、区政府的正确领导及区农委、市经管站的具体指导下，认真学习领会十七届三中全会精神，深入贯彻落实科学发展观，围绕社会主义新农村建设，立足“保增长，保民生，保稳定”的工作大局，认真落实党在农村的各项基本政策，创新农村经营体制机制，创新农经工作思路和方法，为全区农村经济发展、增加农民收入、维护农村稳定做出了应有的努力。

【推进农村土地承包经营权流转】 2009 年，全区 387 个村，确权土地面积 4.2 万公顷，其中：土地确权确地的村 4 个，涉及农户 1 471 户，4 919 人，面积 532.07 公顷；确权确利的村 99 个，涉及 3.2 万户，9.2 万人，面积 0.81 万公顷；确地确利相结合的村 284 个，涉及 8.1 万户，26.8 万人，面积 3.33 万公顷。全区流转土地总面积 2.82 万公顷，占确权面积的 67.1%。其中确地后流转（农户间为了耕种方便，在本村农户间进行互换，或暂不愿经营土地的农户将土地流转给本村大户，适当收取土地流转费）面积 581.87 公顷，占流转面积的 2.1%；确权确利流转（主要是不确定地块，农户将土地直接流转给村集体，村集体将接转的土地采取集体经营、大户承包和对外租赁的形式经营。农户从村集体领取土地流转收益）面积 2.77 万公顷，占 97.9%。2009 年全区兑现土地收益 1.59 亿元，同比增长 18.2%，亩均兑现收益 383 元。

【加强农村集体资产和财务管理】 农村集体资产与财务管理历来是经管工作的基础，做好农村集体资产与财务管理工作是解决当前农村矛盾的需要，也是搞好农村基层民主的需要。为了更好地在基层开展工作，提高工作质量，2009 年，区经管站做了以下几项工作：一是举办农村财会培训班 3 期，对 550 余名镇村两级财会人员进行了业务培训。二是完善“村账镇管”制度，全区 426 个村全部实行“村账镇管”。所有镇都实行了“村账镇审、集中办公、两级审核、民主监督”的农村财务管理机制，堵塞了各种财务漏洞。三是全区全部实行了财务公开，通过公示栏张贴，让群众明白，还干部清白。同时加强监督检查，严格考核奖励制度，建立了工作责任制和责任追究制，确保了财务常公开，真公开，推进了基层民主管理的进程。

【加强春秋两季农民负担监督管理执法检查】 2009年，春秋两季农民负担监督管理执法检查的主要内容是村级公益事业补助资金的拨付及使用情况。①公益事业补助资金拨付情况：全区425个村，市、区两级财政应拨付村级公益事业专项补助资金5 732万元，实际拨付5 732万元，其中市财政拨付4 402万元，区财政拨付1 330万元。此款项已经于年初足额拨付到村级组织银行账户，未出现截留、平调，挤占、挪用现象。②使用情况：截至2009年9月30日，全区实际支出4 440.92万元，占总金额的76.43%，其中：公益设施建设费用1 646.81万元，占总金额的28.34%；公益设施维护费用804.49万元，占总金额的13.84%；社会管理费用1 390.29万元，占总金额的23.94%；社会事业费用474.71万元，占总金额的8.17%；村务人员工资124.62万元，占总金额的2.14%。期末余额1 369.79万元，占总金额的23.57%。

【全面加强农村集体经济审计】 2009年，全区审计328个单位，其中镇或村管理机关审计238个单位，占总数的72.6%；事业单位6个，占总数的1.8%；集体企业审计84个单位，占总数的25.6%。在集体企业审计中，主要以工业企业审计为主，共审计72个单位，占审计单位总数的22%；建筑企业审计3个，农业企业审计4个，服务业企业1个，其他行业4个，审计总金额为339 921万元。

【积极推进农村集体经济产权制度改革】 根据《中共北京市委、北京市人民政府关于进一步深化乡村集体经济体制改革加强集体资产管理的通知》京发[2003] 13号及《中共北京市委农村工作委员会、北京市农村工作委员会关于积极推进乡村集体经济产权制度改革的意见》京农发［2004］28号文件精神，2009年，全区47个村完成改革工作，自2005年度启动改革试点至2009年末，累计完成改革村数量137个。全区所有的改革试点村做到“五统一”：即统一改制时点日、统一资产评估、统一登报公告、统一推进日程、统一改革模式，有利于改革工作有效推进。

【积极推进农民专业合作组织规范发展】 2009年，顺义区共有136家农民专业合作社，注册资金总额4 889万元。入社社员共14 039户，涉及16个镇109个村，占全区从事一产农户总数的63.8%。其中种植类合作社45家，占33.1%，其中瓜菜合作社24家，杂粮合作社13家；林果类合作社37家，占27.2%，其中果品合作社33家；养殖类合作社35家，占25.7%，其中养猪合作社21家；农机类合作社15家，占11.0%；其他类型合作社4家，占2.9%，涉及人力资源、旅游、工艺品等。

【打造农村信息平台，提升农经管理水平】 针对农经管理手段落后导致农经信息失真、基础工作薄弱的问题，按照全市统一布置，全区农村管理信息化工作全面推开。一是全区426个村全部配备了计算机，19个镇配备了服务器；二是加强农村管理信息化工作的队伍建设。据统计，全区426名村级会计中，计算机操作水平一般的145人，占34.1%；较熟练的15人，占3.5%；属电脑盲级的266人，占62.4%。面对实际情况，培训工作任重道远，重点落实镇级信息化师资和村级信息员培训计划，做到分级负责，统一考核。三是在认真采集、核实基层数据的基础上，建立了农村人口、农村劳动力、农村土地承包及合同、农民家庭收支、农村集体资产与财务、村级组织正常运转转项补助资金和新农村建设等七大基础数据库，实现了农村管理信息“三级联网、四级传输”。

农村社会生活

【农民收入与消费、农民衣食住行情况】 据全区农村270户调查资料显示：2009年全区农民人均纯收入再创历史新高，实现11 648元，比上年增长12%，继续保持全市十个远郊区县之首。人均生活消费支出达到8 056元，比上年增长16.6%。2009年城镇居民人均可支配收入23 179元，比上年增长8%，人均生活消费支出13 466元，增长6%。虽然农村居民收入、消费水平与城镇居民相比还存在一定差距，但增长幅度明显加快，农村人均纯收入、人均生活消费支出增幅分别高于城镇人均可支配收入、人均生活消费支出增幅4个百分点和10.6个百分点。2009年工资性收入仍是农民增收的主体，占人均纯收入60.6%；其次为家庭经营性收入占15.4%；转移和财产等非生产性收入占29.2%。在人均生活消费支出中，八项支出均属上升趋势。除食品、文化教育和娱乐方面支出增幅较小，其他六项支出均在两位数以上。食品类支出占生活支出总额即：恩格尔系数为34.8%，比上年的37.1%下降2.3个百分点。2009年每百户主要耐用消费品拥有量中，除摩托车拥有量下降外，其他大件耐用消费品都有不同程度的增加，其中增长幅度较大的：家庭生活用汽车增长40%；空调机增长16.7%；抽油烟机增长17.8%；微波炉增长26.7%；家用计算机增长19.1%；热水器增长10.9%。2009年全区农民人均住房面积41.2平方米，比上年的40.8平方米，增加0.4平方米(不含房屋出租面积)。

【农村劳动力就业和农民社会保障】 年内，新增城镇就业15 236人，完成既定指标12 000人的127%；农村劳动力转移就业13 882人，完成既定指标5 500人的252%；城镇失业人员再就业9 206人，完成既定指标6 800人的135%；农村劳动力二、三产业就业率达到88.3%，同比提高1.7个百分点；大学生就业5 370人，就业率达到97.6%；城镇就业困难人员就业3 798人，完成既定指标2 300人的165%；就业困难人员就业率65.3%，比既定指标

60%增加 5.3 个百分点；累计开发社区就业岗位 7 768个，完成既定指标 5 500 个的 141%；累计培训城乡劳动力 16 712 人，其中，农村劳动力 14 355 人，城镇失业人员 2 357 人，分别完成既定指标 10 900 人和 1 500 人的 132%和 157%；城镇登记失业率控制在 1.1%，比既定指标 2.2%低 1.1 个百分点。社会保险工作重点突出。年内，五项社会保险平均参保人数达到 19 万人，同比增长 7.1%。累计收缴社会保险基金 18.97 亿元，同比增加 5.96%。累计为36 244 人支付养老金 6.2 亿元，同比增加 24%。“一老一小”大病医疗保险参保人数达到 67 865 人，同比增加 2.8%，支付医疗保险费 1 088.5 万元。城镇无业居民大病医疗保险参保人数 917 人，其中免缴人员参保率达到 100%，支付医疗保险金 73 万元。城乡居民养老保险参保人数 17 万人，累计为 2 万人支付养老金 6 225.2 万元，人均月领取额为 320 元。累计为 61 273 人发放福利养老金 11 252 万元。完成望泉寺、梅沟营等 12 个村的转非安置政策答疑；为张庄、吴家营、向阳整建制拆迁村的 3 044 名转非劳动力和平各庄、北务等 9 个村的 99 名转非劳动力发放一次性就业补助费。为吴家营等村的 1 975 名转非劳动力办理社会保险补缴手续。年内累计为 4 067 人补缴养老保险，其中一年以上的 1 385 人，一年以下的2 682人。

【农村精神文明建设】 农村精神文明建设借助举办花博会和庆祝建国 60 周年的契机，以农村环境建设和营造文明乡风为重点，继续深化首都文明村镇、京郊环境优美镇、京郊生态村、区级文明标兵村、区级环境优美村、区级绿色家庭、区级和谐家庭等基层创建活动。围绕“靓丽新农村、文明促和谐”主题，举办农村优秀文化墙设计制作大赛。19 个镇 110 个村参与评选，更换 2 万延米农村文化墙。联合区委宣传部、区文化委、区文联、区广电中心，开展“绿港美，家乡好”农村原创文艺作品大赛。征集农村“生产生活、创业致富、学习成才、婚姻家庭”等自创文艺作品 26 篇，组织 2 场选拔赛和 1 场颁奖晚会。各村镇继续开展“星级文明户”、“卫生示范户”等特色创评活动，大力倡导讲卫生、除陋习、讲文明、爱环境的社会新风，通过典型引路和政策激励，引导人们自觉维护家庭和公共场所环境，支持和参与城乡环境综合整治工作，乱堆乱放、私搭乱建、乱吐乱扔等不文明现象得到有效治理。全区共有全国文明镇 2 个，全国环境优美镇 3 个，全国文明村镇创建工作先进村镇 2 个，全国文明村 1 个；首都文明镇 11 个，京郊环境优美镇 14 个，首都文明村 69 个，京郊文明生态村 48 个，区级文明镇 2 个，区级文明村 51 个，区级文明标兵村 42 个，区级环境优美村 78 个，区级绿色家庭 956 户，区级和谐家庭 211 户。

【农村科技】 2009 年，以提高全民科学素质、提升区域文明程度为目标，以贯彻《科技进步法》、《全民科学素质行动计划纲要》为契机，深入开展科普进农村、科普进学校、科普进社区等活动，提升全民科学素质。抓好顺义区科普示范区、示范家庭、示范户的创建和市级创新型科普社区的申报推荐工作，深入实施“科普惠农兴村计划”和“社区科普益民计划”，切实发挥科普项目的示范带动效应。全区围绕“科普之春”、“科技周”活动主题，组织各类科普活动 20 次，制作以“迎国庆、庆花博”为主题的科普宣传展板 100 块，发放《科普惠农专刊》等科普宣传资料 5 000 余份。组织实施“北京市第三批创新型科普社区”和“顺义区科普示范村建设工程”。2009 年，依托农民专业合作组织、乡镇农业科技部门、龙头企业，调整充实农村科技服务队伍，重点发展年富力强、知识层次较高的农业科技服务人员，加强培训，切实提高农业科技服务人员的科技素质。针对现有 130 家农民专业合作组织、农业科技服务站，加强教育培训，提高农业科技成果引进示范推广水平，1—12 月组织专题培训活动 6 次。6 月，顺义区科委被评为全国科技特派员工作先进单位。深入实施农民万人培训计划。充分发挥基层科技组织、农民合作社的作用，通过远程教育、集中授课、邀请农业专家实地指导等多种形式，扎实开展农民实用技术培训，切实提高农民科技素质和致富本领。按照新农村建设的发展需求，围绕农村污水治理，都市型现代农业，籽种产业发展，新技术、新品种试验示范等方面，积极运作科技项目，全年有 6 个项目获得市科委支持。以北京国际种业交易中心和北京农业生物技术种业孵化器项目实施为重点，积极引进具有丰富种质资源和较强科研实力的大型花卉企业入驻，着力发展科技附加值高的花卉籽种产业，以此带动农业产业结构调整，提升现代农业科技水平。抓好“创新型乡镇”、“创新型科普示范社区”等其他涉农科技项目，充分发挥项目的示范带动作用。深入实施万人农民科技培训计划。采取专家授课、实地指导、远程教育等形式，开展农民实用技术和转岗就业培训，为农民增收提供科技支持。

【农村教育】 2009 年，幼儿园 32 所，入园2 664 名、在园 8 718 名、离园 2 934 名幼儿；教职工 915 名，其中其他人员 16 名，大学本科学历 496 人，大学专科学历 289 人，其他 114 人，学历合格率 100%；具有高级专业专业技术职务 0 人，中级级专业专业技术职务 441 人，初级专业专业技术职务 397 人；专任教师 756 名。市级骨干教师 4 名，区级首席教师 1 名，区级学科带头人 5 名，区级骨干教师 81 名，区级园丁新星 13 名，各级各类骨干教师占专任教师总数的 13.8%。学前三年教育普及率 100%，0～3 岁幼儿受教育率 90%以上。顺义区学期教育继续强化级类管理，统筹规划科学管理，年内，又有 4 所幼儿园通过一级一类验收，目前该区一级一类幼儿园 21 所，北京市示范园 3 所，市级早教基地 24 所。小学 36 所；教学班 848 个，在校生 33 621 人（借读生 11 514人），招生 4 397 人（借读生 1 912 人），毕业 5 588人；教职工 2 842 人，其中，专任教师 2 111

人；小学入学率100%，巩固率100%，毕业率100%，及格率100%。中学37所，其中，初中23所，完中6所，高中4所，九年一贯制学校4所；教学班701个，其中，初中教学班315个、完中教学班165个、高中教学班188个、九年一贯制学校教学班数33个；毕业11 278人（初中5 678人）、招生9 894人（初中4 793人），在校学生31 270人（借读生3 455人），其中，初中17 074人（借读生2 419人），高中14 196人（借读生1 036人）；初中入学率100%，巩固率100%，毕业率100%，及格率100%；高中阶段入学率99.8%，毕业合格率83.69%，应届高考录取率91.3%；教职工4 092人，其中，专任教师2 907人（初中1 591人、高中1 318人）。特殊教育学校1所，开设班14个，结业10人、招生12人，在校生142人；教职工64人，其中，专任教师49人；残疾儿童入学率100%、巩固率100%。校外教育单位及其他教育单位6个，教职工285人，其中，专任教师112人。小学教师学历合格率100%、初中教师学历合格率100%、高中专任教师学历合格率98.9%。中小学市级特级教师16人，其中，小学特级教师2人、中学特级教师14人。中小学教师具有高级专业技术职务863人，其中，小学教师15人、中学教师848人。全区中小学图书馆藏书222.39万册，电子图书92 748片。校舍总占地面积3 304 730平方米，总建筑面积1 003 527平方米。固定资产总值134 221.23万元。全年教育经费投入101 613.3万元，其中，国家拨款96 963.7万元，自筹经费4 649.6万元。2009年，职业教育学校7所，其中，公办4所（其中高职院校1所），民办3所，设置专业30个，开设教学班50个；毕业2 808人，招生1 875人，在校生7 569人。教职工626人，其中，专任教师410人。全部职业学校占地202 205平方米、建筑面积98 527平方米，固定资产总值12 769.5万元。全年教育经费投入7 296万元，其中，国家拨款5 844.8万元，自筹经费1 451.2万元。2009年顺义区各类公办成人学校27所，开设专业22个。毕业3 226人、招生4 665人，在校生13 898人；教职工167人，其中，专任教师126人。顺义区社区教育中心2009年招生4 200人，推荐就业学生688人，就业率达到了100%。引进了南开大学、东北农业大学等2所高校在顺义开设办学点，使首都高校在顺义办学点数量达到25所，与高校联合办学在校生总数已达9 000人，完成农民培训5 070人，全年完成各类短期培训达到1.2万人。完成17个考试项目的报名、组考等工作，报名考生5.2万人，12万科次。全部成人学校占地面积329 406平方米，建筑面积85 524平方米；固定资产总值13 425.3万元；全年教育经费投入2 560.2万元，其中，国家拨款938.3万元，自筹经费1 621.9万元。2009年顺义区共有各级各类民办学校和教育机构90所，其中民办幼儿园9所，民办小学1所，民办普通中学8所，民办职业高中2所；培训机构69所，主要培训内容为文化补习、外语、电脑、艺术类、文体类、汽车驾驶等。2009—2010学年度共培训各级各类人员73 443人。固定资产22 860万元，教学实习仪器设备资产值达到2 999万元，教学用计算机1 640台，多媒体教室座位数2 103个，占地面积827 658平方米，教学行政用房建筑面积19 667平方米，图书藏量170 070册。高考成绩再创历史新高。8月，顺义区共有7 053名学生参加高考，其中文科考生1 811人、理科考生5 242人，另外顺义区杨镇一中承办的内地新疆班182名新疆籍学生首次参加高考。顺义区高考成绩再创历史新高，64人被清华、北大两所名校录取。其中文史录取人数全市排名第三、理工录取人数全市排名第四，比2008年增加了6人，增加人数在全市排名第二。有6 391人被专科以上院校录取，录取率为91%，比2008年增加了1个百分点。其中4 262人被本科院校录取，录取率为60.4%，比2008年增加了2.4个百分点。高考成绩连续33年居远郊区县之首，居全市前列。杨镇一中新疆班182名学生参加高考，1人考入北京大学、158人被本科院校录取，本科录取率为87.36%，取得了令人欣喜的成绩。2009年，区政府投入4 000万元为农村教师增加教师津贴。改造农村教师工作和生活环境，投资1 600余万元购置了58辆教师班车。开展城乡学校手拉手活动。一是农村教师拜市级名师打造农村教师名师队伍，目前有13名教师拜特级教师为师；二是设立20个农村新教师培训基地，迅速提升新教师能力；三是城镇骨干教师定期到农村支教。四是依托网络资源共享。①开展城乡“同步常态课堂”教学活动，探索教学方式和学习方式的改革，形成城乡一体的教育资源体系。②整合建立区内教育资源库、购置教育资源和资源管理平台，为农村教师提供及时的、先进的学习资源，提供便捷的、有效的学习方式。③构建网络点播平台，农村教师可以因需提出自己的需求，平台按需提供相应的资源服务。

【农村文化】 2009年，顺义区累计新建农村数字电影厅419个，流动电影放映车23辆，达到了村村建有数字影厅的工作目标，全年共放映数字电影33 837场，观众人数达380万多人次。开展“周末场演出计划”活动。全年共演出68场，吸引观众人数达39 177人次，票房收入53.07万元。平均上座率为61%。2009年，顺义区文化委具体组织了顺义区2009年“二月新春”、“五月的鲜花”、“十月金秋”三大群众文化系列活动。本次活动以“办好花博会 唱响新顺义”为主题，通过举办群众歌咏比赛、戏曲演唱、文艺演出、书画摄影比赛、民间花会（舞狮舞龙、踩高跷、划旱船等）等各种健康有益、生动活泼的群众文化活动。据统计，共举办各类文化活动1 500余场次，参与活动人数达到20余万人次，吸引观众30余万人次。成功举办了顺义区“迎花博、爱祖国、唱顺义”、“牛栏山美酒杯”第七届中国花卉博览会北京展区优秀歌曲选集发放仪式、顺义区“迎国庆”夏日文化广场活动启动仪式、2009年迎国庆北京市第三届“天竺杯”合唱邀请赛、顺义区庆国庆、迎花博“唱响安全发展　建设平安顺义”文艺创作作品比赛、举办迎国庆“绿色国际港”杯龙舟赛文艺表演、“迎花博、爱祖国、唱顺义”第七届中国花卉博览会北京展区歌曲征集活动颁奖典礼、顺义区2009年“星火工程”优秀文艺团队新创节目大赛、成功举办焰火燃放庆祝活动、“星火工程”演出等精品文化活动。2009年，市级专业文艺团队在顺义区共演出426场，本区业余文艺团队在区内演出426场。下拨扶持资金460多万元。为加强对农村文艺演出“星火工程”的组织领导，顺义区成立由副区长燕瑛为组长的“文艺演出星火工程”活动领导小组。加强对各剧团的检查、考核及组织演出工作，确保“星火工程”的各项政策真正落到实处。为了进一步提高“星火工程”演出的质量，我们举办的2009年“星火工程”新创节目大赛，涌现出一批新创的、歌颂顺义经济发展、社会变化的文艺节目对鼓励团队积极创新、努力提高节目质量起到了极大的促进作用。

【农村卫生】 辖区内医疗机构444个，其中营利性医疗机构134个、非营利性医疗机构310个。卫技人员4 349人，其中执业（助理）医师1 973人、注册护士1 419人、其他卫技人员456人。实有床位2 604张。平均每千常住人口拥有卫技人员6人、执业（助理）医师2.72人、注册护士1.96人、床位3.59张。全年无甲类传染病报告；报告乙类传染病12种2 083例，发病率250.11/10万；报告丙类传染病6种3 418例，发病率410.40/10万。年内，完成北京市社区卫生服务机构标准化设备配发工作，共计配发设备143种25 495件，总价值2 743.19万元。实施全区农村居民健康体检，共体检18.48万人，体检率达71%。规范化管理高血压、糖尿病等慢病患者60 317人。培养家庭保健员2 500人。北京市社区卫生综合管理信息系统在天竺、杨镇、北小营等3家社区卫生服务中心试点运行。建立居民电子健康档案303 789份。通过国家中医药管理局全国中医药特色社区卫生服务示范区复核。继续深入推进农村合作医疗工作。区域内35家新农合定点医疗机构全部开展参合人员住院医药费直报工作；全区参加新型农村合作医疗31.40万人，参合率98.62%，筹集统筹资金1.85亿元；报销49.24万人次，支付报销金额1.53亿元，住院报付率51.65%，门诊报付率35.4%。开展城市清洁日和爱国卫生月活动。全区各镇、街道共组织人员3.8万人次，清除小广告4 406处、卫生死角225处，开设宣传专栏347个（含标语和条幅），发放卫生健康知识宣传品4.8万份；以60年国庆庆典、中国第七届花博会保障工作为重点，在全区有效开展病媒生物控制工作，全年总投入64.35万元；创建“北京市卫生村”7个，“北京市健康示范村”5个，“北京市健康社区”2个，“北京市无烟餐饮单位”11个；完成162个村68 400户户厕改造，完成23个村32项农村改水任务。

【农村体育】 2009年顺义区体育局以第六届全民健身体育节为龙头，举办了南彩曲美杯象棋比赛、李桥杯操舞比赛、林河杯羽毛球比赛、建委杯乒乓球比赛、篮协杯篮球比赛、赵全营杯拔河比赛等多项广大农民参与的区级赛事。组织19个镇农民参与了北京市万人太极拳表演、千台万人乒乓球比赛等市级活动。共吸引全区25万农民参与其中，在广大农村掀起了全民健身与国庆花博同行的热潮。后沙峪杯春季长跑、华北地区门球精英赛和北京市业余羽毛球邀请赛，参与面扩展至北京乃至华北地区，增进了农村地区间的交流与友谊。顺义区第三届“和谐杯”乒乓球比赛、龙湾屯杯登山比赛、地税杯桥牌比赛、天竺杯趣味运动会等赛事和500余项农村基层活动的举办，进一步掀起了人人争当健身活动参与者、文明环境创造者、良好风气传播者、平安和谐护航者的新风尚。2009年，区体育局筹措资金为45个欠发达村镇配建健身工程，连续两年对到期器材进行免费更新，扶持牛山镇北孙各庄、北小营镇文体中心等5个地区争创市体育健身俱乐部、体育生活化社区，带动体育健身场所的改造升级，切实保障群众的基本健身权益；“迎新春送科技、体育下乡”活动和北京市“全民健身科学大讲堂——走进新农村”启动仪式的举办，使2 000余名群众体验了体质测试，让上万名群众走进了健身讲堂，享体育科学发展之福，受科学健身之益。

基层组织与民主政治建设

【村民自治】 顺义区下辖19个镇、426个村。全区村民自治工作深入贯彻落实《中华人民共和国村民委员会组织法》，以深化村级民主政治建设为重点，以村务公开民主管理示范单位创建活动为载体，健全工作制度，创新工作方法，“四个民主”建设效果显著。全面落实《北京市村务公开和民主管理工作规程（试行）》，明确区、镇、村三级村务公开民主管理的组织机构和工作职责，细致规范了民主选举、民主决策、民主管理、民主监督的内容和程序，实现村级事务管理的法制化、制度化、规范化。深入开展村务公开民主管理“难点村”治理活动，按照“普遍倒排、综合确定”的方式，定期摸排、建立台账、动态管理；根据难点村的不同类型，制定治理方案，坚持做到“一村一案、一村一策”；通过开展镇领导干部包村包户、机关企事业单位与村结对等帮扶活动，指导监督基层完善落实民主制度，确保“难点村”治理工作取得实效。开展《中国首都村况全书》审定编辑工作，收录所有镇、村有影响的重要史迹、重大事件，特别是改革开放30年来的重要成果，编辑完成43万字情况介绍和1 200张图片资料。在牛栏山镇、马坡镇的15个村开展农村社区服务站试点建设，梳理服务项目和工作流程，统一配置形象标识物和办公设备，为加强农村社区建设工作奠定基础。2009 年，全区 3 个镇 68 个村被评为“北京市村务公开民主管理示范镇、村”荣誉称号；16 个村（居）委会被评为北京市先进村（居）委会，7 个（村）居委会主任被评为北京市先进村（居）委会主任。圆满完成了民政部和北京市人大调研组关于村务公开民主管理、城乡社区自治工作的调研接待工作，全区村民自治工作受到调研组的充分肯定。

【农村党政建设】 全区有行政村 426 个，农村党员 19 548 人，所有村全部按照市委统一要求进行了村党组织换届，共选举产生村党总支 6 个、村党支部 420 个。其中，413 个村一次选举成功，一次成功率为 96.9%。全区设置 3 委的村党支部（党总支，下同）380 个，占 89.2%，设置 5 委的村党支部 46 个，占 10.8%。共选举产生村党支部委员 1 369 名，平均年龄 47.4 岁，其中女委员 256 名，占 18.7%；大专以上学历委员 527 名，占 38.5%；首次有大学生村官当选支部委员且当选人数达到 13 名，支部委员结构得到进一步优化。共选举产生村党支部书记 426 名，平均年龄 47.5 岁，其中女书记 28 名，占 6.6%；大专以上学历 250 名，占 59%；首次推行村党支部书记“直选”，共有 92 名村党支部书记通过“直选”方式产生。扎实开展学习实践科学发展观活动，以“加强基层组织建设，密切干群关系，建设现代文明和谐新顺义”为主题，确定了“科学发展观认识进一步提高，基层党组织建设进一步加强，党群干群关系进一步密切，科学发展水平进一步提升”四个具体目标，把加强基层组织建设作为实现四个目标的着力点，从理清思路、完善措施、建立健全机制、解决突出问题入手，全面推进各项工作。学习实践活动期间，采取集中轮训、分散学习、开展讨论等形式，集中开展农村党员教育培训活动，共组织农村党员集中培训 1 322 次，培训农村党员 16 996 人；共查找出涉及基层组织的突出问题 890 个，制定整改落实方案 450 个，明确整改措施 920 条，绝大多数问题得到有效解决。形成基层党组织分级分类精细化管理的工作思路，下发了《关于推进基层党组织分类管理的意见》，并根据《意见》制定出《顺义区农村基层组织建设评价分类办法》，以村级班子建设和发挥作用情况、村级事务管理情况、经济社会发展情况、和谐稳定情况等四个方面为主要考核内容对全区 426 个村进行分类评价，全区共评出先进村 216 个、占 50.7%；一般村 186 个、占 43.7%；后进村 24 个、占 5.6%。同时根据分类评价结果，分类制定整改措施，进一步巩固先进村、提高一般村、转化后进村，切实解决了一批影响农村发展稳定的难点问题。继续坚持农村基层组织信访工作例会制度，区委组织部每月定期听取各镇关于信访矛盾排查情况和解决措施的情况汇报，建立信访工作台账，实行销账制度，共排查涉及基层组织、基层干部信访 85 件次，结案 81 件次。完成农村党员干部远程教育区级平台及镇村终端站点建设，共建立终端站点 417 个。实现党员电教工作零的突破，制作了四部反映顺义区不同领域基层党建工作特点特色的电教片，其中反映仁和镇党委落实科学发展观的电教片《城乡统筹　仁和巨变》荣获市党员电教片三等奖，并作为学习实践活动的学习资料在全市发行并播映。完成 24 个困难村的办公活动场所建设，三年来累计完成 67 个困难村办公活动场所建设。在“迎国庆、办花博”工作中，农村基层党组织和广大党员充分发挥领导核心、战斗堡垒和先锋模范作用，先后有 1.5 万名农村无职党员参加设岗定责活动，1.1 万名农村志愿者为国庆系列活动和花博会提供服务。在拆迁过程中，所在村党支部带领全体党员和村民代表，充分发挥模范带头作用，做到“两带头”，即带头在拆迁合同上签字不扯皮，带头搬离村庄不滞留，同时村党支部班子积极做好有意见村民的说服劝导工作，确保拆迁过程中未发生一起到区以上的群体访事件。

新城建设与开发

【顺义新城马坡组团征地工作稳步推进】 年内，商业配套区项目（4 号地）、城市公共服务区项目（10 号地）、特色居住区项目（11 号地）和风情小镇项目（12 号地）共 171.2 公顷土地的征地手续在办理。上年之前已完成共 338.7 公顷土地征地工作。

【顺义新城马坡组团村庄拆迁顺利进行】 12 月 18 日启动了大营、北上坡、东马坡、肖家坡四个村的拆迁工作，涉及 694 宗宅基地，户籍人口 3 549 人。全部拆迁工作将于 2010 年上半年完成。

【顺义新城马坡组团回迁安置进展顺利】 年内，启动了上年之前完成拆迁的小孙各庄村、东丰乐村、向阳村三个村庄的回迁工作。11 月 14—18 日完成了小孙各庄村回迁工作，销售回迁房 190 套。12 月 18—29 日完成了东丰乐村的回迁工作，销售回迁房 1 181 套。向阳村的回迁工作计划 2010 年上半年完成。

【顺义新城马坡组团市政基础设施继续完善】 年内，启动并完成了坤安路（北段）建设。截至年底，顺义新城马坡组团已完成了“十四路、一桥、一通道”建设［“十四路”即顺丰大街、乾安路、顺成大街、仁安路、顺祥街、顺泽大街（西段）、花园南小街（北段）、通运路、顺兴街、顺恒大街、顺政街、坤安路（北段）、枫桥北路、龙苑南路；“一桥”即和安路跨顺成大街立交桥；“一通道”即位于顺成大街与顺安路相交路口的互通式人行地下通道］。

【顺义新城马坡组团住宅建设有序展开】 年内，马坡组团已有佳和宜园、金宝城、香悦四季、民生花园、鲁能 7 号院、富力湾等住宅项目开工建设，总建筑面积 224 万平方米。

【顺义新城马坡组团项目引进开创新局面】 5 月 25 日民生银行总部基地项目举行了开工奠基仪式。年内已投入建设资金约 1.2 亿元。总投资约 10 亿元，总建筑面积约13万平方米，投入使用后可实现年税收约20亿元。其下属公司民生银行信用卡中心1—10月份实现属地财税收入1.487 6亿元，实现地方财政收入6 099万元。9月9日金蝶软件总部基地项目举行了开工奠基仪式。一期工程已经动工，总建筑面积约20万平方米，总投资约7.5亿元。其下属公司北京金蝶中间件软件系统有限公司自上年11月在顺义新城注册以来，已累计纳税1 237万元。12月29日北京银行与顺义区政府签约，确定在马坡组团顺泽大街北侧、顺安路西侧建设总部基地。规划建筑面积约17.2万平方米。

顺义区主要领导人

区委书记　夏占义（2月免）
　　　　　张延昆（2月任）
　副书记　张延昆（2月免）
　　　　　刘　剑（2月任）　胡尚云
　　　　　闫立刚
　常　委　王敬东（女，11月免）
　　　　　雷显武　王国增
　　　　　林兆波（6月免）　王海臣
　　　　　肖韵竹（女，11月任）
　　　　　杨宝华　周颖博
　　　　　李国营（7月任）
　　　　　李友生（11月任）
区人大常委会主任　马庚良
　副主任　周庆禄　贾春林　冯庆森
　　　　　李福成　周淑伶（女）
区　　长　张延昆（3月免）
　　　　　刘　剑（3月代区长，7月任）
　副区长　王海臣　陈卫东（11月免）
　　　　　李友生
　　　　　杨培丽（女，白族，4月免）
　　　　　林向阳　陈光浩
　　　　　赵贵恒（1月任）
　　　　　燕　瑛（女，4月任）
　　　　　车克欣（女，12月任）
区政协主席　陶宝金
　副主席　赵荣山　王玉奇
　　　　　刘享文（女）　田家玉
　　　　　蒋世林

顺义区镇（地区）党政正职领导

	党委书记	镇长
仁和镇	吴耀新	陈汉松
马坡镇	朱家亮	姜　蒙
南法信镇	郭振江	李　衍
李桥镇	李丙春	张爱东
天竺镇	韩凤桐	单增友
后沙峪镇	赵英杰（4月免）	赵洪涛
	张尚强（4月任）	
高丽营镇	肖承继	单晓梅（女）
杨镇	李建东（12月免）	张友生（12月免）
	张友生（12月任）	刘晨光（12月任）
赵全营镇	李守义（4月免）	史长生
	李宝东（4月任）	
牛栏山镇	赵振英	王文荣（女）
南彩镇	张晓峰	张香东
北小营镇	张尚强（4月免）	马万林（8月免）
	王　泽（4月任）	卞云鹏（8月任）
李遂镇	陈长旺	张志海（12月免）
	武　捷（12月任）	
木林镇	胡小兵	姚　颖
龙湾屯镇	李宝东（4月免）	张希德（4月免）
	张希德（4月任）	马云虎（4月任）
张镇	洪　全	苏东海
大孙各庄镇	徐晓武	宋　鹏（12月免）
		马　强（12月任）
北石槽镇	秦士友（12月免）	王　江
	宋　鹏（12月任）	
北务镇	王　泽（4月免）	李长勇（4月免）
	李长勇（4月任）	黄海鹏（4月任）

（顺义区史志办　刘秀娟　张然）

昌平区

概　述

昌平位于北京市西北部，区域面积1 343.5平方公里，是首都五个城市发展新区之一。全区总人口约163.8万人，其中户籍人口51.2万人，常住人口94.2万人，流动人口69.6万人。其中农业人口21.4万人，占全区户籍人口的41.9%；非农业人口29.8万人，占全区户籍人口的58.1%。辖15个镇、2个街道，共有177个社区、304个行政村。全年累计投入“三农”资金25.3亿元，增长35.3%；实现农村经济总收入223.1亿元，增长10.2%；农民人均纯收入达到11 318元，增长11.8%，连续两年增幅高于城镇居民收入，三年保持两位数增长态势。

城乡一体化

【城乡管理体制改革】　推进社区化管理，扩大村民自治范围，健全民主管理制度和民主监督制度，保障村民民主权利；构建党的领导与村民自治相结合的农村管理体制；培育和发展服务“三农”的社会组织，引导共青团、妇联等人民团体共同参与农村治理。开展社会治安综合治理，健全应急管理平台，不断增强保障公共安全和处置突发事件的能力。强化食品药品安全监管。严格落实安全生产责任制，做好防火、防汛、防震减灾等工作。加快构建“枢纽型”社会组织工作体系，大力发展志愿服务、慈善公益、扶老助残等社团组织。进一步提高流动人口服务管理工作的规范化、信息化水平。做好民族、宗教、侨务、对台及档案、预备役等工作。加强农村信访和人民调解工作。实行重点矛盾领导包案制度。实施农村警备战略，做好农村公共安全工作，推进农村法律援助体系建设，创造和谐稳定的农村社会环境。

【城乡结合部改革与发展】 围绕市委、市政府推广城乡一体化试点经验的机遇，结合产业布局调整和重点产业功能区建设，推动东小口、回龙观地区的整治改造和配套改革，加快昌平新城周边地区的改造和治理。坚持政府主导、农民主体、部门联动、社会参与，对市级挂账难点村的综合治理，抓紧研究推进剩余村庄“一村一策”的“整建制”拆迁改造。把改善农民居住条件、发展产业和稳定农民就业摆在突出位置，争取配套改革政策支持，启动基础设施和公共服务设施项目。结合实际探索城乡结合部农村集体土地利用、拆迁补偿安置新模式。规范和引导农村集体经济组织通过自建租赁房、商业用房发展房产经济。重点鼓励两个地区依托大型社区和相关产业功能区，因地制宜发展适宜产业，做大做强集体经济，实现农民利益不受损、增收有保障。

都市型现代农业

【概述】 发挥区位资源优势，按照“强二兴三优一”的产业发展总体要求，坚持“生态景观、休闲产业、都市精品”的功能定位，对农业产业的发展方向进行调整，以“一花三果”（“一花”指以百合花为代表的花卉产业，“三果”指以苹果为代表的精品林果业、以草莓为代表的设施果蔬业和以柿子为代表的传统林果业）为主导产业，以设施农业为建设重点的都市型现代农业发展思路。按照“一花三果”产业发展规划，在西部四镇，以南口镇为中心区，马池口、流村、阳坊镇为辐射带动区，到2012年底建设百合日光温室5 000栋，初步形成占地面积666.67公顷的花卉产业区。在北部百里山前暖带的山区、半山区，通过实施“提质增效、扩大规模”工程，形成一条精品林果产业带。在东部六镇，以兴寿镇为中心区，涉及沙河、百善、小汤山、南邵和崔村镇，推动草莓产业持续优化升级。在北部山区，按照“一村一品、一品一优”的要求，加强柿子树形改造的后续指导和服务，实施板栗、核桃品种优化改良。现已发展果树面积1.41万公顷，其中，苹果种植面积0.23万公顷，种植柿树60万株，“昌平苹果”获得了国家地理标志产品认证。已发展农业设施总面积0.15万公顷，建成日光温室10 460栋，钢架大棚3 600栋，食用菌棚400栋，连栋温室28万平方米。其中，百合日光温室1 218栋，草莓日光温室6 500栋。同时加大支农投入力度，创新强农惠农的长效投入保障机制。区财政支农资金每年都以10%以上的速度递增。上年全区用于支持“一花三果”特色产业发展的投入资金达到1.67亿元，占到农业总支出的25%，使苹果产量达到2 255.6万千克，产值实现1.27亿元；草莓产量250万千克，产值实现4 000万元；年产出蔬菜5.2万吨，出栏各类畜禽152.14万头（只），生产牛奶2.07万吨，生产禽蛋0.71万吨。新兴的百合花产业目前也已上市百合切花331万支，实现产值1 784万元。

【林果业】 落实了四项任务：①按年初计划完成京津风沙源治理、关停废弃矿山植被恢复、水源保护林等各项工程。②东小口郊野公园环建设2月开工，完成绿化及修路、铺建林荫广场等基础建设，于5月1日正式开放。③新农村绿化美化建设工程已完成7个镇10个市级示范村绿化美化总面积近11万平方米。工程首次采用野花绿化，突出各村特色品种。④完成桃林、三合庄两个果园绿化美化2 400平方米，营坊果园正进行绿化施工。建设了五个项目：①苹果主题公园项目：完成园内水、电等基础设施配套建设，栽植月季25个品种10万株。从国内外引进苹果优新品种470个。②百合种球繁育基地项目：供水、供电系统基本完成，周边种植榛子、仁用杏1万余株。建成温室10栋、大棚34栋，已种植百合子球27万个。③开展了桃品种引进和部分苗木定植工作。④葡萄品种园项目：已建成铁艺护栏1 000余米。新植香味葡萄33个品种15 000余株，四周栽植花木近8 000余株。⑤产后深加工设施项目建设接近完成，设备已安装并投产。此外，共收购柿子40万千克、鲜杏10万千克，加工品初步试制成功。

【畜牧业】 12月底，总存栏91.40万头、只，累计出栏292.85万头、只，生产鲜奶4.10万吨，生产鲜蛋1.50万吨。其中，生猪存栏10.36万头，出栏16.22万头；肉羊存栏2.79万头，出栏4.01万头；肉鸡存栏15.20万只，出栏228.10万只；肉牛存栏0.17万头，出栏0.36万头；蛋鸡存栏60.88万头，淘汰22.02万只；奶牛存栏11 545头。全年生产总值预计为81 369.20万元。

【花卉业】 西部四镇开展花苗的播种、扦插等繁殖生产，保证绿化工程供应，建成百合日光温室338栋，占全年任务的56%。成立4个百合专业合作社，初步建立“企业+农民合作组织+农户”的技术推广模式。上半年百合花陆续上市70万枝。在第十届中国国际花卉园艺展览会上，昌平区百合花受到好评。

【设施农业】 昌平区设施农业主要是以百合花为代表的花卉产业，以苹果为代表的精品林果业，以草莓为代表的设施果蔬业和以柿子为代表的传统林果业。新建设施农业面积0.086万公顷、总量累计达到0.28万公顷，更新和发展各类标准化果园300公顷；围绕麦辛路草莓观光大道和西部花卉产业群。新建日光温室4 702栋，钢架大棚168栋，食用菌棚4栋，连栋温室10.1万平方米，涉及全区14个镇，90个村。

【现代农业服务体系】 服务体系是以区政府职能部门为依托，各镇设立与之相对应的站、所，负责本地区的农业服务工作。全区共有公共服务体系7个，分别是农业技术服务体系、畜禽管理服务体系、林果业技术推广服务体系、水务管理服务体系、气象服务体系、农业经管服务体系、信息化服务体系，共有服务机构99个，服务人员1 249人，其中区级服务机构39个，服务人员635人；镇级服务机构60个，服务人员614人。从服务经费来源划分：行政机关3个，全额拨款事业单位33个，差额拨款事业单位20个，自收自支事业单位43个。从年龄结构划分：35岁以下（含35岁）的有354人，占总人数的28%；36～45岁（含45岁）的有437人，占总人数的35%，46岁以上（含46岁）的有458人，占总人数的37%。从学历结构划分：大专及以上学历的663人，占总人数的53%；中专及高中学历的337人，占总人数的27%；初中及以下学历的249人，占总人数的20%。从职称结构划分：有职称的共580人，其中副高级以上职称的24人，中级职称的153人，初级职称的403人。社会化服务组织：全区拥有农业产业化龙头企业、农民专业合作组织234个，拥有社员10 566人，带动农户23 420户。农民专业合作社累计注册资金总额为7 472.34万元。一是以农药供应为主的生产资料服务组织。全区共有农药生产、经营单位52家，其中区级2家，镇级8家，股份制及有限公司5家，其余为个体经营。二是以“一大三小”为主体的农机服务组织。“一大”指北京新世光农场，拥有大型及配套农机具100余台；“三小”指亭自庄东盛农机服务队、崔村新宏军农机专业合作社、兴寿镇农机服务站，共有农机具80余台，为本区提供农机服务，辐射服务农户4 000余户。三是以农产品流通市场为主的销售服务组织。本区大部分农产品主要采取以城北回龙观和水屯两大批发市场为依托、其他零散市场为辅助、各生产基地自产自销的销售方式，“一花三果”等优势农产品主要采取企业包产包销或政府委托企业保底价格收购的销售方式。四是以银农合作为主的金融服务组织。主要有北京农村商业银行、国家开发银行和邮政储蓄银行等，其中，以北京农村商业银行为主。共设有53家支行和分理处，分布于全区各个乡镇。

【新兴农业】 做大做强“一花三果”，注重农业产业创意在北部百里山前暖带形成了精品苹果产业带，发展苹果面积0.23万公顷；在西部地区建成了百合花产业聚集区，建设百合日光温室1 218栋；在东部地区形成了草莓产业区，设施面积达0.08万公顷；在山区、半山区发展了柿子为主的传统林果区，种植柿树60万株。通过对特色农产品的统一规划、统一包装、统一宣传，目前，昌平区已成功打造了“鲜绿安”苹果、“兴翼”草莓、“天翼”草莓、“燕昌红”板栗等几大品牌，同时“昌平苹果”获得了国家地理标志认证，成为标志性产品。加大宣传力度，注重文化节庆创意。在第六届全国草莓大会暨第四届中国（北京·昌平）草莓文化节上，本区以“绿色·健康·和谐”为主题，借助筹办2012年第七届世界草莓大会的机遇，以果为媒、以节搭台、以会兴业，将昌平草莓实力向外人展示，提升了昌平草莓的知名度，起到了很好的宣传作用。促进产业相互融合，注重农业公园创意，苹果主题公园已投入建设资金3 000多万元，完成全园苗木定植近40公顷，2.3万株，共保留和栽植525个苹果品种；建设了2公顷水面休闲区，为游客提供了临时休息场所。香味葡萄园已投入资金800万元，完成全园苗木定植，共保留和栽植葡萄优新品种39个；完成2 940米主路硬化、1 058米铁艺护栏、全园水利设施、主题园大门及附属设施和连栋温室等建设任务；建设了小型休闲广场2个。水蜜桃主题园已投入资金600万元，完成全园桃苗定植，共计定植和保留品种60个以及1 000平方米桃花坞休闲区等建设任务。提升农业潜在价值，注重农产品创意。①变废为宝型。将价格低廉的农产品甚至废弃物，通过巧妙的构思，制作成实用品或工艺品。如南口镇羊台子村的押花工艺，村民将采集来的新鲜花草、树叶，经过简单的脱水后，做成不同类型的押花画，一方面将押花画推向市场，获得直接收益，一方面送给住农家院的客人，吸引客源，获得旅游收益，使产品原料价值连翻增长。百善镇狮子营村的草编工艺和崔村镇南庄村的五谷画等同样获得可观的经济收益。②南果北种型。利用先进的科学技术将南方生长的水果引种京城。小汤山特菜基地和小汤山农业科技园区通过创新，率先在温室内成功种植了香蕉、火龙果、番石榴、番荔枝等南方水果，既丰富了北京水果市场，又延伸了现代农业的外延价值，同时也为农民增收提供了一条新的发展思路。

非农产业

【农产品加工业】 农产品加工企业29个，上年底资产总额104 332万元，实现收入247 600万元，利润5 785万元，税金3 562万元，出口创汇4 010万元，吸纳职工3 635人。农副产品加工企业23个，食品制造企业2个（焙烤食品2个），饮料制造企业1个，木材加工及木竹藤棕草制造企业1个，中药制造企业2个。其中，企业年收入在500万元以上的26个，实现收入246 776万元，占总收入的99.7%；利润5 727万元，占总利润的99.0%；税金3 525万元，占上交税金总额的99.0%；创汇4 010万元，占总创汇的100%；吸纳职工3 427人，占吸纳职工总数的94.3%。

【农产品流通】 农产品流通大部分农产品主要采取以城北回龙观和水屯两大批发市场为重点，

其他零散市场为辅助，各生产基地自产自销的销售方式。“一花三果”等优势农产品主要采取企业包产包销或政府委托企业保底价格收购的销售方式。

【农村金融业】 银农合作是融集社会资金的有效途径之一。开展银农合作工作以来，采取小额信用贷款、授权担保贷款、贷款贴息等模式，目前尚使用的有涉农专项贷款和计划生育贴息贷款，共放出贷款8 379.25万元。其中，涉农专项贷款是针对于“一花三果”等优势特色产业而推出的新型银农合作模式，农民可以通过担保公司这个中介服务组织，将宅基地、温室大棚等不被银行认可的抵押物，作为反担保，从而获得贷款，区财政再给予一定额度的利息补贴。此外，开展农业政策性保险工作，将农业险种增至到了15种，覆盖了全区13个镇、122个村、4 321户，2008年共收取保费1 154万元，其中，市、区财政补贴839万元，农户自缴315万元，总保额达到1.82亿元，有效降低农民生产、经营风险。提供金融服务的机构主要有北京农村商业银行、国家开发银行和邮政储蓄银行等，其中，以北京农村商业银行为主。本着优势互补、协调合作的原则，与北京农村商业银行签订《新农村建设银政合作协议》，银行承诺未来3年内为昌平区企业和贷款项目提供30亿元信贷资金支持，用于满足昌平辖区的资金需求。北京农村商业银行是目前昌平区网点覆盖率最高的银行，共设有53家支行和分理处，其中，天通苑社区16家、其他乡镇和街道37家。

山区建设

【沟域经济】 实施十三陵—长陵沟域建设工程，启动高口、桃下路2条沟域规划国际招标，打造一批标志性旅游名沟。依托和整合沟域资源，发展林下经济等特色产业，推进板栗、核桃等传统果品的品种化改造和珍稀小品种的恢复发展。10条重点沟域列入全市计划，部分项目已启动建设。

一是制定《关于推进昌平区山区沟域经济发展的指导意见》。二是政府安排专项资金50万元，聘请北京农科院完成了羊台子和桃峪口两个沟域的规划。流村镇高口沟域作为全市七条重点沟域之一。三是十三陵、长陵、流村三个镇从每镇的区财政切块资金中拿出300万元用于沟域经济发展，重点建设十三陵休闲产业区和高口南山沟域。加快十三陵休闲产业区建设，打造十三陵景观大道，规范秩序、整治环境，解决买卖方便的问题，完成十三陵景观大道旅游形象策划及设计（一期），规划二期已经启动。此项目争取了市财政资金600万元扶持。在山区以下庄、黑山寨地区为重点，发展林下食用菌种植40万袋，区财政每个菌袋补助1.8元（即80%）。有18个村、400余农户种植，共生产板栗蘑约7.5万千克，收入150万元，取得了很好的经济效益。

【生态林建设】 抓好三支队伍建设：①生态林管护队伍。35人新加入管护队，1 840人轮岗，生态林管护专业队达到222个、5 514人；加强安全教育，要求每名生态林管护员上意外伤害险；加强技能操作考核培训，通过率达95%以上；计划印制管护员工作日记3万本，已印制下发6 000本；新建16个管护站，为9个山区镇配置油锯、割灌机等。②专业森林防火队伍。加大硬件建设，新购进45台风力灭火机、100箱灭火弹等，购置11辆森林防火运输车和1辆运兵车；强化15支队伍的平常训练和实战演练，增强快速反应能力。③农民技术队伍。加强农民技师管理，建立聘任、考核、奖励制度，调动农民技师积极性；继续加强果农培训62场、7 000余人次；强化花卉技术队伍培训，已培训45人。严抓森林防火工作，防火期内全体林业干部职工停休，群策群力做好森林防火工作，全区无森林火警和森林火灾发生。狠抓美国白蛾等有害生物防控。通过健全机构，落实责任，严密监测，加强督察，全区5个镇（街道）27个村点监测到美国白蛾成虫87头，比2008年同期减少约90%。预防除治面积0.68万公顷，未发生林木有害生物灾害。

【山区农户搬迁工程】 完成市搬迁任务62户、221人，涉及3个镇、4个行政村。同时，安排搬迁基础设施配套工程五项，主要涉及流村镇老峪沟、北照台，兴寿镇下庄、湖门，南口镇新元等5个村，安排资金356.9万元。2009年完成山区生态移民200人。

【小流域综合治理】 年内共完成兴寿镇花果山、上庄、木厂，长陵镇慈悲峪、望宝川、南口镇居庸关，十三陵镇果庄等7条小流域综合治理，治理总面积70平方公里，总投资3 500万元。

村镇建设

【基础设施建设】 推进村镇主干路网建设，加强现有路网升级改造。合理布置农村公路网走向及等级结构，促进小城镇和中心镇的集聚发展。做好轨道交通与地面公交的有机接驳，构建多种交通方式协调运转的绿色出行系统，形成覆盖城乡的绩优公交线网。改造老旧供水管网；加快再生水厂和配套管网建设；完善排水系统。优化农村供电网络，提高农村供电能力和供电质量，营造和谐的供用电环境。以发展管道天然气为主，推进天然气供气干线建设，配合道路建设，使供气管线向各镇（街道）延伸。推广清洁能源和可再生能源供热技术，推进新城和中心镇、重点镇的集中供热及配套供热管网建设，形成多热源联网供热系统。加强“农村信息村”建设，借助宽带、信息下乡，加大农村宽带投资，力争实现光缆进村，信息惠民。完成新农村“五十三”工程建设任务，实现五项基础设施（老化管网改造及一户一表工程、村庄街巷路硬化工程、污水处理工程、厕所改造工程和垃圾处理工程）全覆盖，改善农村面貌，提升农民生活质量。

【小城镇建设】 发挥新城的辐射带动作用，落实特色小城镇功能定位和空间布局，加快特色小城镇基础设施和公共服务设施建设。探索完善“五种模式”（重点功能区和重大项目建设带动型、新城建设和旧城改造推动型、土地储备开发拉动型、商业开发和房地产开发撬动型、旧村改造启动型），有力有序有效地推进村庄拆迁改造工作。创新管理与服务机制，促进特色产业、优势项目向产业园区和农民就业基地聚集。以区域资源优势为依托，突出抓好5个市级重点小城镇建设，小汤山镇、北七家镇要发挥未来科技城的辐射带动效应，结合发展温泉、会展等特色产业，打造以科技创新为主，集旅游观光、会议会展、度假疗养、健康养老等多种功能于一体的现代化小城镇；南口镇要依托北京工程机械产业基地；十三陵镇要围绕推进户外休闲运动集聚区、明文化创意产业集聚区建设，打造历史文化和旅游名镇；阳坊镇要通过深入挖掘当地民族文化内涵，整合旅游资源要素，积极承接中关村产业和人口转移，着力打造具有民族特色的小城镇。一般建制镇要依托各自资源禀赋，按照功能定位要求，完善基础设施和公共服务设施，培育特色产业，建设具有区域特色的新农村社区及新民居，进一步提升镇域综合功能。

【环境治理】 巩固国家卫生区创建成果，以创建国家生态区为目标，培育一批环境优美镇、生态村，整体优化镇村环境。推进滨河森林公园建设、温榆河水系治理、废弃矿山和沙坑修复等项目。完善轴线突出、重点明确、覆盖全面的生态环境建设格局。理顺城乡环境卫生管理体制和运行机制，探索建立长效管理机制。落实环境建设规划，细化城乡环境卫生一体化管理的具体措施。整治非法占地、违法建设、盗采砂石、环境脏乱等专项工作，防止顽症痼疾反弹。推行环境卫生作业体制改革，实行“户分类、村收集、镇运输、区处理”垃圾消纳处理模式，切实提高垃圾减量率、资源化率及无害化处理率水平。村庄发展规划编制基本实现全覆盖。按照“四年任务两年完成”的要求，统筹市级转移支付资金、区级配套资金和融资资金，累计投入6.65亿元推进110个村的新农村“五十三”工程建设，实现农民投工投劳101.6万人次，增加劳务收入8 098.6万元。太阳能路灯等基础设施后期管护机制更加健全，农民安全饮水问题得到普遍解决。新建成一批农村科技、文化、体育等公共设施，文化资源共享工程实现村村全覆盖。围绕创建“国家生态区”，集中实施了一批重点生态建设工程，其中：新城滨河森林公园、沙河、百善再生水厂正式启动，新城再生水厂、南口污水处理厂如期竣工，京津风沙源治理、北运河上游温榆河水系治理等重大项目圆满完成年度计划。成功创建市级环境优美镇3个、文明生态村63个。都市型现代农业生态服务价值突破500亿元。

农村改革与管理

【概述】 乡村集体经济组织按照“资产变股权、农民作股东”的基本方向，采取股份合作组织等多种形式，对产权制度进行改革，实现了由集体共同共有到社员按份共有的变革，集体经济实力大大增强，农民群众收入水平大幅度增加，集体经济组织存在的各种体制性矛盾得到有效化解。

【农民专业合作组织】 截至12月底，已登记注册的农民专业合作社222个，比上年增加57个，增长34.5%，社员数10 620个，带动农户数26 120户，占从事一产农户数的82.3%。专业合作社资产总额达8 799万元，年经营总收入9 364万元。合作社按行业分类：种植类184个、养殖类31个、手工编织类2个、其他5个。在222个合作社中，有9个为“北京市农民专业合作社100家示范项目单位”，其中：北京麦庄草莓种植专业合作社、北京真顺红苹果专业合作社、北京昆利果品专业合作社被市农委评为“京郊先进农民专业合作社”。

【产权制度改革】 区委、区政府将产权制度改革作为全区农业和农村工作的重中之重，进一步加大力度和进度，从各部门抽调的包村工作队深入改革村监督指导工作。仅上年9月至2009年底一年多时间就完成改革村54个，是前5年总和的2.1倍。自启动产权制度改革至2009年底，先后开展了8批102个村的改革工作，其中完成83个村，占全区行政村总数的1/4。城南街道、东小口、回龙观辖区内所有行政村已完成改革任务。

【土地确权与流转】 全面落实党的农村政策，进一步稳定和完善土地承包关系，促进农村经济发展，增加农民收入，维护农村社会稳定，根据《中华人民共和国农村土地承包法》及有关政策的要求，区委、区政府开展了农村土地承包经营权确权与流转工作。全区共312个村，据区经管站统计，应确权土地面积为29 137.87公顷，涉及农户94 586户。平原地区农村土地确权后土地流转面积23 617.34公顷，涉及村数208个村、户数73 009户、人数184 260人。其中：采用确权确利的形式进行土地流转面积17 529.06公顷，涉及村数150个村、户数51 770户、人数131 712人；采用确权入股的形式进行土地流转面积6 088.27公顷，涉及村数58个村、户数21 239户、人数52 548人；山区农村第二轮土地延包后，实行确地的村土地使用权流转面积为253.00公顷，涉及户数1 312户。其中：转包面积91.63公顷，出租面积161.36公顷。主要涉及的镇有：小汤山镇135.81公顷，涉及804户；马池口镇82.33公顷，涉及330户；流村镇24.85公顷，涉及123户；崔村镇10公顷，涉及55户。

【农村集体资产管理】 农村集体资产管理是经管工作的基础，做好农村集体资产管理工作是解决当前农村矛盾的需要，也是搞好农村基层民主的需要。一是清产核资建立农村集体资产管理台账。截至年底，全区所有村集体经济组织都完成了清产核资工作，建立了村集体管理台账并按年度进行更新，记录各项农村集体资产的增减变动情况，全面掌握农村集体资产的运营状况。二是建立农村集体债权债务管理台账。在全面摸清全区农村集体现有债权债务的构成情况、形成原因和化解途径的基础上，建立了农村集体债权债务管理台账并按时更新。三是按季度统计资产处置和新增举债情况，监控村集体的资产变动和债务变动，年内全区农村集体发生了资产处置事项 43 项，新增举债事项 9 项，全部履行了农村集体重大事项决策程序“五步伐”。

农民生活

【概况】 贯彻落实科学发展观，围绕落实“调结构、上水平，保增长、保民生、保稳定”各项任务，抓产业、推改革、强基础、促增收，大力推进农村改革发展，全区城乡一体化取得良好开局。

【农民收入和消费】 紧紧围绕“两个 10%、两个 8%”的年度发展目标，分解落实增收任务，研究制定政策措施，全力促进农民稳定增收。全年累计投入“三农”资金 25.3 亿元，增长 35.3%；实现农村经济总收入 223.1 亿元，增长 10.2%；农民人均纯收入达到 11 318 元，增长 11.8%，连续两年增幅高于城镇居民收入，连续三年保持两位数增长态势。

【农村劳动力非农就业】 完善以市级政策为引导，区级政策为主体，镇村政策为补充的城乡一体化就业政策体系。以区、镇、村三级就业服务体系建设为重点，将建设征地转非劳动力、农村富余劳动力和新生劳动力纳入就业服务范围。完善现有的就业服务三方联席会议机制，推进城乡劳动力跨区域就业，促进区域就业合作。进一步完善就业登记和就业帮扶制度，引导和支持城乡居民自主创业。开展多层次、多形式的教育培训活动，继续实施农村劳动力培训就业体系建设工程，探索创新就业培训和服务机制，促进城乡居民充分就业、稳定就业。加大科技投入力度，搭建开放式劳动力市场网络服务平台，完善劳动力市场信息共享机制。依据区工业局提供的数据，2009 年开发就业岗位 4 523 个，实现安置再就业人员 3 542 人。

【农民教育】 ①围绕发展“一花三果”优势主导产业，有针对性的制定了《关于加强农业实用技术培训工作的意见》。区农委组织农业局、园林业、农服中心等本系统单位，以近两年新发展的一产农户、农村科技示范户、农民专业合作组织负责人为主要对象，开展农业实用技术培训。全年通过农闲学习班、生产现场会、专家面对面等形式，共计举办各类农民农业实用技术培训 180 余场次，推广农业技术 50 余项，培训农民 10 108 人次，顺利完成了区政府“折子工程”任务指标。其中：组织开展设施草莓、蔬菜等作物生产及病虫害防治技术培训 4 794 人次；百合花及苹果、柿子、樱桃等林果种植管理技术培训 4 165人次；畜禽养殖及疫病防控技术培训 1 149 人次。据统计，全年向农户累计发放技术资料、书籍、光盘等 12 000 余份。通过培训，对于提升设施农业综合效益，加快农业标准化生产、防范农业生产安全风险，起到了积极的促进作用。②农民田间学校建设管理工作。实行“一条主线、两个探索、三项强化”的工作模式，推进全区农民田间学校稳步发展。“一条主线”，即，坚持以“一花三果”产业为主导，地域性生态养殖产业适度搭配的发展主线，全年共开办农民田间学校 37 所、培训农民学员 985 人、辐射带动其他农户 2 150 余户。按行业划分包括：种植业 22 所，百合学校 6 所、草莓学校 9 所、苹果学校 3 所、蔬菜学校 4 所；养殖类学校 15 所，包括：柴蛋鸡学校 6 所、肉羊学校 3 所、生猪学校 3 所、水产学校 2 所、奶牛学校 1 所。“两个探索”，即，努力破解形式僵化和内容单一两项全市性农民田间学校建设难题，探索了适合昌平区实际的农民田间学校办学模式。累计举办农民活动日 400 次，培训时长 820 余小时。其中：为增强农民学员的动手能力，开展不同施肥作物生产对比等实操试验 80 余次，开展团队建设 50 余次，组织学员到河北等地实地观摩 10 余次，学习先进生产经验和生产模式。对田间学校承办单位进行严格的年终考核，共计查看办学档案 37 套，其中：文字性档案 11 类、410 余份，存档照片 100 余张。年底，市农业局联合北京市电视台在全市 2009 年开办的 200 余所农民田间学校中选定 8 所，拍摄并播出了代表北京市农民田间学校办学成果的系列宣传片，其中包括昌平区的柴蛋鸡、真顺苹果、麦庄草莓，共 3 所学校。③农业科技推广工作。全年共举办各类科技推广活动 90 余场次，培养农村科技示范户 630 户，带动农户 3 500 户。围绕“一花三果”优势产业示范推广新技术 35 项；国外优质草莓原种，番茄、小西瓜、彩椒、白菜、黄瓜等蔬菜瓜果，新美系杜洛克、法系皮特兰等种猪新品种 45 个；新型草莓专用肥、电动防水保温被、精准量具等新产品 26 种。做好农业科技试验示范工作，组织开展了种植茬口、作物间套、新品种种植、生物肥料、生物防治等 5 种主要类型的试验项目。加速农业科技成果研发及转化应用。在小汤山农业科技示范园实施并完成了“全国农科院名优新品种引进与示范项目”。从河南、山东等省份引进了辣椒名优品种 20 个，在 9 000 平方米温室及 0.4 公顷示范田内种植。④农村实用人才工作。全年通过专家“一对一”帮带、乡土专家培养等多种方式，培养农村实用人才 288 名，全区农村实用人才总量已达1 500余名。年内，重点从加大培养力度、优化发展环节入手，以“加快农业发展、促进农村和谐”为主要目的，加大扶持、鼓励力度。一是结合发展都市型现代农业，培养生产技术类人才 225 余名，累计发放技术资料、书籍1 100份，征订了《蔬菜种管》等专业期刊3份，免费配发农药、农用器具等的“实物惠农”行动。二是结合优势主导产业科技推广工作，继续扩大农民技师评定工作范围，培养区级苹果、百合产业技师33人，带动其他农户200户以上。三是结合城乡一体化进程，以乡镇行政管理、农村政策法规、土地利用规划、小城镇建设为主要内容，培养村两委干部类管理人46名。四是结合农村基层组织建设，实行“四推双考”机制，通过群众推荐、组织推荐、党员推荐、自我推荐与考试、考察相结合的办法选拔一批优秀实用人才。五是结合“乡风文明”建设，通过在部分村培养文体类骨干人才，带动村民成立腰鼓队、声乐队、健身操队等，加快农村精神文明建设深入开展。4月23—25日，组织10余名农村实用人才参加了在国家体育场鸟巢西侧广场举办的“北京市农村实用人才创业成果展示暨乡村旅游产品（手工艺品）展示活动”。活动中，累计展出剪纸、珠编、杂粮画、烙画葫芦等手工艺品作品11大类、600余件，荣获优秀作品单项奖两项，优秀组织奖一项。

【农村卫生和合作医疗】 ①基本情况：全区17个镇、街道办事处、305个行政村全部实行了新型农村合作医疗制度，全区在户农业人口214 405人，参合农民共19.34万人，占全区农业人口的90.21%，占应参合农业人口的98.3%。②资金筹集情况：年人均筹资420元，按参合人口数，市财政年人均补助180元；区财政年人均补助150元；镇级财政年人均补助30元；个人缴费60元。共筹集新型农村合作医疗资金8 122.821万元，其中市补助3 481.2万元，区补助2 901万元，镇补助580.221万元，农民个人缴费1 160.4万元。③补偿办法：住院起付线：区内定点一级医院200元，区内定点二级医院600元，可转诊的三级定点医院1 000元；门诊特病起付线：一个季度门诊费用之和视同一次住院，按同级住院标准起付线计算，如果一个季度内各级别定点医院都有费用发生，按照最高一级医院级别报销起付线执行；普通门诊：辖区内卫生院（社区卫生服务中心）就诊无起付线，区内定点二级医院和可转诊的三级定点医院起付线累计为1 000元。住院：一级定点医院报销可报销总费用的65%；二级定点医院报销可报销总费用的55%；可转诊的三级定点医院报销可报销总费用的45%。门诊特病：报销标准参照同级就诊医院的住院补偿标准。普通门诊：参合人员在辖区内卫生院（社区卫生服务中心）就诊，报销比例为门诊费用的40%，随诊随报；二级定点医院报销可报销费用的35%，可转诊的三级定点医院报销可报销费用的30%。如果二级和三级医院都有费用发生，按照最高一级医院报销标准执行。住院分娩实行定额补助。住院分娩的参合人员取得独生子女证后持原始单据定额补助1 000元。住院和门诊特病年累计报销封顶为18万元。普通门诊在辖区内卫生院（社区卫生服务中心）就诊，封顶3 000元，区内定点二级医院和可转诊的三级医院报销封顶为1万元。④补偿情况：1—10月新型农村合作医疗共补偿38 236人次，补偿资金4 294.924 1万元，包括年内1—3月作上年二次补偿5 419人次，补偿资金378.224 8万元。2009年11、12月报销需要资金800万元左右，2009年二次补偿需要资金1 500万元左右。

【文化体育】 昌平区拔河队在“全民健身日”拔河比赛中取得佳绩。7月5日，农民体协组织百善镇狮子营村男、女拔河队，代表北京市参加了在黑龙江省哈尔滨市举办的“全民健身日”拔河比赛。此次赛事由农业部、国家体育总局、全国农民体协主办，黑龙江省人民政府承办，吸引了来自全国20个省市的32支优秀代表队参赛。由昌平区队员组成的北京代表队力挫辽宁、广东、山东、上海等强手，问鼎了560公斤级别拔河比赛的冠军。在680公斤级拔河比赛中，代表队喜获季军。同时，还荣获了组委会颁发的体育道德风尚奖，实现了比赛成绩和精神文明的双丰收。在10月29日结束的“洋口港杯”全国风筝锦标赛中，农民体协代表北京市获得了个人赛2金1银1铜、2个第四名和团体赛第四名的好成绩。同时，代表队制作的风筝还获得了“最佳工艺奖”。

【农民社会保障】 推进农民参加养老保险工作，解决长期以来由城乡二元结构形成的农民与城镇居民养老保障待遇差距问题。完善养老保障体系建设，实现城乡低保统筹及社会救助的全覆盖。有针对性的服务政策和帮扶措施，推进城乡自由职业者、个体工商户、新生劳动力和城乡困难居民等四个群体全面参加社会保险。建立社会保险费缴纳、接续绿色服务通道，提供无障碍参保服务。制定城乡困难居民参加城乡居民养老保险缴费补贴办法。解决征地转非劳动力特别是征地转非自谋职业人员的社会保障问题。继续推进新农合和城乡居民养老保险参保扩面。

基层组织与民主政治建设

加强农村基层组织建设和民主政治建设，发挥农村基层党组织的领导核心作用，贯彻落实市委《关于推进基层党建工作创新的意见》，按照“上级党组织为下级党组织服务，党组织为党员服务，党组织和党员为群众服务”的要求，各镇（街道）党（工）委进一步加强自身建设，做好对支部的服务与管理工作。各村支部加强组织建设，对农村党员的指导教育，使广大党员更好地履行党员义务，发挥党员的先锋模范作用，提高广大党员和农村党支部联系群众、宣传群众、组织群众、服务群众的能力。完善党领导的村级民主自治机制，规范民主选举、民主决策、民主管理、民主监督程序。

“三农”工作部署和实施

【惠民、惠农政策落实】 发挥财政资金和政策措施的引导，加大财政投入，年内安排资金6亿元用于惠民助企。新增财政资金3500万元，促进城乡居民就业，完善社保体系，改善民生。加大就业培训力度，对农民参加职业技能培训和农业实用技术培训给予补助，并为每一位下岗职工免费提供一次职业技能培训和就业指导服务。鼓励本区企业吸纳农村劳动力就业，对招用本区农村劳动力达到10人以上、依法签订劳动合同并按规定交纳社会保险、且稳定就业1年以上的企业，根据用工人数予以用工人员保险补贴和奖励，降低企业用工成本，促进企业发展。提高城乡低保标准，改善困难群众生活条件。城市低保标准由家庭月人均收入390元提高到410元；农村低保标准由年人均收入1 780元提高到2 040元。完善新型农村合作医疗暂行办法，提高农民医保水平。在农村合作医疗个人交费不变的前提下，由财政出资，将筹资标准由320元提高到420元、最高报销额由年累计报销6万元提高到18万元。同时，进一步降低门诊和住院报销起付线，提高报销比例，并增加住院分娩定额补偿。

【人大执法、政协提案办理】 区农委系统共承办人大代表建议48项、政协委员提案17项。其中，承办市人大代表建议1项、区人大代表建议7项，承办区政协委员提案10项。农委承担的18项人大代表建议及政协委员提案全部办复完毕，办复率100%，并将办复报告向每位代表、委员当面汇报，代表委员满意率达90%以上。具体做法：①突出重点，强化措施，确保提案办理工作落到实处。在承办工作中，区农委严格按照程序规定要求，在提高质量上做文章，在规范运作上下工夫，在解决问题上求实效，突出重点，对有条件解决的积极想办法及时解决，对能马上办得及时抓好落实。如张仁武、田树根委员提出的第38号关于“进一步提高昌平优势农产品的品牌建设、提升市场竞争力”的政协提案，加大办理力度。利用电视、电台、网络等各种媒介，加大对农产品的宣传力度，提升农产品的市场占有量。组织农民专业合作社、种植基地等参加各类农产品推介会、展览会，扩大农产品的知名度。培育农业龙头企业，促进产业发展和提升品牌效益。对获得国家级重点龙头企业的奖励50万元；获得市级重点龙头企业的奖励20万元；对获得市名牌产品、市著名商标的农产品生产企业奖励20万元。②强化督导机制。限制订办理计划和工作台账，在时间上督导；督促对待办理工作，提高办理水平。对答复中的具体措施，跟踪问效，在落实上督导。例如：对李术元代表提出的第201号关于“加强农村信息化建设和人员培训工作”的建议。启动了“四电合一”农业信息化项目建设。“四电合一”农业信息服务模式，主要是通过电脑网络、移动农网通讯平台、农业电视节目、电话语音系统四种信息载体，开展综合信息服务，实现优势互补，灵活立体的信息服务体系。与歌华有线签署协议，为121个村委会免费开通歌华宽带．并给予月上网费50元（不限时）的优惠资费。现共建有农村信息服务站69个。覆盖16个镇、52个村、1家农民专业合作社。在空间上将“四电合一”的信息手段整合到一起，为农民提供最直接的服务。现全区共安装移动信息机18台，农信机152台，累计发布信息240余万条。内容涵盖通知通告，市场信息，气象预报，政策动态，生产、科技信息和生活服务信息，涵盖了农村生产、生活的各个方面。创新服务模式，实施了“5＋2”工程，以移动农网为主要载体，综合各种信息服务手段，向回龙观、东小口2个镇发布兴寿、流村、南口、长陵、十三陵5个山区镇农产品和观光采摘等方面的消费信息。使其建立长期稳定的信息交流机制，实现山区产品、服务的供应与城乡结合部居民消费需求的对接。

昌平区主要领导人

区委书记		关成华
	副书记	金树东　王书合
	常　委	朱光彤　戴　维（女） 潘建新　李　良　王双武 陈秋生　孙　启
区人大常委会主任		李福忠
	副主任	武　宁（女）　张文祥 张文良　扬国昌　郑国柱
区长		金树东
	副区长	金　晖（女）　方　炎 苏卫东　洪　波　王承军
区政协主席		王振华（女）
	副主席	李永生　张国良　张荣禄 李富和　陈　勉
区纪委书记		戴　维（女）

昌平区各镇（街道）党政正职领导

	党（工）委书记	镇长（办事处主任）
城南街道	金秀清	韩宝田
城北街道	扬玉宝	石东琨
回龙观镇	贺　军	王　建
东小口镇	李志杰	王　军
沙河镇	王学剑	申士学
小汤山镇	牟少华	张新亮
崔村镇	宗　江	刘宝君
兴寿镇	韩续昌	许正锋
阳坊镇	刘长永	李　昌
南邵镇	茅　江	徐　强
百善镇	郭向东	秦建柱
北七家镇	孟　晖	黄建军
十三陵镇	蒋文云	王建成
长陵镇	云富勇	石彩红
南口镇	周晓东	段学勇
流村镇	赵宝东	张中武

马池口镇　刘向东　　王　力

（昌平区农委　田　宁）

大兴区

概　述

大兴区地处北京南郊，素有“京南门户”、“绿海甜园”之称。辖区总面积1 036平方公里，辖14个镇，527个行政村，总人口58.1万人，其中农业人口31.9万人，农户10.8万户。现有耕地面积38 400公顷，其中，蔬菜14 667公顷，西甜瓜6 667公顷，甘薯3 000公顷，果树13 333公顷。全区现有市级民俗村9个、市级民俗户548户、市级观光园6个，全区农业总产值实现47.9亿元，同比增长0.9%；农民人均纯收入实现11 132元，同比增长10.2%。依托自然资源优势，发展了蔬菜、西甜瓜、果品、甘薯、花卉、奶牛、生猪、肉羊、禽类九大主导产业。其中蔬菜、西瓜、甘薯、鲜蛋、牛奶、肉羊、火鹤产量位居京郊首位，水果产量、生猪出栏位居京郊第二位，是北京市重要的农产品生产和供应基地。根据市场定位，调整主导产业布局，发展特色精品农业，形成了庞各庄万亩西瓜、采育万亩葡萄、安定御林古桑园、长子营有机蔬菜等一批规模化、品牌化农产品生产基地。

城乡一体化

【城乡结合部旧村改造】 年内，本区整建制拆除旧宫等镇33个村、1.2万户民宅，拆除总面积340万平方米，储备产业用地600多公顷，并做到百姓不少得、政府不多花、群众不上访，最大限度保障了被拆迁人合法权益。

【加快重点镇区建设】 年内，本区编制完成采育等5个重点镇区建设方案，庞各庄镇区拆迁顺利推进；着力培育镇区主导产业，引入三元食品等一批重大项目。

【加强城乡管理】 年内，本区固化流动人口服务和管理有关措施，流动人口无序增长的势头初步得到控制；针对突击建房、恶意装修、抢栽抢种、盗采砂石等违法行为，集中精力开展非法用地和违法建设等各类专项整治行动，清理腾退土地近200公顷。

都市型现代农业

【概况】 大兴区地处北京南部平原地区，是北京市重要的农产品生产和供应基地。年内，全区农业总产值实现47.9亿元，同比增长0.9%；农民人均纯收入实现11 132元，同比增长10.2%。全区共完成造林1 500公顷，植树314.6万株（乔木111.9万株，灌木202.7万株），全区未发生森林火灾和森林病虫灾害，全局系统未发生安全生产事故。全区生猪出栏65万头，肉羊出栏36万只，禽类1 360万只，鲜奶产量14万吨，鲜蛋产量2.8万吨，水产品产量2 445吨。畜牧业产值完成19亿元。全区农业机械总动力45.5万千瓦，农业机械净值19 774万元，拥有大中型拖拉机1 301台，拖拉机大中小型配套机具2 113台，拥有小麦联合收割机160台，玉米大中型联合收割机82台，农副产品加工机械600台，林业机械215台，渔业机械178台，农用运输车23 651辆。

【都市农业建设】 北京市农村工作委员会开展了都市型现代农业基础建设工程及综合开发项目，区种植业服务中心负责项目中农田培肥、农药面源污染治理和菜田废弃物治理三项工程。项目涉及耕地面积共计3 660公顷，包括青云店大张本、安定镇西白塔、魏善庄和采育4个项目区的39个行政村。

【发展设施农业和特色产业】 年内，全区新增、改造设施农业667公顷，设施农业面积已经达到667公顷，提前一年完成“十一五”农业发展规划任务；蔬菜、西瓜、果品等主导产业逐步向质量效益型、唯一特色型转变，花卉优新品种不断增加；农业种业迅猛增长，产值同比增长73%；新建、改造生态环保猪舍5万平方米，新增效益5 100万元。

【大力发展科技农业】 继续实施科技助农工程，实施院区合作项目10项，开办田间学校62所，培养科技示范户1 300户，新建、提升农业标准化基地30个、“三品”基地13家，农产品质量和安全水平不断提高。

【发展观光休闲农业】 提升了庞安路都市型现代农业产业带，发展了以体验、采摘为主的观光休闲农业，农产品采摘量同比增长43.3%，观光休闲农业收入实现1.7亿元，带动全区旅游收入达到8亿元。

【完成市“221信息平台”数据采集】 区农委协调区直农口各局及各镇农口单位，通过20多天的努力，顺利完成数据采集工作，涉及28个专题4 300余条农业相关数据，实际调研并准确定位1 500余个点，其中，修改更正数据383条，新增数据568条。

【西甜瓜产业】 全区西甜瓜总面积为6 667公顷（西瓜6 000公顷、甜瓜667公顷），其中棚室面积2 667公顷、中小拱棚面积2 667公顷、地膜面积1 333公顷。主要分布在庞各庄、北臧村、安定、礼贤、魏善庄、榆垡6个镇，种植农户2.6万户。主要栽培品种30多个，包括西瓜中果型品种京欣一号、京欣二号、京欣三号、航兴一号、航兴三号，小果型品种京秀、新秀、黄小凤、红小玉、春小玉，无籽品种黑密二号、暑宝，厚皮甜瓜品种京玉系列品种、玉金香、一品红，薄皮甜瓜品种京蜜11、雪王8等。

【甘薯产业】 全区甘薯种植面积2 200公顷，主要分布在庞各庄、北臧村、榆垡、魏善庄等镇，主栽品种为遗138、豫薯10和徐薯23，生产模式以春甘薯为主，平均每公顷产量3.6万千克。

【粮经产业发展概况】 全区主要粮油作物是小麦、玉米、甘薯、花生、大豆，其中小麦种植面积13 820公顷，主要品种为京9428、农大211、京冬8、京9843等，总产量7 515.4万千克；玉米种植面积2.6万公顷，主要品种为农大108、宽诚1号、京单28、京科308、中单28、中玉15，玉米总产量17 160万千克；甘薯种植面积2 200公顷，平均每公顷产量7 200千克（折粮），总产量1 566万千克（折粮）；花生种植面积2 933公顷，平均每公顷产量3 150千克，总产量919万千克；大豆种植面积400公顷，平均每公顷产量2 700千克，总产量110万千克。

【蔬菜生产情况】 全区蔬菜播种总面积2.38万公顷，面积较大的主要是礼贤、庞各庄、榆垡、长子营、黄村、北臧村、魏善庄、安定、青云店9个镇，种植的品种有黄瓜、番茄、茄子、大椒、大白菜、冬瓜等100多个，蔬菜累计上市量11.33亿千克，收入额10.90亿元。

【花卉产业】 年内，全区花卉种植面积达447公顷，产值9 968万元，共有重点花卉企业25个。形成火鹤、菊花、兰花等拳头产品。销往全国14个省（自治区、直辖市）。建立香草植物品种繁育基地6.7公顷，引进香草品种43个，种植面积200公顷。主要用于盆栽、提炼精油、绿化香化、保健食蔬和果园驱避，已推广种植到大兴的社区、新农村绿化、有机生态果园、私人别墅等，还另外推广到密云、怀柔等区县及沈阳、河北、山东等地区。在大兴区绿化美化工作中，共计推广地被花卉420万株。

【蜂产业】 截至年底，全区有养蜂户34家，蜂群2 000群，其中养蜂大户8家。年内气候异常，蜂产品大量减产。全区蜂蜜总产量41 700千克，王浆615千克，蜂蜡515千克，总收入19万元。比往年减产大约50%。

【林业有害生物防治与检疫】 年内，全区全面加强了调运检疫和产地检疫工作，调运检疫执法：共复检木材和木材制品2 230立方米，苗木52.1万株，花卉7.2万株，发现并销毁冠瘿病126株，未发现其他检疫对象。依法换发《植物检疫证书》1 242份，开具《森林植物检疫要求书》23份。产地检疫执法：结合林木种苗执法，对本地区的52苗圃进行检疫执法，检疫苗圃面积800公顷，苗木960万株，花卉2 122万株，竹木销售点89家。种苗产地检疫率100%。完善国家、市、区、镇252个测报监测点、752块测报标准地，全区悬挂美国白蛾监测黑光灯3 000盏、诱芯80套，综合测报灯12套、国槐小卷蛾诱芯600套，设置苹果蠹蛾监测点40个、实蝇监测点6个，灾害测报准确率达98%以上。全区共投入人工12.4万人次，动用大、中、小型防治机械446台套，出动车次32 400台次，组织实施预防、除治作业面积116.2万亩次（含飞防作业面积9.7万亩次），超过了年计划的145%。喷洒灭幼脲类、植物源类药剂65吨，美国白蛾病毒1吨，施放周氏啮小蜂两亿头，赤眼蜂1.5亿头，无公害防治率达96%。

【生态补贴】 2009年生态补贴小麦面积为14 173公顷，牧草面积为150.4公顷，涉及12个镇，405个村，38 449户，补贴金额约858万元。

【推广生态环保养猪模式】 年内，“大兴区生态环保养猪模式技术集成”被北京市评为“新农村建设创新奖”一等奖、北京市农业技术推广一等奖。该模式是安全、节能、环保、循环、高效的新型高效养殖模式，消除了猪舍废水、废气、恶臭、粪便对周围环境的污染，达到了零排放。全年，全区累计投资约4 000万元，在47个猪场的约100个规模建设生态发酵床12万平方米，年出栏优质生猪25万头，年新增效益6 100万元。

【种业发展】 年内，大力发展畜牧业种业。新增种业场3个，提升种猪原种场1家，审批合格1家，申报升级种业场2家，使全区种业场总数达到43家，种业收入比上一年增加了34%。发放良种补贴冷冻精液4万余支，提供液氮9 000升。加速品种改良。

【动物免疫工作】 年内，区动监局与各镇、各养殖场、屠宰厂、饲料厂、兽药厂、宾馆饭店及经营性冷库等签订责任书、承诺书共计6 278份。免疫各种禽类1 509万只次，免疫各种畜类188万头只，免疫注册犬11.05万条，各种疫病免疫率均达到100%。

【兽药管理】 年内，检查兽药生产厂28厂次、兽药经营单位91次，动物诊疗单位48次，出动执法人员538人次，发放监督笔录、意见书406份，查扣、封存过期药品和无批准文号兽药共计55种。行政处罚3起、罚没款4 432元，没收非法所得5 240元。

【畜牧业保险】 年内，将能繁母猪补贴款的发放与能繁母猪保险工作捆绑在一起进行。参保生猪31.97万头，投保奶牛1.2万头。入区奶牛6 000余头，发放入区补贴1 400万元。

【国庆动物食品安全整治】 9—10月，区动监局开展国庆60周年动物食品安全专项整治行动，对辖区动物产品经营单位和大型养殖场进行专项整治。此次专项整治为期20天，共检查企业78家，抽查市场1家、大型超市3家、宾馆饭店3家，出动执法人员105人次。

【林下经济】 年内，全区林下经济完成935.8公顷，主要有林菌、林禽、林桑、林薯（瓜）、林药、林草六种模式。其中：林菌167公顷、林禽153公顷、林桑189公顷、林薯（瓜）207公顷、林药20公顷、林草200公顷。

【林政管理】 年内，全区办理林木采伐证725份，折合蓄积31 858.63万立方米；办理征占用林地5份，其中永久占地4份，临时占地1份，共涉及林地面积7.863 5公顷。经专家勘察确认生长在大兴旧宫四村青年路12号院内的胸径为46厘米的枣树定为二级古树，为本区又增加了一棵古树。截至年底，本区共有32棵古树名木。

【林业执法】 年内，对全区林业重点工程造林地的苗木质量进行了抽样检查，共抽查10个单位10个批次6个品种的苗木，苗木合格率100%。其中被抽检的10家企业中有生产、经营许可证的单位9家，使用标签、出示合格证的8家。共受理新办林木种子生产、经营许可证5份，换证2家。枯死木鉴定5 760株。4月3—30日，在全区范围内组织开展了遏制非法捕鸟破坏野生动物资源违法犯罪行为的专项行动。此次专项行动的打击重点是利用粘网、毒药等手段非法猎捕野生鸟以及非法买卖、运输野生鸟等违法犯罪行为。在此期间，对本辖区野生鸟类资源情况进行全面了解，排查，制订详细的行动方案，加大巡查力度，督促林权单位设立、完善禁止狩猎的宣传标志。组织各警务组集中力量保证每天进行重点地区的巡查。共出动警力168人次，车辆66车次，检查地点20余处，发放宣传材料1 000余份。全年，共接警57件，出动警力600余人次、300余车次。共查处各类林业行政案件25起（盗伐5起、滥伐12起、毁林8起），处理违法单位和个人25个，罚款41 978元，责令补种树木2 043株，没收违法所得1 100元。林业刑事案件1起（盗伐），抓获犯罪嫌疑人2人，已被刑事拘留。2008年12月25日至2009年3月开展“大走访”活动。共开展警民联系座谈会5次，走访相关工作单位9个，走访辖区有林单位和镇25个，走访辖区单位干部40人次，走访辖区村队干部53人次，走访辖区群众106人次。“大走访”期间，共进行法制、防火宣传43次，发放宣传材料16 000余份，广播65次、电视宣传9次、网络宣传6次，设立宣传牌30块、张贴宣传标语150条。

【农机规模化作业服务】 农委折子工程第二十九项：“推广农机规模化经营和作业服务6.5万亩，设施专业化作业服务3 000亩。”年内，区农机中心以15个大型农机服务组织为依托，采取全程机械化作业服务和重点环节机械化服务相结合的服务模式，共计完成规模化经营和规模化服务4 409公顷。其中规模化经营822公顷，规模化服务3 587公顷。完成设施专业化作业服务300公顷。

【购机补贴工作稳步落实】 截至年底，全区共推广补贴机具1 677台。共计涉及资金2 531.4万元，其中补贴资金1 265.7万元（市级补贴资金1 097.7万元，区级补贴资金168万元），农机服务组织和农民自筹资金1 265.7万元。补贴农业机械主要包括：拖拉机194台（120马力4台、72马力30台、30马力拖拉机50台、28马力拖拉机90台、20马力拖拉机20台），玉米收获机39台、深松机30台、青贮车运斗12辆、饲料搅拌车3台、挤奶设备2台、增氧机33台、有机肥翻抛机1台、蔬菜育苗播种机4台、割灌机149台、微耕机300台、温室卷帘机900台、保温被10万平方米、打药机10台。

【农机新技术推广】 年内，区农机中心推广电动打药技术。共在9个村引进推广10台，作业面积6.7公顷。示范推广气动剪枝技术。引进了时代沃林公司代理的1 800气动高枝剪枝机，在榆垡刘家铺等村作了16户剪枝示范作业，作业面积13.3公顷。引进设施深耕技术。全区现已达到15台，示范作业200公顷。

【农机年度检查工作】 年内，区农机中心共出动执法人员568人次，车辆156台次，检查农业机械2 154台次，农业机械牌证审核2 866个。检验新增农业机械7台，年检农业机械1 089台，农业机械过户132台，治理尾气排放超标车辆537台，补领行驶证24个，补牌照11副，补农业机械登记证书13本。新增驾驶员考试106人，驾驶员换证64人。检查维修网点87家，发放农机维修网点资格证书4份。

【农业节水灌溉工程】 全年农业节水灌溉工程，主要在采育、安定、青云店、魏善庄、庞各庄5个镇中的28个村中，发展农业节水灌溉面积789公顷，概算总投资2 715万元。需要更新机井97眼，新建机井房113座，铺设地下管道2 671公里。

【气象预报服务工作】 区气象局通过电话、电视、网络等手段向各级（区、镇、村）领导及社会各界提供及时周到的气象服务，以便各级领导和有关部门组织和指挥防灾、救灾工作。凡预报有降水、≥5级风等天气过程时，向区委、区政府、区农委、防汛办等提供不定期气象专报。通过区农委信息平台向全区1 400部手机用户发布天气信息，达10万余条。接受电视台专访19次，在《大兴报》、《大兴咨讯》刊登气象预报和农业气象提示20余次，接受电话答询160余次。遇有>1.0毫米以上降水天气过程时，及时统计17个自动站汇总雨量表发传真上报区委、区政府、农委和防汛办、应急办、交通、建委、公安、民防、环保、环卫、卫生局等部门28次。

【农药管理】 区植保站对全区农药经营店进行了四次拉网式检查，共出动执法人员449人次，执法车辆223台次，检查农药经营单位1 124个次。明确本区农药经营单位由上年的253家增加到276家；与农药生产单位和经营单位签订安全生产销售承诺书276份；上网检查了2 360余个农药标签；调解农资纠纷1起、受理群众投诉举报案件1起，均予以了圆满解决；通过执法检查共进行行政处罚14起，罚款2 250元；进行赶集宣传26次，现场接受农民咨询2 600余人次，发放《可用于替代甲胺磷等5种高毒农药品种名单》、《农药科学选购和合理使用》等宣传材料20 000余份。

【加强水环境治理】 万亩滨河公园开工建设，完成农业节水灌溉800公顷，东南郊水网、黄村再生水厂工程顺利推进。

【全面实施保护性耕作】 年内，完成保护性耕作3.6万公顷；实行农机规模化服务3 587公顷，规模化经营820公顷。

【庞各庄镇遭受风灾】 6月4日15时45分，本区庞各庄镇遭受大风袭击，造成北顿垡、东义堂、南李渠、幸福、东黑垡、李家巷、西义堂、南顿垡、定福庄、福上、西中堡等11个村的96公顷农作物受损，其中小麦36公顷、果树3.7公顷、大棚56.7公顷，经济损失223.418万元。

【礼贤镇遭受风雹灾害】 6月8日早4时开始，礼贤镇开始下雨，局部地区有大风并伴有冰雹，大风4～5级局部达6级；冰雹直径0.3～0.5厘米持续时间20分钟。截至当天16时05分统计，共计造成礼三、河北头、平地、柏树庄、王化庄、伍各庄、西段、小马坊、赵家园、内官庄、荆家务、大马坊、李各庄、祁各庄、辛家安、西里河、昕升、东安、东梁各庄、贺南、石柱子、董各庄、东郏河、前杨各庄、西白疃、苑南等26个村的1 061.02公顷农作物受灾，其中776.22公顷小麦倒伏，1个钢架大棚棚架倒塌，52个大棚膜损坏，并间接造成棚内作物的损失，包括蔬菜127.6公顷，瓜类116公顷，果树15.9公顷，春玉米21.7公顷。预计经济损失328.85万元。

非农产业

【二、三产业发展】 年内，全区乡镇二、三产业占全区乡镇企业的99.7%。农民就业基地和农产品加工企业发展迅速。全年共投入资金1.1亿元完善农民就业基地基础设施建设。引导农产品加工业有序发展。10家农加工企业进行投资扩建，总投资3.3亿元，项目投产后，可增加产值8.7亿元，带动农户3 000多户。

【农民专业合作社获得授信贷款】 年内，本区成立了北京市第一家小额贷款公司——北京兴宏小额贷款有限公司。区农委与小额贷款公司已对本区5个镇，12个农民专业合作社进行了综合授信及借款资质审查，公司已与北京鹏宇奶牛专业合作社等4家合作社签订了首批综合授信协议，授信总金额450万元，为北京锦绣前程水产专业合作社贷款15万元。

【积极发展农产品深加工】 扩大了肉牛、生猪、肉鸽、桑葚等农产品深加工能力，带动了加工农产品生产基地的发展。

【拓宽农产品销售渠道】 通过规范和提升，农民专业合作组织带动规模扩大，市场开拓能力进一步提升；组织实施了“农超对接”和网上交易等活动，推动新型农产品流通方式的发展。

【乡村旅游业发展】 提升庞安路都市型现代农业产业带。建设并完善御瓜园、老宋瓜园、雅虹茗农业科技科技示范园、庆国寺综合销售中心等。西瓜节期间，庞各庄镇接待游客13万人次，实现旅游收入1 800万元。提升完善十大观光园区。对园区内道路进行绿化美化，引进采摘新品种，健全餐饮住宿，提高服务水平。培育新品种、开发新产品。新培育出美人酥、雪青梨、五彩花生、悬空甘薯等新、奇、特品种，增加十字绣等旅游产品供游人选购。实施品牌战略。统一园区旅游标识，成功举办西瓜节、桑葚节、“春华秋实”等系列旅游节庆活动。

【乡村旅游产品推介会获奖】 由区委组织部牵头，区农委、区妇联、区旅游局联合组织本区农村实用人才代表参加了4月23—25日在北京奥林匹克公园举办的“北京市农村实用人才创业成果暨乡村旅游产品（手工艺品）展示推介会”。在此次活动中，本区荣获“北京市农村实用人才创业成果暨乡村旅游产品展示推介会”优秀组织奖，手工艺品易拉罐金属画“鹰”获得一等奖，面塑“三英战吕布”、鲜藏艺术产品“玻璃艺术西瓜”和黑陶卷筒“竹报平安”获得二等奖，鲜藏艺术产品“玻璃艺术花卉”获得三等奖。

【采育葡萄文化节】 8月18—22日，第九届北京大兴采育葡萄文化节期间，举办了第九届北京大兴采育葡萄文化节开幕式暨“恒盛·波尔多之夜”大型综艺晚会，人力资源招聘会，北京汽车高级技工学校与采育中学合作签约仪式，旅游、采摘活动（启动旅游、采摘活动，“相约采育自驾游”系列活动，葡萄博物馆对外开放），“恒盛·波尔多”系列主题活动（书画笔会、嘉年华、葡萄园艺日），“名仕庄园（京城马汇）”系列主题活动等。8月，共接待游客39.8万人次，旅游收入达1 691.5万元；在葡萄文化节期间，葡萄博物馆文化展厅、书画展厅对游客开放。

【安定桑文化采摘节】 5月22日至6月15日，安定镇在御林古桑园举办了第八届桑文化采摘节，节庆期间，相继组织并举办了农民拔河、跳绳、踢毽子、推铁环、丢沙包等比赛及上千人参加的古桑园森林长跑活动，并取得了圆满成功。桑葚节期间，桑农就地销售桑葚20余万千克，增加直接经济收入100多万元；当地加工企业共收购桑果130余万千克；当地农民借助桑葚文化节，开展了民俗旅游活动，使游客体验了吃农家饭、睡农家炕、干农家活的乐趣，农民增加了收入，得到了实惠。

【举办全国甘薯擂台赛】 10月28日，第二届北京大兴“庞各庄杯”全国甘薯擂台赛在庞各庄镇举行。共有来自河北、安徽、北京等10个省市的139个薯农、基地、科研单位和甘薯加工企业参加了比赛。此次擂台赛设薯王综合奖、优良品种奖和甘薯加工食品奖3个奖项，奖项分设冠、亚、季军。以本区庞各庄保安庄村程亮为代表的大兴薯农，在此次比赛中获得了3个奖项的8个大奖。

【举办全国西甜瓜擂台赛】 5月25日，第二十一届北京大兴“庞各庄杯”全国西甜瓜擂台赛在庞各庄镇举行。共有来自河北、安徽、辽宁、陕西、宁夏、天津、湖北、北京8个省市的288名种瓜能手参加比赛。此次擂台赛设大型西瓜重量奖、中型西瓜综合奖、小型西瓜综合奖、甜瓜综合奖、新品种奖、生产艺术奖、优秀组织奖7个奖项，前四个奖项分设冠、亚、季军。最终，来自庞各庄镇李家巷村的李凤春以单瓜重37.8千克夺得大型西瓜重量奖冠军。区委常委、副区长李春亭、区政协副主席路志权、庞各庄镇党委书记左东明等领导为获奖选手颁奖。

村镇建设

【概况】 创新新农村建设管理机制，使新农村建设向城乡统筹、资源共享方向发展，初步实现了“保增长、保民生、保稳定、促就业”的既定目标。开展农产品质量安全专项整治，打击食用农产品中违法添加非食用物质和滥用食品添加剂，保障了农产品质量安全。

【农村建设稳步推进】 全年，全区完成200个村庄规划编制，硬化街坊路452万平方米，绿化村庄210万平方米，完成2万余农户自来水老化管网和一户一表改造工程，改造户厕16 150座，新建农村公厕413座。

【重点绿色通道建设工程】 六环路、京山铁路（大兴段）重点绿色通道建设工程总面积256公顷，总长度20.3公里。其中京山铁路一期工程绿化面积87公顷，总长度11.5公里；六环路绿化面积169公顷，总长度8.8公里（其中六环路主线123.8公顷，六环路支线45.5公顷，分2009年、2010年两年实施）。2009年工程共完成绿化面积190公顷。其中京山铁路一期完成87公顷，六环路完成103公顷。工程投入专业队500人，清树桩13 032个，开沟96 000米，动土34 879.1万立方米，出动机车1 540台班，出动水车1 540台，打井32眼，埋设管道29.7千米，使用薄膜2 200千克，保水剂2 163千克，生根粉17 300克，共栽植乔、灌木106.1万株。

【道路绿化】 年内，大兴新城完成了西旺路、兴泰路、北程庄南路、兴和大街、辅高路、永华路等6条道路绿化，绿化面积约11万平方米。

【绿化养护管理】 新城绿化养护工作体现在管理制度建设、养护等级评定、绿地景观提升、有害生物可持续控制和节约型技术研究等方面。重点强化了10条（块）特级绿地、9条（块）一级绿地、17条（块）二级绿地的绿化养护。

【新农村绿化美化】 年内，全区实施村庄绿化面积约210万平方米，涉及12个镇，83个村庄，5.5万户农民。其中：主干路绿化62.7万平方米；街坊路绿化52.5万平方米；建设环村林52.8万平方米；建设公园绿地54个，绿化面积34.4万平方米；庭院绿化7.6万平方米。

【加强绿色生态建设】 进行了“一路一品、一街一景”工程和兴旺带状公园、体育休闲公园等绿化建设，完成绿化面积1 500公顷，植树314.6万株。

【“三起来”工程扎实推进】 年内，全区改造村内节能路灯4 000盏，建设太阳能公共浴室3处；实施地源热泵技术利用示范工程2处，新建节能抗震农民住房548户，完成农户原有住房节能保温改造322户；建设沼气集中供气工程3处，扩建生物质气化站2处，建设小型户用沼气池750个，实施雨洪利用工程4处，粪污治理工程22处。

【公共服务设施进一步完善】 完成了镇级中心幼儿园、农村学校的规范化、扩班改造、达标修缮等任务，基本完成采育镇、旧宫镇等8个农村社区卫生服务中心建设，升级改造30家兴糖全额配送店和5家农村集贸市场，完成241个农村数字影厅的内部设施设备配套，建设农村数字家园29所、新型村邮站392个、公交候车亭70个，设置村级法律服务室149家。

【农村雨洪利用工程】 7月，本区农村雨洪利用工程开工建设。工程共涉及长子营、青云店、采育、榆垡、安定、魏善庄、黄村、礼贤、北臧村、瀛海10个镇的17处坑塘和2处河道，总投资3 720万元，每年可拦蓄雨洪191万立方米。

【农村一户一表工程】 10月，改造了青云店、采育、安定、庞各庄、榆垡等11个镇71个自然村，5.59万人的饮水条件。工程主要包括：原有水厂扩户工程56处，单村供水工程15处，新增供水规模1.07万立方米/日，工程总投资1.3亿元。年底完成管道铺设369公里，新打水源井18眼，安装水表10 734块，节水龙头12 720个。

【开展环境综合整治】 进行了全区百日环境整治，加强了主干道路、河道、农田、村内环境治理，并完善了长效管理工作机制。

【创建市级文明生态村】 瀛海镇瑞合一村等11个村获得“市级文明生态村”称号，北臧村镇巴园子村和庞各庄镇梨花村荣获“北京市最美的乡村”称号。

农村改革与管理

【概况】 全区进一步稳定和完善农村基本经营制度，落实农村土地承包经营权，规范土地有序流转，积极引导产权制度改革；建立健全规章制度，规范农村财务管理；巩固提高农村信息化水平，强化民主监督、审计监督，促进农村党风廉政建设；加强农民负担执法检查，维护农民和集体经济组织的合法权益；加强农村经济统计、企业监测，为各级党委、政府制定农村政策、推行农村改革提供决策依据。2009年，经管站为促进农村经济发展，增加农民收入，维护农村和谐稳定作出了积极贡献。

【农村经济统计分析】 区经管站加强对农村经济收益分配情况的统计和分析。全年，本区农村经济总收入完成4 328 300.7万元，同比增长7.76%。其中，人均可支配收入12 483.4元，较上年同期每人增加1 135.8元，同比增长10%。从经济结构分析，一产实现总收入394 371.8万元，同比增长6.49%；二产实现总收入2 343 683万元，同比增长5.85%；三产实现总收入1 320 299.4万元，同比增长0.19%。监测全区低收入农户9 056户，其中，人均可支配收入3 402.24元，与上年度低收入农户年人均可支配收入2 984.46元相比，增长了14%。全年，全区经济发展情况较好，在区委、区政府的正确领导下，各镇落实党在农村的各项政策，积极稳妥地发展一、二、三产业，确保了农村稳定，农业发展，农民增收。

【完善村级“三托管”工作】 区经管站帮助农村经济合作社继续完善账、款、章“三托管”制度，加强“三托管”工作规范开展。继续监督“账款双托管”制度的执行，建立健全了各项公章管理制度，规范了公章使用程序。出台公章监管具体管理办法，制定了《公章管理制度》、《重大事项办理会审制度》和《公章管理服务业务办理流程》。全区14个镇528个村，已有13个镇（亦庄镇除外）成立了“农村财务管理服务中心”。实行账、款、章“三托管”的村数为523个，占总村数的99%，其中有516个村实行“账款双托管”制度，占总村数的97.7%；有522个村签订了委托协议书，占总村数的99%；有523个村1 182枚公章由镇里托管，占总村数的99%。“三托管”工作管住了村集体的“钱袋子”，避免村集体经济利益受损，加强了对村级事务和集体资产管理的监督，维护了和谐稳定的农村社会环境。

【农村集体经济产权制度改革】 在黄村、北臧村、旧宫、青云店镇的16个村启动改革工作，基本完成了狼垡三村、侯村、高家铺村3个村产权制度改革工作，进一步探索了产权制度改革的新模式。

【加快农村土地流转】 区经管站积极搭建并完成了大兴区农地流转信息网。除与市级平台共有的土地需求、土地转出两个对接模块外，还设立了资产转出、资产需求、网上答疑、短信平台、经验交流、操作导航、区域介绍7个大兴特色模块，现已进入实施运行阶段。已通过信息平台发布信息35条，涉及土地170.8公顷、房屋94间。截至年底，全区农村土地流转面积8 794.7公顷，占全区农村可经营农用地面积的20%。流转价格为每年每亩500～2 500元不等；流转年限为5～25年。其中，确地流转1 683公顷，占流转总面积的19%，流转收益100%归承包户所有；确利流转4 654.8公顷，占流转总面积的53%，流转收益的70%用于流转村民的确利收益，30%留作村集体公益事业支出；确股流转面积2 457.3公顷，占流转总面积的28%，流转收益的70%左右兑现给持股人。

【农村金融综合改革试验区建设】 初步建立了农村金融信贷、农业保险、农业投资、农村担保、农村信用五大体系，使用金融部门涉农贷款资金6.95亿元，促进了农村产业发展；扩大了政策性农业保险规模，种植业投保面积达1.1万公顷，养殖业投保21.2万头，分别比上年增长29%和47%。

【完善村务运行机制】 开展了农村经济在线审计试点工作；进一步规范了账、款、章“三托管”制度和村级工作管理规则、村级重大事项民主决策流程、事前咨商、招投标等制度，13个镇成立了农村财务管理服务中心，托管村级公章1 182枚，决策咨商重大事项1 733项，有效推动了村级民主管理。

【农地流转平台建设升级情况调研】 2月24日，市城乡经济信息中心领导和相关技术人员到区农委就如何做好市级、区县级农地流转平台的开发与建设进行了调研，主要讨论了本区土地流转平台的升级完善、与市级农地流转平台的对接方案，区农委、区经管站主管领导及技术人员参加了调研会议。

【农村集体财务试点村考核挂牌】 根据北京市经管站《关于开展农村集体财务管理规范化试点工作的通知》精神，区经管站完成了对13个市级财务管理规范化试点村的检查工作。通过对试点村的考核评价，全部达标，其中青云店二村达到99分。推动这项工作的目的，是通过对试点村的经验、问题加以总结、归纳，来推动全区农村集体财务管理工作走上规范化、制度化的轨道。截至年底，全区13个村的挂牌仪式已经全部完成。

【开展村集体经济承包合同鉴证】 区经管站在领导全区农村集体经济承包合同确权工作的同时，积极开展村集体经济承包合同鉴证工作。全年，共鉴证农业承包合同3 723份，其中土地承包合同3 350份，土地承包经营权流转合同353份、对外承租合同20份，向农民发放土地承包经营权证书2 869本。

【村级集体经济产权制度改革】 年内，全区共启动了16个村的产权制度改革工作，其中，狼垡三村、侯村两个一般村基本完成了产权改革工作，整建制转居村北程庄村已进入了产权改革的实体程序。截至年底，累计完成产权制度改革村社67个，重点分布在城乡结合部地区。西红门镇完成25个村，旧宫镇完成18个村，黄村镇完成4个村，亦庄镇完成20个村。产权改革形式有土地股份制和社区型股份制两种模式。采取社区型股份制产权改革模式的22个村，采取土地股份制产权改革模式的45个村。

【重要事项招投标制度】 截至年底，全区已成立镇级事前咨商领导小组13个。年内，全区13个镇97个村共有125项村级重要经济事项实行招投标，召开镇村联席会议575次，咨商议题2 900个，事前咨商领导小组出具指导性意见813条，其中有法律依据的622条。招标后金额2 514.65万元，总收益比标的增加了433万元。

【创新农村集体经济审计监督】 年内，累计完成了全区村级843个单位的常规审计监督工作，其中财务收支审计796个，财经法纪审计1个，干部任期及离任审计40个，土地补偿费专项审计6个，审计金额共计134 590.6万元。同时创新了农村集体经济审计监督工作，积极开展农村经济在线审计工作：会同市领导就本区农村财务审计基础情况进行专题论证，并到昌平区进行实地学习调研；成立了在线审计工作领导小组，在安定、瀛海两镇实施远程在线审计先行试点工作；为两个试点镇购置原始票据快速扫描仪4

台，安装了局域网及挂票工具等硬件系统；采取多种形式对相关人员进行培训，全年已培训100人次。

农民生活

【文化和精神文明建设】 开展了“迎国庆、讲文明、树新风”系列活动，开展新春系列文化活动、第十九届农民艺术节、“花会调演”、第二十一届西瓜节系列文化活动等数百场，参与群众累计50多万人次。以“一助一”的形式开展共建活动，有145个文明单位与126个村结为共建对子。全年共开展送科技下乡、送文化下乡、送资金项目下乡等活动150多次，参与人数18万余人次。

【完善社会保障体系建设】 年内，全区城乡居民养老保险参保率达到90%，新型农村合作医疗参合率达到96%，参合人数29.74万人，3 189户5 961人纳入城乡低保范围。农村低保标准提高到每人每年2 400元，农村五保供养标准提高到年人均6 541元，医疗门诊救助垫付金提高到2 000元。全面落实义务教育“两免一补”政策，开展成人教育80 000人，培训农村劳动力4 500人。对360户社救对象和100户优抚对象房屋进行改造。

【人口和计划生育数据】 年内，本区户籍人口为58.09万人，全年出生5 393人，计划生育率为97.05%，晚育率为79.61%，人口出生率为9.25‰，自然增长率2.92‰。全区现有户籍育龄妇女15.04万人，已婚育龄妇女10.88万人，一孩育龄妇女7.43万余人。一孩独生子女父母领证率逐年上升，全年独生子女父母领证率为80.61%。

【三海子郊野公园】 6月，大兴区委、区政府正式组建三海子郊野公园建设管理委员会，任命区委常委、副区长李春亭为管委会主任，原大兴区林业局党委书记刘春起为常务副主任，从各相关单位抽调主要领导和骨干人员，参与公园的前期筹备工作。管委会委托北京市规划设计研究院完成了三海子郊野公园总体规划的编制，并通过对三海子地区的深入研究，确定了将三海子郊野公园定位为以生态建设为依托，以皇家文化为底蕴，以自然休闲为理念，集“野、趣、谐、韵、承”为一体的北京城南具规模、重特色、富内涵、成景观、多功能、可持续的郊野公园。通过三海子郊野公园规划建设，促进三海子地区经济、社会、文化的全面发展。11月19日，北京市委书记刘淇来到三海子郊野公园建设现场调研，并提出了高标准建设的要求；12月3日，北京市委副书记、市长郭金龙来到公园建设现场调研，提出三海子郊野公园对加快当地城乡一体化进程起到推动作用。

【开展农民需求入户调查】 4月初开始，区农委为全面、真实地了解农民需求，从农民家庭情况、生产科技、小额贷款、农业信息需求四方面入手，设计问卷进行调查，对调查对象、范围、方法都提出了明确的要求。截至年底，已完成对南九镇不同产业、不同经营规模、不同收入情况的55个农户的入户调查。调查结果的统计分析工作正在有条不紊地进行中。

【赴寿光研修农民学成归来】 6月4日，区农委召开赴山东寿光研修学习总结表彰会。市农委、区农委、区种植业服务中心、区蔬菜办公室的相关领导参加了大会。农民赴山东寿光进行设施农业生产技术研修的活动分为4期，历时60天。总结表彰会上，区蔬菜办公室就本次培训工作进行了总结，参会领导对表现突出的优秀学员进行了表彰并颁发了证书。

【农业信息化培训和宣传进村】 3月19日，区农委信息科联合区经管站跟随区农科所节水办的相关专家到礼贤镇紫各庄村进行农业信息化培训和宣传。首先，由区农科所的专家讲解了作物缺少相关元素所产生的病症及如何预防和防治；接着，区农委信息科的同志从大兴农业信息网、农业服务热线和常用的农业网站等几个方面向大家介绍了农业信息化资源及如何使用；最后，区经管站的同志介绍了土地流转的相关情况。现场发放各类宣传材料近百份。通过农业专家和网上农业专家的有机结合，村民了解了大兴区的农业信息化资源，知道了通过网站上的远程教育和农业科技可以查询相关的实用技术，通过市场行情可以了解到农产品的价格，通过农博士专家咨询系统可以咨询动植物病虫害的防治，通过供求信息可以发布自家需要买进卖出的农产品信息，没有电脑的时候可以拨打农业服务热线12316等，收获很大。

【农业实用技术培训】 全区共举办培训班250次，发放技术资料24 496份，发送技术短信7 582条，科普赶集9次，电视专题宣传2期，培训农民50 477人次。

【农民田间学校】 区种植中心共开办了33所农民田间学校，其中新建6所、续建27所，涉及西甜瓜、蔬菜、甘薯三大主导产业及大田作物，其中蔬菜田间学校16所，西甜瓜田间学校8，瓜菜田间学校7所，甘薯田间学校1所，小麦田间学校1所，33所田间学校共有学员996人。

【农村劳动力就业培训】 年内，培训本区农村劳动力4 783人，实现农村劳动力转移就业10 365人。

【搭建农超对接平台】 西瓜节期间，组织了“农超对接”活动，北京市商务委副主任闫小彦在发展处陪同下参加了来自全区的23家农民合作组织和10家农产品深加工企业与市区20余家商场、超市参加的对接会，达成17余项供销协议，日供货近86.5吨(其中西甜瓜32吨，蔬菜23吨，其余为杂粮、红薯等多种农产品)，年供货量可占区内全年同期产量的20%。

【农村流通网络建设】 兴糖公司升级改造全额配送店30家；绿得利公司升级改造农资连锁店20家。改造了5家农村集贸市场，使区内重点大镇达到“一镇二市场”，升级改造了西沙窝产地市场，增加了2座交易大棚和600平方米冷库等设施。

【家电下乡成效明显】 落实“家电下乡”政策，

通过多种形式宣传，确保家电下乡政策家喻户晓。有46家销售网点完成备案，销售家电下乡产品11 276台，累计金额2 700余万元。

【农副和高新技术等产品进出口】 年内，全区农副产品出口3.02亿元人民币，占全区外贸出口总额的10.37%。高新技术产品和机电产品出口6.35亿元人民币，占全区外贸出口总额的21.81%。

民主政治与党的基层组织建设

【农村基层组织建设】 通过举办村党支部书记培训班，对全区520多名村党支部书记进行培训。公选1 000余名村级后备干部，112名后备干部进入村级班子，27名后备干部担任支部书记。

【农村民主建设】 坚持村民代表会议制度，全年召开代表会的村子达到93%以上，做到村务公开、财务公开。推进农村集体经济产权制度改革。在黄村镇、北臧村镇、旧宫镇、青云店镇的16个村开展集体经济产权制度改革工作。完善"账款双托管"工作，完善村民自治示范章程。

【建立城乡基层党组织互助机制】 开展了"百家单位联百村"共建活动，推行了54家"支部＋合作组织"工作模式，建立了23个党员助富示范基地，开通了"农村党员信贷快车"，有效带动了农民致富。

【完善农村干部管理和保障机制】 继续推行两委承诺制，创新推行"三荐三考"村级后备干部选拔培训机制，建立了定权责、有合理待遇、有发展前途、有一定保障的"一定三有"激励保障机制，完成了村党支部换届选举工作。

【建立城乡结合部党建新机制】 以北部6镇为主，结合拆迁工作，探索建立了"安置就业有岗位、增收经营有资产、稳定生活有保障、服务管理有组织"的"四有"机制，有效破解了拆迁难题。

【完成农村远教终端站点建设】 年内，共建设完成了农村远教终端站点509个，其中镇级站点14个，村级站点495个。健全各项工作制度，分别制定下发了《农村远教工作手册》、《农村远教站点管理制度》和《农村远教站点管理使用台账》等指导性材料，对全区14个镇52个农村远教站点进行了抽查式的评估验收，会同区信息中心、区图书馆对各镇管理员、协管员1 000余人次进行了联合培训，区、镇、村三级还分别签订了设备管理责任书。

【开通"农村党员信贷快车"】 6月，区委组织部与区发改委等有关部门协商，由北京兴宏小额贷款有限公司等金融机构为农村党员就业创业提供信贷帮扶。制定下发《关于开通"农村党员信贷快车"的通知》，对符合相应条件的农村党员，优化贷款流程，简化审批手续，对各级组织部门推荐的优秀农村党员，优先进行调查，优先发放贷款。同时制定《北京兴宏小额贷款有限公司关于对农村党员贷款扶持的管理办法》，对贷款条件、额度、期限、利率、担保方式、程序等方面进行明确规定。全年有21名党员通过申请，共获得1 205万元的贷款扶持。

【加强镇级党校建设】 各镇不断加大镇级党校工作投入力度，完善硬件设施，改善办学条件，规范教学管理制度，丰富培训内容，充分发挥党校的教育功能，不断提升党员干部整体素质。全区14个镇都已建立了镇级党校，共举办党员、干部及入党积极分子培训班150次，培训党员干部共9 665人次。

【推广"支部＋合作组织"的工作模式】 9月，由区委组织部、区委农工委牵头，制定下发了《关于发挥基层党组织作用推动农民专业合作组织发展的实施方案》，邀请有关专家为各村书记讲解农村专业合作组织的有关知识和运作方法。召开"支部＋合作组织"推进会，对部分镇、村的典型经验进行了推广，对典型示范作用突出的镇或村，给予资金奖励扶持。截至年底，"支部＋合作组织"模式已经在全区普遍推行，全区各镇新发展54家。

【采取"三学"措施培养村级后备】 年内，制定下发了《关于进一步加强村级后备干部队伍建设的通知》。采取各镇推荐、区委组织部审核把关的方式，确定了100名左右农村优秀后备干部。8—9月，各镇组织优秀后备干部，在镇机关的经管、土地、计生等与农村工作紧密相关的部门，进行机关轮岗学；10—11月，区委组织部、区委农工委、区委党校联合举办村级后备干部专题培训班，完成党校集中学习；12月，由各镇选择先进村，集中组织后备干部到这些村挂职学习，完成好村拜师学。在2009年农村党组织换届选举中，有46名村级后备干部进入党组织班子。

"三农"工作部署和实施

【召开上半年农业工作会】 7月30日，区农委组织农口单位一把手、各镇农业副镇长、南九镇农发办主任召开了2009年上半年农业工作会。参观了庞各庄镇御瓜园建设情况、长子营镇东北台村设施桃生产和采育镇包头营村连栋大棚建设情况，庞各庄镇和采育镇农业副镇长分别做典型发言，区农工委书记、农委主任汪宝国做了上半年农业工作总结，并对下半年工作进行部署。区委常委、副区长李春亭参加会议。

【召开"三秋"工作会】 9月17日，区农委召开了由主管农业副镇长、农办主任及农口相关单位一把手领导参加的2009年"三秋"工作会。对全区的"三秋"工作提出要求抓好季节性裸露农田治理，各镇要抓住"三秋"的有利时机做好今冬明春的裸露农田治理工作，积极发展越年生态作物，确保本区今冬明春农田无裸露。抓好结构调整工作，各镇要充分利用秋收后的时间，狠抓保护地设施建设，确保完成保护地设施建设任务。做好秸秆禁烧和安全生产工作，秸秆禁烧和安全生产工作是"三秋"工作的重中之重，各镇、各部门要继续采取有效措施，确保秸秆禁烧和安全生产工作顺利完成。做好动物防疫工作，确保不出任何问题。

【召开农业科技工作会】 1月13日，区农委、科委在星明湖会议中心联合召开大兴区农业科技工作会。区发改委、财政局、妇联、农商行、农口相关单位的领导及14个镇主管农业镇长、农发办主任参加了大会。会上，各镇总结了2008年“科技助农”工程完成情况和取得的成效，提出了2009年的工作思路。区农委汪宝国主任做了总结性发言，强调了开展农业科技推广工作的重要性，并对2009年农业科技工作做出了全面部署，要求2009年全区要加大农业科技工作力度。

【农村移动信息化应用启动仪式】 1月16日，本区召开“大兴区农村移动信息化2008年度表彰大会暨2009年度应用启动仪式”。会议回顾了本区移动农网发展历程和2008年移动农网工作情况，并为移动农网优秀信息员代表、移动农网应用示范单位优秀组织者及优秀工作者代表颁奖。北京移动公司大兴分公司总经理徐建、副总经理王宇，各镇农业镇长、农办主任、镇级信息员及部分大学生村官共160人参加了此次活动。

【举行院区科技合作座谈会】 6月1日，中国农业科学院院区科技合作课题组专家来到本区，与本区相关项目单位就第三期院区科技合作项目进行了座谈。会上，课题组专家对前一阶段项目进展情况分别进行了概述，区农委和中国农科院领导也对项目的进一步实施提出了总体要求和部署。会后，在区农委及相关部门领导的陪同下，项目专家组参观了院区合作成果展示基地和国家西甜瓜产业技术研发中心大兴综合实验站。

【院区合作】 2月28日，在中国农科院举行了北京市大兴区人民政府与中国农科院及北京农林科学院科技合作总结表彰暨签字仪式。会上对第二期院区科技合作中作出突出贡献的中国农业科学院饲料研究所等4个集体和张乃锋（中国农业科学院饲料研究所博士）等5名专家进行表彰奖励，突出贡献集体奖励5万元，突出贡献个人奖励1万元。同时，区长李长友分别与中国农业科学院院长翟虎渠、北京市农林科学院院长李云伏签订第三期院区科技合作协议书。北京市副市长苟仲文、市政府副秘书长安钢、中国农科院党委书记薛亮、市农林科学院院长李云伏、市农委主任王孝东、市农业局局长赵根武，区领导林克庆、张晓林、李春亭等领导参加了签字仪式。

【召开“三夏”工作动员会】 6月1日，本区召开由农口各单位、区环保局主管领导、各镇主管农业镇长、农发办主任及农机管理站站长参加的2009年“三夏”工作动员会。会议要求各镇要把“三夏”工作作为当前的重点工作抓紧抓好。狠抓秸秆禁烧工作。各镇要积极宣传，明确责任，层层签订责任书，确保不烧一块地，不冒一处烟。组织好农机作业安全工作，确保“三夏”期间不发生安全生产事故。抓住时机，进一步做好农业结构调整。各镇要根据本镇实际，利用“三夏”倒茬时机进行种植结构的调整。

【召开农业工作会】 3月19—20日，本区召开了2009年农业工作会。会议听取了各镇2008年农业工作总结和2009年工作重点，农口各单位和发改委、宣传部、财政局、科委、旅游局等单位作了相关发言。会议对2008年全区农业工作进行了总结，并对2009年本区农业主导产业、观光休闲农业、科技农业、农产品质量安全、农产品市场流通、农业风险防范体系、农业信息化、农村改革、生态农业建设等九项重点工作进行了部署，并下发了相关政策和考核文件。区委常委、副区长李春亭、区长助理刘秋明、南九镇镇长、各镇主管农业副镇长、农办主任参加了会议。

【春季农区灭鼠工作会】 4月7日，在青云店镇政府召开由各镇农发办主任、农技推广站站长、畜牧兽医站站长参加的农区灭鼠工作会，区农委、区种植中心、区畜牧中心有关领导参加了会议并讲话区动物卫生监督管理局、区植保站专家就灭鼠的技术操作程序进行了培训。

【召开大兴西瓜节新闻发布会】 5月7日，本区召开第二十一届西瓜节新闻发布会。发布会披露本区第二十一届西瓜节将举办大兴区经济发展信息发布、全国西甜瓜擂台赛、品牌服装展销会、农副产品展销会、家庭趣味运动会、主题旅游活动等系列节庆特色活动。中央电视台、北京电视台、新浪网、千龙网、北京日报、北京青年报、北京晨报等100余家媒体参加了此次发布会。

【农资打假专项治理工作会议】 3月19日，本区召开了2009年农资打假专项治理工作会议，市农业局领导、区农资执法单位领导和执法人员以及全区200余家农资生产经营单位负责人参加了会议。会上分别部署了种子、农药、化肥专项整治方案，并对全区农资执法和市场监管工作进行了全面部署。与会领导强调：要提高对农资打假工作的认识，加强普法宣传，强化市场检查和案件查处，完善长效机制，着力构建全区农资市场信用体系。

【落实各项惠民制度】 年内，全区城乡居民养老保险参保率达到90%，新型农村合作医疗参合率达到96%；近6 000人纳入城乡低保范围，农村低保标准、农村五保供养标准、医疗救助得到提高；全面落实义务教育“两免一补”政策；通过对安置本区劳动力有突出贡献的中环公司等企业发放重奖和开展农村实用技术推广、职业技能等农村成人教育培训，实现农村富余劳动力向二、三产业转移1万余人。

【市政协委员调研农村土地流转情况】 8月25日，市政协副主席沈宝昌带领部分市政协委员到本区调研农村土地流转情况。市政协委员们先到采育镇信采鲜切菊花基地视察，实地察看了温室大棚和加工车间的生产情况，随后听取了采育镇、魏善庄镇有关农村土地流转情况的汇报，并就土地流转相关问题进行了座谈。市农委副主任康森随同调研，区领导李长友、孟令华、李春亭、路志权陪同调研。

【全国人大代表调研专业合作社】 7月7日，全国人大代表北京团就农民专业合作社专题来本区进行调研。代表团在市政府办公厅、市农委有关领导及区委书记林克庆，区委常委、副区长李春亭和区人大副主任李永贵的陪同下，参观了乐平西甜瓜专业合作社，并听取了关于本区农民专业合作社建设情况的汇报。在圣泽林、大营宏光、老宋瓜果及庞安路西瓜等合作社进行座谈。

【检查《农产品质量安全法》实施情况】 5月19日，区人大执法检查组成员就《农产品质量安全法》在本区贯彻实施情况进行检查。区人大常委会副主任、执法检查组组长周树慧带队开展检查活动，区政府办、农委、质监局、种植业服务中心等部门负责人陪同检查。检查组一行实地察看了长子营镇青圃园蔬菜配送公司、采育镇利市营村蔬菜标准化生产基地、北京宝金龙食品厂和青云店镇科技站、植保站，检查了农产品的包装和标识、蔬菜生产记录、产品质量检测记录、种子经营档案、农药进销台账等档案资料，并听取相关方面的汇报。

【农机用油合作签约仪式】 3月10日，北京市农业局与中国石化北京石油分公司农机用油合作签约仪式在采育镇举行。双方将建立北京农用燃油供应保障长效机制，有效解决"春耕、三夏、三秋"农机用油紧张问题，确保全年农业生产的顺利开展创造有力保障。活动中，市农业局与中石化北京石油分公司签订了《农机用油合作协议》，大兴区农机服务中心与中石化北京石油分公司签订了《油品购销协议》。与会领导为农机手颁发中石化赠送的农机专用加油卡和润滑油等农用物品，并向加油员授加油枪。农业部农机化管理司副司长刘恒新，市农业局局长赵根武，区委常委、副区长李春亭，中石化北京石油分公司、市发改委、市商务局、区农委等相关单位领导出席仪式。

【召开市221数据补录工作会】 1月7日，在区农委召开了市"221信息平台"数据补录会，农委信息中心主持会议，林业局、动监局、种植中心等区直农口单位主管领导和市221数据主管业务科长参加了会议。会议根据市城乡经济信息中心反馈的已报数据问题及建议，进行了数据补录工作的安排，并讨论了如何做好2009年市"221信息平台"及大兴区农业资源管理决策系统数据上报工作，最后部署了做好下一步数据上报工作的安排。

大兴区主要领导人

区委书记	林克庆
副书记	林克庆　孟令华
常委	马武英　李艳萍（女）
	金树东　王　新　郭宝东
	戴明超　谈绪祥（12月任）
	朱家林　张晓林
	李春亭（2月任）
	王有国（11月任）
区人大常委会主任	张书领
副主任	李永贵　周树慧（11月免）
	周静溪　陈晓英（女）
	邓景全（不驻会）
区长	李长友
副区长	张晓林　潘新胜（11月免）
	李春亭　常红岩（女）
	王荣彬（11月任）
	曲凤宏（9月免）　邵　恒
	绳立成（11月任）
	谢冠超（11月免）
区政协主席	高树旺
副主席	刘志茹（女）　彭喜忠
	路志权　刘月娥（女，不驻会）
	秦天刚（不驻会）
	郭　耕（不驻会）
区纪委书记	李艳萍（女）
副书记	魏文元（6月免）
	石连瑛（女，10月免）
	李广成（3月免）
	李尚贤（6月任）
	王少权（6月任）
	芦君英（女，10月任）

大兴区各镇党政正职领导

	党委书记	镇长
黄村镇	白立成	李延国（6月免）
		刘长江（6月任）
北臧村镇	梁建青	王志敏（女）
亦庄镇	赵显鹏	刘素然
旧宫镇	张　岭	刘景瑞
瀛海镇	石国铉（12月免）	沈永刚（12月免）
	沈永刚（12月任）	何景涛（12月任）
西红门镇	王　健	马士刚（回族）
庞各庄镇	左东明	张　伟（女，2月免）
		王学军（2月任）
榆垡镇	金卫东	杨彦光
礼贤镇	王少权（6月免）	王文斌（6月免）
	杜志勇（6月任）	于宝贵（6月任）
魏善庄镇	张德广（2月免）	张　帆
	贺　镜（2月任）	
青云店镇	闫德强	冯　波（2月免）
		冀学光（2月任）
安定镇	张　明	张新跃（6月免）
		荣俊艳（女，6月任）
采育镇	贺　镜（2月免）	孟宪金
	芦永忠（2月任）	

长子营镇 孙洪伟　　　　张　辉

（大兴区史志办宋朝辉）

怀柔区

概　述

怀柔位于北京城区东北部，东靠密云，南连顺义，西和昌平、延庆为邻，北与河北省丰宁、滦平、赤城三县接壤。全区总面积 2 122.6 平方公里，其中山区面积占 88.7%。2001 年 12 月 30 日，国务院正式批准撤县设区。区辖 12 个镇、2 个满族乡、2 个街道办事处，有 284 个行政村。到 2009 年底，常住人口 38 万人，户籍人口 27.811 6 万人。在户籍人口中，农业人口 15.928 0 万人，非农业人口为11.883 6 万人。2009 年，全区面对国际金融危机带来的严峻挑战和国庆 60 周年各项服务保障的艰巨任务，紧紧围绕区委三届六次、七次全会确定的各项目标任务，深入贯彻落实科学发展观和中央及北京市一系列“保增长、保民生、保稳定”的决策部署，主动出击，迎难而上，齐心协力，奋力拼搏，实现了经济社会快速健康发展。全年实现地区生产总值 143.3 亿元，同比增长 10.1%。区域财政总收入 56.6 亿元，增长 3.6%；地方财政收入 16.5 亿元，增长 10.1%。实现城镇居民人均可支配收入 21 539.7 元，增长 6.9%；农民人均纯收入 11 012.6 元，增长 11.6%，圆满完成了年初确定的各项任务指标。

城乡一体化

【加快推进城乡一体化】 2009 年，全区深入贯彻《中共北京市委关于率先形成城乡经济社会发展一体化新格局的意见》精神，坚持以科学发展观为指导，全面推进城乡一体化发展。加快统筹城乡产业发展，进一步优化产业结构，大力发展以都市型现代农业、农业主题公园、生态沟谷、休闲旅游业等为代表的田园文化经济，促进了城乡一、二、三产业的有机融合；加快统筹城乡建设，立足区域功能定位，坚持要素集聚、产业集约和人口集中，不断完善城镇体系，发挥重点地区辐射带动作用，大力推动山区发展，加快城中村改造和旧村改造步伐，全面推进新农村建设，促进农村就地城市化；加快推进农村综合改革，深入推进集体产权制度改革的土地流转，解决好制约农村发展的深层次矛盾和问题，激发了农村发展活力；继续加大对农村公共产品和公共服务的财政支出，不断完善城乡公共服务设施，促进城乡基本公共服务均等化，全区在统筹城乡经济社会发展，建设京郊经济强区中又迈出了扎实步伐。

【城乡经济实现平稳较快发展】 坚持把促投资作为保增长的首要任务，投资规模实现历史新高。全年完成固定资产投资 93.3 亿元，同比增长 30.2%，其中社会投资占 70%。加大招商引资力度，新引进千万元以上项目 23 个，总投资 112.5 亿元，其中 5 000 万元以上项目 12 个，实际利用外资达到 7 134.8 万美元，增长 8.2%。坚持把促消费作为保增长的重要手段，组织开展了“家电下乡赶大集”、“惠民购物节”等一系列活动，全年实现社会消费品零售额 48.6 亿元，增长 13%。坚持把稳定企业生产经营作为保增长的重要举措，争取企业扶持资金 3.35 亿元，为企业减免各项费用 1.38 亿元，为 20 多家企业解决融资近 4 亿元，促进了城乡经济平稳快速发展。

【城镇体系格局初具雏形】 2009 年 10 月，111 国道一期工程基本贯通，由此怀柔区形成了以 111 国道为南北交通发展轴，以旅游和生态农业为主的北部深山区、中部浅山区以及现代工业与农业公园为主的南部平原区等三个主要区域组成的“一轴三区”的城镇体系空间布局。在城镇等级体系方面，根据怀柔新城规划，在老中心城区的基础上，逐步整合周边乡镇，构建新城区作为怀柔发展的核心区。位于北部深山区的汤河口镇、平原地区的桥梓镇和怀北镇作为全区发展的三个重点镇已经有了一定的发展基础，基本形成了“三点一心”的分工有序、优势互补、布局合理、协调发展的城镇体系。

【全面推行农村社区化管理】 怀柔区用创意、创新、创举改革传统的政府公共服务机制，年内在全区 284 个行政村全部推行农村社区化管理。怀柔区农村社区化管理不是在部分特定区域或城乡结合部搞社区化改造，也并非把村庄直接“翻牌”成社区，而是在设有医疗、就业、社保等公共服务的村级社会管理服务中心基础上，再以一个行政村和多个自然村为单位，连片设置农村社区“一站五组一室”等服务机构，满足大到农民产业发展、小到柴米油盐等各种服务需求。此外，先后投资 2 亿多元，新建成村级数字影厅 225 家、农家书屋 152 个、文化信息共享工程 265 个，所有行政村都接通有线电视，配备了灯光音响、服装道具等文化设施；全民健身工程 350 余处、健身设施配建率 100%；开设了 346 家山村超市；建成社区卫生服务中心 16 家、卫生服务站 88 个、村卫生室 200 余个，形成了平原 10～15 分钟、山区 25 分钟的“乡村医疗保护圈”。农村社区化管理使农民群众享受到了与城里人一样的公共服务，较好地破除了城乡二元体制问题，加快了城乡一体化进程。

【加快城中村改造】 9 月 1 日，区召开城中村改造动员大会，对东关、南关、杨家园、下元、刘各长、大中富乐村、石厂等 15 个城中村的改造工作作出部署。怀柔区城中村改造工作按照“试点先行、重点突破、加快推进”的思路，力争用 5 年的时间全面启动 15 个城中村改造工作，到 2020 年基本完成改造。重点抓好以下四个方面的工作：一是坚持高起点规划、高标准设计、高质量建设；二是坚持公开、公平、公正的原则，妥善做好村民住宅拆迁安置工作；三是加快城中村改造“三大设施”建设，保障城中村改造按期推进；四是加大执法力度，保障征地拆迁安置工作有序进行。

【积极推进教育城乡一体化进程】 一是加快整合中小学教育资源，通过撤并、搬迁和新建，全区已初步形成高中教育向城镇集中，农村中小学向中心镇集中，农村教学点合理配置的办学格局。二是加快改善农村中小学办学条件，集中解决学校明火取暖问题，新建一批教学楼、寄宿制学校浴室等设施。三是提高信息技术教育水平，为山区中小学配备计算机和多媒体教室，实现城区校与山区校资源共享。四是加快城乡学校对口支援工作督查，探索“捆绑考核”、“师资互派”等措施，建立城区学校教师向农村学校的流动机制。五是加快实施名校办分校工程，与海淀、东城等城区名校合作开办分校，发挥名校辐射带动作用，促进区域教育均衡发展。

都市型现代农业

【概况】 2009 年，全区以深入学习实践科学发展观为统领，按照十七届三中全会提出的新时期“三农”工作目标和北京有关“三农”发展的具体工作部署，坚持把保持农业农村经济平稳发展作为首要任务，围绕抓改革、强基础、重民生、促增收，认真落实强农惠农政策，大力发展设施农业，精心打造沟域经济，深化农村综合改革，全面推进新农村建设，农业农村经济保持了良好发展势头，农民收入持续稳步增长，为全区经济社会的平稳较快发展提供了有力保障。全年投资 2.06 亿元，完成了北房城市农业公园、绿湖生态农业公园、京承现代农业园和汤河川设施农业产业带等“三园一川”年度建设工程，农业公园实现新发展。投资 7 048 万元，建成了“银河谷”和“白河湾”沟域经济发展带，成为假日旅游的新亮点。2009 年，全区农业总产值 17.2 亿元，同比增长 5%，“三农”工作实现了三个突破：一是农民人均纯收入首次突破万元，达到 11 012.6 元；二是增幅首次超过全市平均增幅，达到 11.6%，超过全市 11.4%的增幅；三是农民人均纯收入与城镇居民人均可支配收入的比值首次大于 1/2，达到 1∶1.96。

【种植业发展良好】 投资 2 亿元，全区 14 个乡镇新建农业设施 3 279 栋，其中日光温室 1 877 栋，大棚 1 395 栋，连栋温室 7 栋。投资 1 380 万元，完成占地 14.5 公顷的怀柔现代农业科技展示园建设，建成日光温室 38 栋，大棚 28 栋，智能温室 4 200 平方米和 1 000 平方米的蔬菜加工配送中心。全区完成人工种草 133 公顷和围栏封育 333 公顷任务，安排各类试验示范推广 80 余项，涉及蔬菜、玉米、杂粮等 400 余个品种。完成小麦、玉米高产田创建 133 公顷，小麦平均亩产达到 441.4 千克，夏玉米平均每公顷产量 8 019 千克，两茬每公顷产量 14 640 千克，比目标产量 13 500 千克增产 8.4%。

【探索冬春季裸露农田治理新模式】 区农业技术推广站在雁栖镇范各主村推广种植二月兰 20 公顷，雁栖不夜谷旅游沿线推广种植越冬油菜 26 公顷，利用玉米收获后到第二年玉米播种前的冬闲季节或林间空地种植一季耐寒冬季绿肥二月兰、越冬油菜。9 月播种，经过 2～3 个月的生长，可在冬前形成良好的绿色覆盖，然后休眠越冬。来年 3 月返青，4 月中旬开花并达到较高的鲜草产量，于此时翻压用作绿肥可以起到秋水春用、改良土壤性状、为玉米提供养分等多种作用。越冬油菜和二月兰不但可以作为优良的有机绿肥，覆盖地面，起到防风固沙、美化环境的作用，而且还可以作为食用蔬菜、蜜源，同时对于生态区建设和观光、休闲、旅游业的开展也十分有利，是一个开创性的农业生产模式。

【果品产量再创新高】 2009 年，全区果品产量达到 5 628.8 万千克，产值 2.7 亿元。果品产业除产量、产值大幅度提高外，果品种类也极大丰富。目前，除核桃、板栗、梨、柿子等多年一直栽培的果品种类外，增加了樱桃、大枣、火龙果、树莓等，品种更是达到了几千个。目前，全区果树栽培面积已超过 2.7 万公顷，其中板栗种植面积 1.9 万公顷，产量突破 1 300 万千克。观光采摘果业发展迅速，2009 年接待游客百万人次，采摘总量 400 万千克，采摘收入达 4 000 万元。果树产业已经成为农民收入的主要来源。

【林下经济示范工程全面落实】 区园林绿化局在桥梓、怀北、喇叭沟门、汤河口、宝山、琉璃庙 6 个镇乡开展林下经济示范工程 81 公顷，共推广发展林菌、林药、林油、林蔬、林桑、林粮 6 种模式。“林下经济”提高了林地的综合效益，每公顷年均效益在 3.75 万元以上，辐射带动 3 000 余农户增收近 2 000万元。

【集体林权制度改革工作积极稳妥推进】 深入贯彻北京市关于集体林权制度改革的有关精神，扎实推进集体林权制度改革。年内主要做了三个方面的工作：一是前期进行了充分调研，在取得第一手资料的基础上，结合上级相关文件精神草拟了《怀柔区集体林权制度改革试点工作指导方案（征求意见稿）》。二是搞好动员部署。3 月 26 日，召开了怀柔区集体林权制度改革工作动员大会，宣布了林改实施方案，明确了林权改革的指导思想、基本原则和要求、改革范围、总体目标和任务、方法步骤等，并确定怀柔、怀北两个镇为改革试点镇。三是强化宣传，营造氛围。通过电视、广播、报刊、会议等渠道，积极宣传林改目的意义、政策措施、方法步骤等，及时报道林改工作进展情况。开通林改邮箱和林改热线，及时解答各种林改问题。12 月份，试点镇林改工作全面完成，全区集体林权制度改革工作将于 2010 年全面展开。据统计，集体林权制度改革全区共涉及行政村 120

个，农户24 490户，农业人口54 811人。涉及集体林地面积89 957.28公顷，其中，山区生态公益林78 201.64公顷。

【畜牧业】 到12月底，全区生猪出栏9.2万头，肉鸡出栏1 300万只，肉鸭出栏76万只，肉牛出栏3 600头，羊出栏18 000只，禽蛋产量5 250吨，牛奶产量46 200吨；茸鹿存栏10 050头。全年牧业产值9.3亿元，比上年同期增长0.1亿元。总体上看，全区肉鸡出栏较上年同期有所增加，而牛奶产量、生猪出栏和禽蛋产量较上年同期基本持平。

【防疫工作实现全区全覆盖】 全区春、秋两季集中开展了大规模的动物防疫工作，全年口蹄疫免疫19.618 7万头，禽流感免疫1 284多万只。其中鸡新城疫免疫994.779 8万只，猪瘟免疫16.524 1万头，高致病性猪蓝耳病免疫11.913 2万头，免疫率全部达到100%。

【水产业】 全区渔业水域总面积为895.7公顷，其中水库渔业水域面积770公顷，平原池塘养殖水面46公顷，鲑鳟、鲟鱼两大冷水鱼养殖水面发展到42.8公顷，新增山区截流塘坝流水养鱼1.7公顷，截流塘坝养鱼发展到37公顷。全年商品鱼产量达到395万千克，其中冷水鱼产量345.1万千克。全区上市渔业产值1.3亿元，较上年同期增长13%。

【水产品养殖添新丁】 区动物卫生监督管理局积极为养殖户穿针引线，引导水产养殖向多品种、有特色方向发展。北京鑫鑫永顺淡水鱼养殖场从北京市水产技术推广站引进了240多只佛罗里达鳖，该品种有较高的药用价值和食用价值，市场前景良好。北京永兴泰鲟鱼养殖公司引进了50尾经驯养繁殖的子二代娃娃鱼，进行实验性养殖，获得成功。

【花卉专业村小花草长成大产业】 杨宋镇花园村是全区唯一的花卉产业专业村，也是四季花卉产业园的核心村，已发展花卉苗木40余公顷，花卉种植温室、钢架大棚130余栋，主要种植“五一”、“十一”摆放花卉以及春节前后的新鲜花卉，产业发展初具规模。2009年，花园村又进一步发掘潜力，利用现有大棚优势种植了长春花、凤仙花、海棠等十余种国庆摆放花卉200余万盆。全年销售各类花卉240多万盆，收入达300余万元。

【积极推进农业园区和设施农业产业带建设】 投资2.06亿元，完成了北房城市农业公园、绿湖生态农业公园、怀柔京承现代农业园、汤河川设施农业产业带等“三园一川”年度建设工程。“三园一川”解决3 150人就业，增加就业收入1 420万元，产业带动收入9 100万元。投资2亿元，新建设施农业218.6公顷。全区温室大棚总量达到8 000栋。

【宝山千栋大棚打造山区设施农业第一镇】 近两年来，宝山镇大力发展以特菜种植为主的设施农业，目前已建有蔬菜大棚620栋，加之传统的肉鸡、生猪等棚舍，全镇设施大棚总数已超千栋。

【加快“一鹿一菌”规模化发展】 2009年，全区已有13个乡镇48个村261户种植食用菌，食用菌产量突破600万千克，实现收入3 866万元，种植户户均增收6 000元。全区茸鹿养殖户达到180户，新增存栏2 560头，总存栏达到10 594头，综合收入860万元，户均增收1.1万元。

【特色枣产业迎来发展黄金期】 近年来，怀柔区多措并举大力发展特色枣产业，合理发掘、保护、选育优异种质资源。通过建设大枣种质资源基地，对优良品种进行发掘、保护，同时进行品种选优工作，为特色枣产业发展提供优质种质资源。2009年，以桥梓、怀柔镇为重点，利用野生资源嫁接大枣667公顷，全区大枣栽培面积达到1 913公顷，成为全区鲜果第一大树种。到2012年，全区将利用野生资源嫁接大枣3 480公顷，特色枣产业发展开始走上了快车道。新发展基地全部达到盛果期后，全区大枣产量将达到2 610万千克，年创收入超过39 000万元。

【喇叭沟门乡大力发展药材产业】 喇叭沟门乡按照农业产业化的发展要求，大力调整农业种植结构，发展经济型农业和规模化农业，强打特色农业牌，开辟中药材基地87公顷，引导当地农民种植黄芩、金银花、桔梗、射干等名贵中药材，带动了全乡200余户农民从事中药材种植，吸引了各地来宾前来洽谈业务，产品供不应求，农民收入翻了一番。全镇中药材达到120公顷，成为全乡发展前景较好的支柱产业之一。

【舞动的城市农业——怀柔区北房城市农业公园开园迎客】 4月30日，怀柔区北房城市农业公园正式开园迎客。北房镇城市农业园以“日”字型为轮廓，沿101国道与北房镇环镇路沿线建成，涉及全镇11个行政村，耕地面积333公顷。一期建设150栋日光温室，200栋钢架大棚，33公顷彩色花生良种繁育基地，是一个集种植、销售、休闲、旅游为一体的综合性园区。园区内有食用菌、特菜、彩色花生等特色种植，以及大鹅、蛋鸡等特色养殖。同时，该镇挖掘本镇文化特色，设计并建设完成了渔阳古郡遗址公园、主题标志物、景观小品等一批集休闲娱乐和文化传播于一体的农业景观区和景观节点，提升生态园区品位，凸显都市农业功能。该镇投资122万元，在公园东大门设置了农产品销售港湾，32个仿木结构的农产品销售岗亭，集中展示销售农业园区内的20多种果品蔬菜。年内先后接待社会各界包括北京以外省市参观人员共计25批次6 000余人，增加收入500万元。

【稳步推进农村信息化服务体系建设与应用】 完成怀柔221农业信息网、怀柔区农业资源管理系统和北京农村经济管理信息系统“三网”信息平台建设任务，全区已有61个行政村、专业合作组织在该平台上建立了自己的网站，246个单位注册为会员，免费检索发布供求信息。深入开展北京移动农网建设工作，全区已安装12台信息机、188台农信机，拥有手机终端用户10 000余个，共计发布短信90万余条。

非农产业

【概况】 近年来，经过结构调整和产业优化升级，怀柔乡镇企业已经向集优、集中、集聚方向发展，企业规模不断壮大，产业集中度开始形成，经济实力明显增强。目前形成了以雁栖经济开发区（一区两园）为主体的东部工业产业带，全区90%以上的工业都集中在这个产业带上，培育了以汽车及零部件、食品饮料、包装印刷为主体的三大支柱行业并辐射带动周边5个农民就业产业基地。2009年，三大主导行业完成的经济总量占全区工业同口径比重的82 %以上。2009年，全区规模以上乡镇工业企业186家，占同口径的78.8%；其中亿元以上企业31家，5 000万元以上企业45家，涌现出了统一饮品、御食园食品、大北农、奥瑞金制罐、有研粉末等规模大、效益好、市场前景看好的乡镇龙头企业。

【乡镇企业】 2009年，全区乡镇企业已发展到8 871家，从业人员55 929人；总资产162.6亿元，其中固定资产原值45.1亿元。完成工业总产值117.1亿元，工业收入120.7亿元，利润总额7.9亿元，增加值23.2亿元，分别占全区工业同口径比重的27.6%、27.4%、31.3%和31.2%。

【农产品加工业】 2009年，在全球经济减速、市场需求减弱、企业资金流转困难的情况下，区政府加大对农产品加工企业政策帮扶力度，全区43家规模农加工企业总体上保持了稳定增长势头。御食园新推出20个系列百余种产品，公司股份制改造工作已全部完成，正在积极筹备上市。同时，对全区27家无公害农产品认证企业、24家有机食品认证企业和3家绿色食品认证企业进行了专项检查，“三品”认证企业全部合格。

【传统美食家乡肠实现工厂化生产】 9月29日，占地600平方米、采用先进灌装生产线和灭菌设备的胡中明家乡肠厂在怀北镇大水峪村隆重开业，标志着家乡肠这一具有悠久历史的传统民俗美食由散户加工进入了工厂化生产的阶段。大水峪家乡肠已有30多年的历史，以其独特的风味闻名北京乃至全国，并被列为怀柔区非物质文化遗产项目。为进一步挖掘怀北镇的民俗美食文化，扩大大水峪家乡肠的加工规模，2008年，怀北镇提出了依托民俗特色产业优势打造大水峪美食村的工作思路，重点完成大水峪家乡肠加工厂和商标注册工作。经过一年的努力，胡中明家乡肠厂正式开业，同时推出了一系列家乡肠礼品盒包装产品，进一步提高了大水峪家乡肠的产品质量和市场规模。北京龙湖农副产品合作社也于当天同时挂牌成立，合作社将以胡中明家乡肠厂为龙头，以农业合作社的方式为其他家乡肠加工户提供服务，带动更多农户致富，将家乡肠真正打造成为一项富农产业。

【农产品实现网上交易】 怀柔区生产的农副产品种类繁多，每年仅板栗就产1.2万多吨，核桃、杏仁等干果产量达1.6万多吨，鲜蛋、杂粮、野山菌等土特产品也达6 000多吨。为拓宽农产品流通渠道，缩短农产品产地和市场间的“旅程”，增加农民收入，怀柔区农委开通了农副产品交易网，为农民搭建了电子商务平台。该网站的主旨是为农民提供对接市场的贸易渠道，同时方便市民网上选购农副产品。网站利用现代化农业信息技术，支持消费者网上购物、商户之间网上交易在线电子支付和资讯发布形式等相关事务。该平台设专人日常管理和维护，各农副产品经济合作组织分别设立专门的信息员，及时更新产品信息，处理网上业务。市民想了解出售柴鸡蛋的店铺，通过网站一查，十余个各具特色的商家便“浮出水面”；核桃、板栗等干果经过加工，打算拓宽市场销路，网上发布信息后，坐等商家网上订单。

【“田间超市”买卖兴隆】 全区300多家农产合作社建起了“田间超市”，缩短了产地到餐桌的距离，减少了进场、仓储、返点等流通环节成本，最终让农民“卖中增收”，市民“买中省钱”，消费者和商贩自选自购、各取所需。据统计，全年“田间超市”为农民赢利5 200万元，社员户均增收超万元。

【特色民俗旅游品牌凸显】 按照“一区（县）一色”、“一沟（村）一品”的发展思路，集中打造了“北房城市农业公园”和“白河湾”、“银河谷”等与现代农业相结合的特色园区和沟谷；重点实施了以八宝堂村“山水人家”、鹅和鸭农庄“乡村酒店”、慕田峪小园餐厅“国际驿站”和长哨营项栅子村“民族风苑”为主的新业态打造；加强了以喇叭沟门满族乡孙栅子、琉璃庙镇八宝堂、桥梓镇北宅“一村一品”和怀九河多彩休闲旅游带“一沟一品”为重点的特色村、特色带建设。全年共接待乡村旅游458.4万人次，占接待总人次的38%。全区有市、区级旅游村35个，旅游户达到3 200户。农村人均纯收入的40%来自农村旅游。

【假日旅游经济持续增长】 通过组织开展虹鳟鱼美食节、汤河川满族民俗风情节、慕田峪长城国际文化节、雁栖风筝节等形式多样、特色鲜明的节庆旅游活动，既活跃了怀柔区假日旅游市场，也促进了假日旅游消费。2009年春节、“十一”2个黄金周和清明、“五一”、端午3个黄金节假日，全区共接待游客235万人次，实现旅游综合收入3.02亿元，同比分别增长12.5%和22.1%。其中，“十一”（含中秋）8天国庆黄金周接待游客108万人次，实现旅游综合收入1.3亿元，均创历史新高。

【北京·怀柔第六届栗花节暨九渡河第二届吉祥灯会举办】 6月11日，北京·怀柔第六届栗花节暨九渡河第二届吉祥灯会在风景秀丽的黄花城风景区正式启动。活动以“畅游栗花海，九渡赏红灯”为主题，通过农民技工手工艺大赛、中国灯笼网站建立开通仪式及“迎国庆60年，灯笼大联展”等精品环节，展示了九渡河镇以灯笼制作为主的二、三产业发展现状。同时，活动推出的"游山水·逛景区"休闲山水线、"赏栗花·观红灯"民俗风情线、"品美食·乐农家"传统特色线等精品旅游线路和特色民俗游活动，也受到游客的欢迎。

【公园式农业提速民俗游】 2009年，怀柔区加强部门职能、资金、政策整合，全方位发展农业公园。按照整体规划，平原和山前暖区重点发展综合性设施农业公园；北部山区重点发展观光采摘、休闲养生、资源种养业农业园区。同时，打破现有村、镇界线，采取连村、连沟、连片等模式进行区域规划，以不同资源分主题建农业园，不仅使板栗、红梨、花卉、西洋参、冷水鱼、大枣等各项产业均衡发展，还避免了采摘休闲园内容雷同。农业公园以观光采摘、农产品销售、餐饮、住宿等实现赢利，不仅带动了生态餐厅、农副产品售卖的发展，还建成集观光体验、民俗旅游、休闲度假、餐饮娱乐、科普教育、名优果品展示为一体的都市型现代农业园区。目前全区建成9个农业产业园和6个生态沟谷公园。

【栗花沟被纳入京郊十佳乡村精品旅游线路】 2009年度"一村一品美丽乡村十佳精品旅游线路"评选结果揭晓。与慕田峪山水相连的渤海镇栗花沟农业公园作为寻古探幽长城文化游的重要组成部分当选十佳乡村精品旅游线路。栗花沟南起三渡河，北至渤海所，全长8.1公里，是怀柔区重点建设的四条沟域之一，也是渤海镇继夜渤海建设之后，打造的又一个乡村旅游品牌。栗花沟四面环山，树木繁茂，以盛产板栗远近闻名，每年春季栗花盛开，满山遍野，花香扑鼻。经过渤海镇干部群众的倾力打造，栗花沟又相继推出栗园认养、河边垂钓等特色活动及板栗宴、铁锅鱼等特色美食，吸引了越来越多的游客来此郊游。

【文化创意产业快速增长】 抢抓金融危机中的发展机遇，大力引进文化创意产业项目，新发展文化创意企业370家，累计达到2 749家，其中新引进影视文化企业49家，累计达到194家。接待影视剧组163个，中影基地拍摄制作《建国大业》、《红楼梦》等影视作品110余部。影视重点项目取得实质性进展，影人酒店实现开工建设，制片人总部基地完成土地一级开发，中影二期、红楼梦古都文化园等项目加快推进。影视集聚区基础设施不断完善，兴盛路、和平路等道路建设稳步推进。积极打造中国影都品牌，成功举办了首都电视节目推介会，影视基地被评为2009中国最具影响力的传媒产业集聚区。

【推出首部百老汇原创音乐剧《何处寻爱》】 10月13日，怀柔区与美国百老汇联合精心打造的第一部原创音乐剧《何处寻爱》（Race for Love）在怀柔剧场举行公演。该剧是怀柔建设原创舞台剧产业基地的开篇之作，也是发展文化创意产业的重要举措。在为期近3个月的演出季期间，《何处寻爱》共演出70余场，吸引了3万多名观众前来观看，取得了良好的社会效益和经济效益。同时，2009年北京怀柔原创音乐剧艺术文化节推出的系列主题活动也都顺利举办，吸引了十余万城区市民和各地游客走进怀柔，参与到欣赏人文自然风光、赏析音乐剧、探秘影视拍摄基地等丰富多彩的活动当中。

【首家山区流动银行在碾子挂牌营业】 8月7日，怀柔区农村商业银行碾子流动银行在宝山镇碾子村正式开业。碾子流动银行是区农商行为解决地处北部山区的碾子地区长期金融服务薄弱问题而专门设立的一种新型的农村金融服务方式，即采取流动服务的形式为山区百姓提供金融服务，方便当地百姓办理存取款、领取保险金等最基本金融业务需要。

山区建设

【"白河湾"特色产业沟成市民休闲好去处】 4月28日，怀柔区"白河湾"特色产业沟开沟仪式在琉璃庙镇八宝堂村隆重举行。"白河湾"产业沟涉及琉璃庙镇的前安岭、双文铺、狼虎哨、青石岭、白河北5个行政村和汤河口镇的后安岭、东湾子2个行政村，耕地面积90.7公顷，总长19公里，其中琉璃庙13公里、汤河口6公里。"白河湾"以现有的乡村旅游，核桃、杏、大枣、苹果等果品和柴鸡、蛋鸭产业为基础，突出现有的资源优势，发展林下经济，加强培育观光采摘园和乡村旅游产业，形成了集观光采摘、休闲养生、探险体验为一体的旅游观光产业带。2009年，"白河湾"共接待游客6万多人次，农民增收500多万元。白河湾特色产业沟二期工程建设2009年10月启动，计划2010年5月完成，将投资1 600万元，建设狼虎哨野鱼垂钓园、特禽养殖观赏园、果品采摘园、温室大棚、硬化路面、绿化美化等。

【汤河口"银河谷"旅游观光带建成】 "五一"前，投资3 400多万元的区重点工程"银河谷"迎来游客。银河谷位于汤河口镇北部，全长25公里，沟内水资源丰富，林木茂盛，四季景色多变，优越的自然条件为发展山区特色农业和乡村旅游提供了生态条件。谷内建西洋参公园、垂钓园、八股山自然观光风景牌楼、观景台等10处景点；产业发展方面种植林下参67公顷，建成观光农业园区7个、23公顷，修围栏2万延米，采摘园大门8个，建温室50栋，成为一条集旅游、观光、休闲、养生为一体的经济沟。

【怀柔供电打通怀柔北部山区经济命脉】 6月30日，占地面积2 950平方米、工程总投资2 425万元的北京怀柔供电公司35千伏枣树林变电站正式投入启用。自此，怀柔供电公司北部山区三座35千伏变电站（枣树林变电站、琉璃庙变电站、汤河口变电站）已经连成一线，打通了怀柔北部山区的经济命脉。枣树林变电站的正式投入运行，不仅增加了电源点，也解决了山区供电半径过长的问题，极大提升了电网结构，有效促进了山区供电质量的提升。

【生态林管护机制落实积极有效】 2009年，全区新上岗生态林管护人员3 482人，成立管护专业队

312个，共举办培训班50场次，培训生态林管理人员、管护员9 000余人次，目前全区已建成生态林管护站32个，完成生态林抚育3.2万余公顷，割打隔离带40.44万延米，清理林间可燃物面积470公顷，发现病虫害及时上报59次，完成山区生态林病虫害防治3.92万亩次，参加病虫害防治的专业队34支，参加病虫害防治的人数达1 760人次。

【生态移民搬迁工程显实效】 2009年是实施京津风沙源治理工程的第六年，按照市发改委和市农委的总体搬迁工作部署，根据全区实际，继续按照农民搬迁自愿原则，采取山区自然村向主村集中整合和散户搬迁相结合的搬迁方式。2009年，组织实施了山区5镇乡、11个村、693户、1 588口人的险村险户和生态移民搬迁，分别超出年计划22.2%、39.7%。

【小流域综合治理】 本年度山区小流域综合治理工程共涉及4条流域，总面积60平方公里，包括琉璃庙镇杨树下小流域综合治理工程，宝山镇四窝铺后沟小流域综合治理工程，长哨营乡东辛店、大沟小流域综合治理工程和小流域综合治理致富产业工程。四条流域治理工程预计总投资6 099.5万元（中央投资2 835万元，市级投资3 264.5万元）。其中水保工程60平方公里，封山育林5 333公顷，人工造林333公顷，土地整理57公顷。

村镇建设

【基础设施建设】 年内，120个村基础设施建设工程已经全部开工建设。一是街坊路建设工程，完成178.86万平方米，占任务的75.8%；二是污水处理工程20个村，铺设管道56万延米，占任务的57.1%；三是安全饮水工程，改造老化管网34.86万延米，安装一户一表17 835户，占任务的80%；四是街坊路两侧绿化，面积18.07万平方米，占任务的20.5%；五是垃圾处理工程，北部山区4个压缩中转站，7个镇乡农村地区生活垃圾分类工程、2个资源再利用设备及厂房建设和5个镇乡垃圾运输车的配备工作；六是公厕建设工程，计划建设177座，实际186座，涉及130个村；七是户厕改造工程，涉及109个村，共计1.77万座。

【半数镇乡成为园林小城镇】 3月18日，渤海镇被北京市政府和首都绿化委员会授予“首都绿化美化园林小城镇”称号，成为怀柔区第7个绿化美化园林小城镇，全区半数镇乡成为园林小城镇，在全市郊区县中首屈一指。多年来，怀柔区坚持“远山封禁、近坡绿化、镇村美化”的建设原则，与京津风沙源治理工程、退耕还林工程、义务植树、绿色村庄创建等工作相结合，共完成绿化面积821.8公顷，栽植乔木422.8万株，花灌木964.8万株，铺草坪50.2万平方米。

【被评为村镇治污优秀区】 怀柔区立足生态涵养发展区的功能定位，以水源保护为中心，坚持“向观念要水、向机制要水、向科技要水”的方针，积极开展村镇治污工程建设，不断完善怀柔区四级治污网络，使水循环利用得到了有力保障。2008年，怀柔区建成了怀柔污水处理厂自动控制系统和4座镇乡级污水处理厂、27处村级污水处理厂、35处分散点源污水处理设施。怀柔区四级治污网络共建成大中小型治污设施413处，日处理污水能力10万余吨，综合处理率接近50%，大大提高了怀柔区的污水处理能力，为创建人水和谐生态涵养区、水生态文明区作出了贡献。在2月20日召开的2009年全市水务工作大会上，怀柔区被市政府评为村镇治污优秀区。

【新村建设】 继续实施“三起来”工程。一是亮起来工程。在3个镇60个村的公共场所安装节能灯3 000盏；2个镇27个村村内更换节能路灯1 000盏；11镇乡29个村安装太阳能灯1 218盏。二是暖起来工程。完成14座太阳能公共浴室建设；50户地热采暖示范工程；234户农民既有住房改造；新建保温抗震民居1 140户。三是循环起来工程。1处大型沼气站建设工程正在实施 110台手动太阳能灶已全部发放到村；9处雨洪利用建设工程和8处粪污治理工程已全部完成。

【650户农民节能抗震住宅建设全部完成】 2009年，怀柔区将新农村农民抗震节能住宅建设与山区泥石流搬迁政策相结合，形成政策合力，全力推进新农村建设。作为市政府2009年为民办实事工程，区政府高度重视此项工作，投入大量补助资金支持工程建设，保证工程顺利进行。至10月底，全区650户农民节能抗震住宅建设已全部竣工。新建住宅使用新型节能材料，其抗震、节能、保温等功能俱佳，屋内的温度可比原来提高3～5℃，冬暖夏凉，居住舒适。

【实施北部山区生活垃圾密闭化工程】 怀柔北部山区五镇乡地处密云水库上游重要水源保护区，承担着水源保护、生态涵养和绿色屏障的重任。为解决好山区生活垃圾处理问题，促进山区生活垃圾的“减量化、资源化、无害化”处理，2009年全区投资1 800余万元，在琉璃庙镇、汤河口镇、宝山镇、长哨营满族乡、喇叭沟门满族乡5镇乡实施生活垃圾密闭化管理工程，覆盖111个行政村42 055人。该工程主要任务是按照每户配置2个分类户用垃圾收集桶，总计购买8 600余个户用垃圾收集桶；按照每10户配置一只公用桶的标准，在各镇村设置2 200个生活垃圾回收站（点）；按照各村保洁员设置数量，配备532辆垃圾收集三轮车；同时建设5座生活垃圾压缩中转站，每座压缩中转站配备3辆垃圾转运车和2辆压缩收集车，将生活垃圾由压缩收集车统一收集运输至中转站进行压缩后，转运至区生活垃圾综合处理中心或填埋场进行无害化处理，实现密闭收集、密闭运输和无害化处理目标。

农村改革与管理

【农民专业合作组织规模化发展】 2009年全区

农民专业合作社向规模化发展趋势明显，成员在50人以上的合作社达到40家；成员在百人以上的合作社31家，与2008年相比增加了27家。全区现有各类农民专业合作组织573家，其中，在民政局登记注册的专业协会90家，在工商局注册的农民专业合作社483家，注册成员7 393人，注册资金4.25亿元。

【提前完成农村产权制度改革年度工作目标】 全区新完成126个村的改革任务，截至2009年底，累计完成改革村219个，占行政村总数的77.1%。全区近6成农民实现了由社员到股东的身份转变，为有效增加农民财产性收入，摆脱“离土不能离乡”的体制束缚，推动农村劳动力向二、三产业转移，促进各类生产要素在城乡间合理流动等各项具体措施顺利实施奠定了体制基础。此项工作在全市考核中排名第一。

【土地流转工作见成效显著】 9月底，全区土地流转工作已完成区政府折子工程全年任务，共完成土地流转5宗，涉及农户174户，涉及土地面积36公顷，提供规范合同文本580份。在此项工作中，区经管站按照《怀柔区农村土地承包合同管理办法》和《怀柔区农村土地承包经营权流转管理若干规定》标准严格把关，依托北京市农地流转信息网搭建怀柔区农地流转信息平台，并在区、镇乡、村三级设立土地流转信息管理人员，加强日常管理更新、维护工作，确保了工作的顺利进行。

【农村集体资产管理工作走在前列】 7月22日，雁栖镇大地村等8个村股份制合作社揭牌成立，至此，全区已完成120村的农村集体经济产权制度改革任务，占行政村总数的42.3%，农村集体资产管理工作走在郊区前列。

农民生活

【农民爱上“网购”生活】 7月18日，怀柔区物美京北大世界投资60万元，开通了京郊首家网上商城，并推出“网上支付卡”、网上转账卡等多项便利服务。大世界网上商城汇集美容化妆、服装服饰、日用百货、家用电器、手机数码、电脑用品6大类2 000多种商品，实行全天候服务。同时，还推出板栗、核桃、西洋参等怀柔特有农副产品信息，供消费者网上选购。全区农民特别是山区农民在家轻点鼠标，便可享受送货上门服务。

【便民早餐工程惠及农村】 2009年，区商务委将早餐店向各个乡镇发展，满足镇乡百姓需求。如今阿泰包子分店的数量已经从最初的5家迅速发展到20家。目前雁栖镇、桥梓、杨宋、庙城等地的群众在家门口也能享受到早餐工程带来的方便与实惠。今后，还将继续向有需求的山区延伸。

【实施“低收入农户”共同致富行动计划】 结合全区实际，研究制订了《怀柔区共同致富行动计划工作方案（试行）》，切实提高低收入农户收入水平和生活水平。2009年，通过实施产业扶持、转移就业、社会保障等多项扶持措施，实现低收入农户户均增收21.1%。

【农村消费结构进一步升级】 2009年，区商务委积极争取资金，落实政策，促进以商品下乡和农产品进城双向流通体系为重点的农村市场建设，使全区农村消费结构不断升级和消费规模逐步扩大。一是扶持企业再投入，提升改造农村连锁超市规模、档次、商品配送率、软硬件设施，346家农村连锁店全年实现商品销售总额1.3亿元，同比增长8%。二是完成了长哨营地区220平方米农升生产资料配送中心建设。三是完成了怀柔镇、喇叭沟门、北房、怀北等镇乡的7个农村集贸市场改造及琉璃庙特色农副产品商业街改造建设。

【怀柔800“农民明星”靠演出增收】 全区农村现有秧歌队、评剧团等各类民间文艺组织504支，村村都有文艺队。为盘活农村文化资源，让农民在娱乐中也能找到增收路，怀柔区依托市文化局的“文艺演出星火工程”，结合当地实际情况出台了演出补贴政策。只要农民剧团演出一台晚会的时间不低于90分钟、综艺类晚会不少于3种表演形式、原创节目能占整台晚会40%以上，每台演出就可以获得补贴2 000元。经过全区3年来的免费培训，怀柔已有29支演出队经过北京文化艺术活动中心资质认定，成为星火演出二类团队，农民“演艺明星”超过800人。目前怀柔区农民剧团共推出各类文艺演出1 000多场，获得政府奖励资金170万元。800余位农民“演艺明星”靠吃文化饭，多了一条增收路。

【农村劳动力非农就业】 坚持稳定和扩大就业并举，有效解决金融危机冲击下的就业难问题。年内出台了促进城乡劳动力就业的意见，安排3 500余万元用于鼓励企业招用怀柔户籍劳动力，6 660名农村劳动力实现了转移就业，同比增长了50.9%。

【新认定490名农村实用人才】 近年来，怀柔区认真落实北京市农村实用人才“1521培养计划”，重点围绕发展设施农业、特色农业、创意农业，进一步加强与涉农科研院所的联系与沟通，积极把农村实用人才培养与培育农民专业合作组织、“乡土专家”带动、创建“巧娘工作室”、开办“田间学校”、城乡党组织互帮互助等相关活动有机结合起来，搭建多样化的农村实用人才培训和创业的平台。2009年，全区新认定了初级农村实用人才490名，其中包括种养殖业344人，手工艺81人，民俗旅游42人，其他23人。全区农村实用人才总数达1 866名，占农村劳动力总数的2.1%。

【新落成18个农村“数字家园”】 年内，全区新建成18个农村综合信息服务数字家园，全区农村“数字家园”达到40个，在整合农村信息与服务资源，提高农村居民的信息技能，丰富农民文化生活等方面发挥了积极的作用。

【农村卫生和合作医疗】 2009年，全区共有农业人口 160 626 人，实际参合 158 433 人，参合率达 98.63%，比 2008 年增长了 3.63%，其中山区镇乡平均参合率增长了 9.17 %。全区全年筹资总额 66 541 860元，其中，市级财政补助 28 517 940 元，区财政补助 19 011 960 元，镇乡财政补助 12 674 640 元，农民个人缴费 5 937 920 元，民政救助 399 400 元。全区各镇乡均完成参合率指标。

【数字影厅率先实现全覆盖】 2009 年新建 123 家数字影厅，全区 273 家数字影厅建设完毕，成为北京市唯一实现全覆盖的区县。

【启动农民免费健康体检工作】 2009 年，怀柔区深入贯彻市委、市政府《关于推进北京市农村基本医疗卫生制度建设工作的若干意见》精神，制定了《怀柔区开展农村居民健康体检工作实施方案》并组织实施。从 7 月份开始，全区 14 个镇乡相继启动了农村居民健康体检工作。体检项目包括：身高、体重、血压、眼疾及视力、物理检查（心肺、肝脾、脊柱、四肢）、化验、透视、B 超（肝、胆、胰、脾）。通过体检，将筛出的 4 种慢病病例（高血压、糖尿病、冠心病、脑卒中）录入全民健康档案软件系统中，实行电子化管理。各镇乡政府、社区卫生服务中心通过广播、网络、悬挂宣传条幅、发放宣传资料等多种方式进行广泛宣传，提高农民对体检的认识，使农民对体检工作人人皆知并积极主动参加。全区农民免费健康体检工作于 10 月底全部完成。

基层组织与民主管理

【部署第三批深入学习实践科学发展观活动】 10 月 21 日，怀柔区召开第三批深入学习实践科学发展观活动动员部署会。全区第三批深入学习实践科学发展观活动从 2009 年 10 月开始到 2010 年 2 月基本结束，其中，集中活动时间不少于 4 个月，另外安排 1 个月时间用于巩固和扩大活动成果。结合全区实际，参加第三批学习实践活动的对象主要是：农村、社区以及所有组织关系隶属各镇乡、街道的“两新”组织（即“新经济组织”、“新社会组织”）党组织和党员，共计 396 个党组织，16 510 名党员。全区深入开展第三批学习实践活动围绕“全面提升核心竞争力，建设京郊经济强区”这个主题，注重简便易行，注重分类指导，注重强化基层，努力实现“提高思想认识、解决突出问题、加强基层组织、促进科学发展”的目标，构建群众满意工程。

【召开农村“两委”换届选举工作动员会】 12 月 17 日，区召开农村“两委”换届选举工作动员会，对农村党组织换届选举工作进行部署。全区村党组织换届选举工作从 2009 年 11 月开始，至 2010 年 3 月结束，历时四个多月，分为准备动员阶段、组织实施阶段和后续工作阶段。此次换届选举要以提高素质、优化结构、增强活力为重点，努力把农村党员中的优秀人才选拔到村党组织班子中来，切实把党组织建设成为推动产业发展、培养新型农民、带领群众致富、发展现代文化、维护农村经济稳定的坚强战斗堡垒。此次选举的工作目标是：选优配强村党组织班子，把“一好双强”和群众公认的优秀人才选进农村党组织班子。优化村党组织班子结构，新一届村党组织班子中 35 岁以下党员、妇女党员比例要比上一届有一定提高。在规定时间内全部按时完成换届选举工作。

【深化农村党的建设“三级联创”活动】 紧紧围绕“提升区域核心竞争力、建设京郊经济强区”主题和加快推进城乡经济社会发展一体化战略，以加强党的执政能力建设和先进性建设为主线，以加快社会主义新农村建设为重点，认真开展深入学习实践科学发展观活动，加强领导班子建设，健全党组织活动，丰富创建工作内容，不断提高党领导农村工作水平，努力把农村基层组织建设成为推动科学发展、带领农民致富、密切联系群众、维护农村稳定的坚强领导核心，为农村改革发展稳定提供坚强的组织保证和政治保证。到年底，50%的镇乡党委、35%的农村党支部达到“五个好”的目标要求，50%以上的后进村党支部实现当年转化，中间状态村党支部整体创建水平明显提高，50%以上的镇乡、村达到“村务公开民主管理示范单位”的要求。

【驻村工作站解群众诉求】 2009 年，怀柔区在全区 284 个行政村推行“一站五组一室”。“一站”就是各镇乡在每个行政村设立一个驻村工作站，由 2～3 名机关干部组成，每周至少驻村工作一天，当面解答群众的问题，帮助解决办理，超越职权范围的事情逐级上报，负责协调解决；“五组”就是村级社会管理服务中心将全村党员和各类协管员组织起来，成立 5 个村级服务组，为村民提供生产生活服务；“一室”就是区司法局、镇司法所在每个行政村设立一个法律服务室，定期入村解答群众法律咨询、代理诉讼、代写法律文书、担任法律顾问、承担法律援助等事项。驻村工作站这一农村社会管理服务模式，畅通了群众的诉求渠道，为百姓零距离服务。全年接待办事群众近 3 万多人次，已办结实事 9 129 件，办结率高达 98.2%。

【14 个行政村获‘北京市民主法治示范村”荣誉称号】 6 月 23 日，区怀柔镇兴隆庄村、喇叭沟门乡四道穴村、庙城镇王史山村等 14 个行政村被评为“北京市民主法治示范村”。至此，全区共有“全国民主法治示范村”2 个，“北京市民主法治示范村”22 个。这些受表彰的先进典型的共同特点是：村级组织健全有力，村党组织领导核心作用充分发挥；法制教育扎实有效，村民法律素质明显提高；民主制度规范完备，村务公开、民主管理落实到位，村级管理规范有序；农村社会稳定，经济社会和谐发展。

“三农”工作部署和实施

【召开 2009 年农村工作会】 3 月 5 日，怀柔区召开2009年农村工作会，总结2008年全区农业农村工作，全面部署2009年的各项任务。2008年，全区深入贯彻落实科学发展观和中央、市、区一系列强农惠农政策措施，以整体推进新农村建设总揽农业农村工作全局，稳步推进农村综合改革，着力发展生态富农产业，充实完善“农业公园”功能、提升都市型农业水平，农业经济保持了良好发展态势。新的一年，全区上下要继续增强农业向现代化发展的意识，突出重点，继续狠抓农业的产业化、市场化和品牌化，大力提高农业生产的组织化程度，培育跨地区、跨行业的专业合作组织和大型农业产业化集团，以市场为龙头组织整个农业生产；同时，要继续推进农村的各项配套改革工作，以改革的思路鼓励农民作为新农村建设的主体，进一步完善农村社会管理服务体系建设，推进农村专业合作组织的制度化和规范化。

【出台促进城乡劳动力就业新举措】 6月1日，正式实施《进一步促进城乡劳动力就业工作意见》，采取多项促进城乡劳动力就业新举措，千方百计增加就业岗位，扩大就业规模，保持就业形势基本稳定。一是对于企业招用的城镇失业人员、农村就业困难人员以外的其他人员，从事二、三产业工作，签订3年及以上期限劳动合同、缴纳同期城镇社会保险、按时发放工资的，由区政府按实际招用人数给予企业每人每年3 000元，最多不超过3年的岗位补贴及社会保险补贴。二是大力开发适宜城乡就业困难人员特点的就业岗位。区内由财政负担的行政机关、事业单位中的保洁员、保绿员、保安员，必须使用本区城乡就业困难人员，并通过指定服务组织进行人员招用和管理。三是鼓励城乡劳动力自主创业。对于本区城乡劳动力申请小额担保贷款，并在贷款期限内正常还款的，按贷款利息数额和贷款期限给予全额贴息，展期不贴息。

【积极落实各项惠农政策】 2009年，区大力实施家电下乡工程，各项政策措施不断完善，深入民心，农户购买家电产品的积极性日趋高涨。全区家电下乡、汽车摩托车下乡和家电以旧换新指定销售店共计44家，销售金额共计11 608.9万元，补贴金额共计635.5万元。其中，家电下乡产品累计销售1 1728台，实现销售额2 238.2万元；家电以旧换新销售4 924台，实现销售额1 859.5万元；汽车摩托车下乡产品共计销售4 209辆，实现销售额7 511.2万元。同时，严格按照市农委、市农业局、市统计局等文件精神，严格执行粮食补贴标准。经审核统计，全区小麦、玉米及水稻享受直补面积7 997.6公顷，共需发放良种、面积、综合补贴和中央财政良种补贴资金11 420 574.23元。其中，小麦享受补贴面积1 727.1公顷，需发放补贴资金3 238 310元；玉米享受补贴面积6 293.37公顷，需发放补贴资金8 182 114.23元；水稻良种补贴面积0.67公顷，补贴资金150元。全年生态补贴面积1 900.23公顷，补贴资金1 118 404.2元。2009年全区共落实粮食政策性补贴资金12 538 978.43元。

【政策性农业保险险种增至18个】 2009年，怀柔区继续探索政策性农业保险的发展形势，按照政府引导、政策支持、市场运作、农民自愿的方式推进工作开展，重点开办肉禽、奶牛、粮食、蔬菜、果品5类政策性农业保险业务。保险险种由肉鸡、奶牛、露地蔬菜、小麦、玉米、果品（苹果、梨、桃、葡萄）等16个品种增加至18个品种，新增加了枣、樱桃2个险种。全区共有13 812户农民参加政策性农业保险，总保额5.4亿元，收取保费1 863万元。2009年全区有715户农民因投保政策性农业保险获益，得到赔付金额563万元。

【19项工作荣获度新农村建设奖】 年初，市农委对全市18个郊区县2008年新农村建设工作进行综合考评，经过申报推荐、初选评定、专家评审、有关领导审批等程序，怀柔区19项工作荣获“2008年度新农村建设奖”。其中发展二、三产业促进农民就业、生态搬迁、基层党组织建设荣获一等奖；都市型现代农业建设、农村体制改革荣获二等奖；十百千工程、农村综治、社会力量参与新农村工作荣获三等奖。在创新工作方面，怀柔区两项工作取得创新奖。怀柔区三山都市型设施农业公园依托设施农业建设，集理念创新、服务方式创新、经营模式创新和营销模式创新于一体，在建设京承高速都市型现代农业走廊工作中，集中展示了农业多功能的特点；北京红螺食品有限公司发挥加工龙头企业作用，带动果品蔬菜基地发展，在工作中创新工作机制，即经营方式创新、就地加工创新、服务创新、技术创新，以保证企业与农民利益的最大化。

【区人大加强执法检查】 2009年，区人大常委会分别听取和审议了区人民政府关于《中华人民共和国治安管理处罚法》、《中华人民共和国村民委员会组织法》等7部法律法规贯彻实施情况的报告；组织常委会组成人员和部分区人大代表对《北京市道路运输管理条例》等3部法律法规落实情况进行了执法检查；对区人民政府贯彻落实《中华人民共和国档案法》及北京市实施办法情况进行了视察；配合市人大完成了对《中华人民共和国农产品质量安全法》、《中华人民共和国水污染防治法》及《北京市实施办法》等法律法规贯彻实施情况的执法检查；完成了对《农业机械化条例》、农村社会保障体系建设、生态环境建设与产业发展、农村医疗卫生、垃圾无害化处理等项目的调查研究；提交了对《中华人民共和国选举法》等法律法规的修改完善意见。三届三次会议期间代表提出143件建议，闭会期间提出19件建议，经区政府及有关部门积极努力，已全部如期办复。

【政协委员积极为经济和社会发展献计献策】 区政协三届三次会议以来，广大政协委员紧紧围绕全区中心工作和社会关注的热点、难点问题，认真履行职责，深入开展调查研究，广泛征求社会各界意见建议，提出了一批选题好、反映情况真实、研究分析深入、建议切实可行的提案，为促进怀柔经济和社会发展建言献策。一年来，委员共提交提案111件，经提案委员会审查，立案102件。其中，民主党派提案5件，界别小组提案3件，委员联名提案28件，委员个人提案66件。提案内容涉及综合经济方面的16件，占15.7%；涉及城乡建设及综合治理方面的40件，占39.2%；涉及科教文卫体方面的19件，占18.6%；涉及社会法制及群众生活方面的27件，占26.5%。

【召开社会力量参与怀柔区新农村建设座谈会】 7月15日，市委统战部工商联参与怀柔区新农村建设座谈会在怀柔区九渡河镇举行。市农委、市委统战部信息中心及来自各个领域的30余位知名企业家参加会议。本次活动以“绿色北京在行动，城乡共建九渡河”为主题，旨在通过与市工商联合作，为九渡河镇与工商联会员企业搭建沟通平台，增进了解，最终达成合作共赢的目的。各位企业家对九渡河镇区位优势、区域资源、环境优势，分别结合自身所在行业进行专业判断，就新农村建设、九渡河镇经济社会事业发展积极发言，建言献策，为该镇发展规划提出建设性意见和建议。

【106名群众圆满完成国庆游行任务】 10月1日上午，在盛大的首都各界庆祝新中国成立60周年的群众游行活动中，来自怀柔区的106名群众为“农业发展”方阵描绘了浓墨重彩的一笔。此次怀柔区游行人员共报名111人，正式表演人数为110人，其中4人为替补。他们主要是来源于农、林、牧、副、渔行业领域生产经营的优秀代表和大学师生代表。

【12万农民享受免费法律服务】 年内全区284个行政村和25个社区已经全部建成法律服务室，实现了村级法律服务室的全覆盖。加上面向北部5个镇乡的汤河口地区公益法律服务中心和9个镇级公益法律服务中心，全区镇村两级公益法律服务体系基本形成，全区近12万农民可以享受纠纷调解、法制宣传、公证协办等简易的免费法律服务事项。

【长哨营满族乡荣获首届“中国绿色名乡”称号】 近年来，长哨营满族乡坚持“环境立乡、资源富乡”理念，以科学发展观为统领，以发展“绿色经济、绿色环境、绿色生态、绿色文明”为目标，借助新农村建设契机，以推进“满族八旗”文化新村建设和农村环境综合整治为突破口，累计投资5 000多万元，全面实施环境保护和生态环境建设“提升工程”，通过村庄绿化美化整治工程，打造一村一景、一村多景人文景观，有效提升了乡域环境整体水平，使乡域有了春赏山花烂漫、夏尝百果采摘、秋游八旗新村、冬赏满族风情的宜人特色生态风光，极大改善了投资发展环境，先后获得“首都文明乡镇”、“北京市爆破造林优质工程奖”、“首都绿化美化先进单位”、“森林防火先进单位”殊荣。年初，长哨营满族乡向“中国绿色名镇（乡）”推介委员会进行了申报，经过20多位环保、城建、生态领域资深专家组成的专家委员会实地评估、各大媒体公示监督，并通过“中国绿色名镇（乡）”指标体系审核，最终成为本市第一个获得首届国家级“中国绿色名镇（乡）”的镇乡。

怀柔区主要领导人

区委书记	王海平
副书记	池维生　萧有茂　姜伯奎（挂职）
常委	王海平　池维生　萧有茂　姜伯奎　刘春锋　王仕龙　李树江　田一农　王贵平　田文杰　赵文广　彭丽霞（女，满族）
区人大常委会主任	吴德增
副主任	吕延发　徐占明　焦振华　赵学恭　李凤仙（女）
区长	池维生
副区长	王仕龙　赵文广　祝自河　周东金　吴群刚　朱淑霞(女)
区政协主席	武占刚
副主席	董林　余建国　钟建忠　闫振佳（女）　尹永利
区纪委书记	王贵平
副书记	王宠　冯天祥　赵子长

怀柔区街道、镇（乡）党政正职领导

	党委书记	主任、镇（乡）长
泉河街道	乔玉龙	刘国利
龙山街道	杨素平	温瑞杰
怀柔镇	谢尚河	董路加
杨宋镇	焦宝军	吕晓国
北房镇	赵海军	李俊娥（女）
庙城镇	李树才	武贵军
桥梓镇	张卫	孙建杰
雁栖镇	郭小卫	田志兵
渤海镇	张福利	王立臣
怀北镇	王国栋	石全田
宝山镇	王洪利	刘兴旺
九渡河镇	夏占利	任占志
汤河口镇	王永利	周福刚
琉璃庙镇	鲍晓健	喻永刚
长哨营满族乡	马宝良	彭明祥
喇叭沟门满族乡	王志昌	彭明生

（怀柔区委研究室　王学明　董少波　李保德）

平谷区

概　　述

平谷区位于北京市东北部，总面积950.13平方公里，其中山区面积占59.7%。辖14镇2乡2个街道办事处。年末，全区共有273个行政村和27个居委会，户籍总人口39.9万人，其中农业人口19.9万人。2009年，平谷区深入贯彻落实党的十七届四中全会和中央经济工作会议精神，以科学发展观为指导，以农民增收为目标，以建设都市型现代农业为发展方向，狠抓各项重点工作的推进和落实，使农业结构调整、农业产业化、农业信息化建设、农产品质量安全等各项工作均取得阶段性成果，农村环境得到较大改善，农民生活稳步提高。年内，完成地区生产总值88亿元，较上年增长10%；实现地方财政收入12.2亿元，同比增长36.1%；完成固定资产投资70亿元，同比增长34.6%；完成社会消费品零售总额42.7亿元，同比增长9%；完成城镇居民人均可支配收入21 760元，比上年增长8%；实现农民人均纯收入10 870元，比上年增长11%。农业经济总体运行平稳，实现农林牧渔业总产值26.4亿元（现价），同比增长5.2%。粮食作物播种面积13 186公顷，比上年的13 681公顷减少495公顷，同比下降3.6%；粮食总产量达到76 441.6吨，同比下降5.3%；粮食作物产值1.4亿元，同比下降2.1%。观光休闲农业总收入27 979.4万元，同比增长15.5%。

都市型现代农业

【概况】 2009年，实现农业总产值26.4亿元（现价），同比增长5.2%。其中种植业产值137 510.6万元，同比增长12.3%；林业产值18 729.6万元，同比下降15.9%；牧业产值90 965.1万元，同比增长1.8%；渔业产值15 638.8万元，同比下降0.1%；农林牧渔服务业产值1 130.8万元，同比增长5.0%。

【种植业结构进一步得到调整】 大桃是全区最具代表性的主打特色农产品，围绕大桃增甜，提高全区果业品质。2009年，果园面积为2.1万公顷，同比微降；果品总产量达到35.5万吨，同比基本持平。其中，大桃面积为1.4万公顷，产量为28.9万吨，同比增长0.3%。果品产值9亿元，同比增长18.4%，占农林牧渔服务业总产值的34.1%。其中，园林水果产值8.3亿元，同比增长16.9%。园林水果中，大桃产值6.4亿元，同比增长16.4%，占农林牧渔服务业总产值的24.2%。

【精品特色农产品得到进一步发展】 马坊、山东庄等乡镇主导发展草莓种植，面积18公顷，增长18.8%；产量362.4吨，同比增长47.4%；产值1 087.2万元，同比增长47.4%。其中，草莓采摘量同比增长67.5%。南独乐河、马昌营主导发展温室香菇，种植面积34.3公顷，产量6 835吨，产值3 346.7万元。大桃、草莓、香菇等精品特色农产品，拉动了地方经济，增加了农民的收入。

【平原绿化效果逐年提高】 完成新农村街坊路绿化工程，实现绿化面积130余万平方米，绿化总长度43万延长米，栽植各类乔木21.4万余株、花灌木30.32万余株。完成京平高速路平谷段两侧绿化工程，按照2008年完成绿化主体，2009年进行完善提高的绿化目标，全面实施以增花、增绿为主的完善提高工程，共栽植油松等苗木2 290株，榆叶梅、木槿等花灌木4 220株。万完成金海湖坝前广场绿化工程共栽植雪松、银杏、白蜡等大规格乔木2 800株、花灌木1.7万株、宿根花卉2.35万株，实现绿化面积6.8公顷。完成首都绿色村庄和首都花园式单位创建工程，全区共有23个村和36个单位申报参加首都绿色村庄和首都花园式单位创建工作。目前，分别有9个村和7个单位达到或接近首都绿色村庄和首都花园式单位创建标准，共栽植各类乔木2.63万株、花灌木5.12万株，建绿篱4.7万延长米，种草4.21平方米，实现绿化面积47公顷。

【纪念林建设创历史最高纪录】 由刘店镇政府和法国威力雅公司（世界500强企业）在万庄子村共建“中国环保生态示范林”13公顷，栽植桧柏、垂柳、速生杨等苗木9 000株，是平谷区建纪念林面积最大的一年。

【建立了200公顷大桃增甜示范园】 组织专家集成了增施发酵菜子饼肥、高培垄覆黑地膜节水栽培技术、倒拉枝技术、适时夏剪技术、科学疏果、限产栽培技术、果实采前控水、适期采收、分批采收等几项增甜技术措施。紧紧围绕增甜技术措施开展技术培训，以200公顷增甜示范园工程带动全区增甜工程的实施。

【成功举办了“平谷大集进京城——甜桃王、大桃王擂桃会”活动】 此次活动于7月31日在东晓新月酒店举行。各乡镇共计选送59个样品参加甜桃王评比、32个样品参加大桃王评比。经5名专家的现场检测和公证人员现场公证，最终确定出4个甜桃王和4个大桃王，4个大桃王在平谷大集进京城暨农产品展销会上进行了拍卖，最高拍卖价格3.8万元。

【城八区社区建立了22个甜桃直销店】 在城八区主要社区建立独立经营面积不小于15平方米的甜桃直销店，经区农委、区果品办、区财政局组成的检查验收组检查验收，有22个甜桃直销店达到了标准。

【家禽产业基地建设速度快】 与正大集团合作建设300万只蛋鸡项目，总投资5.8亿元、2年建设期，已完成协议签订、项目融资、项目各项开工手续办理及招投标工作，开始正式施工，目前正在进行基础工程建设，主体工程正在拟定设计方案；依托峪口禽业建设蛋种鸡基地，项目总投资3.06亿元、3年建设期，2009年建设5个，官庄孵化厅、东梵各庄原种场和北独乐河种鸡养殖基地二期工程已经完工，并投入生产。

【设施农业进一步发展】 北京农投公司与华利丰蔬菜合作社合作实施北京市第一个农投项目，总投资3 000万建设联栋温室40公顷，日光温室150栋，钢架大棚190栋，年底已经完成并投入使用；2009年新建日光温室预计完成1 600栋。

【农业廊带经济快速发展】 打造崔杏路生态产业走廊，规划特色果品主题公园项目，共整合3镇5村12块227公顷土地，建设8个特色果品主题公园，年内已完成项目规划，第一个占地41公顷投资9 000万元的葡萄主题公园项目已开工建设；西烟路生态产业走廊建设工程已经全部完成，进行沿线农业观光园区、农产品休闲售卖区、登山健体公园等重要节点项目建设。

【搭建了农业科技体系】 进一步推进了农业信息化建设。加强农业综合信息网建设，为农民提供更为完善的农业信息平台；丰富了农业信息发布专题的节目内容，为农民提供立体的农业咨询；完善了电话语音系统建设，通过农业信息服务热线，提供了便捷的信息服务；积极推进移动农网建设，重点抓试点建设，以点带面，让农业信息进村入户。

【资金支撑体系取得新突破】 全区承保规模共43.59万公顷（头、只），总保额5.44亿元，参保农户11 676户，其中种植业承保0.69万公顷，养殖业承保42.9万头只，保险公司已累计兑现理赔款达1 136.02万元，共计6 257户受灾农民获得了补偿。建立健全信贷、小额贴息贷款等银农合作平台，2009年为新建设施农业户、民俗旅游户提供小额贷款400余万元。

【推广了林果、蔬菜机械化生产技术和新型农机具】 2009年全区共购进各种农机具1 355余台套，鼓励、帮助农民完成植保机械职业技能鉴定学习和考试，取得植保机械操作工证书500个。大大提高了全区农业机械化水平和资源利用效率，为农业生产向标准化、规模化发展提供必要的物质保证和技术支撑。

【果品蔬菜保鲜库建设继续推进】 保鲜库项目是2008年延续的推广试验项目。2009年继续对其他保鲜库进行全面的跟踪调研外，7—9月还分别在金海湖镇、大华山镇、峪口镇、熊尔寨乡又完成4座保鲜库示范点的安装和调试工作。

非农产业

【对乡镇企业帮扶工作效果明显】 对市、区两级政府帮扶企业政策措施进行宣传贯彻，对市政府和区政府各项帮扶政策措施进行了汇编，印制400余份下发到各乡镇、各相关部门及企业，方便基层及企业掌握，同时组织得力人员到乡镇对企业进行宣讲。认真落实区内帮扶政策，2 000万元财政资金已经注入北京市平谷区平信投资担保中心，为9家企业发放增资扩张贷款贴息134.56万元，为9家企业发放稳定生产企业社会统筹费用补贴200.15万元。

【乡镇企业投资进一步加大】 全年组织落实新上工业项目37个，其中投资额3 000万元以上的项目7个，总投资8.13亿元，完成2.14亿元，累计完成6.25亿元，占计划投资的76.9%，平谷镇森沃（北京）电工设备有限公司等15个项目竣工投产。年内新开工的新上工业项目15个，计划总投资1.34亿元，完成1亿元；结转2008年续建项目14个，计划投资6.79亿元，累计完成5.25亿元。安排技改扩规（含2007年结转）项目19个，其中投资额2 000万元以上重点技改扩规项目6个，计划总投资3.42亿元，完成2.03亿元，比2008年下降28.5%，累计完成3.29亿元，占计划总投资的96.2%，普析通用等10个技改项目竣工投产。年内新开工的技改扩规项目17个，计划总投资1.72亿元，完成1.62亿元；结转2008年续建项目7个，计划投资1.69亿元，累计完成1.66亿元。

【便民菜店建设稳步推进】 在合理布局基础上，制定标准，统一标识，统一配备售菜架、保鲜柜，方便居民买菜。截至2009年10月底，已经完成15家规范社区菜店（售菜点）建设，全年可完成20家。完成康乐街、乐园西小区2个临时售菜点建设，组织商户经营，已通过市专家组检查。

【有形市场建设和北大市场升级改造工作顺利完成】 投资900万元新建西寺渠综合市场和胜利街综合市场，新增营业面积3.5万平方米。完成镇罗营镇、夏各庄2个农村集贸市场的升级改造，增加交易厅棚，进行地面硬化，完善给排水、垃圾处理、厕所等附属设施，总投资近200万元；北大市场创卫基础设施改造工程进展顺利，年底完成，总投资1 200余万元。

【农村连锁体系建设取得新进展】 全年完成40家农资连锁规范店改造，累计完成规范网点改造108家。新发展农村连锁便利店加盟商30家，规范农村连锁全额配送店20家。发挥农村连锁便利店联合采购平台作用，为80家加盟商户配备了计算机，加入联合采购平台，实现加盟商户与采购平台直接联网，可直接网上采购、订货。

【商业无障碍设施改造】 完成国泰、和美2家大型商业企业和3家餐饮企业的无障碍设施改造，并顺利通过市商务委验收。

【扩容提质，增加乡村民俗旅游效益】 以“一二三四”旅游工作思路为指引，以乡村民俗旅游扩容、提质、增效为目标，积极促进乡村游效益的提升。全年乡村民俗旅游接待游客637.9万人次，收入2.9

亿，分别比2008年增长了10%和15%。一是围绕本地民俗饮食特色，推出了平谷乡村美食系列，并完成策划、宣传品制作及在一定范围的推广工作。二是完成了太后、挂甲峪、玻璃台、雕窝、前吉山、埑子峪6个村的“一村一品”设计工作；确定挂甲峪、玻璃台、太后、黄草洼、雕窝5个村作为精品村建设，其中雕窝村已完成全部工程，挂甲峪村、太后村已完成规划，2010年准备进行建设。三是为17个市级民俗村设计、制作、安装了“市级民俗村与周边景区位置关系图”。四是开展了“千户农家学手艺活动”，调动农户的积极性，在风筝、丝网花、豆塑、面塑、剪纸、中国结编织等手工艺品制作上形成规模，完成了平谷礼品系列的设计打样工作，促进旅游商品和民俗手工艺品的规模化、特色化发展。五是完成了“穿越平谷”休闲走廊等项目的规划工作，初步完成了飞龙谷观光栈道的可行性调研工作。六是开展交流学习活动。通过举办厨艺大赛、到乡村旅游发展较快的区县观摩等形式，达到接待户相互交流促提高、民俗村书记学习先进促发展的目的。

山区建设

【发展打造沟域经济】 重点实施熊儿寨乡九里山流域治理，目前肖家岭欧式凉亭建设完成，投资19.2万元；熊儿寨村南水库景观建设完成，建成钢制结构仿木工艺风车1个、钢制结构仿木工艺方亭3个，建景砖瓦结构观配套用房2间，投资23.8万元；沟域景观墙工程正在建设中。

【实施小流域综合治理工程】 2009年全区治理6条清洁型小流域，治理面积90平方公里，主要工程包括水利工程、绿化美化工程等。目前已完成梯田整治43公顷，垒树盘800个，发展经济林6.67公顷，生态林0.67公顷，发展节水灌溉52.66公顷，垒砌护村坝1 100米，铺设田间路14 730米，改厕140座。累计投资达到1 783.97万元。

【继续实施山区搬迁工作】 搬迁259户，分别落实在镇罗营镇张家台村80户、镇罗营镇东四道岭村40户、黄松峪乡大东沟村139户。

【园林式小城镇创建工程进展顺利】 南独乐河镇是首绿办2009年新确定的重点绿化小城镇，春天主要开展了集中大绿地、街道、居住区、单位庭院、工业园区等8个方面的绿地建设，栽植各类乔木5 600株、花灌木1.1万株、栽植草本花13.5万株，累计实现绿地面积26.5公顷。马昌营镇是平谷区2009年申报创建的市级园林式小城镇，在2008年绿化的基础上，进一步提水平、增效果，共栽植各类乔木3 700株、花灌木8 500株、种草5.1万平方米，新增绿化面积11.2公顷。

【山区造林圆满完成】 全年共实施5项山区造林重点工程，完成造林1 167公顷，栽植各类苗木82万余株。其中：人工造林200公顷全部完成，涉及镇罗营、大华山等6个镇乡，栽植油松等苗木23万余株；爆破造林67公顷，地块主要落实在东高村镇，栽植侧柏等苗木7.5万株；彩叶造林200公顷，涉及峪口、王辛庄等5个镇乡，栽植黄栌、山桃等苗木16.8万株；山区绿化提质增效工程全年完成667公顷，共栽植黄栌、山桃等苗木23万株，补植侧柏营养袋苗10万株，补种栓皮栎和山杏种子1.6万千克，涉及山东庄、夏各庄等6个镇乡；废弃矿山植被恢复工程全年计划完成67公顷，通过采取弃渣平整、砌挡墙、客土等工程措施，已完成大东沟石灰厂、安固石灰厂等6个治理区面积13公顷，栽植各类苗木1.4万株。

村镇建设

【乡村公路建设、养护管理投入进一步加大】 乡村道路建设养护总投资4 273.47万元，其中市补助投资2 622.86万元，区政府配套资金1 650.61万元。乡公路建设总里程72.68公里，桥梁工程4座，乡公路大修工程为平谷区为民办实事工程。

【民生水务建设有条不紊】 2009年实施了11项重点水务工程，其中在建工程2项，折子工程和为民办实事工程8项，应急工程1项。这些工程既有涉及经济社会发展的，也有涉及民生发展的。花峪水库续建工程开展蓄水。2009年增加农业节水灌溉面积1 333公顷，集中连片的设施农业全部实现微灌化。2009年治理小流域80平方公里，累计治理小流域21条，治理水土流失面积230平方公里，建成生态清洁小流域9条；2009年雨洪利用工程30处，全区共有坑塘334处，已建成生态坑塘96处、增加蓄水能力300万立方米；全区建成村镇污水处理设施39处，处理能力3115吨/天。

【水务行业管理进一步加强】 对全区下辖16个乡镇3个街道办事处273个行政村，采用乡镇集中供水、联村供水和单村供水三种方式，建成乡镇集中供水厂1处，联村供水厂5处，单村供水厂262处，并建立了“三证、三卡、五公开”管理制度，对水源井进行封闭管理。通过村镇供水工程建设和管理，在历史上第一次使全区22万农民实现安全饮水。

【防汛抗旱工作扎实推进】 狠抓汛前五落实，即落实责任制、完善预案、落实抢险队伍、落实防汛物资、落实避险措施。对全区8座水库、4处城区积雨点、176间危旧房屋、28处人防工程、9座尾矿库及在建重点工程等公用保障设施，山区泥石流易发区、河道、塘坝等防汛重点部位进行了隐患排查，出动300人次，做到早发现、早处理、早消除。完成45处400兆电台调试、43处人工雨量观测站、23处遥测站点的维护和管理工作。做好安全迎汛的培训和演练，加强汛期值守信息发布，确保安全度汛。完善了抗旱应急预案，建立了抗旱预警机制及应对措施，完成旱情月统月报工作和土壤墒情监测工作。

【农村饮用水质量逐年提高】 全年重点完成了农村改水项目13个，其中更新10个村，扶贫2个村，水处理1个村，受益人口14 577人，工程总造价1 652.58万元。

【完成了农村户厕无害化改造工程】 全年共申领改厕任务9 000套，截至到9月30日，全区16个镇乡和1个街道办事处（兴谷）的46个行政村完成户厕改造9 000座，占全年计划100%，顺利完成2009年农村户厕改造任务。

【新能源科技项目建设进展顺利】 北辛庄村生物质气化集中供气工程建完试运行，供气户数480户。后北宫村生物质气化工程土建和管网安装已完工，运行良好。太阳能公共浴室全部完工，解决寅洞村、大北关村、陈太务村、翟各庄村4个村1 696户农民四季洗澡问题。每年开发可再生能源43吨标准煤，年可减排二氧化碳158吨，减排二氧化硫86吨，减排烟尘1吨。

【在农村试行垃圾分类处理】 在马昌营镇、熊儿寨乡开展农村生活垃圾分类试点工作。通过科学分类的方式，将绝大部分垃圾转化成了资源进行再利用，剩下一小部分不可回收利用的垃圾进入垃圾收运系统，进行填埋处理，降低了垃圾填埋量。

【生物质气化集中供气2处工程竣工调试】 年可新增生物质燃气124万立方米，相当于992吨标煤，年可减排二氧化碳3 640吨，减排二氧化硫1 984吨，减排烟尘301吨。新增优质燃气用户1 501户。北辛庄村生物质气化集中供气工程站内院墙已建成，循环水池、储气罐基础已完工，管网正在施工当中。后北宫村生物质气化集中供气工程土建基本完工，进入装修和设备安装阶段，管网铺设工程随本村改水工程一并进行。

【为4个村新建太阳能公共浴池】 寅洞村、大北关村、陈太务村、翟各庄村4处太阳能浴室工程全部完工，进行试运行。每年开发可再生能源43吨标准煤，年可减排二氧化碳158吨，减排二氧化硫85吨，减排烟尘1吨。

【农村集中供气工程实现一期、二期联供】 刘家店镇李家峪村沼气集中供气一期工程于2007年11月完工，投入使用，满足4个小队140户农民用气。二期工程于2008年5月开工建设，7月完工投入使用，供气户数64户。李家峪村沼气站由一期供4个小队到二期增加2个小队，实现了圆满对接，使整体供气户数达到了204户。

【马坊镇绿能产业基地建设加快】 2月，园区正式与北京市工业促进局（北京经济和信息化委员会）签署共建北京市绿色能源产业基地《合作备忘录》，明确提出基地定位于以太阳能光伏和LED产业为主导产业，大力发展绿色能源和环保产业。7月，完成了《北京市绿色能源产业基地发展规划（2009—2015年）》、《北京市绿色能源产业基地初期建设实施方案》的编制工作。8月，北京市绿色能源产业基地正式落户马坊工业园区。

【马坊建设完成50兆瓦非晶硅薄膜太阳能电池】 北京中锦阳电子科技有限公司是基地引进的第一个从事太阳能光伏产业的企业，由福建钧石能源有限公司等3家股东共同投资，年生产150兆瓦非晶硅薄膜太阳能电池。项目占地4.7公顷，投资总额9.5亿元人民币，目前已经完成50兆瓦生产能力。

【总部经济试验区建设得到强力推进】 北京思创厚德总部基地建设进展顺利。项目总投资6亿元，占地4.84公顷，已于2009年4月开工建设，预计2011年底竣工。建成后，预计实现产值5.5亿元，税收700万元，解决就业350人。该项目建设包括商业、办公、金融服务、商务酒店等综合配套设施。

【五项基础设施建设稳步推进】 完成街坊路硬化工程涉及93个村195万平方米；完成街坊路绿化工程涉及121个村130万平方米；完成节水改造工程涉及29个村；完成污水治理工程涉及10个市级民俗旅游村，铺设管网4.6万米，完成总工程量60%，污水处理站已开建设完工；垃圾分类工程涉及174个村，目前已完成94个村。

【继续实施了“三起来”工程】 “亮起来”工程，已安装太阳能路灯1 500盏，占总工程量的75%。“暖起来”工程，300户既有住房节能改造在7月份完成200户，其余100户于10月底全部完工。45处太阳能公共浴室建设已经开始建设。“循环起来”工程，1处沼气气化站建设项目正在进行施工招标工作，将于2010年开工建设；30处雨洪利用工程完工；完成45个规模猪场粪污治理项目。

【新农村环境建设稳步推进】 积极开展国家生态区创建工作和“北京郊区环境百日综合整治活动”，制定了《平谷区农村环境建设指导手册》，明确了农村环境建设管理的指导思想、总体原则和目标、组织机构及部门职责、工作标准和要求，建立并实施了责任制度、长效保洁制度，网上举报和手机彩信举报、督办、督办曝光制度、网格化管理制度以及检查考核奖励办法。农村环境面貌得到了进一步提升。在全市郊区两次环境检查中，均取得了比较好的成绩。

【完成环境优美和生态型村镇建设】 完成金海湖镇、夏各庄镇、山东庄镇、镇罗营镇、平谷镇5个市级环境优美乡镇的创建，马坊镇、马昌营镇、峪口镇、大华山镇、熊儿寨乡5个国家级环境优美乡镇的创建及鱼子山、杨庄户、花峪等67个村的文明生态村创建工作。

【全面做好大气污染物控制工作】 全区二级和好于二级天数达249天，比上年同期增加了29天，占总有效监测天数的86.5%，达到了国家生态区的考核标准，再创历史新高。

【严控机动车尾气排放，创造低碳生活】 在全区主要道路、重点路段科学部署人力和监测设备，严格检查过往车辆的尾气排放，并联合交巡支队重点对黄标车上路、违反禁行规定、尾气排放超标的机动车加强监管。全年全区共办理黄标车淘汰手续1 422辆，补助淘汰资金931.72万元。

农村改革与管理

【农民专业合作社发展迅速】 全区经工商行政主管部门注册登记，取得法人资格的各类农民专业合作社共有395家。其中种植业269家，养殖业108家，农机服务8家，民俗旅游4家，土地和沼气各1家，其他行业5家。成员总数20 860人，其中农民成员19 106人，占成员总数的92%。成员出资总额4.4亿元，其中货币出资4亿元，非货币出资0.4亿元。

【征占地安置补助费沉淀问题得到妥善解决】 在《北京市建设征地补偿安置办法》的基础上，结合《北京市城乡居民养老保险办法》等惠民政策，按照普惠制、逢征必保、利益均等、量入为出等原则，研究起草了《平谷区土地征占安置补助费管理使用办法》(试行)，将土地征占安置助费打捆集中使用和管理，用于为符合规定条件村集体经济组织成员缴纳城乡居民养老保险补贴和发放农村享受福利养老金老年人的生活补助费，逐步提高了区农村社会养老保障覆盖面，解除了对征地问题的后顾之忧，城乡一体化进程进一步推进。

【农村改革逐步深化】 本着明确职责、理顺关系、整合资源的原则，重构区、镇（乡）两级涉农管理和服务机构，强化政府“三农”统筹，农业行政管理和农民专业合作社发展指导服务职能得到加强。继续扩大农村产权制度改革试点工作，2009年启动25个村，完成12个村。推进土地规模经营，搭建数字化农村土地承包经营权流转平台和服务网络，当年实现农村土地流转1 173户424.7公顷；创新土地合作社流转形式，率先建立郊区第一个农村土地承包经营纠纷仲裁机构。推进林权制度改革，全面启动华山、峪口两镇试点工作。完善农业融资平台，投资2 000万元入股市农业担保公司；第一家面向“三农”的小额贷款公司开张营业。

【农村集体经济管理进一步加强】 研究制定了《平谷区关于加强集体资产管理的办法》、《平谷区关于农村干部在任离任审计制度》等一系列加强农村集体事业管理的制度办法，全面开展农村集体资产清产核资工作，摸清了家底，理顺了产权，形成了一套较为完善的管理制度体系。

【组织成立了全市第一个沼气专业合作社】 在刘家店镇成立“北京江成益民沼气服务专业合作社”，在市工商局注册。该合作社是北京市第一个沼气专业合作社，提高沼气产业发展的组织化程度。主要业务范围是提供户用沼气池技术咨询、培训、管理；提供沼气池出、装料及农村户用厕所粪便抽取服务；提供沼气零配件供应。

【农村合作社建设取得新突破】 新发展专业合作社108家，全区累计达到413家，其中种植业280家、养殖业115家，成员出资总额5.5亿元，带动入社成员21 668人，其中农民1 9814人。设立专项扶持资金500万，扶持农民专业合作社建设；成立了农民专业合作社指导服务中心，指导全区农民专业合作社的规范化发展；筹备成立农民专业合作社学校事宜正在稳步推进中，相关工作预计年底可完成。

【土地流转取得突破性进展】 正式成立1家土地合作社——百合兴盛土地合作社，还有7家正在积极筹办中，各项工作可于年底前完成。土地流转机制进一步完善，成立了区、镇、村三级管理组织，覆盖全区的三级农业土地承包经营权流转平台和土地流转服务网络搭建完成并已投入使用。

【农民土地流转工作稳定有序】 全区共有16个乡镇、1个兴谷街道、275个村。农用土地2.22万公顷，这些土地在1997年二轮延包和2004年土地确权中已经全部确权到户。2009年，主要是土地流转工作。全年，全区土地流转总面积为175.4公顷，涉及农户891户。其中，转包3.6公顷，涉及农户16户；转让91公顷，涉及农户356户；出租19.5公顷，涉及农户78户；入股26公顷，涉及农户135户；反租倒包35.3公顷，涉及农户78户。

农民生活

【农民人均收入稳步增长】 2009年全区农民人均纯收入突破万元大关，达到10 872元，比上年的9 790元增加1 082元，增长11.1%。其中工资性收入较快增长，收入为5 623元，比上年增加1 198元，增长27.1%，工资性收入占纯收入总额的比重达到51.7%，成为农民纯收入构成的第一主力。工资性收入快速增长主要是外出及本乡从业工资增长较快，其中外出就业劳动力人数增长29.3%，人数的增加带动了外出工资增长75.2%；另外就业劳动力趋向年轻化，大专及以上文化程度人数增长16.7%，劳动力文化素质进一步改善，使农民在本地就业及外出务工工资水平提高。非经营性纯收入快速增长，增长42.2%。伴随农村集体经济产权制度的改革以及福利养老金发放年龄下调、家电下乡补贴、农机购置补贴、平坟补贴和农村合作医疗等一系列农民增收措施的实施，农民所得财产性和转移性等政策性收入增长幅度较大。其中：财产性人均纯收入477元，增长20.2%，主要原因是大兴庄镇白各庄村占大棚盖别墅，使得土地征用补偿收入增长100%；转移性人均纯收入1 189元，增长53.4%，主要原因是离退休金、养老金增长49.2%，报销医疗费增长1.5倍。

【农民生活消费支出快速增长】 2009年，平谷区农村居民生活消费八大类呈“七升一降”趋势。生活消费支出人均达到7 625元，同比增长20.5%。

其中服务性支出人均2 733元，占生活消费支出的35.8%。①食品消费支出人均2 247元，同比增长24.6%，占生活消费的29%。其中：蔬菜及制品支出人均151元，同比增长40%；肉禽蛋奶及制品支出人均498元，同比增长19.7%。从消费场所看，农民人均在外饮食支出523元，同比增长14%。②衣着支出人均427元，同比增长29.3%，占生活消费的6%。其中购买成衣支出人均265元，同比增长37.4%，占衣着支出的62.1%。③居住支出人均1 745元，同比增长38.5%，占生活消费的23%。增长的原因是购买建筑生活用房材料支出、购买维修生活用房材料支出、装修生活用房材料分别增长17.5%、38.2%和3.1倍。④家庭设备用品及服务支出人均442元，同比增长22%，占生活消费的6%。其中：购买床上用品支出人均26元，同比增长78.4%；购买家具类支出人均81元，同比增长28.7%。⑤交通和通讯支出人均710元，同比下降6.1%，占生活消费的9%。主要原因是农户购买交通工具支出同比下降幅度达到18.3%。⑥文化教育娱乐用品及服务支出人均1 101元，同比增长1.7%，占生活消费的14%。其中：购买文教娱乐用品及服务支出人均428元，同比增长26.3%；教育服务支出人均673元，同比下降9.5%。⑦医疗保健支出人均819元，同比增长26.4%，占生活消费的11%。其中：购买药品支出人均241元，同比增长49.8%；医疗费支出同比增长18.2%。⑧其他商品服务支出人均134元，同比增长58.1%，占生活消费的2%。

【农村劳动力职业技能培训力度进一步加大】 将区职业技能学校38个培训工种资质和一职在师资、场地、设备方面的优势进行互补，搭建技能培训资源平台。通过“技能夜校”、“技能大篷车”、“田间课堂”、“移动考场”等形式为农村劳动力送教上门、送考下乡，将培训班办进乡镇、村。推行就业准入制度，按照“企业出订单，培训机构出菜单，百姓来选单，政府来买单”的“四单式”培训模式，进车间为企业新招用职工送培训上门，将理论知识与企业生产实际挂钩，帮助新入职员工提升技能并实现稳定就业。先后在大兴庄、黄松峪等地开办水质检验工、中式烹调等11个工种培训班25期，在老才臣、华阳服装厂等企业开办酱油酱类制作工、服装设计定制工等6个工种培训班8期，累计培训农村劳动力2 368人。

【实施白内障患者复明工程】 为农村户口的老百姓白内障患者施行复明手术，配合北京市同仁医院专家，对全区各乡镇加入农村合作医疗的老百姓进行了白内障的筛查工作，共有47 783人参加了筛查，共筛查出低视力患者10 948人，其中白内障患者1 326人，需要手术的患者435人。

【新型农村合作医疗稳步发展】 加大宣传力度，提高参合率，全区共有214 748人参加合作医疗，比2008年增加了1.5万人；农业人口参合率达到99.3%，较2008年增加9个百分点；逐步提高筹资水平，人均筹资水平达到420元，较2008年增加100元。其中市政府每人补助180元，区政府每人补助145元，镇乡政府每人补助55元，农民个人缴纳40元。农村低保及五六十年代精简退职人员个人出资缴纳费用由区和镇乡政府分别负担50%；农村优抚人员个人出资缴纳费用由区政府负担。全区2009年总筹资额达到9 019.416万元。进一步加强资金监管，杜绝非正常支出，1—9月份，新农合共补偿38 9057人次，医药费支出1.76亿元，补偿6 058.99万元，总补偿率34.4%；完善新农合制度管理措施，推进了新农合出院即报和随诊随报工作，全区已有20家医院和63个社区卫生服务站实现了此项便民服务；在区医院首创了全市新农合交费报销“一站式”服务系统，使参合农民报销周期缩短至几分钟。

【健康知识大课堂进村入户效果好】 共开展健康大课堂109场次，覆盖16个乡镇、2个街道办事处，涉及55个行政村及居委会，受教育人数达8 000人次，群众健康知识知晓率达90%。

【农村文化资源总量不断增加】 投入678万元，加强农村数字影厅建设。其中投入400万元为109个影厅配置数字电影放映设备；投入278万元，用于扶持70个影厅建筑声学改造和购置消防、采暖、降温等设备。新建农村数字影厅37个，总数达到264个；投入500余万元，为70个村级桃花大舞台、109支重点业余团队配置了灯光音响设备，基层新建大舞台93个，总数达到147个；投入367万元，新建6个图书馆分馆、50个村级图书室、10个社区图书室、100个农家书苑。

【基层文化建设工作蓬勃开展】 共投入市转移支付资金1 600余万元，用于加强基层文化活动建设。全面落实区两办出台的《关于进一步加强村级（居委会）文化建设的意见》，以“普遍均等，惠及全民”为原则，全年组织开展各类群众文化活动6 900场次，电影放映26 000场次，图书流通50万册次，送书下乡6万册，极大地丰富了全区人民文化生活。

【成功举办第十九届农民艺术节】 以“沿着改革开放路，奔向美好新生活”为主题，以区级文化活动为龙头、基层活动为重点，共举办了民间花会秧歌进城大拜年等8项全区性文化活动，参加了“乡村放歌——北京市第八届乡村歌手大赛”等5项市级文化活动，开展各具特色的基层文化活动500余场次，约计4万人次登场表演，吸引各界观众40余万人次。花会秧歌进城大拜年活动中，中央电视台《同一首歌》栏目众多明星与本区群众演员互动演出，规模宏大、气氛热烈。《北京日报》先后以“农民花会巡城闹元宵”、“《同一首歌》平谷闹元宵”为题，报道了活动的盛况。邱水平区长在《舆情动态》上批示：“今年的十九届农民艺术节秧歌花会办得好，形象、水平、气势、宣传都上了一个层次。”

【国内首条国际标准徒步大道落户平谷】 4月25日，平谷桃花节国际徒步大会暨首届全国联动“全民徒步日”大型公益活动，“北京·平谷国际徒步大道”揭牌仪式在平谷区南独乐河镇北寨村隆重开幕。开幕式由平谷区副区长闫维洪同志主持，平谷区委常委、宣传部长、副区长王晓光同志致开幕词，国家体育总局登山运动管理中心主任李志新同志出席开幕式并致贺词。国际市民体育联盟中国总部（CVA）秘书长金乔先生代表国际市民体育联盟（IVV）向平谷区政府颁发了“国际标准徒步线路认证书”。

【国安、平谷“桃花杯”足球友谊赛圆满成功】 4月26日，国安、平谷“桃花杯”足球友谊赛在平谷体育中心举行。体育局局长刘德江同志主持开幕式，区委常委、宣传部长、副区长王晓光致贺词，北京市足球协会青少部主任康永和北京国安三队主教练王少磊等领导出席了开幕式。比赛在北京国安三队和平谷区足球代表队之间展开，300余名足球爱好者观看了比赛。经过激烈的角逐，平谷区足球队以4∶3的战绩小胜国安三队。此次赛事为“体育节”期间系列体育赛事之一，由平谷区政府、北京国安足球俱乐部主办，平谷区体育局承办。比赛以“桃花为媒”，有力地推动了平谷区青少年足球的发展。

【“体彩杯”篮球联赛覆盖城乡】 5月8日，北京“体彩杯”平谷区第五届全民健身体育节篮球联赛在体育中心拉开帷幕，来自全区各乡镇、街道的300余名篮球运动员参加了启动仪式。全区在基层进行了200余场的预赛，然后进行区级决赛，比赛历时33天，全区共有100余支篮球代表队参加比赛，参赛运动员达到2 000余人，共举办比赛300余场，比赛水平、竞争程度、观赏性大大高于往届。比赛期间全区参与活动的群众达到3万余人，篮球联赛的成功举办，推动了平谷区全国“篮球之乡”创建工作和篮球运动的发展。

【乡村社团、体育俱乐部影响力日益增大】 乡村社团、体育俱乐部活动丰富多彩，路兴、工会乒乓球俱乐部组织水平和参与锻炼的人次不断增加，常年坚持篮球、羽毛球、网球、登山、武术、健步行锻炼的社团不断增加；老年人体协、夕阳红、晚霞红等民间体育团体活动有声有色；松滔俱乐部小运动员参加2009年“浩沙杯”全国万人大众锻炼标准大赛总决赛，勇夺少儿组、小学生组两项一等奖的喜人成绩。

基层组织与民主政治建设

【农村考核评价体系日臻科学合理】 以科学发展观为指导，不断深化农村党的建设“三级联创”活动。在认真完成2008年创建考评工作的基础上，进一步调整完善了创建考评体系，将考评内容分为经济社会建设（包括经济发展、社会发展、行政效果3个考核维度）和党的建设（包括组织建设、宣传思想和精神文明建设、党风廉政建设、民主政治建设和群团工作5个考核维度）两大部分，每部分各占50分。突出了考评重点，提高了党建工作在创建考评中的比重，具有更强的科学性、合理性和可操作性。

【农村基层班子建设进一步加强】 组织党员、村民代表对2008年度全区村级班子5 000余项承诺进行民主评议，兑现率达到了97%以上。进一步推进村级班子分类管理，重点加强后进村级班子整顿。制定完善了《关于进一步完善选派干部职工到村任职工作的意见》，规范了回村任职干部的监督管理。

【加大对农村基层干部的培训力度】 组织了全区农村党支部（总支）书记、村委会主任培训班，组织部分基层干部参加了市委农工委举办的“农村基层干部轮训班”、“促进低收入农户增收致富专题培训班”、“农村金融制度政策专题培训班”等。

“三农”工作部署和实施

【平谷区政协三届三次会议第83号提案“关于设施农业发展问题的建议”】 ①北京市农业投融资管理委员会已经出台相关政策，对于5 000万以上的项目负责贷款担保。②北京市政府已经出台相关政策，对养殖小区内标准化鸡舍的建设进行补贴。2009年全区10户农户申请，建设15栋标准化鸡舍。③关于保险问题，目前政策性保险已经于2007年开始实施了两年多，政府对入保户给予资金补贴。2009年保额目前已突破5.5亿元。④关于基础性设施建设投资，以及先进设施设备投资，可包装项目申请资金或贷款支持。

【平谷区政协三届三次会议第85号提案“关于支持成立农村专业技术队伍的建议”】 ①成立农村专业技术队伍，必将为全区的农业技术推广起着重要的作用，但是由于涉及人员编制问题，而且范围广泛，需要有关部门支持。②目前可以按照北京市出台的农村田间学校的补贴政策申请部分资金和技术支持。2009年平谷区建设农民田间学校51所，新建学校每所扶持3万元。

【平谷区三届人大四次会议第15号建议“桃生物冰点贮藏保鲜库”】 将桃生物冰点贮藏保鲜技术作为2009年重点推广的一项新技术的举措，区农委出台了扶持政策，但这一政策的扶持对象是农民专业合作社，对农民专业合作社建冰温保鲜库给予30%的补助，但最高不超过30万元。凡是需建库的合作社首先要提出申请，由合作社所在的乡镇政府将申请支持的合作社及项目上报区农委（原则上每乡镇不得超过2家），区农委会同区经管站参照相关的条件，根据合作社规范化建设情况进行筛选和综合平衡后，择优列入扶持范围；同时建设项目须经区农委审核同意后方可实施。经区农委和经管站审核及夏各庄所属合作社新建冰温保鲜库的意愿，2009年夏各庄没有新建的，相关情况已向于海山代表汇报并得到其认可。

【平谷区三届人大四次会议第89号建议“进一步加大农业设施大棚扶持力度”】 ①在乡村、市、区等主要公路两侧建设、单体规模或设施园区面积在3.3公顷以上的（纯山区不受该规模的限制）日光温室和钢架大棚，对符合标准的给予不同额度的扶持和奖励。在乡村、市、区等主要公路两侧建设、单体规模或设施园区面积在3.3公顷以上的（纯山区不受该规模的限制）日光温室和钢架大棚，对符合标准的给予不同额度的扶持和奖励。②对集中连片的设施大棚，可以成立农民专业合作社，根据《平谷区2009年农民专业合作社发展扶持政策》申请扶持。③为解决农户生产资金紧张问题，加快增收致富步伐，平谷区出台了《平谷区2009年农户小额贷款贴息扶持政策》，对符合北京农村商业银行平谷支行贷款资质条件的可以申请扶持。④平谷区通过各农业技术推广部门开办田间学校、送科技下乡、科普宣传、农村实用人才培养等多种形式进行无偿的技术服务。2009年全区建设田间学校51所，实用人才培养810人。

【平谷区进行涉农机构改革】 在对涉农各项行政管理职能进行整合的基础上，组建了区农业局，挂区动物卫生监督管理局的牌子，并组建了区农业局综合执法队。不再保留区种植业服务中心、区农机服务中心、区水产服务中心、区农村能源服务中心、区蔬菜服务中心。将农业基础设施建设和农业生态环境建设等公益性职能整合，组建了区农业服务中心，为区农业局所属副处级事业单位。将技术推广、新品种新技术引进、试验、示范、信息服务、市场营销等职能整合，组建了区农民专业合作社指导服务中心（简称区农民合作社服务中心），为区政府所属正处级事业单位，归口区农委管理，并在各乡镇农业服务中心挂农民专业合作社指导中心的牌子，增加了指导本乡镇行政辖区内农民专业合作社的建立、发展和提供服务等职能。

平谷区主要领导人

区委书记		秦　刚
	副书记	邱水平　刘　军
	常　委	王晓光（女）　李恩军
		闫维洪　侯志光　刘占山
		姜　帆　白长河　武　克
区人大常委会主任		王振林
	副主任	赵凤兰（女）　王　珍
		曹来成　邢彦峰　贾喜庚
区长		邱水平
	副区长	姜　帆　王晓光　李继合
		李宝峰　王志勉　魏玉瑞
区政协主席		韩凤武
	副主席	李永来　景国忠　刘廷海
		张丽平　刘建增
区纪委书记		侯志光
	副书记	陈凤友　张月春　谢宝德
副局级巡视员		宋福蓁　刘汉勤　胡玉才
副区级巡视员		郭有才　张彦友　王如生

平谷区乡镇正职领导干部

乡镇	党委书记	乡（镇）长
平谷镇	周　民	付湘生
金海湖	王振国	唐庆育
王辛庄镇	王文忠	崔　苠
夏各庄镇	常　宇	于海山
东高村镇	张宝利	李　臣
马坊镇	石来福	李　平
马昌营镇	牛福生	景国平
山东庄镇	景国良	崔曙光
独乐河镇	闫国明	张显荣
刘家店镇	李福芝（女）	张振江
大兴庄镇	郭明山	戴建民
峪口镇	李　正	张春祥
镇罗营镇	石　越	李所印
大华山镇	金永来	胡东升
黄松峪乡	马海山	安　青
熊儿寨乡	陈梦慧（女）	杨宝刚

（平谷区委研究室　任剑义　梁自山）

密　云　县

概　述

密云县总面积2 229.45平方公里，占全市面积的13.6%，是北京市土地面积最大的区县。全县山区面积1 771.75平方公里，占79.5%；平原面积263.4平方公里，占11.8%；水面面积194.3平方公里，占8.7%。全县共辖2个街道、17个镇、1个乡（地区办事处），有69个居委会，334个村委会。全县常住人口45.8万人；户籍人口43.2万人，其中农业户籍人口26.2万人，非农业户籍人口16.9万人。2009年，全县上下深入贯彻落实科学发展观，大力实施密云生态涵养发展区工作方略，努力克服国际金融危机带来的不利影响，圆满完成了年初确定的各项任务，开创了经济实力增强、社会和谐稳定、百姓持续增收的新局面。2009年，全县实现地区生产总值120亿元，同比增长10%；财政收入12.9亿元，同比增长22%；固定资产投资112.7亿元，同比增长39.7%；城镇居民人均可支配收入21 600元，同比增长7.3%；农民人均纯收入达到10 682元，同比增长12.1%。

城乡一体化

【概述】 坚持建管并重、城镇化与新农村建设“双轮驱动”，加快推进城乡一体化进程。2009年，全县农村经济总收入实现 151.3 亿元，同比增长 7.5%；城镇投资 773 196 万元，同比增长 67.4%；农村投资 354 298 万元，同比增长 2.6%。

【重点镇建设加快推进】 制定了促进重点镇发展办法，确定了太师屯、西田各庄、巨各庄、溪翁庄、穆家峪、古北口 6 个重点镇的发展定位。以道路、市政管网、污水处理等基础设施建设与改造为重点，重点镇基础设施和公共设施建设得到加强，完成了古北口中学教学楼改造、溪翁庄镇和太师屯镇中心幼儿园等一批教育硬件工程的建设。以重点镇产业发展为重点，加大招商引资力度，加快三次产业融合发展，古北口紫海香堤香草艺术庄园、巨各庄张裕爱斐堡国际酒庄欧洲小镇等重点项目建设扎实推进。

【新农村建设管理长效机制初步建立】 研究制定出台了《关于建立和完善新农村建设与管理长效机制的意见》，建立和完善了农村保洁员待遇及管理机制、垃圾设施维护管理机制、太阳能路灯维护更新机制、镇村污水处理厂运转维护机制，为保护、巩固和发展好新农村建设成果提供了制度保障。

【新农村“五项基础设施”建设扎实推进】 基本完成了 2008 年 15 个新农村五项基础设施建设工作。启动新农村“五项基础设施”建设村 169 个。街坊路硬化、绿化重点完成硬化道路总面积 294.75 万平方米，街坊路绿化 55.6 万延长米，绿化面积 115.6 万平方米。完成 14 个镇 55 个村一户一表及管网工程。77 个村的污水治理工程完成总工程量的 97%。全面完成 8 个乡镇 22 个村户厕改造工程，改造户厕 10 769 座，建公厕 224 座。垃圾分类工程在石城镇试点基础上，启动了 9 个镇的垃圾分类治理工作。新编制完成了 188 个行政村的村庄规划，全县完成村庄规划编制的行政村总量达 297 个。

【“三起来”工程建设全面完成】 完成新安装太阳能路灯 1 338 盏，太阳能公共浴室 12 个；新建农民节能住房 371 户、既有住房改造 210 户；完成太阳能热水器安装 5 027 台；新建节能吊炕 8 065 铺。河南寨镇两河村大型沼气二期工程基本完工；完成新建生物质气化站 3 处；完成粪污治理工程 6 处；云科富民农业废弃物沼气利用工程基本完工。

【农村环境建设得到加强】 以迎接新中国成立 60 周年为重点，深入开展环境百日综合整治活动，制定了《密云县环境百日综合整治活动方案》，在全县范围内集中开展了环境整治活动，进一步提升了农村环境质量。继续落实农村环境综合整治考核机制，加大监督检查工作力度，公路沿线和旅游景区周边的村庄环境进一步改观，村内基本无积存和暴露垃圾、建筑垃圾、白色垃圾。绿化造林 7 200 公顷，义务植树 26.6 万株。对密云水库及上游河道周边环境进行了全面整治。投入 3 000 余万元，对水库一级保护区内 6 家规模养殖场实施了搬迁。落实北京市第十五阶段控制大气污染措施，全年空气质量二级和好于二级的天数比例达到 86.6%，创历史最好水平。

【农村绿化面积不断增加】 全县重点造林绿化工程京津风沙源治理、水源涵养林建设、中外合作造林、灌草覆盖等重点造林绿化工程总面积达到 724 公顷。栽植油松、侧柏、五角枫、黄栌、白蜡、栾树、山桃、山杏、刺槐、椿树、榆树、橡栎、丁香、连翘、文冠果、黄连木等各类苗木 4 224 万株。全年共完成新农村街坊路绿化 556 公里，面积 115.6 平方米，栽植乔木 45.9 万株、花灌木 2 323 万株、地被 16.9 万平方米。

都市型现代农业

【概述】 立足生态，整合资源，促进融合，加大投入，都市型现代农业和休闲产业实现平稳较快发展。2009 年，全县实现农林牧渔总产值 36.7 亿元，比上年增长 4.5%。

【种植业生产稳步增长】 2009 年全年粮食总产量达 1.05 亿千克，同比增长 25.6%。其中，夏粮产量 475.4 万千克，同比减少 16.5%；秋粮产量 1 亿千克，同比增长 31%。全县完成粮油作物播种面积 19 640公顷，较上年增加 400 公顷；总产 10 127 万千克，较上年增加 867 万千克；产值 2 1840 万元，较上年增加 4 366 万元。完成蔬菜播种面积 4 333 公顷，比上年增加了 1 000 公顷；年产蔬菜 3 亿千克，比上年增加 3 200 万千克；实现产值 4.5 亿元，比上年增加 1.41 亿元。全年完成食用菌推广 800 万棒（袋），农户双孢菇半工厂化生产 9.2 万平方米，全年食用菌总产 800 万千克，实现产值 2 160 万元，纯收入约 1 000万元。建设玉米、花生和小麦籽种基地各 200 公顷。在山区乡镇建设有机杂粮基地 667 公顷，全县有机杂粮基地规模达到 1 333 公顷。建设甘薯基地 1 333公顷，亩产鲜薯 2 100 千克，农民每亩纯收入达到 1 500 元以上。全县药材种植 800 公顷，平均亩效益均在 1 000 元以上。新建绿色花生生产基地 667 公顷，农民每亩效益在 1 200 元以上。作为农业部玉米高产创建示范点，在太师屯镇、高岭镇各种 333 公顷，创建目标产量亩产 800 千克，实现平均亩产达到 888.2 千克，超出目标产量 88.2 千克。全县玉米产量比上年增长 31%，同等情况下，产值增长了 26.9%。

【林果业发展效果明显】 全县新增果树面积 347.53 公顷，新种植果树 232 830 株；果树更新栽植 155.8 公顷、105 075 株；高接换优 106.13 公顷、68 275株。新育苗面积 15 公顷，使累计育苗面积达到 410.4 公顷，总产苗 2 100 万株，出圃各种苗木 273 万株，造林绿化工程苗木自给率达到 98%。有机果品生产从 2004 年在石城镇西湾子村 76 户、14.53 公顷板栗园开始试点，发展到 2009 年底的 3 733.3 公顷，面积和投入居全市之首。2009 年干鲜果品总产量达到 8 699 万千克，总产值 34 664 万元。其中鲜果产量 6 725 万千克，产值 16 784 万元；干果产量

1 974万千克，产值 17 880 万元。果品总产量比上年增产 2.7%，总产值增加 6.4%。

【畜牧业健康发展】 全县生猪存栏 22 万头，同比增长 8.9%；出栏家禽 3 161 万只，同比增长 6.2%；牛奶产量 8 073.6 万千克，同比增长 6.9%；禽蛋产量 2 323.5 万千克，同比增长 6.6%；实现畜牧养殖业产值 19.05 亿元。全面落实畜牧产业政策，能繁母猪存栏 22 505 头，共发放补贴资金 225.05 万元。登记优质后备母牛 7 697 头，补贴金额为 384.85 万元。奶牛冻精使用的头数为 16 159 头，全年投入 53.32 万元，其中国家补贴 46.8 万元，农民自筹 6.52 万元。针对国内外甲型 H1N1 流感疫情形势严峻，积极采取各种有效措施，做好生猪 H1N1 流感防控工作，确保辖区内生猪生产安全。

【水产养殖业产量稳步增加】 全县共落实养殖水面 9 640 公顷，池塘成鱼养殖水面 153.33 公顷，池塘鱼种放养量为 46 万千克，鱼种养殖水面 8.7 公顷，放养夏花 100 万尾。完成成鱼产量 400 万千克，比上年同期增长 12 万千克，增幅为 3%。实现渔业综合收入 1.6 亿元，比去年同期增长 1 000 万元，增幅为 6.6%。完成大中小型水库增殖放流 2 186 万尾，同比增加 286 万尾。

【花卉种植平稳发展】 全县现有花卉种植面积 136.7 公顷，其中设施花卉 40 公顷，露天花卉 96.7 公顷，产值 4 300 万元，从业人员达到 500 人。

【蜂业总量不断增加】 全县 12 个镇的 127 个行政村新发展养蜂户 370 户、养蜂 1 万群，蜂蜜产量达到 170 万千克，生产王浆 1 万千克，蜂产品总产值达到 1 680 万元。全县养蜂总规模达到 8 万群，养蜂户达到 1 700 户，从业人员达到了 3 000 人，养蜂规模位居本市首位。

【设施农业发展实现新突破】 落实“两带多群落”设施农业发展布局，以京承高速路沿线和环密云水库乡镇为重点，新发展设施农业 345.4 公顷，其中日光温室 204.2 公顷，钢架大棚 141.2 公顷，全县设施农业总面积达到 769.67 公顷。以东邵渠、北庄、大城子等镇为重点，新建标准化肉鸡养殖大棚 150 栋，新增肉鸡养殖能力 375 万只；新建标准化柴蛋鸡规模养殖大棚 98 栋，新增柴蛋鸡养殖能力 10 万只。

【农业机械化发展取得新进展】 全年新增田间动力机械 132 台，其中大中型拖拉机 124 台，自走式玉米收获机 5 台，自走式小麦联合收割机 3 台。新增农机总动力 5 000 余千瓦，配套 21 台机械，实现了芦笋主要生产环节机械化作业。配套相关生产机械，建成了年产 2 000 吨秸秆压块燃料加工示范点 1 处。在河南寨农机合作社建成储油能力达 6 万千克的农机作业用油储存配送点 1 个，有效缓解了农忙季节农机作业用油紧张的局面。紧跟全县设施农业发展，配套园田机、卷帘机、割灌机、打药机等 370 多台件，温室大棚用保温被 10 万平方米。引进了两种共 9 台适合本县农业生产特点的玉米收获机，使全县玉米收获机保有量达到了 28 台，提高了全县玉米机械化收获能力。开展了甘薯起垄、收获机械新型机械配套推广 133.3 公顷。

【农业节本增效成效显著】 全年共完成测土配方施肥技术推广面积 4 万公顷，完成 2 万公顷、2 万份施肥建议卡发放与施肥技术指导工作，配方施肥建议卡与施肥指导入户率达到 90%以上；开展了测土配方施肥信息平台建设；在全县新建测土配方施肥连锁店 20 个，总数达到了 40 个。全年累计推广使用配方肥 80.4 万千克，肥料利用率提高了 5%以上，实现节本增收 2 739.6 万元。积极推进有机培肥地力工程建设。以三品、优势农产品基地为重点，全年推广有机肥 1 000 万千克，推广使用面积 1 000 公顷。通过使用有机肥，全县大田有机质提高了 3.7%，菜田有机质提高了 6.3%，耕地质量明显改善。由于施用配方肥和有机肥政府分别给予每吨 500 元和 250 元的补贴，受益农民实现节本增效 290 万元。

【休闲农业发展形式进一步创新】 结合 101 农耕休闲产业带、云蒙风情大道建设，推广石塘路大磨坊、百味农庄模式，完善提升了一批集休闲、观光、采摘等为一体的休闲农庄、主题公园、乡村酒店；启动“私家山宅”项目，将村民闲置农舍、田地出租，供给市民量身打造自我田园生活空间；启动了“心暖在密云”市民休闲服务计划；完成鱼王美食街扩规建设，鼓励具有密云特色的服务型农业发展见到成效；积极开发旅游商品，藤条编织手工艺品、传统手工鞋垫、蒲团、老虎枕、特色灯笼及特色干鲜果品、小杂粮等特色商品得到有效开发。

【农业产业化发展进一步加快】 强化农产品龙头企业引进和市场开发，加大力度培育“首都安全优质农产品加工基地”取得积极进展。制定完成《密云县促进农产品加工业发展的实施办法》，与河北栗源食品公司、海昌渔业公司等国内重点农产品加工企业达成合作意向。加大对落户农产品加工企业的支持服务力度，对伊利、绿润、百年栗园等重点企业在基础设施建设、贷款协调、网络销售建设等方面给予大力支持，共落实资金 3 530 万元，有效提高了企业生产经营水平和产业化带动能力。同时，加大大宗农产品销售工作力度。

【农业品牌建设深化实施】 加快“密云农业”品牌建设，研究编制完成《密云农业品牌建设规划》，完成“密云农业”品牌商标注册工作，制定落实了“密云农业”标识使用管理办法。持续开展密云农业品牌形象市场开发和特色农产品系列推介活动，“密云农业”品牌和优质农产品市场知名度及影响力不断提升。

【农业金融服务支撑体系建设实现新突破】 深入实施银农合作信贷担保，创新运作机制，发挥密云农业担保公司工作职能，建立健全了代偿补偿机制，通过担保公司资金平台，为农业和农民协调产业发展贷款 2 435 万元。建立健全农业保险减免机制和保险经费补贴机制，扩大政策性农业保险面，保险总额达到3.5亿元，17个镇286个村的10 159户农户得到发展支持。健全农村融资体系，搭建农村融资平台，加强与国家开发银行北京市分行、北京银行、邮政储蓄银行等7家银行密切合作，向本县发放农业产业发展贷款达到6亿元。

【多元化农业科技服务体系初步形成】 加大新品种、新技术引进力度，实施芦笋病虫害综合防治等农业科技攻关项目121项，测土配方施肥4万公顷，赤眼蜂、挂捕食螨袋生物防治技术，挂糖醋罐、安装杀虫灯等物理防治等一批优新技术得到全面推广。政府农业技术推广工作明显加强，科研机构、农业院校、企业、合作社、农户的积极性得到充分调动，社会力量广泛参与的多元化的农业科技服务体系已经形成。

【农业安全保障体系得到完善】 形成动植物疫病防控网络，动植物疫病突发应急反应和处理机制得到健全与完善，动植物防疫、检疫队伍不断壮大，疫病监测和动植物检疫同步得到加强，为农业生产安全和农村社会稳定提供了有力保障。完善了农产品质量安全体系，县级农药连锁配送中心和相关服务站建设得到加强，保持对标准化基地和市质量安全追溯试点企业的蔬菜农药残留进行定期检测，达标率100%。全面落实了产地检疫报检制度，产地、屠宰检疫率达到100%。森防体系和防汛抗旱减灾体系得到进一步完善，有效保障了产业发展和人民群众生命财产安全。

非 农 产 业

【概况】 抓投入扩内需，加强内引外联，深化结构调整，经济实力明显提升，发展后劲明显增强。全年完成工业总产值153.7亿元，比上年增长13.7%。其中，农副食品加工业实现产值8.9亿元，比上年增长47.5%。

【农产品加工业】 成立密云县帮扶工业企业应对国际金融危机协调工作组办公室，出台《密云县人民政府关于帮扶工业企业应对国际金融危机的暂行办法》，重点扶持20家农产品加工企业、11个家庭手工业发展，并兑现县级帮扶及促进企业发展资金998万，采取补助、担保、委托贷款、银企合作、股权质押等方式，先后为69家企业协调资金54 110万元，为5家企业申请市级流资贷款贴息100万元，提振了企业发展信心。

【农产品加工企业引进和培育得到加强】 强化农产品龙头企业引进和市场开发，制定完成《密云县促进农产品加工业发展的实施办法》，与河北栗源食品公司、海昌渔业公司等国内重点农产品加工企业达成合作意向。加大对落户农产品加工企业的支持服务力度，对伊利、绿润、百年栗园等重点企业在基础设施建设、贷款协调、网络销售建设等方面给予大力支持，共落实资金3 530万元。

【大宗农产品加销售实现突破】 加大大宗农产品销售工作力度，以促进板栗产业发展为重点，制定落实了《促进板栗产业健康发展的奖励办法》，成功举办2009密云板栗经贸洽谈会，搭建了板栗销售平台，全县销售板栗8 653吨，其中重点企业收购达到6 300吨。

【农村连锁超市初步实现网络运营】 完成2家加盟店转变全额配送加盟店。在偏远山区增加连锁便利店20家，全县累计发展连锁加盟店铺373家，二级分销站点6个，安排就业1 300人，总营业面积达到2.3万平方米。2009年连锁店实现销售额8 643万元，其中商品配送额6 049万元，商品配送率达到80%。累计发展生产资料连锁超市100家。2009年农资连锁店实现销售收入2 100万元，市场占有率达到全县农资市场的70%。

【特色商业街区建设有所进展】 继续充分发挥已有旅游资源优势和密云水库鱼的品牌优势，采取整体规划、稳步推进的方式将“鱼王美食街”在现有基础做大做强。美食街一期工程总投入2.5亿元，建成美食馆37家，2009年接待顾客约57.5万人次，实现餐饮销售额1 947万元。北庄镇综合商业街建设顺利完成工程总量的60%。

【农产品流通体系建设取得新突破】 加快农产品销售平台建设，在北京新发地中央批发市场建立了密云特色优质农产品销售中心，在市区建成密云农产品专卖店4家，与本县30余家合作社签订了购货合同；在溪翁庄镇及石城镇二道河村，分别建立了农产品定点销售单位，带动合作社20家，带动农户500户，实现了服务首都进社区、绿色食品出山区的目标。沃尔玛集团在密云建立了优质农产品直采基地。

【民俗旅游稳步发展】 推出了“凤凰暖心行，春意在密云”500万旅游礼包大赠送活动、2009北京·密云农耕文化节开耕行暨北庄镇“踏青赏花，放飞心情”风筝文化活动、“观古镇、包粽子、采艾蒿”端午节系列活动、2009·密云户外盛典“心旅启程”活动、2009鱼王美食节等活动。及时转变民俗经营模式，整合农村的闲置房屋，启动“私家山宅”项目。溪翁庄镇石马峪村引进“杞柳”藤编手工艺；提升建设10个重点民俗村、特色民俗户，主要针对村庄道路标识、指示牌建设、停车场等，培育出一批具有密云特色的民俗村、户。2009年，全县民俗旅游全年接待游人495.7万人次，比上年增长13.2%，实现综合收入2.44亿元，增长16.7%。

【农村金融体系不断完善】 北京银行和汇丰银行先后在密云挂牌营业，密云小额贷款公司筹建工作稳步推进。通过财政信用吸引金融资金和社会资金，加大银政合作和银企合作力度，加快推进“一区四园”基础设施建设。调整完善乡镇街道财政体制，充分调动发展经济、增加财政收入的积极性。将现行县与镇街分税制财政管理体制的共享税种所形成的财政收入分配比例由4：6改为3：7，下放财力5 800万元，促进乡镇街道经济可持续发展。制定《乡镇街道国有资产收益及处置资金预算管理暂行办法》，加大对国有资本经营收入、国有资产出让收入，以及对“坐收坐支”非税收入的清理力度。

山区建设

【沟域经济发展特色突出】 加快沟域经济发展和浅山开发，古北口汤泉香谷、新城子东极仙谷等重点项目基础设施建设进一步完善。发挥古北口古镇和司马台长城景区、紫海香堤香草艺术庄园、雾灵山景区资源优势，促进了沟域产业发展。溪翁庄、古北口两镇突出创意文化，依托云蒙山、司马台长城等丰富的自然资源和人文资源，打造出云蒙风情大道、水库特色渔街、汤泉香谷等一批沟域产业聚集区。穆家峪、巨各庄两镇突出产业融合，依托丰富的浅山资源，打造出张裕爱斐堡、吉马庄园等三次产业融合发展示范区。

【山区生态林管护不断加强】 山区集体生态林管护面积 12.07 万公顷，发放补助 4 077.3 万元，涉及 16 个乡镇、275 个行政村、8 051 名管护员，共组建生态林管护专业队（组）432 个。管护员上岗期间佩戴袖标、上岗证，携带扑火工具及夜间照明设备。在护林防火戒严期内管护员 24 小时轮流值班，对各进山主要路口、重点林区、延山公路以及人员活动密集地区加派管护人员，对所有进山人员进行盘问、登记，严禁携带火种进山。

【山区农户搬迁工程扎实推进】 继续实施山区搬迁工程，年内完成山区搬迁 416 户、1 084 人，启动搬迁新村建设 10 个，其中北庄镇抗峪、土门村，冯家峪镇白马关村，太师屯镇南沟村总体完成建设工作；太师屯镇落洼村，新城子镇塔沟、花园村，高岭镇石匣村，石城镇张家坟、河北村正在加紧建设中。

【山区小流域综合治理效果明显】 投入资金 4 477.5万元，治理完成张庄子、张家坟、大石门、花园、荆子峪、白土沟、水漳 7 条小流域，完成治理面积 85 平方公里。生态清洁小流域建设项目涉及水漳、白土沟 2 条小流域，治理水土流失面积 20 平方公里。目前已经全部完工。生态清洁小流域建设工程的实施，每年可减少入河入库泥沙 4 300 万千克，增加保水蓄水 240 万立方米。将有效增加密云水库和地下水的供应和补给，保障首都水源安全。

农村改革与管理

【农民专业合作社发展迅速】 全年新增农民专业合作社 215 家，同比增长 152%；全县农民专业合作社总量达到 649 家，辐射养殖、种植、果品、农机服务及民俗旅游产业。新增注册资金 1 亿元，同比增长 138%。获得“三品”认证及商标注册的合作社共 74 家，其中：无公害农产品 10 个，绿色食品 9 个，有机食品 29 个。拥有注册商标的合作社 26 个。全县 12 个定点销售单位，共带动基层合作社 200 家，带动社员 3 000 户。

农民专业合作社规范化程度不断提高，完善体制机制、强化规范发展、完善服务措施、增强服务效果，不断落实、强化《密云县农民专业合作社 24 项制度及办法》，在 100 家重点合作社实行了“两证、两册、两日、两公开”制度，即合作社普遍发放成员证、股金证，采用记录民主管理的工作手册、成员名册及个人账户，规定 1 月 30 日和 7 月 30 日为民主公开日，对社务、财务进行公开的民主管理制度。强化农民专业合作社登记工作，建立和完善了农民专业合作社资本积累机制，成立了县级农民专业合作社财务托管中心，托管重点农民专业合作社财务达到 40 家，做好农民专业合作社人才、科技和信息服务工作，引导农民专业合作社可持续健康发展。

【农村集体经济产权制度改革试点推进】 县政府制定下发了《密云县人民政府关于开展农村集体经济产权制度改革工作的意见》（密政发〔2009〕43 号），编制完成《密云县 2009 年农村集体经济产权制度改革工作方案》，完成了蔡家洼村集体产权制度改革和石城镇 10 个村农村集体产权制度改革试点工作。在石城镇试点、总结经验基础上，全县将普遍推进农村集体经济产权制度改革工作。与此同时，新城子、东邵渠、河南寨、巨各庄、西田各庄等多个乡镇采取“资源与资本”相结合方式实施产权制度改革工作。

【农村集体林权制度改革稳步实施】 按照市园林绿化局的工作部署，积极、稳妥地开展了集体林权制度改革工作。深入落实《关于成立集体林权制度改革领导小组的通知》（密办发〔2008〕51 号）精神，全县集体林权制度改革工作按照试点先行、逐步推开的原则，确立了北庄镇、东邵渠镇为农村集体林权制度改革试点镇。从各职能部门抽调人员成立农村集体林权制度改革工作小组，重点对试点镇进行了调查，与村干部、村民代表进行了座谈，宣传农村集体林权制度改革的重要意义，倾听村干部和群众对农村集体林权制度改革工作的认识和意愿，为开展农村集体林权制度改革试点工作奠定思想基础。

【土地确权审计扎实开展】 完成对全县 2008 年度农村土地确权确利收益兑现情况的专项审计。2008 年度确权确利应兑现收益的有 12 个镇、82 个行政村，涉及 28 071 户，78 901 人，耕地面积 2 537.07 公顷。已兑现收益的村有 76 个村，占当年应兑现收益村数的 93%。应兑现确权确利收益总额 997.1 万元，已兑现收益总额 914.64 万元，占应兑现收益总额的 92%。未兑现村正在积极筹措资金组织兑现。

【农户土地承包经营权流转】 通过制定程序性文件，规范流转合同文本，加强指导和培训工作，有序推进了全县农户土地承包经营权流转。全县土地流转总面积 2 253.6 公顷，其中：非家庭承包土地流转 728 公顷，家庭土地承包流转 1 525.6 公顷，签订土地流转合同 7 756 份，涉及流转 9 278 户。流转形式主要有转包、转让、出租等，流转金额 1 292.5 万元，年均流转收益每亩 684.6 元，通过农村土地流转解决农村劳动力就业 1 820 人。年内成功建成了县农地流转信息平台，将加快农村土地流转，促进农民增收，推进农村产业结构调整，并降低交易成本，延长土地流转的信息半径，吸引有实力的个人或企业来密云县投资，促进都市型现代农业的发展。

【农村集体资产管理取得实效】 农村集体财务管理，通过建章建制、强化村级民主理财和财务公开制度、财务收支预决算等制度，农村财务管理规范化程度进一步提高，推进了农村基层民主政治建设，强化了村集体资产的管理，密切了党群、干群关系，全县农村因财务问题造成的群众上访明显下降。全县 17 个镇 335 个村中有 327 个村实行了“账款双托管”，占全县总村数的 97.6%，乡镇“农村财务托管中心”托管资金近 8 亿元。为了进一步深化“账款双托管”工作，在溪翁庄镇“托管中心”进行了按镇设总账户改为按村设账户的试点工作。

【开展农村集体经济合同清查】 根据《北京市农村工作委员会关于开展清理和规范农村集体经济合同工作的通知》（京政农发［2008］13 号）文件精神，及时对全县农村集体农用地类经济合同进行了清查：清理农村集体农用地类经济合同 15 309 份，面积 25 079.67公顷，租金总额 80 916.64 万元；清理不规范合同 3 481 份。

农民生活

【概况】 2009 年，随着农村居民收入水平和社会保障水平的提高以及扩大内需各项政策的影响，全县农村居民生活消费支出增速快于收入增速，农村居民消费需求旺盛。

【农村居民收入水平稳步提高】 2009 年，全县农村居民人均纯收入首次突破万元大关，达到 10 682 元，比上年增长 12.1%。其中，农村居民人均生产性收入 8 411 元，比上年增加 532 元，增长 6.8%；农村居民人均工资性收入 6 660 元，比上年增加1 055 元，增长 18.8%。工资性收入中，在本乡镇地域提供劳务人均收入达到 3 596 元，增长 8.2%，占工资性收入的 54%；外出务工收入大幅增长，人均达到 1 914元，增长 55.9%。人均非生产性收入 2 271 元，比上年增加 621 元，增长 37.6%；人均财产性纯收入 798 元，比上年增长 47%，主要是集体分配股息红利和土地征用补偿增长；人均转移性纯收入 1 473 元，比上年增长 33%，主要是离退休金、养老金增长带动。

【农村居民生活消费支出快速增长】 全年农村居民人均生活消费支出 8 831 元，比上年增长 26%。农村居民的消费倾向（消费支出占收入的比重）由 2008 年的 0.74 上升到 2009 年的 0.83。

【农村劳动力非农就业稳步推进】 全县实有登记失业人员 4 189 人，输出农村富余劳动力 2 995 人，共帮助 57 户零就业家庭通过灵活就业和公益性岗位托底安置全部实现就业，实现了零就业家庭动态为零的目标。开发社区就业岗位 3 727 个，安置失业人员 2 119 人。培训农村富余劳动力 4 703 人。共举办大小就业再就业招聘会 18 场（次）。开展了农村妇女创业培训班，培训人数 599 人。

【农民教育效果明显】 落实《2007—2011 年密云县新型农民培养规划》，推行科技入户、集中培训、现场指导、技术服务、农民田间学校、农村远程教育等有效方式，全面推进农村实用人才培养“百户千人”工程，完成农村实用技术培训 2.98 万人次；农村富余劳动力转移培训达到 2 414 人，有 2 411 人经考核鉴定合格，其中 2 346 人实现转移就业，就业率为 97.2%；举办引导性培训 54 期，培训 5 355 人；在全县 17 个乡镇新开办了大、中专学历班，440 人经考试合格后入学，为新农村建设培养了后备人才；完成各类农民实用技术培训，共评审出林业、种植、畜牧、水产、农机 5 个专业农民技术职称人员 1 496 人，一批优秀农村实用人才脱颖而出。

【农村信息化建设】 “移动农网”应用能力进一步提升，手机终端用户达到 2.2 万余人，全年共为农民输送涉农、惠农信息 157 万条，有效发挥了信息服务作用，为农服务效果明显。建成全县农地流转信息平台，为深化农村改革提供信息支持。完成《密云县农业资源与生态型都市农业》调查工作，为都市型现代农业可持续发展提供了有力保障。推进“12316”农村便民服务热线及试点村互动工作，在河南寨套里村、高岭镇上甸子、新城子镇蔡家甸村开展了“12316”农业服务热线互动村活动。“密云农业网”应用能力也得到新的提升。

【农村卫生服务体系进一步完善】 落实村卫生室药品统一配送、统一管理，在 252 个边远山区的村卫生室实行了零差率药品销售工作。平均每家乡镇卫生院零差价药品在 300 种以上，非零差价药品在 400 种以上，群众对社区药品满意率达 98%以上。2009 年，全县 263 161 人加入合作医疗，参合率 95.87%。筹资标准为人均 420 元，共筹资 11 052.76 万元。圆满完成 2008 年度二次补偿工作。进一步扩大开放定点村卫生室 252 家，农民不出村就能拿到减免药，享受到新农合政策的实惠。县政府下拨 10 万元专款，参照医保报销模式搭建新农合患者“出院即报”平台，完成 3 家二级医院平台建设。

【农村文化建设得到加强】 96 个山区自然村有线电视联网工程全部竣工，使山区 6 475 户、18 500 人看到了 51 套清晰的有线电视节目。积极争取市广电局支持，在新子镇进行有线智能广播试点建设，10 月底前圆满完成了工程建设任务，全镇 18 个行政村、76 个自然村有线智能广播成功联网运行，为 2010 年全市开展试点工作积累了经验。稳步推进 158 个农村数字影厅建设年度工作任务，年底前实现全县 334 个行政村农村数字影厅建设全覆盖，结束新中国成立60年来广大农村群众只能在室外看电影的历史。积极组织影片，开展多种形式的农村放映活动，放映农村电影22 073场，观众1 414 280人次。新建村级“农家书屋”77个，为每个“农家书屋”配送了3万元图书、报刊、音像制品等。全年组织送书下乡活动累计132次、10万多册次。积极推动村级文化设施建设，冯家峪镇西口外村和大城子镇庄头峪村文化活动室建设已获批准立项，两项工程投资124万元。图书馆新馆建设进展顺利，主体工程已经完工。

【农村体育蓬勃发展】 深入开展全民健身活动，成功举办了密云县第三届和谐社区（村）杯乒乓球比赛、密云县第七届全民健身体育节开幕式暨大学生村官社会体育指导员展示等活动。密云县体育综合训练馆已通过县政府审批。密云县体育综合训练馆建筑面积5 785平方米，分为健身区、竞技体育用房、看台和辅助设备区域、全民体质测试室、器械室、休息厅等。该项目的建设既能满足群众体育活动的需要，也能用于体育训练和比赛活动的开展。

【农民社会保障】 截至10月底，养老保险参保人数达到45 340人，失业保险参保人数达到56 146人，医疗保险参保人数达到93 055人，占任务数的100.1%；工伤保险参保人数达到78 052人；生育保险参保人数达到30 500人。2009年，城乡居民养老保险参保人数达105 000人，累计参保人数155 000人，参保率为95%。

基层组织与民主政治建设

【学习实践科学发展观活动】 从3月初开始，全县上下认真开展了深入学习实践科学发展观活动。自学习实践活动开展以来，全县党员干部认真贯彻县委部署，继续保持奋发昂扬、团结务实的精神状态和扎实肯干、勇于争先的工作态度，把学习实践活动作为一项重要政治任务，认真学习，狠抓落实，较好地完成了预期的阶段性目标。组织召开了学习实践科学发展观动员大会、专题辅导报告会、学习交流会等学习实践活动，各委办局以多种形式举办了以“科学发展从我做起”为主题的解放思想大讨论、演讲比赛等活动，使活动更加深入开展。

【“三级联创”活动取得实效】 全县各乡镇、村和涉农单位按照党的建设“三级联创”活动和创建“五个好”乡镇党委的目标要求，积极发挥基层党组织的领导核心、战斗堡垒作用和党员的先锋模范作用，大力推动社会主义新农村建设。

【实行村级干部职责管理】 密云县现有17个镇，334个行政村，有村两委干部1 650人。县委根据社会主义新农村建设需要，针对两委换届后村级组织面临的新形势、新任务和两委班子建设上存在的一些问题，在试点的基础上，全面推行了村级干部职责管理，在村级干部的管理上探索出一条新路。县委结合实际，制定下发了《关于全面推行村级干部职责管理工作的意见》，明确对级干部职责管理工作按8个步骤进行：明确村级干部职责、建立评价指标体系、编写职位说明书、签订职责管理责任书、公示并承诺、进行职责管理、严格按程序考核、科学运用考核结果。为保证村级干部职责管理工作长期开展、有效运行，建立了村干部定期履职汇报制度、村干部述职备案制度、乡镇党委每季度听取一次村党支部书记汇报制度、乡镇包村干部定期到村指导检查工作制度，及时发现和研究解决工作中出现的新情况和新问题，定期检查村级干部履行职责情况，对到完成时限但还没完成的工作进行督促，要求村干部提高工作效率，加快工作进度；对已完成的工作进行检查，看质量和效果是否符合标准；对正在开展中的工作加强指导，确保村级干部职责管理各项工作全面落实。推行村级干部职责管理，调动了村级干部履行职责的积极性，增强了工作责任感，理顺了村两委关系，强化了村支部的领导核心地位，提高了村级干部服务群众意识，密切了干群关系，推进了社会主义新农村建设，农民群众得到了实惠。

【加强农村民主管理】 采取措施，创新管理方式，加强管理规范化运行，提高民主管理水平。健全和完善村级重大事项民主决策制度，深化各镇政策公开和村务公开工作，配合落实财务逐项逐笔公开、重大事项一事一议、村级班子民主听证会制度。理顺和规范村党支部和村民委员会关系，健全农村基层党组织，完善村民自治机制。抓好“村账村管”工作。做好农户土地承包经营权流转、农村财务审计、村级财务预决算、村级债务债权清查、农村承包合同管理等工作。

“三农”工作部署和实施

【成功举办2009密云板栗经贸洽谈会】 搭建了板栗销售平台，全县销售板栗8 653吨，其中重点企业收购达到6 300吨，每千克收购价格比邻近区县高0.6元，提升了生产效益，保障了农民利益。

【涉及民生的重点工作落实】 县政府为群众拟办的26件重要实事全部完成，一批群众关注的热点、难点问题得到解决。223件人大代表建议和政协委员提案全部办复。

【促进低收入农户增收】 着力加快农民增收，特别是低收入农户增收。县委县政府制定落实了《关于促进低收入农户增收的实施意见》和《促进低收入农户增收的扶持政策》。在发展设施农业等项目中给予低收入农户一定的资金补助。

【落实密云水库一级保护区内群众生产生活困难补助】 完成2009年度密云水库一级保护区内群众生产生活困难补助发放工作，发放生活补助资金2 187.503 7万元，惠及36 121人；惠及一级保护区内7个镇、42个行政村的生产发展项目已经完成建设验收工作，发放项目资金 957.011 9 万元。

【落实大中型水库移民后期扶持相关政策】 圆满完成2008年度大中型水库农转非移民扶持政策落实工作。发放2008年度大中型水库农转非移民补贴1 118.6万元，涉及农转非移民19 975人。发放2009年度大中型水库农转非移民补贴1 263.192万元，涉及农转非人员21 390人。发放2009年度大中型水库农户移民补贴资金3 946.8万元，涉及农业人口65 780人。完成大中型水库库区和移民安置区基础设施建设及产业发展建设项目373个，发放专项扶持资金7 381.883万元。

【为农补贴政策全面落实】 完成粮食直补和生态补贴面积1.61万公顷，补贴金额为2 201.8万元；农机补贴总投入1 500万元；能繁母猪共发放补贴资金225.05万元；优质后备母牛补贴金额为384.85万元；奶牛冻精良种补贴16 159头，全年共计投入为53.32万元；生态林管护发放补助4 077.3万元；退耕还林面积8 566.7公顷，发放生活补助242.9万元。

【政策性农业保险扎实开展】 制定落实《关于实施政策性农业保险制度的工作方案》，与保险公司合作，强化监督检查，政策性农业保险实现快速发展。全县种植业累计投保2 922公顷，其中玉米投保2 206.53公顷；养殖业累计投保204 449头，其中种猪投保48 220头，能繁母猪12 400头，奶牛7 329头，生猪136 500头。总保费1 700万元，其中农民缴纳660万元，占38.82%。农民最高可享受总保额3亿余元。保险公司理赔达645万余元，其中种植业理赔11万元。养殖业理赔634万元，其中种猪理赔300万元，奶牛理赔280万元。

【银农合作信贷担保稳步实施】 依托了北京密云农业担保有限公司，实际完成担保金额2 435万元，实现担保费收入60.875万元，共涉及10家合作社、2家涉农企业和45家农户。其中，河南寨下屯芦笋合作社、北京百年栗园作为重点支持项目，担保公司为其提供了最高额500万元的贷款担保。同时，完成调查审核且已报银行的项目涉及12家合作社的38个农户，1家涉农企业，贷款需求为990万元。

密云县主要领导人

县委书记　汪先永
　副书记　刘福志　李和平
　常委　王玉江　范　惠　王春林（女）
　　张玉鲲
　　韩　耕（2月任）
　　王稳东（11月任）
　　张晓兰（11月任）
县人大常委会主任　陈天立
　副主任　王成绵　赵利亚（女）
　　吴志强（5月免）
　　孔令昌　何继玲（女）
县长　刘福志
　副县长　王广双　王春林（女）
　　钱福生　吴成全
　　程文华　王稳东
　　徐　芳（女，2月任）
县政协主席　杜雨田
　副主席　张文伶　孙　奇　齐瑞岳
　　王森林（回族）
　　祁树国　杨伟兰（女）
县纪委书记　张晓兰（11月任）
　　肖荣华（10月免）
　副书记　刘荣藻　周广文　席成坡

乡镇（街道办事处）正职领导干部

	党委书记	乡、镇长（街道、地区办事处主任）
密云镇	周庆国	曹洪利
河南寨镇	李洪山	张承武
十里堡镇	李元生	张　强
西田各庄镇	孙绍志	陈启兵
溪翁庄镇	王建中	张天杰
穆家峪镇	赵　宏	陈孝如
太师屯镇	郝加瑞	李广文
北庄镇	王振国	董向东
巨各庄镇	李长春	王德云
大城子镇	翟家明	任建华
东邵渠镇	孙全春	王如新
高岭镇	张艳生	郭生海
不老屯镇	张志华	宋淑文（女）
新城子镇	郭春友	任小凤（女）
古北口镇	朱锡才	何立娟（女）
冯家峪镇	李连柱	王贺虎
石城镇	李长全	耿智慧
檀营（乡）地区	贾海江	付振秋
鼓楼街道	胡文顺	侯春明
果园街道	许宝生	付全利

（密云县农委　钱长春　赵雪莲　薛云波）

延庆县

概　述

延庆县位于北京市西北部，距北京市区74公里，是首都北京的北大门。全境平均海拔500米，气候冬冷夏凉，素有首都北京“夏都”之称。总面积1 993.75平方公里，其中平原面积522.33平方公里，山区面积1 451.41平方公里。耕地面积3万公顷（2008年），农民人均耕地0.17公顷，居全市之首。

全县辖11镇4乡，376个行政村，户籍总人口28.06万人，农业人口16.60万人，非农业人口11.45万人，农业人口占全县的59.15%。乡村从业人员11.78万人。年内，实现地区生产总值61.6亿元，同比增长10%；完成财政一般预算收入6.35亿元，同比增长10.8%；社会固定资产投资达到48.2亿元，同比增长47.2%；社会消费品零售额达到40.9亿元，同比增长13.2%；实现城镇居民人均可支配收入21 573元，同比增长7.2%；实现农民人均纯收入10 470元，同比增长11.6%。

都市型现代农业

延庆县实现农业生产总值19.9亿元，同比增长8.9%；农村经济总收入完成106.6亿元，同比增长10.2%。

【粮食生产】 全年完成秋粮播种面积2.332万公顷，平均单产331千克，总产量1.15亿千克。其中玉米播种面积2.1万公顷，平均每公顷产量5 235千克，总产量1.12亿千克。

【粮补工作】 全年各类作物总补贴金额2 677.11万元。小麦补贴面积84.4公顷，补贴资金20.82万元。生态作物补贴面积1 147.8公顷，补贴资金60.26万元，涉及全县100个村，2 114户。玉米直补全县补贴面积2万公顷，补贴资金2 595.04万元，其中面积补贴599.29万元，良种补贴647.36万元，综合补贴1 348.40万元，涉及全县15个乡镇，357个村，48 937户。水稻良种补贴面积43.6公顷，补贴资金9 817.5元，涉及1个乡镇，8个村，609户。

【粮食生产加大科技投入】 年内，全县大力推广各种玉米高产新技术、新品种。全县玉米全部实行测土配方施肥，有机肥施用面积1.4万公顷；玉米种子包衣综合防治6 667公顷，玉米药剂拌种1.7万公顷，长效化肥一次性底施0.4万公顷，对提高玉米生产水平起到关键作用。其中在康庄一带建立的玉米万亩高产示范基地，在大旱之年平均每公顷产量仍然达到12 544.5千克。

【蔬菜生产】 全年完成菜田面积2 687公顷，其中露地蔬菜2 267公顷，设施蔬菜420公顷（建筑面积）。全年完成蔬菜播种面积3 173公顷，同比减少20.5%。其中春播完成1 726.7公顷，主要有土豆403公顷，圆白菜351.2公顷，大白菜143.4公顷，菜花132公顷，绿菜花107公顷，芦笋106公顷，生菜94.5公顷。夏播完成793公顷，主要有圆白菜136.7公顷，番茄92.7公顷，黄瓜77.9公顷，大白菜71.7公顷，茄子59.7公顷，绿菜花58.3公顷。秋播完成626.4公顷，主要有大白菜191.4公顷，圆白菜81.6公顷，贩白菜48.6公顷，生菜44.7公顷，大萝卜40.5公顷，胡萝卜27.5公顷。冬季生产完成28.4公顷，其中油菜3.6公顷、小叶菜3.4公顷、食用菌1.7公顷、草莓1.5公顷。

【蔬菜销售】 全年完成蔬菜累计上市总量1.21亿千克，同比减少14.18%；累计收入金额1.51万元，同比增加0.51%。全年市场累计成交量2.48亿千克，同比减少31.5%；累计成交金额2.06亿元，同比减少20.7%。

【设施农业】 年内，新建设施农业414.7公顷，其中日光温室68.7公顷、钢架大棚197.5公顷、连栋温室6 000平方米。累计达到533公顷以上，平均每公顷效益达到15万元。康庄、延庆镇、永宁、大榆树等镇初步形成了一批建设标准较高的设施农业园区，包括旧县镇常里营园区35.2公顷、永宁镇新华营园区41.7公顷、延庆镇广积屯园区59.3公顷、康庄镇设施农业园区100公顷。设施农业包括设施蔬菜、设施花卉、设施果品等。

【中药材种植】 年内，种植中药材1 420公顷，全部为订单种植。补贴资金293.45万元，涉及全县13个乡镇，106个村，2 305户。

【农资监管】 一是建立农资经营户专项台账，对辖区内所有经营农药、化肥、种子以及其他农业生产资料的全部建立台账；对取得经营资格的要求亮照经营，规范经营，诚信经营，确保农资经营主体合法、规范。二是落实各项监管制度，把好农资产品交易关。在指导和督促农资生产、经营者建立购销合同备案、种子留样备查等商品准入制度的同时，严格实行不合格农产品下架制度。三是签订农资保质承诺书，与各经营户签订经营农资保质承诺书。与108家经营单位签订2009年种子、肥料、农药经营管理责任书。四是加强专项检查，强化农资市场监管。

【农产品质量监督】 年内，将“三品”基地全部纳入监测范围，对基地农产品定期开展蔬菜农药残留检测，提供检测报告，扩大例行抽检范围和覆盖面，增加监测品种和产品数量。同时，推进市场准入制度建立，继续将日上农产品批发市场全部纳入监测范围。共抽检西红柿、黄瓜、菇类等124个品种，2 867个样品进行快速检测，合格率达到100%。在做好快速自检的同时，配合市级、部级抽检6次，共78个样品，合格率达到100%。

【农业污染源普查】 在上年数据普查的基础上，通过对数据进行汇总—分析—编写初稿—领导审核—修正—再审核6步，在5月底前完成了普查技术报告的编写工作。6月9日，市污染源普查验收小组对延庆县农业污染源普查工作进行验收。9月初，国家污普办下发了“污普电子制度V5.9”完整版软件，对全县农业污染源普查数据重新汇总，于9月中旬完成了普查技术报告终极版，并上报市污染源普查办公室，全面完成延庆县第一次农业污染源普查工作。

【面源污染控制】 年内，在官厅库区建设延庆县康庄镇农田土壤氮磷流失源头控制技术试验示范区，开展蔬菜、春玉米减量施肥、缓释肥施用技术研究，完成核心试验区面积100公顷；技术示范面积300公顷；技术辐射1 000公顷。共为实验区农民配送肥料

180吨。

【试验示范】 年内，共承担、组织各类试验、示范项目30个，其中作物类50余项，涉及品种300余个，涵盖粮、经、饲、园艺等各大类作物；肥料类试验21项；农药类试验48项。在绿丰园和西王化营建立了作物新品种展示基地，将大量粮、菜、饲、中草药等新品种进行展示。

【“三品”基地建设】 年内，《延庆有机循环农业中长期发展规划》顺利通过专家评审。完成24家企业和基地的内审和外检工作，56家企业和基地的农产品取得有机和转换期认证，其中完成有机认证的31家，新认证的25家，“延庆·有机农业”区域品牌初步树立。有机认证产品规模如下：果品22家1 928公顷，牧草饲料1家832.9公顷，蔬菜14家241.4公顷，食用菌1家333公顷，杂粮/粮食3家190公顷，肥料1家，蜂产品2家，豆及制品3家，杏仁油1家，茶1家，花1家，鱼2家，禽蛋3家，奶1家。6 667公顷绿色饲草（玉米）认证正在进行中。无公害认证共计68家，127个品种。种植方面，蔬菜29家75个品种；豆类2家4个品种；果品15家23个品种；茶1家1个；累计面积3 612.77公顷，产量192 401.8吨。养殖方面，奶产品14家14个，禽蛋6家6个，肉类2家2个，水产1家2个品种；累计规模9.65万头（只、尾），产量6 860吨。

【特色产业】 年内，新增中药材1 400公顷，累计达4 000公顷。新增蜂群3 000群，累计达到2.5万群。新增花卉33公顷，总面积达到467公顷，为花博会和国庆节庆典提供草盆花1 200万盆。完成林下经济建设1 014.6公顷。四海镇花卉产业纳入了《北京市花卉产业2008—2015年发展规划》。

【政策性农业保险】 年内，共有玉米9 533公顷，果树386.7公顷，设施农业100公顷，奶牛1.4万头，生猪13万头，种猪5 200头参加农业保险，总保额2.9亿元，是上年的2.9倍，涉及农户2.3万户，保险覆盖面已经达到40%以上。

【农产品质量安全生产体系建设】 以农业投入品、产地环境和农产品质量安全评估并实施监控等为突破口，开展现场监督检查，依法对基地农产品定期开展蔬菜农药残留检测，扩大例行抽检范围和覆盖面，增加监测品种和产品数量，检测覆盖率100%。配合农业部、北京市抽检蔬菜、生鲜乳、饲料、畜禽水产品共计4 250个，检测合格率均为100%。

【节水农业】 年内，完成39个村节水灌溉1 152.3公顷，其中设施蔬菜、花卉351.1公顷，露地蔬菜、果树等801.1公顷。新打机井8眼，新建井房63座，更新水泵63台，安装变频控制装置63套，铺设管道182公里。

【林业绿化】 年内，完成新造林2 067公顷，植树292万株。经森林资源二类普查，全县森林覆盖率57.76%，林木绿化率72.17%，城市绿化覆盖率45.74%，人均绿地面积77平方米，人均公园绿地面积52平方米。

【山滩绿化】 年内，实施山滩绿化工程5项，总面积8 067公顷，栽植乔灌木115万株。其中京津风沙源治理工程完成山区困难地造林667公顷，栽植乔灌木63.7万株；封山育林6 667公顷。康庄风沙危害区综合治理二期工程完成绿化304.3公顷，植树26.6万株。小张家口荒滩治理工程完成绿化76.2公顷，植树7.3万株。彩色树种造林工程完成20公顷，植彩叶树17.4万株。播草盖沙工程在妫河生态走廊播种草种5 000千克，167公顷。

【森林资源管理】 ①林地征占用管理。审核征占用林地项目3件（延龙路、西铁路、黑艾路），面积53.07公顷。②林木采伐管理。办理采伐审批617件，采伐16 569.73立方米，16.18万株，批准移植69件，0.87万株。收取育林基金、更改资金14.5万元。③林网更新工作。完成林网更新21条，更新树木1.14万株，更新长度1.14万米，更新面积13.8公顷。

【林业有害生物防治】 本年林业有害生物发生面积3 667公顷（杨树虫害1 000公顷，绿化重点工程虫害667公顷，病害333公顷，油松虫害1 667公顷），同比上升12.5%。防治面积5 167公顷。无公害防治率100%，成灾率为0。

【森林植物检疫】 ①产地检疫。本年对全县苗圃、花圃、木材营销单位进行春秋两次产地检疫检查，检查苗圃83家，花圃32家，木材经销点16家，没有发现检疫对象及危险性病虫害。②复检。复检外调苗木323批次23.68万株，发现带有病虫害苗木28批次24 200株，并进行了严格处理。③调运检疫。年内，开具植物检疫证书59份，办理植物检疫要求书21份，木材运输证10份。

【生态观光果园建设】 新建和完善郭家堡果园、西凤果园、白羊峪果园、杏花山庄观光园、燕北缙阳观光园、康庄一街果园、西五里营葡萄园、下德龙湾果园、海字口板栗园、刁千营元帅苹果主题公园10个果园，面积302.3公顷。一是对树体进行升级改造，营造高光效树形。二是加强果园的基础设施建设。全年共完成树形改造161.3公顷，水泥硬化道路4.5万平方米，沙石路硬化2.94万平方米，修建铁艺围栏8 100米，安装太阳能杀虫灯44盏，修建停车场9 400平方米，建设办公用房50间，建设果树长廊1 000米。2009年共接待游客7.28万人次，观光采摘销售果品63.2万千克，收入438万元，带动其他收入61.2万元。

【有机化果园建设】 全县共发展有机果园11个，其中松湖苹果园、玉佛苹果园、前黑龙庙葡萄园3个果园已取得有机认证，面积80公顷；里炮果品专业合作社，红杏山庄，久昌种植中心，九龙种植中心，老丰沟种植专业合作社，黄峪口村经济合作社，香营村经济合作社，旺香龙干鲜果品、板栗产销协会8个果园进入转换期，面积844.7公顷。在有机化果园建设中，一是大力推广了沃土栽培技术；二是推广了果树行间或周边种植趋避植物技术；三是推广了生物防治技术；四是推广了旱地果园集雨节水技术。

【果品科技入户工程】 结合1+1+X工程，全年实施科技入户155户，入户指导面积3 516亩，辐射带动面积1 867公顷。通过科技入户工程的实施，鲜果平均每公顷收入达到1.05万～12万元，干果平均每公顷收入达到1.5万元。

【退耕还林及后续产业建设工程】 年内，对2000—2004年的退耕还林保存情况进行了检查验收，工程涉及全县15个乡镇，278个村，26 266户，8 029个地块，总面积5 600多公顷。经检查验收合格面积4 787公顷，不合格面积842.6公顷，保存面积5 174.9公顷，林损面积454.5公顷，保存率92%。共兑现粮食438.5万千克，生活补助133万元。

【果树病虫害生物防治工程】 年内，全县完善和升级了市、县两级果树有害生物测报点143个，覆盖全县15个乡镇的52个重点果园，包括10大树种、25个测报对象。其中虫害21个，病害4个。在生物检测、防治过程中，重点布置了5个美国白蛾观测点，12个实蝇测报点，16个苹果蠹蛾监测点。在常规工作中推广应用信息素性诱剂6 000个，推广应用人工熬制石硫合剂1 000公顷；行间生草保护天敌880公顷；安装200盏黑光灯，诱杀面积667公顷。同时在果园行间及园区周边种植辣椒、蓖麻、紫苏、大葱、薄荷等10种趋避植物100公顷。

【树形改造工程】 年内，完成树形改造800公顷，完成年初计划的240%，涉及全县38个主要果园和果树专业村。通过苹果、杏树等树体的改造，解决了果树树冠郁闭、光照条件差、营养供应不均衡等问题，使坐果率和果实品质有了显著的提高，农民收益明显增加。马道梁的国光、红富士苹果，通过几年树形改造，优质果达到了67%以上。小浮坨村杏园坐果率由原来的3.8%提高到19.6%。树形改造工程凸显成效。

【果树设施栽培试验与示范】 在八达岭镇里炮村通过设施栽培，摸索出一年葡萄二次结果或多次结果的生产栽培技术，已发展设施大棚10栋，推广了果树架式栽培80公顷。

【果树技术培训与科技推广工程】 年内，共举办培训班278次，培训果农10 241人，发放各种技术书籍、材料5 000份。配合农业技术职业学校对果农培训113次，3 747人。接受病虫害防治技术咨询425人次。培训范围涉及15个乡镇126个村，辐射面积8 000公顷。同时利用村级政务公开栏，开办了《果树技术科技园地》专栏51个，以图文并茂的形式将果树管理技术及果树科技知识普及到乡村，让果农在闲暇之余就可以学到果树管理技术，通过多种途径对29位乡土专家和协调员进行了8次技术培训。

【农民田间学校（果品）建设】 共开办农民田间学校9所，涉及旧县、香营、康庄、八达岭4个乡镇9个村，学员人数达到225人，辅导员12名。以活动日的形式组织果农开展专业技术学习39次，果农人数达1 014人次。

【农产品地理标志认证】 11月12日在延庆县圣世苑酒店成功举办了北京延庆农产品地理标志论坛暨“延庆国光苹果”农产品地理标志颁证仪式。

【市场营销与品牌建设工程】 年内，以各合作社和协会为平台，为果农销售优质干鲜果品1 075万千克，并与外埠建立了良好的供销关系。组织重点果园参加全国及市级果品评比活动4次，其中：7月，国光苹果获得农产品地理标志登记证书；10月，在全国葡萄学术研讨会上，延庆选送的美人指和森田尼无核（无核白鸡心）、京香玉3个品种的葡萄，分别获得中国农学会葡萄分会和中国果品流通协会葡萄分会联合颁发的2项金奖，1项银奖；11月，国光苹果被中国果品流通协会授予“中华名果”称号。

【蜂产业】 新发展蜂群3 000群，全县蜂群总量达到2.5万群，养蜂户356户。生产蜂蜜118.6吨、蜂王浆7.9吨、蜂花粉11.8吨、蜂胶1.4吨，总产值188.7万元。

【花卉产业】 新增花卉生产面积33公顷，总面积达到467公顷，其中玫瑰144公顷、菊花切花51公顷、茶菊100公顷、草盆花81公顷、种球类21公顷、宿根花卉55公顷、高档花卉4公顷、花卉资源圃11公顷。现有连栋温室3.3公顷、日光温室71.2公顷、春秋棚135.7公顷。总产值4 403万元。

【林下经济】 面积3 043.8公顷，其中林菌413.3公顷、林药454.6公顷、林花106.7公顷、林禽40公顷，总产值2 502万元。主要分布在千家店、香营、四海、珍珠泉、大庄科、井庄、刘斌堡和永宁8个乡镇。

【禽蛋产业】 禽蛋产业以井庄、千家店、永宁等镇为重点，辐射带动其他乡镇，得到了迅速发展。全县蛋鸡存栏275.07万只，鲜蛋总产量3 394.74千克；累计新建、改建标准化肉鸡舍达到474栋，肉鸡年出栏达到1 100万只。禽蛋产业已发展成为本县畜牧经济的支柱产业之一。

【奶牛产业】 为整顿和恢复奶业生产，采取了有力措施：一是补贴新建、改扩建奶牛养殖小区以及小区购置冷链设施；二是政策鼓励散养奶牛入区养殖；三是继续推进奶牛品种改良等。全年推广优质冻精4.55万支，性控冻精2 006支，完成DHI生产性能测定6 347头次。全年新建、改扩建奶牛小区29个，引导散养奶牛入区451户5 854头，占奶牛存栏总数的22.6%，目前延庆县奶牛存栏25 906头，鲜奶产量已达到9 912.8万千克，奶业生产已基本恢复。

【畜产品销售】 全县鲜奶总产量9 912.8万千克，同比减少13.75%；肉牛出栏18 363头，同比增长8%；肉羊出栏2 8221头，同比较少13.1%；肉鸡出栏1 127.3万只，同比增长4.8%；禽蛋总产量3 394.74万千克，同比减少3.62%；生猪出栏88 052

头，同比增长5.92%。

【强制免疫情况】 年内，全县共进行三次集中免疫。禽流感、新城疫累计免疫禽类952.9万只，牲畜口蹄疫共免疫36.21万头（只）次，其中奶牛14.78万头次，肉牛0.28万头次，羊6.73万只次，猪14.32万头次，其他偶蹄动物0.1万头次；猪瘟免疫14.85万头次，高致病性猪蓝耳病免疫13.64万头次；奶牛布病服苗19 811头。

【查漏补针工作】 年内，在确保集中免疫高免疫率的同时，积极推进查漏补针工作。禽流感蛋鸡、鸭、鹅共补免14.23万只，口蹄疫共补针2.42万头（只），其中牛1.25万头、猪2.17万头、羊0.4万只，鸡新城疫47.7万只，猪瘟2.68万头，高致病性蓝耳病0.78万头。

【指导性免疫工作】 年内，开展对畜禽危害严重疫病的控制指导免疫工作，全县指导性免疫鸡传染性喉气管炎免疫注射85万只，鸡传染性支气管炎免疫注射63.6万只，产蛋下降综合症免疫30万只，传染性法式囊炎免疫注射64.2万只。猪丹毒免疫注射0.3万头，猪肺疫免疫0.3万头。

【加强养殖场环境治理】 年内，加强对辖区养殖场的环境治理。共组织畜禽驱虫2.8万头（只），共发放价值28万元消毒药，清圈消毒1 200万平方米。同时积极推广新型灭鼠技术，每月对灭鼠监测点进行定期监测，共发放灭鼠药250千克。

【加强兽医技术推广工作】 年内，首次开展北京市畜牧科技入户工程工作，构建组织管理小组，并研讨甄选4名技术骨干作为技术指导员，筛选出涉及全县9个乡镇40户科技示范户，针对优良品种、科学养殖技术及部分设备进行推广。累计向示范户发放物化补贴2万元，药浴杯72个，药浴液36桶，驱虫药80盒，入户手册40份。对养殖户进行了30余次集中技术培训，200余次入户指导，辐射带动农户140多户。仅示范户药费一项，平均每户投入就减少3 000元左右，经济效益明显。

【综合防控马流感】 年内，对全县马属动物进行统一摸排和登记，完成两次马流感免疫工作，共免疫马属动物11 655匹次。共劝返运输马属动物车辆41辆，劝返马属动物512匹。

【疫病监测】 年内，共开展了16次重大动物疫病免疫抗体监测工作。其中集中监测2次，重点风险源监测3次，月监测11次，共监测畜禽715个场户7 782份。禽类监测涉及282个养殖场户4 106份，其禽流感H5N1re5型、H5N1re4型与鸡新城疫抗体平均合格率分别为94.0%、99.3%、96.4%。偶蹄动物口蹄疫监测涉及433个场户3 676份，猪、牛、羊分别监测1 003份、2 217份、456份。牛、羊亚洲Ⅰ型平均抗体合格率达到98.4%、95.0%；猪O型口蹄疫与猪瘟平均抗体合格率达到87.1%、94.4%。通过对监测数据统计分析，各种畜禽免疫抗体均远高于农业部颁发的70%合格标准。

【养犬管理】 年内，县政府拟定《延庆县规范养犬管理专项行动实施方案》。全县共注册犬18 932只，狂犬病免疫工作开展了一次集中免疫和一次追免，免疫犬15 075只，由于查无此人、死亡、丢失等原因未免疫犬3 857条，逐条进行了原因说明。收容流浪犬1 032只。

【加强候鸟监控工作】 对野鸭湖、夏都公园、江水泉公园、白河堡水库等11处候鸟栖息地实行全天候监控。鹭类大部分由每年的10月中旬飞临野鸭湖，11月达到高峰，经过短暂停留后向长江、黄河流域迁徙，湖面封冻前基本飞走，因为近年来延庆境内的自然环境改善，部分鹭类在野鸭湖境内停留过冬。来年2—4月，大批候鸟又从长江、黄河流域经过野鸭湖向北方迁徙，3月份达到高峰。共观测候鸟571.22万只，其中小鸟类457.4万只，雁鸭类99.8万只，鹬鸻类、鹭类11.2万只，欧鹈类2.7万只，猛禽类0.12万只。

【村级防疫员建设培训】 编写《延庆县村级防疫员培训手册》。教程包括动物免疫操作技术、临床检查、生物安全、消毒技术、人员防护等共计11个专题。2009年全县防疫员共开班15次，培训防疫员400余人。村级防疫员队伍建设完善了基层防疫网络，为防控重大动物疫病的长效机制奠定了基础，形成了县、乡（镇）、村三级防御体系，建立了“群防群控”工作的新格局。

【官方兽医建设】 年内，县动物卫生监督所举办签约兽医岗前培训，经过前期申报、审核合格的155名签约兽医参加此次培训活动，对康庄区域官方兽医室区域内的5个基层派出所管辖的7个乡镇的89名签约兽医进行了业务技能、法律法规的系统培训。现场发放《签约兽医资格证》89个、《签约兽医工作手册》89册。《签约兽医工作手册》涵盖了签约兽医工作职责、行为准则、工作程序、法律依据、《动物临床检查证书》填写说明等内容，便于签约兽医开展实际工作。

【防疫物资储备】 常年备有防护服3 000余套，各类消毒器械467台，大小扑杀器械13套，消毒药品11吨。

【动物及动物产品检疫监督】 全年共产地检疫动物713万头（只），动物产品1 343吨，消毒车辆5 675辆。屠宰检疫生猪7 087头，禽类28.5万只。公路运输检查进京车辆1.4万辆，动物299万头（只），动物产品2.4万吨，生皮136.4万张。

【强化监管模式和档案管理】 年内，推进“风险分级、量化监督、档案管理”的监管模式。建立健全监管对象数据库，详细摸清基本情况，执法人员根据分管业务，对监管对象进行逐一梳理，逐步更新数据，完成了北京市农资企业信用信息系统监管对象数据填报、核实和饲料生产企业的备案工作。不断推进档案化管理工作，专门制定了15大类36个小类的档案，制作了档案登记册11种。全年完成了270个监管单位GPRS卫星定位和9 755个监管场所的基础数据采集工作。不断完善档案卡建设，对各类监管对象逐一梳理，明确基本信息，建立了监管对象档案卡数据库。

【监督执法工作】 年内，先后开展“绿剑行动”、重大动物疫病专项行动、农资打假、兽药整顿等9个专项执法活动，严厉打击违法行为。共出动执法人员2 227人次，车辆639车次，检查养殖场、屠宰场、餐饮单位、市场等场所1 396个次。做出行政处罚83件，其中简易处罚10件，一般程序处罚73件，罚款62 552.5元，依法取缔活禽交易6起，收缴过期药品针剂246支，处理举报21起，劝返动物360车次11万头（只），动物产品6车次127吨。案件查处数量是2008年的11.9倍，同比增长1 085.7%，罚款数量是2008年的6.9倍，同比增长586.7%。立案查处数量在全市动物卫生监督系统中排名第一。

【奶牛普查及推广优质冻精】 全年共整理、清理谱系12个场，续做谱系7个场，共续作谱系1 589头，收回失效谱系803张，全县奶牛谱系的持有量仍维持在90%以上。共完成14个奶牛小区的奶牛DHI测定5 547头，全年完成奶牛优质补贴冻精发放4.5万支，累计推广使用性控冻精2 000支。

【养殖场区建设】 年内，全县11个乡镇新建和改扩建奶牛养殖小区29个（新建7个，改扩建22个），新建、改扩建面积82 713.5平方米，其中享受补贴面积70 536平方米，需补贴金额705.36万元；有25个奶牛养殖小区购买冷链设备73台套（挤奶平台19台套、制冷罐28个、贮存罐15个、运输车13辆），购置金额601.26万元，需补贴金额300.63万元；有55个奶牛养殖小区吸纳了451户5 854头散养奶牛入区养殖，需补贴资金409.78万元；7个新建小区（9个规模）需水电路等基础设施建设补贴270万元。以上补贴资金总计1 685.77万元。

【休闲渔业】 年内，全县水产养殖面积水面3 267公顷，实现渔业产量294万千克，完成渔业产值3 545万元。无公害养殖场10家；有机水产品认证养殖场2家。开展增殖放流活动，放养捕捞滤食性成鱼200万千克。

【水生野生动物疫病防治站建设】 该工程建筑面积1 848平方米，于4月23日正式开工，10月底竣工。11月26日水生动物疫病防治站正式投入使用，相关实验设备已经安装调试完毕。

【增殖放流活动】 分别开展春季、秋季增殖放流活动。年内累计投资120万元放流鲤、草、鲢、鳙鱼种14.16万千克，夏花1 668.36万尾，河蚌250千克。

【首批政府补贴渔机发放】 首批政府补贴渔机于7月27日发放。发放范围主要为延庆镇、张山营镇、旧县镇和珍珠泉乡的15户水产养殖户，当日发放增氧机26台，渔机价格国家补偿50%，个人负担50%。

【渔业执法情况】 本年继续加大官厅水库、妫水湖等重要渔业水域违反渔业资源保护法律行为的查处。1—3月实施了春季执法100天行动，9—11月实施了秋季24小时巡逻执法活动。年累计出动执法人员2 420人次，拆除官厅水库违规设施1处，没收地笼51个、渔船1艘，收缴围网2条、丝网1 200条、底钩1 600米、橡皮筏子3条，渔业资源保护执法立案处罚10例，移送公安机关处理3例。

【名优品种引进推广】 年内，为养殖户引进（包括孵化）各品种水花1亿尾，为农户推销存塘鱼种5万千克，引进匙吻鲟2 500尾，引进怀头鲶3 400尾，引进锦鲤鱼夏花1.5万尾，引进蟹苗22万只。

【生态净水效果明显】 2009年捕捞滤食性成鱼200万千克，经测算转化二氧化碳237吨，五氧化二磷50吨，有效氮280吨，为本县生态环境进一步优化作出了贡献。

【水产品质量安全监测】 年内，监测渔业环境352.3公顷，水产品病害19公顷，抽检投入品渔药样15个，水产品样25个，水样8个，浮游动物样6个。检测结果显示全县水产品养殖呈现健康发展态势。

【水产品可追溯】 年内，实现可追溯花白鲢2 500千克。销售市场分别为北京沙河批发市场和河北沙城批发市场。

【马铃薯产业研发基地建成投产】 6月16日，在马铃薯产业高科技园区举行了北京希森三和马铃薯有限公司建成投产暨“中国农科院马铃薯示范基地”、“中国农业大学马铃薯科教基地”颁牌仪式，颁牌仪式标志着延庆县人民政府与希森马铃薯产业集团有限公司合作共建的“延夫马铃薯产业研发基地”（马铃薯种薯繁育基地）建成并开始运行。该基地投资3亿元，建科教楼、研发楼、组培车间、分拣车间等，建筑面积26 844平方米。温室占地12.2公顷，其中坡面棚69栋，拱棚28栋。年生产微型薯规模为1.5亿粒。

【农业循环发展】 德青源科技养殖园沼气工程深入延伸，沼渣、沼液回流果园工程投入建设，充分利用德青源沼气发电工程产生的沼液肥料，为其周边5个村庄的6个有机果品生产基地（共493公顷）提供沼液肥料。已经建成10万立方米沼液储存池，计划铺设沼液输送主管线、配送管线23.2千米，铺设工作正在进行中。建设完成3个畜禽养殖场粪污治理综合利用项目，不断提升县循环农业发展水平。

【循环经济】 2月，延庆县正式被市发改委确定为北京市第一批循环经济试点单位，6月挂牌，年底编制完成《延庆县循环经济试点实施方案》上报市发改委。北京归原生态农业发展有限公司、北京德青源农业科技股份有限公司被命名为循环经济试点企业。

【新能源建设】 年内，加强新能源示范县建设。一是实施“绿色燃气”工程。投资3 278万元，在全县11个乡镇13个村建设秸秆集中气化站。二是实施农村太阳能集中浴室工程。投资2 654万元，在全县15个乡镇30个村建太阳能浴室30座，建筑面积约7 002平方米，太阳能集热器总面积约2 810平方米，解决8 426户农民集中洗浴问题。

【县级10家创新型科普社区评选】 2月20日，八达岭镇小浮坨村、张山营镇前黑龙庙村、千家店镇千家店村、大榆树镇岳家营村、康庄镇小丰营村、香营乡下垙村、井庄镇东小营村、四海镇南湾村、大庄科乡东二道河村、石河营西社区10个单位荣获延庆县第二批县级创新型科普社区称号。

【涉水数据】 ①降水。本年度全县平均降雨量为315.5毫米，比去年同期降雨量562.6毫米减少了247.1毫米，减少了43.9%；比多年平均降水量438.9毫米减少了123.4毫米，减少了28.1%。全县共有58次降水过程，59个降水日。最大的降雨日发生在9月25日，全县平均26.7毫米，其中拦河闸站最大，为57.0毫米，张山营站最小，为11.9毫米。全县18个雨量站中，全年降水量最小的是八达岭站，为219.2毫米；珍珠泉站最大，为438.6毫米；其余各站在220～410毫米之间不等。②地下水。全县27眼地下水观测井数据显示，12月底，全县地下水平均埋深14.80米，比上年同期下降0.42米。③水资源调度。本年度两次调水共向密云水库输水7 719万立方米。5月27日至6月25日向密云水库输水4 701万立方米。11月5日至11月27日输水3 018万立方米。④供水、节水、治污。全县用水总量7 589万吨，其中农业用水5 723万吨（含水浇地848万吨、菜田2 737万吨、设施农业1 203万吨、林果业726万吨、养殖业208万吨、鱼场1万吨），生活用水939万吨（城镇生活用水560万吨、农村生活用水379万吨），公共服务业795吨，工业用水120万吨，环境用水12万吨。县城污水厂处理污水650万吨。

【节约用水工作】 年内，完成设施农业和节水灌溉工程1 152.3公顷，其中农业设施蔬菜、花卉滴灌面积351.1公顷；农田蔬菜、果树等灌溉801.1公顷。新打机井8眼，安装和更新水泵63台，安装变频控制装置63套，新建井房63座，铺设PVC-U主管道182公里。对全县1870眼机井进行GPS定位，525眼村级水源井实行备案存档管理。

非农产业

【绿富隆公司有机菜获产品畅销奖】 9月份举办的第七届中国国际农产品交易会、第八届中国长春国际农业食品博览会上，北京绿富隆农业股份有限公司共签订有机蔬菜销售合同50余份，交易金额达3 000余万元，同时该公司生产的有机蔬菜被第七届中国国际农产品交易会组委会评为产品畅销奖。

【绿富隆公司通过GAP认证】 2009年10月北京绿富隆农业股份有限公司通过第二批良好农业规范（GAP）认证证书，是延庆县首家获此证书的公司。

【绿富隆公司VIP购物卡正式亮相】 2009年12月30日，绿富隆开通了VIP购物卡，可实现现场、网络、电话的预订和刷卡消费。

【金秋旅游节】 9月12日，以“华夏欢歌迎国庆·延庆金秋舞风情”为主题的第八届延庆金秋旅游节暨第五届张山营葡萄文化节在张山营镇前庙村有机葡萄种植基地举行，中国农学会葡萄分会副会长晁无疾、秘书长李敬川、常务副县长胡耀刚出席。

【第二届乡村欢乐节】 2008年冬至2009年春，以“欢歌冬日，颂改革开放；魅力乡村，展农民风采”为主题，开展培训类、演出类、比赛类、作品征集类、评优类共5大类14项活动，历时4个月，涉及300余个行政村，受益农民20余万人次，形成“镇镇有活动，村村有欢歌”的良好局面。

【延庆县有机农产品推介周】 12月30日，北京安全农产品流通服务中心在北京农产品中央批发市场举行揭牌仪式，首届延庆县有机农产品推介周同时启动，副市长夏占义，市委农工委书记、市农委主任王孝东，县长孙文锴，副县长徐凤翔，北京农产品中央批发市场管委会、市发展改革委、商务委、规划委、物美集团等有关部门领导及区县农委主任出席，中央电视台、北京电视台、北京日报、千龙网等30余家新闻媒体部门参加。

【农业和农村信息化建设】 年内，完成延庆县农地流转信息平台暨“延庆县农地流转信息网”建设。完成农村管理10大数据库的基础数据的更新工作。利用37个农村“数字家园”和“221信息平台”、移动农网，185套设备，举办农民夜校，共举办8期，258人次参加培训，共发送涉农信息37.14万余条，被农业部信息联播采用信息量全市排名第一。年内，初步探索“三零”服务模式，即：建设农产品产销电子商务平台，通过“221信息平台”、电台广播、苹果网、专业合作组织网站、三电合一网站，建立涉农网页42家，直接收益近300万元，初步实现农产品产销“零成本”。建设预警预报平台，发送信息1.2万余条，初步实现灾情预警预报服务“零时间”。建设农技服务平台，与果品中心合作，实施“专家＋农网＋农民”的链条式服务模式，发送信息6万余条，辐射果园面积2 000余公顷，初步实现农技服务“零距离”。

【农产品成本核算】 本年，农产品成本核算点由原9个乡镇30个扩大到15个乡镇的蔬菜、奶牛、肉鸡、苹果、玉米5类核算品种共50个。通过核算反映：由于单价增长，产量增加，成本降低，全县农产品效益小幅增长，蔬菜每亩效益同比增长5.24%，奶牛效益同比增长9.18%，肉鸡效益同比增长12.75%。

【农村连锁配送】 年内，惠百公司为农村便利店配送商品30个大类2 000多个品种，配送额达4 346.8万元，同比增长46.8%。进行了网络订货配送系统建设，使全县80家乡村连锁便利店实现了网上采购，采购额达 300 余万元。

【家电下乡】 县商务委组织大中电器、苏宁电器等销售企业先后到千家店、永宁、四海、旧县等 9 个乡镇 80 多个乡村开展“家电下乡到山村”展销活动。全年销售家电下乡产品 7 900 件，销售额达 1 400 万元；销售以旧换新家电 4 665 件，销售额达 1 600 万元；销售指定品牌汽车、摩托车 40 台，销售额达 65 万元。

【城乡手拉手，农副产品进京城】 积极与朝阳区开展经济合作，绿富隆公司与北京京客隆商业集团股份有限公司签订了 1 万吨无公害蔬菜销售协议，从 6 月 1 日开始到 10 月底绿富隆公司共向京客隆供应西兰花、白菜花等蔬菜 3 219.5 吨，销售额达 365.2 万元。京客隆商业集团所属 243 个连锁店，已有 115 个店在销售延庆县的无公害蔬菜。

【开展集期集贸市场升级改造】 年内，完成大榆树镇、旧县镇两个农村集贸市场建设，并于 5 月 20 日通过了市商务委验收。八达岭蔬菜交易市场和日上市场升级改造全面完成。

山区建设

【沟域经济论坛召开】 10 月 17—18 日，北京沟域经济发展论坛在延庆夏都会议中心召开，市委常委、统战部部长牛有成，副市长夏占义，市政协副主席、北师大副校长葛剑平，农业部产业政策与法规司副司长黄延信，市委副秘书长李福祥，市农委主任王孝东，中国工程院院士尹伟伦，市农学院院长王有年，国务院发展研究中心农村部副部长徐小青，中国人民大学农业与农村发展学院院长温铁军等著名专家学者，中央有关部委领导，市委、市政府有关领导，市属相关委办局领导，市各山区区县主管农业领导，大连市农委领导，京内外部分科学院校的专家学者，延庆县委书记侯君舒，县长孙文锴，副县长徐凤翔共计 150 余人出席。本次大会由市农委主办。

【沟域经济】 年内，投资 5 200 万元，完成千家店镇百里画廊景区升级改造，旅游配套设施完善，环境绿化美化。调整种植结构 400 公顷，其中种植向日葵 133 公顷，白菜制种 13 公顷，荞麦 107 公顷，建黄芩茶加工厂，山地围栏养鸡 1 处，设施农业 10 栋，林下食用菌种植 6.7 公顷，食用菌大棚 10 栋，食用菌有机食品认证，农副产品展销厅，农旅观光采摘园 2 个，完成总投资 1.12 亿元。乡村旅游接待游客 21 万人次，实现旅游综合收入 2 900 万元，同比增长 40%以上。

【山区搬迁】 年内，整合新农村建设、生态移民等政策资金完成第二轮山区搬迁工作，实施山区搬迁 644 户 1 497 人，涉及 6 个乡镇 13 个村片。包括 2008 年在内，总搬迁 845 户，2 097 人。

【生态环境建设】 年内，本县 2008 年京津风沙源治理工程全部完成，并通过市级验收（建设工期为 2008 年 2 月至 2009 年 5 月），该工程总投资 4 547 万元；启动 2009 年京津风沙源治理工程（建设工期为 2009 年 2 月至 2010 年 10 月），该工程总投资 11 297.5万元；县 2010 年国家级京津风沙源治理工程实施方案获市园林绿化局、市水务局、市农业局、市农委、市发改委联合批复；2008 年巩固退耕还林成果工程实施方案上报市发改委，总投资 932 万元。全年新造林 2 067 公顷，植树 292 万株，全县森林覆盖率达到了 57.76%，林木绿化率达到了 72.17%，城市绿化覆盖率达到了 45.74%，人均绿地面积达到了 77 平方米，人均公园绿地面积达到了 52 平方米，城乡绿化美化水平得到整体提升。在 212 个村栽植乔灌木 95.2 万株，建成“延庆县绿色村庄”20 个、“首都绿色村庄”11 个。

【乡镇森林消防队成立】 3 月 16 日，井庄、大榆树、八达岭、张山营、旧县 5 个乡镇成立了专业森林消防队伍。新成立的 5 支乡镇级森林消防队伍定员 100 人，配备 10 台运兵车辆，30 台风力灭火机及灭火弹、灭火水枪等设备。经过严格的扑火知识及体能训练，具备一定的作战能力。

【山区生态林补偿工作】 年内，上岗护林员总数 8 949 人，其中新上岗护林员 3 605 人。有 8 853 名护林员交纳了人身意外伤害保险，保险金总额为 45.84 万元，44 名管护员受伤后得到理赔，赔付金额 16.2 万元。从 7 月 1 日起，本县生态林管护员平均每人每月工资增加 40 元，调整后下半年新增加补偿资金 2 147 520元，全年发补偿资金 45 786 020 元。制定《延庆县山区生态护林员管理细则》。

【野生动物监测及保护工作】 ①禽流感防控工作。本县野鸟监测工作实行日报制，11 个市、县监测点监测野鸟 700 余万只，未发现异常情况。②野生动物救助工作。救助野生动物 54 只，其中国家一级保护动物 3 只（黑鹳、金雕），国家二级保护动物 11 只（雕鸮、红角鸮、红脚隼、猎隼等），北京市一级保护动物 3 只（豹猫、貉、灰头绿啄木鸟），北京市二级保护动物及一般保护动物 37 只。③野生动物损害补偿工作。本年野生动物损害补偿主要包括家禽家畜损害补偿和农作物损失补偿。涉及 14 个乡镇、111 个村、1 911 户，造成直接经济损失 727 942.8 元。按损失的 80%进行补偿，补偿资金为 654 354.24 元。④野生动物驯养繁殖。本年，对野生动物驯养繁殖单位和养殖户全部进行了年检。目前，已办证的单位和养殖户 13 个（包括八达岭野生动物世界），年内新增 1 户。

【清洁小流域治理】 年内，完成 11 条生态清洁小流域建设，总治理面积达到 105 平方公里。共完成树盘砌筑 2 万个，经济林 186.6 公顷，水保林 16.97 公顷，土地整治 51.5 公顷，水源工程 13 处，节水灌溉 302 公顷，村庄美化 5.33 万平方米，护坡措施 2 850平方米，村庄排水 2 500 米，污水处理设施 7 处，垃圾房 4 座，垃圾箱 8 个，垃圾车 2 个，垃圾桶

375个，封禁标牌15块，农路建设16 910米，护村坝430米，护地坝130米，防护坝3 070米，河库滨带治理7 220米，湿地恢复2.9万平方米，沟道清理1.18万立方米。

村镇建设

【规划编制】 年内，完成四海镇、刘斌堡乡、井庄镇、大庄科乡、香营乡和珍珠泉乡6个乡镇域规划的审批工作；康庄镇域规划已通过市规划委主任专题审查会正式审批；大榆树、张山营镇域规划公示完毕，已报市规划委待批复。村庄规划工作进展情况：完成了150个村庄规划成果的编制工作，历年累计完成325个村庄规划；组织完成了81个村庄规划成果的报批工作，历年累计完成179个村庄规划成果报批；其余村庄规划成果已进入上报审批程序。

【为农户发放节能灯】 年内，为全县15个乡镇约86 000户农业户每户发放2只高效节能灯泡，共约172 000只。

【填埋场运行】 小张家口垃圾填埋场全年进场垃圾3.5万吨，日均处理垃圾96吨；永宁垃圾填埋场全年进场垃圾2.5万吨，日均处理垃圾68吨。

【消纳站运行】 小张家口粪便消纳站位于大榆树镇小张家口村村东，总占地12 000万平方米，日处理能力200吨。年内，完成后续土建工程及设备安装工作，于8月投入调试运行，累计处理粪便415吨。

【五项工程建设】 年内完成“五项基础设施”建设，完成村级道路硬化410万平方米，配备垃圾箱7 000余个，各类垃圾清运车辆1 500余辆，修建（乡镇）垃圾中转站5座，垃圾房213座，填埋场2座，焚烧站9个。绿化635万余株树木、乔灌木及花卉，新增绿化面积505公顷。更新安全饮水890公里。污水处理4年来共铺设污水处理主管线共计9.8万米，支管线11.4万米，户厕与污水结合完成8 000户；农村改厕及公厕建设4年来共改造农厕7万套，修建公厕151座。全县376个行政村环境全部达标。公共服务设施建设完成村级邮站376个，文化大院332个，安装群众健身器材285套，建设村级卫生室和卫生服务站215个，村级连锁便利店373家，镇村图书室59个，便民浴室68座，覆盖全县15个乡镇376个行政村。全县376个村已全部完成了村庄规划编制，累计审批了212个村庄规划，剩余的164个村庄规划将于2010年6月前全部完成审批。

【“三起来”工程】 截至2009年底，“三起来”工程建设完成安装太阳能灯15 436盏，安装节能灯19 600盏；发展吊炕44 000铺；秸秆气化集中供气工程41处，大型沼气集中供气工程10处；推广生物质半气化炉具15 000台，生物质采暖炉361台；建设太阳能浴室68处，安装太阳能热水器279个村、12 267户；完成粪污治理工程18处；建设集雨工程27处；建设节能民居1 195户；完成生物质燃料成型加工厂1座；完成20处自动跟踪太阳能灶。

【安全饮水体系建设】 年内，共完成178个村的农村安全饮水工程。其中86个村使用2008年度安全饮水项目资金，共完成水源井26眼，井房43座，安装水泵43台，消毒设备43套，管道铺设348公里，入户水表井7 666座，检查井379座。92个村使用2009年度新农村建设资金，完成92个自然村（79个行政村）的管网和一户一表改造，各类管道铺设686.6公里，安装水表15 886块。

【农村雨洪利用】 本年度完成雨洪利用示范工程5处，推广使用屋顶、膜面、草皮沟、透水砖、过滤池、生态砂基滤水沟等雨水收集新技术、新工艺，把雨洪利用工程建设与新农村建设、农村产业发展、排水、营造生态景观、普及推广雨洪利用知识合为一体，实现单一收集雨洪功能向多功能转变，蓄水容积达到6.5万立方米，可为7 000平方米绿地、53公顷果园提供灌溉水源，实现“三结合”，效益显著。

【新农村污水治理工作】 年内，新建设村级污水站13处，铺设管网9.7万米，污水检查井1 465座，隔油池1 619座。新增污水处理能力1 000吨/日。水质达到北京一级A或一级B标准。建成了看守所、飞机场、黄柏寺部队3处近1万平方米的污水处理湿地，解决了这3个单位污水横流的问题。同时，对上磨、黄柏寺2处污水站进行了改造。至此，全县共有66个村庄生活污水得到治理，总处理能力达3 600吨/天。其中，45个村庄采用集中收集处理方式，建立了51座污水处理站；21个村庄结合户厕改造采用分散处理方式来处理污水。

【新农村建设中文物古迹保护工作】 完成花盆关帝庙、大泥河戏楼等8处文保单位的修缮工程和八达岭东沟段长城抢险加固工程，共加固长城6 683平方米；完成古崖居、岔道城、灵照寺避雷安防工程；开展延庆工业遗址调查工作，实地调研工业企业30余家；探索开展延庆县文化地标设计工作；启动应梦寺复建工程，岔道城二期、双营城修缮工程；完成西屯地下埋藏区勘探工作，探明墓葬500余座，其中一座19米×21米的大型墓葬是迄今为止延庆探察最大的墓葬。

【新农村绿化】 在全县212个行政村栽植乔灌木95.2万株。其中绿化市“五项基础设施”建设村160个，栽植69个品种的大规格乔灌苗木36.5万株、花卉50.5万株，新增绿化面积179万平方米，超额完成市下达绿化任务的47.8%。单位庭院和住宅小区绿化：栽植乔灌花1万株，创建达标首都园林小城镇1个、首都绿色村庄11个、首都花园式单位7个。义务植树和部门绿化：参加义务植树17万人，植树61.4万株，超额完成计划任务；其中有38个义植单位与38个村开展了全民义务植树“城乡手拉手　共建新农村”活动，在村中植树2.6万株，并帮扶资金28.4万元。接待社会植树团体13个，2 688人次，植树0.84万株。

【农村环境保护】 年内，加大农村生活污水治理和垃圾处理力度，投资580万元建设康庄镇马营村生活污水处理及雨水收集项目、大庄科乡污水处理站项目、刘斌堡乡污水处理站项目。投资256万元建设张山营镇垃圾房项目。投资150万元建设延庆镇谷家营休闲绿地公园、李四官庄湿地公园项目。

农村改革与管理

【农民专业合作社规范管理】 2009年，在工商局注册的农民专业合作社达到416家，成员入社总数18 875户，带动非成员农户39 100户。其中，新成立的15家绿色生态管护合作社成为生态建设与农民就业增收双赢的实现载体，解决了1.21万人上岗就业，实现收入5 575.6万元，全县农民人均增收288元。年内，全县农民专业合作社规范化管理的规模达50家。

【村级财务规范化管理】 本年，完成1个国家级、9个市级、35个县级财务管理规范化试点村的建设。376个村认真执行村级财务公开制度，做到每季度公开一次，个别达到每月公开一次。年内，利用触摸屏进行财务公开的试点扩大到67个村。年内，376个村全部实行"村款双托管"，有12个乡镇的托管机构为社会中介组织，3个乡镇托管机构为乡镇会计服务中心，15个乡镇严格账前审计，全年对376个村共审计票据169 979张，审计金额198 012.1万元。

【农村土地承包管理】 年内，已延包确权总户数为8.62万户，确权确地农户6.41万户、2.5万公顷，签订合同5.85万份，发放证书5.82万份，确权确利1 882户、241公顷，签订合同3 092份，确利总额4 281万元，已兑现916万元。

【农村土地流转】 年内，土地流转面积3 187公顷，占全县家庭承包总面积的13%，共涉及农户1.54万户，签订合同2.10万份。流转收益总额4.58亿，已兑现流转收益1.95亿。其中，设施农业项目共流转土地面积175.5公顷，涉及农户1 075户，签订流转合同1 087份，流转费标准500～1 000元/亩/年不等，流转费总额2 691万元，应兑现额575万元，已兑现509万元。

【农村集体经济产权制度改革】 年内完成15个乡镇30个试点村的改革任务。

【村级公益事业专项补助资金管理】 年内，15个乡镇5 570万元村级公益事业专项补助资金全部到位。资金总支出5 559.1万元，主要用于公益设施建设费用2 055.3万元，占支出总额的37%；公益设施维护费用1 165.1万元，占支出总额的20.9%；社会管理费用1 596.1万元，占支出总额的28.7%；社会事业费用450.1万元，占支出总额的8.1%；村务人员工资292.5万元，占支出总额的5.3%。

【乡村两级资产和债务情况】 年内，通过资产清查，到上年底乡村两级本身集体资产总额193 754.5万元，同比增长24.6%。负债总额51 805.5万元，同比增长26.1%。所有者权益总额141 949万元，同比增长24%。全县乡村两级累计债权总额27 472.4万元，同比增长9%，其中乡级债权10 975万元，村级债权16 497.4万元；乡村两级累计债务总额122 621.7万元，同比增长16%，其中乡级债务70 252.7万元，村级债务52 369万元。本年，争取到市级财政资金化解本县农村义务教育债务138万元、县级3万元。

【土地开发整理工作】 年内，共完成验收项目6个，其中4个市级项目为延庆县八达岭镇土地开发项目、井庄镇土地整理项目、旧县镇等8村土地整理项目和大庄科乡土地开发项目；2个社会投资项目为张山营镇后黑龙庙村土地开发项目和千家店镇六道河村土地开发项目。总建设规模388公顷，总投资5 260.63万元，新增耕地231.7公顷，新增园地35.3公顷。年内，完成项目立项共16个，总建设规模720.1公顷，预计新增耕地面积为382.6公顷，预计总投资11 820万元。

农民生活

【农民就业增收】 年内，全县15家农民绿色管护合作社累计吸纳1.21万人实现稳定就业。同时，加上8 900名护林员、1 600名保洁员、1 000名管水员、380名公路养护员等公益性岗位，全县2.4万农民在自己的家门口实现就业增收。此外，新农村"五十三"工程累计吸纳本地农民51.9万人次，增加收入3 610.9万元。目前，农村就业人数102 229人，占全县农村劳动力总数的98.1%，同比提高了2.1个百分点。

【农村劳动力就业监测】 经监测，全县有农村劳动力10.4万人，就业率达到98.2%，政策性就业成效显著，全县近3万名农村劳动力依靠优惠政策和新农村建设实现稳定就业，占就业劳动力总数的29.4%。

【落实共同致富行动计划】 年内，根据《北京市共同致富行动计划工作方案（试行）》的要求，全面开展对人均可支配收入低于4 500元的低收入村、农户摸底、调查和入库工作。经核实，全县共有低收入村113个，低收入农户19 409户，占农户总数的27.8%；扣除没有劳动力能力的低收入户，最终纳入到低收入农户监测库的农户有10 394户，占农户总数的14.9%。建立对低收入农户月度登记和季度监测工作制度。通过一年的监测，全县低收入农户人均收入增长12%，超过计划增长10%的目标。

【低收入农户监测】 年内，按照"大稳定小调整"的工作原则，对有劳动能力的10 394户低收入农户进行动态监测，占全县农户总数的14.8%，占低收入户数的53.6%。监测的10 394户低收入农户共有农业人数29 148人，其中具有劳动能力的有

22 865人，占78.4%。

【低收入农户收入】 年内，低收入农户共实现家庭可支配收入10 221.3万元，人均3 507元，比上年同期的3 131元增加376元，增长12%，超过《北京市共同致富行动计划工作方案（试行）》中预期10%的目标2个百分点；与全县农民人均收入9.8%的增幅相比，提高了2.2个百分点。

【农村劳动力就业现状分析】 ①就业劳动力增多。年内，全县共有农村劳动力104 174人，占农村分配人口的53.7%，户均劳动力1.4人。有农村就业劳动力102 316人，比去年同期的100 880人增加1 436人，增长1.4%；占劳动力资源总数的98.2%，就业率同比提高了2个百分点。有待业农村劳动力1 858人，比上年同期的3 998人减少2 140人，减53.5%；占劳动力资源总数的1.8%。②就业产业以三产为主。就业的农村劳动力中，从事第三产业的最多，为67 867人，所占比重高达66.3%；第一产业劳动力，数量和比重分别为29 534人和28.9%；第二产业劳动力数量和比重最少，分别为4 915人和4.8%。三大产业的就业率与上年同期相比，一产下降了6个百点、二产提升0.1个百分点、三产提升了5.9个百分点。③已就业劳动力以本村为主。在已就业劳动力中，就业所在地为本村的有55 261人，占就业劳动力总数的54%；就业所在地为村外镇内的有14 856人，占就业劳动力总数的14.5%；就业所在地为镇外县内的有20 131人，占就业劳动力总数的19.7%；就业所在地为本县外的有12 068人，占就业劳动力总数的11.8%。

【农村居民收入、支出情况】 据农村居民住户调查资料显示，2009年农民人均纯收入10 470元，同比增长11.6%，其中：工资性收入5 829元，增长25.8%；家庭经营纯收入为2 945元，下降17.1%；财产性纯收入为300元，增长30.7%；转移性纯收入为1 396元，增长44%。在农村居民收入增长的推动下，2009年全县农村居民人均生活消费支出达到6 238.6元，同比增长12.7%，其中居住人均支出1 055.3元，同比增长42.2%，增幅位居八大类消费支出之首。

【农村劳动力就业】 年内，15家生态种植专业合作社共安置农村就业困难人员11 977名从事绿色生态建设工作。农村劳动力转移就业13 428人。

【职业技能培训】 年内，开展城乡劳动力职业技能培训7 429人，其中农村劳动力职业技能培训6 833人，培训合格率97%，培训后就业率68%。

【新型农民培养工作】 年内，新开办农民田间学校42所，全县投入资金2 500多万元，开展培训3002期，累计培训148 547人次。

【继续实施农村实用人才开发培养1+1+X工程培养提升行动计划】 年内，开展专项培训和技术咨询指导近150班次，培训农村实用人才3 000多人次；选拔蔬菜种植、奶牛养殖、果树栽培方面的52名优秀农村实用人才，到北京农学院开展进修学习，实现农村实用人才的深度开发培养。先后选派25名优秀农村实用人才赴黑龙江甘南兴十四村、陕西杨凌、房山韩村河交流考察学习，拓宽了农村实用人才视野。

【打造农村实用人才实训示范基地】 年内，建成了旧县镇阳光果园、永宁镇景观葡萄长廊、沈家营甘薯种植、旧县镇蚯蚓养殖、四海镇花卉种植等产业基地。

【组织农村实用人才创业成果展示推介活动】 组织参加北京市农村实用人才创业成果暨乡村旅游产品（手工业品）推介展示会。7月23—31日，在延庆文化中心成功举办了延庆县农村实用人才创业成果暨乡村旅游产品（手工艺品）及农副产品包装展示会，展出手工艺作品10大类、220多件，农副产品包装14大类、107件。

【城乡居民养老保险】 年内，参加城乡居民养老保险人数66 213人，其中新增20 346人、续保45 867人，累计参保人数达101 845人；享受待遇人数5 534人，其中基础养老金享受人数5 511人；当年收缴保费8 506万元，领取保险金2 299万元。

【农村公益法律服务】 年内，出台代理案件申报制度，规范重大、敏感事件代理服务行为，为大型建设拆迁工作提供非诉讼法律服务，担任行政村、合作社法律顾问；激励大学生“村官”参与基层公益法律服务工作，协调律师直接参与解决社会热点、难点法律问题，公益法律服务工作人员教育培训工作逐步实现常态化。全年新建成30个村级法律服务室，提供法律服务总数达到3 385件次，开展法律宣传243场次，担任法律顾问250家（累计数），受益群众累计达到15万人次，挽回经济损失约387.7万元。

【三项救助情况】 住房救助，为全县560户农村低保对象翻新改建危房1 680间，为110户农村优抚对象新建房屋330间；燃煤救助，按照每户300元的救助标准，为全县享受城乡低保和生活困难补助待遇对象中，依靠燃煤自采暖过冬的家庭6 011户发放自采暖救助金180.33万元；冬菜救助，下拨专款11万元，用于购买越冬大白菜18.335万千克。

【农村低保】 延庆县农村低保对象及生活补助对象4 950户，8 160人，占延庆县农业人口的4.65%，年救助金1 488.04万元；医疗救助261户，261人，救助金151.39万元；低保对象门诊垫付1 209人次，垫付资金11.47万元；临时救助135户，135人，救助金42.88万元；燃煤自采暖救助4 993户，救助金149.79万元；春节慰问5 002户，8 352人，慰问金140.54万元。农村低保对象镶牙29户，29人，资金2.9万元；发放一次性生活补贴5 002户，8 352人，补贴款83.52万元。农村五保对象588户，603人，供养金185.63万元；资助低保、五保对象入合作医疗8 661人，资金30.31万元；发放一次性生活补贴

593户，612人，补贴款6.12万元；医疗救助14户，14人，救助金额5.03万元。全县各项救助资金累计3 122.02万元。

【重点水利工程伤残民工救助工作】 本年度启动白河堡水库等重点水利工程伤残民工救助工作。共审核1 630名“三库两渠”伤残民工，对符合首批参鉴条件的117名伤残民工委托县劳动能力鉴定委员会进行了一次性劳动能力鉴定，其中111人符合等级标准，鉴定结果交县民政局，实施生活救助。

【就业政策扶持】 4月份，成功申请为水资源保护地区，县内10.3万农村劳动力均属于就业困难人员，用人单位只要招用本县农村劳动力就可以按照京劳社就发［2009］15号文享受每人每年3 000元的岗位补贴和8 048.7元的社会保险补贴。年内，共申请市县两级促进就业经费8 052.44万元，其中：招用农村就业困难人员岗位补贴2 646.6万元、涉及3 908人；招用农村劳动力社会保险补贴（两险）40万元、涉及1 295人；农村劳动力交通费补贴203.77万元、涉及6 005人；农民生态就业岗位补贴5 162.07万元、涉及11 977人。

【水库移民后期扶持工作】 2009年度核定登记农村水库移民27 518人，发放直补资金1 657.26万元；完成2008年度无固定职业转非水库移民6 837人，发放培训补贴382.87万元；2009年度核定登记无固定职业转非水库移民7 345人（含2008年漏登296人），发放培训补贴426.328万元。2009年度完成移民接收村扶持项目165个，其中2008年结转项目45个、2008年中央结余扶持项目4个，2009年完工项目114个，共拨付扶持项目资金6 449.88万元。完成2010年度移民接收村扶持项目备案书编制上报工作，完成15个乡镇307个行政村927 143条水库移民后扶信息的采集录入工作。

【星火工程演出】 年内，组织市级以上专业文艺院团和本县35支优秀文艺团队演出1 504场，同比增加30%，覆盖全县15个乡镇、376个行政村，受益观众达30万人次。

【群众文化活动】 年内，围绕“建国60周年大庆”主题，策划举办了春节团拜会、元宵节花会展演、次仲杯风筝大赛、第二届农民合唱节、第二届乡村欢乐节、夏日文化广场、戏曲艺术节、国庆游园活动、星火工程演出等活动2 000余场；在23所学校开展“红领巾读书活动”，2万余人次参与。

【公共文化设施建设】 年内，完成文化信息共享工程县级支中心、乡镇基层服务点、行政村基层服务点三级服务网络建设，实现共享工程基层服务点100%全覆盖；完成7个乡镇图书室、5个图书配送点和图书馆少儿科普分中心建设，使乡镇图书配送覆盖率达到100%；完成136家农村数字影厅的新建工程，放映电影15 300场，首次突破万场大关；启动44个村级文化活动室建设工程，推进新农村文化的繁荣发展。

基层组织与民主政治建设

【村级民主政治建设】 继续加大“六议工作法”的推行力度，推行社会中介机构管理村级财务新模式，全县15个乡镇村级财务全部实行资金账目“双托管”。推进村务公开，进一步规范公开内容、明确公开重点、拓展公开形式、落实公开制度。进一步加大党员议事会制度的推行力度，全县363个农村基层党支部全部建立了党员议事会制度。

【优化党组织设置形式】 积极探索灵活多样的党组织设置形式。大榆树镇成立了3个党总支，将镇域内25个行政村党支部分别归入各个党总支进行统一管理，有效整合区域内资源。张山营镇佛峪口村在行政村建立党支部，在自然村建立3个党小组，以党小组为单位组织党员开展活动，发挥党员作用。四海镇积极在农民专业合作经济组织和农业产业链上建立党组织，成立了北京四海种植合作社党支部。

【提高村干部待遇】 年内，进一步健全完善了村级干部保障、激励、约束机制。在执行《村级干部工作报酬管理办法》的基础上，出台了《关于进一步加强村党支部书记队伍建设的意见》，按照各乡镇年度农村劳动力平均收入水平，确定村党支部书记的基本报酬，所需资金列入县级财政预算，新的工作报酬标准自2009年7月1日开始执行。加强绩效管理，对村“两委”主要干部在促进农村发展、加强基层组织建设、维护村级稳定、廉洁勤政等方面的职责完成进行绩效考核，在推动工作的同时，提高了农村“两委”干部的经济待遇。

【农村党员干部现代远程教育工作】 年内，依托“村村通”工程，完成了15个乡镇、376个行政村，共391个农村远程教育终端站点的建设任务。

【新农村建设驻村服务指导暨结对帮扶工作】 年内，制定下发了《关于全面贯彻落实科学发展观进一步做好2009年新农村建设驻村服务指导和结对帮扶工作的实施意见》。选派了105名驻村服务指导队员，加强对各村新农村建设的指导和扶持。共投入和引进资金1 717万元，引进项目15个，提供致富信息220条，为群众办实事520件。

【乡镇政府依法行政工作】 一是总结去年推进乡镇依法行政工作的试点经验，确定永宁镇、康庄镇和沈家营镇为依法行政示范乡镇；二是督促乡镇政府建立并实施行政决策依法审核制度、行政执法责任制等各项制度，并对部分乡镇政府的领导干部和工作人员进行了依法行政基本知识、推行行政执法责任制的培训；三是加强乡镇政府法制机构建设，明确要求乡镇政府法制工作要由政办室承担，并且要有专职的法制工作人员。

【大学生“村官”管理】 年内，全县合同期满大学生“村官”209人，实现就业194人，就业率达到92.8%。当年选聘新“村官”160人。规范大学生

“村官”培训管理工作，抓好“村官”在岗培训、再就业培训及新“村官”岗前培训。健全大学生“村官”工作制度、组建优秀大学生“村官”宣讲团、延庆县大学生“村官”艺术团、创办《大学生“村官”工作动态》，全面推动了大学生“村官”工作。

【“三信工程”建设】 年内，规范程序，严格评审，全县信用户、信用村、信用镇（乡）分别达8 735户75村2乡镇，累计发放小额信用贷款10 007.29万元、6 696户，贷款余额740.5万元，贷款到期收回率达90%以上。

【人大建议办理情况】 人大共收到代表提出的涉农建议38件，于5月20日全部办结。办理结果：A类18件，B类8件，C类12件。

【政协提案办理情况】 政协共收到委员提出的涉农提案13件，于5月20日全部办结。办理结果：A类10件，B类2件，C类1件。

延庆县主要领导人

县委书记　侯君舒
副书记　孙文锴　郭振清
常委　侯君舒　孙文锴　郭振清
胡耀刚　于少东
包喜全（4月免）　孙　强
龚　善（11月免）
武　克（11月免）
盛桂荣（女）　陈合安
王立明（4月任）
甘靖中（11月任）
孟振全（12月任）
县人大常委会主任　赵淑君（女）
副主任　赵振山　侯林兴
白元玺　郭同林（不驻会）
县长　孙文锴
常务副县长　胡耀刚
副县长　于少东（12月免）
甘靖中（2月任）　徐凤翔
李　满　赵志萍（女）
刘　兵（12月任）
县政协主席　赵双利
副主席　宋献坤　谷艳兰（女）
贾晓明
赵淑娟（女，不驻会）（12月免）
杨书海（不驻会）
县纪检委书记　武　克（11月免）
孟振全（12月任）
副书记　朱保安　王永军（女）　韩　策

延庆县乡镇党政正职领导

	党委书记	乡（镇）长
延庆镇	鲁世宽（10月免）	胡玉民（10月免）
	胡玉民（10月任）	闫承发（10月任）
永宁镇	李东升	丁立民
康庄镇	武　岗	闫承发（10月免）
		贺　利（10月任）
张山营镇	王建元	李明海（10月免）
		叶　东（11月任）
八达岭镇	张双锁	齐　虎（10月免）
		卫洪涛（11月任）
旧县镇	张书亭	常迎六
大榆树镇	刘瑞成	梁志杰
沈家营镇	杜义忠	张绍芬（女）
井庄镇	刘永强	赵琳峰
千家店镇	纪文选	黄金龙
四海镇	刘明利	郑玉伶（女）
香营乡	谢　强	朱万富
刘斌堡乡	刘占亮	张合林
珍珠泉乡	刘世记（10月免）	孙　平
	齐　虎（10月任）	
大庄科乡	田全升	胡树森

（延庆县农委　张爱民　贺志鸿）

市农业系统行政、事业单位

中共北京市委农村工作委员会
北京市农村工作委员会

2009年两委机关党委在市委农工委、市农委（以下简称两委）和市直机关工委领导下，以“创新机关党建工作、服务农村科学发展”为主题，在围绕统筹城乡一体化发展，深入学习实践科学发展观、加强思想建设，开展“一进两促一转变”实践活动、加强作风建设和提高党员素质和履职能力等方面，取得了实质性的进展。

主要工作

1.“一进两促一转变”实践活动初见成效。按照两委《关于深入学习实践科学发展观，开展弘扬北京奥运精神、加强领导干部作风建设年活动实施方案》和市直机关工委《关于在市直机关党员干部中广泛开展“进农村、进社区、进企业，促发展、促和谐”活动的意见》的要求，两委机关党委认真组织开展了以“三问”、“三送”、“三学”为主要内容的“一进两促一转变”实践活动。活动中，两委领导干部不仅都以普通党员身份参加各支部活动，而且亲自带队深入基层、深入联系村调研指导。市委农工委书记王孝东同志更是身先士卒、带头参加，亲自动员并为每个支部解决了帮扶资金等问题。支部书记认真组织、精心安排，全体党员投身到活动之中。各支部采取支部结对共建、党员定期轮流入村访户、专人热线联络、专题座谈研讨、单项工作跟踪问效、咨询帮扶、走访慰问、捐资助贫等多种形式和方式，做了大量实实在在的工作，受到联系村党员、干部和农民的欢迎。其中发展规划处支部、村镇处和农建办支部、督察处支部所联系村的村党支部书记和村委会干部主动上门答谢，还送来了锦旗、匾额和感谢信。据不完全统计，两委党员干部深入农村开展各项活动达442人次，提出高质量的意见或建议58条，撰写“我为农民增收献一策”征文10篇，为低收入村（户）提供政策服务31项、技术服务11项，提供项目支持15项、资金支持360万元。村镇处和农建办支部、社会发展处支部、法制处支部以“联系两村”实践活动为内容的党日活动，分别获市直机关“最佳党日活动”一、二、三等奖。活动达到了党员受教育、农民得实惠，增强党性、改进作风、提高能力的预期目的，在积极应对金融危机带来的严峻挑战和全面推动两委各项工作和任务落实过程中，发挥出了党支部的战斗堡垒作用。

2. 学习教育贯穿始终，思想建设不断深化。两委机关党委会同宣传处、干部处、纪工委和监察处等部门，坚持以两委领导班子理论中心组学习研讨带动全体党员干部学习。通过发放学习卡、专家辅导、集中研讨、调研观摩、志愿捐献等多种形式开展思想教育活动。一是围绕形势任务，加强时政理论学习。重点组织学习了党的十七大、十七届三中、四中全会、中央农村工作会议精神和胡锦涛等中央领导同志讲话，以及市委十届二次全会、市委农村工作会和刘淇等市委市政府领导同志讲话精神等十余次；组织了《宏观经济热点问题》、《当前与未来国内外经济金融形势评析》等5个专题的月末专家时事讲座。二是加强党性，开展专题教育。积极配合、认真开展了科学发展观学习实践活动和整改落实“回头看”工作；配合纪工委、监察处开展反腐倡廉教育，组织机关干部参观了北京市反腐倡廉教育基地，看了《警钟长鸣——郭生贵贪污受贿案警示录》等。三是扩大视野，组织观摩调研。3月，组织机关女干部到天津参观了城乡结合部改造、新村建设；4月，组织参观了北京实用人才创业成果暨乡村旅游产品展览；5月，组织参观了第十二届中国北京国际科技产业博览会；9月，组织参观了“辉煌六十年——中华人民共和国成立60周年成就展”。四是开展志愿服务和奉献爱心实践活动。组织了11名党员志愿者，参加“十一”游行观礼活动和庆祝晚会活动期间中心区的戒严协警工作。志愿者们牺牲休息日和观礼机会，徒步进入警戒区，从早6点到晚11点连续十几个小时昼夜值勤，圆满完成协警任务；10月，组织了“共产党员献爱心”集中捐献活动，机关105名党员共捐款21 400元；11月，又组织向灾区捐款8 250元，捐物55件。五是注重阵地建设，加强板报宣传。编发了《加快农村改革　促进农民增收　推进城乡一体化进程——北京市农村工作会议部署2009年“三农”工作》、《加强机关作风建设　推动两委整体工作再上新台阶》、《“十一”寄语：——用可能达到的最高标准衡量我们的工作，以优异的成绩迎接新中国成立六十周年》、《我志愿、我快乐——十一志愿者活动纪实》等多期板报。与此同时还完成了市农业局机关党的关系整建制由市直机关工委转入两委机关党委后的衔接工作，完成了两名预备党员转正和一名预备党员的发展工作。通过多渠道、多形式、多内容的教育活动，坚定了理想信念、增强了党性意识，进一步加深了对学习实践科学发展观和城乡统筹战略实质的理解和把握，提高执行党的路线方针政策的坚定性和自觉性。

3. *机关文化生活更加活跃，服务党员工作更加深入*。两委机关党委工会发挥优势，秉承“健康生活、快乐工作”的服务理念，积极营造和谐健康、文明向上的环境氛围。一是倡导健康文明的文体活动。组织开展了第三届“四季风情——北京新农村映象”摄影比赛，近20人参加比赛、提供反映新农村和“三农”工作的摄影作品37幅；继续推动“健体魄　促和谐　展风采　人人健康行”活动；第二个体育运动兴趣小组——羽毛球运动兴趣小组正式成立；结合春节联欢活动，以“快乐歌唱”为主题，组织了两委第一届歌咏比赛。二是坚持走访慰问工作制度，深化“送温暖”工作。对婚育、嫁娶等及时祝贺，对因病住院同志及时慰问并给予适当补助，探望或慰问机关干部17人次；坚持节日祝福制度。“三八”、“六一”节，给机关女同志及家属、独生子女发送了慰问信；为每一位同志定制了生日蛋糕、送上了生日的祝福；春节期间为全体机关干部送去了贺年卡。通过这些活动，使大家感受到机关大家庭的温暖，感受到组织和领导的关怀，融洽干群关系，提高机关的凝聚力、向心力，促进和谐机关建设。

市委农工委、市农委领导班子成员

市委农工委书记　王孝东
副书记　白仙畔　高　华
委　员　赵根武　张贵忠　朱二宏
张　新　刘春广　陈　涛
康　森
张宏图（2009年12月免）
农村纪工委书记　朱二宏
市农委主任　王孝东
副主任　赵根武　张贵忠　刘春广
陈　涛　康　森
委　员　刘亚清（2009年5月任）
王建中
张宏图（2009年12月任）
郝　霞（2009年12月任）

（王凤楼　李　黎　满　欣）

北京市农业局

概　况

北京市农业局是负责农业行业监督管理的市政府部门管理机构。机关内设14个职能处室和机关党委、老干部处、监察处，机关行政编制99人。局属单位29家，按照单位经费形式划分：行政执法机构1个，参照公务员法管理单位3个，纳入工资规范单位1个，全额拨款事业单位17个，差额拨款事业单位4个，经费自理事业单位3个。内部管理实际为25家。

机构设置

单位名称	地址	邮编	电话
北京市农业局	西城区裕民中路6号	100029	82031800
北京市农业技术推广站	朝阳区惠新里高原街4号	100029	84638460
北京市土肥工作站	西城区裕民中路6号	100029	82078454
北京市种子管理站	海淀区北太平庄路15号	100088	62051552
北京市植物保护站	西城区北三环中路9号	100029	62016348
北京市优质农产品产销服务站	朝阳区安外北苑路88号	100101	64965639
北京市农业物资供应站	海淀区西直门外高梁桥斜街28号	100081	62218570

（续）

单位名称	地址	邮编	电话
北京市农业环境监测站（北京市农业绿色食品办公室）	西城区裕民中路6号	100029	82031875
北京市农业局信息中心	西城区裕民中路6号	100029	82031894
北京市畜牧兽医总站	朝阳区安外北苑路甲15号	100107	84929018
北京市动物卫生监督所	西外上园村甲3号	100044	62248621
北京市兽医实验诊断所	朝阳区慧忠寺96号	100101	64891950
北京市兽药饲料监察所	朝阳区安定门外北苑畜牧服务中心院内	100012	84932317
北京市畜牧业环境监测站（北京市牧草技术推广站）	昌平区府学路19号	102200	69709640
北京市水产技术推广站	朝阳区潘家园华威西里甲48号南楼	100021	87702636
北京市水生野生动物救治中心	延庆县大榆树镇西杏园300号	102100	81198253
北京市渔政监督管理站	丰台区永外西罗园二区23楼二层	100077	67274269
北京市农业机械试验鉴定推广站	丰台区南方庄甲60号	100078	67631575
北京市农业机械监理总站	海淀区复兴路2号	100038	63312505
北京市农业干部培训中心	通州区北大街甲124号	101100	69543168
北京市农业局后勤服务中心	西城区裕民中路6号	100029	82078481
北京市农民体育工作办公室	西城区裕民中路6号	100029	62024158
北京农业杂志社	西城区裕民中路6号	100029	62044255
北京市农业局财务服务中心	西城区裕民中路6号	100029	82085018
北京市农业局老干部活动站	西城区裕民中路6号	100029	82078496

主要工作

年内，面对国际国内农产品市场波动加剧、农民持续增收压力加大、国际金融危机影响加深、极端天气多发频发的严峻形势，北京市农业局干部职工认真贯彻落实市委、市政府的决策部署，坚定农业稳定发展、农民持续增收目标不动摇，齐心协力，扎实工作，全面完成了各项预期目标任务，实现了持续稳定发展。

——农业经济持续增长。全市第一产业增加值完成118.3亿元，按照可比价格增长4.6%，是自2002年以来增长最高的年份。农林牧渔总产值315亿元，按照可比价格增长5.5%。

——粮菜生产稳中有升。全年粮食播种面积22.6万公顷，总产124.8万吨，与上年基本持平。蔬菜播种面积8.6万公顷，总产量39.5亿千克，上市收入46亿元，分别比上年增长2%、1.5%、1.6%。

——畜牧业趋势向好。生猪出栏310万头、家禽1.3亿只、生产生鲜乳70万吨、鸡蛋产量15.5万吨，分别比上年增长5.9%、8.5%、5%、1%；肉类总产量达48万吨，畜牧业产值160亿元，占农林牧渔总产值的50.8%。重大动物疫情继续保持稳定控制状态，实现了零发生。

——渔业持续稳定发展。水产养殖面积0.5万公顷，水产品产量5.4万吨；完成水生生物增殖92.32万千克，比上年增长10%；生产优质观赏鱼2.5亿尾，出口额比上年增长11%；休闲渔业增加值较去年增长20%；鲟鱼、虹鳟鱼苗种生产能力占全国的60%。

——农业机械化步伐加快。全年新增机具16 000余台（套），农机总动力达到275万千瓦，农机装备水平持续提高；主要粮食作物机械化水平超过60%，比上年提高4个百分点，特别是玉米机收率由15%提高到34.6%。

——农产品质量安全水平稳步提高。其中，猪肉合格率连续五年为100%，比2001年提高了22.9个百分点；鸡肉、生鲜乳合格率为100%；蔬菜农残合格率为95%，比2001年提高了35.3个百分点，京郊重点基地监测合格率达100%；水产品中氯霉素监测合格率为100%，比2001年提高了3.3个百分点。

——农民收入较快增长。全市农民人均纯收入达到11 986元，增长11.5%，其中20%低收入农户人均纯收入4 951元，增长11.1%。

年内，农业经济保持了良好发展势头，为“保增长、保民生、保稳定”作出了积极贡献。主要农产品供给充足、价格基本平稳，为应对国际金融危机冲击、保持首都经济平稳较快发展奠定了物质基础；农民收入持续增长，为增加农村消费和扩大内需创造了重要条件；农民生活不断改善，为维护首都社会和谐稳定大局发挥了重要作用。

年内，主要做了以下工作：

1. *力保实现“三个安全”，圆满完成了国庆保障任务*。第一个是农产品质量安全。加强监管，国庆期间共检测定点供应企业样本382批次，供应农产品总量达1 663.4吨，做到了一级保障区域供应农产品质量安全万无一失。初步构建了市、区县、乡镇三级农产品质量安全监管体系；深入开展了种植业产品、生鲜乳、饲料、兽药及兽药残留、水产品、认证产品、农资打假七项“专项整治行动”和批发市场的质量安全专项工作，认真落实标准化管理、投入品监管、质量追溯等六大措施，农产品质量安全水平得到稳步提升。第二个是动物疫病防控安全。加强综合防控，做到了国庆期间重大动物疫病零发生，圆满完成了国庆庆祝活动期间鸽子禁飞任务。落实强制免疫措施，全市累计免疫口蹄疫656.7万头次、高致病性禽流感1.1亿只次、高致病性猪蓝耳病296.9万头次，建立了免疫保护屏障；强化疫病监测，全市共采集样品39.1万份，开展实验室检测98.6万份次，排查了疫病风险；坚持疫病净化，逐步建立了无疫群体；主动出击，积极开展甲型H1N1流感防控，全年未发生重大动物疫情。第三个是农机生产安全。深入开展“创平安农机，促安全生产”主题联合行动，严格排查事故隐患，全市农机生产事故比上年下降了73%，农机安全生产保持了零死亡指标。

2. *着力推进产业发展，促进了农业增效和农民持续增收*。强农惠农政策力度进一步加大。落实能繁母猪补贴资金2 500万元、生猪和奶牛良种补贴资金872万元、优质后备母牛补贴资金3 000万元、种粮补贴资金3.39亿元、农机购置补贴资金1.135亿元。畜牧产业持续发展。积极调整养殖方式，大力推进健康养殖、绿色养殖、科学养殖，加快规模化、标准化养殖步伐。三聚氰胺事件后，奶牛入区养殖比例达到98%以上。新建生态肉禽养殖标准舍300余栋，肉禽规模养殖比重达到95%，新发展10万平方米发酵床生态猪舍。龙头企业发展壮大，品牌效益显著提高。其中以顺鑫鹏程、北京二商等为代表的生猪屠宰加工企业年屠宰生猪超过900万头，以三元奶业和伊利、蒙牛、光明为代表的乳品加工企业年加工乳品85万吨，以双大、华都肉鸡为代表的肉禽产业屠宰能力增加6 000万只，改造47个蛋鸡规模企业，形成了以德青源、百年栗园等为代表的鸡蛋生产企业龙头。籽种产业稳步提升。编制了《北京种业发展规划》，实施品种更新换代工程，全年实现种业收入12.8亿元，增长17%。观光休闲农业发展迅速。市级民俗旅游村达到167个，接待户1.4万户，农业观光园发展到1 294个。观光采摘接待人次1 597万人次，实现总收入15.24亿元，分别比上年增加6.6%、16.6%。会展农业、创意农业取得新发展。成功举办了第七届中国花卉博览会和第十七届北京种子交易会，成功申办2012年世界草莓大会和2014年国际种子联合会年会，会展经济得到积极培育。其中，第十七届北京（丰台）种子交易大会的企业总数达803家，交易范围从种子扩展到农业投入品，交易品种5 000余个，交易额达5.2亿元，较上届增加2.2亿元，增长73%。与农业部乡镇企业局联合举办“中国创意农业（北京）发展论坛”，引起良好的社会反响。到年底，全市已形成20多种创意农产品、113个创意农业园，举办了60多个农业节庆活动。

3. *强化农业基础建设，拓展了都市型现代农业的实现途径*。制定并实施了《都市型现代农业基础建设及综合开发规划》。一期工程拟利用4年时间，投资46.41亿元，全力打造8万公顷高标准农田。2.2万公顷年度建设任务现已全面落实。大力推进10万亩高产创建活动。规模粮经产业示范效果显著，小麦示范方单产比全市平均水平高28%，玉米示范方单产比全市平均水平高64.5%。6月底，郭金龙市长在农业局报告中批示：“高产创建示范方利国利民效果好。望继续努力，加强服务，推动技术组装、配套、落实，取得更大实效。”加快实施了《设施农业发展规划》。全年新增设施农业2 867公顷，全市设施农业占地面积达到1.88万公顷。设施农业实现销售收入33.9亿元，同比增长20.4%。在其他产业增长缓慢的情况下，设施农业在一产增加值的份额提高了4个百分点。继续推进新农村可再生能源“三起来”工程建设。新增沼气和生物质气化集中供气村44个，新建村级太阳能公共浴室301座，太阳能热水器5.4万平方米。农村能源建设已累计形成年节约与开发45万吨标准煤的能力，每年可减少CO_2排放120万吨，减排二氧化硫、氮氧化物等空气污染物和可吸入颗粒物1.8万吨。进一步强化了动植物疫病防控体系建设。投资约7.6亿元的《北京市动物防疫体系建设规划》全面启动，重大植物疫情阻截带建设一期工程顺利进展。

在都市型现代农业深入发展的过程中，总结、形成了华都峪口产权农业模式、大兴区规模设施农业模式、德清源循环农业模式等具有首都特色的都市型现代农业10种发展模式，为首都农业发展提供了有益借鉴，拓宽了发展渠道。

4. *大力发展生态农业，加快了农业发展方式的转变*。北运河治理工作进展顺利。完成规模养殖场粪污处理与资源化利用工程168处，推广测土配方肥3.2万吨、有机肥近6万吨，实施了生物防治、物理防治和精准施药 8 333 公顷，累计减少 COD 排放近万吨。裸露农田治理力度加大。完成京津风沙源治理近 2 000 公顷，有效抑制了沙尘和浮尘的发生。保护性耕作和秸秆综合利用成果得到巩固。实施土壤深松作业 1.2 万公顷，6 个农业机械化示范园区试点建设初见成效。渔业生态价值显著放大。全面推进渔业水域增殖放流工作，全市放流水生生物 2 323.6 万尾，消耗水体中氮 157.5 吨、磷 40.5 吨，有效控制和降低了全市水源区水质的富营养化趋势。

5. 强化农业服务保障，提高了现代农业的服务水平。农业科技支撑服务不断完善。以果菜、生猪、观赏鱼三大产业为试点，组建了现代农业产业技术体系创新团队，开办农民田间学校 481 所。在 48 个低收入村开展设施农业科技入户工程，建立 10 个示范基地，开展 25 个优良品种和 11 项先进技术示范。选取 294 个示范村和 347 个规模养殖示范场开展百村百场科技入户工程，主推高产品种 102 个，主推高效、安全、精养技术 101 项，培训农民 15 392 人次，辐射带动农户近 3 万户。农业行政执法力度加大。深入推进“绿剑护农”和各类专项整治，全市各级农业部门共出动执法人员 7.8 万人次，组织执法活动 2.3 万次，查办案件 1 740 件，涉案金额 841.3 万元，挽回农民经济损失 1 000 多万元。信息化建设成效显著。初步研究制定农业局电子政务五年规划，确立内涵式发展的战略；以“12316”农业服务热线为代表的信息服务迈上新台阶，提供信息咨询近 5 万次，比上年增加 32%；业务报表系统、资源目录建设、金农工程成为系统应用三大亮点。积极应对极端天气，最大限度地减少灾害损失。春耕及入冬以来，本市分别遭遇了冬春连旱、低温雨雪天气，全局上下各单位、各部门采取了建立工作机制、实施部门联动、提出应对措施、制定工作预案、加强督导服务、促进恢复生产等有力措施，有效减轻了灾害对农业生产的影响。

6. 围绕中心、服务大局，思想政治建设和党风廉政建设进一步加强。抓党建、打基础，党的思想理论武装、基层党组织建设、制度建设与作风建设进一步强化。巩固科学发展观成果，围绕领导干部作风年建设，在全局党员干部中深入开展了“进农村、进市场、进企业、促发展、促和谐”活动，激励引导广大党员干部坚定理想信念，心系人民群众，服务基层，服务农村的自觉性，增强了“立党为公、执政为民”的意识。以庆祝建党 88 周年为契机，大力表彰先进，确保了服务国庆 60 周年各项任务的完成。加强党组织建设，发展党员 20 多名，预备党员转正 18 人，为党组织吸收了新鲜血液。扎实开展“迎国庆、讲文明、树新风”活动和以“城乡携手、共建文明”为主题的社会主义新农村建设结对帮扶活动，精神文明建设得到了加强。选干部、配班子，处级领导班子和干部队伍推动科学发展的水平进一步提升。全局共调整和提拔任用干部 49 名。通过干部调训、自主培训、在线学习等多种形式，进一步增强了干部队伍的凝聚力和战斗力。明职责、促改革，事业单位人事制度改革进一步深化。制定了全局岗位设置实施办法、任职条件等指导性意见，21 家局属事业单位岗位设置管理工作全面完成。进一步推进聘用合同与岗位设置、绩效考核与绩效工资的改革深化工作，考评聘用了 24 名推广研究员和 37 名“双肩挑”人员。聚人才、建队伍，全局系统人才队伍建设进一步加强。全年共录用应届大中专毕业生 32 人，制定了农业局高级人才培养办法，有 6 人获得了优秀人才培养资助，完成了两批“人才京郊行”工作。重教育、抓预防，党风廉政建设和反腐败工作扎实有效。层层分解任务，认真自查自纠，党风廉政建设责任制全面落实。深化党风廉政教育，通过理论学习、参观教育基地、立足构建思想防线、听取报告等多种形式，构建了坚实的反腐倡廉思想防线。加强惩防体系建设，推行廉政风险防范管理，试点工作成效明显，源头治理工作进一步强化。

与此同时，各项综合管理、后勤保障以及工会、老干部、共青团、信息宣传等工作均取得了新的成果。

学会、协会

登记证号	社团名称	业务主管单位	会长	电话	地址	邮编
0010022	北京艾维茵肉鸡协会	农业局	尹彦勋	62029651 60431003	马甸桥北华严北里甲 1 号	100029
0010027	北京市农机流通协会	农业局	王祖南	63260787	宣武区广外红居南街 1 号	100055
0011041	北京市新能源与再生能源协会	农业局	高振南	82078421	西城区德外裕民中路 6 号	100029
0011282	北京外贸菜蔬协会	农业局	闫洪泉	69102441 69102051	延庆东外大街 25 号	102100
0011283	北京谷物协会	农业局	李继扬	84635681	朝阳区市农业技术推广站内	100029

（续）

登记证号	社团名称	业务主管单位	会长	电话	地址	邮编
0011324	北京设施农业协会	农业局	沈　瀚	67697320 67634525	丰台区南方庄甲 60 号	100078
0011370	北京种子协会	农业局	刘　杭	62365472	海淀区北太平庄路 15 号	100088
0011369	北京市中药材种植业协会	农业局	周春江	84635681 61786343	朝阳区高原街 4 号	100029
0011394	中国农业大学北京校友会	农业局	江树人	62373203 62376382	海淀区清华东路 17 号	100083
0011402	北京畜牧业协会	农业局	尹彦勋	62211790	海淀区西直门外上园村甲 3 号	100044
0011431	北京市渔业协会	农业局	穆晓萍	87702636	朝阳区潘家园华威西里甲 48 号南楼	100021
0011530	北京小动物诊疗行业协会	农业局	刘　朗	84929032	北京市朝阳区安外北苑路甲 15 号	100107
0011532	北京兽药行业协会	农业局	江厚生	84929023/24	朝阳区安外北苑路甲 15 号	100107

市农业局党政领导班子成员

局　　长　赵根武
副 局 长　刘亚清　沙松平　吴宝新　王振邦
　　　　　尹幼奇（2009 年 2 月免）
　　　　　马荣才（2009 年 1 月任）
总农艺师　郑　渝
副巡视员　黄灿然
局长助理　任宗刚
党组书记　赵根武
副 书 记　刘亚清
成　　员　沙松平　吴宝新　王振邦　金兴利
　　　　　郑　渝（2009 年 10 月任）
纪检组组长　金兴利

（黄生斌）

北京市气象局

概　　况

北京市气象局实行中国气象局和北京市人民政府双重领导管理、以部门领导为主的管理体制，是中国气象局的下属机构，又是北京市政府的工作部门。主要职责和服务任务是负责北京市行政区域内的气象工作，履行《中华人民共和国气象法》和气象主管机构的各项职责。承担北京地区气象监测任务，制作和发布北京地区天气预报和灾害性天气预警，参与政府气象防灾减灾决策和规划计划编制；组织合理开发利用和保护气候资源，开展气候变化研究和决策服务；开展气象科学研究；制定北京气象事业发展规划；负责北京地区气象灾害防御和人工影响天气工作。

北京市气象局又是中国气象局华北区域气象中心，区域范围包括北京、天津、河北、山西、内蒙古五省（自治区、直辖市）的气象部门，根据授权承担该区域内气象业务技术协调和指导、科研组织、技术支持及业务培训等工作。

北京市气象局内设 10 个机关处室、8 个直属事业单位，下设 14 个区（县）气象局，代管北京市人工影响天气办公室、北京市避雷装置安全检测中心；北京气象学会、北京减灾协会挂靠北京市气象局。

北京气象工作面向首都经济社会发展需求，以科技为支撑，紧紧围绕城市防灾减灾、水资源、能源、交通、城市生态环境建设与保护等重点领域，全力为首都经济社会发展、人民安康福祉、重大活动提供服务保障。

机 构 设 置

市气象局机关内设机构 10 个：办公室（应急管理办公室、行政管理处）、应急与减灾处、观测与预报处、科技发展处（气候变化处）、计划财务处、人事处、政策法规处（雷电防护管理办公室）、监察审计处（与党组纪检组合署办公）、机关党委办公室（精神文明建设办公室）、离退休干部办公室。

局直属事业单位 8 个：市气象台（市决策气象服务中心）、市气候中心（卫星遥感应用中心）、中国气象局北京城市气象研究所（北京城市气象工程技术研究中心)、市气象科技服务中心（市专业气象台)、市观象台、市气象信息中心（市气象档案馆)、市气象局大气探测技术保障中心（市气象技术装备中心)、后勤服务中心（财务结算中心)。

单位名称	地址	邮编	电话
北京市气象局	海淀区紫竹院路44号	100089	68400858
北京市气象台	海淀区紫竹院路44号	100089	68400581
北京市气候中心	海淀区紫竹院路44号	100089	68400552
中国气象局北京城市气象研究所	海淀区北洼西里55号	100089	68400745
北京市气象科技服务中心（专业气象台)	海淀区紫竹院路44号	100089	68400562
北京市观象台	大兴区亦庄北口	100176	68400731
北京市气象信息中心	海淀区紫竹院路44号	100089	68400527
北京市气象局大气探测技术保障中心	海淀区北洼西里55号	100089	68714282
北京市气象局后勤服务中心	海淀区紫竹院路44号	100089	68400808
北京市人工影响天气办公室	海淀区紫竹院路44号	100089	68400745
北京市避雷装置安全检测中心	海淀区北洼西里55号	100089	68420719

人员构成

年内全市气象部门在编职工562人。其中参照公务员管理55人，事业单位管理人员和专业技术人员467人，工人40人。学历结构：大专以上445人，占全部在职职工总数的79.2%；博士28人、硕士94人、本科生189人、专科生134人、中专以下117人。职称结构：具有专业技术职务人员504人，占全部职工总数的89.7%，其中研究员1人、正研级职称13人、副高级职称116人、中级职称186人、初级职称188人。

主要工作

全年全市气象工作的总体思路和要求是：以邓小平理论和“三个代表”重要思想为指导，深入贯彻落实科学发展观，全面贯彻党的十七大和十七届三中全会、中央经济工作会议、中央农村工作会议精神以及胡锦涛总书记等中央领导同志一系列重要讲话精神，坚持面向民生、面向生产、面向决策，强化公共气象服务，狠抓气象防灾减灾和应对气候变化工作落实，加快建设气象现代化体系，秉承奥运精神，固化、深化奥运气象服务成果，全力以赴做好首都国庆60周年庆典活动气象服务保障工作。在更新更高的起点上，开创首都气象事业科学发展新局面，为建设“人文北京、科技北京、绿色北京”作出新贡献。

1. 圆满完成国庆气象服务保障任务。5月31日，市政府成立首都国庆60周年北京市筹备委员会气象服务组。在市委市政府和首都中华人民共和国成立60周年庆祝活动北京市筹备委员会领导下，市气象局作为筹委会气象服务组综合协调和主要核心执行小组的承担单位，同时作为中国气象局明确的国庆60周年气象服务保障责任主体单位，承担首都国庆60周年阅兵、游行、晚会、游园等大型活动、城市运行及历次排练、预演等气象保障服务任务。

在国庆活动的筹备服务和演练期间以及实战保障期间，面对服务保障要求高、范围广、时间长、气象要素多和演练频次密集等难点，组织和协调，部队、武警、公安、民航等部门大力支持，广大干部职工发扬奥运精神，全力以赴，以精准的预报、优质的服务，圆满完成了4次演练和国庆期间的预报服务、人工影响天气、天安门核心区域、公园系统防雷保障工作、国庆专业气象服务等气象保障任务。期间，提供国庆气象服务专报461期，其中包括中短期预报服务产品183期，群众游行分指演练服务专报42期，晚会演练服务专报80期，国庆决策气象服务专报和天安门地区预报139期，国庆彩车组装制作专项气象服务专报98期，国庆游园专报2期，国庆公众气象服务专报20期，其他演练专报5期，并提供了现场气象服务保障。在演练和国庆庆典活动中，人工影响天气空中探测和作业累计飞行90架次，飞行时间约195小时，播撒吸湿性催化剂64吨。在延庆、海淀、房山、昌平分指挥中心的37个地面作业点进行火箭消减雨作业，累计发射专用火箭1 101枚。此外，顺义区气象局经过精心的筹备和前期大量服务准备工作，为第七届中国花卉博览会提供了优质的气象服务保障。

国庆气象服务保障整体实现了“用智慧书写历史、用科技创造纪录、用忠诚回报祖国”的目标和理念。国庆气象服务保障呈现5个亮点：天气预报精细准确、跟进服务及时周到、干预应对务求实效、演练保障视同实战、体制机制充分发挥。国庆60周年气象服务用户满意度达到97%，气象服务工作得到了党中央、国务院和北京市的高度评价，气象服务组被北京市委、市政府和市筹委会授予首都中华人民共和国成立60周年庆祝活动筹办工作“最佳服务保障奖”。市气象局获得市农委新中国成立60周年气象保障服务专项奖励。

2. *开展人工影响天气作业*。在人工增雨抗旱减灾和改善生态环境工作中，面对京郊出现春季旱情，首次在2月份提前启动飞机、火箭增雨作业，有效缓解了春季旱情。年内，继续实施飞机增雨作业，租用安-26型飞机在2月份进行紧急抗旱增雨作业，汛期使用运-12型和夏延-ⅢA型飞机进行人工增雨作业。3架作业飞机累计实施飞机增雨9架次，合计25小时31分，其中运-12作业5架次，燃烧烟条59根；夏延-ⅢA作业2架次，燃烧烟条25根；安-26作业2架次，播撒液氮约800升。年内开展火箭、高炮、高山地基增雨作业共1 180点次，发射增雨火箭440枚，发射炮弹445发，燃烧碘化银烟条5 289根。其中延庆、昌平、密云、平谷和海淀5个区县开展火箭增雨作业35日258点次，发射增雨火箭440枚，高炮增雨作业8日37点次，发射炮弹445发。在延庆、昌平、海淀、房山、门头沟、石景山、密云和平谷8个区县山区开展高山地基碘化银燃烧器增雨（雪）作业39日次885点次，燃烧碘化银烟条5 289根。在怀柔、延庆、昌平、密云、门头沟等区县增设了12部摇控无人值守高山地基碘化银发生器进行增雨（雪）作业试验。实施《密云、官厅水库汇水区人工增雨应急方案》，开展京冀联合增雨作业29点次，发射增雨火箭93枚。据专家评估报告，5—9月人工增雨作业使密云、官厅、白河堡3座水库增加入库水量达1 016万立方米，约占总来水量的12%。在延庆、昌平、海淀和平谷4个区县开展防雹作业15日，发射防雹炮弹5 136发，作业保护区内基本没有出现灾情。

3. *加强农业生产气象保障服务*。年内在做好农业防灾减灾和关键农时的农业气象保障服务中，与市农业局、市统计局联合召开春秋农业生产分析会，商讨分析并提供生产决策参考；在春耕春播期间和抗旱服务中开展墒情、旱情监测，提供旱情跟踪监测分析及天气趋势预报；制作24期农业气象服务专刊，与市农业局合作制作5期电视节目，发布病虫害气象条件预报，通过电视、电话、短信等发布麦收和干热风天气滚动预报，雪灾及冬小麦冬灌气象条件预报等。开展了设施农业和特色农业气象服务，通过短信、邮件为各区县蔬菜及农作物服务中心和种植大户提供2 000余条次气象预警和农业生产提示，得到广大农民朋友的好评；开展了森林生态系统、农业高产创建项目的气象服务工作，其中高产创建项目服务三天滚动天气预报服务12万人次，预测产品信息35期，地面监测产品信息40期。进行农业气候条件分析服务，发布小麦、玉米及全年粮食作物产量预报。为市农委、农业、园林系统共100多位用户提供了旱情气象服务信息。同时，各区县气象局积极为当地农业做好服务，密云开展的针对农民专业合作社的气象服务、平谷国际桃花节气象服务、昌平的“一花三果”精品特色农业服务等为农服务的新举措，使得农业气象服务扎实有效。

4. *决策气象服务和公众气象服务*。年内在首都决策和公众气象服务工作中，坚持“一年四季不放松，每次过程不放过”的要求，发扬北京奥运精神，准确预报出每个重大天气过程，针对出现的干旱、大风、冰雹、暴雨、降雪、雾霾等关键天气，及时向决策部门、城市运行有关部门、社会公众等发布预报预警，共发布灾害性天气预警信号68次，为政府部门指挥防灾减灾和应急联动提供了第一手气象决策信息。其中为北京市第十三届人民代表大会第二次会议、春运、全国“两会”、上海世博会倒计时一周年暨计时牌启动仪式、第十二届中国北京国际科技产业博览会、千台万人乒乓球展示活动、鸟巢足球赛、十七届四中全会、中央经济工作会等20余项重大社会和体育活动提供了优质的气象服务保障。除去日常气象预报服务外，在北京电视台增加了每日4次实时天气播报；开发了数字化、精细化城市交通气象服务产品，且延伸到华北地区。供暖气象节能技术融入市政府供暖改造中，作为示范直接参加了市发改委的延庆供热改造专项。加强与市公安局合作，及时提供不利于一氧化碳扩散的综合气象条件的监测预报服务。向公众推出“腹泻病气象指数”服务项目，为疾病预防提供专门的服务。设在专业气象台的全市区域短信发布系统经过进一步健全和完善，年内覆盖了二环、三环、四环、五环、各地铁沿线、高速路、长安街等62个重点区域，清明节期间发送文明祭扫和交通疏导应急预警短信，国庆前夕发送公众出行提示短信等，年内累计发送短信315万余条，在城市应急保障中发挥了作用。巩固了气象应急反恐处置队伍，发挥气象在应急反恐中的作用，年内，组织应急气象保障应急处置演练4次，参与北京市应急反恐演习6次，参加了国庆60周年庆祝活动反恐办联勤指挥和现场气象保障服务，气象应急服务在城市运行管理中发挥出重要作用。为城市运行和市民福祉安康提供的各类气象服务保障有力，气象服务公众满意度达到98%。

5. *气象业务与现代化建设*。年内在加强公共气象服务系统建设方面，开展决策气象服务平台一期建设，优化和完善公众气象服务平台，改进了区域短信预警平台，加快建设公共气象服务共享产品库；在全国气象部门率先完成省级天气网站“北京天气网”建设；建成了数字高清气象服务电视演播系统并在国庆节前播出。

年内在预报预测服务系统建设中，继续改进完善气象精细化预报服务系统，完成了短时临近交互预报系统（VIPS2.0）升级；改进了强对流天气自动临近预报系统（BJ－ANC）、快速更新同化和循环预报业务系统（BJ-RUC）；开展了 MICAPS3.0 和灾害性天气临近预报业务系统（SWAN）的试用，开发了气象信息分析与会商系统；改进短时预警预报工作平台，增加卫星实时动画、自动站实时监控、多部风廓线，区域自动站实况统计、报警功能；改进和升级交通气象预报与服务系统，建立了《北京地区道路气象信息服务系统》和华北区域交通气象预报与服务平台；开发小区域气象信息分析与会商系统。

在信息网络通信系统建设方面，成功将局域网主干网络的通信带宽从千兆提升为万兆，为全局气象业务发展提供了更快捷的平台。对 UPS 主机房和信息监控室与人影指挥中心进行了现代化升级改造，全局实时监控系统经调试并投入运行。

在气象综合观测系统建设中，年内完成了上甸子本底站温室气体在线观测系统的安装、调试和运行，数据采集率和传输率均在 99%以上；完善了北京周边地区雷达等资料信息共享工作，实现区域 6 部雷达的组网拼图，为中南海架设了 7 要素自动站；在南郊观象台等 4 站新安装了全天候自动观测雨量计等设备，开展降雪加密观测；完成 40 个自动气象站、10 个道路气象站、14 个 GPS/MET 站的建设任务；北京市域内道路自动气象监测站数达到 71 个，其中与市交管、路政部门实现道路气象监测信息实时共享，实现了与交管局 12 个站、路政局 31 个站的道路气象实时监测信息共享，共享监测信息已在业务和科研中得到应用；与市信息办、交管局实现道路视频监控信息预约共享，可适时了解恶劣天气与道路实况信息；与路政局合作实现利用道路电子显示屏适时发布气象预报预警信息；与水务局、防汛办实现防汛信息联动及雨量数据统一。车载 X 波段双线偏振多普勒天气雷达（CLC-12 型天气雷达）和气象应急指挥车通过业务验收。各类观测系统业务运行稳定，高空探测无错情，综合探空高度平均为 38 039 米，雷达测风高度平均为 36 690 米。地面自动站错情率为 0.03‰。

9 月上甸子区域大气本底站科研业务楼正式开工建设；年前市气象档案平谷分馆通过验收。

6. 积极应对气候变化。积极参与北京市应对气候变化工作，作为市应对气候变化及节能减排工作领导小组的核心成员之一，结合城市节能减排需求，向市政府提出了《关于在供暖工作中进一步推广气象节能服务的建议》。参加了《北京市应对气候变化方案》的编写工作，从气象角度提出了具体的应对建议和措施。牵头完成了《北京市主体功能区规划》专项《北京市主体功能区应对气候变化政策研究》的编写工作；为开发利用清洁能源，完成了 4 座测风塔建设及市太阳能资源的评估工作；积极参加第三次世界气候大会文件筹备工作，提出了“气候和可持续发展的城市”预案。

积极开展应对气候变化的研究和应用服务工作。完成了华北区域气象台站资料均一化方法的选取和调试，完成代表站选取和温度资料的均一化工作；参与市规委《北京市城市雨水排除规划设计标准研究》，为修订北京城市雨水排除标准提供参考；完成了《华北地区极端气温、降水的时空变化规律》、《北京西北周边地区植被格局优化配置及其与气候关系问题研究》等课题；完成了大同经济开发区、北京朝阳垃圾填埋场、兰州城市规划气候环境、宜宾城市规划工业区布局、临汾城市发展影响评估分析报告；完成了《CBD 东扩气象环境背景支撑》气象可行性论证；完成了《气候变化对北京市水资源的影响评估报告》；利用近 50 年北京气候资料及城市人居环境状况，分析了气候变化对城市能源、电力需求、城市人体健康以及城市气象灾害的影响评估。

7. 科研教育取得新成果。年内新申报《城市群复杂下垫面陆面和边界层物理方案的研发与业务应用》、《北京奥运会天气预报技术成果在上海世博会中的推广应用》等 14 项省部级科技创新课题，获得财政部、科技部、国家自然基金、市科委、北京自然基金立项实施，全局在研科研项目达到 36 项。

《三位变分资料同化和数值预报技术的联合研究》、《非静力中尺度数值模式的高频噪声控制和初始化方法研究》等 6 个课题通过验收。年内一批课题成果推广到上海世博会气象预报、广州亚运会气象预报以及山东和陕西、深圳等省市气象服务中应用。

由多单位协作的科技部科技攻关计划《奥运气象保障技术研究及应用》获得 2009 年度国家科技进步二等奖；国际科技合作重点项目《北京 2008 年奥运会国际天气预报示范计划支持技术研究》获得 2009 年度北京市科技进步三等奖。

由北京市人工影响天气办公室研发的“碘化银丙酮溶液地面燃烧装置及其燃烧方法”和中国气象局北京城市气象研究所研发的观测花粉“一种花粉影像数据分析方法和系统”获得国家发明专利。市人工影响天气办公室研发的“易种吸湿性暖云催化剂的输送装置”以及退休气象职工周名扬的“空气造水机”获得国家实用新型专利，分别被国家知识产权局授予发明专利证书和实用新型专利证书。

全年科技人员发表科技论文约 150 余篇，其中 SCI17 篇、EI1 篇、核心期刊 25 篇。

年内在职职工参加 20 学时以上培训 2 537 人次，其中送中国气象局培训中心和有关职能司培训 73 人次、研究生课程进修班 6 人、出国学习培训 24 人、外送非气象部门培训 49 人次、各职能处室和直属单位自行组织培训 994 人次、区县气象局自行组织培训 1 391 人次。14 个基层台站均制定了学习制度、设立学习室并配备了远程培训设备。

学历教育送学 13 人，其中博士生 2 人、本科生 8 人（含外聘 4 人）、专科生 3 人（含外聘 1 人）；博士研究生毕业获得博士学位 1 人，硕士研究生毕业取得硕士学位 2 人，本科毕业 11 人，1 人取得学士学位，专科毕业 4 人。

8. 气象法规建设与依法行政。在全年依法认真履行防雷、放球等社会管理职责中，完成防雷工程专业资质评审18件、防雷装置设计审核与竣工验收500余件、防雷产品备案45家企业共300多个型号。依法履行施放气球安全管理职责，全市审批施放气球活动900余次，完成30家公司放球资质的评审延续工作。与北京市公安局治安管理总队进行了联合执法检查，全市共开展各类执法检查500余次，避免和减少因雷电、施放气球等造成对国家财产和人民生命的损害，严格贯彻执行首都国庆期间“禁飞”要求，确保了国庆期间的防雷和施放气球安全。

年内气象标准化工作取得新进展。制定下发了《北京市气象局关于加强气象标准化工作的实施意见》。组织制定的北京市地方标准《建筑物电子系统防雷装置检测技术规范》经北京市质量技术监督局批准发布，8月1日起实施。申报北京市地方标准二类研究项目《长城游览区雷电防护技术规范》，获市质量技术监督局批准立项。

为纪念《中华人民共和国气象法》颁布10周年，召开了法制工作座谈会，6月举办了市气象局和华北区域气象中心气象法律法规知识竞赛活动、依法发展气象事业专题图片展览等系列宣传活动，取得了良好的宣教效果。

9. *开放与交流*。年内组织召开了北京2008年奥运会天气预报示范和研究开发计划第四次国际研讨会，全面总结WWRPB08 FDP/RDP项目的执行情况以及后续工作计划。选派科技管理人员41人次赴美国、加拿大、澳大利亚、英国、日本、韩国等12个国家和地区进行交流合作，继续与美国国家大气研究中心等科研机构就城市气象、短时临近预报系统等方面进行合作交流，派出科技人员参与其工作；接待了俄罗斯、美国、韩国、泰国等9个国家29位相关领域专家参观和交流工作，其中俄罗斯国家水文气象局2名人工影响天气专家参加了国庆期间北京人工消（减）雨以及消雾技术指导工作，进一步推进了气象科技国际合作与交流。

10. *人事机构改革与培育人才*。年内按照中国气象局《省（区、市）气象局内设机构调整方案》精神，对局机关内设机构及职能分工进行了调整，变更部分内设机构的名称，取消业务处，增设应急与减灾处、观测与预报处、科技发展处为科技发展处（气候变化处）、人事教育处更名为人事处，对调整后内设处室主要职责均做了相应调整，强化了部门的社会管理和公共服务职能，应对气候变化工作职能，进一步理顺了各处室其他管理职责分工。同时完成了事业单位岗位设置和人员进岗工作。

年内选拔、调整交流处级干部19人，制定和修订8项人事人才管理办法，面向全国气象系统组织进行了北京城市研究所所长竞争上岗工作，结合国庆气象服务等组织业务科研骨干交流共15人次；2人参加东西部人才对口交流；1人获北京市委组织部“优秀人才培养”专项经费资助；1人入选北京市科委“科技新星计划”人选。

11. *区域中心工作*。5月，中国气象局北京区域气象中心更名为中国气象局华北区域气象中心；年内以华北区域内在需求为基础，以重大活动和项目为纽带，积极开展区域气象部门合作，在信息保障、区域联防、人影作业等方面协同配合，圆满完成国庆服务保障和区域内各项服务任务。加强了区域气象科技产品和信息共享，VIPS系统已在区域内推广应用，通过华北区域探测资料综合显示系统（RDAD）将BJ-ANC和BJ-RUC的业务产品在区域内实现了实时共享。牵头华北区域气象部门、高校以及科研院所结合公益性行业专项、国家科技支撑项目以及气候变化专项课题等，组织华北区域各省市气象局启动了气候变化专项《华北地区气候变化影响评估报告》编制；开展区域应对气候变化和大气成分影响评估研究工作。在区域内气象业务技术交流中，召开区域气象服务产品共享平台项目研讨会，夏季在华北区域范围内进行了环北京夏季暴雨适应性观测试验，试验成果为中国参加THORPEX国际科学计划提供了试验示范。12月，组织举办了首届华北区域气象行业重要天气预报技能竞赛，促进预报人员业务素质和基本技能的提高。

12. *精神文明建设*。年内在党的建设和精神文明建设中，深入推进全市气象部门反腐倡廉建设，在年初进行的市局和直属单位学习实践科学发展观活动总结测评中，群众满意度达到100%，并对各区县气象局第二批学习实践活动单位加强工作指导。开展了“弘扬奥运精神，加强领导干部作风建设年”活动和党风廉政教育月活动，对市局机关党委机构进行了换届工作。积极推进廉政风险防范管理试点工作，加大预防腐败的力度，加强机关作风建设，不断深化局务公开和廉政文化建设，评选出13件“计算机屏幕保护廉政文化优秀作品”。在内部审计工作中加强了对领导干部经济监督，保障了项目和工程建设顺利实施。

学习贯彻党的十七届四中全会精神，积极组织开展创建学习型组织活动，开展了“共产党员献爱心”捐款活动和送温暖活动，组织党员开展“三进两促”活动，帮助群众办实事，与房山区佛子庄乡结成“对口帮扶共建新农村”结对单位。建党节期间对一批先进党支部、优秀共产党员和优秀党务工作者进行了表彰，开展了“迎国庆、讲文明、树新风”活动，举办了“祖国在我心中”廉政文化作品展、“我与气象30年”征文、华北区域气象部门优秀廉政文化书画作品巡回展览等丰富多彩的活动。举办庆祝建国60周年歌曲演唱会，组织职工参加全民健身日和参观中华人民共和国成立60周年成就展，举办春季运动会、夏季游泳赛、冬季保龄球比赛等丰富多彩的职工文化体育活动。年底前《北京市基层气象台站简史》由气象出版社出版发行。

劳动节前夕，市气象台首席预报员孙继松获全国五一劳动奖章；市局大气探测技术保障中心检定所、北京市气象台决策服务中心获得“全国工人先锋号”称号；市局信息中心技术保障部被市总工会授予北京市“工人先锋号”称号。9月，市人工影响天气办公室常务副主任张蔷被全国妇联授予“全国三八红旗手”荣誉称号。市局离休干部冯崇益、退休干部李国富获得“全国气象部门离退休干部先进个人”荣誉称号。

市气象局在2009年全国气象部门综合考评中获得“特别优秀单位”。

学会、协会

登记证号	社团名称	业务主管单位	会长	电话	地址	邮编
0010262	北京气象学会	北京市科学技术协会	李泽椿	68400820 68400804	海淀区气象局办公楼412、海淀区紫竹院路44号	100089
0010834	北京减灾协会	北京市科学技术协会	夏占义	68400821	海淀区紫竹院路44号	100089

市气象局党政领导班子成员

党组书记　谢　璞
成　　员　王建捷　邓北胜　王迎春
　　　　　胡　荷（2009年1月免）
　　　　　冯继超（2009年1月任）
局　　长　谢　璞
副 局 长　王建捷　邓北胜　王迎春
局纪检组长　胡　荷（2009年1月免）
　　　　　冯继超（2009年1月任）
巡 视 员　胡　荷（2009年1月任）
副巡视员　王玉彬（2009年1月任）

（曹冀鲁）

北京市农林科学院

概　况

北京市农林科学院是一所承担农业应用基础、应用及开发性研究、农业高新技术研究、农业科技成果转化等任务，学科齐全、设备先进、学术水平较高、产业能力较强，为北京农业发展提供强有力科技支撑的地方综合性农业研究机构。现占地87公顷，各类建筑物近30万平方米，资产总值近10亿元。下设蔬菜研究中心、林业果树研究所、畜牧兽医研究所、植物保护环境保护研究所、植物营养与资源研究所、农业科技信息研究所、农业综合发展研究所、农业信息技术研究中心、农业生物技术研究中心、杂交小麦研究中心、玉米研究中心、草业与环境研究发展中心、水产科学研究所和农产品质量检测与农田环境监测技术研究中心等14个科学研究机构；拥有4个国家级工程技术研究中心、4个农业部资源圃及原种基地、5个农业部高技术实验室及中心、8个北京市高技术实验室和专业研究中心。目前，全院从业人员1 730人，其中专业技术人员912人，高级技术人员282名，博士（后）189名，硕士287名；院内建有博士后工作站1个，博士生培养点5个，硕士生培养点7个。

机 构 设 置

北京市农林科学院直属单位

单位名称	办公地点	邮编	联系电话
蔬菜研究中心	海淀区曙光花园中路9号	100097	51503032
畜牧兽医研究所	海淀区曙光花园中路9号	100097	51503351
林业果树研究所	海淀区香山瑞王坟甲12号	100093	62591506
植物保护环境保护研究所	海淀区曙光花园中路9号	100097	51503330
植物营养与资源研究所	海淀区曙光花园中路9号	100097	51503325
农业科技信息研究所	海淀区曙光花园中路9号	100097	51503304
农业综合发展研究所	海淀区曙光花园中路9号	100097	51503310
玉米研究中心	海淀区曙光花园中路9号	100097	51503404
农业信息技术研究中心	海淀区曙光花园中路11号	100097	51503423
农业生物技术研究中心	海淀区曙光花园中路9号	100097	51503293

（续）

单位名称	办公地点	邮编	联系电话
杂交小麦研究中心	海淀区曙光花园中路9号	100097	51503104
草业与环境发展研究中心	海淀区曙光花园中路9号	100097	51503297
水产科学研究所	丰台区永外角门路18号	100068	67586098

主 要 工 作

1. 科技产出水平显著提高。年内，市农林科学院获得省部以上科技奖励23项，包括国家科技进步二等奖2项，《白菜高效育种技术研究及春夏秋播系列配套品种的选育和推广》项目获得农业部神农中华农业科技一等奖；审定、认定、鉴定品种39个；获得专利授权37项、植物新品种授权8项、新兽药证书2个；新产品登记5项、基因登记34项、软件著作权160项；撰写各类行业标准15项；核心期刊以上杂志发表论文627篇，其中SCI和EI53篇，出版专著33部。

2. 科研竞争实力进一步增强。年内，市农林科学院新落实项目72个，其中新上973、863、国家科技支撑等一批国家级重大课题35项。在国家转基因重大专项申报工作中，生物中心、玉米中心等单位获得3个项目资助；“国家农业智能装备工程技术中心”建设工作已争取到了科技部的立项支持，并得到北京市批复。积极参与北京市“现代农业产业技术体系北京市创新团队”建设，在先期启动的“果类蔬菜”、“生猪”、“观赏鱼”三个团队中，有7位专家分别进入3个创新团队。

3. 学科发展重点进一步明确。年内，市农林科学院全面启动了科技需求调研活动，组织开展了以“重新认识首都‘三农’，推进城乡一体化”为主题的大讨论活动，进一步明确了首都农业对科技的需求，梳理了各学科主攻方向和基本定位，提出了全院重点学科领域建设方案。

4. 国际交流与合作内容日益丰富。年内，接待来自美国、丹麦、澳大利亚、以色列等20多个国家的外宾66个团组156人次；举办学术交流和学术报告近50场；派出27个团组62人次赴国外开展合作研究、参加国际会议；举办、协办了4个国际会议和研讨班；争取科技部、农业部等部委国际合作项目8项。

5. 科技服务工作开辟新局面。年内，市农林科学院围绕市委、市政府关注的农业热点问题，加强基地建设，加快成果转化，深化科技合作，科技服务工作开辟出新局面。①加强基地建设，促进科技成果转化。“新农村建设科技涌泉能力提升项目”实施3年来，整合了全院8个所、中心的资源，采用了专家督导机制和技术集成、联合攻关、兵团作战的工作模式，在33个基地集成示范了新技术102项、新品种133个、新产品16种，推广面积达8.92万公顷，取得了显著的经济和社会效益。②为政府部门提供优质高效服务。一是“221农业信息平台”建设取得重大阶段性进展。通过挖掘多个农业管理部门对于“221信息平台”的实际需求，新研发出430个基本功能，形成138个专题、240个信息图层和100多个非图形数据层，可为政府、企业、农民和市民提供查询、分析、决策等服务。二是完成了农村党员干部现代远程教育市级平台建设工作，平台具备了10大功能，拥有1 300小时的视频课件资源，在郊区建成远程培训站点4 233个。三是配合市科委开展了都市型现代农业海外留学创业园、籽种交易中心、国家现代农业创新示范园建设的策划工作。主动参与了籽种产业、农产品安全、设施农业、农产品加工、新农村环境和新能源6个科技创新服务联盟的策划工作。四是为筹办“第七届世界草莓大会”确定了学术委员会名单、大会主题、会标和网站，邀请德国、意大利和西班牙等国的专家来华考察交流；开展了新品种的脱毒快繁研究，在京郊推广、示范自主培育的草莓新品种300多栋温室、大棚。③科技合作工作进一步深化。启动了与大兴区第三期院区科技合作，实施了以设施蔬菜、高品质西瓜和肉鸽为重点内容的科技合作项目，将院区合作推上新台阶。为体现“保增长”，进一步加强了与企业的技术对接。在市科委的支持与帮助下，与京粮集团签署科技合作协议，共同建设北京粮油食品产业研发基地，构建新型产学研科技合作新机制，保障北京粮油食品安全。与朝阳区政府合作，举办了“北京市第三届中国金鱼、锦鲤大赛暨鉴赏会”，该院参赛鱼荣获锦鲤组40部综合组总冠军。与承德市政府签订了《市院发展战略合作协议书》，重点围绕蔬菜、食用菌产业科技提升，开展科技合作，为当地引进、示范玉米、草莓、杏、冷水鱼等新品种，丰富了农产品市场、增加了农民收入。与内蒙古农牧业科学院签署工程咨询合作协议，搭建两院成果转化平台，进一步拓宽工程咨询的业务范围；在呼伦贝尔等地推广具有自主知识产权的自动机械化卷帘保温被等产品，示范、推广8种作物20余个优质、高产、抗病新品种，显著提高了当地蔬菜科技含量和市场竞争力。④科技培训成效显著。组织全院有关专家在京郊及周边地区，开展蔬菜、林果、植保土肥、小麦玉米等技术培训263期，培训人员近3万人次。年内，北京市农村党员干部现代远程教育平台围绕设施农业技术、有机蔬菜栽培管理等科技需求热点，组织专题科技培训24次，有效服务了农业生产和新农村建设。

6. 科技产业发展稳步推进。年内，市农林科学院科技型企业充分发挥科技优势，抢抓机遇，广泛合作，建立、完善和落实相关激励考核办法，实现了较好的经济效益。在面临宏观经济低迷、市场竞争日趋激烈等困难的情况下，种业公司生产销售玉米种子258万千克，京研益农销售蔬菜种子35万千克，全院科技企业仍然实现产值、利润稳步增长。

7. 人才队伍建设步伐加快。一是组建创新团队，提升创新能力。紧紧围绕都市型现代农业发展和新农村建设的重大需求，组建了22个所级科技创新团队并获得资助；依托科研项目和重点学科，集成蔬菜研究中心、农业信息技术研究中心、植物营养与资源研究所和植物保护环境保护研究所的科技资源组建了设施农业院级科技创新团队；在项目申报、财政专项、各类人才工程、人才引进、职称评定等方面给予政策倾斜。二是完善激励机制，优化人才成长环境。聘任汪懋华等三位院士为市农林科学院顾问；4人享受2008年政府特殊津贴；2人分别获得中国青年科技奖、北京青年科技奖；22人获得北京市科技新星和优秀人才专项资助；招收11名博士后进站开展研究，出站5人；与北京农学院就2010年联合培养研究生达成协议，23名专家被聘为硕士生导师。在专业技术职务聘任工作中，有9人晋升为研究员，23人被聘任为副高级职称，并向推广一线科技人员倾斜，其中聘任了1名推广研究员、5名高级农艺师、工程师和兽医师。按照《人才培养与奖励办法》，对获得省部以上科技奖励、选育出新品种、取得专利、发表高水平论文和在郊区开展科技服务等方面做出突出成绩的270人，给予一定物质奖励，进一步调动了科技人员的积极性。

8. 党建与精神文明建设保障有力。①以“增强科技创新能力，提升科技支撑水平，促进都市型现代农业发展”为主题，广泛开展了深入学习实践科学发展观活动。全院各基层党组织、各级领导班子紧紧围绕主题认真组织学习研讨，深入开展调查研究、开展解放思想大讨论，查找分析领导班子在贯彻落实科学发展观上存在的突出问题，形成调研报告37篇，进一步明确了院所发展思路和科研方向。②全面完成了对基层领导班子、领导干部任期考核、考察工作，及时配好配强基层领导班子。进一步加大干部培训力度，促进了领导干部思想政治素质和理论水平的提高。顺利完成了副局级后备干部和优秀年轻处级干部的民主推荐工作，注重加强对年轻干部的实践锻炼。③在“平安北京”建设中，充分发挥基层党组织保发展、维稳定、促和谐、增活力的作用。全院各基层党组织在迎接新中国成立60周年工作中，大力弘扬北京奥运精神，强化大局意识、责任意识和奉献意识，引导党员职工在维护稳定、促进和谐、综合治理等方面，做到矛盾纠纷有人解，重要部位有人看，突出问题有人管。基层党组织的战斗堡垒作用和共产党员的先锋模范作用得到进一步发挥。④认真抓好党风廉政建设责任制的落实和考核，进一步做好廉政风险防范管理工作的前期准备。组织各级领导干部参观北京市反腐倡廉法制教育展，强化党员、干部的纪律意识和法制观念。加强对院所相关项目招投标工作的监督，从源头上杜绝一切可能出现的漏洞。⑤以迎接新中国成立60周年为契机，进一步推进精神文明建设。深入开展“迎国庆、爱党、爱院、立足本职作贡献”主题系列教育实践活动。组织全院职工参加市科委等6家单位联合组织的“欢歌迎国庆，科技铸辉煌”首都科技界红歌演唱会。积极开展送温暖活动、学雷锋义务服务活动。认真贯彻《全民健身条例》，组织职工参加登山比赛等各种文体活动，把思想教育和文化建设融为一体，进一步提升了全院的文明程度。

学会、协会

登记证号	社团名称	业务主管单位	会长	电话	地址	邮编
0010257	北京农学会	北京市科学技术协会	陶铁男	51503204 51503241	海淀区曙光中路9号，市农林科学院	100097
0010591	北京蔬菜学会	北京市科学技术协会	许勇	51503200	海淀区曙光中路9号，市农林科学院蔬菜研究所	100097
0010277	北京昆虫学会	北京市科学技术协会	高希武	51503688	海淀区曙光中路9号，市农林科学院植保与环保研究所	100097
0010192	北京食用菌学会	北京市科学技术协会	王贺祥	51503437	海淀区曙光中路9号，市农林科学院植保与环保研究所	100097
0010738	北京土壤学会	北京市科学技术协会	李保国	68463917 51503739	海淀区曙光中路9号，市农林科学院营养与资源研究所	100097

（续）

登记证号	社团名称	业务主管单位	会长	电话	地址	邮编
0010265	北京作物学会	北京市科学技术协会	李云伏	51503241	海淀区曙光中路9号，市农林科学院作物所留守处	100097
0011456	北京农业信息化学会	北京市科学技术协会	赵春江	51503593	海淀区曙光中路11号，市农林科学院信息中心，农科大厦A座311室	100097
2000-03	北京畜牧兽医学会小动物分会	北京市科学技术协会	王金洛	51503671/210	海淀区曙光中路9号，市农林科学院畜牧兽医研究所	100097
3531-4	中国畜牧兽医学会禽病分会	中国科学技术协会	周蛟	51503678/677/355	海淀区曙光中路9号，市农林科学院畜牧兽医研究所	100097
	中国园艺学会草莓分会	中国园艺学会	张运涛	82598882	海淀区香山瑞王坟甲12号，市农林科学院林果所	100093
	中国园艺学会樱桃分会	中国园艺学会	张开春	82596007	海淀区香山瑞王坟甲12号，市农林科学院林果所	100093
0010070	北京水产学会	北京市科学技术协会	殷守仁	67586268	北京市丰台区角门路18号，北京市农林科学院水产所	100068
社政字第3755-13号	中国水产学会观赏鱼分会	中国水产学会	苏建通	61786877	北京市昌平区小汤山镇中心街155号	102211
0010329	北京微生物学会兽医专业委员会	北京市科学技术协会北京微生物学会	张培君	51503455	海淀区曙光中路9号，市农林科学院畜牧兽医研究所	100097
0011586	北京农产品质量安全学会	北京市科学技术协会	王纪华	51503405	海淀区曙光中路9号，市农林科学院信息中心，综合楼508	100097

市农林科学院党政领导班子成员

党委书记　秦树福
党委副书记　李云伏　王　丽（女）
纪委书记　肖　兰（女）
院　　长　李云伏
副 院 长　程贤禄（正局）　王金洛　唐桂均
　　　　　苏建通　孙宝启（2009年12月任）
党委委员　喻　京（女，正处）　赵春江（正处）

（郭建强）

北京市农村经济研究中心

主 要 工 作

一、全面完成了各项业务工作任务

1. *推动农村改革发展研究，取得了一批新的研究成果。*市领导和农委委托的四项重点调研任务和中心安排的各项重点调研任务全部按时完成。共完成调研成果35项；形成发表调研报告、调研文章和各种学术会议交流论文50余篇；正式出版研究成果、专著6部。已完成的研究成果2/3是市委市政府领导机关委托的调研任务，研究领域、内容进一步拓宽。研究成果为领导机关提供了决策支持并受到课题委托单位的好评。多项成果得到市领导的肯定和批示，其中刘淇同志批示2件。

2. *农村改革和集体经济发展取得新成绩。*农村土地承包纠纷仲裁和农地流转信息平台建设稳步推进，乡村集体经济产权制度改革加速实施，全市全年完成改革单位310个，累计完成改革单位812个。开展了6期乡村集体经济产权制度改革培训，共培训改革村党支部书记和新型集体经济组织董事长660人。创新合作机制，加快合作社立法指导，扶持推进农民专业合作社健康发展。全市农民专业合作组织发展到3 409个，同比增加1 324个，增长63.5%，带动农户数达到郊区从事一产农户的66%。加强集体资产管理和审计监督，促进农村党风廉政建设。制定下发了《北京市农村集体经济合同管理办法》，建立了村级重要经济事项招投标管理制度，组织对554名村干部和8 229个单位进行了经济责任审计和财务审计，审计资金总额834亿元。查出违纪违规单位51个，违纪违规金额985万元；查出损失浪费金额358万元，促进增收节支306万元。建立健全财务制度，农村财务管理工作进一步规范。全市已有12个区县173

个乡镇对3 799个村实行了"村账托管"，有7个区县19个乡镇对62个村实行"村账双审"制度，3 967个村建立了民主理财小组，占全市总村数的97.7%。全市采用计算机进行会计核算的村达到3 550个，占全市总村数的89.2%。全年培训财会人员49 312人次，有166人取得农民技术职称；农村统计分析工作和减轻农民负担工作也得到了显著加强。

3. *农村信息化工作进一步加强*。"221行动计划"信息平台建设取得重大阶段性成果。研发了基本功能430个，面向政府、企业、农民、市民四类用户，可以更好地提供查询、分析、决策等项服务。"北京市村庄规划管理地理信息系统"包括了586个村的村庄规划成果、10个远郊区县以及全市3 658个行政村的区县村庄体系规划成果。"农村实用人才系统"等一批核心业务应用系统逐步投入应用。农口综合信息平台网站服务能力明显提高，在政府信息公开、在线服务、精品农业等方面大力开拓创新，采集、编辑、发布农村劳动力就业、农民增收等政策和动态信息2万多条，总的页面浏览量约2 000万人次。为郊区农民专业合作组织、农产品加工龙头企业和农业标准化生产基地发布各类农产品供求信息4 000多条，并通过农业部中国农业信息网、市政府《首都之窗》网站同步共享发布。新建农村"数字家园"200个，全市农村"数字家园"建设总数达到824个，覆盖全市20.9%的行政村，使"数字家园"成为农民的"良师益友"和农民致富的"加油站"。"北京移动农网"建设进一步加强，全年发布各类实用短信1 000多万条，在防范流行病、开展农民就业培训、服务农民生活以及宣传奥运会、花博会等重大活动中发挥了积极作用。完成搭建北京市农地流转信息平台的任务。认真做好建国60周年市农委系统信息网络安全工作，保障了各项信息工作顺利安全开展。

4. *资源区划和观光休闲农业发展取得新进展*。配合农委、市政管委等部门成功举办了全市农村垃圾分类工作现场会，推动了垃圾源头分类工作在全市的开展。配合市农委举办了第四批观光园的评审活动，开展了第四批北京观光农业示范园评定工作，举行了颁牌仪式。举办了第四届凤凰乡村游活动启动仪式，副市长夏占义等多位领导参加了启动仪式。京郊发展凤凰乡村游特约商户2 855户，布放POS机3 600台，带动约1 400万人次赴京郊刷卡消费，累计引领23亿元城市资金到农村地区。参与了市农委举办的"北京农季系列活动"，促进了京郊农产品生产和销售的对接和都市型现代农业的发展。组织郊区民俗旅游户参加了农业部举办的民俗旅游培训班。

5. *编刊、史志、培训工作取得新发展*。出色完成了《北京农村经济》的编刊工作。积极配合两委中心工作，编辑完成了《都市型现代农业典型模式》及《农村集体经济产权制度改革》专刊。正式出版了《辉煌2008——北京郊区党建优秀征文集》；完成了从创刊至2008年度《北京农村经济》文档数字化工作，并以电子版的形式登陆中心网站，实现了刊物由文本存档向电子存档的跨越。加快并提高了《北京农村年鉴》编撰进度与质量。完成了《北京农村年鉴2008》的出版和《北京农村年鉴2009》的编撰出版工作，实现了时间早、编排新、特色明、内容全。编辑了《2008年调研文集》。筹备第二轮北京农村经济综合志的修志工作。开展了与农村实用人才相关的培训工作和组建全市农村实用人才协会的前期筹备工作。

二、较好完成了几项重点工作

1. *筹备了乡村旅游产品展示推介活动*。受市委农工委委托，筹备了奥运鸟巢庆典广场成功举办的"北京市农村实用人才创业成果暨乡村旅游产品（手工艺品）展示推介活动"，对京郊观光农业和乡村旅游的资源介绍起到了推动作用。此项活动从准备到召开历时4个月，牛有成常委、夏占义副市长等领导出席了开幕式，近30家媒体进行了相关报道。牛有成常委曾两次批示给予肯定。

2. *承办了中国创意农业（北京）发展论坛*。此次论坛有力宣传了创意农业的理念，总结了郊区创意农业发展的典型经验，深入探索创意农业的理论，进一步加强了与国内外同行的联系与学术交流，取得了积极的成果。中心为会议撰写提交的《创意农业的定义、与观光休闲农业的关系及其他》、《国内外发展创意农业的模式与经验借鉴》和《密云"紫海香堤"创意农业发展模式》3篇论文，被《中国创意农业（北京）发展论坛论文集》收录，在创意农业发展理论和实践上做出了有价值的探索创新。拍摄了《创意农业春潮涌动》幻灯片，宣传了郊区农村创意农业的成果。组织西南五区县举办了区域发展论坛。完成了市委农工委委托的《北京市农村产权制度改革》和《北京市农村合作经济组织建设》两部"北京市农村党员干部现代远程教育课件"。

3. *组织开展"四个一"系列活动*。为总结宣传新中国成立60年来、特别是改革开放30年来北京郊区发生的巨大变化和成就，中心组织开展了纪念新中国成立60周年"四个一"系列活动。①组织召开纪念庆祝新中国成立60周年暨北京市农村改革发展座谈会，中央单位、市属单位和区县的老领导及优秀农民代表50多人出席。座谈会观点摘要在《农村工作通讯》杂志上刊登，部分专家文章被《前线》杂志选登。②中心与《前线》杂志社合作，以《乡村巨变——新中国成立60周年北京新农村建设巡礼》为题，开辟专栏，宣传了60年来北京郊区经济社会发展的成就。③配合市农委组织并完成了《新中国成立60周年成就展农业农村专题展》活动的相关工作，形象、直观、生动地反映了北京农业农村所取得的巨大成就。④编写新中国成立60年京郊"三农"工作大事记。本次纪念新中国成立60周年系列活动中，中心各部门积极配合、踊跃参加，进一步扩大了中心在社会中的知名度和影响力。

三、工作创新成效显著

1. *经管工作产生新亮点*。积极探索建立合作社评价指标体系和操作规程，与中国工合国际委员会合作开展了“农民专业合作社阶梯式评估”（DLA）示范项目研究工作。在部分区县选择10个合作社进行试点，完成了“DLA试点终期评估报告”，对评估农民专业合作社规范化发展水平起到了重要促进作用。创新合作社发展模式，指导昌平区组建“北京昌农联农产品专业合作社”，对合作社联合经营进行探索实践。推广昌平区实施在线审计的经验和农村集体经济在线审计系统的应用。同时，为及时反映金融危机下郊区农村经济的发展情况，加大了农经数据的统计上报频率，将农村经济收益分配表由半年报改为季报，并对其中的主要指标实行月报制度，满足各级领导及时了解、掌握农村收益分配有关数据和科学决策的需求。

2. *农村信息化创新取得新成绩*。探索信息标准化管理工作，制定了《农村基础信息数据元》，在市质量技术监督局专家审查会上，该系列标准得到专家高度评价。开展了以“221信息平台”资源台账为基础的《北京市农业信息代码标准》研究制订工作。此项研究从北京农村实际需求出发，为建立一套层次清晰、应用便捷合理的农业信息编码标准体系提供了重要基础。在信息技术应用创新方面，北京市农地流转网建设制定实施统一的技术规范标准，市级平台与区县级平台实现了网站名称和域名规则统一、网站标识统一、原始表单统一，确保了系统结构和数据科目的全市统一，实现了市级平台和区县平台的信息转入转出，通过数据库完成自动实时交换、共享使用。在涉农信息资源共建共享方面，通过对现有大量信息资源进行梳理利用，建立了部门业务目录、信息资源目录、信息资源需求目录、政府信息公开目录和网上公共服务目录等多项查询目录并及时更新。

3. *资源区划和协会工作创新取得新发展*。北京市第四届“凤凰乡村游，体验新农村”活动在三项亮点活动形式和内容上有新的创新和发展：①在整合资源方面，定制发行了凤凰乡村游春夏秋冬精品线路有奖明信片；开展了凤凰乡村游进百家社区活动；选择百家精品特约商户，推出“凤凰乡村游，特惠游京郊”主题活动，吸引了更多市民关注郊区、深入郊区、享受郊区。②推进农村金融支付环境建设，打造京郊旅游流和资金流一体化新平台。启动了“万村千乡”市场工程。③加大持卡人到郊区消费奖励力度。引导1 000万人次城区居民到农村休闲消费，陆续举办“积分奖励”、特色采摘游、经典线路评选等活动。

4. *加强学术研讨与交流*。举办了5期学术报告会。一方面，请中心内部学科带头人结合年度重点研究课题，开展专题交流；另一方面，发挥专家顾问及中心特约研究员作用，结合郊区经济社会发展的热点、难点问题组织专题报告会，使中心研究人员丰富了知识，开阔了思路，提高了素质，也促进了中心内部的合作研究，提升了整体研究水平。组织专题考察交流活动。年初，中心组织中层以上干部到全国统筹城乡综合配套改革试验区重庆、成都两市进行考察，深入了解两市破解城乡二元结构，推进城乡一体化建设的做法和经验，对进一步贯彻市委十五届五次、六次全会精神，解放思想，转变观念，更加牢固地树立城乡一体化的发展理念，坚定深化体制改革、促进城乡统筹的信心起到了积极作用。受市台办委托，中心与北京市城郊经济研究会作为主办单位之一，成功承办了第十二届京台科技论坛·农业合作分论坛工作。此次农业专题交流主题突出、形式创新、务求实效，共签署了4项京台农业合作项目，在加强京台农业合作、构建两地现代农业的高端融合机制、延伸农业合作的产业链、挖掘京台在多功能农业上的合作潜力等多方面取得了实质性进展。积极开展了农业项目海外推介活动。组织参加第六届日本（韩国）企业北京发展研讨洽谈会首届农业专场交流活动，通过周密策划、专题发言和推介活动，使双方企业项目对接收到了很好的效果，有力促进了中日、中韩农村经济的交流与合作。组织中心人员参加了多次国内外各种学术交流会议和活动，开阔了眼界，启发了思维，拓展了合作，促进了研究工作深入开展。

5. *中心联系点工作取得新加强*。对顺义北郎中村联系点在原有服务内容的基础上，新支持建设了视频监控系统，加强了生产环节的监控，促进了工作规范。对门头沟区西马各庄村帮扶工作向全镇扩展，帮助联系落实了该镇组织村书记外出参观学习等活动。对石塘路村联系点所在镇开展帮扶工作，与密云县农委、石城镇合作，为该镇完成了“密云县石城镇经济社会发展战略研究”调研报告。

学会、协会

登记证号	社团名称	业务主管单位	会长	电话	地址	邮编
0010325	北京市城郊经济研究会	农研中心	赵树枫	64866072	朝阳区北沙滩7号院3号楼	100192
0011244	北京市农产品产销信息协会	农研中心	冯乐平	89288556	大兴区庞各庄镇西四各庄村	100085
0011364	北京观光休闲农业行业协会	农研中心	贺东升	64866037	朝阳区北沙滩7号院3号楼	100192
0011424	北京农史研究会	农研中心	焦守田	64866078	朝阳区北沙滩7号院3号楼	100192

市农研中心党政领导班子成员

党组书记　焦守田
成　　员　贺东升　张秋锦　王瑞华
　　　　　席承奉　曹四发
　　　　　吴志强（2009 年 2 月任）
纪检组长、机关党委书记　王瑞华
主　　任　焦守田
副 主 任　贺东升　张秋锦　席承奉
　　　　　吴志强（2009 年 2 月任）

（农研办）

北京农业职业学院

概　　况

北京农业职业学院设有 10 个教学系部（新设食品与生物工程系）及北苑、清河 2 所分院，设普通高职专业 36 个，成人高等教育专业 8 个，普通中职专业 20 个。

教职工总数 918 人，其中，专任教师 419 人，“双师型”178 人；兼职教师 125 人，“双师型”76 人；教职工中具有副高以上职称的 169 人，中级职称 369 人；专任教师中具有研究生学历或硕士及以上学位的 115 人。

在校生 6 666 人（普通专科 4 334 人、成人专科 879 人、普通中职 1 453 人），毕业生 2 567 人（普通专科 1 407 人、成人专科 102 人、普通中职 1 058 人），招生 2 193 人（普通专科 1 623 人、成人专科 234 人、普通中职 336 人）；高职毕业生初次就业率 99.72%，一次签约率 93.99%，中职毕业生就业率 95.1%。下属北京市农村广播电视学校开设 14 个专业，学生总数 10 341 人，招生 4 445 人，毕业 2 658 人。学院全年累计开展各类农民培训 42 691 人次。

学院总占地面积 84.6 万平方米，总建筑面积 27 万平方米，绿化用地面积 19.7 万平方米。固定资产总值 3.86 亿元，其中，教科仪器设备资产 6 928 万元。图书馆建筑面积 6 631 平方米，藏书 44.4 万册（电子图书 3 438GB）。全年教育经费投入 24 465.72 万元，其中，国拨 20 777.2 万元，自筹 3 688.52 万元。

机 构 设 置

单位名称	办公地点	邮编	联系电话
北京市农村实用技术服务中心	北京市房山区长阳镇稻田南里 5 号	102442	80358899 - 221/217
北京市农业广播电视学校（北京市农民科技教育培训中心）	北京市房山区长阳镇稻田南里 5 号	102442	80358899 - 543/661
北京市委农工委党校	北京市海淀区香山普安店 29 号	100093	82595027
北京市职业教育研究所	北京市房山区长阳镇稻田南里 5 号	102442	80358899 - 326

主 要 工 作

北京农职院全体教职员工在院党委的正确领导下，深入贯彻落实科学发展观，锐意进取，克服金融危机等不利因素的影响，圆满完成了全年主要工作。

一、精心组织，求真务实，学习实践科学发展观活动有序开展

按照中央和市委的统一部署，北京农职院于 3 月 13 日正式启动学习实践科学发展观活动。活动历时 6 个月，按照“党员干部受教育、科学发展上水平、人民群众得实惠”的总体要求，围绕“坚持科学发展、突出办学特色、创建全国示范校、服务新农村建设”的主题，深入动员，科学筹划，周密部署，扎实推进，全院 18 个基层党组织、765 名党员参加活动，取得明显成效。

学院始终坚持将实践特色贯穿活动全过程，注重统筹兼顾，做到学习和工作两促进，按时、按质完成了 3 个阶段 6 个环节的主要任务，研究制定了包含 54 个项目的整改落实方案，分阶段进行整改提高，得到市委指导检查组的充分肯定。

二、落实责任，突出重点，示范校建设扎实推进

2009 年是北京农职院建设国家级示范校的攻坚之年，学院在人才培养模式创新，课程、团队和基地建设等方面取得了阶段性成果。

*1. 创新形成“植物生长周期循环式”、“岗位轮动式”、“质量过程控制式”人才培养模式。*园艺专业依据植物生长物候期，以典型工作任务为核心，构建了基于工作过程系统化的课程体系；畜牧兽医专业结合专业特点，构建了由平台课程、岗位核心课程、拓展课程组成的岗位化课程体系；绿色食品生产与检验专业以质量控制为出发点，构建了从田间到餐桌，以全程质量控制为主线的课程体系。

*2. 以专业核心课程建设为重点，大力推进国家、北京市、学院三级精品课程建设。*学院正在承担 1 门国家级精品课、8 门市级精品课建设任务，

并启动了第二轮教改立项的13门院级精品课程建设。

3. 实训基地建设稳步推进，校中有场、场中有园的职教特色更加凸显。示范校任务书中包含的9个基地建设项目中，园艺专业彩色苗木繁育中心、病虫害综合防治中心初具规模，牧医专业现代化种禽繁育中心、宠物驯养中心改建方案已通过论证，动物胚胎移植技术应用中心、动物医院进入实质设计阶段；绿检专业食品安全检测中心建设方案已通过专家论证；中央财政资金设备招投标准备工作已完成。

4. 以提高课程开发能力、专业实践能力为重点的师资队伍建设效果明显。园艺、牧医、绿检3个专业创新团队建设成效显著，其中，园艺专业创新团队即将结项，成果突出，在北京市首批25个专业创新团队中居于前列；牧医专业创新团队进入验收期，成效显著，在第二批专业创新团队中处于领先水平；绿检专业创新团队进入建设期，各项工作稳步推进。借助教师培训基地建设项目，学院加强骨干教师与青年教师培养，通过教师国内外培训、企业实践以及组织青年教师教学技能比赛等，进一步提升了专业教师的教学、实践能力。

5. 以示范专业建设带动学院专业建设水平整体提升。出台《示范校建设院级支持专业建设方案》，拨专款设立院级支持专业建设项目。

三、深化教学改革，打开教育教学工作新局面

北京农职院坚持以专业建设为核心，巩固和加强教学工作在学院各项工作中的中心地位，教学改革成果丰硕。

1. 全年完成12.9万学时教学任务，547名任课教师（含外请）人均承担教学工作量236学时，全院生师比进一步下降至10.95∶1。

2. 按照“建设有标准、过程有检查、验收有依据”的管理思路，完成了2005年设立的5个院级重点专业评估验收，完成3个新增专业申报和1个专业更名，并新增2个成人专业。

3. 启动2009—2010年度教学改革，完成2个市级教改项结题目验收，省部级教育教学成果实现零的突破。

4. 国际交流与合作办学加速发展，全年共有14批49人次国外高校等机构访问团来院交流访问，派出15批44人次出国考察培训；中英、中加合作办学招生122人，选派38名学生出国参加职业教育交流项目；先后与德国、澳大利亚、加拿大、荷兰等国院校签署职业教育合作项目协议。

四、转变观念，突出亮点，科研与“三农”服务工作稳健发展

北京农职院注重调动系部、教师两个主体的积极性，结合学院与郊区发展的实际，创新机制，改进管理，提升服务，在服务“三农”发展、服务学院发展、服务教师发展方面进行了丰富、扎实、有效的实践。

1. 全年科研与“三农”服务项目立项数达到103个，项目经费300万元，成为“十一五”期间立项最多、经费支持最多的一年。

2. 改进挂职服务考核、管理工作。挂职人员与系部共同合作开展各类调查研究、技术指导、咨询培训服务项目30项，形成调研报告和论文40篇，联系建立产学研基地10个，为挂职单位引进新技术、新品种20余项，组织开展形式多样的实训、实践活动，培训技术员和农民1 000余人。探索出生态养殖、温室立体套种、奶牛系列服务等一批具有典型意义的技术推广、示范项目。

3. 新型农民培养工作上规模。农广校系统发挥体系优势，招生4 432人，完成5 000人的学历教育；开展初、中、高、技师4个等级25个工种5 000人次的取证鉴定；完成1万名农村劳动力转移培训和3万名农民实用技术、绿色证书培训。城近郊区来京务工人员的学历教育市场也得到新的开发。

4. 科研与“三农”服务社会声誉不断提升。年内，学院共获教学教育成果、科研成果、论文、科技进步奖、技术推广奖等奖项44项；有20多名专业技术工作者被镇、村、农民合作社聘为专家或顾问，有2名教授获得科技部颁发的“科技特派员”荣誉证书。学院制作的《心系京郊大地、科学引领发展》“三农”服务工作专题片纳入市农委学习实践科学发展观宣讲交流专题活动内容；中央电视台对学院的温室枇杷、生态养猪及奶牛性控技术推广等进行了专题报道，获得社会好评。

五、其他重点工作情况

1. 完成计划内招生2 049人，并首次在京外招生81人，生源质量稳步提高。

2. 超额完成就业工作任务。年内共有毕业生2 156名，其中普通高职毕业生1 414名，中职毕业生742名。高职毕业落实就业去向1 410名，毕业生初次就业率99.72%，签约率93.99%。

3. 完成2.2万平方米基建修缮任务。重点基建项目包括：南北校区餐厅装修改造，南区教学1号楼抗震加固，培训中心、畜牧楼、电教楼装修改造工程，浴室、超市、污水处理工程建设。

4. 将清河、北苑分院名称分别调整为机电工程学院、国际教育学院，进一步明确发展定位，培育发展潜力。

5. 产业部门开源节流，充分开发院内资源，全年实现总利润2 300万元。

6. 构建预防为主、防治结合的防控体系，建立三级疫情应急响应预案，完成1 518人次疫苗接种，确保甲型N1H1流感不扩散。

7. 以“歌颂伟大祖国、弘扬爱国精神、展示学院风采、凝聚激励人心、促进科学发展”为主题，制定了“新中国成立60年校园宣传方案”，高质量完成相关活动，收到良好效果。

北京农业职业学院党政领导班子成员

党委书记　崔砚青
院　　长　王振如
副 书 记　党　明（兼纪委书记）　刘福田
副 院 长　李俊英　周广和　杜保德
　　　　　王晓华（2009年1月任）

（肖兵）

北京农产品中央批发市场管理委员会

管委会在市委市政府的正确领导和市有关部门的大力支持帮助下，认真贯彻党的十七大和十七届三中、四中全会精神，以科学发展观为指引，大力推进公益服务职能建设，通过扎实有效的工作，取得了新的工作业绩。

主要工作

3—8月，管委会认真开展学习实践科学发展观活动，党委领导班子带领全系统党员干部，深入基层开展调查研究，广泛听取意见建议，在回顾、总结16年发展的经验教训基础上，针对全系统的科学发展提出了“四个主动适应”的努力方向，即：主动适应都市型现代农业的新形势，主动适应现代企业制度的新要求，主动适应参与国内外竞争和改革开放的新情况，主动适应干部职工队伍思想观念和利益诉求发生的新变化。

在此基础上，确立了全系统的科学发展思路：深入贯彻科学发展观，按照建设“人文北京、科技北京、绿色北京”的发展要求，围绕创新都市型现代农业建设和首都食品安全供应，大力推进农产品流通公益服务，大力加强企业经营管理，不断提升综合实力，实现可持续发展。

同时，对干部群众反映最为强烈的两个深层次问题，进行了有针对性的调研，制订方案迅速实施了整改。在思想、理论、组织、制度、作风等各个层面都实施了改革创新，为推动全系统科学发展开展了一系列工作，并取得了明显成效。可以说，这一年是管委会主动调整转型、取得重大突破的一年，也是管委会发展史上具有重要转折意义的一年。

一、积极探索公益服务的内容和实现渠道，服务平台初步成型

在调研基础上，公益服务职能定位和工作目标进一步明确，调整机构设置，成立了郊区工作处，全面负责公益服务项目的规划和实施，通过半年实践，取得了突破性进展，公益服务成为全系统一项十分重要的工作。

1. 成立北京农产品流通协会。在认真筹备的基础上，7月成立了北京农产品流通协会。经过半年时间，会员单位发展到近百个，涵盖了农产品生产、加工、经销、零售终端等各个层面；举办了一次全国范围和三次全市范围的产销对接会，加快了京郊优质农产品进入超市销售网络的步伐；代表北京参加了四川德阳农博会和重庆农交会，在展示北京都市型现代农业发展成果的同时，加强了对外信息沟通与交流；积极参与和承办市农委农产品流通季系列活动，在全市范围形成了一定的知名度。

2. 建立北京安全农产品流通服务中心。经过全系统各公司、各处室的共同努力，全国首家以公益服务为主旨的流通服务机构——北京安全农产品流通服务中心于年底正式揭牌成立，市政府夏占义副市长、市农委王孝东主任等领导出席仪式。京郊13个区县和首农集团所属的28家企业（合作社）、86个品牌、1 165种安全优质农产品汇聚一堂，集中展示展销，聚合效应已开始显现。成立一个月的时间里，先后成功举办了京郊食用菌产销形势研讨对接会、北京草莓产销对接会、京郊农产品总部基地推介周系列活动之延庆周和门头沟周、中日农产品贸易研讨洽谈会等多项活动，在社会上产生了积极的反响，有力地推动了各展厅的销售。

3. 新建大型公营公益性农产品批发市场的前期工作取得重大成果。一是圆满完成了调研论证工作，项目建议书引起市政府领导的密切关注；二是广泛联络，多方选址，项目落地取得重大进展；三是选定了战略合作伙伴，项目启动资金基本落实。

4. 建设北京农产品贸易网。在市农委领导下，优化农口系统信息资源，由北京城乡经济信息中心提供技术支持、管委会负责维护的北京农产品贸易网年底正式上线运行，搭建了北京农产品流通的重要信息平台。

由于管委会长期以来始终关注“三农”，在推动农产品流通，带动地方经济发展方面做出了不懈努力，在第五届中国农产品大流通“双十佳”评选中，管委会荣获“特殊贡献奖”。

二、以做实农通总公司为目标，强化体制机制创新和经营管理，企业稳步发展，资源整合取得明显进展。

年内，总公司系统实现营业收入7 468万元，比上年同期增加2 163万元，增长40.77%；实现利润430万元，同比增长552.6%；上缴税金860万元，同比增长27%；全系统资产总额为54 990万元，其中经营性资产总额为1.4亿元，净资产3.14亿元，资产负债率42.9%。

1. 完善总公司法人治理结构，积极推进现代企业制度建设。6月农通总公司确立了董事会、监事会，健全了经理班子，完善了法人治理结构，积极调整企业组织形式，完善经营管理制度，为实现产权清晰、权责明确、政企分开、管理科学的目标奠定了坚实基础。

2. 推进资源整合，增强持续发展能力。下大力气推进中央批发市场股权回购、风格与林项目资金回收、金海盛源股权明确、银地与总公司资产整合、政通河豚公司资产盘整、银地物业改制等重点工作，并取得了重大成果。北京农通万柳缘餐饮公司项目和北京农通绿洲商贸公司项目作为优化资源配置、延伸产业链条的战略发展项目，通过反复论证和可行性研究，已经开始全面启动实施。

3. 强化责任意识，企业经营管理水平稳步提升。一是万柳商城加盖办公楼层、服务中心建设、银地家园铁路征地拆迁和西环路污水管线、中央市场增设门禁系统、小灵通厂房设备维修更新等工程项目均如期完工，经营办公条件得到明显改善。二是积极开拓市场，努力增收节支，加强制度建设，稳定职工队伍，企业经营管理明显改善。三是始终把安全生产当作头等大事，严格落实安全责任，圆满完成了国庆60周年活动期间的维稳安保任务。

4. 中央批发市场在改革创新中取得新的发展。年内市场实现租金收入2 529万元，比上年增加200万元，增长8%，实现利润总额331万元。市场经营收入保持9年持续增长。

严防死守，克服困难，圆满完成国庆60周年期间安全维稳工作。为全面贯彻落实北京市委市政府国庆60周年文件精神，市场干部职工认清形势，理清思路，明确任务，落实责任，主动出击，严防死守，多层次、多角度开展工作。在5月初制定了《国庆60周年安全稳定应急预案》，为国庆期间市场平安稳定保驾护航，实现了稳定和谐，万无一失。

针对市场车流量大、人流量大的特点，要求各部门经理务必加强日常巡视力度，扩大巡查范围，做到认真、细致、严格，不留问题，不留死角，发现问题，立即整改。由市场领导带队，定期、多次组织部门经理在全市场范围内开展安全大排查。

结合北京市委市政府在国庆60周年期间开展的“合围攻坚行动”，为加强市场全体干部员工安全意识，使全体员工更加深入了解市场“立体交叉量化全覆盖的安全管理模式”，从8月份开始，对市场全员开办3期综合安全管理培训班，以此来推动市场安全管理工作进一步深化和落实。

结合门禁系统启用，增加协管人员40人。大力加强值班力度，保证国庆期间每天24小时有一名公司领导带班，安保部双班专人值守，做到严防死守，万无一失。

国庆60周年期间，一方面，加大商户索证索票、商品备案、台账登记工作的管理；另一方面，加强食品安全检测的力度。每天检测结果形成报表，上报到工商局进行备案，为工商部门的食品安全监督工作提供较为翔实的数据资料。

增收节支，规范程序，建立健全财务开支审批手续。从下半年开始，实行了财务开支预算制。企业所有开支，必须先报预算，经审批同意后方可开支。财务部门严格按照预算控制开支规模。全体干部员工树立了工作按程序，手续要规范，艰苦奋斗，增收节支的工作作风，使企业的经营管理水平进一步提高，为下一步实现企业系统化管理、精细化管理、规范化管理、科学化管理打下基础。

调整经营结构，改进经营体制。多年来，市场责任区作为独立的经营机构，集经营、管理职责为一体。市场对责任区的考核机制一直以经营收入作为考核指标，导致责任区重经营轻管理，经营、管理职能相互交叉。为了适应市场发展需要，给予商户更好的服务，11月份，市场撤销了南北经营责任区建制，与质量管理部合并组建市场部。把责任区划归市场部管理区，明确管理区职能的划分，经营职能统归市场部，管理区集中精力抓一线的管理，从机制上统一标准，解决了经营和管理的关系。

在此基础上，与商户签订2010年的《租赁合同》，对市场所有的经营设施统一整合，按照新的、统一的收费标准，对一部分摊位租金进行了调整。重新审议审定了《租赁合同》中的部分条款，做到合同文本规范，不出现法律漏洞，从而为强化一线管理、保障经营收入、调整经营结构打下了基础。

三、党的建设得到加强，为科学发展提供了坚强保障

思想建设上，党委领导班子立足首都发展大局，把握形势机遇，坚持理论创新，明确了全系统科学发展的前进方向。队伍建设上，大力引进培养人才，大胆选拔任用优秀年轻干部，使干部队伍的整体水平和结构发生了质的转变。制度建设上，先后制定和完善了《党委会工作制度》、《干部选拔任用制度》、《重要情况通报和报告制度》等30余项规章制度，提高了党建科学化水平。作风建设上，党委班子坚持民主集中制，深入基层调查研究，针对存在的突出问题，认真扎实推进整改；狠抓领导班子作风建设，凝聚力、战斗力明显增强。廉政建设上，以构建预防惩治体系和廉政风险防范管理机制为主线，扎实开展反腐倡廉工作，强化了从源头防治腐败的基础性制度建设。党建工作的进一步强化与深化，为全系统科学发展提供了强大的动力和支撑力，确保了全年各项任务的圆满完成。

北京农产品中央批发市场管理委员会
党政领导班子成员

主　　任　李福珍（2009年3月免）
书　　记　赵黎明（2009年3月主持工作）
副 主 任　吴守荣　王和平　吴宝琴
党委委员　马力军
总经济师　朱立清
总工程师　王　兢

（田纯）

北京市社会主义新农村建设
先进集体、先进个人

北京市社会主义新农村建设先进集体、先进个人
(2009年度)

一、社会主义新农村建设先进个人

(一)北京农村经济发展“十大”杰出典型

孙　皓　北京市华都峪口禽业有限责任公司董事长兼总经理(平谷区)
梁希森　希森马铃薯产业集团有限公司董事长(延庆县)
杨文科　北京顺鑫农业股份有限公司鹏程食品分公司总经理、高级畜牧师(顺义区)
宋红玲(女)　北京亮都投资公司总经理(朝阳区)
苑长启　北京市海淀区永丰农工商总公司经理
于广云　门头沟区清水镇洪水口村党支部书记
王大林　密云县巨各庄镇蔡家洼村党支部书记兼村主任
仉锁忠　房山区窦店镇窦店村党委书记
刘宝平　北京东昇农业技术开发(集团)有限公司董事长(通州区)
李效华　北京红螺食品有限公司董事长、总经理(怀柔区)

(二)北京农村经济发展“十佳”科技工作者

王春城　北京市园林绿化局林场处花卉产业处处长
宁中华　中国农业大学
陈春秀(女)　北京市农林科学院蔬菜研究中心
孙向阳　北京林业大学重点实验室主任
刘澜(女)　科高大北农饲料有限责任公司技术部主任(怀柔区)
程翠英(女)　北京天普太阳能工业有限公司总经理(大兴区)
李建祝　北京联兴盛业印刷股份有限公司董事长、总经理(丰台区)
段文锋　北京东方雨虹防水技术股份有限公司研究所所长工程师(顺义区)
路　河　北京市昌平区农业技术推广中心科员
金镇锡　北京金福艺农农业科技发展有限公司总经理(通州区)

二、社会主义新农村建设先进集体

(三)北京新农村建设先进乡镇

朝阳区高碑店乡
海淀区温泉镇
丰台区卢沟桥乡
门头沟区妙峰山镇
房山区大石窝镇
房山区青龙湖镇
通州区漷县镇
顺义区李桥镇
大兴区榆垡镇
昌平区阳坊镇
昌平区南口镇
平谷区金海湖镇
怀柔区琉璃庙镇
密云县巨各庄镇
延庆县大榆树镇

(四)北京发展都市型现代农业先进乡镇

朝阳区孙河乡
海淀区四季青镇
丰台区长辛店镇
门头沟区军庄镇
房山区琉璃河镇

通州区张家湾镇
顺义区赵全营镇
大兴区长子营镇
大兴区庞各庄镇
昌平区兴寿镇
昌平区崔村镇
平谷区山东庄镇
怀柔区北房镇
密云县河南寨镇
延庆县延庆镇

（五）北京小城镇建设先进乡镇

房山区窦店镇
通州区台湖镇
顺义区高丽营镇
昌平区北七家镇
平谷区马坊镇

（六）北京山区发展先进乡镇

门头沟区斋堂镇
房山区蒲洼乡
房山区张坊镇
昌平区十三陵镇
昌平区流村镇
平谷区黄松峪乡
怀柔区宝山镇
密云县北庄镇
延庆县千家店镇
延庆县四海镇

（七）北京基层党组织建设先进乡镇

朝阳区南磨房乡
海淀区东升乡
丰台区花乡
门头沟区王平镇
房山区长阳镇
房山区河北镇
通州区永乐店镇
通州区马驹桥镇
顺义区牛栏山镇
大兴区西红门镇
昌平区回龙观镇
平谷区大华山镇
怀柔区怀北镇
密云县高岭镇
延庆县沈家营镇

（八）北京农村改革先进乡镇

朝阳区崔各庄乡
门头沟区龙泉镇
通州区于家务乡
顺义区北石槽镇
大兴区北臧村镇
昌平区东小口镇
平谷区峪口镇
怀柔区喇叭沟门乡
密云县不老屯镇
延庆县八达岭镇

（九）北京最美的乡村

门头沟区斋堂镇爨底下村
房山区大石窝镇水头村
通州区宋庄镇小堡村
顺义区马坡镇石家营村
顺义区马坡镇庙卷村
大兴区北臧村镇巴园子村
大兴区庞各庄镇梨花村
平谷区黄松峪乡雕窝村
怀柔区渤海镇六渡河村
密云县新城子镇花园村

（十）北京环境建设先进村

朝阳区黑庄户乡苏坟村
海淀区温泉镇高里掌村
丰台区南苑乡南苑村
门头沟区王平镇东马各庄村
房山区阎村镇小紫草坞村
房山区周口店镇车厂村
通州区于家务乡仇庄村
通州区永乐店镇小务村
顺义区牛山镇龙王头村
顺义区南法信镇西杜兰村
大兴区瀛海镇瑞合一村
昌平区兴寿镇西新城村
昌平区南口镇后洼村
平谷区镇罗营镇大庙峪村
平谷区大兴庄镇良庄子村
怀柔区怀柔镇兴隆庄村
密云县大城子镇庄头村
密云县十里堡镇岭东村
延庆县康庄镇火烧营
延庆县延庆镇郎庄村

（十一）北京山区发展先进村

门头沟区清水镇上清水村
门头沟区雁翅镇芹峪村
门头沟区妙峰山镇涧沟村
房山区南窖乡水峪村
房山区十渡镇北石门村
房山区河北镇半壁店村
昌平区长陵镇康陵村
昌平区南口镇李庄村
平谷区镇罗营镇五里庙村
平谷区南独乐河镇南独乐河村
平谷区刘家店镇行宫村
怀柔区琉璃庙镇双文铺村
怀柔区宝山镇超梁子村
怀柔区喇叭沟门满族乡四道穴村
密云县古北口镇古北口村

密云县太师屯镇太师庄镇
密云县新城子镇曹家路村
延庆县四海镇黑汉岭村
延庆县井庄镇柳沟村
延庆县千家店镇下德龙湾村

（十二）北京管理民主先进村

朝阳区王四营乡观音堂村
海淀区海淀乡青龙桥村
丰台区卢沟桥乡三路居村
门头沟区王平镇西王平村
房山区窦店镇窦店村
通州区梨园镇大稿村
顺义区赵全营镇北郎中村
大兴区安定镇前安定村
大兴区黄村镇狼垡二村
昌平区百善镇上东廓村
平谷区大兴庄镇白各庄村
怀柔区庙城镇王史山村
密云县十里堡镇庄禾屯村
密云县穆家峪镇南穆家峪村
延庆县大榆树镇东杏园村

（十三）北京农村基础设施建设和公共服务建设先进村

朝阳区崔各庄乡何各庄村
海淀区苏家坨镇车耳营村
丰台区卢长辛店乡赵辛店村
门头沟区清水镇椴木沟村
房山区良乡镇南刘庄村
通州区潞城镇武疃村
顺义区北务镇珠宝屯村
大兴区安定镇后安定村
昌平区十三陵镇果庄村
平谷区大华山镇挂甲峪村
怀柔区北房镇驸马庄村
密云县密云镇李各庄村
延庆县大榆树镇岳家营村

（十四）北京新型农民培养先进单位

北京市农村实用技术服务中心
北京市朝阳区农村人才培训中心
北京市丰台区鸿基培训中心
北京市门头沟区职业技术学校
北京市房山区农业机械化学校
北京市顺义区人力资源和社会保障局技工学校
北京市昌平职业学校
北京市平谷区王辛庄镇
密云县东邵渠镇成人学校
北京市延庆县农民职业技能培训学校

（十五）北京农村劳动力就业安置先进单位

北京城外诚家居广场（朝阳区）
朝阳区十八里店大洋路商业街
海淀区温泉兴业公共环境设施管理服务有限公司
北京市侨园饭店（丰台区）
北京新发地农产品股份有限公司（丰台区）
北京瑞时家具中心（门头沟区）
北京维得鲜农业技术开发有限公司（门头沟区）
房山区石楼镇农民产业就业基地
宾堡（北京）食品有限公司（通州区）
北京三佳时装有限公司（通州区）
燕京啤酒集团公司（顺义区）
北京中环投资管理有限公司（大兴区）
北京宝金龙食品厂（大兴区）
北京顺达电子机箱厂（昌平区）
北京市平谷区马坊工业园管理委员会
北京辛营服装有限公司（怀柔区）
北京朗迪服装有限公司（密云县）
十里堡镇隆源工业园区（密云县）
北京绿富隆农业股份有限公司（延庆县）
北京庆和食品有限责任公司（延庆县）

（十六）北京农产品加工先进企业

北京方圆平安食品开发有限公司（朝阳区）
北京旗舰食品有限公司（海淀区）
北京三江宏利牧业有限公司（房山区）
北京顺鑫农业股份有限公司（顺义区）
北京航空食品有限公司（顺义区）
北京牧羊园生物科技有限公司（大兴区）
北京锄禾食品有限公司（昌平区）
北京千喜鹤食品有限公司（平谷区）
北京御食园食品股份有限公司（怀柔区）
北京绿润食品有限公司（密云县）

（十七）北京发展乡村（观光）旅游先进单位

北京市蟹岛绿色生态农庄有限公司（朝阳区）
海淀区海淀乡西洼生态园
北京世界花卉大观园（丰台区）
北京东山名庐生态农业开发有限公司（门头沟区）
房山区窦店镇富恒农业观光园
北京金篮子生态观光园（通州区）
北京彩虹庄园农业科技有限公司（顺义区）
大兴区庞各庄乐平御瓜园
北京航天之光观光农业园（大兴区）
昌平区麦庄草莓观光园
昌平区北流果园
北京胜泉观光园（平谷区）
怀柔区桥梓镇凤山百果园
北京紫海香堤艺术庄园（密云县）
阳光果园（延庆县）

（十八）北京农民专业合作社先进单位

北京鲁五养殖专业合作社（门头沟区）
北京法城蜜蜂养殖专业合作社（门头沟区）
北京长阳益民奶牛专业合作社（房山区）
北京乐义食用菌种植专业合作社（房山区）
北京鸿才绿业蔬菜专业合作社（房山区）
北京市西集果菜专业合作社（通州区）

北京金诚众和生猪养殖专业合作社（通州区）
北京金旺果品产销专业合作社（顺义区）
北京天天康乐果品产销专业合作社（顺义区）
北京兴牧富民奶牛专业合作社（大兴区）
北京老宋瓜果专业合作社（大兴区）
北京赵家场春华西甜瓜产销专业合作社（大兴区）
北京真顺红苹果专业合作社（昌平区）
北京营坊昆利果品专业合作社（昌平区）
北京燕昌红板栗专业合作社（昌平区）
北京荣涛豌豆产销专业合作社（平谷区）
北京绿谷蜂农蜜蜂养殖专业合作社（平谷区）
北京鸿利丰蔬菜产销专业合作社（平谷区）
北京京北宝山蔬菜产销合作社（怀柔区）
北京野山坡养殖专业合作社（怀柔区）
北京奥金达蜂产品专业合作社（密云县）
北京河南寨下屯种植专业合作社（密云县）
北京百年栗园柴鸡养殖专业合作社（密云县）
北京绿菜园蔬菜专业合作社（延庆县）
北京延华肉鸡专业合作社（延庆县）

（十九）北京农村信息工作先进单位

海淀区农业信息中心
门头沟区雁翅镇
通州区西集镇史东仪村
顺义区马坡镇
大兴区安定镇农业综合服务中心
昌平区广播电视中心
北京汇鑫农产品产销专业合作社（平谷区）
怀柔区渤海镇北沟村
密云县信息中心
延庆县果品服务中心

（二十）社会力量参与社会主义新农村建设先进集体

中国邮政储蓄银行北京分行
国家开发银行股份有限公司北京市分行
中国人民财产保险股份有限公司北京分公司
中国移动通信集团北京有限公司
北京农学院
北京市农林科学院
北京农业职业学院
中国人民大学农业与农村发展学院
中国石化北京石油分公司
北京市玩具协会
北京军区66150部队
北京瑞友莱福公司（朝阳区）
北京森禾源农业发展有限公司（朝阳区）
北京蓝波绿农科技有限公司（海淀区）
北京金农道国际投资公司（海淀区）
北京京大昆仑房地产开发有限公司（丰台区）
北京华都肉鸡公司（门头沟区）
北京中坤集团（门头沟区）
房山区建筑股份有限公司第二分公司
北京博源包装制品有限公司（房山区）
北京路星沥青制品有限公司（顺义区）
北京供电公司顺义分公司（顺义区）
北京天恒建设工程有限公司（大兴区）
北京天普太阳能工业有限公司（大兴区）
新龙实业集团有限公司（昌平区）
北京震宇集团承天新能源科技开发有限公司（昌平区）
北京渔阳集团（平谷区）
北京合兴伟业旅游开发有限公司（怀柔区）
北京银行股份有限公司密云支行（密云县）
北京中踏鞋业有限公司（延庆县）

三、曾荣获京郊农村经济发展杰出典型荣誉称号人员名单

（一）2002年度获荣誉称号人员名单

田　雄　房山区韩建集团有限公司董事长
李福成　北京燕京啤酒集团董事长、总经理（顺义区）
于　洋　北京锦绣大地农业股份有限公司董事长（海淀区）
闻宝恒　顺义区赵全营镇北郎中村党支部书记

（二）2005年度获荣誉称号人员名单

黄福水　昌平区北七家镇郑各庄村党总支书记、村委会主任、北京宏福集团董事长兼总经理
张玉玺　北京新发地农产品有限公司董事长（丰台区）
霍振祥　北京统一石油化工有限公司董事长（大兴区）

（三）2010年度获荣誉称号人员名单

王衍生　北京旗舰食品有限公司董事长（海淀区）

大　事　记

2009年农口大事记

1月4日　市委常委牛有成听取“221信息平台”建设工作汇报。市相关委、办、局15个共建共享单位的主要领导或主管领导参加会议。会上，“221信息平台”工作小组汇报了平台建设的总体进展情况，演示了平台的主要功能，相关单位进行了充分讨论，并提出了具体意见。牛有成指出，经过各方面共同努力，“221信息平台”建设取得了阶段性成果，有了质的变化。他要求，进一步加强系统建设，完善部门联动、共建共享的工作机制，按照边开发、边完善、边应用的原则，在实践中不断完善信息平台的功能。

1月18日　2009年“科技套餐工程”暨“三下乡”活动正式启动。启动仪式在通州区永乐店镇坚村蔬菜基地举行，由市科协、市农委、通州区委、通州区人民政府共同主办。来自市委宣传部、市科委等20余个部门、单位和各郊区县科协的领导出席了启动仪式。

1月19日　市新农办、市环保局和市财政局共同召开2009年北京市生态示范创建工作会议。会议观摩了环境建设专题片，对三年来村庄环境整治和生态建设工作进行了回顾；交流了顺义区、怀柔区、密云县生态建设的经验和做法；对2008年生态创建工作进行了总结，对2009年全市生态示范创建工作进行了部署，并对生态创建体系和标准进行了详细的解读。会议提出，从2009年开始，全市将围绕开展全国生态区（县）、环境优美乡镇、生态村，北京郊区环境优美乡镇、生态村创建活动开展生态示范创建工作，推动环境建设达到新的更高水平。

2月5日　召开新农村建设新闻媒体座谈会。市委宣传部、市委农工委、市农委邀请中央和市属部分新闻媒体负责同志，就如何为率先形成城乡经济社会一体化发展新格局提供舆论支持进行了深入座谈。市委常委牛有成、副市长夏占义出席并讲话。会议通报了2008年北京新农村建设的主要情况和2009年农村改革发展的工作重点及思路，并认为新农村建设的新闻宣传工作已经成长为全市的宣传热点，呈现出“报道数量更多、主题更加鲜明、形式更加多样”的特点。

2月10日　市农委组织召开郊区环境建设工作会。会议通报了近一段时间特别是春节前期个别地区环境出现反弹的现象；听取了区县落实市领导批示重点开展环境治理的情况汇报，以及2009年环境建设工作思路和措施。会议指出，2009年是郊区环境建设的关键之年，全国“两会”即将召开，10月份还将迎来举世瞩目的新中国成立60周年庆典，要把保持奥运环境整治成果、转化奥运环境整治经验、防止农村环境反弹作为工作重点，狠下工夫，确保郊区农村环境干净整洁。会议对2009年的主要工作进行了总体部署。

2月12日　全市农村工作会议召开。会议深入学习贯彻党的十七届三中全会、中央农村工作会议和市委十届五次全会精神，总结2008年农村工作，部署2009年各项任务。市委书记刘淇强调，要以科学发展观为指导，全面贯彻落实党的十七届三中全会精神，牢牢抓住发展这个中心环节，充分发挥农民的主体作用，大力发展郊区农村经济，加快推进城乡一体化进程，努力开创农村工作新局面。市委副书记、市长郭金龙主持。市政协主席阳安江、市委副书记王安顺出席。副市长夏占义作了题为《加快农村改革促进农民增收推进城乡一体化进程》的工作报告。市委常委牛有成宣读了《关于表彰2008年度北京市社会主义新农村建设先进集体和先进个人的决定》。与会领导为获奖代表颁奖。市发改委、市劳动和社会保障局、市国土资源局、朝阳区、延庆县负责人作典型发言。市领导吉林、李士祥、赵凤山、熊大新出席会议。

2月23日　市委常委牛有成

就学习实践科学发展观活动到市委农工委、市农委进行专题调研。听取了市委农工委书记、市农委主任王孝东关于两委学习实践活动主要做法、主要成效、认识体会以及下一步工作考虑的综合汇报。有成同志在讲话中充分肯定了两委学习实践活动的各项工作，认为两委按照市委统一部署，在学习实践科学发展观活动过程中，学习认真、实践有力、效果明显，查找问题准确，工作措施得力。

2月23—24日 副市长夏占义就农产品加工、农业产业化经营工作到昌平、密云、怀柔进行调研。在实地调研三个区县的农产品加工企业和生产基地后，夏占义要求，各郊区县要结合区域特点和优势，在推进城乡一体化进程中，进一步调整和优化农村产业结构，围绕打造特色农产品，深入推进“一村一品”建设。要提高农业龙头企业发展规模和农业产业化经营水平，发展“高端”，形成“高效”、“高辐射”，“抓龙头、上水平、创品牌”，全面促进北京市都市型现代农业和郊区二、三产业快速发展。市政府副秘书长安钢，市农委、市农业局等有关部门负责同志一同调研。

2月25日 全市农村经管工作会议召开。会议对2008年的经管工作进行了总结，对2009工作作了全面部署。市农研中心负责同志作了讲话，市委农工委书记、市农委主任王孝东出席会议，对农村改革和经管工作提出了要求。郊区各区县农工委、农委和经管站的负责同志参加了会议。会议明确，2009年农村改革和经管工作要在农村土地确权、乡村集体经济产权制度改革、农民专业合作社发展、集体“三资”管理、经管队伍建设5个方面有新突破。

2月27日 本市召开农村党风廉政建设工作电视电话会议。会议由市委常委、市纪委书记马志鹏主持，市委常委牛有成、副市长夏占义出席并讲话。会议总结交流了过去几年农村党风廉政建设取得的成效，分析当前面临的形势，部署了今后一个时期的任务。会上，夏占义传达了中央和市委有关农村党风廉政建设工作精神，要求以党的十七大和十七届三中全会精神为指导，全面落实科学发展观，紧密结合本市社会主义新农村建设实际，逐步建立起比较系统的、与农村改革发展相适应的农村惩治和预防腐败制度体系，为率先形成城乡经济社会发展一体化新格局提供有力保障。

3月2日 夏占义副市长率市农委、市农业局等部门就农业产业发展情况到平谷区调研。实地调研了北京千喜鹤食品有限公司、南独乐河镇南独乐河村食用菌生产基地、金海湖镇洙水村百合兴盛土地股份合作社、北京华都峪口禽业有限责任公司、北京天垚投资有限公司设施蔬菜种植等生产经营情况后，听取了平谷区主要领导汇报。夏占义指出，要增强区域农产品在高端市场的占有率、控制力和影响力，不断壮大企业实力，为当地经济发展贡献力量。要树立品牌意识，进一步稳固市场，不断完善以生产、加工、配送、销售为一体的产业链条，发挥区域优势，做大做强农业产业，促进农民增收致富。

3月2日 市农委、市财政局、市发改委联合召开“保增长、保民生、保稳定”农村投入统计会。为摸清本市农村投入，准确把握农村经济发展情况，会议提出要建立农村投入统计报告制度，重点就农业龙头企业投入、农业产业投入、农村基础设施建设投入、农村财政投入、农村信贷投入和农村固定资产投资6方面进行月度统计，要求各有关单位每月按时、保质报告上述涉农投入数据。郊区县财政局、农委、新农办等部门以及二商、三元、华都、大发等重点农业龙头企业的相关负责同志参加了会议。

3月4日 夏占义副市长到通州区调研农业产业化发展情况，实地考察了东升方圆蔬菜配送中心和工厂化蔬菜育苗基地、南瓜主题公园、加增食品公司、吉鼎立达花卉种植园、富勤食用菌科技有限公司金针菇工厂化生产基地、金篮子农业科技园等，仔细听取了企业负责人对生产、销售情况的介绍，详细了解了企业带动农民就业增收的情况。夏占义在讲话中指出，企业要充分研究市场、细分市场，加强市场营销，提高产品质量，提高市场占有率；企业要为就业农民工完善社会保障，通过稳定就业，创造持续发展条件。市政府副秘书长安钢，市农委主任王孝东，市农业局局长赵根武一同调研。

3月4日 市新农办会同市各有关部门共同部署2009年本市新农村“五项基础设施”和“三起来”工程建设工作。根据部署，2009年全市计划编制村庄规划1 400余个，完成1 700个村庄“五项基础设施”建设，继续实施以太阳能路灯、秸秆气化、沼气利用、农民住房保温改造等为主要内容的“三起来”工程。会上，市农委还与国开行北京分行、农发行北京分行、农行北京分行、邮储行北京分行等6家银行签署了金融合作协议，为解决“五项基础设施”建设任务提供融资服务。

3月11日 夏占义副市长就农村改革和农业产业化工作到门头沟区调研，实地调研了冯村集体经济体制改革创新、樱桃沟一村一品特色产业发展、绿纯蜂业合作社蜂产品产业化经营及西石古岩村垃圾分类处理等有关情况。夏占义在讲话中要求，要进一步强化责任意识，认真总结工作经验，加强管理，做好服务，积极探索并推进农村集体经济体制改革创新工作。要因地制宜，科学规划，积极推广特色产业发展，增强特色产品在高端市场的占有率、控制力和影响力，切实促进农民增收。要按照“依法、自愿、有偿”的原则，准确把握土地承包经营权流转方向，做好土地承包经营权流转工作，提高农民土地收益。市政府副秘书长安钢、市农委主任王孝东一同调研。

3月17日 市委常委牛有成到平谷区调研“产权式农业”，听取了市华都集团峪口禽业公司和平谷区关于“产权式农业”建设情况的汇报，并到山东庄镇东洼村养殖基地进行了实地调研。牛有成在讲话中指出，在发展“产权式农业”中，要把保护农民的利益放在首位，不断完善利益分配机制，要加强市场问题研究，防范各种风险。市级相关部门要在保险和技术支撑等方面给予积极帮助和支持，平谷区要将养殖业与种植业，特别是与本区大桃产业发展结合起来，大力发展循环农业和有机农业。

3月17日 市农委、市市政管委在门头沟区王平镇召开北京市农村地区垃圾分类工作现场会。会议现场观摩了门头沟区王平镇东马各庄村、西马各庄村开展垃圾分类的情况；交流了王平镇和平谷区市政管委在农村地区推广垃圾分类工作的经验做法；总结了本市农村地区垃圾分类试点工作，并对2009年在农村地区全面推广垃圾分类工作进行了具体部署。

3月18日 北京市农业担保有限责任公司揭牌暨战略合作协议签约仪式举行。市委副书记、市长郭金龙和中国农业银行行长张云共同揭牌，市委常委、常务副市长吉林讲话，市政府秘书长黎晓宏主持仪式。仪式上，首创集团党委书记、董事长冯春勤介绍了北京市农业担保有限责任公司筹备、设立情况及今后运作思路，北京银行、市农委等单位进行了发言，市农业担保有限责任公司与中国农业银行北京市分行、中国建设银行北京市分行、中国农业发展银行北京市分行、国家开发银行北京市分行、北京银行、北京农村商业银行、华夏银行北京分行、北京中小企业信用再担保有限公司签署战略合作协议。

3月18日 本市第一家小额贷款公司——北京兴宏小额贷款有限公司成立。该公司是在市金融办、市人民银行营业管理部、市银监局和大兴区委、区政府及大兴区发改委等的监督和指导下，由市金融办批准成立的本市第一家小额贷款公司。公司由国有公司、知名民营企业和自然人共同出资组建，注册资本5 000万元，采用自主经营、自担风险、自我发展、自我约束的方式经营，公司向农户、中小企业主和个体创业者提供贷款服务，重点支持和服务大兴区“三农”发展。

3月19日 全市新农村建设宣传工作座谈会召开。市政府副秘书长安钢主持，副市长夏占义作重要讲话。市园林绿化局和市水务局等相关部门、10个远郊区县宣传部及3个近郊涉农区县农工委负责同志参加会议。会上，各单位介绍了近年来新农村建设宣传工作的主要做法、特点、经验和成效，重点汇报了今年围绕“加快农村改革、促进农民增收”中心任务的宣传思路、主要载体和宣传形式。

4月8日 《北京市实施〈中华人民共和国农民专业合作社法〉办法》起草工作小组召开立法座谈协调会。起草工作小组组长王孝东同志主持了会议。会议重点结合北京市都市型现代农业发展，就《实施办法》拟重点解决的拓展农民专业合作社业务范围、健全内部管理制度、加强指导服务能力、提供优惠政策等方面进行了认真的研究讨论。下一步将根据会议讨论的情况进一步抓紧修改完善。市人大农委、市人大法制办、市政府法制办、市工商局、市发改委、市财政局、市科委、市国土资源局等共17个部门的负责同志参加了会议。

4月9日 市新农办召开“北京市共同致富行动计划工作会”。会议由市政府副秘书长安钢主持，副市长夏占义出席并讲话。会议对今年低收入农户增收工作进行了部署，市新农办主任王孝东代表市新农办同远郊区县签订了《北京市2009年“共同致富行动计划”责任书》。市新农办成员单位主管领导、各区县主管副区县长及相关部门主要领导同志参加了会议。

4月30日 北京市城乡一体化工作会议召开。副市长夏占义主持会议，市委常委牛有成出席会议并作重要讲话，市人大副主任赵凤山、市政协副主席熊大新、市委副秘书长李福祥出席会议。本次会议的主题是，深入贯彻市委十届五次、六次全会精神，以城乡一体化的目标总揽全局，以保增长、保民生、保稳定为切入点和工作抓手，全面推进农村改革发展。会上，海淀区和市经信委分别就推进北坞村一体化试点改革和城乡产业一体化发展进行了典型发言，朝阳区、门头沟区、顺义区、怀柔区、密云县、市规划委、市人保局、市卫生局等单位进行了书面交流。会议提出，为了推进城乡一体化工作，本市将实施“1＋10”行动。“1”指的是这次召开的一体化工作会议，进行总体部署；“10”指的是围绕小城镇建设、农村基础设施建设、“三起来”工程、农产品加工业、设施农业、农村二、三产业、沟域经济、农民就业基地、农村公共服务、产权制度改革、城乡结合部改革、农村实用人才、大学生“村官”等方面，组织10次现场拉练观摩活动，通过“会议＋现场观摩”的方式，督促城乡一体化各项工作的落实。

5月6日 市委常委牛有成、副市长黄卫到市交通委调研新农村交通建设工作。牛有成等一行听取了市交通委关于新农村交通建设工作的情况汇报，对近年来市交通委在服务社会主义新农村建设、推进城乡交通一体化方面所做的工作给予了充分肯定。市委副秘书长李福祥、市政府副秘书长安钢，市委农工委、市农委有关领导陪同调研。

5月6日 推进城乡一体化“1＋N”行动现场拉练观摩活动正式启动。重点围绕小城镇建设进行了观摩，标志着“1＋N”行动现场拉练观摩活动正式启动。市委常委牛有成、副市长夏占义参加活动并讲话。观摩团一行实地观摩了通州区马驹桥镇的苏宁电器项目、捷宸阳光项目、联东U谷独栋区等项目建设，以及大兴区采育镇的北京汽车零部件园区项目建设、奥宇模板厂、镇区规划建设实施等情况。听取了大兴区、通州区、市经信委、市国土局、市发改委、市规委、市建委、市人保局、市财政局、市农委、北京现代汽车有限公司等单位的发言。

5月13日 市委宣传部、市新农办联合召开“推进城乡一体化”新闻媒体集体采访会。市发改委、市财政局、市农委等14个相关委办局和北京日报、北京人民广播电台、北京电视台、北京晚报、北京青年报、北京晨报、京郊日报7家媒体，以集体采访和联席发布的形式沟通北京推进城乡一体化的工作落实情况。会上，有关委办局分别介绍了本部门推进城乡一体化的具体政策措施、工作重点和取得的成果经验，并回答了记者的现场提问。会议要求市属新闻媒体要从建设“人文北京、科技北京、绿色北京”的高度，关注北京城乡一体化进程，及时总结宣传农村改革发展的新鲜经验和模式，推出有高度、有深度、有力度的报道，为全市上下加快推进城乡一体化进程营造良好的舆论氛围。

5月16日 首都最大农业国企——北京首都农业集团有限公司举行揭牌仪式。市委副书记、市长郭金龙出席。该集团公司由北京三元集团有限责任公司、北京华都集团有限责任公司、北京市大发畜产公司实施重组。资产总额150亿元，员工近4万人。

5月18日 加快新农村建设专题研讨班开班。市委组织部、市委农工委、市委党校于18—22日共同举办区县级领导干部加快新农村建设专题研讨班。18日，市委常委牛有成就推进城乡一体化作了专题报告。牛有成在讲话中指出，推进城乡一体化是首都经济社会发展的必然选择和战略任务，要求各部门各区县按照中央和市委部署，结合实际积极推进，要充分展现进取精神，采用科学方法，敢于实践，突出体制机制创新，加快推动城乡一体化发展。

5月19日 市委常委牛有成就城乡一体化产业发展到昌平区调研。市农委、农业局、园林绿化局等部门领导一同调研，实地察看了流村镇禾子涧村百合花种球生产基地、阳坊镇四家庄村震宇集团生物质能源开发利用示范站、小汤山农业科技示范园新品种草莓示范基地、兴寿镇草莓生产基地等地，听取了昌平区的城乡统筹工作介绍。

5月20日 推进城乡一体化“1＋N”行动农产品加工现场拉练观摩活动举办。市委常委牛有成、副市长夏占义参加并讲话，市委副秘书长李福祥、市政府副秘书长安钢参加。观摩团一行实地观摩了北京航空食品公司、顺鑫农业创新食品公司、北京红螺食品有限公司和北京御食园食品有限公司，听取了首农集团、二商集团和怀柔区等单位的发言，市农委主任王孝东通报了《北京市关于加快发展农产品加工业 推进农业产业化发展的意见》（征求意见稿）。

6月4日 副市长夏占义到市农林科学院和北京农业职业学院调研，实地考察了市农林科学院蔬菜品种展示园和北京农业职业学院教学科研基地，听取了两个单位的情况汇报，并就农业科研教学机构如何加强科研力量，有效参与、支持新农村建设进行了座谈。市政府副秘书长安钢一同调研，市农委、市农研中心负责同志陪同调研。夏占义在讲话中指出，市农林科学院作为重要的农业科技研究和推广部门，要适应市场经济发展要求，认真研究市场，分析农产品的市场容量，根据市场容量制定推广计划。市农职院要适应首都经济社会发展新起点的要求，明确发展方向，突出工作重心，充分了解毕业生就业去向，掌握市场人才需求状况，根据市场需求做好招生办学工作，鼓励引导学生毕业后深入农村、深入基层、深入工厂，从工作一线做起，积累经验逐步发展；要开拓创新、与时俱进做好农口干部在职培训工作，适应现代市场经济发展需要，制定科学的培训教学计划，充实培训力量，丰富培训内容，提高培训水平，用现代知识武装领导干部。

6月8日 本市部署三夏工作。市政府召开2009年三夏工作会议，要求今年三夏工作要实现三个结合：与农业种植结构调整相结合、与现代农业基础设施建设相结合、与农业服务长效机制建设相结合。

6月10日 北京农业投资公司首个投资项目签约。北京农业投资公司与北京华利丰农产品种植有限公司（平谷区）签约，投资2 000万元在平谷区兴建33公顷现代化蔬菜种植基地，为市民提供优质安全的绿色蔬菜。这是市农业投资公司成立以来的首个投资项目，也是农业投资模式的新尝试。

6月15日 本市召开都市型现代农业基础建设综合开发暨设施农业工作会。副市长夏占义出席并讲话。参会人员实地观摩了顺义区龙塘路和中干渠路设施产业带、北京福劳尔花卉有限公司基地、通州区漷大路设施产业带、漷县镇高庄村设施产业群，并听取了相关单位的汇报。会上，市农委部署了2009年设施农业建设工作，明确了设施农业发展的目标任务、相关标准、发展政策和注意事项。市农业局动员部署了农业基础建设及综合开发工作。市财政局、市国土资源局、市发改委、市水务局等部门就做好农业基础建设及综合开发工作进行了发言。会上，夏占义副市长与区县代表签订了农业基础建设及综合开发目标责任书。根据部署，本市农业基础建设及综合开发认真落实《北京都市型现代农业基础建设及综合开发规划（2009—2012年）》，4年总投资46.40亿元，实施面积8.2万公顷，其中2009年2.2万公顷。

6月25日 本市召开“百日整治靓京郊 清洁农村迎国庆”郊区环境百日综合整治活动工作部署大会。副市长夏占义出席并讲话，会议由市委农工委书记、市农委主任王孝东主持。会上，市新农办认真总结了前一时期郊区环境建设工作情况，对下一步的工作目标和任务进行了全面部署，顺义区、房山区、平谷区介绍了农村环境建设的经验，市市政市容委、市环保局、市水务局、市爱卫会、市园林绿化局、市文明委、市妇联等相关单位进行了发言。会前，与会人员实地参观了顺义区马坡镇马卷村和牛栏山镇范各庄村的环境建设情况。根据会议部署，本市从6月25日开始，在郊区集中组织开展环境百日综合整治活动，喜迎新中国成立60周年。

6月28日 本市全面启动汽车摩托车下乡工作，召开了北京市汽车摩托车下乡启动仪式，副市长夏占义出席并宣布汽车摩托车下乡工作启动。根据下发的《北京市人民政府办公厅关于进一步开展汽车摩托车下乡工作的通知》精神，本市汽车下乡政策实施时间为2009年3月1日至12月31日，摩托车下乡政策实施时间为2009年2月1日至2013年1月31日。

6月30日 市委常委牛有成、副市长夏占义听取《乡村新发现》电视新闻专题报道情况汇报，听取了市委农工委、北京电视台关于《乡村新发现》电视新闻专题报道情况汇报，并对进一步办好节目提出希望和要求。

7月24日 市社会主义新农村建设领导小组扩大会议召开。市委常委牛有成、副市长夏占义出席会议并讲话。本次会议目的是贯彻落实全市上半年经济形势分析会议精神，总结今年以来推进城乡一体化、加快新农村建设进展情况，并研究部署下一步工作。会上，观看了《融合的城乡》新农村建设专题片，市委农工委书记、市农委主任、市新农办主任王孝东通报了上半年新农村建设进展情况，部署了下半年的工作。市委副秘书长李福祥、市政府副秘书长安钢出席会议。市新农村建设领导小组全体成员，各区县主管“三农”工作的常委、主管城建工作的副区长、主管农业工作的副区长以及各区县发改、财政、国土、城建、农委和新农办的主要负责同志参加会议。

8月25日 本市部署农村地区迎国庆“环境综合整治月活动”。在市政府召开的“开展环境卫生综合整治月活动”电视电话会议上，市农委对开展好农村地区环境卫生综合整治月活动进行了部署。要求，继续以“百日整治靓京郊、清洁农村迎国庆”为主题，加大宣传教育力度，突出整治的重点难点，加大联合检查力度，确保各项整治任务落到实处。

9月4日 第三届京承农业战略合作论坛成功举办。由市农委和承德市政府共同举办的第三届京承农业战略合作论坛在滦平县举行。市委常委牛有成、副市长夏占义向论坛发来贺词，河北省副省长张和发来贺信。市政府副秘书长安钢、河北省政府副秘书长曹振国、市农委主任王孝东、副主任康森及承德市领导张古江、刘学军、丁万明出席论坛。王孝东、张古江分别作论坛发言。论坛以“京承农业一体化发展”为主题，以推进京承农业科技合作为主要内容，力求推动京承合作在更高层次上实现互利双赢。论坛上，京承合作重点项目“首农集团承德三元滦平北京鸭产业化项目”举行竣工投产典礼，市农林科学院等四所院校分别与承德市签订科技项目合作，11个京承农业合作项目签约，总投资25.67亿元。论坛还为10家京承农业合作重点企业授牌。

9月15日 市委常委牛有成视察市农科院小汤山玉米、草业试验示范基地，认真察看了玉米试验示范基地、能源草圃基地、观赏草圃基地等种植的各种类型品种，了解了科研进展情况，对农科院的作用和贡献给予了充分肯定。市委农工委书记、市农委主任王孝东，市农业局局长赵根武等陪同考察。

9月26日 第七届花博会隆重开幕。中共中央政治局委员、国务院副总理、全国绿化委员会主任回良玉和中共中央政治局委员、北京市委书记刘淇共同启动“绿港花雨”装置，主会场上空漫天花瓣飘飞，形成了壮观的漫天花雨，标志着第七届中国花卉博览会正式拉开帷幕。开幕式由市委常委、第七届中国花卉博览会组委会北京执委会副主任、北京市筹备第七届中国花卉博览会指挥部总指挥牛有成主持。原全国人大常委会副委员长何鲁丽，全国政协副主席、民进中央常务副主席罗富和，北京市委副书记、市长，第七届中国花卉博览会组委会北京执委会主任郭金龙，中国花卉协会会长江泽慧等参加了开幕式。第七届中国花卉博览会由国家林业局、中国花协、北京市人民政府和山东省人民政府联合主办，于9月26日至10月5日，在北京顺义和山东青州两地同时举行。全国31个省（自治区、直辖市），香港、澳门、台湾地区，以及27个国家和地区共1 300多家知名花卉企业积极踊跃参展。

9月28日 北京市第20届农民艺术节工作部署会召开。市委农工委、市农委会同市委宣传部、市文化局联合召开会议，部署北京市第20届农民艺术节工作。远郊区县宣传文化部门负责人和近郊区农村部门负责同志与会。会议在总结前19届农民艺术节经验的基础上，对今后农民艺术节的定位、方向、内容、形式作出了明确规定，并对第20届农民艺术节作出了具体安排。

10月13日 第17届北京种子大会开幕。本次种子大会由市农委、市农业局、丰台区政府共同主办，主题为“打造种业之都，搭建丰收舞台”，举办场馆为一场三区，增加了种业高峰论坛、首都种业图片展和企业形象特装展、花卉展示等内容，并首次探索举办品种权转让拍卖会。此次参会企业达800余家，交易品种5 000余个，展示品种2 100余个，预计交易额将超5亿元。

10月15日 副市长夏占义到平谷区专题调研天然气工程建设，听取了平谷区与北京燃气集团进行天然气发展战略合作及工程建设进展情况，以及北京燃气集团关于集团基本情况及发展规划的汇报。夏占义对平谷区与北京燃气集团的合作模式给予充分肯定。他指出，加快郊区居民燃气改造和新型能源使用步伐，符合科学发展观要求，有效提升了农民生活质量和生活品位。要按照双方合作协议，进一步加快天然气供应管线和调压站、调压箱建设，进一步丰富合作内容，实现2009年底如期通气。要进一步细化工作，确保工程建设安全。

10月17—18日 北京沟域经济发展论坛在延庆县召开。由市农委主办、北京都市农业研究院承办的北京沟域经济发展论坛在延庆县召开，论坛主题是“探索新模式，建设新山区”，市委常委、统战部长牛有成、副市长夏占义出席会议并讲话。会议围绕北京沟域经济发展的理论与模式等问题开展交流。来自国务院发展研究中心、中国科学院、中国社会科学院、中国农业科学院、中国人民大学、北京师范大学、中国农业大学、北京林业大学等单位的100余名专家参加了论坛。

10月19日 本市部署农村义务教育债务化解工作。市农委、市财政局、市教委、市审计局、市监察局等部门联合召开会议，布置本市农村义务教育债务化解工作。会议要求，各区县要认真落实责任、积极筹措偿债资金、严格化债资金使用管理、严格化债程序和办法、严格工作时限，确保到2010年11月底前全部完成经市级审核锁定的农村义务教育“普九”等债务的化解工作。

10月20日 郊区环境百日综合整治活动总结大会召开。副市长夏占义出席并讲话，市政府副秘书长安钢主持会议。会议交流了平谷区、延庆县开展环境整治的经验和做法，对房山区、延庆县、平谷区、顺义区、密云县和怀柔区6个先进典型进行了表彰，回顾总结了郊区环境百日综合整治的工作情况，部署了下一步农村环境建设任务。会前，与会人员实地参观了平谷区大兴庄镇西柏店村、良庄子村以及峪口镇小官庄村、厂门口村的环境整治情况。

10月22—24日 市农委组织现场观摩会推动小城镇产业发展。组织15个委办局主管领导、10个郊区县主管区县长、村镇建设主管部门负责同志以及42个重点小城镇的领导分三片、历时两天半，对10个郊区县的17个小城镇产业园区建设发展情况进行了现场观摩。观摩前，召开了动员部署会。观摩后，召开了座谈会，副市长夏占义出席并讲话，市政府副秘书长安钢主持会议，市发改委、市规划委、市国土局、通州区、平谷区、大兴区的主管领导分别做了发言。

10月21日 市农委与山西省农业厅签署了《关于农产品产销合作（2009—2012）框架协议》，标志着本市和山西的农业区域合作进一步深化。

11月4日 副市长苟仲文、夏占义调研“221信息平台”建设工作，到市农林科学院信息中心实地观看了“221信息平台”现场演示，听取了市农委关于“221信息平台”建设进展情况的汇报，对平台建设前期所做的工作给予高度评价，并对下一步工作提出了意见和要求。市政府副秘书长安钢，市农委主任王孝东，市经信委、发改委、财政局、科委、商务局、农业局、园林绿化局、农研中心等单位的相关领导参加调研。

11月17日 市农委组织召开贯彻落实《中华人民共和国农村土地承包经营纠纷调解仲裁法》座谈会。召集郊区县认真总结了近期工作进展，部署了下一步工作安排。会议认为，各区县高度重视，创新举措，强化协调，各项准备工作顺利推进。

11月18日 市委学习实践活动农村指导小组到联系点村调研指导农村学习实践活动。小组一行到房山区阎村镇小十三里村调研指导农村学习实践活动，先后听取了房山区、阎村镇、小十三里村负责人关于开展农村学习实践活动的工作汇报，对学习实践活动做法及成效给予充分肯定。市委农工委书记、市农委主任、市委学习实践活动农村指导小组王孝东参加调研并讲话。

11月18日 市新农办协调市相关部门共同研究农村“两气”工程建设管理机制。市新农办会同市发改委、市科委、市环保局、市市政市容委、市安监局、市质监局、市消防局、市气象局、市农业局9部门召开农村“两气”工程座谈会，深刻分析了农村“两气”工程在技术标准、安全生产、规范管理、长效运行等方面存在的问题。

11月20日 市委常委牛有成到昌平区调研新农村“5＋3”工程，实地察看了昌平区南口镇七间房、红泥沟、后桃洼、花塔4个村的街坊路硬化、既有住房保温改造、太阳能公共浴室、秸秆气化站、污水处理站等项工程的建设运行情况以及设施农业基地建设情况，并对下一步工作提出要求，应突出“三个新”：一是要让农民形成新的生产方式。二是要让农民形成新的生活方式。三是基层要建立新的管理方式。市委副秘书长李福祥陪同调研。

11月23日 市委常委牛有成到怀柔区调研集体林权制度改革

工作，听取了怀柔区贯彻落实全市林业工作会议暨集体林权制度改革动员大会精神、推进集体林权制度改革工作情况的汇报，对怀柔区集体林改工作给予了肯定，并就下一步集体林改工作提出要求。市财政、农委、发改委、园林绿化局等有关部门以及怀柔区领导参加调研。

11月26日 本市启动“现代农业装备对接农民专业合作社工程”。启动仪式由市农委、市财政局、市经信委、市环保局与市公安交通管理局联合主办，福田汽车承办，在福田汽车公司隆重举行。副市长夏占义、市相关部门负责人以及北汽控股公司董事长徐和谊共同为农民专业合作社代表颁发车钥匙。该项工程通过政府招标采购、市财政按购车款给予50%补助的方式，帮助合作社购置符合绿标标准的封闭货车、冷藏车、奶罐车，扶持农民合作社提高运输能力。

11月26日 “走千村、进万户——送贷下乡”和“凤凰乡村游，体验新农村”两项活动正式启动。活动由市农委主办，市妇联协办，北京观光休闲农业行业协会、中国邮政储蓄银行北京分行、北京农村商业银行共同承办，副市长夏占义出席启动仪式，并为“送贷下乡”宣传组组长授旗。

12月15—16日 中国创意农业（北京）发展论坛顺利举办。论坛由农业部农产品加工局、市农委共同主办，市农研中心承办，主题为：“创新、融合、文化、发展”。论坛期间，专家学者分别就创意农业发展理念、创意农业的概念与理论体系、创意农业实践与经营管理等专题进行了学术交流。与会专家建议，作为具有3000多年建城史的北京，发展文化创意产业的优势尤为突出。要紧紧抓住大的发展机遇，充分利用首都雄厚的自然、文化、科技等资源，加快推动创意农业发展，创新农业发展模式，开发农业多种功能，把创意农业建设成为文化创意产业的重要组成，提升都市型现代农业发展效益和水平。

12月18日 召开全市推进城乡一体化工作务虚会。市委常委牛有成、副市长夏占义出席会议并讲话，市委副秘书长李福祥主持会议，市政府副秘书长安钢参加。会议紧紧围绕学习贯彻中央经济工作会议及市委市政府工作务虚会精神，围绕新时期农林水的价值实现这个主题，深刻分析建设世界城市对首都“三农”工作带来的机遇、挑战及新要求，深入交流全方位提高首都“三农”工作水平、加快推进首都城乡一体化的思路、建议及重大举措。市农委、市水务局、市园林绿化局、市农业局、市公园管理中心、市农研中心、市农科院、市农职院、市中央批发市场管委会等单位的负责同志，畅所欲言、寻找差距、明确定位，统一了思想、凝聚了共识。市委研究室、市政府研究室、市发改、财政、国土、规划、住建委、市政市容、环保、统计等相关部门的负责同志参加了会议。

12月25日 市农委系统举办农村学习实践活动巡回报告团专场报告会，邀请5位优秀村党支部书记，从不同角度生动地讲述了学习实践科学发展观的成功经验和突出成效。报告会由市委农工委负责同志主持，市农委系统局处级干部参加了报告会。

（市委农工委综合处　崔国胜）

统 计 资 料

农林牧渔业总产值

单位：万元

区县	农林牧渔业总产值			农业			林业		
	2009	2008	2009年比2008年增长速度(%)	2009	2008	2009年比2008年增长速度(%)	2009	2008	2009年比2008年增长速度(%)
全市	3 149 533.6	3 038 996.0	3.6	1 404 445.4	1 281 045.6	9.6	228 968.0	204 891.4	11.8
朝阳区	41 880.0	43 574.3	−3.9	16 372.7	13 373.6	22.4	8 485.1	6 599.1	28.6
丰台区	30 497.4	29 138.5	4.7	19 502.5	18 513.1	5.3	3 932.6	3 847.0	2.2
海淀区	43 281.0	41 292.7	4.8	15 464.7	14 459.9	6.9	13 031.8	11 482.8	13.5
门头沟区	36 331.1	31 330.5	16.0	6 501.1	6 524.6	−0.4	15 465.8	10 170.3	52.1
房山区	412 624.8	397 409.2	3.8	169 927.7	147 952.5	14.9	17 648.7	16 987.3	3.9
通州区	384 584.9	379 552.0	1.3	221 701.6	194 342.0	14.1	9 872.8	10 526.7	−6.2
顺义区	566 544.2	544 938.9	4.0	268 238.5	246 358.7	8.9	23 660.8	25 829.5	−8.4
昌平区	153 755.4	146 938.7	4.6	58 646.9	54 533.6	7.5	15 113.2	14 554.4	3.8
大兴区	478 867.3	474 398.0	0.9	267 808.4	253 279.2	5.7	3 306.0	3 144.4	5.1
怀柔区	165 792.8	163 804.4	1.2	41 466.8	39 949.6	3.8	30 180.7	26 552.6	13.7
平谷区	263 867.1	250 842.4	5.2	137 510.6	122 501.6	12.3	18 729.6	22 273.2	−15.9
密云县	369 061.3	352 906.8	4.6	125 544.7	112 432.0	11.7	38 661.9	33 984.5	13.8
延庆县	199 042.4	182 869.6	8.8	55 759.2	56 825.2	−1.9	30 879.0	18 939.6	63.0

（续）

区县	牧业			渔业			农林牧渔服务业		
	2009	2008	2009年比2008年增长速度(%)	2009	2008	2009年比2008年增长速度(%)	2009	2008	2009年比2008年增长速度(%)
全　市	1 360 831.4	1 405 204.8	−3.2	102 788.8	97 854.2	5.0	52 500.0	50 000.0	5.0
朝阳区	6 855.1	12 186.4	−43.7	7 065.3	7 261.4	−2.7	3 101.8	4 153.8	−25.3
丰台区	4 373.6	4 591.0	−4.7	2 264.6	1 725.9	31.2	424.1	461.5	−8.1
海淀区	12 292.7	12 547.0	−2.0	424.0	418.4	1.3	2 067.8	2 384.6	−13.3
门头沟区	13 736.2	14 043.0	−2.2	58.8	92.6	−36.5	569.2	500.0	13.8
房山区	209 361.4	217 378.2	−3.7	7 211.6	7 014.3	2.8	8 475.4	8 076.9	4.9
通州区	123 828.0	145 449.2	−14.9	22 027.7	22 695.6	−2.9	7 154.8	6 538.5	9.4
顺义区	246 785.2	246 473.0	0.1	16 039.3	15 893.0	0.9	11 820.4	10 384.7	13.8
昌平区	70 707.9	69 727.2	1.4	3 489.0	2 815.8	23.9	5 798.4	5 307.7	9.2
大兴区	201 221.9	211 182.5	−4.7	1 703.2	2 291.9	−25.7	4 827.8	4 500.0	7.3
怀柔区	80 755.9	85 378.0	−5.4	12 756.2	11 385.7	12.0	633.2	538.5	17.6
平谷区	90 965.1	89 341.3	1.8	15 638.8	15 649.4	−0.1	1 023.0	1 076.9	−5.0
密云县	193 257.5	195 534.8	−1.2	7 582.1	7 494.0	1.2	4 015.1	3 461.5	16.0
延庆县	106 690.9	101 373.2	5.2	3 124.3	3 116.2	0.3	2 589.0	2 615.4	−1.0

主要农产品产量

单位：吨

区县	粮食			蔬菜			干鲜果品		
	2009	2008	2009年比2008年增长速度(%)	2009	2008	2009年比2008年增长速度(%)	2009	2008	2009年比2008年增长速度(%)
全　市	1 247 674	1 254 509	−0.5	3 171 115.0	3 213 119.0	−1.3	903 331.5	897 560.0	0.6
朝阳区	3 807	4 902	−22.3	26 007.0	32 163.0	−19.1	1 425.6	1 492.0	−4.5
丰台区	1 740	2 564	−32.1	19 208.0	24 898.0	−22.9	1 944.3	1 935.0	0.5
海淀区	4 927	7 054	−30.2	25 469.0	28 515.0	−10.7	7 402.4	7 534.0	−1.7
门头沟区	2 694	3 849	−30.0	4 908.0	6 927.0	−29.1	4 335.3	4 270.0	1.5
房山区	157 589	155 651	1.2	211 843.0	209 804.0	1.0	69 096.8	64 579.0	7.0
通州区	234 022	229 465	2.0	685 714.0	664 363.0	3.2	58 384.0	56 340.0	3.6
顺义区	226 628	224 473	1.0	548 648.0	558 354.0	−1.7	74 381.1	70 771.0	5.1
昌平区	33 516	43 441	−22.8	51 034.0	52 230.0	−2.3	51 632.1	51 347.0	0.6
大兴区	244 083	236 664	3.1	914 077.0	934 936.0	−2.2	111 607.8	116 362.0	−4.1
怀柔区	52 752	61 656	−14.4	33 514.0	31 048.0	7.9	44 798.6	43 423.0	3.2
平谷区	76 442	80 701	−5.3	279 536.0	279 037.0	0.2	355 451.8	355 495.0	0.0
密云县	105 129	83 734	25.6	258 019.0	244 916.0	5.3	86 889.4	85 760.0	1.3
延庆县	116 057	159 770	−27.4	113 138.0	145 928.0	−22.5	35 982.3	38 252.0	−5.9

注：全市粮食产量为抽样调查推算数据，故与区县合计数不等。

（续）

区县	肉类			#猪、牛、羊肉		
	2009	2008	2009年比2008年增长速度（%）	2009	2008	2009年比2008年增长速度（%）
全　市	471 914.0	451 113.0	4.6	276 174.0	258 894.0	6.7
朝阳区	63.0	64.0	−1.6	63.0	64.0	−1.6
丰台区	1 248.0	1 157.0	7.9	1 177.0	1 016.0	15.8
海淀区	2 911.0	2 339.0	24.5	1 971.0	1 559.0	26.4
门头沟区	6 842.0	6 543.0	4.6	757.0	562.0	34.7
房山区	56 963.0	53 585.0	6.3	30 966.0	29 593.0	4.6
通州区	42 436.0	45 877.0	−7.5	29 304.0	31 965.0	−8.3
顺义区	101 798.0	94 176.0	8.1	82 818.0	70 208.0	18.0
昌平区	13 917.0	13 114.0	6.1	10 522.0	10 222.0	2.9
大兴区	75 380.0	71 661.0	5.2	50 585.0	48 114.0	5.1
怀柔区	29 636.0	28 764.0	3.0	7 822.0	7 760.0	0.8
平谷区	39 350.0	37 417.0	5.2	28 787.0	27 500.0	4.7
密云县	70 335.0	68 256.0	3.0	20 481.0	20 495.0	−0.1
延庆县	31 035.0	28 160.0	10.2	10 921.0	9 836.0	11.0

区县	奶类			#牛奶			鲜蛋		
	2009	2008	2009年比2008年增长速度（%）	2009	2008	2009年比2008年增长速度（%）	2009	2008	2009年比2008年增长速度（%）
全　市	673 979	665 552	1.3	673 846	664 007	1.5	153 988	152 409	1.0
朝阳区	18 006	22 694	−20.7	18 006	22 693	−20.7			
丰台区	5 064	5 221	−3.0	5 064	5 221	−3.0	1 527	1 564	−2.4
海淀区	14 974	15 530	−3.6	14 974	15 530	−3.6	482	756	−36.2
门头沟区	2 011	3 130	−35.8	2 011	3 130	−35.8	468	554	−15.5
房山区	39 674	40 611	−2.3	39 674	40 605	−2.3	9 400	9 114	3.1
通州区	80 533	86 768	−7.2	80 533	86 768	−7.2	7 106	7 429	−4.3
顺义区	54 100	46 769	15.7	54 080	46 746	15.7	15 158	11 963	26.7
昌平区	54 568	47 281	15.4	54 565	47 281	15.4	8 695	7 282	19.4
大兴区	176 066	156 184	12.7	176 061	156 169	12.7	22 017	26 459	−16.8
怀柔区	45 803	45 852	−0.1	45 803	45 852	−0.1	4 742	5 194	−8.7
平谷区	3 287	5 044	−34.8	3 212	3 544	−9.4	27 211	25 077	8.5
密云县	80 765	75 537	6.9	80 735	75 537	6.9	23 235	21 792	6.6
延庆县	99 128	114 931	−13.7	99 128	114 931	−13.7	33 947	35 225	−3.6

农作物播种面积

单位：亩

区县	农作物播种面积			#粮食作物			#蔬菜面积		
	2009	2008	2009年比2008年增长速度(%)	2009	2008	2009年比2008年增长速度(%)	2009	2008	2009年比2008年增长速度(%)
全市	4 801 968	4 830 297	−0.6	3 394 295	3 394 934	0.0	1 027 283	1 022 834	0.4
朝阳区	30 108	43 522	−30.8	11 775	15 228	−22.7	15 748	23 280	−32.4
丰台区	24 988	32 704	−23.6	7 808	11 349	−31.2	10 594	14 404	−26.5
石景山区									
海淀区	32 440	40 891	−20.7	14 750	21 135	−30.2	11 690	12 481	−6.3
门头沟区	55 953	54 975	1.8	34 384	34 830	−1.3	3 788	4 890	−22.5
房山区	551 294	556 613	−1.0	457 902	456 949	0.2	70 323	67 294	4.5
通州区	832 039	849 855	−2.1	588 017	610 059	−3.6	217 037	211 805	2.5
顺义区	807 011	821 257	−1.7	571 126	577 166	−1.0	168 995	167 504	0.9
昌平区	176 864	183 693	−3.7	124 627	135 432	−8.0	26 346	26 186	0.6
大兴区	1 005 761	1 003 419	0.2	588 213	581 917	1.1	297 164	287 710	3.3
怀柔区	192 698	199 135	−3.2	159 648	165 907	−3.8	18 357	16 623	10.4
平谷区	284 661	293 580	−3.0	197 795	205 219	−3.6	79 615	79 422	0.2
密云县	375 752	320 863	17.1	287 669	233 363	23.3	62 327	57 064	9.2
延庆县	432 399	429 790	0.6	350 581	346 380	1.2	45 299	54 171	−16.4

注：亩为非法定计量单位，15亩=1公顷。

设施农业

指标名称	面积（亩）			销售收入（万元）		
	2009年	2008年	增减（%）	2009年	2008年	增减（%）
合计	281 432	255 767	10.0	339 094	281 654.3	20.4
一、温室	125 910	65 972	90.9	221 548.2	103 521.9	114.0
1. 蔬菜	101 743	47 881	112.5	167 222	71 584	133.6
2. 花卉				39 984.9	23 526.6	70.0
3. 瓜果类				8 569.1	5 159.4	66.1
4. 水果				3 746.7	3 047.7	22.9
5. 其他				2 025.5	203.3	896.3
二、大棚	88 221	101 179	−12.8	83 521.3	121 296.3	−31.1
1. 蔬菜	53 913	67 264	−19.8	49 685	91 575.7	−45.7
2. 花卉				6 084.2	9 730	−37.5
3. 瓜果类				26 199.4	18 798	39.4
4. 水果				259.8	585.4	−55.6
5. 其他				1 292.9	607.2	112.9
三、中小棚	67 301	88 616	−24.1	34 024.5	56 837	−40.1
1. 蔬菜	30 999	49 859	−37.8	17 865.4	37 649.1	−52.5
2. 花卉				591.9	3 735.6	−84.2
3. 瓜果类				14 791.3	12 983.3	13.9
4. 水果					153.9	−100.0
5. 其他				775.9	2 315.1	−66.5

家禽生产

区 县	存栏（万只）			出栏（万只）		
	本年	上年	幅度（%）	本年	上年	幅度（%）
北京市	2 835.42	2 724.26	4.1	12 355.01	11 982.98	3.1
朝阳区						
丰台区	13.16	15.08	−12.7	6.75	8.80	−23.3
海淀区	16.74	19.94	−16.0	73.99	50.96	45.2
门头沟区	48.95	49.8	−1.7	367.26	365.29	0.5
房山区	356.58	330.33	7.9	1 775.84	1 656.47	7.2
通州区	138.66	131.15	5.7	768.95	685.78	12.1
顺义区	318.48	318.3	0.1	1 222.55	1 490.11	−18.0
昌平区	118.81	130.51	−9.0	228.28	323.37	−29.4
大兴区	294.42	310.86	−5.3	1 453.56	1 362.69	6.7
怀柔区	226.11	202.37	11.7	1 361.86	1 305.15	4.3
平谷区	343.38	301.01	14.1	680.24	614.04	10.8
密云县	544.19	486.39	11.9	3 161.19	2 977.53	6.2
延庆县	415.94	428.52	−2.9	1254.54	1 142.79	9.8

生猪生产

区 县	存栏（头）			出栏（头）		
	本年	上年	幅度（%）	本年	上年	幅度（%）
北京市	186 569 1	1 798 198	3.8	3 140 363	2 926 934	7.3
朝阳区						
丰台区	11 667	12 140	−3.9	14 615	12 922	13.1
海淀区	22 610	19 740	14.5	25 517	20 594	23.9
门头沟区	6 166	4 768	29.3	6 927	5 374	28.9
房山区	239 096	213 523	12.0	357 426	330 061	8.3
通州区	181 818	188 748	−3.7	331 949	345 737	−4.0
顺义区	578 171	517 582	11.7	949 352	813 304	16.7
昌平区	82 941	82 776	0.2	126 453	119 461	5.9
大兴区	301 594	310 323	−2.8	591 559	571 842	3.4
怀柔区	60 773	66 654	−8.8	93 066	90 107	3.3
平谷区	205 051	211 726	−3.2	335 750	332 845	0.9
密云县	127 050	124 867	1.7	219 697	201 554	9.0
延庆县	48 754	45 351	7.5	88 052	83 133	5.9

羊的生产

区县	存栏（只）			出栏（只）		
	本年	上年	幅度（%）	本年	上年	幅度（%）
北京市	673 646	731 960	−8.0	867 281	899 830	−3.6
朝阳区	1 612	3 392	−52.5	3 767	3 782	−0.4
丰台区	2 435	2 295	6.1	1 845	1 940	−4.9
海淀区	2 541	2 239	13.5	2 104	1 827	15.2
门头沟区	19 553	17 879	9.4	7 866	6 951	13.2
房山区	139 278	156 423	−11.0	114 335	115 755	−1.2
通州区	68 193	70 035	−2.6	105 439	108 779	−3.1
顺义区	101 368	108 661	−6.7	159 324	159 583	−0.2
昌平区	24 341	26 552	−8.3	29 449	32 662	−9.8
大兴区	128 775	144 158	−10.7	200 266	214 323	−6.6
怀柔区	22 931	24 577	−6.7	18 680	17 627	6.0
平谷区	76 997	78 057	−1.4	102 966	107 708	−4.4
密云县	66 851	74 778	−10.6	93 019	96 427	−3.5
延庆县	18 771	22 914	−18.1	28 221	32 466	−13.1

牛的生产

区县	存栏（头）			出栏（头）		
	本年	上年	幅度（%）	本年	上年	幅度（%）
北京市	220 592	230 195	−4.2	116 925	118 991	−1.7
朝阳区	3 846	5 407	−28.9	7	22	−68.2
丰台区	1 187	1 471	−19.3	93	89	4.5
海淀区	3 239	4 091	−20.8	248	413	−40.0
门头沟区	641	1 316	−51.3	559	233	139.9
房山区	12 646	13 414	−5.7	10 033	11 934	−15.9
通州区	23 506	24 820	−5.3	12 272	12 762	−3.8
顺义区	39 629	39 512	0.3	40 426	36 942	9.4
昌平区	12 414	12 871	−3.6	2 517	2 994	−15.9
大兴区	43 738	40 457	8.1	8 354	10 619	−21.3
怀柔区	15 037	15 053	−0.1	2 970	3 514	−15.5
平谷区	10 592	10 179	4.1	10 823	11 258	−3.9
密云县	26 386	26 334	0.2	10 260	13 123	−21.8
延庆县	27 731	35 270	−21.4	18 363	15 088	21.7

农业观光园

区 县	农业观光园个数（个）		从业人员（人）		接待人次（人次）		经营总收入（万元）	
	2009	2008	2009	2008	2009	2008	2009	2008
全 市	1 294	1 332	49 504	49 366	15 974 427	14 982 287	152 434.3	135 807.8
朝阳区	14	15	2 463	2 615	959 464	1 035 278	31 332.4	26 575.8
丰台区	11	11	877	987	836 220	644 967	1 953.6	2 325.1
石景山区	1	1	51	55	5 000	4 800	15	22
海淀区	69	136	3 048	2 969	563 028	808 694	5 892.9	5 532.9
门头沟区	45	48	1 199	1 219	302 510	303 915	3 200	3 129.2
房山区	101	101	3 295	3 741	1 306 441	1 120 973	13 406.2	12 668.2
通州区	32	28	2 062	1 612	524 663	426 251	8 920.3	5 835.6
顺义区	73	71	3 472	2 826	772 069	611 774	10 058.8	8 099.1
昌平区	207	201	6 354	4 598	1 175 564	981 116	18 291.8	14 897.1
大兴区	116	113	10 788	10 736	2 257 951	1 819 169	14 988.4	15 204.7
怀柔区	233	233	2 621	2 468	1 940 982	2 417 585	12 921	14 684
平谷区	205	201	9 131	11 023	2 669 356	2 357 477	15 708.6	13 305.2
密云县	157	145	2 960	3 079	2 381 447	2 201 418	13 226.2	11 364.7
延庆县	30	28	1 183	1 438	279 732	248 870	2 519.1	2 164.2

民俗旅游

区 县	民俗旅游接待户数（户）		从业人员（人）		民俗旅游接待人次（人次）		民俗旅游总收入（万元）	
	2009	2008	2009	2008	2009	2008	2009	2008
全 市	8 705	9 151	19 790	19 421	13 931 183	12 056 136	60 895.4	52 914.4
朝阳区	30	30	30	30	1 056	2 549	8.2	15.2
丰台区								
石景山区								
海淀区	43	45	79	90	68 547	54 209	277.6	237.3
门头沟区	551	541	1 120	1 119	570 521	577 652	2 899.2	2 516.3
房山区	1 355	1 807	2 541	2 159	1 487 959	966 855	6 733.5	5 777.5
通州区	61	61	69	112	4 000	6 500	5	21.5
顺义区	31	35	49	72	19 285	19 266	73.2	63.9
昌平区	465	407	1 552	1 373	1 052 121	798 977	4 761.1	3 749.7
大兴区	224	198	743	714	368 220	223 750	1 522.9	723.8
怀柔区	1 719	1 716	2 769	2 733	1 873 756	1 806 167	12 292.2	12 624.2
平谷区	2 095	2 089	5 998	6 040	3 497 009	3 441 966	12 270.8	10 930.3
密云县	1 271	1 372	2 666	2 682	2 575 096	2 177 000	11 180.3	9 545
延庆县	860	850	2 174	2 297	2 413 613	1 981 245	8 871.4	6 709.7

地方财政收入

单位：万元

区　县	地方财政收入			地方一般预算收入		
	2008	2009	增长速度（%）	2008	2009	增长速度（%）
朝阳区	1 683 197	1 906 567	13.3	1 660 912	1 883 143	13.4
丰台区	348 092	398 049	14.4	342 496	391 719	14.4
石景山区	151 267	181 608	20.1	149 782	179 832	20.1
海淀区	1 362 180	1 648 042	21.0	1 343 272	1 622 426	20.8
门头沟区	158 976	140 997	−11.3	88 824	92 666	4.3
房山区	210 281	527 241	150.7	159 774	233 367	46.1
通州区	340 433	660 860	94.1	204 523	260 607	27.4
顺义区	737 441	852 298	15.6	401 701	481 208	19.8
昌平区	425 952	519 579	22.0	241 628	316 138	30.8
大兴区	338 944	847 589	150.1	195 903	230 857	17.8
怀柔区	203 366	202 704	−0.3	148 070	164 675	11.2
平谷区	89 620	136 525	52.3	87 424	122 765	40.4
密云县	119 089	149 120	25.2	102 064	129 269	26.7
延庆县	60 123	69 624	15.8	55 278	63 500	14.9

注：分区县财政收入为区县级财政收入。

资料来源：北京市财政局。

郊区（县）人民生活

单位：元

指标名称	城镇居民人均可支配收入	农民人均纯收入	城镇居民人均生活消费支出	农民人均生活消费支出
全市	26 738	11 986	17 893	9 141
首都功能核心区	28 750		20 277	
东城区	28 458		20 683	
西城区	30 442		21 970	
崇文区	27 941		19 983	
宣武区	27 320		18 977	
城市功能拓展区	27 553	15 393	18 659	12 558
朝阳区	27 608	16 633	20 330	13 297
海淀区	30 677	16 011	18 218	13 305
石景山区	25 736		17 081	
丰台区	24 835	13 179	16 962	10 971
城市发展新区	22 526	11 354	15 723	8 594
房山区	21 955	11 315	21 321	8 235
通州区	22 455	11 361	14 041	8 296
顺义区	23 180	11 648	13 466	8 056
昌平区	22 557	11 318	15 690	9 683
大兴区	22 548	11 132	14 097	8 671
生态涵养发展区	22 113	10 864	14 185	7 886
门头沟区	23 345	11 475	15 953	8 308
怀柔区	21 540	11 013	13 992	8 940
平谷区	21 757	10 872	13 513	11 721
密云县	21 600	10 682	14 090	8 831
延庆县	23 634	10 470	18 572	6 239

图书在版编目（CIP）数据

北京农村年鉴．2010/《北京农村年鉴》编委会编
．—北京：中国农业出版社，2010.10
ISBN 978-7-109-14976-2

Ⅰ．①北…　Ⅱ．①北…　Ⅲ．①农村经济—北京市—2010—年鉴　Ⅳ．①F327.1-66

中国版本图书馆 CIP 数据核字（2010）第 180410 号

中国农业出版社出版
（北京市朝阳区农展馆北路 2 号）
（邮政编码 100125）
责任编辑　姚　红　张　欣　闫保荣　周　珊

北京中科印刷有限公司印刷　新华书店北京发行所发行
2010 年 12 月第 1 版　2010 年 12 月北京第 1 次印刷

开本：787mm×1092mm　1/16　印张：23.25　插页：16
字数：1000 千字　印数：1~1 800 册
定价：200.00 元